北京师范大学历史学院"励耘文库"系列

教育部重点基地北京师范大学史学理论与史学史研究中心成果之一

民国史学：中国现代史学的产生和发展

周文玖　赵少峰　王红霞　谢辉元　王庆婷/著

人民出版社

出版说明

在北京师范大学的百余年发展历程中,历史学科始终占有重要地位。经过几代人的不懈努力,今天的北京师范大学历史学院业已成为史学研究的重要基地,是国家"211"、"985"工程重点建设单位,首批博士学位一级学科授予权单位。拥有国家重点学科、博士后流动站、教育部人文社会科学重点研究基地等一系列学术平台。科研实力颇为雄厚,在学术界声誉卓著。

近年来,北京师范大学历史学院的教师们潜心学术,以探索精神攻关,陆续完成了众多具有原创性的成果,在历史学各分支学科的研究上连创佳绩,始终处于学科前沿。特别是崭露头角的部分中青年学者的作品,已在学术界引起较大反响。为了集中展示北京师范大学历史学院的这些优秀学术成果,也为了给中青年学者的后续发展创造更好条件,我们组编了这套"北京师范大学励耘文库",希冀在促进北京师范大学历史学科更好发展的同时,为学术界和全社会贡献一批真正立得住的学术力作。这些作品或为专题著作,或为论文结集,但内在的探索精神始终如一。

当然,作为学术研究的励耘文库丛书,特别是以中青年学者作品为主的学术丛书,不成熟乃至疏漏之处在所难免,还望学界同仁不吝赐教。

北京师范大学历史学院

北京师范大学史学理论与史学史研究中心

北京师范大学励耘文库编辑委员会

2019 年 3 月

目　录

绪　　论

民国时期史学,简称民国史学,是指从 1912 年元月至 1949 年 10 月,即自中华民国成立至国民政府在大陆的终结这一历史时期的历史学(国民党政府退至台湾后的史学不属于本课题的研究范围)。中华民国史作为一个历史时期,有它自身的体系和完整性。民国时期史学作为中华民国历史的一部分,也应有它的时代性和完整性。因此,把中华民国时期的历史学——民国史学作为一个完整历史时期的史学史研究对象是能够成立的。

一、民国史学研究的价值

关于民国史学研究的价值,以下几点认识是显而易见的。

(一)这是一个有待开辟的新领域。过去研究这段史学史,一般用年代来标识,如 20 世纪前半期、20 世纪三四十年代等,很少把它与民国时期联系在一起。即使在民国史研究取得很多成就的情况下,史学史研究也甚少采用"民国史学"或"民国时期史学"的提法。在中华民国史著作中,涉及史学的内容极少。因此,民国史学或民国时期史学,实际是一个新的研究命题。这种"新",不仅仅是一种新提法,更重要的是一种史学史研究的新理念,是把这一时期的历史学真正回归到它的时代、它的社会环境中进行认识。本课题把民国时期的历史学作为一个整体来看待,研究它的产生、兴盛、演化,研究它的运行机制,研究它与社会及其他相关学科的关系,进而认识特点,探索规律。而过去我们在这方面思考得很少,民国史学是一个从研究理论到研究内容都需要进行探索的新课题。

(二)能够加强或填补史学史研究的某些薄弱环节、空白之处。民国时期的历史学,在史料整理、历史考据学、专门史、通史和断代史编纂等方面都取得卓越的成就,涌现了一批史学大师和杰出历史学家。其间史学流派繁多,治学特色多样,史学思想活跃。作为史学史的研究对象,民国史学总是富有吸引力。但是,史学史学科在对民国史学某些方面研究比较充分的同时,也有众多的薄弱环节有待加强,如民国史学发展的阶段性及其特点,民国史学的学术机制,民国史学各个史学流派及其相互联系、民国时期高校的历史教学和学科体系、民国时期的中外史学交流等,都还认识得很不够。本书必然涉及这些问题,这将在一定程度上推进和深化史学史在这一领域的研究。

(三)是对这块史学史丰富宝藏的有效挖掘。中国史学的历史悠久,内容丰富,但不同时期很不均衡。与历史上史学发达的时代相比,无论从产生优秀史学家的数量还是从学术成就的大小、学术成果数量的多寡、史学思潮的活跃度,民国时期的史学并不逊色。它是史学史学科的一块富矿,需要下力开采。21世纪以来,关于民国史学个案的研究取得长足进展,但不能形成规模和系统,致使对民国史学的认识比较琐碎,缺乏整体性。本书拟按照史学发展的固有逻辑,对民国史学进行全方位的史学史探讨,对从宏观上认识民国史学的规律具有重要意义。

除了上述学术价值,民国史学研究还具有一定的现实意义。民国史学的成就是在短短的三十多年,又是在国家动荡不安的形势下取得的,其成功的因素何在?有哪些可供当代史学发展资鉴的经验?因此,研究民国时期史学发展历程,研究高校的教学模式、科研机构的运行机制、著名史学家及学术流派的学术实践,对当代历史学科的创新和发展具有启示意义。当然,民国史学也有明显的局限性。如实地揭示其不足,分析其主客观原因,对认识学术发展规律,总结经验,吸取教训,都是十分有益的。

二、国内外有关民国史学研究状况

关于国内民国史学研究的状况,可以这样概括:涉及这一时期某个方面的史学史成果较多,将民国史学作为一个有机整体进行研究的较少。而本书的旨趣属于后一种情况。然而本书所涉论题研究的开展和完成,离不开已取得的很多单项研究成果,因此,对这些成果也有必要予以总结和评述。

早在20世纪30年代末至40年代,史学界就出现了一股总结20世纪以来史学发展的热潮，重要的论文有 1939 年金毓黻的《吾国最近史学的趋势》，1940 年曾繁康的《中国现代史学界的检讨》，1941 年周予同的《五十年来中国之新史学》，1941 年金灿然的《中国历史学的简单回顾与展望》，1943 年张绍良的《近三十年中国史学的发展》，1946 年齐思和的《现代史学评论》《中国史学界的展望》及其 1949 年的《近百年来中国史学的发展》，顾颉刚的《当代中国史学》。这些论文和著作都与民国史学有关，是民国当代学者对民国史学的反思和总结。

20 世纪 80 年代，随着史学史研究走向正轨，民国史学在史学史教学和研究中占有一席之地。如白寿彝于 1982 年发表《六十年来中国史学的发展》，1983 年发表《马克思主义史学在中国的传播和发展》。有关中国史学史专著，也大都写到中华人民共和国成立。20 世纪 90 年代以后，对 20 世纪前半期的史学家研究受到重视，出版了系列研究成果。如江西南昌百花洲出版社推出系列丛书——国学大师评传，其中包括梁启超、王国维、钱穆、郭沫若等史学家，北京图书馆出版社出版"史学家学术思想评传"系列，内有《顾颉刚学术思想评传》《范文澜学术思想评传》《翦伯赞学术思想评传》《郭沫若学术思想评传》《梁启超学术思想评传》《陈垣学术思想评传》等。其他不成系列的史学家传记还有很多，此不一一列举。这些传记著作对认识这些史学家在民国时期取得的学术成就，是很有益的。

90 年代有几部探讨中国史学走向近代的史学史著作，给予民国史学较多的篇幅。胡逢祥、张文建著的《中国近代史学思潮与流派》，桂遵义著的《马克思主义史学在中国》，马金科、洪京陵编著的《中国近代史学发展叙论》，蒋俊著的《中国史学近代化进程》，俞旦初著的《爱国主义与中国近代史学》，张岂之主编的《中国近代史学学术史》，张书学著的《中国现代史学思潮研究》等都是有着广泛影响的著作，为 20 世纪前半期史学知识的普及和进一步研究，奠定了基础。

在 20 世纪的最后几年，史学界对 20 世纪史学的总结极为重视，20 世纪史学日益成为研究热点。许多重要学术刊物辟有"二十世纪中国历史学回顾"专栏，发表了一些鸿篇长文，如林甘泉的《二十世纪的中国历史学》，戴逸的《世纪之交中国历史学的回顾与展望》，瞿林东的《中国史学：20 世纪的遗产与 21 世纪的前景》，于沛的《外国史学理论的引入和回响》等等。这些文章,站在世纪之末的认识高度,对 20 世纪前期的史学评论更加全面和客观。

进入 21 世纪后,对 20 世纪中国史学的研究受到更多的关注,所出版的著作不少涉及本课题的内容,如刘新成主编的《历史学百年》,姜义华、武克全主编的《二十世纪中国社会科学·历史学卷》,龚书铎、李文海主编的《二十世纪中国学术论辩书系·历史卷》。龚、李主编的论辩书系内有《关于历史学理论的论辩》《中华文明起源和民族问题的论辩》《二三十年代中国社会性质和社会史论战》《中国资本主义萌芽的学术研究与论争》《中国农民战争史论辩》《20 世纪中国古史分期论辩》等分卷,都有民国时期关于这些问题的争鸣的总结。瞿林东也主编了《20 世纪中国史学研究系列》,内有《20 世纪中国史学发展分析》《20 世纪中国史学思潮与变革》《20 世纪中国马克思主义史学与社会实践》《20 世纪中国历史考证学研究》《20 世纪中国史学重大问题论争》《20 世纪中外史学交流》等。这些著作,对民国史学都有广泛的涉及。

近几年出版的相关著作,有的是作者在其博士学位论文的基础上充实而成的,在资料搜集方面显然下了很大的功夫,如周文玖的《中国史学史学科的产生和发展》、张昭军的《儒学近代之境——章太炎儒学思想研究》、卢毅的《整理国故运动与中国现代学术转型》、李春雷的《传承与更新:留美生与民国时期的史学》、张越的《新旧中西之间——五四时期的中国史学》、刘俐娜的《由传统走向现代——论中国史学的转型》、李孝迁的《西方史学在中国的传播》等属于这种情况。此外有关 20 世纪前期史学的专题论文也很多,主要表现在对史学家的研究方面,过去一些被忽略的重要史学家得以发现,重新给予他们应有的学术地位,如朱希祖、朱谦之、刘咸炘等。尤其是谢保成的《民国史学述论稿(1912—1949)》、李孝迁的《域外汉学与中国现代史学》,在专题研究、资料发掘等方面用功很深,对推进民国史学研究,意义重大。

香港史学界的研究以许冠三的《中国史学九十年》最著名,该著选取有代表性的史学家,并将之归为若干类型,剖析他们的史学思想和研究方法,语言流畅、活泼,很能写出所论史学家的特点。这些史学家绝大多数都属于民国时期史学家。

台湾史学界关于民国史学的研究成果较多,如王汎森的《古史辨运动的兴起——一个思想史的分析》《中国近代思想与学术系谱》,彭明辉的《疑古思潮与现代中国史学》,刘龙心的《学术与制度——学科体制与现代中国史学的建立》等都是颇见功力的著作。这些著作有的重视从思想源流上考察近代史学的流派,有的侧重从制度上研究近代以后史学发生的变化。其切入点是值得肯定的。

国外与本书相关的研究以德国和美国居多。如德国柏林自由大学罗梅君(Mechthild Leuter)教授著有《政治与科学之间的历史编纂——30 和 40 年代中国马克思主义历史学的形成》,对 20 世纪 30 年代的中国社会性质论战和中国社会史论战以及论战对马克思主义历史学发展的影响均有论述;此外,她还发表了论文《翦伯赞与中国马克思主义历史学的发展》。另一德国学者汉斯·维尔姆撰写了《马克思主义的历史理论与新中国的历史科学——50 年代的分期讨论》(汉堡 1980 年版)。美国学者阿里夫·德里克撰有《中国历史与东方主义问题》,涉及中国古代史的一些理论问题,认为"亚细亚生产方式不过是披着红色外衣的东方主义",是从西方的幻觉出发对东方历史的一种重新编码,其观点与民国时期史学讨论的问题有密切关系。他还研究中国马克思主义史学,撰有《革命与历史:中国马克思主义历史学的起源,1919—1937》。波考拉撰有《中国近现代的历史编纂学》(Modern and Contemporary Chinese Historiography);邓嗣禹出版了《近五十年中国的历史编纂学》(Chinese Historiography in the Last Fifty Years)。美籍华裔学者余英时发表《中国史学的现阶段》,对中国马克思主义史学有不少批评性的评论。德国学者贡德·弗兰克著的《白银资本——重视经济全球化中的东方》是一本在西方影响很大的书,21 世纪以来在中国学术界也颇有市场,里面有关于亚细亚生产方式的论述,认为欧洲人以"欧洲中心论"为根据,制造了"亚细亚生产方式的寓言"。该书对五种生产方式也给予了断然的否定。该书观点固然偏颇,但一定意义上代表了西方史学界部分学者对于民国时期史学所争论问题的观点。

通过对国内外关于民国史学研究现状的考察,我们可以得到这样几点认识:

1.国内的研究逐渐由零散的回顾、反思不断向系统的研究方向推进,尤其是最近几年,不仅论文数量呈增长趋势,专著也不断产生。这是民国史学得以开展的重要基础。

2.国外的研究一般说来没有专门的民国史学研究,研究的深度也远远不如国内。但其中的观点对国内学术界的影响却是很大的,值得深思;其认识问题的视角也应借鉴。

3.过去的研究一般都把民国时期的史学作为传统史学走向现代史学的一个阶段来认识,而没有把它作为一个完整历史时代的史学进行研究。这样,史学的时代性,史学与社会制度的关系,一个历史时期史学的有机性就模糊和割裂了。本书希望在过去研究的基础上弥补这个缺陷,以期在中国现代史学史的研究方面出现一个清新的改观。

三、本书的框架、内容及目标

本书由绪论、正文七章和结语组成。

七章的标题依次为:民国时期史学发展的阶段性及其趋势;民国时期的史学流派、学术师承及学派之关联;民国时期历史学的学科建设、研究机构及历史学会;民国时期中国史料整理及通史、断代史、专史撰述;民国时期的世界史研究;民国时期历史学重大问题的研究和争鸣;民国时期中外史学交流。

第一章主要采用历史的方法梳理民国史学的发展过程。论述四个问题:(1)"新史学"——民国史学的序幕;(2)民国史学发展脉络;(3)民国史学的三个坐标;(4)民国史学发展的主线和趋势。

第二章研究民国时期的史学流派。史学流派问题很复杂,不同的标准就会有不同的划分结果。本课题主要依据历史上出现的史学流派称谓,研究史学流派的产生,各流派内部的师承关系,各个史学流派的学术关联等。这些史学流派主要是国粹派、古史辨派、考古派、史料派、食货派、南高派、学衡派、战国策派、生物史观派、现代史学派、马克思主义史学等。民国后期,马克思主义史学以史料与理论、学术与致用的相互结合,表现出强大的优势,逐步为其他史学流派所尊重和认同。我们认为,研究史学流派,应注意研究其主要代表人物的学术贡献和治学特色。

第三章探讨民国时期高等学校历史学的学科建设、研究机构以及所成立的历史学会。学科建设包括课程设置、讲义或教材编撰、教学手段和方法等。北京大学史学系的课程设置以及课程的不断改革和完善,对全国高等学校历史学的独立和发展都产生了广泛的影响。30年代后期,国民政府教育部制定史学系课程标准,对历史教学水平的提高也起到了推动作用。民国时期的研究机构包括中央研究院的历史语言研究所、中央政府设立的历史编纂机构或古物管理部门、地方政府设置的历史研究机关、大学内设置的历史研究所等，它们是民国时期史学研究的中坚力量。中国历史学会分别在20年代末和40年代初成立，对团结史学界同仁发挥了一定的作用。此外还有高校史学系师生组织的史学会，对历史教学的改进和史学系的建设也做了很多工作。

第四章研究民国时期中国史料整理及通史、断代史、专史撰述。内容包括新史料的发现、史料整理及相关学问的形成、通史的撰述及成就、断代史（先秦史、秦汉史、魏晋南北朝史、隋唐五代史、宋元史、明清史、近世史及现当代史）的撰写及成就、专门史的研究及成绩（史学理论及史学史、中国政治史、中国经济史、中国文化史、历史地理学、中外交通史、中国民族史）。

第五章梳理民国时期的世界史研究。这是第四章的继续，仍然讨论学科建设问题。因为世界史学科的建设与中国史学科的建设有不同特点，故另立一章。内容包括世界史的翻译和编著、独立的世界史学科体系的形成、分期史和国别史研究之成就。

第六章是民国时期历史学重大问题的研究和争鸣。这些问题与时局联系密切，又牵动整个史学界。把这些问题归结起来，主要是：关于中西文化的论争；关于中国古代社会形态理论的论争；关于中国古代社会形态演化理论的论争；关于民族问题的论争；等等。

第七章论述民国时期中外史学交流。中外史学交流是影响民国史学发展的重要因素，特别是中国派往日本和欧美等国家的留学生，在中外史学交流中做出了重大贡献。民国时期史学的演进与留学生译介西方国家的史学著作、传播史学观念是分不开的。在此主要研究中日史学交流、中美史学交流、中法史学交流、中德史学交流、中英史学交流、中苏（俄）史学交流等，论述史学交流对民国史学发展的作用。

结语是对全书的总结和升华，并就民国时期史学与社会，特别是史学与政治的关系进行探讨；对民国时期史学的特点、成就和局限以及历史影响作出论断，以做到对民国时期历史学的认识达到理论的高度。

拟定上述框架和内容，意在实现如下目标：

1.将民国时期史学发展的脉络清晰地梳理出来，划分其发展的阶段性，概括每个阶段的特点。写出每个阶段发挥重要影响的历史学家的学术贡献；注重考察民国史学现象与其社会环境的相互关系,阐发民国史学与社会的交互作用,民国史学对推动社会进步的意义。

2.展示民国时期历史学的丰富多彩,科学揭示民国时期史学发展的矛盾和规律。把民国时期的史学作为一个客观实在、一个有机体来认识,研究它的内部矛盾和外部矛盾,包括一个学派内部的矛盾运动,学派之间的矛盾运动,中外学术的矛盾运动;对历史学的认识,从史学的家派到历史教学、人才培养、研究机构、问题争鸣等,既要揭示出其各自的历史过程,又要看到它们之间的有机联系。

3.从动态和静态的视角多方位审视民国时期史学的面貌、特点,理性分析民国史学的学术地位和学术影响,从中得出有益于当代史学发展的经验和教训。

四、指导思想与研究方法

民国史学研究在指导思想上,将自觉坚持和运用唯物史观。唯物史观有两个基本点,一个是唯物论,一个是辩证法。运用唯物史观研究问题,必须将这两个基本点有机地结合起来。历史唯物论认为,社会存在决定社会意识,社会意识对社会存在具有反作用。民国时期的史学是民国时期的学术文化的组成部分。学术文化属于社会意识的范畴,它既有一定的独立性,又受制于社会存在,是社会存在决定的。因此,考察民国时期的历史学,一定要把它放到民国的历史条件之下。无论是史学理论的变革还是研讨的问题,都与社会现实有直接间接的联系。对此,要有自觉的认识。辩证法要求我们从具体的历史的矛盾运动中去观察事物,注意事物之间的相互联系,用联系的、发展的观点研究问题。研究民国史学,既要看到所涉及问题的前后时代联系,又要看到这些问题与当时的政治、经济以及文化思潮的联系;既要对各专题进行系统的考察,又要考察它们之间的相互关系。内部联系和外部联系梳理清楚了,事物的整体性和有机性才能被展现出来。唯物史观还要求我们对历史史实、历史材料要忠实,以实事求是的态度认识民国史学的成绩和不足,以实事求是的态度评价有关史家的贡献,论述力求平实、客观,在充分占有材料、分析材料的基础上得出相应的结论。

　　本书运用逻辑和历史相统一的方法。把民国时期的史学作为一个整体，以逻辑的方法将它分成几个部分，构成专章，然后用历史的方法考察其过程，恢复其历史的本来面貌。在研究中，又要严格运用逻辑的方法。最后，把研究的结果表述出来，再现民国史学的发展过程和学术成就、学术特点。逻辑的方法和历史的方法，相互配合，协调统一。

　　本书必要时尚需运用计量的方法和比较的方法。如对某一重要理论问题在各个时期发表的论著的数量统计，对参加讨论和争鸣的学术刊物、研究者的量化统计，以全面准确地认识对某一问题研究的规模、在当时产生的影响等。对同一问题在不同历史时期的研究进行比较，不同问题在同一时期研究的情况也要进行比较。善于运用比较的方法也是唯物史观联系的观点在本课题研究中的重要体现。

第一章　民国时期史学发展的阶段性及其趋势

一、"新史学"——民国史学的序幕

从 1900 年到辛亥革命,史学界发生了革命性的变化,可以认为是 20 世纪中国史学发展的第一个阶段。这一阶段,"新史学"思潮犹如飓风,不仅震撼了史学界,也使整个社会感受到了它的力量。

以康有为、梁启超为代表的资产阶级改良派,在戊戌变法时,已经接触到了西学。严复翻译的赫胥黎的《天演论》,对康、梁都有影响。但那时,在他们思想中占主导地位的还是中国传统的"变易史观"。他们宣传变法,基本上还是以此为根据,并假托孔子,使维新变法带上神圣的光环。当封建顽固派无情地摧毁他们的变法运动,并对他们施以血腥镇压时,他们被迫流亡到日本。在日本,他们接触到更多的西方史学思想。"畴昔所未见之籍,纷触于目;畴昔所未穷之理,腾跃于脑,如幽室见日,枯腹得酒"。[①]　日本的所见所闻,对他们影响很大,特别是梁启超,思想有较大的变化,已明显地与日益落伍于时代的康有为存在思想分歧。他公开表示不同意康有为"保孔教"的思想,认为"救今日之中国,莫急于以新学说变其思想(欧洲之兴全在此),然初时不可不有所破坏。孔学之不适于新世界者多矣,而更提倡保之,是北行南辕也。"[②]

梁启超已感觉到从思想上来改造国民的必要性。过去他把一切希望寄托到一个皇帝身上,企图通过几道诏书解决中国的问题。变法的失败,使他有所醒悟。1901 年的《中国史叙论》,是他著"新史"的导论。1902 年的《新史学》,提出"史界革命不起,则我国遂不可救。悠悠万事,惟此为大",更是公开打起

---

①　梁启超:《论学日本文之益》,《饮冰室合集》文集之四,中华书局 1989 年版,第 80 页。
②　丁文江、赵丰田:《梁启超年谱长编》,上海人民出版社 1983 年版,第 277—278 页。

了与旧史学决裂的大旗。他对封建旧史学进行了猛烈的批判，指出旧史学有"四弊""二病"："一曰知有朝廷而不知有国家"，"二曰知有个人而不知有群体"，"三曰知有陈迹而不知有今务"，"四曰知有事实而不知有理想"。进一步申论说："以上四者，实数千年史家学识之程度也。缘此四蔽，复生二病。"他说的"二病"，一是"能铺叙而不能别裁"，二是"能因袭而不能创作"。"合此六蔽，其所贻读者之恶果，厥有三端"，即"一曰难读"，"二曰难别择"，"三曰无感触"。文中议论排击，气势颇盛，而多以近代西人、西史为标准。尽管他也肯定了司马迁、杜佑、郑樵、司马光、袁枢、黄宗羲为中国史学上的"六君子"，属于能创作的史家，然此外"则所谓公等碌碌，因人成事"，无所可取。他认为"《二十四史》非史也，二十四姓之家谱而已"，"若《二十四史》真可谓地球上空前绝后之一大相斫书也。""中国之史，则本纪、列传，一篇一篇，如海岸之石，乱堆错落。质而言之，则合无数之墓志铭而成耳。"中国"汗牛充栋之史书，皆如蜡人院之偶像，毫无生气。读之徒费脑力。是中国之史，非益民之具，而耗民智之具也。"同时，他也受到日本和西方史学理论的影响①，提出"新史学"的基本理论。

首先，他运用进化论对历史学作了新的定义。他说："进化者，往而不返也，进而无极者也。凡学问之属于此类者，谓之历史学"。也就是说，历史学应以进化论为指导思想，考察和叙述种种进化的现象。"历史者，叙述人群进化之现象也"，"就历史界以观察宇宙，则见其生长而不已，进步而不知所终，故其体为不完全，且其进步又非为一直线，或尺进而寸退，或大涨而小落，真相如一螺线。明此理者，可以知历史之真相矣"。

他认为一切事物都是进化的，不独人类然。之所以说"历史者，叙述人群进化之现象也"是因为"此不徒吾人之自私其类而已。人也者，进化之极则也，其变化千行万状而不穷者也"。这就是说，人类进化在事物进化中是最复杂的。由此他认为历史研究有"广义"和"狭义"之分："言历史之广义，则非包

① 把《新史学》与日本浮田和民的《史学原论》相对比，可以看出，《史学原论》是"新史学"理论的重要来源。参见蒋俊：《梁启超早期史学思想与浮田和民的〈史学原论〉》，《文史哲》1993年第5期；尚小明：《论浮田和民〈史学通论〉与梁启超新史学思想的关系》，《史学月刊》2003年第5期；邬国义：《梁启超新史学思想探源》，载张广智主编：《20世纪中外史学交流》，北京师范大学出版社2007年版；李孝迁：《西方史学在中国的传播》，华东师范大学出版社2007年版。

万有而载之不能完成；至语其狭义，则惟以人类为之界"。通常的历史撰述，一般指的是狭义的历史，即人类的历史。但人类活动极其繁多，人类的事实不能都是历史研究的对象，历史最应当注意的，是人群之事，苟不关于人群者，虽奇言异行，而必不足入历史研究的范围。

就历史观的发展来看，从尊天命到重人事，是一大进步；从重视个人的作用到重视人群的作用，是又一大进步。梁启超讲"人群进化之现象"，确立要用进化史观研究人类历史，这是他的贡献，也是以他为代表的新史学最进步的表现。

在此基础上，他提出历史学的根本任务是研究人类进化的"公理公例"："历史者，叙述人群进化之现象而求得其公理公例者也"。这里说的"公理公例"，就是他说的"历史哲学"。梁启超认为，史学（即关于历史的研究和撰述）是由"客体"和"主体"结合而成的。所谓客体，"则过去、现在之事实是也"；所谓"主体"，"则作史、读史者心识中所怀之哲理是也"。历史研究和撰述，"有客观而无主观，则其史有魄无魂，谓之非史焉可也（偏于主观而略于客观者，则虽有佳书亦不过为一家言，不得谓之为史），是故善为史者，必研究人群进化之现象，而求其公理公例之所在，于是有所谓历史哲学者出焉。历史与历史哲学虽殊科，要之，苟无哲学之理想者，必不能为良史，有断然矣。"梁启超从历史研究、历史撰述中的客体与主体的关系，提出历史哲学的重要，这在史学理论的发展和建设上是有重要意义的。"所以必求其公理公例者，非欲以为理论之美观而已，将以施诸实用焉，将以移诸来者焉。历史者，以过去之进化，导未来之进化者也。吾辈食今日文明之福，是为对于古人已得之权利，而继续此文明，增长此文明，挚殖此文明，又对于后人而不可不尽之义务也。而史家所以尽此义务之道，即求得此前进化之公理公例，而使后人循其理、率其例以增幸福于无疆也。史乎！史乎！其责任至重，而其成就至难！"这样，梁启超从历史进化的观点和文明的连续发展阐述了史学的社会作用。

梁启超还论述了史学与其他学科的关系。史学与地理学、宗教学、法律学、经济学有直接的关系，与哲学范围内的论理学、心理学、逻辑学、文章学以及自然科学范围所属的天文学、物理学、化学、生理学，在理论方面有间接的关系。

梁启超的"新史学"理论体系，是结合批判中国传统史学、改造中国传统史学的目的而提出来的,在中国史学发展,尤其是在中国史学的近代化过程中具有里程碑的意义。它标志着传统史学在清代后期之延续的历史的结束,标志着中国近代史学在理论上的初步确立。

"新史学"一提出,得到许多学者的响应,形成一种思潮。章太炎的《訄书》重订本,《哀清史》后附有《中国通史略例》《中国通史目录》,提出编修一部不同于旧史的新的中国通史之设想。1902 年,他与梁启超就编撰新的中国通史问题进行讨论和学术通信。在梁启超发表《新史学》的同年,汪荣宝编著了《史学概论》在《游学译编》发表,篇幅虽然不大,但涉及面很宽,二三十年代出版的许多史学概论,基本上是在这个框架上发展的,可见影响之大。1902—1903 年,浮田和民的《史学原论》先后有五种译本①,1907 年,吴渊民编译了《史学通义》,张玉涛译述了坪井九马三的《史学研究法》部分章节,吕瑞廷、赵澂璧编《新体中国历史》。1909 年,曹佐熙著有《史学通论》。这些史学理论著作的出版,都对"新史学"思潮的发展产生了影响。"新史学"不仅表现在理论上,而且表现在著史的实践上。受"新史学"思想的影响,当时编著的中国历史书影响较大的有如下几种:

1.《历代史略》,约出版于 1901 年 10 月至 1903 年 5 月,由柳诒徵增辑日本那可通世《支那通史》而成,江楚编译局出版。

2.《中国历史》,曾鲲化著,1903 年出版上卷,1904 年续出中卷(中卷刊出出版广告,未见书。是否出版,存疑)。

3.《中国历史教科书》,1903 年商务印书馆编印,著者为涉园主人②。

4.《中国历史》,陈庆年著,1904 年出版。

5.《中国历史教科书》,夏曾佑著,三册,分别于 1904 年、1905 年、1906 年出版。

6.《中国历史教科书》,刘师培著,出版于 1905 年至 1906 年。

7.《中国历史讲义》,徐念慈编,1908 年出版。

这些教科书大都是在清政府废除科举制后,为满足新式学堂教授中国历

---

① 俞旦初在《二十世纪初年中国的新史学思潮初考》(《史学史研究》1982 年第 3 期)中说有六种译本。邹国义进一步考证,认为俞说有误,最多五种。参见[日]浮田和民讲述,李浩生等译,邹国义编校:《史学通论四种合刊》,华东师范大学出版社 2007 年版,第 4—7 页。

② 涉园主人是张元济。

史的需要而编写的。其中以夏曾佑的《中国历史教科书》影响最大,成就最高,可谓"新史学"理论的代表性成果。该书是第一部用章节体撰写的史书,综括性强,在揭示历史事件之间的联系和历史发展规律方面尽显其体裁之优长。它重视历史分期,将中国历史分为三个大时代,七个小时代,写出了各个历史时期的特点。书中有大量的表格,容纳的内容十分丰富。该书文笔清新、简练,通俗易懂,出版后很受欢迎,多次发行重印。

新史学诞生于清政府统治的最后 10 年,虽然当时它以批判中国封建传统史学的面目而出现,但也逐步得到清朝政府的默认,允许这些教科书出版和使用即说明这一点。从根本上说,新史学脱胎于中国社会、中国史学自身,是中国传统史学蜕变的结果。正是由于中国社会矛盾的日益加深,中华民族亡国灭种的危机日益严重,才促使爱国的知识分子走上维新变法的道路,迫使他们思考拯救中国的方案。爱国主义是"新史学"的灵魂,无论是资产阶级改良派,还是资产阶级革命派,他们都是从拯救中华民族的愿望出发,把史学当作唤起民众、变革现实的思想武器。他们或以介绍弱小民族的亡国史使国人警觉,或以中外改革史、革命史给国人以激励。当他们发现中国传统史学不能适应改革现实的要求,而恰恰具有维护封建专制统治的滞后性时,他们便大胆地借用西方的进步史学理论,对中国封建史学进行猛烈的批判和改造。20 世纪初期的"新史学"家,大都是在中国传统史学方面有高深造诣的人,因此,他们能够击中封建旧史学的要害。当然,他们在对封建史学进行批判时,也不免否定过头,对西方史学理论,也有很明显的生搬硬套的痕迹,但总的来看,还是有所鉴别的,与全盘否定中国史学、主张全盘西化是不相同的。

20 世纪初期的新史学家,尽管各人的情况有很大不同,并且资产阶级革命派和改良派还以史学为工具,进行了长达数年的论战,但毕竟表现出共同的特征:1.认为历史是不断进化的,不是循环的、退落的。2.史学的意义是研究历史发展的"公理公例"。3.坚决摈弃旧史学以王朝更替和一姓兴衰为核心的做法,而主张以"叙述人群进化之现象"为主旨,写民史、社会制度史、文化史等等。4.注意史学和其他学科的关系,认为史学研究要借助他种学科。这四个特征奠定了 20 世纪中国现代史学的基础。

"新史学"是时代的产物,也特指 20 世纪初至辛亥革命前以梁启超为代表的史学思潮。新史学拉开了民国史学的序幕。

二、民国史学发展脉络

辛亥革命以后，中国进入了民国时代。民国时期史学大体可分三个阶段：自辛亥革命到北洋军阀统治的结束，是第一个阶段。在这个阶段，多种史观传入，对中国史学产生一定的影响，中国现代史学初步建立起来，新历史考据学占主导地位。自 20 年代末至 1937 年抗日战争全面爆发，是第二个阶段。这一阶段爆发了社会史论战，强调研究历史的发展过程，揭示历史发展规律，马克思主义史学发展壮大起来；史学理论成果比较丰富。从 1937 年 7 月到国民党政权在大陆的终结，是民国史学的第三个阶段。抗日战争和国内战争，使各史学派别都经受了战争的洗礼和考验。史学理论表现出多元化特征，但各派别又相互吸收、相互影响，"释古派"史学的学术旨趣得到各方认可，马克思主义史学代表了史学发展的未来方向。

自 1911 年至 1916 年，由于早期新史学家对袁世凯抱有幻想，他们或拥护袁的统治，或加入到袁的政府，在改革或革命方面，失去了当年的锐气。这时他们在学术研究方面也做了一些工作，有些是与现实关系不大的纯学术工作，有些是为了政府工作需要而研究历史。梁启超深度参与了政治，在袁世凯政府、段祺瑞政府担任重要职务，在史学思想方面，无多建树。1914 年 2 月，袁世凯通令全国，一律举行祀孔典礼，一时间出现一股尊孔读经的逆流。3 月，清史馆设立。这一时期，是史学思想平淡无奇的一段。

1916 年后，留美、留日、留欧的学生先后归国，带来了欧风美雨，史学界再度活跃起来，特别是五四运动，迅速掀起新文化热潮，把新史学推向第二个高峰。胡适宣传杜威的实验主义，并将实验主义运用于史学研究，提出"大胆的假设，小心的求证"的治史方法。他于 1919 年 2 月出版《中国哲学史大纲》（卷上）一书，为用实验主义研究历史作了示范，在当时影响很大。他还提出"整理国故，再造文明"的口号，对形成"实验主义史学"起到了奠基作用。以顾颉刚为首的"古史辨"派应该说是直接受胡适史学思想的影响而产生的一个学派。当然，还有一些其他原因，此不赘述。

李大钊是从日本归来的留学生。1919 年，他在《新青年》发表《我的马克思主义观》，第一次系统地介绍了马克思主义的三个组成部分。以后，他又发表了一系列马克思主义史学理论方面的文章,还在几个大学讲授史学思想史、唯物史观研究、经济史、法律史等课程。1924 年,他的《史学要论》出版,第一次用马克思主义的唯物史观就有关史学的基本问题进行了论述,奠定了中国马克思主义史学的理论基础。他的史学思想史课程,以欧洲近世重要史学家的思想说明了历史观的变化和发展,从思想史上论述了唯物史观是科学的、进步的历史观,进而论述它对于历史研究、史学发展的重要意义。

何炳松与胡适一样是从美国归来的留学生,他翻译了美国鲁滨逊的《新史学》,大力引介和宣传美国新史学派的史学主张,被誉为"中国新史学派的领袖"。他与胡适有相同的地方,但在许多方面也有自己独到的见解。

20 年代前后,梁启超、胡适、张君劢等人还邀请了美国杜威、英国罗素、德国杜里舒、印度泰戈尔等人到华讲学,传播历史哲学观点。

梁启超于 1918 年退出政坛,重新回到书斋。1919—1920 年,他游历了欧洲,归国后,潜心著述。虽然性格方面的驱使,使他并不甘寂寞,不时发表一些对时政的评论,主要精力还是用在学术上。这一时期,他出版的史学方面的著作主要有:《清代学术概论》《中国历史研究法》《中国近三百年学术史》《中国历史研究法补编》《古书真伪及其年代》等。与他在 20 纪初的史学思想相比,他这时期在历史观上似乎退落、保守了,但还不能简单地说是倒退。因为总的来看,他的认识更加深刻了。如对传统史学及西方史学理论,他能以辩证的观点来看待,与世纪之初的"卤莽疏阔"相比,显然是成熟了。20 世纪初的史学思想,有些的确超出了他的历史局限和认识水平。以后他不得不重新反思,回到他的历史观规定的范围之内,在这里面将认识深化、细密。所以,20 年代梁启超的史学思想,应该说是他 20 世纪初"新史学"思想的继续发展,只是此时国内史学界史学思想已经丰富多彩了。梁氏的思想不过是史学百花园里的一个花圃,失去了往日独领风骚的地位。

王国维是一个处于新旧之间的史学大师。20 世纪初,他曾游学日本,受到西方史学思想和哲学思想的影响。早年治哲学、文学,先后完成《康德赞》《叔本华与尼采》《人间词话》《宋元戏曲考》等名著,对美学理论亦多有发明。辛亥革命后,主要精力用在史学,对甲骨文、金文、简牍及古器物的考释做出了巨大贡献,并总结治学方法,提出"二重证据法",形成著名的"古史新证"理论。甲骨文、金文、简牍是 20 世纪发现的新材料,而王氏所用的方法又是最新的史学方法,他的学术自然是20世纪新史学的一个组成部分。他倡导学术的目的是追求真理,并主张学术独立于政治,而不赞同把史学作为救世的工具。他在感情上是怀旧的,在治学上是求新的。他是社会大变动时期新旧矛盾交汇于一身的学者。"古史新证"理论是在史料大发现的背景下提出的,从学术价值来看,比其他史学理论毫不逊色,它也是20年代史学花园里的一个花圃。

陈垣青年时代参加过科举考试,1907—1911年,学习医学,接受了近代科学的洗礼,同时受革命思想的影响,进行反清宣传。他没有在学校和国外接受系统的近代史学方法训练,而是靠自学成才,以自己的勤奋和好学深思打下了深厚的史学功底。他1913年定居北京,1922年任北京大学研究所国学门导师。陈垣的治学特色,香港学者许冠三概括为"以土法为本,以洋法为鉴"。这一概括,深得刘乃和先生的赞许。陈垣与王国维在学术精神上相似的地方很多。治史特色为考史,在考史中重"通识",都认为只有新材料、新方法才能得到新成果。王氏的"二重证据法",与陈氏的"类例"思想,虽然具有一定的时代特征,但传统史学的色彩更为浓重,是传统史学在新思潮洗礼下的新生。

傅斯年、陈寅恪与陈垣、王国维、胡适在学术上有交往,彼此也互相吸收、互相影响,在治学方法上也表现出相同的旨趣。傅斯年1928年秋创办了中央研究院历史语言研究所,提出"史学就是史料学"的史学旨趣。傅斯年与陈寅恪都在德国留学过,在历史语言研究所共事的时间较长。许冠三在《新史学九十年》中,将他们二人合为一章,称为"史料派"。蒋俊在《中国史学近代化进程》一书中也把他们放在一起,称作史料建设派。更多的人把"二陈"放在一起。这说明这几位史学大家在学术旨趣、治学特点等方面有许多共同点。顾颉刚在20年代以"疑古"而闻名史界,以致形成了以他为核心的"疑古派"。1923年,他提出了"层累地造成的中国古史"的观点,对有关古史的荒谬传说起了廓清的作用。这对当时的学术界是一个很大的震动。

总之,胡、王、二陈、傅、顾等人是民国时期新考据学派(相对于乾嘉考据学)占主导地位时期的杰出代表,他们在历史考据方面取得了辉煌的成就。这一方面得益于西洋的科学的治学方法的应用,一方面又适逢新史料的大量发现。新考据学派是二三十年代的一支重要生力军。

20世纪20年代末30年代初,在中国史学界出现了一场关于中国社会史的大论战,社会史研究亦因此开展起来。民国史学进入了一个新的阶段。这场社会史论战的出现,有一定的政治原因,一定意义上说是当时政治在史学领域的反映。1927 年,国共合作破裂。以后中国将向何处去? 国共双方的看法是不同的。国民党从维护自身统治的利益出发,认为中国封建制度已经消灭了,也不存在外国侵略势力,中国已经是完全的资本主义社会了。而共产党则认为中国的社会性质没有改变,依然是半殖民地半封建社会。由此引发了史学界对中国社会史的大讨论。另一方面,争论的出现,也有史学自身的原因,它反映出马克思主义史学理论在中国史学界产生了重大的影响。五四运动后,马克思主义史学不断发展壮大,引起了各种唯心史观的非议,以社会史问题为契机而展开争论是思想领域的分歧在史学上的反映。争论促成了以郭沫若《中国古代社会研究》为代表的一批马克思主义史学著作的问世,扩大了马克思主义史学的影响,锻炼和培养了马克思主义史学队伍。从此,马克思主义史学正式形成。中国社会史大论战,是民国史学经过一定发展后分化的标志。

在这次社会史大讨论中,新考据学派如傅斯年、顾颉刚等人没有参加论战,他们以求真为目的,反映出他们与从事社会史研究的史家之不同的治学旨趣。但是,1931 年"九一八"事变后,随着民族危机的日益加重,他们不能安然于书斋、静心于故纸堆了。傅斯年打破了自己"只整理史料不著史"的常规,写了《东北史纲》(第一卷),并计划撰著《中国民族革命史》。在《东北史纲》中,他以翔实的历史事实,论述了东北自古就是我国的领土,对日本帝国主义御用历史学家的种种谬论,予以坚决驳斥。1934 年,顾颉刚创办《禹贡》学会,研究边疆地理。他说:"当承平之世,学术不急于求用,无妨采取'为学问而学问'之态度,其效果如何可以弗问;……及至国势凌夷,局天蹐地之日,所学必求致用,非但以供当前之因应而已,又当责以弘大之后效"。"以我国今日所处地位之危险,学术上实不容更有浪费,故定其价值之高下必以需用与否为衡量标准"。[①] 他主编《禹贡》半月刊,目的就是为挽救国家危亡而尽学者之力。新考据学派由考史到经世,反映出他们的史学思想随着社会现实的变化而变化。

这阶段史学发展还有一个突出的现象是史学理论特别活跃。在 20 年代

---

① 顾颉刚:《〈禹贡〉学会研究边疆计划书》,《史学史研究》1981 年第 1 期。

梁启超、李大钊、胡适、何炳松等人的史学理论的基础上，大量史学理论著作出版。大致可分为两部分，一部分是翻译之作，主要有朗格诺瓦和瑟诺博司合著的《史学原论》（1926 年）、绍特韦尔的《西洋史学史》（1929 年）、班兹的《史学》（1930 年）、《新史学与社会科学》（1934 年）、施亨利的《历史之科学与哲学》（1930 年）、瑟诺博司的《社会科学与历史方法》（1933 年）、弗领（Fred Morrw Fling）的《历史方法概论》（1933 年）和《历史研究法》（1933 年）、弗林特（Robert Flint）的《历史哲学概论》（1934 年）、司各脱的《史学概论》（1933 年）、伯伦汉的《史学方法论》（1937 年）等。此外，介绍外国著名的史学思想家的文章也发表很多。这些史学思想家有黑格尔、孔德、杜里舒、克罗齐、柯林武德、斯宾格勒、汤因比、柏烈得莱等人，其中，以克罗齐为代表的新黑格尔学派及斯宾格勒等人代表的文化形态史观影响较大。另一部分是国人著述的史学理论著作。据不完全统计，这一时期出版的《史学概论》类著作多达 30 余种，其中较著名的有：卢绍稷的《史学概要》（1930 年）、吴贯因的《史之梯（一名史学概论）》（1930 年）、罗元琨的《史学概要》（1931 年）、周容的《史学通论》（1933 年）、刘静白的《何炳松历史学批判》（1933 年）、卫聚贤的《历史统计学》（1934 年）、胡哲敷的《史学概论》（1935 年）、李则纲的《史学通论》（1935 年）。还有一些通史和专史类著作，在导论和后记里面也专门讨论史学理论的内容，反映了这一时期，人们对史学理论的自觉和重视。以上所列国人所著的史学理论著作，总的来看，已比梁启超的《中国历史研究法》和何炳松的《历史研究法》更加条理和完整，对史学的基本理论问题如历史学的性质、历史认识的特点、历史学的功能、史学与其他学科的关系等都展开了讨论，认识更加细致深入了。对西方史学理论的介绍直接译自原著，很少通过日文间接翻译。国人自己著述的史学理论，注重结合本国历史的事例，克服了世纪之初许多生搬硬套的缺陷，有民族特色的史学理论逐步形成。

　　"七七事变"，抗日战争全面爆发。抗战时期，中国史学分为三个区域：沦陷区、国统区和解放区。在沦陷区，爱国史家拒绝日本帝国主义和敌伪政权的威逼、利诱，埋头研究我国历史，将对祖国的炽热情感以著史的形式表达出来。他们在史著中通过表彰古代反对异族野蛮统治的爱国志士，抒发他们不屈的气节，激励一切沦陷区人民不做亡国奴。陈垣先生是沦陷区的代表。国统区汇聚了许多流亡的大学教授，很多大学和研究所也迁到后方。在战时兵荒马乱的形势下,史学界依然坚持学术研究。他们坚信,只要史学存在,就有民族精神在,就能够将侵略者赶出去。以傅斯年为首的中央研究院史语所,在转移和保护我国珍贵文物和重要史籍方面,做了大量的工作。在极其艰苦的情况下,他们继续坚持考古发掘,并取得很大成绩。顾颉刚等人除了继续从事学术研究,还利用史学进行爱国主义宣传,编写了大量的通俗读物。战争,给史学家留下了深深的烙印。这种烙印,在他们的史著中,大都能体现出来。随着战局的稳定,史学继续沿着原来的轨迹前进。在理论方面,历史理论日益发达。民生史观、文化形态史观、生机史观、英雄史观、政治史观、道德史观、函变史观等都纷纷呈现。这些史观的产生,有一定的政治倾向,但学术本身的发展联系也不能忽视,因为在新史学发展的第二阶段,在广泛吸收和介绍西方史学理论时,这些史观就已萌芽。战争的爆发,更刺激人们思考,历史是如何发展的?发展的动力是什么?如何改变中国的落后挨打局面?战争刺激人们更多地去从事理论探讨,加速了历史理论的多样化。作为对史学自身进行研究的学科——史学史,这一时期获得空前的发展。30 年代末到 40 年代,发表了大量的史学史方面的论文,而注意总结当代史学则是史学史研究的突出现象,反映了史家对当代史学的关注。其中较有代表性的有:1939 年金毓黻的《吾国最近史学之趋势》、1940 年曾繁康的《中国现代史学界的检讨》、1941 年周予同的《五十年来中国之新史学》、1941 年金灿然的《中国历史学的简单回顾与展望》、1943 年张绍良的《近三十年中国史学的发展》(为纪念中国史学会成立而作)、1946 年齐思和的《现代中国史学评论》等。这些论文都对 20 世纪以来的史学进行了研究,指出新史学以来的史学成就、史学特点、代表性人物,并对史学的发展方向和情景进行了展望。这期间对中国古代史学史的研究也取得很大的进展,涉及各个朝代的重要史家和史著。系统的中国史学史专著也出现了,它们是 1941 年魏应麒的《中国史学史》、1942 年王玉璋的《中国史学史概论》、1944 年金毓黻的《中国史学史》、1946 年顾颉刚的《当代中国史学》等。

令人瞩目的是,马克思主义史学在经过社会史大论战之后,发展非常迅速,到抗战时期,已经成为最有影响的一支史学队伍。在国统区,吕振羽 1941 年出版的《简明中国通史》,翦伯赞 1938 年出版的《历史哲学教程》,1940 年代出版的《中国史纲》第一、二卷,在史学界和社会上,都有很大反响。郭沫若写作了大量的历史剧及重要史著如《青铜时代》《十批判书》《甲申三百年祭》等。侯外庐完成的《中国古代思想学说史》《中国近世思想学说史》，在思想史方面，取得很高的成就。在解放区，史学更是受到重视。毛泽东把学习历史作为革命能否取得胜利的一个必要条件，认为历史学习对于掌握中国的国情，对于把马克思主义与中国革命的具体实践相结合，形成良好的学风都是极有意义的。在毛泽东的倡导下，延安成立了专门的历史研究机构——中央研究院中国历史研究室。范文澜是延安解放区史学界的代表。他著的《中国通史简编》是当时观点新颖、资料丰富、文笔优美的作品，出版后深受解放区干部群众的欢迎，在国统区也有很大的影响。

抗战期间，国共两党并没有停止摩擦。政治斗争也反映到史学领域里来，以致史学界成为政治斗争的重要阵地。典型地表现在：蒋介石著有《中国之命运》（其实是陶希圣著，蒋署名），毛泽东则有《中国革命和中国共产党》；蒋廷黻著有《中国近代史》，范文澜也有《中国近代史》。前二者为两党领袖，他们都以历史为根据，论述中国的现实和未来。后二者是与两党政治关系密切的史学家。他们依据不同的历史观，对中国近代史作了各自的解释和评述。史观和政见的不同，使得他们对历史人物、历史事件、历史过程的评价和认识有不少的差别。

抗战胜利后不到一年，又爆发了全国规模的内战。国统区进步史家以古喻今，以史学为武器参加到反腐败、争民主的斗争行列。吴晗写了大量论文及史著《朱元璋传》，对国民党的腐朽、专制给予揭露和鞭挞。翦伯赞发表《桃花扇底看南朝》《南明史上的弘光时代》等论文，揭露国民党政府的腐朽统治。吕振羽的《中国民族简史》，胡绳的《帝国主义与中国政治》，也是当时的力作。一些附和国民党的学者，以赞美中国的传统文化和古代政体为名，为国民党的一党专政大唱赞歌。还有的学者则鼓吹"第三条道路"。史学界的斗争，反映了当时的社会矛盾。

要而言之，民国史学在第三阶段呈现多元化发展态势，包括唯物史观在内的各种史观，在史学领域都有基地。马克思主义史学，以其完备的理论形态，求真和致用相结合的学风，积极参与抗战和革命斗争，队伍日益壮大，成为最有影响的一个学派，为中国新史学发展到更高阶段，奠定了基础。

三、民国史学的三个坐标

民国时期，史学界可谓人才辈出，群星灿烂。其中，有三颗明星特别显耀，可谓是民国史学的三个坐标，他们都一度引领了史学思潮，使史学发展呈现出一浪高过一浪、后浪推前浪的壮丽图景。这三个坐标是梁启超、胡适、郭沫若。

在早期新史学阶段，梁启超是一面旗帜。这首先是因为他发表了最能鲜明体现新史学理论的文章。1902 年发表的《新史学》不啻为"宣言书"。不仅如此，一个学问家要成为引领学术潮流的人，还需要其他多个方面的因素，如他的学术地位，他的学术影响力，他的人格力量和学术向心力，等等。梁启超在这些方面都具有自己的优势。他在维新变法时期已名声大噪，是地位仅次于康有为的维新人士；他旧学基础深厚，才气过人，所作文章，感情饱满，富有气势，令人振奋。他接受新事物快，善于吸收新思想，对新学说新见解虚怀吸纳，并结合中国的实际作出富有创造性的改造。这几点是与他齐名甚至学养比他深厚的几位同时代学者比不上的。如康有为思想日趋保守，且精力主要用在政治活动方面，学术领域主要是经学；以翻译《天演论》著名的严复，在史学上无多建树；旧学根柢深厚的章太炎，在对西学方面不如梁氏开明，且文字深奥，普通学子难以领悟。孙中山的学养也很好，但他致力于革命的实际工作，对学术研究无暇多顾[1]。而当时留日学生在学术业绩上还不足以与他相比，所以，梁启超是中国史学现代转型第一阶段最有影响力的学者。

辛亥革命是中国历史的重大事件，也是中国史学进入新阶段的又一个起点。自此时到二十年代末，是中国历史学的又一个时代。这个时代对中国史学影响最大的是胡适。在袁世凯统治时代，学术界笼罩着一股复古倒退的沉重暮气。1917 年，蔡元培出任北京大学校长，聘请陈独秀、胡适等人到北京大学任教，提出学术自由、兼容并包的办学思想。于是，一种新的学术思潮又被掀动起来。

胡适 1917 年任北京大学教授时，才不过 26 岁，论资历和学术成就，都不

---

[1] 参见梁启超：《中国近三百年学术史》，《饮冰室合集》专集之七十五，中华书局 1989 年版，第 30 页。

足以位居学界领袖。此时北京大学的老派学人是桐城派和国粹派的传人和骨干，新派则以太炎弟子为多。但胡适在新派中有他的特殊地位：

1.他是留美博士，在当时还极少有留美博士的中国，他的留美背景和博士身份（其实胡适是1927年获得的博士学位），为他罩上一层耀眼的光环，使他很快成为学术明星。

2.他得到了校长蔡元培和文科学长陈独秀的强力支持。蔡元培的"兼容并包，学术自由"办学方针，看起来对新、旧学派都是平等的，但在新文化运动初期新派处于弱势的情况下，它对新派起到支持和爱护的作用。胡适讲授的中国哲学史，采取新的讲法，如"截断众流"，从老子讲起；给予先秦各家以平等的对待等，当时受到很多旧派学人的攻击，甚至一些学生对这种讲法也很不满，但蔡元培在为胡适的《中国哲学史大纲》所写的《序言》中却给予了高度评价，有力地支持了胡适，对他学术声誉的提高起到了重要作用。陈独秀领导的新文化运动，胡适是主将之一。对胡适的文学改良主张，陈独秀都给予坚定的支持。胡适虽然缺少陈独秀大刀阔斧、勇往直前的气魄，但他更有韧性和理性。他关于文学改良的观点以及关于白话文、白话新诗写作的理论和实践，都具有典范的意义，在学术界发挥的效用更加持久。

3.他对西方学术动态、西方学术规范的掌握和在西方现代语文的运用方面，在新派学人中都处于优势地位。陈独秀、太炎弟子以及后来在北大史学系讲授唯物史观的李大钊，基本是留学日本出身，日本也是学习西方的，在一般人看来，在日本学习西洋学术比不上直接从欧美学习。所以留学欧美归来的学者往往更受重视①，这从当时的薪酬待遇中也可以反映出来。② 太炎弟子在旧学修养方面一般都比较深厚，他们也趋新，但又不免带有旧情结。胡适宣传他在美国接受的实验主义，在当时很有影响。他发表的《实验主义》《杜威先生与中国》《五十年来之世界哲学》等，都反映了他对西方学术史及西方学术动态的熟悉。他的美国导师杜威来华讲学，成为他坚强的洋后盾；杜威在中

---

① 如朱执信说："现在不去欧洲留学，真没有发言的余地。"（《朱执信集》，中华书局1969年版，第660页）北京大学史学系主任朱希祖1920年左右也慨叹当时北京大学史学系无"留学欧美专习史学者。"（《朱希祖文存》，上海古籍出版社2006年版，第330页）

② 见北京大学图书馆、北京李大钊研究会编：《李大钊史事综录》，北京大学出版社1989年版，第199页。

国多地演讲,胡适担任翻译,这为胡适展示他的英文才华和学术修养提供了绝佳的舞台。

4. 胡适不仅熟知西方学术,对中国传统的学问也很精到。出国之前他就受到良好的汉学训练,在美国研究的也是中国学问,因此,他能把西方的现代学术规范与中国传统的治学方法很好地结合起来。这是一些受到西洋学术训练而不通本国学术的留学生所缺乏的。所以,胡适虽然年轻,初回国时学术成果也不够多,但其潜力巨大。他的《中国哲学史大纲》(卷上)一出版,就引起轰动,以致连章太炎、梁启超辈学人亦不能小觑这位后生小辈。梁启超在《清代学术概论》中说:"而绩溪诸胡之后有胡适者,亦用清儒方法治学,有正统派遗风。"①

胡适性情温和,交游广泛。但他是一位活跃的人物。他虽不参政,却热心谈论政治。各种思潮的讨论和争鸣,他都参与,并留下了大量的文字。这也增强了他在学术上的影响力。他在五四前后的开风气,与他的这些活动是相辅相成的。而最能体现他的开风气业绩的工作还是他撰著的《中国哲学史大纲》(卷上)。

《中国哲学史大纲》(卷上),1918 年写成,1919 年 2 月出版。该书共有 12 篇(章),依次是:导言、总论(中国哲学的发生时代)、老子、孔子、孔门弟子、墨子、杨朱、别墨、庄子、荀子以前的儒家、荀子、古代哲学之终结。研究范围从老子到韩非子。第一次以西方的学术范式,参以中国传统的历史考证方法,对先秦思想史进行了梳理和论述。不仅如此,该书的更大意义在于对研究哲学史的方法论的论述。它在这方面的价值实际已超出了哲学史研究、思想史研究的范围,对一切历史研究都具有典范的意义。胡适在该书《导言》中说:

> 要做一部可靠的中国哲学史,必须要用这几条方法。第一步须搜集史料;第二步须审定史料的真假;第三步须把一切不可信的史料全行除去不用;第四步须把可靠的史料仔细整理一番:先把本子校勘完好,次把字句解释明白,最后又把各家的书贯串领会,使一家一家的学说,都成有条理有统系的哲学。做到这个地位方才做到"述学"两个字。然后还须把各家的学说,笼统研究一番,依时代的先后,看他们传授的渊源,交互的影

---

① 《饮冰室合集》专集之三十四,中华书局 1989 年版,第 6 页。

响,变迁的次序,这便叫做"明变"。然后研究各家学派兴废沿革变迁的原故,这便叫做"求因"。然后用完全中立的眼光,历史的观念,一一寻求各家学说的效果影响,再用这种种影响效果来批评各家学说的价值,这便叫做"评判"。①

这里面所讲的研究步骤:"述学""明变""求因""评判"对所有的历史研究都是适用的,是近代历史研究方法论的经典表述。这样,胡适虽是哲学教授,可他的影响更在历史学方面。此后,他为《国学季刊》写《发刊宣言》,主张"整理国故,再造文明",所提出的整理国故的步骤和方法依然具有近代史学的方法论意义。特别是他提出的"专史式的整理",将"中国文化史"系统分为十类——民族史、语言文字史、经济史、政治史、国际交通史、思想学术史、宗教史、文艺史、风俗史、制度史,对以后历史学的发展影响很大。到现在为止,历史学专史分类仍需参考他的分类框架。

胡适在《中国哲学史大纲》中所提出的研究范式对新历史考据学派的兴起具有直接的影响。五四以后兴起的"疑古"学派,不仅在治学精神上受胡适的影响,在方法上也是遵循胡适指示的路径。顾颉刚在与胡适的通信中写道:"先生在学问上的生命,我认为方兴未艾,可以开辟的新天地不知有怎样大,此中乐事正无尽。在这方面,我们常为先生鼓吹,使先生的力量日益扩大,就是反对先生的人,他们也不敢说什么话,即使说来也是极浅薄的,比之蚍蜉撼大树而已。所以我希望先生不要辜负了自己的才性和所处的时势,努力向这方面做去,成就新史学的功绩。先生在这方面的领袖地位,是没有人抢夺得了的。"②顾颉刚的这封信,有一定的宗派气息,但也确实反映了胡适在 20 年代末处于学术班头地位的事实。留学欧洲归来的傅斯年,1928 年奉蔡元培之命,创办中央研究院历史语言研究所,提出"史学就是史料学"的治学旨趣。傅斯年虽然出身北大国学门,而非北大哲学门出身,但他服膺胡适,一生心悦诚服地拜倒在胡适门下,恭敬顺从地称胡适"先生"。③ 胡适在学术上取得了一些带有开创意义的成绩,除了其《中国哲学史大纲》,还有在文学史研究方

---

① 胡适:《中国哲学史大纲》(卷上),商务印书馆 1987 年影印出版,第 32—33 页。

② 《顾颉刚全集》第 39 册,中华书局 2010 年版,第 443 页。

③ 参见罗尔纲:《师门五年记胡适琐记》(增订本),生活·读书·新知三联书店 2006 年版,第 100 页。

面如对《红楼梦》《水浒传》《西游记》的考证，写出像《诸子不出于王官论》《说儒》《论墨学》等挑战学坛祭酒章太炎、梁启超的论文，等等。但这些还不足于使他的学术地位超迈章太炎、王国维、梁启超等人之上。1924 年，清华学校校长曹云祥筹办清华研究院，曾与胡适磋商，并请他出任研究院导师。胡适说："非一流学者，不配作研究院导师，我实在不敢当。你最好去请梁任公、王静安、章太炎三位大师，方能把研究院办好。"①胡适对自己的估价是准确的。他的长处不在学问的精深和厚重上，在这方面他无法与诸大师相比，他的长处在于开风气。他说："我的唯一的目的是注重学问思想的方法。故这些文章，无论是讲实验主义，是考证小说，是研究一个字的文法，都可说是方法论的文章。"②"我治中国思想与中国历史的各种著作，都是围绕着'方法'这一观念打转的。"③余英时也说："他有十分丰富的西学常识和敏锐的判断力，更重要的是他的旧学和新知配合运用得恰到好处。他能在国故研究上建立新典范、开辟新风气者，以此；他能提倡文学革命和领导新文化运动者，也莫不以此。"④"《中国哲学史大纲》是一部建立典范的开风气之作，而同时又具有示范的作用。无论今天看来，它包含了多少可以商榷的问题，它在当时能掀起考证学——史学的革命是丝毫不足为异的。"⑤"以'旧学邃密'而言，胡适不但比不上章、梁、王等老辈，而且也未必能驾乎同辈以至早期弟子之上，但是关键根本不在这里。他的基本贡献是一种综合性的创造。"⑥这些评论，应该说是比较到位的。

以开风气擅长的梁启超，在经历了一年多的欧洲之行后于 1920 年初回到国内，此后即把精力用在学问上。对胡适在学术上的暴得大名，梁氏似乎心中不平，1922 年 2 月，他亲到北京大学，发表演讲，评论胡适的《中国哲学史大纲》；在开列最低限度的国学书目方面，也再三对胡适提出批评。1925 年，他

① 朱俊鹏：《短暂而辉煌的国学研究院》，http//news.tsinghua.edu.cn。
② 《胡适文存》一集《序例》，黄山书社 1996 年版。
③ 《胡适自传》，江苏文艺出版社 1995 年版，第 207 页。
④ 余英时：《〈中国哲学史大纲〉与史学革命》，载《余英时文集》第五卷，广西师范大学出版社 2006 年版，第 294 页。
⑤ 余英时：《〈中国哲学史大纲〉与史学革命》，载《余英时文集》第五卷，广西师范大学出版社 2006 年版，第 294 页。
⑥ 余英时：《〈中国哲学史大纲〉与史学革命》，载《余英时文集》第五卷，广西师范大学出版社 2006 年版，第 293 页。

担任了清华国学研究院的导师。然而,梁启超此时的学术,尽管与他 20 年前相比,变得持重平和了,许多认识更加成熟,在开拓学术新领域方面,也有很大贡献,但在历史观方面,却变化不定,且越变越倒退,不时受到新派学人的批评。① 梁启超的开风气时代已经过去了,在引领学术风尚方面,胡适跑在了他的前面。②

　　20 年代,北京大学史学系不断地进行课程改革,史学系主任朱希祖聘请李大钊讲授"唯物史观研究""史学思想史"等课程。李大钊运用辩证唯物论对史学的基本问题进行了论述,提出了马克思主义史学理论,但在历史考据学占据主导地位的形势下,他的史学理论一时没有在史学界产生轰动效应。李大钊本人所写的数篇运用唯物史观揭示社会变动的文章,也不过是初步尝试。③ 1925 年后他把更多的精力用在了政治活动上,在具体的历史研究方面没有写出重要著作。他的史学思想本也有开风气之先的特点,然在他就义后,其著作遭到查禁,④他的学术思想,在当时的史学界没有结出应有的果实。胡适的《中国哲学史大纲》具有近代史学典范的意义,但以他在《导言》所提出的标准来衡量,其《中国哲学史大纲》也存在缺陷。冯友兰说:"他的书既有汉学的长处又有汉学的短处。长处是对于文字的考证、训诂比较详细,短处是对于文字所表的义理的了解、体会比较肤浅。……胡适的《中国哲学史大纲》对于资料的、文字的考证,占了很大的篇幅,而对于哲学家们的哲学思想,则讲的不够透,不够细。"⑤胡适提出整理国故,治学围绕方法打转,但他的方法大都局限在史实考证的范围内,并没有做到其所谓的"求因"和"评判"。对运用唯物史观研究历史,使历史研究再上一个更高的层次,他是排斥的。他与李大钊关于问题与主义的争论,主要是由于政治观点的分歧所使然,但也有治学旨趣的

---

① 参见李守常:《时》,《史学要论》,河北教育出版社 2000 年版,第 285 页。

② 胡适对这一时期的梁启超有如下评论:"梁任公也是不甘心落伍的;任公这几年来,颇以努力跟一班少年人向前跑。他的脚力也许有些蹉跌,但他的兴致是可爱的。"见《胡适全集》第 12 卷,安徽教育出版社 2003 年版,第 76 页。

③ 如《物质变动与道德变动》《由经济上解释中国近代思想变动的原因》《中国古代经济思想之特点》《原人社会于书契上之唯物的反映》。

④ 30 年代,李大钊的部分著作由其亲属委托他人编辑成书,并请鲁迅作了序,但未能出版。鲁迅的序——《守常全集·题记》写于 1933 年 5 月 29 日,发表于《涛声》第 2 卷第 31 期上,以后他又将之收入《南腔北调集》,以志纪念。

⑤ 《冯友兰自述》,中国人民大学出版社 2004 年版,第 180 页。

分歧在里面起了作用。在历史研究方面,超越整理国故,以揭示历史的发展过程和规律为帜志,创建更新研究范式的是郭沫若。

1930年,被迫流亡于日本的郭沫若出版了他的《中国古代社会研究》。在该书《自序》中,郭沫若就表现出在研究方法上欲突破胡适模式的自觉意识,说:"胡适的《中国哲学史大纲》,在中国的新学界上也支配了几年,但那对于中国古代的实际情形,几曾摸着了一些儿边际?社会的来源既未认清,思想的发生自无从说起。所以我们对于他所'整理'过的一些过程,全部都有重新'批判'的必要"。"我们的'批判'有异于他们的'整理'。整理的究极目标是在'实事求是',我们的批判精神是要在'实事之中求其所以'"。"'整理'的方法所能做到的是知其然,我们的'批判'精神是要'知其所以然'。'整理'自是'批判'过程所必经的一步,然而它不能成为我们所应该局限的一步"。① 周予同对这段话评价很高,说郭沫若的这段话"实是释古派之坦白的宣言"。② 《中国古代社会研究》是第一本运用辩证唯物论研究中国古代社会的著作,它的价值首先表现在史学理论的革新方面。为写作这部著作,郭沫若也做了很多的理论和史料准备。早在1924年,他即翻译了河上肇的《社会组织与社会革命》,这使他从主张泛神论转变到赞同辩证唯物论,此后,他又研读了《资本论》《政治经济学批判》《德意志意识形态》《家庭、私有制和国家的起源》等,从而掌握了唯物史观,占据了理论制高点。他说:"唯物史观的见解,我相信是解决世局的唯一道路。"③在史料方面,他以罗振玉、王国维的甲骨文和金文研究成果为出发点,进一步解除了甲骨文字的秘密,掌握了前人未曾使用的资料,在史料方面取得优势,所以这部书出版后很快引起轰动。如文甫云:"对于中国社会之科学的研究,是三年以来中国思想界的一个主潮。其在历史方面,郭沫若先生的《中国古代社会研究》要算是震动一世的名著。就大体看,他那独创的精神,崭新的见解,扫除旧史学界的乌烟瘴气,而为新史学开其先路的功绩,自值得我们的敬仰。"④何干之也说:"郭先生的《中国古代

---

① 郭沫若:《中国古代社会研究》(外二种),河北教育出版社2000年版,第7页。
② 周予同:《五十年来中国之新史学》,《周予同经学史论著选集》,上海人民出版社1996年版,第556页。
③ 《郭沫若全集·文学编》第15卷,人民文学出版社1982年版,第272页。
④ 李霖编:《郭沫若评传》,现代书局1932年版,第219页。

社会研究》及其他著作，是以易经、书经、诗经、甲骨文字、金石文字等等史料，来追寻中国历史的开端。他的新史料和新见解，的确使无成见的人们叹服，确为中国古史的研究，开了一个新纪元。……他的西周奴隶说，打破了一二千年来官学对中国古代史的'湮没'、'改造'和'曲解'，确是一椿破天荒的工作。"①顾颉刚在 1946 年编撰的《当代中国史学》，意在总结自 1840 年以来中国百年的史学发展，提到这部著作，顾颉刚仍然给予很高的评价："郭先生应用马克思、莫尔甘等的学说，考索中国古代社会的真实情状，成《中国古代社会研究》一书。这是一部极有价值的伟著，书中不免有些宣传的意味，但富有精深独到的见解。中国古代社会的真相，自有此书后，我们才摸着一些边际。"②20 世纪 30 年代兴起的社会史研究热潮、社会史大论战，都是这部书引发的。有人把郭沫若作为"释古派"的开创者和代表人物，亦不无道理。可以说，以唯物史观的钥匙，打开历史科学的殿门，这是郭沫若一踏进历史学领域即做出的贡献，也是他开史学新风气的突出反映。

郭沫若研究历史的特点是不断创新，不断追求。他说："我自己的兴趣是在追求，只想把没有知道的东西弄得使自己知道。知道了，一旦写出过，我便不想再写了。这是我的一个毛病，也许就是浪漫的性格。像编教科书那样的古典风味，我自己很缺乏"。③除了先秦史，郭沫若还研究了大量历史人物。在写成论文的基础上他还写了相关历史人物的剧本。他提出的新见解乃至对历史人物的翻案，往往引起史学界的热烈争论，起到引领学术潮流的作用。

由上所论可知，梁启超、胡适、郭沫若都属于开史学风气的人。清人赵翼说："江山代有才人出，各领风骚数百年。"④进入近代以来，社会变化很快，长时间引领一个潮流绝无可能，特别是社会形势变幻莫测的民国时代，更是如此。然而引领潮流十几年乃至几十年者，这三位史学家做到了。这三位学者，虽然在当时要么表现得"卤莽疏阔"；要么是提供范例、围绕"方法"打转；要么开辟了"草径"、希望更伟大的工程师建设铁路，但都开辟了新的学术风气。"但开风气不为师"，是他们共同的学术信条。历史地看，他们都实现了自己

---

① 何干之:《中国社会史问题论战》,北京师范大学史学研究所 1980 年编印,第 53 页。
② 顾颉刚著:《当代中国史学》,上海古籍出版社 2000 年版,第 96—97 页。
③ 郭沫若:《中国古代社会研究》(外二种),河北教育出版社 2000 年版,第 298 页。
④ 赵翼:《瓯北诗抄》,商务印书馆 1936 年版,第 484 页。

的抱负,是民国时期史学发展的三个坐标。

四、民国史学发展的主潮和趋势

民国史学学派林立,名家众多,史学思想纷繁复杂。但总的来看,有三个主潮前后相继,即早期新史学思潮、新历史考据学思潮、马克思主义史学思潮。早期新史学思潮是民国史学的序曲,它的余续进入民国史学。新历史考据学思潮是在辛亥革命后兴起,五四运动前后势力大张,三十年代四十年代成果丰硕。马克思主义史学思潮肇始于二十年代,二十年代末产生了系统的成果,三十年代活跃于史坛,四十年代成为史学发展的主流。

民国时期一度出现对当代史学反思的盛况①,三十年代末至四十年代出现了众多评述文章。许多文章提出信古派、疑古派、考古派、释古派的派别之划分,马克思主义史学被归到释古派史学的范畴。这些评述文章尽管观点有差别,但却得出以下的论断:

1.新史学经过40多年的发展,渐趋向吸收各派优点、朝综合的方向发展。疑古、考古是史学研究的手段,而释古才是史学研究的目的,它们不是相互排斥,而是相辅相成。

2.史料和理论在历史研究中要相互结合。唯物史观越来越显示出理论的优越性。它在历史研究中的指导意义得到广泛的承认和高度的重视。

3.专题研究和贯通研究的地位及其辩证关系得到较为正确的认识。40年代的史学家,已经认识到专题研究在史学走向现代化的作用,并认为专题研究是贯通研究的基础;贯通研究是专题研究的归宿。

现在来看,这些论断依然是成立的。值得强调的是,爱国主义和理性精神是民国史学的灵魂。无论是新史学、新历史考据学,还是马克思主义史学,它们都既尊崇科学和理性,又高举爱国主义旗帜。梁启超说:“史者,爱国心之源泉。”章太炎也如此主张:“不读史,则无从爱其国家。”②“九一八”事变后,顾颉刚创办《禹贡》半月刊,其用意在于“把我们祖先开发的土地算一个总账,

---

① 参见周文玖:《我国20世纪三四十年代的史学评述》,《史学理论研究》1999年第2期。
② 章太炎:《历史之重要》,《制言》第55期。

合法地承受我们国民应当享有的遗产,永不忘记在邻邦暴力压迫或欺骗分化所被剥夺的是自己的家业。"①即使是主张学术独立于政治的傅斯年,在他的《历史语言研究所工作之旨趣》中也高喊:"我们要科学的东方学之正统在中国!"发出了学术自强于先进国家之林的呼唤。中国共产党人更是把爱国主义史学思想和中国民族解放斗争、抗日战争有机结合,奏出马克思主义史学的华丽乐章。

---

① 《纪念辞》,《禹贡》第7卷第1、2、3期合刊。

第二章　民国时期的史学流派、学术师承及学派之关联

一、国粹派及其学术群体

1.国粹派的成立

在中国,"国粹"原指中华民族传统文化中最具有代表性、最富有独特内涵的精华,"国粹派"则指的是清末革命派中的一个文化学派。晚清时期,受日本国粹思潮的影响,上自清政府,下至平民百姓,主张保存国粹、发挥国粹的思想盛极一时。中国国粹派形成于20世纪初,到民国初年已经发展成为一股颇有影响的社会思潮,是民国史学史上形成较早、影响较大的政治文化派别。国粹派的出现,是西方入侵和"西化"潮流影响之下民族文化觉醒和自卫意识的反映。义和团运动之后,民族危机空前严重,国人重新审视中西文化的利弊,国粹派学人认为中国陷入民族危机的根源是文化危机,因此仿效欧洲的文艺复兴,希望通过在中国进行一次"古学复兴"活动,试图从中国传统文化中寻找解救办法,这一诉求,既避免了走西方资本主义的道路,也适应了排满革命的需要。

国粹派的学术群体较为庞大,主要代表人物有章太炎、邓实、刘师培、黄节、黄侃、马叙伦等人,主要发行《国粹学报》和《政艺通报》两种刊物。1905年2月,邓实、黄节等人在上海成立国学保存会,创办《国粹学报》,该报《发刊辞》中声明:"本报以发明国学、保存国粹为宗旨,不存门户之见,不设党派之私"。宣称"发明国学,保存国粹",反映了当时知识界对民族文化深层危机日趋严重的自觉。1906年夏,国粹派在日本东京成立国学振起社,开办国学讲习会。章太炎任国学振起社社长,以"振起国学,发扬国光"为宗旨,发行国学讲义,宣传国学。《国粹学报》每月一册,1912年初停刊,7年共出82期,是革

命派报刊中生命最长的一种。邓实任总编,主要撰稿人有:邓实、黄节、刘师培、章太炎、黄侃、陈去病、马叙伦、田北湖、王国维、罗振玉、王闿运、廖平、孙诒让、柳亚子、郑孝胥等50多人,大多是国学保存会的成员。

国学保存会的成立和《国粹学报》的创刊,是国粹派形成和国粹主义思潮兴起的重要标志。按照《国粹学报》1907年第3期上所刊国学保存会会员姓名录,人数为19人,但国粹学派的涉及人员更为广泛,邓实是国粹派的行政首脑,刘师培是文字主帅,章太炎是精神领袖,其他代表性的人物还有黄节、陈去病、马叙伦、陆绍明、柳亚子等一批具有近代民主意识的知识分子,后来王国维也曾经积极为《国粹学报》撰写稿件。可以说,国粹派集中了当时中国东南文化界的精英,是一个以知识分子为主体的爱国革命文化团体。

何谓"国粹"?国粹派思想繁杂,品流不一,就其主流而言,其所谓国粹,主要包括中国有史以来的语言文字、典章制度和人物事迹的"可为法式者"三项。许守微认为,"国粹"就是民族精神与特性,"国粹者,一国精神之所寄也,其为学……为立国之根本源泉也。是故国粹存则其国存,国粹亡而其国亡。"①章太炎认为,国粹就是历史,"这个历史,是就广义说的,其中可以分为三项:一是语言文字,二是典章制度,三是人物事迹。"②黄节认为,国粹具有包容性:"譬如有地焉,蓬蒿棘榛……夫地之宜于植也,其生是嘉木,犹其生是棘榛也,其宜于植者,地之粹也。……是故本我国之所有而适宜焉者,国粹也;取外国之宜于我国,而吾足以行焉者,亦国粹也。"③国粹派以"保存国粹,弘扬国学,陶铸国魂"为宗旨,在经学、史学、地学、文字学等方面都取得了重大成就,他们对国粹主义的宣传,除了包括对中国传统文化的研究、宣传,对古籍的校勘整理与出版,还包含着非常丰富的政治内容,在爱国知识分子中有较大的影响。

2. 国粹派学术群体的思想主张

第一,国粹派"用国粹激动种性,增进爱国热肠",即借助国粹宣传排满革命、救亡图存,颂扬"国学",从"国学"中寻找变革政体、实行民主共和的根据。国粹派以复兴中国学术文化为己任,提出"古学复兴"的主张,将对中国文化

---

① 许守微:《论国粹无阻于欧化》,《国粹学报》1905年第1卷第7期。
② 章太炎:《演说录》,《民报》1906年第6期。
③ 黄节:《国粹保存主义》,《近代中国史料丛刊续编》第二十七辑,《光绪壬寅(廿八年)政艺丛书》,文海出版社1976年版,第181页。

的认同和发扬上升到救亡图存的高度，同时对几千年来将儒教、孔子定于一尊的正统观念进行了无情的揭露和批判。国粹派是资产阶级民主革命派的一个组成部分，国粹思潮也是革命思潮的一个组成部分。作为《国粹学报》最重要的撰稿人，刘师培发表了大量论著，对中国传统文化中的糟粕进行了口诛笔伐，锐利无前。仅在1905年一年，年仅22岁的刘师培就写了《读左札记》《国学发微》《周末学术史序》《两汉学术发微论》《汉宋学术异同论》《南北学派不同论》《中国民族志》《古政原始论》《文说》《理学字义通释》《论文杂记》《小学发微》《读书随笔》《古学起源论》《伦理教科书》《经学教科书》《中国文学教科书》《中国历史教科书》《中国地理教科书》等大量文稿。国粹派高举起古文经学大旗，撰写考辨今古文之争的大量论著，对于打破康有为等人反对革命的理论依据，促进共和思想的传播，起了重要作用。

在批判中国封建专制方面，国粹派学人成为引领资产阶级革命宣传队伍中的舆论指挥。国粹派在"复兴古学"的旗帜下，以"发扬人性"为号召，宣传了"人权民主"思想，对于解放思想具有重要意义。国粹派富有创造性地把先秦诸子思想中富有民主色彩的部分，与欧洲资产阶级革命家所宣传的自由、平等、博爱学说结合起来。为此，他们批判孔子在政治上不敢去联合平民，推翻贵族政体，而是热心利禄，热衷于成为"帝师王佐"，批判儒教的六艺遗文成为掩盖君主本来面目的洞穴。此外，国粹派还提出了一些积极的新文化主张，比如改造传统家庭、旧伦理、旧道德，提倡男女平等、婚姻自由，主张推广白话文，等等，这对于后来的新文化运动起到了先导作用。

第二，国粹派开创了近代"国故研究之新运动"的先河。国粹派勇于打破传统观念，将近代观念引入传统学术领域，在诸子学、国学教科书、保存古籍文献等方面做出了突出贡献。首先，他们注意研究诸子学，使诸子学摆脱了屈从于经学的地位，这种开创式的研究对于近代学术的发展产生了不容忽视的影响。其次，国粹派以保存国学为己任，积极宣传国学，并通过编写新式国学教科书普及国学。1905年科举制度废除后，新式学堂应运而生，需要大量的国学教科书，但是当时社会上流行的国学教科书，不是译自日本，就是草率陋劣，实用性较差。国粹派将编写国学教科书看作普及国学最重要的工作。编写工作由刘师培负总责，邓实任总参校。他们按照新式学堂的章程，编写了伦理、经学、文学、历史、地理等五种国学教科书，把我国五千年学术中精要重大的内容融会在教科书之中。此外，邓实著有《国学保存论》《国学真论》《古学复兴论》等，黄节著有《国粹保存主义》《国粹学报叙》等，马叙伦著有《古政述微》《孔氏政治学述微》《论性》等。教科书出版后，公私学校，无不采用，清政府的学部也予以承认，并夸赞教科书宗旨纯正，文理明通。

此外，国粹派对新史书的撰写体例，予以了更多的关注。史学随着社会的进化而进化，同时必然要带动作为其表现形式的史书体例的变动。章太炎著有《中国通史略例》及《中国通史目录》，他拟定的《中国通史》以 6 表、12 典、10 记、9 考纪、25 别录建构体例。他指出，西方社会学有静、动两种，静以藏往，动以知来。他还提出了史学具有两大社会功能：一是明进化之理，二是增爱国之情。当然，对于新史书体例的构想，国粹派各代表人物并不一致，正如章太炎所说："史职范围，今昔各异，以是史体变迁，亦各殊状。"①章太炎、黄节等人注重传统的纪传体，不用西方学者的分期及西书体例，而刘师培的《中国历史教科书》则是完全采纳了西方近代史书的体例，与此同时，刘师培对学术史编写体例也有所创建，即不以人为中心而以学科为中心，他的《周末学术史序》和《两汉学术发微论》为这两方面的代表作，完全采用西方的学科分类和学术史概念，重新研究古代学术史。

国粹派整理并保存了大量史籍文献。国粹派始终强调保存史籍是保存国粹和进行史学研究的前提，因而对此竭尽全力。国学保存会自成立之初，就拥有报社、图书馆、印刷所、藏书楼等。国粹派的藏书楼创建于 1905 年，以邓实、黄节、刘师培的私人藏书为基础，初约为六万卷，后扩充至二十多万卷，编有《国学保存会藏书目录》《国学保存会藏书志》，以介绍藏书的内容概要。《国粹学报》还经常刊有征集遗书的广告，并发动会员广为探求。至 1910 年，已刊出近世学者著作六七百种，明末遗民以至乾嘉诸儒遗文四五百篇。该学派还将篇幅较大的史籍，经校勘整理后编辑成专书出版，先后出版了《国粹丛书》《国粹丛编》《风雨楼丛书》等大型丛书和《古学汇刊》12 集 24 册，使他们搜求到的史籍广为流传。

第三，国粹派提出了独特的"中西文化观"，强调在效法西方、改革中国政

---

① 章太炎：《〈中国通史〉略例》，《章太炎自述(1869—1936)》，人民日报出版社 2012 年版，第 176 页。

治的同时，必须立足于复兴中国固有文化，从传统文化中发掘为中国近代化所需要的东西。20 世纪初，在对全盘西化的反思中，国粹派并非盲目排外的守旧者，它虽然强调复兴古学，但也并不排斥西方文化。

对传统文化，国粹派学人采取批判继承的态度，尤其是对儒家学说提出挑战，同时也主张以中国固有文化为主题，积极吸纳西方新知，以达到中西文化贯通的理想境界。该学派认为，中西文化是互相平行、各具独立价值的两大体系，二者各有短长，应会通互补。邓实指出："中国之俗尚文而欧人尚武；中国人主持静保守而欧人主冒险进取；中国人委天运任自然而欧人重力行贵自治。"①当然，也要看到，他们对中西文化并非等量齐观，而是以中国文化为主体，有选择地汲取西方文化之长为我所用。

国粹派强调破除中西之见，实现中西互补，要"不轻自誉，亦不轻自毁。"对于中国文化"不可一概菲薄"，应当"拾其精英，弃其糟粕"，发扬光大；对于西方文化，"不可一概拒绝，当思开户以欢迎之"②。这种中西文化互补的观点，在文化发展全球化的今天对我们如何对待外来文化问题仍有启迪意义。邓实强调东西文化的互补主要表现在精神与物质的互补，他说："吾国之文明，属于道德上而为精神的文明者，虽称完全，其属于艺术上而为物质的文明者，甚形缺乏；则以我之精神而用彼之物质，合炉同冶，以造成一特色之文明，而成一特色之国家，岂不甚懿？"③这种以精神文明和物质文明区分中西文化的方法虽有不当之处，但认为中国文化的优长之处可以助益西方乃至全人类的文化，这在当时来看已是超前的观念且难能可贵，这一观念对于今天那些片面鼓吹和宣扬西方文化的人来说，其教育和启发作用尤为重大。

国粹派初步尝试对中外历史现象作比较研究。国粹派认为人类历史的发展具有共性，比较中外历史文化现象的异同，有助于对中国自身历史文化现象的理解。例如，刘师培认为洪荒时代，民智初萌，其察事物，知具体不知抽象，言词简单，与后世不同。为了证明这一点，他举出中外事例：达马拉人举数以左手撮右手指，其数至五而止；而考中国文字，"五"字以下咸有古文，"六"字以上咸无古文，可见古人同样以五为止数。当然，因时代条件的局限，国粹派

---

① 邓实：《鸡鸣风雨楼政治书（四）》，《政艺通报》乙巳年第 4 号。
② 师董：《学术沿革之概论》，《醒狮》1905 年第 1 期。
③ 邓实：《东西洋二大文明》，《政艺通报》壬寅第 23 期。

的比较研究还只是停留在简单类比的层面上,难免牵强,但它毕竟开拓了视野,提示了一种为旧史家所未曾有的新的治史思路。

3.国粹派的历史地位

在辛亥革命前后,国粹派思潮影响颇大。国粹派成员在国学研究方面取得了较高的学术成就,在传统文化知识的传播方面也形成了较大影响,但是,也要看到,国粹学派的主要目的,并不仅仅在于学术,而是着意于学术背后的国家和民族,"保存国粹"的意义已经超过了保存传统文化本身。国粹派学人看到了文化危机与民族危机的一致性,他们以国粹为国魂之载体,试图从文化方面为挽救民族危亡尽一己之责,从而揭示出了在民族救亡过程中,可以借助复兴中国文化这一重要途径,表现出了知识分子的勇气、担当和崇高的历史使命感。

我们既要肯定国粹派的积极意义,同时也应注意到它的消极作用,即它在文化思想上的局限性,尤其是到了辛亥革命之后,其消极作用越来越大,越来越明显,这主要表现为"大汉族主义"和"浓烈的恋古情结"。首先,它忽视了文化思想的时代性。国粹派的代表人物认为代表中国文化的"国学"是超时空的、完美无缺的,它的衰微只是由于"君学"的肆虐造成,中国文化无所谓落后。这样就使中国文化面临的时代转换的尖锐主题在无形中被淡化了。其次,文化思辨染上了过于浓厚的感情色彩,表现在一是缘于民族主义情绪,过分夸大了中国文化将受西方文化同化现实的危险性,造成心理的紧张;二是作为积学之士,难以完全摆脱恋古的情结。国粹派的文化思想归结到一点,就是反对民族虚无主义,主张融合中西文化,发展民族新文化。但实际上,他们并没有能力解决自己提出的发展民族新文化的主张,实属超前性问题。

从性质上看,国粹派希望通过保存民族文化,反对外来侵略和民族压迫,以达到保国保种的目的,实际上是一种具有明显政治倾向的学术思潮。国粹派强调新文化建设须以民族文化为主体,对西方文化进行积极的整合。国粹派认为:"夫有特别之精神,则此国家与彼国家,其土地人民宗教政治与其风俗气质习惯相交通相调和,则必有宜于此而不宜于彼、宜于彼而不宜于此者。"①这一观点认为,文化具有民族性,这就决定了中西文化之间,不应当也

---

① 黄节:《国粹保存主义》,《近代中国史料丛刊续编》第二十七辑《光绪壬寅(廿八年)政艺丛书》,文海出版社1976年版,第180页。

不可能一味照抄照搬或模仿对方，相反，尊重本民族的文化特质，取人之长以为我用，才是文化交流的正确原则。可以说，中西文化作为具有民族性特质的两大文化体系，虽有某种先进与落后的差异，但它们却是独立的、平行的两大文化。正确处理二者的关系，是20世纪初期国粹派面临的一个难题，也是我们今天仍要努力解决好的一大难题。

二、古史辨派及其学术群体

1. 古史辨派的形成

1915年，新文化运动擎起民主、科学的大旗，号召"重新估定一切价值"，表现在史学界，主要指解放思想，批判传统史学，古史辨派正是这一思想指导下的产物，它的出现，与新文化运动的影响密切相关。"古史辨派"并不是严格意义上的学术派别。从名称上看，"古史辨派"一词缘于《古史辨》的出版，学术界一般将1926年《古史辨》第一册的出版作为"古史辨派"形成的标志；从语义上来看，"古史辨派"主要指发起《古史辨》、以"疑古辨伪"为特征的史学研究流派，胡适、钱玄同、顾颉刚三人是"古史辨派"形成时期的代表人物，钱穆曾说："《古史辨》，不胫走天下；疑禹为虫，信与不信，交相传述。三君者（胡适、钱玄同、顾颉刚）或仰之如日星之悬中天，或畏之如洪水猛兽之泛滥纵横于四野，要之，凡识字人几于无不知三君名"①。但"古史辨派"并非一个固定不变的学术流派，即使是共同具有疑古倾向的人，在具体问题上的意见也不尽一致，研究方法上也各有千秋，古史辨派并没有对"疑古辨伪"的具体研究方法和观点作统一要求。

疑古辨伪是古史辨派的思想基调。古史辨派针对中国传统史学的弊病，通过批判地审查传统史学的载体——儒经古籍，来考辨古史记载的真伪，试图打破"层累地造成"的伪古史系统，这不是对传统史学的简单否定，而是在内容、思想及方法上对传统史学去粗取精、去伪存真的过程。1923年，顾颉刚在《努力周报》上发表《与钱玄同先生论古史书》一文，提出了"层累地造成的中

① 钱穆：《钱穆序》，顾颉刚编订：《崔东壁遗书》，上海古籍出版社1983年版，第1046—1047页。

国古史"理论,推翻了由"盘古开天""三皇五帝"等观念构成的古史系统,引起了史学界的轩然大波。1926 年,顾颉刚将这次古史讨论的论文编辑成册,命名为《古史辨》付梓刊行。该书敢于打破旧思想、提倡疑古辨伪的勇气也使古史辨派在民国史学界名声大噪。新文化运动后的史学领域,出现了新的发展趋势,随着西方科学的治史方法在中国的传播,进化史观、唯物史观等史学理论也逐渐为史学界接受,《古史辨》第一册吸纳了新的治史观念,大胆地对中国古史系统提出质疑,"层累地造成的中国古史"理论是该书最引人注目的内容,这种科学的疑古辨伪精神推动着现代新史学的健康发展。

《古史辨》第二册出版于 1930 年,主要辨伪古史问题、孔子与儒学的关系问题,第三、四、五、六册分别出版于 1931 年、1933 年、1935 年和 1938 年,主要围绕经学问题的辨伪,如经书的性质、成书年代、经今古文、先秦诸子等,第七册出版于 1941 年,主要是辨伪旧古史系统中的道统与帝系。《古史辨》是以疑古思想为核心而编著的考辨我国古代史料真伪的论文总集。从 1926 年到1941 年,《古史辨》共出版七大册,其中,第一、二、三、五册由顾颉刚主编,第四、六册由罗根泽编辑,第七册由吕思勉、童书业合编,该书包罗了 350 篇文章,325 万余言,规模蔚为壮观。《古史辨》采用讨论文集的编纂形式,涵盖了民国史学界众多史家的观点,学术争鸣较多,因此,学术界多将《古史辨》定性为"古史讨论集""古史材料集",认为《古史辨》是一部工具书,如"需要指出的一点是,《古史辨》是一部资料书"①。即使《古史辨》的主编顾颉刚本人也将《古史辨》看作材料集,他称《古史辨》是"很好的思想史的材料,又是很好的史学方法论的材料"②,"我的编辑《古史辨》的动机,并不是想把它当做自己的著作,乃是要它做成中华民国学术史上的一部分的'史料汇编'"。③ 如果将眼光放得更开阔一些,将《古史辨》放在中国史学现代化的发展道路上看,就会对它的价值有更深入的理解和认识,可以说,《古史辨》出版发行的 15年,正是中国现代史学逐步走向成熟的时期,它的价值远远超过"史料集",不但该书彰显的疑古辨伪精神与新文化运动相契合,而且,它对史学方法的创新以及良好学术氛围的营造都推动了史学现代化的长远发展。

---

① 俞兆鹏:《中国伪书大观》,江西教育出版社 1998 年版,第 53 页。
② 顾颉刚:《自序》,《古史辨》第 2 册,上海古籍出版社 1982 年版,第 2 页。
③ 顾颉刚:《自序》,《古史辨》第 5 册,上海古籍出版社 1982 年版,第 1 页。

2. 古史辨派的思想特征

第一，以古史为中心的跨学科方法。古史辨派运用现代学术意义上的跨学科综合研究方法，在研究古史时，有意识地借鉴其他学科的研究成果、方法。从学科上看，古史辨派的讨论中心仍在古史研究，但又远远超出了史学的范畴，涉及经学、文学、民俗学、考古学、哲学、文献学、文字学等学科。从内容上看，古史辨派有对《周易》《诗经》等经书的考辨，有对儒、墨、道、法诸子的研究，还有对夏以前古史传说、"阴阳五行说"的起源、古代政治及古帝王系统的考辨和研究，大致可分为古籍整理、古史辨伪、历史地理、民俗学等方面。例如，《周易》中有爻辞讲王亥丧牛羊于有易的故事，爻辞是"丧羊于易，无悔（《大壮》六五）"，顾颉刚借用了考古学的成果作为佐证，证明这一爻辞中的"易"是一地名，即经王国维考证的"有易"。既然史书中关于上古史的资料有限，那么，考古学、民俗学、地理学等方面的资料也可以拿来借鉴，其研究方法也可以拿来运用。《古史辨》对跨学科研究史学方法的成功实践，既拓展了史料范围，又可以改变传统的单一的史学研究方法，它更加强调史学与社会、时代的联系，更加注重史学与其他领域的互动与影响，表明了中国现代史学已实现社会科学门类的初步整合，从方法论的层面推动了中国传统史学的现代转型。

第二，历史演进的方法。历史演进的方法强调用"故事的眼光"研究历史，既然传说、故事的来历和演变有许多层次，那么，在古史领域，同一本书、同一件事情在不同时代的不同材料中也各有差异，历史演进法就是将它们的发展轨迹作一个整体的梳理，包括梳理古书古史在不同时代的版本、这些版本的时代背景等，再用分析、比较、归纳、演绎的现代方法去看它们在历史中的变化，最终目的是去伪存真，还原历史的本来面目。

胡适以"剥笋"为喻，称赞历史演进法是打破一层层伪装的表面、企图认识真正内核的"剥皮主义"，他将历史演进的方法概括为四点："（1）把每一件史事的种种传说，依先后出现的次序排列起来。（2）研究这件史事在每一个时代有什么样子的传说。（3）研究这件史事的渐渐演进：由简单变为复杂，由陋野变为雅驯，由地方的（局部的）变为全国的，由神变为人，由神话变为史事，由寓言变为事实。（4）遇可能时，解释每一次演变的原因。"①

---

① 胡适：《古史讨论的读后感》，《古史辨》第 1 册，上海古籍出版社 1982 年版，第 193 页。

在中国传统史学中,崔述、康有为等人在辨伪古史时都曾使用过历史演进法,但顾颉刚采用的历史演进法,与前人有本质的不同,它是以进化论为思想基础,重视历史在古书、传说、故事中自然的发展历程和演进轨迹,是逐步、分层地认清客观历史真实的研究方法。顾颉刚强调历史演进法在史学研究中的可行性与不可替代性。例如,在论述"一统"思想时,顾颉刚将战国之前与战国时期的观念区别开来,商周时的人们"但有种族观念而没有世界观念",战国时期"九州"的假设才出现,所谓"一统"的观念都是后人强加于古人之上的,那种认为"中国汉族所居的十八省从古以来就是这样统一"的观点,自然是错误的,不能用中古史的说法来确定上古史的史实。实际上,《古史辨》在辨伪古书古史中,在对上古帝系、道统、王制、经学的旧古史系统研究中,在历史地理研究、民族学研究上,都使用了历史演进的方法,可看作是对这一方法的成功尝试。一般认为,史学包括史学史、史学理论两个层面,《古史辨》中的历史演进法应属于现代史学理论的创新,它以材料辨伪为基础,为认知判断服务,而对古书、古史的价值判断则趋于中立,涉及事实判断、认知判断、价值判断三个层面,在现代史学发展中具有典范意义。

第三,对古史破坏与建设的对立统一。"誉满天下,谤亦随之"。作为反封建史学的"主将",古史辨派提出清算古史的口号后,各种评论便接踵而来,有赞誉,有质疑,甚至有嘲讽。从学术渊源上看,古史辨派是中国传统学术史上的前代疑古学者的思想和学术的继承与延续,破坏性是前提;从学术目的上看,古史辨派疑古辨伪是为了获得真史,建设性是目的。可以说,古史辨派的研究工作是破坏与建设对立统一的过程,没有破坏,信史无从开始;没有建设,史学终停于散乱无序。

20世纪90年代后,大量的简牍、帛书被发现、整理,为古史研究提供了珍贵的实物资料。有学者根据最新考古发现的材料,曾指出顾颉刚的某些论断有失偏颇,走出疑古时代、重写上古史的声音随之出现。有学者希望借助考古发现验证古籍记载的真实性,走出疑古思潮笼罩的负面阴影,说:"疑古一派的辨伪,其根本缺点在于以古书论古书,不能跳出书本上学问的圈子。限制在这样的圈子里,无法进行古史的重建。……把古书的记载与考古的成果结合起来,再上升到理论的高度,郭沫若先生开拓的这条道路,决定了此后很多年中国古史研究的走向。应该说这已经超出疑古,而进入新的时代了。"①这一观点在肯定了疑古思潮打破传统古史观念、推动文化繁荣、为新古史观开辟道路等进步作用的同时,指出疑古思潮的"副作用",疑古过勇造成许多冤假错案,根本缺点在于以古书论古书,脱离考古资料,难以挑起重建古史的历史重任。

这一观点引发了学术界关于"疑古是否过时"的大讨论。有人支持,并进一步提出要"超越疑古,走出迷茫";有人反对,认为疑古的方法和精神在新时代仍有重要意义;也有学者持中立态度,主张辩证地分析疑古在新时代的作用和局限,这些都可以看作是新时代对中国史学发展道路的反思。那么,顾颉刚对现代史学的破坏中有没有建设的成分?有的话,破坏与建设孰重孰轻?两者之间的关系如何?许冠三给出了较为中肯的回答。他认为,总体上看,"顾氏对于现代史学的贡献,其实是破立相当的",具体说来,"在中年以前他一直忙于尝试以新法看古史,以新说破旧学,但四十年代以后,他的思虑焦点已开始转向,由破多于立徐徐移往破立兼顾,《史林杂议》便是反映此一转移的中介作品。最后二十年的工夫,则完全以立为宗,已发表的《尚书》诸篇校释译论和待印行的《周公东征史事考证》,都是这一时期的代表作。"②顾潮在《关于古史的破坏与建设——论顾颉刚先生的治学》③中也指出,将顾颉刚的古史研究看作"有破无立"其实是一种误会,她用唯物辩证法来论证顾颉刚古史研究中"破坏与建设"是相辅相成的关系,具有较强的说服力。

3. 古史辨派的地位及影响

古史辨派影响广泛,现代史学家都不同程度地参与了这场讨论。按照《古史辨》文章发表的先后顺序,参与作者大致有胡适、顾颉刚、钱玄同、刘掞藜、胡堇人、丁文江、魏建功、容庚、王国维、李玄伯、傅斯年、张荫麟、于鹤年、缪凤林、周予同、李镜池、容庚、周作人、罗根泽、梁启超、刘盼遂、钱穆、余嘉锡、朱希祖、唐钺、吕思勉、范文澜、冯友兰、高亨、郭沫若、杨宽、童书业、杨向奎、蒙文

---

① 李学勤:《谈"信古、疑古、释古"》,《走出疑古时代》,长春出版社 2007 年版,第 219—221 页。

② 许冠三:《顾颉刚:始于疑终于信》,《新史学九十年》,岳麓书社 2003 年版,第 207 页。

③ 顾潮:《关于古史的破坏与建设——论顾颉刚先生的治学》,中国社会科学院历史研究所编:《古史文存》(综合卷),社会科学文献出版社 2004 年版,第 421—434 页。

通、齐思和、唐兰等学者，作者群的辐射范围之广泛在史学界罕有其匹。按照观点的不同，作者群大致可分为三类：一是与顾颉刚的疑古辨伪思想的志同道合者，有胡适、钱玄同、魏建功、容庚、罗根泽、童书业、杨宽等人；二是对顾颉刚的质疑者，有刘掞藜、胡堇人、柳诒徵、张荫麟等人；三是参与有关专题讨论，但并不属于古史辨派或反对派的学者，有王国维、傅斯年、钱穆、范文澜、吕思勉、冯友兰等人。这些人中，既有"古史辨派"中人，又有南高史地学派学人，还有马克思主义史学家，基本上涵盖了中国现代史学的研究群体，《古史辨》集合了中国现代史学庞大的学人群体共同加入古史讨论的阵营，营造了开放、包容的学术氛围，推动了现代史学家的交流与史学的繁荣。

《古史辨》七大册采取讨论文集的编纂形式，在收录有关"疑古"文章的同时，也容纳其他学者对于古史或与古史有关的种种见解，将众人讨论的文章和盘托出，既有志同道合者之间的讨论，也收录了反对疑古辨伪的文章，这是《古史辨》的特色所在。《古史辨》第一册收录了顾颉刚与刘掞藜、胡堇人、柳诒徵关于"禹"的考辨而引发的讨论；第二册下编汇总的是时人对第一册的评论，其中包括张荫麟批评顾颉刚采用"默证法"的文章；《古史辨》第三册下编，收录了讨论《易经》《诗经》的论文和书信，展现了30年代研究《易经》《诗经》的基本面貌；《古史辨》第四、六两册是考辨诸子的论文集，第四册上、下编的首篇分别是胡适的《诸子不出于王官论》和《老子传略》，内容是讨论诸子学说产生的原因和对诸子的评论，这也是20世纪学术史上持久的老子年代之争的侧影。钱穆《刘向刘歆父子年谱》与顾颉刚的观点不同，顾颉刚仍将其收入《古史辨》第五册，还有钱穆的《评顾颉刚五德终始说下的政治和历史》，顾颉刚也作了跋语回应。第七册是对古史传说和三皇五帝的讨论，是40年代关于中国古史系统的新探索。

总之，古史辨派促进了中国史学现代化的发展，它从疑古辨伪入手，推动中国史学从以进化论为指导的研究模式，逐渐朝着以唯物史观为指导的现代史学进步；它鼓励自由讨论和民主批评，批评的文字更能真实地展现现代史学的面貌；它引领了一场关于中国古史问题的大论战，集合众多史学家相互辨析、批评，可与先秦百家争鸣相提并论。史学现代化是一个漫长曲折的过程，它的逐步成熟是内外合力共同作用的结果，不仅需要新文化运动这一外部助推力，还需要从史学理论、方法等诸多内部因素中产生，这才是最根本的转型，顾颉刚在 20 世纪 20 年代就能以《古史辨》开拓学术疆土，其学术业绩是不朽的，功劳是伟大的。

三、考古派史学及学术传承

1.考古派史学的形成与发展

20 世纪 20 年代前后，学术文化界相继有四大考古史料被发现，它们分别是安阳殷墟甲骨文、汉晋简牍、敦煌文书、内阁大库档案。这些新史料接踵而来，涉及到中国上古史、中世纪史、中西交通史等多个领域，为新史学的发展提供了丰富的实证材料。在这一历史机遇下，考古派蔚然兴起。

考古派的代表人物主要有王国维、陈寅恪、陈垣等，他们具有渊博的学识与精深的造诣，以具有近代科学精神的治史方法和丰硕的研究成果，在学界备受推崇，赞誉不衰，代表了 20 世纪中国实证史学发展的第一个高峰，续写了民国学术史的新篇章。

王国维(1877—1927)，字静安，又字伯隅，晚号观堂(甲骨四堂之一)，浙江嘉兴海宁人，是考古派的殿军性人物，在学术界享有盛誉的"二重证据法"便是他的独创。1925 年，王国维受聘任清华国学研究院导师，教授古史新证、尚书、说文等课，与梁启超、陈寅恪、赵元任并称为清华国学院的"四大导师"。

王国维在证明《史记·殷本纪》时总结研究方法说道："吾辈生于今日，幸于纸上之材料外，更得地下之新材料。由此种材料，我辈固得据以补正纸上之材料，亦得证明古书之某部分全为实录，即百家不雅驯之言亦不无表示一面之事实。此二重证据法，惟在今日始得为之。"①王国维以其对甲骨文和殷商世系的研究，推断《史记·殷本纪》是基本可靠的，这就是运用"二重证据法"推断的结果，后来成为学术界公认的科学的方法。所谓"二重证据法"，就是将"地下发现之新材料"(考古发现)与"纸上之材料"(古代文献)二者互相释证，以达到考证古史的目的。这一方法不但将以往认为不可确信的小说、神话引入史料，而且还将碑刻文字扩大到甲骨文、金文，使其与历史文献互证，扩大了文献史料的范围。它作为一种重要的治史观念和方法，是 20 世纪初中西学

---

① 王国维：《古史新证》，湖南人民出版社 2010 年版，第 2 页。

术交汇和新史料大量发现刺激之下的产物，具有强烈的时代性。二重证据法为历史研究与文献整理开创了一条新途径，正如郭沫若赞扬的："王国维……遗留给我们的是他知识的产品，那好像一座崔巍的楼阁，在几千年来的旧学的城垒上，灿然放出了一段异样的光辉。"①

王国维的研究领域非常宽广，不但在殷商史领域建树颇丰，而且在金文、汉晋简牍、敦煌学、蒙元史等领域也取得了重要突破。1912 年，王国维随罗振玉东渡日本，开始接触甲骨文。1914 年，他协助罗氏撰写《殷墟书契考释》，开始利用甲骨文研究历史。1915 年，王国维发表《殷墟卜辞中所见地名考》，开始利用甲骨文研究历史地理。1917 年，王国维相继发表《殷卜辞中所见先公先王考》与《续考》二文，奠定了他在甲骨文研究领域的崇高地位。在甲骨文的搜集、整理、收藏和刊印方面，王国维均有创获，其中尤以殷商王朝世系的考订最为世人所称道。另外，王国维考订古器、训释铭文，对作器年代、地理位置、史事、封赏制度、征伐兼并等方面做了深入考证，补充了史籍记载的缺失。在汉晋简牍方面，王国维结合《史记》《汉书》等文献资料，与罗振玉合著《流沙坠简》，考实了汉代长城的方位及烽燧守卫系统，确定了玉门关、楼兰及海头城的位置，探索了西域丝绸之路和汉代边郡都尉官僚系统的职官制度，开辟了西北史地研究的新局面。

在清华国学院，王国维也结识了史学界的另一位大家——陈寅恪。陈寅恪（1890—1969），字鹤寿，江西修水人，中国现代最负盛名的集历史学家、古典文学研究家、语言学家、诗人于一身的百年难见的人物。陈寅恪偏重"中古以降民族文化之史"，是将考古学、文献学推向系统化阶段的重要人物，主要著作有《隋唐制度渊源略论稿》《唐代政治史述论稿》《元白诗笺证稿》《寒柳堂集》《柳如是别传》《金明馆丛稿初编》及《二编》。陈寅恪治史的特点主要集中在两点，即"取异族之故书与吾国之旧籍互相补证""取外来之观念，与固有之材料互相参证"②，其中尤擅长以小见大。他精通蒙、藏、满、日、梵、波斯、西夏、拉丁等十多种语言，将语源学、民族学与中国传统考证学结合起来，善于

_____

① 郭沫若：《中国古代社会研究·自序》，《郭沫若全集·历史编》第 1 卷，人民出版社 1982 年版，第 8 页。

② 陈寅恪：《王静安先生遗书序》，《金明馆丛稿二编》，上海古籍出版社 1980 年版，第 219 页。

勾稽史料，抉幽阐微，从广泛的比较与联系中探求一个历史时期全局性的大事情。他提倡"有意义的史学"，将历史考证与国家民族的命运紧密联系，通过挖掘大量的史料，从民族、国家及文化背景等方面探索不同政治集团之间势力的升降，利用普遍联系的分析，揭示出历史演变的本质问题。在隋唐制度渊源及唐代政治史演进主线的考证和论述上，陈寅恪指出，唐初融合胡汉文武为一体的局面是把握唐代政治史的关键，而长安宫城北门的军事控制权是唐代朝政成败的关键，这些观点在隋唐史研究领域有开创之功。此外，陈寅恪还将诗、文与历史结合，论述了元、白诗与唐代古文运动的兴起等范围广泛的问题，开拓了诗文证史的新领域。陈氏治史以求真为鹄的，注重详细全面地占有史料，在此基础上对历史进行"了解之同情"的研究，使得许多原本似乎各自孤立无关的材料显示出内在关联性，这一"全面掌握、详辨审取"的研究方法显示了史学通识的精神。

陈垣与陈寅恪并称"史学二陈"。陈垣的研究主要集中在元史、宗教史、文献学等领域，著述有《元西域人华化考》《校勘学释例》《史讳举例》及《通鉴胡注表微》等，另有《陈垣学术论文集》行世。特别是他的宗教史研究，范围十分广泛，对已消亡的外来宗教，如火袄教、摩尼教、一赐乐业教做过专门研究，他还就佛教、基督教、伊斯兰教等世界三大宗教在中国的兴起和流传写过不少论著，对中国本土的道教，也撰有专书。

研究历史文献，陈垣非常注重于研究目录校勘和工具书的使用。清朝校勘学家很多，《书目答问》后面就列有校勘学家类目。但清代的校勘学家只是一般地校一校，对一对，只有像王念孙、段玉裁这些人才算得上是比较高明的校勘学家。陈垣进一步发展了校勘学，他总结出校勘的一些基本经验和规律，著有《元典章校补释例》一书（1959 年中华书局重印时，改名为《校勘学释例》）。该书不是简单罗列若干条校勘知识，而是附有说明，最后总结出校勘四法：第一种是对校法，即以同书之祖本或别本对读，遇不同之处，则注于其旁；第二种是本校法，"本校法者，以本书前后互证，而抉摘其异同，则知其中之谬误。……此法于未得祖本或别本以前，最宜用之。"此法只能发现矛盾，提出问题，而不能解决问题；第三种是他校法，"他校法者，以他书校本书。凡其书有采自前人者，可以前人之书校之，有为后人所引用者，可以后人之书校之，其史料有为同时之书所并载者，可以同时之书校之。此等校法，范围较广，用力较劳,而有时非此不能证明其讹误";第四种是理校法,"遇无古本可据,或数本互异,而无所适从之时,则须用此法。此法须通识为之,否则卤莽灭裂,以不误为误,而纠纷愈甚矣。故最高妙者此法,最危险者亦此法。"①清代王念孙、段玉裁等人校勘水平较高,用理校得出的结论往往与后来发见的原本相同。在总结前人校勘经验与校法条例的基础上,陈垣第一次明确而系统地归纳了四种校勘方法,为建立校勘方法的科学体系奠定了坚实的基础,在校勘学史上是一个卓越的贡献。

2.考古派的学术传承

考古派是新史学思潮下的学术派别,具有极其鲜明的时代特征,即它虽然渊源于传统的考据学,但是在观点、材料、方法等方面已经获得了新的转型,兼具传统与现代的双重特征。

第一,实事求是,无征不信。从学术渊源上看,考古派继承了乾嘉先辈们的治史成果与研究方法。清代乾嘉时期,出于封建政治制度和学术研究对文献整理的需要,考证之风达于极盛。其中,在经学、子学、小学领域的代表性人物有戴震、焦循、阮元、段玉裁、王念孙等,在史学考证领域的代表人物主要有王鸣盛、钱大昕、赵翼等,他们在整理文献典籍方面都取得了具有总结性意义的成就,扫除了传统典籍中大量古奥难懂、错讹歧误的障碍,更为重要的是乾嘉学者们严密精良的治学精神与考证方法被后代学者所推崇。考古派自觉地以"实事求是"为最高原则,潜心于考辨史籍文字、地理制度、史实等歧异之处,目的就是恢复历史之"真"。他们既重视古人的见解,又不刻板地拘守成说,不为古人所蔽,不为家派门户所囿,不为主观看法所限,对于因长期附会臆造而成为庞杂离奇的古史体系持明确的批判态度,论据缜密,识断精严,凡立一说必广求大量材料作佐证,必贯通各种经典而无窒碍,在鉴别史料上提出了许多卓越见解,符合近代科学理性的精神。

第二,广参互证,既博且精。虽然渊源于传统考证学,但是20世纪的考古派却具有鲜明的时代品格,这主要表现在它在史料的利用、治史观念、考史方法上都有了新的发展。史料运用方面,乾嘉考据大多数走的是经史互证的旧

---

① 上引见陈垣:《校勘学释例》卷六《校法四例》,《陈垣全集》第7册,安徽大学出版社2009年版,第309—313页。

路,文献材料本身的真假也是问题,因此以文献材料证明文献材料难免缺乏说服力。相比之下,民国时期的考古派最突出的特点就是扩大了史料的范围,在他们看来,考古文物、域外文献、民族语言、档案、契约文书、神话传奇、小说笔记、口述史料等,都可以作为考史的有价值资料,利用不同性质的史料开展比较研究,特别是以实物证实文献材料,使考古派在探求中国上古史、中古史以及民族史、宗教史等专史领域,都相继得到重大创获。治史观念方面,考古派的许多学者都具有不同程度的西学背景,主动革除了传统考证中主观臆断、迷信盲从、偏于琐屑饾饤等旧习,将西方近代科学方法创造性地运用到考证学领域,更加注重史料的历史背景研究,反映了追求史学科学化的学术取向。考古派认为,古代遗留下来的材料都是片段的、分散的,必须要结合当时历史背景进行综合连贯的研究,例如陈寅恪指出:“吾人今日可依据之材料,仅为当时所遗存最小之一部,欲藉此残余断片,以窥测其全部结构,必须备艺术家欣赏古代绘画雕刻之眼光及精神,然后古人立说之用意与对象,始可以真了解”。①考古派以进化史观为指导,不满足于史料的搜集排比与个别史实的考订,而是通过探求史实之间内在的联系获得系统性和体系性的认识,这一方法,即是历史主义的研究方法。

第三,求真致用,有机统一。历史与现实是息息相关的,考古派在追求学术求真的基础上,更加注重学问的致用。在求真基础上的致用,并没有损害或降低学术性,相反,这样做使得研究成果更具有现实价值。陈寅恪尤为注重应用“民族—文化”的互动关系研究中国历史,他将中原与边境民族间文化的吸收、民族特性的嬗变以及由此引起民族或政治集团之间文化之先进落后或政治势力之强弱变化,作为观察魏晋南北朝至隋唐时期历史的主要视角。1942年,陈寅恪撰成《唐代政治史述论稿》,在上篇“统治阶级之氏族及其升降”中进一步论述“民族—文化”问题,目的就是希望这部著作能够达到“近真实而供鉴戒”。考古派探究致用的又一类型,是陈垣提倡的“有意义之史学”。在抗日战争时期,陈垣把宗教史研究、边疆史研究与抗战联系起来,阐发历史上人民的爱国斗争,表彰坚持民族大义的历史人物,完成了“抗战史学系列”的

① 陈寅恪:《冯友兰中国哲学史上册审查报告》,《金明馆丛稿二编》,上海古籍出版社1980年版,第247页。

多部佳作,是其学术思想升华的标志。在《明季滇黔佛教考》一书中,陈垣将原来擅长的考证与抒发民族正气的议论相结合,对投降变节者予以无情的揭示、鞭挞。1945 年陈垣著《通鉴胡注表微》,发掘了长期被掩盖的胡三省的民族气节与爱国思想,成为对抗战事业有所裨益的重要资料。这都说明,在时代推动下,考古派不仅仅满足于广征史实,也把学术工作自觉地与民族命运联系起来,体现了现代史学家的时代责任感。

20 世纪的考古派既有深厚的中国传统文化功底,又接受了西方现代学术的训练,综合了历史学、文献学、考古学、古文字学、历史地理等多个学科,不断开拓,积极创新,不仅占有了详尽的史料,而且也有很多个人独到的见解,体现了考古派治学严谨、不随波逐流的学术品格,对于辅助文献史料重建古史、拓宽史学研究思路,具有开山之功。

四、史料派及其学术阵容

历史、史料、历史学、史料学,这几个概念之间既有区别又有联系。史料学起源较早,自从有了历史学,史料学就应运而生,可以说,史料学是史学研究的基础。民国初期,随着史料的丰富与新的研究方法的运用,传统史学观点被不断颠覆,在新史学的影响下,中国史学研究领域逐渐形成了一个具有庞大声势和广泛影响的学术派别——史料派,提出的"史学本是史料学"是该学派最典型的代表思想。由于这一派别提倡"以自然科学看待历史语言之学",所以也被称为"科学派"。史料派强调史料的重要性,以史料作为史学的研究对象,注重史料的搜集、整理与保存。史料派虽然形成的时间晚于考古派与古史辨派,但其影响和规模却后来者居上。

1. 史料派的学术阵容

史料派的重要代表人物是傅斯年。傅斯年(1896—1950),字孟真,山东聊城人,著名历史学家,古典文学研究专家,教育家,学术领导人。五四运动学生领袖之一、中央研究院历史语言研究所的创办者,曾任北京大学代理校长、"国立台湾大学"校长。1928 年,国民政府决定成立中央研究院,蔡元培任院长,在筹备中傅斯年建议设历史语言研究所。之后,历史语言研究所成立,傅斯年任所长,提出了"近代历史学只是史料学"的观点。作为中国近代学术史上占有重要地位的学术机构,它团结了当时学界的一时翘楚,培养了大批后来独步中国学界的年轻后劲,努力将东方学正统争回中国,是团体研究的成功典范。

史料派的学术阵容庞大。史语所初设史料征集、汉语、文籍考订、民间文艺、汉字、考古、人类学、民物学、敦煌材料研究等九个组。因分工过细,不便具体工作。1929 年 3 月,史语所迁到北海养心斋后,傅斯年主持召开所务会议,决定将原设的九组合为三组,即历史、语言、考古。具体分工如下:第一组为历史组,负责史学及文籍校订等工作,陈寅恪任组长;第二组为语言组,负责语言学及民间文艺等工作,赵元任任组长;第三组为考古组,负责考古、人类学及民物学等工作,李济任组长。1935 年,史语所迁至南京,又增设人类学组,由吴定良任组长。

由于傅斯年反复强调史料和工具的重要性,所以史语所的大部分工作都是围绕搜集材料、整理材料、扩充材料、保存材料、比较材料而进行的。《历史语言研究所工作之旨趣》(以下简称《工作旨趣》)是傅斯年于 1928 年 5 月撰写的,它揭示了史语所工作的方向、方法和宗旨。有学者把它和胡适的《〈国学季刊〉发刊宣言》并称为近五十年中国文化史研究的两大重要文献,奠定了中国现代历史学的基础。《工作旨趣》同此前于 1927 年 11 月傅斯年为中山大学学生讲课而写的《中国古代文学史讲义》中的《史料论略》部分、1930 年初在北京大学讲授《史学方法导论》(计七讲,现仅存《史料论略》)、《考古学的新方法》(1929 年)、《〈史料与史学〉发刊词》(1943 年)等文一并阐发了"史学便是史料学"这一史学思想,从中可以看出其思想的一贯性。

史料派以史语所为平台,积极开拓创新,取得了许多突破性的成就。这些成就主要有收购险些被外国人买走、险些化为纸浆的内阁大库档案并加以整理,打响了"上穷碧落下黄泉,动手动脚找东西"的第一炮;在河南安阳殷墟、山东城子崖进行考古发掘,为现代考古学、人类学特别是殷商史的研究创造了日后大发展的有利条件;出版历史语言研究所集刊和专刊,向学术界展示自己学派的独特风格和丰硕成果;此外还有去全国各地调查方言和民俗,搜集《明实录》的各种版本进行校勘等活动。这些成就让傅斯年和以他为首的史料学派名声大振,奠定了史料派在中国史坛上长盛不衰的基础。

2. 史料学的治史思想、治史方法

傅斯年明确将"史学本是史料学"（傅氏在不同的语境中有不同的说法，如"近代历史学只是史料学""史学便是史料学"等）作为指导思想，认为史料是史学研究的根本，史料足以说明历史的真谛，历史的"真相"和"本来面目"即在史料之中，史料高于一切。这一思想的形成，与 20 世纪初期科学主义的影响密不可分。科学主义认为，只有自然科学才是真正可靠的科学知识。1920 年，傅斯年入英国伦敦大学研究院研读实验心理学、物理学、化学和数学等课程。之后，傅斯年入柏林大学求学，受近代自然科学（如爱因斯坦的相对论、普朗克的量子论等）蓬勃发展的影响，使其熟悉了西方科学的理论与方法，特别是德国语言考据学派——兰克学派，给其留下深刻印象。兰克学派十分重视"原始的"文献资料，认为一切历史著作都是不可靠的，要明白历史的真相，只有追根究底，研究原始资料。该学派主张从语言文字入手，追寻史料的来源，鉴别史料的真伪，认为当事人或目击者提供的证据是最珍贵的，档案、古物一类的原始资料，乃是历史的瑰宝。在研究态度上，兰克学派主张历史研究要具备超然的、不偏不倚的客观主义，历史学家的任务不是评判过去或训示现在，而是"仅仅指出事情的本来面目"。在兰克学派的影响之下，傅斯年提出史学最重要的特征就是客观性，史学研究者的任务就是"据实直书"，"无例外地保持不偏不倚的态度"，"让史料本身说话"，不能掺入研究者的主观好恶，只有这样，历史学才能变成科学。

第一，坚持史料的第一性。明确将史料作为史学的对象，这是史料派对于史料与史学关系的最基本理解。傅斯年在《史学方法导论》中指出，"史学的对象是史料，不是文词，不是伦理，不是神学，并且不是社会学"[1]。他又在《考古学的新方法》中讲到，"历史这个东西，不是抽象，不是空谈……历史的对象是史料，离开史料，也许成为很好的哲学和文学，究其实与历史无关。"[2]毋庸赘言，傅斯年自己所说的这几句话已经十分清晰地阐明了这层含义，将历史哲学、历史评论、史书编撰从史学中排斥了出去。

---

[1]　傅斯年：《史学方法导论》，欧阳哲生编：《傅斯年全集》第 2 卷，湖南教育出版社 2003 年版，第 308 页。

[2]　傅斯年：《考古学的新方法》，欧阳哲生编：《傅斯年全集》第 3 卷，湖南教育出版社 2003 年版，第 88 页。

在《工作旨趣》中,傅斯年将是否能恰当地运用史料作为衡量历史学发展是否顺利的标准。从史料出发,我们对于他的下述言论便可获得更深的理解:

——凡能直接研究材料,便进步。凡间接的研究前人所研究或前人所创造之系统,而不繁丰细密的参照所包含的事实,便退步。

——凡一种学问能扩张他所研究的材料便进步,不能的便退步。

——我们反对疏通,我们只是要把材料整理好,则事实自然显明了。一分材料出一分货,十分材料出十分货,没有材料便不出货。

——总而言之,我们不是读书的人,我们只是上穷碧落下黄泉,动手动脚找东西![①]

第二,坚持史料的多样性。尽可能地占有充分的历史资料,是开展史学研究的前提,是研究工作能够取得成效或能否有所创新的关键。傅斯年指出,近代以来西方学术之所以发展,就是因为他们不仅仅依靠文献的记载,而是"动手动脚找新材料,随时扩大旧范围"。为此,他提出"照着材料出货""客观的处理实在问题"等主张,认为这是治史料学者应该恪守的一项重要原则。

搜集史料是一项艰苦的科学劳动。哪些材料可以成为史料? 史料派认为,史料的种类繁多,可谓无所不包,大致说来,可分为文字记录史料和非文字记录史料两类,前者为人们所熟知,后者为人们所忽视,两者同等重要。性质方面,除了史籍材料以外,地下材料的彝器、甲骨、简牍、明器、敦煌卷子、档案以及从人类学调查得来的资料等,都属于史料。地域方面,除了汉语文献,在中国文献中比较忽略的那些诸如匈奴、鲜卑、突厥、回纥、契丹、蒙古、女真等少数民族的文献,也属于史料。学科领域方面,现代历史学研究,需要运用各种学科的方法。地质、地理、考古、生物、气象、天文等学科的方法,都可以成为史学研究者的工具。

第三,坚持史料的客观性,遵循"考史而不著史"。史料派没有单纯地罗列或堆砌史料,而是提出建立"客观史学"的主张,认为史学的功能在于"存真",史学研究的目的是将各种性质、形式、来源的史料进行比较,从而得出"近真"的历史。傅斯年在《工作旨趣》一开头就明确指出历史学不是"著

---

① 傅斯年:《历史语言研究所工作之旨趣》,欧阳哲生编:《傅斯年全集》第3卷,湖南教育出版社2003年版,第5—11页。

史"，只是"史料学"。他说："历史学不是著史：著史每多多少少带点古世中世的意味，且每取伦理家的手段，作文章家的本事。近代的历史学只是史料学，利用自然科学供给我们的一切工具，整理一切可逢着的史料，所以近代史学所达到的范域，自地质学以至目下新闻纸，而史学外的达尔文论正是历史方法之大成。"①史学不是做文章，不是说教，不是搞政治宣传；史学的对象是史料，其工作是整理史料，以建立史实。

面对多样的史料，整理工作必不可少。那么，如何才能把史料整理好呢？史料派认为整理史料的基本方法是比较方法。傅斯年说："第一是比较不同的史料，第二是比较不同的史料，第三还是比较不同的史料。"②通过比较不同的史料，可使史实得以"近真"。这种方法也就是"排比、比较、考订、编纂史料之方法"，所以，他认为近代史学亦可称为史料编辑之学，或者也可称为史料整理学。傅斯年将王国维的二重证据法、陈寅恪的诗文证史法和胡适的"用比较的研究来帮助国学材料的整理与解释"的方法综合起来，进行了系统的阐释。他指出："史学的方法是以科学的比较为手段，去处理不同的记载。"③史料派以互证对勘取互相释证之长，这一整理方法，体现了客观史学（实证史学）重视材料、无征不信、实事求是的精神，即使在今天看来也有很多值得借鉴的地方。

3. 史料派的历史地位

首先，史料派纠正了中国传统史学重视史书编撰、忽视史料搜集整理的偏向。傅斯年指出，中国史学界自古就有广泛搜集史料，精心鉴别史料，力图再现历史真实的优良传统。司马迁作《史记》，司马光写《资治通鉴》，清代考据学家们对史料的考订，都是这种优良传统的结晶。自元以降，采集整理新史料的优良传统日渐衰竭，编纂史书的风气日盛，许多人"照着司马子长的旧公式，去写记表书传"，搞"化石的史学"，去修官样文章的元史清史。这样下去，真正的历史学是不会发达起来的。傅斯年着力扭转史学界那种用个人主观意

① 傅斯年：《历史语言研究所工作之旨趣》，欧阳哲生编：《傅斯年全集》第3卷，湖南教育出版社2003年版，第3页。

② 傅斯年：《史学方法导论》，欧阳哲生编：《傅斯年全集》第2卷，湖南教育出版社2003年版，第308页。

③ 傅斯年：《史学方法导论》，欧阳哲生编：《傅斯年全集》第2卷，湖南教育出版社2003年版，第309页。

识曲解史实,依照伦理观念粉饰历史,按照政治需要写作帝王将相家谱、教科书的封建主义史学观点,推动史学向着"存真""求实"的方向发展。由是观之,他的思想取向是正确的,是有进步意义的。

其次,史料派提出"历史学只是史料学"的思想,在史学认识上是一种创见,在方法论上具有值得借鉴的作用,在思想史上对于打破经学的垄断地位具有革命性的意义。传统学术采用经史子集的四部分类,将经学抬高到独尊的地位,傅斯年提出"历史学只是史料学",打破了这种传统的四部分类,从而推倒了经学的独尊地位,在当时思想禁锢严重的环境中无疑有着革命性和建设性的意义。

最后,史料派也存在不可避免的局限性。史料派将是否注重史料作为评价史学是否进步的标准,从这一标准可以看出,傅斯年是将历史研究的全部内容看作是史料的问题,只有史料才是历史研究的生命和灵魂,这种绝对化的认识,将"史料"的地位推向顶端,也受到许多学者的批评,认为傅斯年把史学和史料学简单的等同起来,认为他的史学思想如同这个口号的字面意义那样简单、片面。周谷城不赞成史料派的观点,他认为重视史料虽然有益于史学研究,但是不能将史学等同于史料学。他指出:"史学家从史料中去寻找历史,从而编著史学书籍;但并不把史料当作历史,而只把史料当寻找历史的指路碑及历史的代表。若研究只止于史料的本身,考究其来源,分解其成分,加以分类,加以排比;这属于史料学或史学概论的范围。不过史料学亦尝被认为就是史学。"①史料固然重要,但只是寻找历史的指路碑,只可视为历史之代表或片断的痕迹,从片断的史料中可以发现完整的历史,但完整的历史之自身,绝非即等于片断的史料。

全面深入地理解史料派,既要认识到其积极意义又要认识到其局限性,这才是对其全面和客观的认识。一方面,史料派将历史哲学、历史评论、历史写作从历史学中排除出去,提出"历史学只是史料学",其主要意图是要把历史学上升为科学。其实,对科学的地位也不应抬得过高,科学只是一种客观研究的学问,学问包括客观研究和主观研究,二者不可偏废,地位是同等重要的。正如我们现在所接触的科学包括自然科学和人文社会科学,二者只存在研究

① 周谷城:《中国通史》上册,开明书店1946年版,第2页。

领域的不同和研究方法的差异,不存在社会地位的高低。另一方面,我们也要看到,史料派提出"历史学只是史料学"的思想,重在突出历史学的"求是"这一本质。历史学既有"求是"的本质,也有"致用"的功能,"求是"与"致用"同样重要。"求是"是要尽量还历史以本来面目,"致用"则是其社会功能。如果历史学失去其为社会服务的社会功能,将会失去生命力,最终被社会所抛弃。史料派在强调史料的同时忽视了对历史观的运用。在历史研究中,只有将史料与史观有机融合在一起,才不会偏颇。

五、食货派及其学术同人

食货派形成于 20 世纪 30 年代中国社会史问题论战时期,是以中国古代社会经济史为研究旨趣的学术团体。1934 年 12 月,陶希圣创办《食货》半月刊,由上海新生命书局发行,属于"中国社会史专攻刊物"。1937 年 7 月,《食货》停刊,共出版 61 期,吸引了全国各地 150 多位学者,发表文章 300 余篇。通过《食货》,陶希圣发起组织了"食货学会",在"食货学会会约"中明确表明"本会不举行具有形式的任何会议,以《食货》半月刊为相互报告及讨论机关",从而逐步形成了以《食货》为中心的食货派,对 20 世纪 30 年代中国社会经济史研究产生了巨大的影响。食货派的成员以陶希圣及其学生、同事为中心,包括陶希圣直接指导的在北京大学法学院"中国经济史研究室"工作的鞠清远、武仙卿、曾謇以及后来与陶希圣有工作关系的连士升、沈巨尘、何兹全等。

1. 食货派的思想特征

第一,明确打出"社会史专攻"的旗帜,对于中国社会经济史研究的开展,起到了拓荒与奠基的作用。20 世纪 30 年代,在中国大地上展开过一场波澜壮阔的大论战,史称"中国社会史大论战"。论战的实质与核心在于弄清楚中国的社会性质:现实中国、古代中国、中国乡村的社会性质。陶希圣是这次论战的发起人,较早撰文探讨中国社会性质问题。1928 年,在上海创刊的《新生命》杂志发表陶希圣等人的文章。1928 年 10 月,陶希圣发表《中国社会到底是什么社会》一文,否定了中国社会是封建社会或资本主义社会等主张,提出中国社会性质是宗法封建社会的观点,得到许多学者的赞同。1929 年,陶希圣出版了《中国社会之史的分析》《中国封建社会史》两本书,率先将问题引入社会史领域。

《食货》创办目的也正是为了将社会史论战引入史学研究领域,正如陶希圣所说,民国二十四至二十六年,我主编《食货》半月刊,要把这个研究,从政争扭转到史学。从该刊发表的 300 余篇文章来看,即使在政局动荡的社会环境里,《食货》仍然坚持学术研究的原则,除了翻译一些国外社会经济史理论和作为社会史讨论余绪的文章外,大多数文章都与具体社会经济史有关,有的文章涉及社会身份、人口、家族、土地制度、田赋租税等,有的是关于农业、货币、市场、都市、贸易、寺院经济等,还有的涉及妇女、婚姻等方面。《食货》刊发了许多经济史论文,并首次刊登了"中国经济社会史索引",为中国社会经济史研究步入专业化轨道奠定了基础。

第二,史学方法上,食货派探索了史料与理论在研究理路上的会通。社会史论战促成了中国社会经济史研究的兴起,但许多问题也随之暴露出来,尤其是理论与材料孰轻孰重的问题凸显,成为史学研究走出困境必须正视的问题。社会史论战主要集中于三个问题:第一,奴隶社会是不是人类必经的社会阶段,中国历史上是否存在奴隶社会? 第二,中国封建社会始于何时,终于何时? 有何特征? 第三,马克思所说的亚细亚生产方式是什么? 亚细亚生产方式在中国历史上是否出现过? 由于农村、农民和农业在中国占据主体地位,农村社会的性质很大程度上决定着中国社会的性质,1934 年又形成了中国农村社会性质论战,核心议题是在分析乡村社会性质时,到底应该以分析生产关系为主,还是以分析生产力为主。学术界的各种观点论辩激烈,错综复杂。有学者指出:"这时期的中国社会史研究者们最大的毛病,在乎只知瞎引外国的方法和结论,而并不顾及本国历史上的真正的史料"[1],批评了当时脱离中国历史实际来讨论中国社会问题的倾向。

在社会史论战中,有的学者政治观点一致,但学术观点不一致;有的学术观点一致,但政治立场完全对立。这些问题既是历史问题,也是理论问题;既是学术问题,也包含政治指向,因此,只有将理论与史料高度融合在一起,才能搞清楚其中的来龙去脉、是非曲直,得出令人信服的答案。食货派反对将"方

---

① 杜若遗:《介绍〈食货〉半月刊》,《文化建设》1935 年第 1 卷第 4 期。

法当结论",举起"搜集史料"的旗帜,倡导专题研究,认为要探寻社会经济的演变规律,了解中国社会的发展历程,就必须对大量的史料进行细致的分析、科学的辨伪,才能消解当下理论与史料的矛盾。

食货学派对史料非常重视,史料丰富是该学派的一大特点,其中重点强调了社会经济史料的重要性。陶希圣说:"这门学问的研究,第一步只是中国史的社会学的解释;第二步是中国社会史内容的充实。如今走到第二步的时候,我们觉得社会经济史料的收集,是主要的工作。"①食货派的社会经济史研究既没有遵循传统考据的模式,也没有遵循以史学理论为主导的宏大历史叙事模式,而是采用综合的研究,将历史的理论认知与具体实践研究有机结合起来,摆脱了繁琐考据的束缚与纯理论的空洞阐释,既重视历史学理论的指导,同时也注意史料的收集和扩充。陶希圣明确主张:"有些史料,非预先有正确的理论和方法,不能认识,不能评定,不能活用;也有些理论和方法,非先得充分的史料,不能证实,不能精致,甚至于不能产生。"②这一主张使食货派形成了既不同于考据学也不同于纯理论争辩的学风。陶希圣指出,讲求方法,同时注重资料,必须从资料中再生产之方法,才是正确的方法。这是食货派在史学方法论上的重要创新。

除了常见的正史等史料外,食货派从社会经济史研究的视角来看待方志、文集、账簿等资料,认为它们也是经济史研究过程中的重要资料,极大地拓宽了经济史史料的范围。此外,食货派还充分认识到文集、笔记中经济史料的学术价值,将其运用到经济史研究中,起到了开风气之先的作用。如鞠清远《元代的寺产》一文,主要根据《牧庵集》《吴船录》《翰苑前集》等文集辑录而成,其《南宋官吏与工商业》一文,资料主要来源于《朱文公集》,他的《清开关前后的三部商人的著作》《校正江湖必读》则是根据《商贾便览》《江湖尺牍分韵》和《酬世群芳杂锦》这三部商人的著作整理出来的,对于研究鸦片战争前后中国社会商业组织的改变具有较高的经济史料价值。

在重视史料的同时,食货派也强调经济理论素养的重要性,他们参考借鉴外国学者的理论方法研究中国社会经济史。20世纪二三十年代,西方社会经

---

① 《〈食货半月刊〉宣言》,《北平晨报·社会研究周刊》,1934年11月14日。
② 陶希圣:《编辑的话》,《食货》1934年第1卷第1期。

济史研究迅速发展的同时,社会学、经济学、社会经济史的理论与方法也被中国学术界大量引进并广泛传播。食货派意识到,中国社会经济研究之所以逊于西方,主要在于缺乏西方社会经济史的理论与方法。于是,他们积极学习西方社会经济学研究的理论与方法。虽然不同食货派学人对西方社会经济史理论与方法的理解不尽相同,但是都有一个共同点,那就是开放性。他们阅读了大量社会学、经济学、经济史理论与方法的著作,这些著作启发了他们对中国社会经济史的认识。连士升在翻译介绍西方的理论方法上着力最多,他在《食货》上共发表译文 18 篇,主要介绍了桑巴德、克拉判、约克曼、格拉斯、卫布思夫妇、西摩勒尔等学者的经济思想。何兹全运用中西比较的方法研究寺院经济,他在晚年回忆道:"写佛教寺院和寺院经济,也是学《基督教之基础》的写法,先写这一时代的社会,再写佛教寺院和寺院经济的发展成长。"①曾謇的《中国古代社会》《殷周之际的农业的发达与宗法社会的产生》主要参照借鉴了摩尔根、恩格斯的家族形态分析。可以说,在研究过程中,食货派逐渐形成了理论与史料并重的学术品格,对中国社会经济史研究范式的建立起到一定的奠基作用。

2. 食货派对唯物史观传播的推动

20 世纪 30 年代,马克思主义唯物史观广泛传播,特别是马克思对生产力与生产关系、经济基础与上层建筑之间的辩证关系的阐释受到了食货派的认同,它们对当时讨论热烈的一些重要历史问题,如商业资本主义社会、奴隶社会的有无及封建社会的断限等问题,都声言运用唯物史观。

食货派学者中,影响最大的是陶希圣。他在《中国社会之史的分析》一书中,指出"士大夫阶级实为中国的治乱之原。优秀分子大抵贱工贱商而趋于政治活动,则生产技术不易改良,而农工商业不能进步。游惰者多,官位又少,则政争便由此激发"②,认为农工商是社会发展的基础。此外,他在《中国社会与中国革命》一书中,明确地表达了自己持"唯物的观点"③,并应用了阶级、生产技术、生产力等术语。受陶希圣的影响,食货派的其他成员也大都倾向于唯物史观。何兹全将恩格斯的《家庭、私有制和国家的起源》《德国农民战争》

---

① 何兹全:《我的学史经验和体会》,《文史知识》1982 年第 4 期。
② 陶希圣:《中国社会之史的分析》,辽宁教育出版社 1998 年版,第 36 页。
③ 陶希圣:《中国社会与中国革命·绪论》,新生命书局 1929 年版,第 2 页。

作为史学理论与方法的教科书。曾謇也坦言："西洋的两位学者——莫尔甘和恩格斯,他们的著作对于我的影响也极大,我的理解中国的古代社会也多是以他们的学说为根据而参加我自己的主张的。"①连士升也称马克思对经济基础与上层建筑关系的论述是"经济史学开路先锋的重要宣言","人类社会的经济的构造是一切形而上学的基础,所以我们要了解过去的历史必须先从经济史做起。"②可以看出,食货派成员接受唯物史观的自觉性较强。

在唯物史观的指导下,食货派逐渐认清了商业资本主义的性质,认为商业资本不是生产资本,它只能依附于其他生产方式来发挥其剥削和破坏的机能。在关于奴隶社会的有无问题上,陶希圣等食货派成员认为,在中国的社会发展历程中,存在着奴隶经济居主导地位的奴隶社会,提出了"秦汉时期是奴隶社会"的论断。在关于封建社会的起始问题上,虽然学术界对中国社会发展过程中封建社会的存在已无异议,但就封建社会的起始时间则争论不休,食货派提出了"魏晋封建说",认为中国封建社会始于魏晋南北朝迄于唐末。何兹全是较早比较明确地提出"魏晋封建说"的食货派成员,后来发展成为中国社会史分期中极具影响力的一种学说。他在《食货》创刊号上发表《魏晋时期庄园经济的雏形》,该文"明确地以魏晋之际(以建安时代为魏)为中国封建社会的开始"③。1937年陶希圣在《南北朝经济史》序中明确地指出东汉至唐末这一历史阶段的特殊性,并暗示这一时期封建社会的特征。他说:"东汉以后……中唐以前,无论在经济、社会、政治、思想上都自成一个段落,与以前的秦汉及以后的宋明,各有不同之点。……魏晋至隋唐,社会上严于士庶之分辨,政治上显有大族的操持,思想上富于佛教的影响。彼此因应,断非偶然。"④

食货派应用唯物史观的理论与方法,试图解答当时最现实最急迫的社会性质、革命性质等问题,客观上扩大了唯物史观的传播,推动了唯物史观的运用。何兹全曾回忆说:"20世纪20年代末30年代初,在学术界、思想界、史学界,我的感觉都是马克思主义、唯物史观独步天下的时代。"⑤当然,也要看到,

①　曾謇:《中国古代社会·自序》(上),新生命书局1935年版,第6页。

②　连士升:《研究中国经济史的方法和资料》,《大公报·史地周刊》1936年10月9日,第11版。

③　何兹全:《何兹全文集》第六卷,中华书局2006年版,第3289页。

④　陶希圣、武仙卿:《南北朝经济史》,商务印书馆1937年版,第1页。

⑤　何兹全:《中国社会史研究导论》,商务印书馆2010年版,第40页。

食货派的唯物史观是不彻底的,他们在思想方法上接近唯物史观,但与唯物史观的其他内容还有些出入。食货派对马克思依据唯物史观分析所得的一些结论也有不认同的地方,他们有的坚决反对无产阶级革命理论,刻意回避阶级斗争。

1937 年,全民族抗战爆发,《食货》也被迫停刊,食货学会亦解散。食货派在推动中国社会经济史研究方面,功不可没。1947 年,顾颉刚在《当代中国史学》中系统回顾和总结近百年中国史学发展时,对以陶希圣为代表的食货派在 30 年代所开创的社会经济史研究给予评价,称赞陶希圣"对于中国社会有极深刻的认识,他的学问很是广博,他应用各种社会科学和政治经济学的知识,来研究中国社会,所以成就最大"。[①] 这个评价虽不免过誉,但也说明了食货派的影响之大。30 年代社会经济史研究虽然还处于学科的草创期,但是与前期的中国社会史论战相比,精细的学术研究与考证已经成为历史研究的新趋势,食货派声称以唯物史观为指导,开创了社会经济史研究的新范式,从而推进了中国经济史学科的形成和发展,引发了 30 年代中国社会经济史研究热潮的出现。

六、南高学派及其学术群体

南高学派得名于南京高等师范学校史地研究会。1920 年,南京高等师范学校史地学系成立了史地研究会(后续更名国立东南大学、中央大学、南京大学),由南京高师地学研究会扩改而成。1921 年国立东南大学建立,改称"南高东大史地研究会",1923 年南高并入东大,改称"东南大学史地研究会",通常统称为"南高史地研究会"。该会创办了学术刊物《史地学报》,以"研究史学、地学为宗旨",其成员以文史地部学生为主。学界亦因此称该学派"南高史地学派"。该学派的领袖是柳诒徵,核心成员有缪凤林、陈训慈、郑鹤声、张其昀、向达、刘掞藜、束世澂、胡焕庸、王庸、范希曾等人。可以说,南高学派是一个集合史地领域的学者共同交流、出版学术期刊、策划并推动学术合作计划的有组织的团体。

---

① 顾颉刚:《当代中国史学》,胜利出版公司 1947 年版,第 100 页。

1. 南高学派的思想特征

第一，反对新文化运动，主张经世致用。从学术渊源上分析，南高学派继承了嘉道以后的经世之学，表明了南高学派的文化保守主义倾向，但是该学派秉持的文化理念，也是融通中西学术的，它并不是完全否定新文化运动，而是否定对中国历史文化的民族虚无主义。南高学派坚持求真与致用的统一，求真是前提，致用是目的，求真是为了致用。20世纪二三十年代，受新文化运动反传统的影响，学术界对中国传统文化多有批评，甚至出现了主张"全盘西化"的声音。南高学派萌芽于新文化运动之后，中国传统文化受到"民主"与"科学"两面旗帜的冲击，中国文化面临着存续进退的曲折艰难。与新史学、新文化的蓬勃发展不同，南高学派并不完全认同新史学、新文化的革命性，而是强调文化保守主义。他们对中国传统文化表示出了足够的尊重，坚信民族文化的可持续性，倡导孔子的人文思想，发起了一场"新孔学运动"，主张对中国传统文化进行理性的反思，批评的继承，落实到具体的学术研究上，则表现为反对空泛议论，崇尚实学，致力于古籍的研读、地理的考察，讲求学术研究的"经世致用"。

南高学派反对新文化运动中表现出来的浮夸和偏颇，将史地之学视为实学，力主为学以经世致用。1921年，《史地学报》创刊，正值各国列强重新瓜分中国之时，各种善后事宜纷至沓来。面对多变的世界局势，南高学派成员给予很大关注，这也是经世史学的具体实践。柳诒徵认为史学具有道德教化的作用，他认为史学与儒学的功用是相通的，儒学是"儒术"，儒家学者与史学工作者虽然都主张"持世通术"的应世技巧，但二者侧重点不同，儒者重视个人修身达道，史家则强调以中和的态度运笔，以教化世人应世的方法为要务，所以史家与儒者同样具有持身及应世的作用。柳诒徵强调历史研究的最终目的是要对国家社会有用。在《中国文化史·绪论》中，柳诒徵强调了历史研究的大格局、大视野，历史研究的目的在于"求人类演进之通则""明吾民独造之真际"[1]。针对中国文化的独特性，他提出了令人深思的三个问题："（中国）幅员之广袤，世罕其匹也，……前人所以开拓此天下，抟结此天下者，果何术乎？""种族复杂，至可惊异也，……汉族……数千年来，其所吸收同化之异族，无虑

---

[1] 柳诒徵：《中国文化史·绪论》（上），上海古籍出版社2001年版，第1页。

百数。……汉族亦遂泯然与之相忘。试问吾国所以容纳此诸族，沟通此诸族者，果何道乎？""年祀之久远，相承勿替也……试问吾国所以开化甚早、历久犹存者，果何故乎？"①中国幅员广袤，融合民族众多，历史悠久，这都说明，中华民族的文化持续是有必然性的，不可能虚无价值，因此，尽管当时中国仍处在前所未有的危难之中，南高学派仍充满自信地提出"中国文化西被"的问题，他们希冀以中华的人伦文化，去拯救西方资本主义社会的宿弊，反映出了南高学派对中国文化的坚定信念、续统意识，以及护持、复兴民族文化的担当精神。

第二，在中国通史编撰领域成果显著。南高学派同人在具体的学术研究中自觉地弘扬本国文化，而体现中国文化最充分的学科便是史学，南高学派在国史宣传方面有筚路蓝缕之功。《国史要义》是柳诒徵的代表作。柳诒徵所谓的"国史"，就是对中国史学根本思想的阐述，但不是现代意义的、按照西方学科模式建立起来的史学，而是指中国传统意义的史或史学。《国史要义》所论之"史"，虽说仍是基于传统经史子集知识框架下的"史"，但又与传统以经为纲的知识构成观不同。在柳诒徵的史观中，史学取替经学占据统摄整个知识世界的位置。以礼释史是《国史要义》最重要的特点。柳诒徵既以儒学为史学，作为儒学核心的礼也就自然地成了他所谓"史"的核心。

缪凤林在国史编撰的成就主要体现在《中国通史纲要》《中国通史要略》中。他认为当时海外学者对中国史的研究存在很多谬误，他建议在国内高等学校史学科中要特设国史宣传部，组织并培养一批青年学子宣扬国史。国史是最能够直接昌明中国文化内涵的，因为"爱国雪耻之思，精进自强之念，皆以历史为原动力，欲提倡民族主义，必先昌明史学"②，国史能够展现中华民族开拓疆土、团结群众及长久发展的本源，借助中国通史编撰，不但能够达到凝聚中华民族团结的目的，而且也能够让西方了然中国的历史文化，这都是史学家义不容辞的时代责任。

张其昀以修中国通史为己任，他编撰的《中华五千年史》，是一部富于时代精神的通史。该书以思想文化史为重心，以世界史为背景，视野宽广，综罗史料取精用宏，内容繁复而别开生面，史地结合，以清新和畅的笔调说明中国

① 柳诒徵：《中国文化史·绪论》（上），上海古籍出版社2001年版，卷首第2—5页。
② 缪凤林：《中国通史要略》，东方出版社2008年版，第11页。

在世界所居的地位及对世界人类的重要贡献,在编写体例与方法上具有现代新史学的特征。

2. 南高学派的历史地位

南高学派在史地领域的建树,使得东南大学成为南方的社科学术重镇,这主要得益于该学派的开放视野。南高学派通过创办刊物,呼吁创建中国史学会,鼓励学术争鸣,强调学术研究的团体效应,对最终促进中国史学会的形成,加强学术交流沟通起到了有力的推动作用。

南高学派的形成与发展,经历了较为曲折的过程,其间伴随着学术期刊的创办与发展,这是南高学派得以延续和发展的平台与保证。从 1921 年起至全面抗日战争爆发,南高学派创办的史学期刊就达 4 种,分别为:《史地学报》《史学与地学》《史学杂志》《史地杂志》,这些期刊存在的时间或长或短,但对于宣传南高学派的观念、培养史地学人产生了重要的作用和影响。南高学派也被称作史地学派。可以说,《史地学报》等刊物的创办促成了南高学派的产生。

1926 年《史地学报》停刊后,以柳诒徵为代表又创办《史学与地学》杂志,组织中国史地学会,将史地学作为研究的重要内容。《史学与地学》出版两年停刊,其后,张其昀、胡焕庸等将史学与地学分割开来,独立创办了《地学杂志》。与之呼应,1929 年缪凤林等与张其昀共创《史学杂志》,柳诒徵在发刊词中对此作了说明:"往偕诸生倡《史地学报》,嗣又倡《史学与地学》,皆骈列史地犹昆弟孪生者。然去年张子其昀倡《地理杂志》于大学,今年缪、范、陈、郑诸子又与张子倡《史学杂志》,盖孪生之子自毁齿而象勺,虽同几席而各专其简策之通轨也。世运日新,浅化者或张皇震惊而莫测其始,因及归趣自治史者观之。"①《史学杂志》以"南京中国史学会"名义出版发行,出版两年后,于1931 年停刊。南高学派通过史学期刊的创办,不仅扩大了他们在学术界的影响,并且通过创办期刊这一形式,一直努力将其学派维系下来。此后,直到1937 年张其昀等在国立浙江大学依托史地学系,创办《史地杂志》,将南高学派史地之学并重的学术观念延续下去。南高学派在中国新史学诸流并进的潮流下,能占据一席之地,与他们创办史学期刊,加强对自身的宣传是分不开的。

————————

① 柳诒徵:《史学杂志·发刊辞》1929 年 1 卷 1 期。

　　南高史地研究会成立伊始，就相当重视与外界史学会的联系，以图共同促进史学发展，他们主张成立全国性的学术团体以共同进行史地研究，主要表现在孜孜追求全国性史学会的成立。1922 年，陈训慈在《史地学报》1 卷 2 期上发表了《组织中国史学会问题》一文，呼吁成立全国性的史学会。在陈训慈看来，规模宏大的史学运动需要以成立学会为前提，只有成立专门史地学会，才能将国内学者团结起来，共同致力于学术研究。史学会的主要任务包括：古史之开拓，西洋古史之再造，以及古文明之发见，多赖掘地事业之发达；旧史之全般整理；近代史料之搜集；地方史迹之保存；历史博物馆之建设；学校历史教学之统筹改造，并进谋历史常识之普及。陈训慈的主张代表了南高史地学派的共同心愿。徐则陵强调："一种学问之成立，必经几许研究，学术共作尤为今日当务之急。"[1]南高学人参与并发起了一些地方性史学团体，从南高史地研究会，到中国史地学会，到南京中国史学会，到中国地理学会，到吴越史地研究会，到浙江中华史地学会，乃至抗战时期的中国史学会，无不留下了他们努力的足迹。1943 年 3 月 24 日，教育部史地教育委员会第三次全体大会召开，与此同时，中国史学会成立大会也在中央图书馆举行。南高史地学派成员们不懈的努力，促成了中国史学会的最终成立，极大地推进了中国史学现代化进程。

　　此外，南高学派培养了大批史学领域的专家，涌现出多位中国现代历史、地理等学术领域的奠基者、开拓者，如张其昀（人文地理学、历史地理学、政治地理学、国家战略学等），胡焕庸（人文地理学与自然地理学、人口地理学等），郑鹤声（中国史学史、中国近代史、中西交通史、中外关系史等），王庸（历史地图学等），等等。在地理学领域，竺可桢作为史地学派创立初期的导师之一，代表作有《欧洲战后之新形势》《改良阳历之商榷》《论以岁差定尚书尧典四仲中星之年代》，以调查全国的地形、气候、人种及动植物、矿产为己任，培养了一批中国地学人才。在图书馆事业方面，柳诒徵、陈训慈创新经营。柳诒徵在江苏省立国学图书馆首次设立了"住馆读书制度"，陈训慈在浙江省图书馆实行了"通年日夜开放制度"。柳诒徵执掌中央大学国学图书馆时，编撰了《国立中央大学国学图书馆小史》，陈训慈出任浙江省立图书馆馆长时，撰写了

---

[1]　徐则陵：《历史教学之设备问题及其解决之方法》，《史地学报》1922 年 1 卷 3 期。

《浙江省立图书馆小史》。

　　总而言之,南高学派从注重民族文化传承的立场出发,提出了"昌明国粹,融化新知"的口号,要求在发扬本土史学优良传统的基础上,融入外来"新知",进而推陈出新。这种为学主张因为与新文化运动的反传统倾向相左,受到了学界的诸多批评,被认为"信古一派","是一种抱残守缺的人的残余势力,大概不久即要消灭;即不消灭,对于中国将来的史学也是没有什么影响的。"①但事实证明,南高学派强调历史传承还是有一定的道理的。吴俊升在一篇关于东南大学前身南京高师的纪念文章里说:"在文化的使命上,南高的成就,虽然在开创方面不能说首屈一指,可是在衡量和批判一切新思想、新制度,融和新旧文化,维持学术思想的继续性和平衡性这一方面,它有独特的贡献。"②五四运动以后,在全面批判传承文化的潮流中,南高学人能以另外一种不同的声音告诉世人,输入西学的目的在使之与本土学术融合,进而推进本土学术发展,而不是将传统轻易地抛弃。南高学派对待中西文化的态度有其独到之处,为中国如何解决传统与现代的矛盾提供了自己的方案。

七、学衡派及其学术源流

　　"五四"新文化运动期间,以陈独秀、胡适、鲁迅、傅斯年等人为代表的新文化派以《新青年》和《新潮》杂志为主要阵地,倡导民主与科学,主张全面地反思、批判传统,倡导建立全新的学术风气与文化体系。新文化派的学术方法和主张,在学术界、社会均引起了广泛影响,其中不乏反对的声音,学衡派就是其中最有力的一派。

　　学衡派是学术界对《学衡》杂志社同人的统称。1922年1月,由梅光迪、吴宓、刘伯明、胡先骕、萧纯锦、徐则陵、马承塑、柳诒徵和邵祖平等9人倡导,集聚了一批东南大学的志同道合者,共同在南京创办了《学衡》杂志,时人称之"学衡派"。《学衡》创办初期为月刊,自1925年发行第38期后难以按期出版,1933年7月停刊,共发行79期,历时11年。学衡派高擎"论究学术,阐求

---

①　冯友兰:《冯序》,《古史辨》第6册,上海古籍出版社1982年版,第1页。
②　吴俊升:《纪念母校南高二十周年》,《国风》1935年第7卷第2号。

真理,昌名国粹,融化新知"的旗帜,"以继承中国学统,发扬中国文化为己任",对中国未来文化发展方向的认知,与当时学界的主流思潮——文化激进主义截然不同。

1. 学衡派的形成与发展

和民国时期的很多学派一样,学衡派并不算是一个非常严密齐整的学术派别,它的成员背景各异,学术观点并不全都一致。柳诒徵是学衡派的精神领袖,主编吴宓、胡先骕和梅光迪都非常拥戴他。吴宓在任教南高以前就读过柳诒徵的文章和著述,对他甚是钦佩。《学衡》初创之时,吴宓曾称赞说道:"现时东南大学之教授人才,亦以柳先生博雅宏通,为第一人"①。柳诒徵草拟《发刊词》申述办刊旨趣,他力襄《学衡》,除连载《中国文化史》外,亦有《论中国近世之病源》《中国文化西被之商榷》《中国乡治之尚德主义》等有影响的鸿文刊发,是该刊发表论文最多的学者,他"领袖群伦",俨然"学衡派"的中流砥柱。

南高学派的人员也有不少参与了学衡派的活动。《学衡》在东南大学创刊后,胡先骕、柳诒徵加入"学衡派"的阵营。缪凤林是最早在《学衡》杂志发文的史地研究会学生成员,后来景昌极、徐震锷、张其昀、郑鹤声等相继加入到《学衡》杂志的作者队伍,这就使得这两个学派在反对新文化运动方面出现了你中有我、我中有你的现象。另外,学衡派学人的言论阵地较为分散,除了主要阵地《学衡》之外,还有《国风》《思想与时代》《大公报·文学副刊》等,以及《史地学报》《文哲学报》《湘君》三个外围刊物,这些学人生活的空间则集中在南京高师和后来的东南大学。

2. 学衡派学人的文化观念

《学衡》杂志是一份用文言文著述的综合性刊物,杂志包括"通论""述学""书评""文苑""杂缀"等栏目,内容涉及哲学、文学、史学等多个领域。该杂志既有议论体裁的文章,也登载诗文、翻译小说和创作,在内容上比较偏重于文学和思想文化两方面,所设栏目以文学和文化哲学类为多。《学衡》坚决排斥白话新诗,坚持刊登古体诗词。他们达成"没有格律声韵非诗"的主张,这与"白话文运动"的白话新诗相对立。《学衡》在创刊号上明确说明刊物的

---

① 吴宓著,吴学昭整理:《吴宓自编年谱:1894—1925》,生活·读书·新知三联书店1995年版,第228页。

宗旨为:"论究学术,阐求真理,昌明国粹,融化新知,以中正之眼光,行批评之职事,无偏无党,不激不随。"吴宓等人一方面感到中国学术非蜕故换新不足以应无穷之变;另一方面受到西方新人文主义的影响,对新文化派偏激的学术路线不以为然。因此,《学衡》杂志一创刊,就把矛头直接对准了新文化运动。

《学衡杂志章程》对该刊坚守的三条原则作了具体阐释:

(甲)本杂志于国学则主以切实工夫,为精确之研究,然后整理而条析之,明其源流,著其旨要,以见吾国文化有可与日月争光之价值,而后来学者得有研究之津梁,探索之正轨,不至望洋兴叹、劳而无功,或盲肆攻击、专图毁弃而自以为得也。

(乙)本杂志于西学则主博极群书,深窥底奥,然后明白辨析,审慎取择,庶使吾国学子潜心研究,兼收并览,不至道听途说、呼号标榜,陷于一偏而昧于大体也。

(丙)本杂志行文则力求明畅雅洁,既不敢堆积饾饤,古字连篇,甘为学究,尤不敢故尚奇诡,妄矜创造,总期以吾国文字,表西来之思想,既达且雅,以见文字之效用实系于作者之才力,苟能运用得宜,则吾国文字自可适时达意。固无须更张其一定之文法,摧残其优美之形质也。①

从以上三条原则,可以大体了解学衡派的学术主张,他们不同意新文化运动对国学的攻击和毁弃,反对新文学运动,认为文言文优于白话文,强调"吾国文化有可与日月争光之价值",如欲引进西学,必须先"博极群书,深窥底奥,然后明白辨析,审慎取择"。

学衡派与新文化阵营在现代文化发展的价值取向和思维取向上都是针锋相对的。在《学衡》创刊初期,就刊载了梅光迪的《评提倡新文化者》、萧纯锦的《中国提倡社会主义之商榷》、吴宓的《论新文化运动》、胡先骕的《评〈尝试集〉》等文章,对新文化运动的价值取向及其思维方式提出了全面的批评。学衡派对新文化派提倡新文化的动机与方法提出了激烈的批评,志在反抗"新文化—新文学"派的话语霸权,显示了文化保守的取向。就动机而论,梅光迪称新文化派"非学问家乃功名之士也"②。就方法而言,学衡派尤其反感新文

① 《〈学衡杂志〉简章》,《学衡》1922 年第 1 期。

② 梅光迪:《评提倡新文化者》,中华梅氏文化研究会编:《梅光迪文存》,华中师范大学出版社 2011 年版,第 134 页。

化派用所谓群众运动的方式,鼓动青年学生传播伪学,认为这种学术平民化的趋势只会导致学术文化倒退。吴宓认为新文化运动者持论"务为诡激,专图破坏。然粗浅谬误,与古今东西圣贤之所教导,通人哲士之所述作,历史之实迹,典章制度之精神,以及凡人之良知与常识,悉悖逆抵触而不相合"。① 梅光迪不满意西方对中国的认识,认为"西人所著论吾国之书,十九慢骂,吾人不欲多读。此等书、吾辈视之,不值一笑。而其势力影响于其本国者至巨,甚可痛也。因彼辈绝少通吾国文字者,况问其能读吾古籍(李佳白孙乐文辈不过读《纲鉴易知录》及《四书合讲》)? 彼辈书中不过有几张吾国下等社会人相片,以为足代表吾人,岂不可耻!"②

针对新文化派的活动,梅光迪提出真正学者的标准:"真正学者,为一国学术思想之领袖,文化之前驱,属于少数优分子,非多数凡民所能为也,故欲为真正学者,除特异天材外,又须有严密之训练,高洁之精神,而后能名副其实。"③其后,柳诒徵也专门撰文,批评当时学者多专营"术"而忽视"学",并对当时学者产生之法进行分类:"学者产生地有二种,实验室、图书馆一也,官厅、会场、报纸、专电、火车、汽车二也。前者有学而无术,后者有术而无学。潮流所趋,视线所集,则惟后者为归。故在今日号称不为官吏,不为政客,不为武人,不为商贾,自居于最高尚最纯洁之地位之学者,其实乃一种变相之官吏,特殊之政客,无枪炮之武人,无资本之商贾,而绝非真正之学者。"④根据有学无术与有术无学,他将学者区分为二类,前者难而不显,后者易而实惠,批评锋芒所向,尤指北大新文化派胡适有术无学。学衡派对北大新文化派学风的批判,得到东南大学史地系学生的极大响应,他们也批评新文化运动,说:"近来自号新文化运动者,大都皆浮浮自信,稀为专精之研究。即其于所常谈之文哲社会诸学,亦仅及其表面,而于专门学科,益无人过问;循是不变,将使名为提倡文化,而适以玷辱文化"⑤,故他们决定组织中国史学会,以"促进史学之研究"。

---

① 吴宓:《论新文化运动》,《学衡》1922 年第 4 期。
② 罗岗、陈春艳编:《梅光迪文录》,辽宁教育出版社 2001 年版,第 131 页。
③ 梅光迪:《论今日吾国学术界之需要》,《学衡》1922 年第 4 期。
④ 柳诒徵:《学者之术》,《学衡》1924 年第 33 期。
⑤ 陈训慈:《组织中国史学会问题》,《史地学报》1922 年第 1 卷 2 期。

学衡派对新文化运动的批评以及回归传统的主张，既带有学理的思考，也带有浓重的个人感情。他们对传统文化的批评，既不同于胡适、陈独秀等人的"激进论"，又区别于梁漱溟、张君劢等人的"保守论"，而是在倡导弘扬民族文化的同时，注重将视野转向西方文化，希望从中获得全新的观点和参照体系来重新评价中国传统文化。该学派文化保守的重点不在政治文化，他们很少提出诸如"复辟皇权和礼教"等现实社会政治主张，而只是在智识上主张"融会国粹与新知"，与当代新儒家的思想文化较为接近。

学衡派具有浓重的人文主义色彩。新文化运动强调科学主义与科学精神，认为学术的灵魂是科学方法，学术的现代化就是科学化。学衡派虽然也不反对科学主义，但他们认为仅仅有科学精神和科学方法还不够，还必须有人文精神的内核。他们借鉴并吸收白璧德的新人文主义理论，提出了"道德为体，科学为用"①的主张。

所谓"道德为体，科学为用"，主要指的是伦理道德。他们认为人类在物质文明日益进步的情况下，更应当珍视自身的精神价值，并借此追求至善境界的精神家园和终极关怀。吴宓推崇孔子的人文主义理想，肯定孔子伦理道德的现代价值和意义。在《学衡》杂志扉页上刊有孔子及苏格拉底的头像，以此象征中西人文精神的相通。柳诒徵提出了"中国文化西被"说，认为中国文化传统的中心精神和根本价值在于人伦道德："是故吾国文化惟在人伦道德，其他皆此中心之附属物。训诂，训诂此也；考据，考据此也；金石所载，载此也；词章所言，言此也。亘古及今，书籍碑板，汗牛充栋，要其大端，不能悖是。"②吴宓把孔子视作人类理想中最高的人物，称"孔子者理想中最高之人物也。其道德智慧，卓绝千古，无人能及之，故称为圣人。圣人者模范人，乃古今人中之第一人也"③。

学衡派反对新文化运动对传统文化的全盘否定，主张在保持文化连续性的前提下，以"中正之眼光""无偏无党，不激不随"的态度对待中西文化。《学

---

① 罗福惠、许小青、袁咏红：《长江流域学术文化的近代演进》，武汉出版社 2007 年版，第 361—362 页。

② 柳诒徵：《中国文化西被之商榷》，《学衡》1924 年第 27 期。

③ 吴宓：《孔子之价值及孔教之精义》，徐葆耕编：《会通派如是说——吴宓集》，上海文艺出版社 1998 年版，第 111 页。

衡》杂志除了刊载国学研究的论文外,介绍西学、译述西学论著的文章亦为数不少,如《柏拉图语录》《亚里士多德伦理学》《世界文学史》等,显示了学衡派中西兼学的特性。吴宓在论述自己的文化志向时说道:"今欲造成中国之新文化,自当兼取中西文明之精华,而熔铸之,贯通之。吾国古今之学术、德教、文艺、典章,皆当研究之,保存之,昌明之,发挥而光大之;而西洋古今之学术、德教、文艺、典章,亦当研究之,吸取之,译述之,了解而受用之。"①但是,学衡派的人文主义也有缺点,那就是强调文化只属于社会精英,否认文化上的平民主义,认为文言文高雅通达,极力排斥白话文。

3. 学衡派的历史地位

20世纪20年代是一个价值重估与价值重建的时代。新文化派以中国的现代化为鹄的,在民主和科学的旗帜下,以反传统的启蒙主义运动为进路。作为一场影响深远的现代思想启蒙运动,新文化运动形成了中国现代化运动的一个思想高潮,现在,新文化派从西方输入的科学、民主、进步等思想理论和价值观念已经成为普遍的信念和共同的价值准衡,并且已经凝聚成为中国现代思想文化的主流。然而,在对待传统的态度上,新文化派依然存在有待厘清的论争焦点。五四以后,学术界从不同立场和角度出发对新文化派进行批判性反思,并且提出了一些有意义的命题。

1922年,学衡派作为一个明显派别出现以后,新文化运动已经接近尾声,新文化阵营内部开始分化,而学衡派在对传统的维护中,彰显了对人文价值的承担与对现代化思潮的批评。由于学衡派的文化思想徘徊于欧化与国粹之间,对新文化运动多持批评态度,所以在相当长的一段时间内被视为守旧势力而备受冷落,被认为是冥顽不化卫道士。尽管学衡派不愿意卷入非学术的无谓之争,甚至面对新文化阵营的各种极端攻击不置一词,但是,实质上,学衡派的思想直接或间接地介入了中国现代思想文化的论争,中国现代思想文化的发展是与学衡派的思想线索相始终的。

学衡派以文化保守主义思潮与人文主义为思想支点,其实质是恪守人文主义传统的中心思想及其基本价值理念。作为主流文化的补充与制衡,学衡派是与中国现代文化的发展息息相关的。学衡派的各种主张,不仅开拓了人

---

① 吴宓:《论新文化运动》,《学衡》1922年第4期。

们的眼界,也丰富和推动了中国社会文化思潮的发展。学衡派保守思想的形成和新文化运动激进主张的产生几乎是同时的,二者以两种大异其趣的价值取向与学术理论,各自为据,形成了两种对立的思想姿态与学术风格,是中国现代思想文化发展史上一道独特的风景。

八、战国策派及其史学影响

1. 战国策派的形成与发展

1940 年,中国抗日战争进入相持阶段,在西南地区大后方的昆明,一个极富理论个性的学派——战国策派形成。这一文化流派,因其流派的核心人物创办的《战国策》半月刊而得名。1940 年,云南大学、西南联合大学教授林同济、陈铨、雷海宗等人在昆明创办了《战国策》,至 1941 年 7 月,因空袭频繁、印刷困难、物价飞涨等原因停刊,前后共出版 17 期。而后,他们又于 1941 年12 月至 1942 年 7 月,在重庆《大公报》上开辟《战国》副刊,每周一期,编辑部设在云南大学政治经济系,共出版 31 期。《战国策》创刊后,迅速得到西南联大、云南大学诸多学者的支持。"战国策派"主要代表人物除了林同济、雷海宗、陈铨三位主将外,还有贺麟、朱光潜、冯友兰、陶云逵、沈从文、费孝通等 20多位自由主义知识分子,他们被聘为刊物的特约撰稿人。可以说,战国策派是抗日战争时期活跃在大后方昆明、重庆等地的一个人数较少、组织松散、集中活动时间较短的学术集合体,缺少健全的机构与章程,但是,这一派别"备受争议"的学术观点在民国史学史上留下了引人注目的足迹。

战国策派学人的身份,多为"以天下为己任"而名重一时的大学教授。他们继承了 19 世纪末 20 世纪初的"尚力"主义思潮,并且吸收了近代西方文化观念,在对"中体西用""全盘西化""本位文化"等文化观念进行比较反思的过程中,深感中国文化仅靠"拿来"或者"打倒"是行不通的,必须要对整体文化进行革新,推崇国民性改造和中国文化重建。

那么,如何进行文化重建呢?《战国策》发刊词中声明道:"本社同人,鉴于国势危殆,非提倡及研讨战国时代之'大政治'(High Politics)无以自存自强。而'大政治'例循'唯实政治'(Realpolitick)及'尚力政治'(Power Politics)。'大政治'而发生作用,端赖实际政治之阐发,与乎'力'之组织,

'力'之驯服,'力'之运用。本刊如一'交响曲'(Symphony),以'大政治'为'力母题'(Leitmotif),抱定非红非白,非左非右,民族至上,国家至上之主旨,向吾国在世界大政治角逐中取得胜利之途迈进。"①从这段话中,我们大致可以看出这一学派的"大政治"追求。

林同济被公认为战国策派的核心人物。他提出的"战国时代""尚力政治"说成为战国策派的核心理念。林同济在《战国策》创刊伊始指出:"如果我们运用比较历史家的眼光来判断这个赫赫当头的时代,我们不禁要拍案举手而呼道:这乃是又一度'战国时代'的来临!"②他认为,战国时代的最显著特征在于"战为中心""战成全体"和"战在歼灭",只有通过弱肉强食的大规模战争,逐步形成一种大陆式的若干"区域霸国"的对峙,才能在最后火并成为全世界的大一统。围绕着如何在世界民族生存竞争中保存并壮大中华民族这一中心问题,战国策派提出了"抱定非红非白,非左非右,民族至上,国家至上之旨",倡导尚力精神和英雄崇拜,要重新铸造"民族精神",主张恢复战国时期文武并重的文化,在政治上实行高度集权,抨击官僚传统,检讨传统伦理,以适应激烈的民族竞争。

2.战国策派的思想特征

归纳起来,战国策派提出了一系列文化重建的方针和理念,这主要包括以下几方面。

第一,全面批判传统文化,赞同西方文化。二战前后,世界动荡不安,战国策派学人认为这是"战国时代的重演"。为适应这"争于力"的"战国时代",他们反思中国传统文化。战国策派继承了近代以来严复、梁启超、鲁迅等人开创的改造国民性主题,在总结先秦的优秀文化传统的同时,更将注意力集中在对传统文化和国民性决绝的批判方面,成为名副其实的"轨道破坏者"。他们从战国之前的文化传统中寻找"大夫士""刚道"与"力"的精神资源,系统批判了秦以后的官僚传统养成的皇权毒、文人毒、宗法毒与钱神毒等四种毒质③,希望

---

① 《本刊启事(代发刊词)》,《战国策》1940年第2期。
② 林同济:《战国时代的重演》,许纪霖、李琼编:《天地之间:林同济文集》,复旦大学出版社2004年版,第3页。
③ 林同济:《官僚传统——皇权之花》,许纪霖、李琼编:《天地之间:林同济文集》,复旦大学出版社2004年版,第107—109页。

振兴国民精神,为中国文化重建清理废墟。为了使中国文明重新焕发生机,林同济提倡"力"的哲学,这是对维新时期"尚武说""崇力说"以及鲁迅"摩罗诗力说"的翻新,在抗战背景下具有重要的"鼓民气"的启蒙意义。

雷海宗提出了"中国文化独具二周"说。他认为中国历史大致可划分为周而复始的两大周期。第一周期自殷周至公元383年淝水之战,可分为封建、春秋、战国、帝国、帝国衰亡与古典文化没落等阶段——这是纯粹华夏民族独立创造文化的时期,外来血统与文化没有重要地位,可称为"古典的中国"。他以军人、家族、元首等为个案,入木三分地剖析了秦汉以来中国传统文化的诸多负面因素及其对近代中国文化转型造成的困扰。他认为,中国"若要创造新生,对于旧文化的长处与短处,尤其是短处,我们必须先行了解"①。中国战国以前的"刚道文明""大夫士"精神值得继承;这种刚道文明在秦汉以后渐趋消亡,中国文化也因此变成了一种"无兵的文化";随着皇权统治日益巩固,民众地位严重下降,导致中国社会如一盘散沙般缺乏向心力:中国古代"秦以上为动的历史,历代有政治社会的演化更革。秦以下为静的历史,只有治乱骚动,没有本质的变化。在固定的环境之下,轮回式的政治史一幕一幕的更迭排演,演来演去总是同一出戏,大致可说是汉史的循环发展。"②雷宗海对中国封建社会长期停滞说的言论,对于中国学界具有振聋发聩的警醒意义。

陈铨的著述多为文学创作,他的代表作主要有长篇小说《天问》(新月1928年)、《革命前的一幕》(良友1934年)、《死灰》(天津大公报出版部1935年)、《彷徨中的冷静》(商务印书馆1935年)、《再见冷荇》(上海大东书局1947年)、《归鸿》(上海大东书局1947年)、《狂飙》(上海大东书局1949年),戏剧《蓝蚨蝶》(商务印书馆1943年)、《婚后》(商务印书馆1945年)、《黄鹤楼》(商务印书馆1945年)、《野玫瑰》(商务印书馆1946年)以及《金指环》(出版时间、机构不详)、《衣橱》(出版时间、机构不详),文学理论《中德文学研究》(商务印书馆1936年)、《文学批评的新动向》(正中书局1943年)、《从叔本华到尼采》(在创出版社1944年)、《戏剧与人生》(上海大东书局1947年)等,从文学的视角对传统文化进行了深入剖析。他指出,中国传统文学艺

---

① 雷宗海:《总论——传统文化之评价》,《中国文化与中国的兵》,岳麓书社2010年版,第3页。

② 雷宗海:《无兵的文化》,《中国文化与中国的兵》,岳麓书社2010年版,第102页。

术,大多柔弱平和,最缺乏的就是"悲剧精神",因而起不到振兴国魂、激励民众、警醒世人的作用。

可以说,战国策派既是以"复古为解放"的文艺复兴者,也是会通中西的历史文化学者,既对中国现实怀有深深的忧患,又对中国文化未来的命运抱有深切期待。他们在开阔的文化视野下反思传统文化,确有许多精当独到之见,体现了为民族救亡服务的宗旨。

第二,全面宣传"民族至上""国家至上"的理念。战国策派在反思传统文化的同时,也提出了在国民性、政治观、伦理观、文艺观、学术方法论等方面文化重建的构想,重建的思想来源,大多来自德国。战国策派关注德国文化中审美精神的时代性与现实意义,特别认同德国启蒙时代思想革命的意义,以及尼采带有审美主义色彩的权力意志与酒神精神。

战国策派主张客观地评价德国历史与文化。他们反对希特勒的纳粹思想,对德国法西斯主义持严厉批判态度。他们指出,希特勒的办法是以武力征服一切,把国家、个性与贵士遗风一概蹂躏起来而建立一个机械性的"车同轨,书同文,以法为教,以吏为师"的秦始皇式的帝国。这种办法,终使文化走上颓萎的孽程,因此希特勒的纳粹主义绝对要不得。但是,普鲁士政治家如何把德国民族化分为合、化弱为强、化无能为光荣的过程,是大有可资供中国借鉴的,中国应该从德国文化中学到民族自强之道。战国策派尤为信奉德国 19世纪非理性主义思想家尼采的"超人哲学",并将之视为挽救民族危亡的唯一妙方。陈铨说:"中国处在生存竞争的时代,尼采的哲学,对于我们,是否还有意义,这就要看我们愿意作奴隶,还是愿意作主人,愿意作猴子,还是愿意作人类……因为尼采的哲学,根本就不是替奴隶猴子写的。"①他们借鉴近代德国文化的狂飙精神和尼采哲学来改造中华民族屡弱的国民性,以求得民族的生存与发展。

这一文化形态史观,是注重文化统治的综合历史观,与进化史观、唯物史观都不同。战国策派受斯宾格勒、汤因比的历史形态学影响,认为所谓文化形态史观,既非"线性"也非"辩证"的历史观,一种文化体系如同生命体一样,往往经历由盛而衰而亡的周期。林同济认为,中国文化"独具二周",至抗日战

---

① 陈铨:《尼采的思想》,《战国策》1940 年第 7 期。

争时是第二周的结束,而能否开中国文化的第三周,则要看抗战的结果。因此,第二次世界大战是"文化战争",而不能泛泛地称为"第二次世界大战"。第二次世界大战标志着新一轮"大战国时代"的来临,需要国力比拼:"大战国时代的特征乃在这种力的较量,比任何时代都要绝对地以'国'为单位,不容局限于个人与阶级,也不容轻易扩大而侈言天下一体";"你我的力必须以'国力'的增长为它的活动的最后目标,你我的力不可背国力而发展。"①正是在这种政治观支配下,林同济将"战""国""策"三字分别解释为"军事第一,胜利第一","国家至上,民族至上","意志集中,力量集中"②。

战国策派不遗余力地宣传"民族至上""国家至上",意在指出战争的不可避免,目的在于提醒国人,不要再对和平抱有幻想,主张坚决抗战到底。林同济认为依赖国联无异于置身火药库旁却和人家交换"安详古梦",揭露了投降派的"傀儡心理,文人鬼胎",他认为:"日本对我们更非全部歼灭不可,而我们的对策,舍'抗战到底'再没有第二途","大同可以为人们最后的理想。'战国'必须是我们入手的途径。"他还提出三点告诫国人:"不能战的国家不能存在""左右倾各字祥,意义全消""要取得世界和平的资格,先栽培出能作'战国之战'的本领。"③战国策派着眼于塑造中华民族团结的精神、强健的体魄和坚实的生活,希望使国民都能够成为有敏捷行动能力的斗士,从而挽救民族危亡。

3.战国策派的历史定位

因为其鲜明的文化主张,战国策派一度被定性为"宣扬法西斯主义"的"反动思潮",该派学人也因此被冠以"为国民党张目"的"文化帮凶"的帽子,并在 1957 年后的政治运动中被打成右派或反革命,受到指责甚至强烈的人身攻击,战国策派一度成为被"雪藏"的研究禁区。改革开放以后,学术界对战国策派进行了比较深入的研究,对其评价也趋于客观公正,如许纪霖对林同济的研究、江沛关于雷海宗等人的研究、叶隽关于陈铨的研究、北京大学魏小奋博士学位论文《战国策派:抗战语境里的文化反思》、黑龙江大学李雪松博士

①　林同济:《柯伯尼宇宙观——欧洲人的精神》,《大公报·战国副刊》1942 年 1 月 14 日,第 4 版。

②　陈铨:《政治理想与理想政治》,《大公报·战国副刊》1942 年 1 月 28 日,第 4 版。

③　林同济:《战国时代的重演》,许纪霖、李琼编:《天地之间:林同济文集》,复旦大学出版社 2004 年版,第 11—13 页。

学位论文《"战国策派"思想研究》等，都堪称这个领域的拓深性著述，标志着在该研究领域的重要突破。

历史唯物主义告诉我们，评价任何历史现象、历史人物，都不能脱离具体的历史背景。战国策派活动的历史背景是日本帝国主义大规模入侵，国共两党及其他各民主党派组成了抗日民族统一战线，共同进行着艰苦的抗战。战国策派通过创办期刊、编辑丛书、发表演说等方式，引起了思想文化界的强烈反响。

从思想内容上看，学术界大都认为战国策派是一个为应对西方文化挑战而重建中国文化的爱国学术团体。从性质上看，战国策派是一个相对单纯的学术团体，虽然有些观点与国民党的宣传内容有相似之处，但战国策派学人的身份多为知识分子，并非有意染指政治。"战国时代的重演"是战国策派的中心论点，这一观点虽然忽视了战争正义性与非正义性的区别、"左"倾与右倾的区别，但是关于超级大国争夺世界霸权的论述、关于以武力求和平的论述、关于中国只有战胜日本帝国主义才能求生存的论述等，还是符合当时中国国情的，特别是他们警醒并鼓励国人抗战到底的宣传，更是彰显了知识分子的时代责任感。可以说，战国策派是民族危机背景下充满强烈民族情感的以抗日、建国为宗旨的文化派别，其探索虽然容易引起误解，但他们对世界局势的认识、传统文化的剖析和文化重建的构想等，不少观点是独到而深刻的，有些在今天仍有现实意义。

九、生物史观派

1. 生物史观派的形成与发展

生物史观是中国现代史学理论中颇具特色的观念，生物史观派的代表人物是常乃惪。常乃惪（1898—1947），字燕生，山西榆次人，中国青年党常委兼文化运动委员会主任。著作涉及古今中外、社会学、经济学、历史学等。严复翻译《天演论》，将进化论思想引入中国，首次系统地介绍了"物竞天择""优胜劣汰"的思想，常乃惪充分运用这一生物进化原理，通过对生物学、社会学和历史学三者关系的整体思考，兼采各派史观，将有机论和社会达尔文主义相结合，提出生物史观，主张人类社会的历史发展受到生物法则支配，以生物的立场，来说明历史演化的动因，将生物史观作为国家主义派的理论依据。

所谓生物史观，即从生物学的观点来看人类的历史。从广义上看，"生物史观"是指以生物学原理来解释说明人类历史发展现象的观念，但是，常乃惪的生物史观并非完全无条件接受所有生物学原理而不加以选择。由于生物学本身观点众多，因此用来说明人类历史现象的生物史观又可分为诸多派别。常乃惪所主张的生物史观正是许多支派中的一种，他以人类社会的有机组织为重点研究对象，认为社会有机组织的特性是支配人类历史发展的主要原因。

常乃惪指出："一切生物的演化有一个根本的趋势，就是由无组织趋向有组织，由简单组织趋向复杂组织，这种趋势我们可以呼之为组织化的趋势"①。人类社会历史的发展如同自然界一样，都经历了一个由简单到复杂的发展过程。自然界中原始单细胞组织的生物演化成为复杂细胞组织的生物，组织简单的低等生物演化成为组织复杂的高等生物，人类历史也受这种有机组织演变趋势的支配。他举例解释说，在自然界中，较高等的动物如鸟类及哺乳类动物，他们的社会组织一般比较简单，大多是由两性及亲子关系构成的家庭，而在人类社会中这种趋势则更为明显，在内容上更为丰富，社会组织的种类更为繁多。在常乃惪的生物史观中，人的意识与群体精神都是生物发展阶段中的产物，是不断进化或者变化的。

2. 生物史观派的思想特征

19世纪生物学、心理学的发展，使有机主义支配了部分思想领域，20世纪物理化学界的革命将有机主义观点扩充到更广阔的领域，从而建设了一个与已往截然不同的新宇宙系统。常乃惪阐释生物史观的方法，如同斯宾塞等其他达尔文主义者一样，多采用类比法。常乃惪将生物史观分为三个部分，分别是：一、哲学的有机论，二、社会有机论，三、历史文化的有机论。所谓"有机论"，是认为宇宙的运动"不是物理上的动，而是含有生物意义的一种增长"。哲学的有机论、社会有机论、历史文化的有机论，三者是有内在逻辑关系的。

哲学的有机论是从抽象方面说明有机论所依据的理论基础，从而为社会有机论和历史文化的有机论奠定基础。关于哲学有机论的基础地位，黄欣周在《常燕生先生遗集》的序中有清楚的论述，他说："生物史观的理论基础建筑在'哲学的有机论'之上。'哲学的有机论'和英国怀德黑教授的'通体相关的

---

① 常燕生：《生物史观浅说》，中国人文研究所1947年版，第19页。

哲学'最相近,这种哲学是以生物有机体各部分休戚相关的性质来解释宇宙及人生;现在有机主义的概念已扩充到物理世界中,认为整个宇宙就是一个有机体,这与古人'以天地万物为一体'的思想也是完全一致的。说人类是一个有机体,国家是一个有机体,正是'天下一家,中国一人'的最好的说明。"①常氏的宇宙有机论,把自然世界和人类社会联系起来,而弄清这一看法,是了解生物史观的第一步。

在吸收西方进化论的基础上,常乃惪用层进的逻辑把生命有机现象统一起来。他说:"宇宙普遍的现象只有一个,便是有机的现象,亦即广义的生命现象。生命现象即包含有特质和心灵两种机能,所谓层进,只是说有机组织的程度由低级突进到高级。组织程度的有机现象,其心理机能和物理机能都比组织程度低的更显著,更集中,更机动,更有鲜明的个性和自由自主的能力;换言之,即是更像一个有机体。若说宇宙有层进,这便是唯一的层次。"②

社会有机论是指社会是一个有机的观念,是实在的、灵活的存在。常乃惪认为,人类社会的发展具备生物有机体发展的所有特征。他列举了二者相似的5个方面:(1)人类社会的发展像有机体一样有生长的现象;(2)人类社会在发展过程中,其结构和功能会出现分化作用;(3)人类社会各部分之间不是独立存在的单独个体,而是一种相互依存的关系,既有分工亦有协作;(4)一个社会不是由一个单个的个体构成,而是由许多个个人构成,就像有机体也是由无数个细胞组成一样;(5)社会中的经济体系相当于生物的营养系统,政府组织相当于生物的管理系统,中央政府则相当于生物的神经中枢。按照发展历程,常乃惪将有机体的进化阶段归纳为原始单细胞、复细胞个体和复个体社会三段,而社会有机体是自然界生物在进化演变过程中的一个必要阶段。人类社会组织由简单趋向复杂的原动力,根源在于生物本性的要求,也就是说决定人类社会进化的关键,仍然是达尔文所强调的"物竞"和"天择",即生物竞争和自然淘汰。生物史观反复强调,无论是自然界还是人类社会,其演化的根本趋势都是由无组织趋向有组织,由小趋向大,由简单组织趋向复杂组织,组

---

① 黄欣周:《编者序》,常燕生著,黄欣周编:《常燕生先生遗集》第1册,文海出版社1967年版,第3页。

② 常燕生:《哲学有机论》,常燕生著,黄欣周编:《常燕生先生遗集》第1册,文海出版社1967年版,第101—102页。

织越严密,生存和发展的机会也就越大。

历史文化的有机论是生物史观最主要的部分。除了自然界与社会的相同之处,常乃惪还认识到了二者的不同,那就是人类历史发展的过程中会衍生出各种文化,而生物则不具备。文化虽然也是生存竞争的产物,但它是人类生命力的反映,是人类在集体生存状态下发展出来的工具。1928 年,中华书局出版了常乃惪所著《中国文化小史》,这是他在燕京大学任教期间以历史课程讲义《中国史鸟瞰》的第三编《经济制度与社会文化之演进》为基础撰写而成的。他把中国文化发展分为八个时期:"第一个是自太古至西周的宗法社会时期;第二个是春秋战国时代的宗法社会破裂后文化自由发展的时期;第三个是秦汉两代统一安定向外发展的时期;第四个是魏晋六朝民族移徙印度新文化输入的时期;第五个是隋唐两代民族同化成功新文化出现的时期;第六个是晚唐五代宋朝民族能力萎缩保守思想成熟的时期;第七个是元明清三朝与西方文化接触逐渐蜕新的时期;第八个是晚清以至今日大革新的时期"[①]。这一分期方法,将中国文化作为一个连续的整体来看待,进步性突出表现在两方面。一是用进化的观点看待文化演进,指出了中华文化的多元性;二是强调了民族因素对于中国文化的影响,指出了中华文化的民族性。民族性由三种要素构成,一为先天遗传性,二是自然环境,第三点最为重要,即社会环境。

为此,常乃惪把人类社会的发展视为一个个阶段的演变,人在其中的作用只能是适应和促进,无法僭越。常氏推崇积极的文化再生说,反对消极的延年益寿说,认为人类社会经过文化蜕变之后可以获得新的生命。从生物学的观点看待人类历史,常乃惪认为社会进化的轨迹和模式受生物法则的支配,人类社会的发展与生物演化的过程一样,也要经历四个阶段:家族社会阶段、部落社会阶段、民族社会阶段和国族社会阶段。当社会发展到较高阶段以后,便会产生出一种集团的性格作为支配整个社会组织和形态的原动力,是支配一切历史动态的总原因。

在历史文化有机体理论中,文化是历史地、集体地形成的。常乃惪认为,历史事实的产生缘于人类之间的相互活动。这是因为人类集合而成,而人类是生物之一,一举一动当然不能不受生物学公例的支配,由此而产生的人类历

---

① 常乃惪:《中国文化小史》,中华书局 1928 年版,第 6—7 页。

史,自然也不能超出生物学公例的范围。这就是他之所以要用生物学的观点来解释历史的理由。从这一逻辑分析来看,生物史观在本质上是一种社会史观。常乃惠认为,历史是人事现象,人事现象不过是宇宙间诸多现象的一部分,所以正确的历史观必须是从正确的宇宙哲学观引申出来的,阐明有机哲学的原理,将使历史的有机现象易于了解。

3. 生物史观与国家主义

生物史观派的文化概念与国家主义思想紧密相连。研究历史文化有机体的作用是什么? 常乃惠认为,研究历史科学就是要从历史的事实中归纳出一条或几条法则来,要从历史的现象中找出它背后深沉的意义来,以指导生活、改良社会。在生物进化学说的基础上,生物史观派将社会有机论与社会达尔文主义当作救亡理论,为国家主义的集体利益提供了理论根据。国家主义讲求国家至上,积极倡导建立一个"内求统一、外求独立"的国家,主张通过"全民革命"和教育的手段,从救国走向建国,只有这样,才能摆脱国内军阀混战与国外民族危机。

"国家至上"始终强调集体的团结以及国家的作用,是生物史观在政治上的表现。他热情呼吁:"我们不是一个独立自由的世界人,我们是整个国家的一个细胞。为国家服务,这是我们每个人应尽的义务,应尽的责任,无所谓权利,无所谓报酬。我们既依国家而生,也当为国家而死! 我们为国家而死,我们的肉体是牺牲了,但是我们的灵魂却从美丽的活泼泼的国家——更年青的大我——中苏醒过来,这就是个体通过集体的更生!"①这段话中具有强烈的集团主义、国家主义色彩,其中彰显的爱国主义精神在政党纷争的社会背景下难能可贵。

常乃惠指出,决定国家存亡、民族存亡、文化存亡的重要因素是民族性,亦称国民性。在民族性高度统一的国家,任何社会矛盾、阶级矛盾都是可以调和的。国民性不可能是一成不变的,因为任何国家国格的养成都是在先天的国族气质、后天的历史文化环境、自然环境的影响中逐渐养成的,因此一国的国民性必然会受到遗传与环境影响,即使形成一种比较成熟且可以左右国家、民

---

① 黄欣周:《进化与组织》,常燕生等著:《生物史观研究》,上海大光书局1936年版,第174页。

族的社会习惯时，也同样无法摆脱历史文化环境影响。也就是说，国民性与一国的历史文化环境本身是共通的，二者相互影响相互制约。由历史文化环境造成某种模式的国民性，国民性同时又会改造历史文化环境，这种相互作用具有反复性与发展性。出于对国家主义的认同，生物史观反对世界主义观念。在进化论的指导下，生物史观以建国成功与否作为评判民族成败的标准，以国家意识的形成与否作为判断世界历史是否向前发展的主要依据。通过对比，常乃惪发现，凡是近代以来实现富国强兵的西方诸国，无不是在民族国家形式初具规模后而壮大的，这是理解世界政治史发展进程的一把锁钥。国家的建立需要两个基础，一是民族基础，二是文化基础，后者更重要。

当然，生物史观也存在不成熟之处，例如强调国家主义是近代文化之母、过于倚重国家的作用而较少关注国民的自由权利等，不免给人以陈义过高或构思过于简单化、理想化之感，同时在采用西方理论进行分析叙述的模式上略显生硬。胡绳在《社会历史研究怎样成为科学》①中，认为常乃惪把社会历史混同在生物现象中，批评常乃惪用生物法则支配一切是用唯心主义的目的论来解释生物的进化。但是，也应看到，生物史观从生物学的角度阐释历史观有其积极意义。这一观念从生物学的角度说明社会的起源发展，从社会角度建立进化的史学理论，将历史学、社会学、生物学三者紧密联系起来，把国家和制度的建设放在文化与思想的改变之上。生物史观肯定文化在国家振兴过程中发挥的巨大作用。在译著《十九世纪初年德意志的国难与复兴》附言中，常乃惪特别总结了德国成功复兴之一大关键，即德意志民族文化教育界领袖的文化自主运动。他褒扬费希特勇敢地打破了德国人崇拜外国文化的迷梦，把德意志民族文化的超越性告诉给受难中的德国人，其他许多爱国诗人也群起而为国家主义歌唱。所有这一切都是德国人民救国的最主要的动力。换言之，一个民族如果文化上不能真正独立，在政治上的成功也终究是幻想②，可以说，生物史观派在构建具有现代性的历史论述体系方面，无疑是勇敢的先行者。

---

①　胡绳：《社会历史的研究怎样成为科学：论现代中国资产阶级唯心主义历史学在这个问题上的混乱观念》，《历史研究》1956 年第 11 期。

②　常燕生：《十九世纪初年德意志的国难与复兴》，常燕生著，黄欣周编：《常燕生先生遗集》第 4 册，文海出版社 1967 年版，第 2164 页。

十、现代史学派及现代史学运动

20世纪30年代,新史学蔚然成风,中国经济史研究者借鉴社会科学的理论、方法,取得了可喜的成果,现代史学派即为典型代表。现代史学派是指以《现代史学》期刊为平台,发起现代史学运动的学术派别。1933年1月,《现代史学》在中山大学创刊,朱谦之是创刊人,此外还有陈啸江、王兴瑞、戴裔煊、陈安仁、朱杰勤等人。朱谦之主要论及历史哲学和史学理论、史学史,陈啸江、王兴瑞专攻社会经济史,戴裔煊重点研究少数民族史和经济史。

在《现代史学》创刊时,朱谦之作《本刊宣言》,分别从历史哲学、史学方法论和史学史三个层面,提出现代史学的三个使命:现代性的历史之把握为第一使命,采用现代治史方法为第二使命,注重现代史与社会史等研究是第三使命,试图在中国学术界建立一个"现代史学派"。这样,"现代史学派"以《现代史学》为阵地,刊发了一个中国经济史专号和两个特辑——文化评论特辑、史学方法论特辑,主张史学研究应从现时代出发,把握历史的现代性特征,提倡历史社会科学化,并学以致用为现实服务,批评只埋头考据而不问世事的学风。

1. 现代史学派的思想特征

第一,高举科学性、现代性的旗帜。"现代史学",顾名思义即是和"旧史学"相区别的新史学,"现代性"是"现代史学"最直接的表征。朱谦之参考了西方历史哲学家黑格尔、克罗齐等对于历史的理解,这样解释"现代"的意义,他说:"历史更应该将现代同过去同未来一样看待,不应只是回忆过去的事迹"[1]。作为现代史学派的领军人物,朱谦之以《现代史学》杂志为阵地,推行现代史学运动。他向国内史学界发出召唤,号召学者们都加入到这场运动中来,他呼吁道:"来来,这一块新生的园地,正是中国学术界转变的一个动向,愿大家不顾一切传统见解的束缚,竭诚拥护着这个科学化而且时代化的旗帜——现代史学运动——而前进。"[2]朱谦之提出了现代史学运动的两面旗

---

[1] 《本刊宣言》,《现代史学》1933年第1卷第1期。

[2] 朱谦之:《〈现代史学〉编后告读者诸君》,《朱谦之文集》第二卷,福建教育出版社2002年版,第159页。

帜——科学化与时代化。

现代史学派具有强烈的时代使命感。不断加剧的民族危机影响了史学界的原有秩序,大部分学人开始探索学术追求与民族主义之间的互通之道,现代史学派努力尝试,以学术文化运动推动抗日救国运动。1936 年,朱谦之联合中山大学文科所历史学部与中山大学历史系同人,拟定了《备战历史教育工作大纲》,以实施备战之历史教育为方法,达到抗敌救国的最高目标。朱谦之从改革各级各类学校课程和宣传民众抗战等方面入手,提出切实可行的计划,希望达到抗敌救国的目标。为发扬中国固有的科学文化,倡导新型历史,现代史学派探索历史学者与自然学科者通力合作。1936 年,朱谦之发起组织中国科学史社。1942 年,《现代史学》创刊 12 周年,朱谦之又重申办刊精神始终不变:"其基本方针,所谓历史之科学性,所谓历史之现代性",彰显了现代史学派对科学性与现代性的坚守。

第二,反对"史学即是史料学"的观点,认为史料派的流弊在于玩物丧志。史料派认为史学是一切科学的综合,其本质是将自然科学研究的方法移植到社会科学研究,对运用史观解释社会历史相当反感和排斥。现代史学派虽然承认史料派搜集史料和整理工作的贡献,但是反对将史料学与历史学等同起来。朱谦之明确区分了历史学与史料学在研究方法上的不同,他称历史学是"叙述的方法",史料学是"研究的方法",他说:"搜集材料和分析材料的工作,就所谓研究的方法,而历史研究的方法,则就是所谓'史料学'。换言之,即搜集和分析从事历史研究时之所依据的各种各式材料。"①他认为,史料学的任务是搜集和分析材料,这只是从事历史研究的前提,因此史料学不等于历史学。1940 年,朱谦之作《考今》一文,进一步批评"史学即为史料学"的说法:"因认史学只是考古,所以读史只要蛮记事迹,而不能'执古之道,以御今之有',历史学当然只好是史料学了。"②陈啸江也认为史料是供给历史作研究用的材料,如同实验室里陈列的材料一样,史料经过人们的加工有助于理解过去的历史运动。但是,我们研究历史不仅仅只满足于知道过去是怎么回事,更重要的是探明历史运动的法则。"史料学只能说是历史学的预备学问之一。

---

① 朱谦之:《中国哲学史史料学》,《朱谦之文集》第四卷,福建教育出版社 2002 年版,第175 页。

② 朱谦之:《考今》,《朱谦之文集》第二卷,福建教育出版社 2002 年版,第 158 页。

它在历史学中地位之重要,我们一点都不反对。惟是若把其重要性误认为同一性,结果不至否认历史是不止的。"①

现代史学派认为史学的生命中心就是"现代",而不仅仅是史料的罗列。这一观念,在朱谦之编著的《中国哲学史史料学》中也有体现。该书不同于一般史料介绍书籍的体例,而是通过将重点著作作为选题的方式来设计中国哲学史史料学的著述结构。除了书末的"中国哲学史史料学正误表"和"关于孙中山思想史料的改写"之外,共有十一个部分,分别为:第一讲"史料学"、第二讲"殷周哲学史料"、第三讲"中国人的智慧——易经"、第四讲"老子的史料学"、第五讲"庄子书之考证"、第六讲"桓谭与王充著作考"、第七讲"列子书与魏晋清谈家之关系"、第八讲"弘明集之研究"、第九讲"四朝学案批判"、第十讲"近代思想史料选题"和附录"古典哲学著作要目"。之所以这样安排,是因为朱谦之认为中国哲学史是建立在史料批判的基础之上的,可以通过史料批判的情况反映当时史料的大致情况。

第三,采用现代治史理论与方法。在指出史料学派的弊端之后,朱谦之提出了历史哲学对史学研究的理论指导作用。他系统地开展了历史哲学研究,先后出版了《历史哲学》《历史哲学大纲》《黑格尔的历史哲学》《孔德的历史哲学》等著作。朱谦之介绍的历史哲学,主要来自于黑格尔主义、孔德主义等西方哲学流派。20 世纪 30 年代,中国关于史学概论或通论性著作或译述多达三十余种,朱谦之所著《现代史学概论》一书是水平较高的一部,代表了现代史学派在史学理论的重要成果。

现代史学派虽然重视历史哲学,但是反对将历史理论公式化。在他们看来,一种历史哲学或史观只是某些学者对于历史发展脉络的粗略看法,需要经过详细研究或推敲。历史的发展无法预料且千姿百态,不能把某种史观奉为金科玉律,即使社会史论战的利器——唯物史论也是如此,它对于许多问题还没有合理解释,并不是世界上独一无二的历史科学法则。

在史学方法层面,现代史学派兼收并蓄,综合了考证考古派和历史哲学派的优点。据统计,《现代史学》刊行史学理论及史学史类文章 29 篇,主要集中

---

① 陈啸江:《建立史学为独立的(非综合的之意)法则的(非叙述的之意)科学新议》,陈啸江撰,王传编校:《陈啸江史学论文集》,上海古籍出版社 2018 年版,第 116 页。

在 1935 年刊发的史学方法论特辑,包括朱谦之《什么是历史方法》(1933 年第
1 卷第 1 期)、石衡《对于历史方法一点浅薄的贡献》(1935 年第 2 卷第 4 期)、
陈啸江《建立史学为独立的法则的科学新议》(1935 年第 2 卷第 4 期)等。其
中朱谦之《什么是历史方法》一文认为历史学除了原有的方法外,仍要采用观
察法、实验法以及比较法等辅助方法。朱谦之着重指出,校勘、考订、训诂等都
属于历史方法的范围,但是历史学方法不仅仅止于此,"我们甚至可以承认现
代史学与过去史学的不同,即在于所用方法的不同……历史之科学的方
法……历史有进化的方法,同时又有历史构成的方法"。① 所谓历史进化法,
就是用进化理论看待人类历史的发展。这是为人类历史建立进化的根本法
则,历史构成法能为历史进化法则建立史料之确实的基础,二者都是科学的、
进步的史学方法。

朱谦之推崇王国维的"二重证据法",主张治史应以考古为方法,考今为
目的。他说:"我们以为历史乃是时间的学问,时间的意义就是现在……现代
史学与从前史学的不同,即在从前史学以'考古'为目的,现代史学则以'考
古'为方法,而以'考今'为目的。"②近代意义的中国哲学史学科创立以来,殷
商时期的哲学思想一直备受冷落,胡适、顾颉刚、冯友兰等学者大都将殷周以
前的古史看作神话传说史,对其真实性存在怀疑。在《中国哲学史史料学》
中,朱谦之专设"殷商哲学史料"一讲,这具有开创性意义,是从史料学角度对
当时中国哲学史研究的一种纠偏。在他看来,舍弃上古尤其是殷商哲学的做
法是把哲学史料看得太狭窄的表现。他主张,只要其中具有哲学思想,就是哲
学史的史料。考古发现的甲骨文字的史料与传说史料不同,是比较真实可靠
的,可以作为已经发现的最古老的哲学史料。他说:"孔子所不能证实的,现
在我们却能从殷墟甲骨文字里,考究中国古代奴隶制社会,乃至于其意识诸形
态,这虽然不算有系统的哲学著作,却不能不说是古代有系统的哲学著作的起
源。"③朱谦之进一步指出,仅以甲骨卜辞作为殷商哲学史料是不行的,它只能
算是研究殷商哲学的原始史料。除此之外,与殷商有关的文献史料,如《尚书·

---

① 《本刊宣言》,《现代史学》1933 年第 1 卷第 1 期。
② 朱谦之:《考今》,《朱谦之文集》第二卷,福建教育出版社 2002 年版,第 158 页。
③ 朱谦之:《中国哲学史史料学》,《朱谦之文集》第四卷,福建教育出版社 2002 年版,第
191 页。

商书》《诗经·商颂》有不少关于意识诸形态的材料，《史记》之《殷本纪》《三代世表》和《竹书纪年》《世本》《楚辞》等有关于殷人事迹的史料，虽与哲学的史料无关，却可用以证史。这些都是研究殷商哲学的辅助史料。甲骨卜辞是地下史料、原始史料，《尚书》《史记》等是地上史料、辅助史料。可以说，现代史学派反思史学研究方法的理论化、公式化、轻史料等弊病，综合多种史学方法，扬长避短，提倡理论与史料相结合，为现代史学的健康发展注入了活力。

2. 现代史学派的历史地位

现代史学派及其现代史学运动推动了史学与相关学科的交融互渗。现代史学派以《现代史学》为平台，发起了一场轰轰烈烈的"现代史学运动"，提倡史学社会科学化，不仅促进了学术界研究经济史、社会史的热潮，而且推动了哲学史、科学史等相关学科的繁荣发展。他们的经济史专题论文多有创见，拓宽了社会经济史研究的范围，很多观点在经济史的研究领域具有"首创"之功。

现代史学派与食货派关系密切。二者都致力于经济史、社会史，现代史学派领袖朱谦之对食货派领袖陶希圣的社会史研究颇多关注，他在阅读陶希圣《中国社会之史的分析》《中国社会与中国革命》《中国社会形式发达过程的新估定》后，认为陶希圣已改变了向来的论断，而主张逐朝逐代的观察史实，已是一个时代细分论者了。基于这一学术认同，现代史学派同人在陶希圣主编的《食货》半月刊上发文较多。据统计，陈啸江4篇、王兴瑞2篇、朱杰勤1篇、曾了若2篇。这四人均为提倡现代史学的重要成员。陶希圣对这些中山大学同人均有介绍，并坦诚地说中山大学是"本刊稿子主要的来路"之一。可以说，现代史学派学人通过《食货》半月刊扩大了影响，《食货》半月刊的发展也离不开现代史学派的支持。

1933年，朱谦之发表《经济史研究序说》一文，倡导以统计学方法研究经济史，认为社会史与经济史虽不能说就是文化史发展的最后确定时期，至少是史学史发展上所谓"现代史学的新倾向"。此外，还有陈啸江、王兴瑞等"现代史学"探索者，提倡以社会史、经济史为主攻方向。陈啸江的研究特点，在于注重长时段研究与深入具体的研究相结合，力求"避免近来社会史论文中的空虚与芜杂两种弊病"①。在《西汉社会经济研究》中，陈啸江提出了"佃傭

① 陈啸江：《三国经济史·自序》，国立中山大学文科研究所1936年版，第4页。

制"。在《封建制度成立的条件及其本质新议》一文中，他以强制劳动与自由劳动为标准，将中国社会划分为奴隶农奴社会与资本主义社会。陈啸江对史料的征引、解释的眼光、分析的缜密，获得邹鲁特别是陶希圣的好评。陈啸江研究汉代和三国时期的社会经济史，代表作有《西汉社会经济研究》(新生命书局 1936 年)和《三国经济史》(国立中山大学文科研究所 1936 年)。王兴瑞主要研究中国历代农业生产技术，代表作有《中国农业技术发展史》《南海岛农业发展史略》，这都是现代史学派在社会经济史研究的标志性成果。

就 20 世纪中国史学发展而言，现代史学派在社会与学术两方面都具有重要作用。现代史学派提倡现代史学观，倡导史学的实用性，关注社会现实问题及其发展路向，主张根据现实的需要来选择研究课题，这在客观上不仅有利于现代史学的健康发展，也与当时整个中国的史学思潮相符合。史观派和史料派是分庭抗礼的两大派别，此时的"现代史学派"肩负了反思史观派和史料派的双重使命，并欲整合两种治史路向，在学术研究中注重理论的同时也注意史料的搜集。朱谦之自称转型期历史学的先驱，对于一切现代史学既要广包并容，又要对于过去的史学不惜采取批判的态度。该学派主攻的社会经济史研究是对社会史论战笼统宽泛、空谈理论、缺乏史料支撑等做法的反动。他们将宏大的社会史讨论转向专业、精细的社会经济史研究，其治史理路体现了民国史学转型过程中的范式探索，从这一角度上看，"现代史学"实质上是对新史学的继承与发展。

十一、带有地域性特点的史家及史学

民国时期史学发展的一个重要表现，是地区性的史学在继承传统的基础上有所创新。与其他史学流派的形成不同，地区性史学并没有特别明显的师承关系，也不具备其他派别那样泾渭分明的门户，因为地区性史学的情况比较复杂，所以我们在此将其笼统地称之为带有地域性特点的史学，而所谓这一地区史学风气的特点只能就这一地区的几个有代表性的史家的史学研究反映出来。他们在史学追求与学术品格方面独树一帜，具有明显地域性特点，形成了具有地域性特点的史学风格，其中较为有代表性的有两个，一是浙东史学，二是蜀中史学。

1.浙东史学

浙东史学渊源深厚,形成于南宋时期,到清初得到进一步发展,以讲求经世致用、重视文献为主要特征。发展到民国时期,浙东史学继承前人优良品格,更以勇于革新为主要特征,以陈黻宸、何炳松为代表。

陈黻宸(1859—1917),字介石,浙江瑞安人,一生主要从事教育活动,曾先后在上海时务学堂、杭州养正书塾、京师大学堂师范科、两广方言学堂等处执教,1913年北上,任北京大学文科史学教授。受新史学风气的影响,陈黻宸在史学方法论及认识论方面,积极吸收西方史学思想,批判传统史学的积弊,史学成果主要有《独史》《地史原理》《京师大学堂中国史讲义》《中国通史》等。

关于史学的定位,陈黻宸认为历史学不仅是一门科学,而且是一门综合科学,"史学者,合一切科学而自为一科者也。无史学则一切科学不能成,无一切科学则史学亦不能成立。""欲兴科学,必自首重史学始"①。历史内容丰富多彩,包含了政治、法律等多个学科的内容,是一切科学的集大成,陈黻宸不仅将史学的发展作为科学发展的前提,而且还提出了史学有一个独特的功用——道德制约的作用。他称史学是道德的指挥棒,史学的健康发展有利于匡扶人心、惩恶扬善,有利于社会的进步。

陈黻宸的史学思想包含了对史学的本体、客观性以及科学性等诸多问题的探讨,与梁启超提出的"新史学"思想颇多共通之处,对中国近代史学的发展具有重要意义。陈黻宸尤其注重史学家的个人修养,提出了史学家成为良史应该具备"四独"——独识、独例、独力、独权。这一论断,比刘知幾、章学诚关于史家主体的论述又前进了一步,在20世纪初的新史学潮流中独树一帜。

在研究方法上,陈黻宸既继承了传统史学经世致用的精神,又吸收了西方社会学的新思想,提出了许多独特的新见解。1913年陈黻宸的《中国通史》出版,该书是中国近代较早的一部脱离帝王家谱式的史学著作,提出了具有现代意义的平民史观。他认为,民间资料反映民间历史。民间历史是史学撰述的重要内容。史家要如实反映社会现实,除了历史学的知识以外,还应该懂得政

①　陈黻宸:《京师大学堂中国史讲义》,陈德溥编:《陈黻宸集》,中华书局1995年版,第676、675页。

治、社会学的知识。为此，陈氏计划作平民表，亲自实践以平民史观统筹史学。他将西方史学编纂体例与传统史例相结合，将计划撰写的通史分表八、录十、传十二，其中表第七就是"平民风俗表"。陈氏提出为平民作表，这是旷古未有的。

何炳松是浙东史学的另一位重要代表人物。何炳松（1890—1946），字柏丞，浙江金华人。浙江高等学堂毕业后留学美国，1916 年归国，历任北京大学、北京高等师范教授，浙江省立第一师范校长。他融会中西，翻译了大量的西方史学著作。20 世纪 20 年代，何炳松深入研究美国史学家鲁滨逊和其他西方史学家，翻译了鲁滨逊的《新史学》、肖特威尔的《西洋史学史》、约翰逊的《历史教学法》等；并参考西方史家的欧洲史著作，编撰了《中古欧洲史》和《近世欧洲史》。此外，他这一时期的成果还包括历史方法论的译介以及历史教科书的编写，例如《小学、中学的历史教学法》《历史教学法》《通史新义》、复兴初级中学教科书《外国史》等。这些著作既介绍了西洋史学研究的新思想，又紧密结合了中国史学的实际，旨在建立新的史学理论，体现了何炳松中西会通的学术特征。

开拓创新是何炳松史学思想的重要品格。他的史学研究走的是由一般到具体、由方法论到比较研究的路径，在史学研究的效用、对象、史料等问题上，何炳松都有创见。传统史观认为历史的效用"在于为吾人行动之典型"，而何炳松反对这种说法，认为历史的效用是使读者了解人民群众的真实状况，具体表现有三："穷源竟委，博古通今，此历史之效用一也。……明白现情……知其趋向之方，悉其演化之迹……此历史之效用二也。然历史最大之用，实在其有培养智慧之功；盖受史法之训练者，辄能遇事怀疑，悉心考证。轻信陋习，藉以革除。"①这一见解，不仅深化了史学的内涵，而且拓宽了史学的功能，使人耳目一新。

在"浙东学派"的研究方面，何炳松作《浙东学派溯源》，对浙东学术的产生和发展进行了开拓性的研究，堪称全面系统探讨浙东学术史的力作。他认为，要研究中国史学史，必须研究中国学术思想史；要研究中国学术思想史，必须研究浙东学术史；而要研究浙东学术史，必须追溯浙东学术的渊源。《浙东

---

① 何炳松：《历史研究法》，岳麓书社 2011 年版，第 70 页。

学派溯源》包括绪论、程朱两人的根本思想、理学上几个重要问题、方法论、圣经和唐鉴、浙东学派的兴起等六个部分,秉持的思路是"先述我国北宋以前儒道佛三家学术思想的起源和流别,继述程朱两人思想的异同,再述南宋以后儒道佛三家学术思想的转变,最后乃述程颐学说的入浙和浙东学派的突起"①。该书打破了沿袭千年的"程朱同属一派"之陈说,把两派思想加以比较,指出程朱两派思想截然不同,程氏为唯物、一元的科学哲学,朱氏为唯心、二元的伦理玄谈,并大胆推断程氏实为浙东学派的宗主。何炳松继承了浙东学派"博约、躬行、经世"的治学精神,体现了浙东学人的治学风范,也成为当代"浙江精神"的文化基因。

2. 蜀中史学

民国时期地区性史学除浙东史学外,蜀中史学也是比较突出的。蜀中史学形成于宋,以掌故记注、编修当代史为主要特征。民国时期,蜀中史学表现出追求学术解放,主张"通经致用""中体西用",最鲜明的特色是史学理论的创新与史学通识的实践,以蒙文通、刘咸炘为代表。

蒙文通(1894—1968),名尔达,字文通,四川盐亭人。早年师从廖平、刘师培,后随欧阳竟无研习佛学,曾先后执教于成都大学、成都师范大学、中央大学、河南大学、北京大学等。蒙文通的史学风格以"博通"见长,从先秦儒家、诸子,到汉代经学、道教,再到中古以后的理学、佛学、道学,从三代以前的古史,绵延而下及宋史,由义理到考证,由旧经学到新史学,蒙文通可谓无所不究,学无藩篱,友人称为"多宝道人"。

由经入史是蒙文通史学研究的重要特点。蒙文通的史学研究方向是中国思想史。他认为,要研究中国思想史,就离不开经学和佛学。在抗日战争的艰苦岁月,蒙文通返川后执教于四川大学,先后撰写了《周秦民族史》《中国史学史》《古地甄微》三稿,并陆续撰写《儒家政治思想之发展》《墨学之流变及其原始》等文。虽然他的论著主要以具体的问题研究为主,但是在蒙文通看来,经史就是历史的经纬,二者与文学互相交叠共同组成历史的洪流。他的著述也常以经治史、以史注经,二者相互叠交,相互出入而辉映成趣。

在编撰《中国史学史》时,蒙文通秉承"不乐为一二人做注脚"的原则,力

图在以史官、史家、史著为中心的撰述模式之外开辟新的途径,以揭示史学的时代特征与演变轨迹为宗旨。他强调"通史"观念的重要性,认为只有将古今联系起来考察,才能把握历史发展的脉络。有学者这样评价蒙文通的《中国史学史》:"是第一部把历史学的发展,置于中国古代学术思想发展史这一广阔领域里进行考察的史学史。从十九世纪末二十世纪初以来,对于我国古代史学的研究,虽然不断有论著发表,其中绝大多数是就某一史书、某一史家或某一史著体裁进行的研究。名之为史学史的专著,基本上是史学名著的介绍。蒙先生的《中国史学史》,是一项没有先例的重要创举。"①的确,蒙文通从学术史的背景考察史学史,极大地扩充了史学史的研究范围。1968 年,蒙文通作《越史丛考》也具有这一鲜明特征,该书详细引用一百三十余种古文献资料,从十二个角度探究越南的起源、发展、扩张、削弱的过程,有经有史,经史互证,论证谨严,资料翔实,极具说服力。

刘咸炘(1896—1932),字鉴泉,别号宥斋,四川双流人。幼年时,刘咸炘跟随祖父刘沅学习心性之学,年岁稍长,又私淑章实斋,致力于文史校雠的研究。刘咸炘著述颇丰,计已成书的共 236 部,475 卷,总名《推十书》。他的学术研究,涉及文学、史学、哲学、书学、校勘学、目录学等,以史学研究为重点。

刘咸炘对蜀学,特别是蜀学史的研究溯源,与其史学思想是不可分割的。《推十书》中的"史学"部分,可分为两类。一是史学专著,如《太史公书知意》《后汉书知意》《三国志知意》《史学述林》《治史绪论》《双流足征录》《蜀诵》《繙史记》《宋史豫记》《学史散篇》《隐士品》《清学者谱》《周官略表》《汉官表说》《子史篇录》《讲史裁篇》等;二是与史学相关的杂论,如《订韩》在品评韩愈的诗文及为人的同时,间及永贞叔文之乱和《顺宗实录》等历史问题,可见其"史识"之敏锐与精辟。

章学诚称史学为"独断之学",史学研究的最终目的是"纲纪天人,推明大道,所以通古今之变,而成一家之言者"②。刘咸炘比章学诚更进一步,将史学研究分为四个层次:一是考证事实,还原历史真相;二是针对史实,论断其是非;三是明白史书中的思想、原则和道理;四是观察了解历史情势,具有

① 郦家驹:《深切怀念蒙文通先生》,《蒙文通学记》,生活·读书·新知三联书店 1993 年版,第 107 页。

② 章学诚著,叶瑛校注:《文史通义校注》,中华书局 2014 年版,第 545—546 页。

自己的见解。前两点是任何学者都可以去做的,而后两点是史学家的专门工作,史学的最终目的是"以事明理",用于指导人们的社会实践。

在史义与史法的关系上,刘咸炘认为,二者互为依托,史法是史义的前提,史义是史法的目的,明史法是探史义的关键,欲彰显史义,必先明史法。在《太史公知意》的开篇,他提出:"史之质有三,其事、其文、其义。而后之治史者止二法:曰考证、曰评论。考其事、考其文者为校注,论其事、论其文者为评点,独说其义者阙焉。盖史法之不明久矣。"①刘咸炘将史学的本质归纳为三点,即历史事实、记录历史之文、史义。他认为,研究史之学者常常止于二法,即考证和评论,而对史义的探讨,才是研究史学最为重要、最为核心的东西,是史学的灵魂。对于史义的研究,后世独缺,究其原因,是史法长期不明所致。

刘咸炘对蜀学复兴有着极大的热忱。民国时期,面对复杂多变的思想潮流,刘咸炘主张复兴蜀学,他从近代学风的变迁,推论浙东史学之当复,绍宋承明,兼采朱王,用浙东史学修宋史,以复北宋厚重之风,即先复兴浙东史学,再复兴宋学,从而实现蜀学的振兴。在《蜀学论》一文,刘咸炘强调务实是蜀学的重要特点,"蜀学崇实,虽玄而不虚","统观蜀学,大在文史。"②他写有梳理蜀学发展脉络的文章《蜀学论》,蜀地方志《蜀诵》《双流足征录》等。刘咸炘对蜀学复兴的热情,不仅体现在理论建树上,更付诸于编撰蜀地方志的实践中,对民国时期的蜀学发展,作出了重大贡献。

十二、马克思主义史学

这里"马克思主义史学"意为中国马克思主义史学。中国马克思主义史学是指以马克思主义为理论指导的中国历史学。中国马克思主义史学的特点与风格,在于它融入了许多中国元素。中国马克思主义史学理论,是马克思主义与中国优秀史学理论遗产相结合的产物,对于促进当代中国史学的健康发

---

① 刘咸炘:《太史公知意》,《推十书》(增补全本)丙辑第一册,上海科学技术文献出版社2009年版,第3页。

② 刘咸炘:《蜀学论》,《推十书》(增补全本)戊辑第二册,上海科学技术文献出版社2009年版,第495页。

展,具有重要意义。

1.民国时期马克思主义史学的形成与发展

从马克思主义传入中国到新中国成立,马克思主义史学得到了巨大的发展,大致可以分为三个阶段。

1919—1927年是第一阶段,马克思主义史学开始形成。李大钊是中国马克思主义史学的第一位奠基人。他的《史学要论》是中国第一部阐述历史唯物主义理论并把它跟一些具体的史学工作结合起来的著作,是为中国马克思主义史学开辟道路的著作。此外,蔡和森的《社会进化史》是中国第一部用马克思主义唯物史观写成的社会发展史。

1927—1937年是第二阶段,马克思主义史学开始广泛传播。这一阶段马克思主义史学的特点,是将马克思主义历史理论观察中国历史的进程同中国革命实践结合起来。这10年中,中国思想界、学术界展开了关于中国社会性质、中国社会史分期和中国农村性质的“三大论战”。马克思主义史学家,对唯物史观、对“辩证唯物论的观念”的认识更为自觉,推动了马克思主义史学认识的丰富和发展。主要代表人物有郭沫若、吕振羽、翦伯赞等人。郭沫若的《中国古代社会研究》,吕振羽的《史前期中国社会研究》《殷周时代的中国社会》,是这一阶段的代表作。

1937—1949年是第三阶段,马克思主义史学逐渐走向成熟。在这些艰难的战争岁月里,马克思主义史学是富有成果的,并在科学水平上超过了前两个阶段。在社会史方面,吕振羽出版了《中国社会史诸问题》。在通史方面,吕振羽出版了《简明中国通史》,范文澜出版了《中国通史简编》,翦伯赞出版了《历史哲学教程》《中国史纲》第一、二卷。在思想史方面,吕振羽出版了《中国政治思想史》,侯外庐出版了《中国古代思想学说史》《中国近世思想学说史》《中国思想通史》第一卷。中国马克思主义史学,是在同种种错误的或反动的学术思潮的斗争中建立起来的。在郭沫若、翦伯赞、范文澜、吕振羽、侯外庐等人的影响下,一大批青年学者紧随其后,他们以唯物史观指导治史,形成了一个代表中国史学正确发展方向的马克思主义史学家群体

2.马克思主义史学的内容

第一,明确区分了“历史”与“历史学”,倡导史学学科的建设。中国马克思主义史学从诞生时起,就把对于史学的认识放在首要地位。1924年,李大

钊的《史学要论》一书由商务印书馆出版,明确区分了"历史"和"历史学"的不同。李大钊认为,历史的本质属性是客观存在性,历史就是社会的变革,是"活的历史",是变化的、进步的、生动的、丰富的。历史学是人们主观反映的历史。按照研究对象的不同,李大钊将历史学分为广义与狭义两种,广义的历史学研究对象包含"记述历史"和"历史理论",狭义的历史学研究对象是历史理论。李大钊这样阐释"记述历史"和"历史理论"的关系:"记述历史与历史理论,其考察方法虽不相同;而其所研究的对象,原非异物。……记述历史与历史理论,有相辅相助的密切关系,其一的发达进步,于其他的发达进步上有莫大的裨益,莫大的影响。历史理论的系统如能成立,则就各个情形均能据一定的理法以为解释与说明,必能供给记述历史以不可缺的知识,使记述历史愈能成为科学的记述;反之,记述历史的研究果能愈益精确,必能供给历史理论以确实的基础,可以依据的材料,历史理论亦必因之而能愈有进步。二者共进,同臻于健全发达的地步,史学系统才能说是完成。"①这一阐述,开阔了人们对"历史学"的理解,推动了历史学学科的建设。

第二,唯物史观是马克思主义史学的根本观点。任何科学研究都是在一定的理论指导下进行的,史学研究当然也需要理论指导。马克思主义史学家具有深厚的理论修养,他们在不同的场合对史学家应当具备的理论水平和思维能力作了大量论述。他们突出论述了掌握正确的历史观,即唯物史观对历史研究的重要作用。随着马克思主义在中国的传播,中国史学上所固有的历史观即发生了极大的革命性的变化。马克思主义史学十分强调历史观以及在历史观指导下的方法论原则,认为历史学之所以能够成为一门科学,根本原因在于发现了历史运作的基本规律,这个历史规律就是唯物史观。

作为中国马克思主义史学的奠基者之一,李大钊在传播唯物史观方面作出了开拓性贡献。1919 年,李大钊在《新青年》杂志"马克思主义专号"上发表《我的马克思主义观》一文,以通俗和简明的笔触,表明了他对马克思主义理论精髓的理解和认识。他说:"唯物史观的要领,在认经济的构造对于其他社会学上的现象,是最重要的;更认经济现象的进路,是有不可抗性的。"②他

① 李守常:《史学要论》,商务印书馆 2010 年版,第 105—106 页。
② 李大钊:《我的马克思主义观(上)》,《新青年》1919 年第 6 卷第 5 期。

进一步解释说："马克思一派，则以物质的生产关系为社会构造的基础，决定一切社会构造的上层。故社会的生产方法一有变动，则那个社会的政治，法律，伦理、学艺等等，悉随之变动，以求适应于此新经变动的经济生活。故法律，伦理等，不能决定经济，而经济能决定法律伦理等。这就是马克思等找出来的历史的根本理法。"①这一"根本理法"是从经济现象去研究历史、说明历史。1920 年，李大钊发表《史观》一文，运用唯物史观的观点阐说什么是"历史"，揭示"历史"是运动的、连续的和有生命的内在本质。随后，李大钊又发表和出版了《唯物史观在现代史学上的价值》《史学要论》等运用唯物史观阐释史学理论的著述。特别是在《史学要论》中，首次论述了唯物史观对历史研究的指导作用，针对中国当时还没有一部以唯物史观为指导的历史著作，他呼吁要用唯物史观对中国历史"进行改作或重作"。李大钊第一次明确地阐述唯物史观的内容与价值，是中国史学走向科学化道路的重要标志。

在李大钊的倡导下，最先用唯物史观"改作或重作"中国历史的是郭沫若。郭沫若在研读《家庭、私有制和国家的起源》时发现，恩格斯"没有一句说到中国"。因此，他决心以这部名著为"向导"撰写"续篇"，把它中国化。基于这样的决心和认识，郭沫若从 1928 年 8 月至 1929 年 11 月，写了《〈周易〉时代的社会生活》《〈诗〉〈书〉时代的社会变革与其思想上的反映》《卜辞中的古代社会》《周代彝铭中的社会史观》《中国社会之历史的发展阶段》等 5 篇以唯物史观为指导，探索中国古代社会历史进程和发展规律的论文，于 1930 年汇集成专著《中国古代社会研究》出版，该书是以理解和把握社会生产方式、生产力与生产关系、经济基础与上层建筑的辩证关系切入的。

在郭沫若的带动下，吕振羽、范文澜、翦伯赞、侯外庐等一批史学家也将唯物史观引进各自研究领域。在肯定唯物史观核心地位的基础上，马克思主义史学家不但开始积极深入全面地了解唯物史观，而且也开始尝试运用唯物史观解释中国历史。范文澜、吕振羽认为马克思主义的阶级分析法是研究历史的基本方法。阶级分析法是马克思主义史学方法论重要的内容。他明确告诫史学工作者："阶级斗争的情景既是那样复杂，要了解它，不仅要分析各个阶级相互间的关系，同时还得分析各个阶级内部各种集团或阶层所处的地位，然

---

① 李守常：《史学要论》，商务印书馆 2010 年版，第 127 页。

后综观它们在每一斗争中所起的作用和变化。如果只是记住了阶级斗争而没有具体分析,那就会把最生动的事实变成死板的公式。"①他的《中国通史简编》(修订版)充分肯定阶级斗争和农民起义的历史作用,与以往的史书贬斥农民起义为"流寇"或"土匪"相比,是一个很大的进步。翦伯赞论述史家治史方法的思想中有两个方面值得重视,一是主张史家要懂得分析与综合的方法,二是史家研究历史要将全面研究和重点研究相结合。侯外庐依据马克思主义的理论和方法,特别是政治经济学理论和方法,说明历史上不同社会经济形态发生、发展和衰落的过程,他强调将马克思主义基本原理同具体的研究真正结合起来,使理论不至于流于空论或成为教条。

马克思主义唯物史观既是历史观,又是方法论,是史学家研究历史的最基本的方法。唯物史观强调思想变动的根本原因是经济变动、阶级斗争是社会发展的动力、人民群众是历史发展的决定力量等观点,对于中国历史的发展,依然适用。马克思主义史学家诠释了唯物史观对历史研究的指导意义,强调确立辩证唯物论的世界观对历史研究的重要性,推动了中国现代史学研究的发展更为科学化。

3. 马克思主义史学品格

马克思主义史学既是历史发展的产物,又是现实发展的产物,它的特点主要集中表现在将马克思主义史学与中国文化相结合,形成了具有中国特色的马克思主义史学,即马克思主义史学的中国化。

马克思主义史学以中国悠久、丰富的史学遗产为自身发展的基础,带有鲜明的民族特色,这是马克思主义中国化的表现之一。什么是"民族化"?侯外庐曾提出"注意马克思主义历史科学民族化"的问题,认为:"所谓'民族化',就是要把中国丰富的历史资料,和马克思主义历史科学关于人类社会发展的规律,做统一的研究,从中总结出中国社会发展的规律和历史特点。马克思主义历史科学的理论和方法,给我们研究中华民族的历史提供了金钥匙,……应该拿它去打开古老中国的历史宝库。"②中国马克思主义史学的理论基础是外来的,但其史学的基础却是民族的。不论哪一个史学家,他们的研究离不开中

---

① 范文澜:《中国通史简编·绪言》(修订本)第一编,人民出版社1964年版,第11页。

② 侯外庐:《史林述学——〈侯外庐史学论文选集〉自序》,《文史哲》1982年第5期。

华民族几千年的史学传统,离不开中华民族传统史学所造成的深厚的历史积淀,这就形成了中国马克思主义史学的强烈的民族特色。这种民族特色表现在:马克思主义史学家以历史主义的精神看待本民族的历史文化遗产,不仅尊重这些遗产,而且以继承这些遗产为己任;马克思主义史学家不仅重视史学遗产在史料方面的作用,同样重视中国史学发展史上的优良传统,把这些传统视作马克思主义史学家所必须具有的精神;马克思主义史学在历史研究方法上也坚持自己鲜明的民族特色;马克思主义史学在编撰体例上也体现出鲜明的民族特色。

"民族化"要求运用马克思主义历史科学的理论和方法,总结中国社会发展的规律和历史特点,这是中国马克思主义史学发展的正确方向。从历史经验教训来看,这是走出教条主义误区的正确道路;从未来前景着眼,这是中国史学不断开拓创新的正确途径。

唯物史观以经济为中心考察社会的变革,以物质的生产关系为社会构造的基础,决定一切社会构造的上层。现在看来,马克思主义史学家对唯物史观的宣传和解释,就是他们当时所了解的"马克思主义",就是已经"中国化"的马克思主义,也是当时最高水平的马克思主义。他们对马克思主义的宣传与运用,无疑对中国人了解马克思主义、在历史学研究中运用唯物史观,都起了巨大的作用。在中国马克思主义史学的初创时期,马克思主义的史学家们已经认识到,中国历史学的前途在于把马克思主义中国化。金灿然在 1941 年就说过:"今后研究中国历史的方向何在呢? 那便在于历史唯物论的中国化,也就是说,运用历史唯物论的基本原则来分析、研究中国固有的历史材料,把历史学带到真正的科学道路上。"[①]直至今日,很多中国的马克思主义史学家对马克思的历史思想的理解都带有一定的中国特色。

马克思主义史学的中国化任重道远。中国马克思主义史学具有与时俱进的品格,它能够适应社会形势的发展,从内容到形式不断进行创新,不断地改进发展自身。中国化的马克思主义史学具有强大的包容性。它以唯物史观作为历史观和方法论的基础,对于中外史学家在历史研究的一切有效方法上并不排斥,而是善于吸收其中的有效因素来充实和加强自己。范文澜指出,史学

---

① 金灿然:《中国历史学的简单回顾和展望》,《解放日报》1941 年 11 月 22 日,第 3 版。

工作者既要重视马列主义的学习，又要在学习时结合独立思考。他引用孔子的话"学而不思则罔，思而不学则殆"，主张学与思的统一，而反对照搬本本的教条主义。他又引用斯大林批评教条主义的话来说明自己的观点。斯大林说有两种"马克思主义者"：一种是躺在马克思主义书本上的人，把生动的原理变成毫无意思的生硬公式；另一种人恰恰相反，是从对实际的研究中得到指示。马克思主义史学家反对死板教条地认识马克思主义，倡导坚持实事求是的科学精神，认为只有具体问题具体分析，才能在史学研究领域有所作为，有所贡献。

以李大钊、郭沫若为代表的马克思主义史学家从20世纪20年代起，便不断地认识、宣传与运用马克思主义，形成了颇具特色的马克思主义史学体系。他们强调理论对研究历史的重要意义，强调唯物史观的指导作用，这在中国当代史学发展中仍然是一个必须坚持的基本原则。

十三、各史学派别的争鸣和学术关联

民国时期的史学界，面临着新旧史学的转型，由此形成了一些持不同主张的史学流派，众流竞进，异彩纷呈。这种状况，体现了学者对史学建设路径的不同选择，反映了转型时期史学的博杂和活跃。

1. 史学流派的客观存在及其划分

面对众多的史学流派，学术界有着不同的标准。冯友兰按照对古史的态度，将史学流派分为疑古、信古、释古三类，后来齐思和在《近百年来中国史学的发展》中也采用了这一划分方式；钱穆在《国史大纲》中按照史学研究的方法，将史学界划分为传统派（记诵派）、革新派（宣传派）、科学派（考订派）；周予同在《五十年来中国之新史学》中认为史学界可分为史料派、史观派两大类；香港学者许冠三在《新史学九十年》中提出的史学流派大致有史学新义派、考证学派、方法学派、史料学派、史观学派、史建学派等。这些划分标准各有侧重，体现了学术界从不同角度对民国史学的理解和把握。值得注意的是，这些史学流派的分类大都是相对而言的，划分标准也并不绝对，没有哪一个学派群体的主张是单一的，大多数情况下，即使是一个学派内部，观点与研究方法也有相左之处。比如，古史辨派的学术路径是始于疑而终于信；考古派、信古派也不完全就是守旧泥古,也都有疑古的一面;释古派更是兼具三者,有疑、有考、有解释。至于史料派与史观派之划分而论,也存在这样的问题。史料是史学研究的基础,史观又是史学研究的指导原则、灵魂,两者相辅相成,缺一不可。本课题在划分史学流派时,更多综合了学人地域、学术宗旨、学术阵地等方面,试图客观、真实地勾勒出民国史学的整体面貌。

不同的史学流派因为所持论点不同,学术争鸣也就在所难免。民国时期,比较大的史学争鸣主要表现在三方面:史料派与史观派、古史辨派与南高学派、社会史大论战。

2. 史料派与史观派的争论

史料派主要以傅斯年为代表,以史料的搜集、整理、考订与辨伪为中心。此外,还有以胡适、钱玄同、顾颉刚为代表的古史辨派以及以王国维、陈垣、早年的陈寅恪所代表的考古派,它们在史料态度上比较相近。在史料派看来,历史学的本质在于史料的掌握而不是方法,历史学如同地质学、生物学一样也是科学,在研究方法上是相通的。史料派排斥著史、解释、疏通,更不用说寻求历史的规律性了。与史料派不同,史观派主要以系统的观点通贯地解释中国通史,主要派别包括20世纪初期受进化论影响的进化史观派,20年代后兴起的以马克思主义历史观为指导的马克思主义史学派,依托生物学、心理学等科学理论的生物史观派等。史观派认为,历史研究的重要目的是从历史中发现"公理公例""物序天则""因果通则""普遍的理法",也就是通常所说的历史的发展规律,并借此把历史井然有序地叙述出来。

史料派强调史料,强调实证,以史学求真为第一原则。1928年傅斯年创立中央研究院历史语言研究所,发表《历史语言研究所工作之旨趣》,反对"著史"、反对"疏通",贬抑推论,否定历史研究中"发挥历史哲学或语言泛想",矛头虽未直接指向史观派,但实际所言有批评史观派之意,到中国社会史论战唯物史观派风行一时,他又明确反对空谈"史观","不以空论为学问,亦不以'史观'为急图,乃纯就史料以探史实也。"[1]矛头已直指史观派的主张。1930年,胡适写《介绍我自己的思想》时就只承认杜威的实验主义方法是"科学"的,而

---

① 傅斯年:《〈史料与史学〉发刊词》,欧阳哲生编:《傅斯年全集》第3卷,湖南教育出版社2003年版,第335页。

讥讽唯物史派被马克思、列宁、斯大林牵着鼻子走,不是真正的科学。顾颉刚也说:"我们在现在时候,再不当宣传玄想的哲学,以致阻碍了纯正科学的发展"①。历史研究要以实事求是为第一精神,以客观的态度对待研究对象,考证历史事实的真相,恢复历史的本来面目,只要做到这一点,就已经完成了历史研究的任务,傅斯年推崇的"近代的史学就是史料学",正是这一求真精神的体现。

与之针锋相对的是,史观派强调历史理论,强调历史规律的探索,以"致用"为第一原则。在他们看来,历史研究不能停留于事实考证阶段,而要更进一步探讨历史的规则。现代的"科学"已由"实验科学"发展到"理论科学"阶段,只要运用科学的"理论"说明、解释历史事实的因果关系,总结历史发展的规律性,历史学就能上升到与自然科学同等地位,成为"理论科学"或"说明的科学",这样就比考证派的"科学史学"更上一层楼。李大钊反对史料派只重方法、轻视理论的学术路径。他认为,历史中有法则可循,历史研究不能停留于事实考证阶段,而要更进一步探讨历史的规则。历史的法则同人类社会的法则相同,所以社会学理论上的法则可以用来说明人类历史,特别是马克思唯物史观产生后,才有了一种科学的说明人类社会历史的理论,于是"历史科学"才立于与自然科学"同等地位"。史观派大将郭沫若在《中国古代社会研究·序》中,直接批评胡适领导的"整理国故"运动缺少历史观念的指导。朱谦之、常乃惪等接受了克罗齐的历史哲学观念,强调历史认识中理论指导的重要性。在求真与致用的关系中,史观派的史家大都强调学术的"致用"功能,李大钊说:"凡是一种学问,或是一种知识,必于人生有用,才是真的学问,真的知识;否则不能说他是学问,或是知识。"②史学的用处是多方面的,其他史观派史家朱谦之、常乃惪、雷海宗等人也都强调史学的"致用"。

史料派与史观派也不是绝对的对立。二者的分歧,主要集中在史学方法、史学目的两方面,即怎样建设新史学的意见和观点不同,而不是体现在新旧史学的对立上。有学者曾指出:"经济史观派与史料学派,从表面上看貌似南北两极,实则均因国人的科学迷恋而兴,并齐以'科学的史学'相标榜。"③二者

① 顾颉刚:《自序》,《古史辨》第1册,上海古籍出版社1982年版,第34页。
② 李守常:《史学要论》,商务印书馆2010年版,第144页。
③ 许冠三:《新史学九十年·自序》,岳麓书社2003年版,第3页。

对立的深层根源是对"科学"的不同理解,但是在史学"科学化"的追求上是一致的,推动了现代史学科学化的进程。

3.古史辨派与南高学派

民国史学流派中,古史辨派因为"疑古过勇"而成为一个饱受争议的派别,它的学术观点、治学方法不走"寻常路",引发了许多互相往还的论辩。这些言论聚讼纷纭,见仁见智。与古史辨派直接对垒的是南高学派,以柳诒徵为代表,往往被定性为保守的一派。

顾颉刚倡导"疑古",以主编《古史辨》称著,一度引领史学界风骚,所以,一提到顾颉刚,人们就会与"疑古"联系起来,这一"言必称"的定位,基本上成为学术界的一种共识,顾颉刚也曾被冠以"疑古大师"的称号,"这几十年中,学术随着时势而进展,'疑古'的学风更是前进得飞快……最近的疑古大师,谁都知道是顾颉刚先生。"[1]"誉满天下,谤亦随之",各种批评也接踵而来,有质疑,有反对,甚至嘲讽。

顾颉刚以反传统的精神考辨古史史料,提出了许多"疑古"的大胆论断,比如他主张推翻三皇五帝及禹的历史地位,恢复它们的神话地位,将"公认"的三皇五帝的旧古史系统"从四千年的历史跌到二千年的历史"[2](1966年顾颉刚修正这一观点,指出"中国历史,有文字记载的,至今可以算出有四千二百年"[3])。他还提出六经并非全为孔子所作、《老子》的成书年代后于庄子、禅让制度起于墨家、诸子不出于王官等假说,引起了众多学者的考辨论议。有表示声援的,如钱玄同、胡适、魏建功、容庚、罗根泽、童书业、杨宽等人;有表示质疑的,如刘掞藜、胡堇人、柳诒徵与张荫麟等人,他们批评顾颉刚"疑古过勇""偏激""极端""只破坏不建设"等。

批评者认为,顾颉刚过于大胆,指认其有"极端之怀疑论"的嫌疑,有失学术严谨,是"近人翻案立异之恶习"的表现[4],还进一步指出,古史并非不可疑,重要的是这种大胆怀疑需要通过广泛地搜集证据、再经由合理地推论,才能够

①　童书业:《自序二》,《古史辨》第7册,上海古籍出版社1982年版,第1页。

②　顾颉刚:《告拟作〈伪书考〉跋文书》,《古史辨》第1册,上海古籍出版社1982年版,第14页。

③　顾颉刚:《中国史学入门》,北京出版社2002年版,第66页。

④　张荫麟:《答朱希祖君》,《大公报·文学副刊》,1928年8月13日,第9版。

把假设变为定论,而顾颉刚恰恰在这一重要的环节上没有做到位,"擅下断案,立一臆说",不追求"真是",用"凡不与吾说合者则皆伪之"①的态度去立论,犯了"立论先于求证"的错误。徐旭生严厉地批评道:"我国极端的疑古派学者对于夏启以前的历史一笔勾销,更进一步对于夏朝不多几件的历史,也想出来可以把它们说作东汉人伪造的说法,而殷墟以前漫长的时代几乎变成白地!"②钱穆认为顾颉刚的疑古态度是在继承崔述思想基础上"变而过激"③的表现,只肯定崔述是"科学的古史家",认为"倘中国古史尽由伪造,则中国人专务伪造,又成何等人",所以"不当遂以疑古为务"。这些批评,在文化层面上属于维护传统与反传统的冲突,是带有文化倾向的批评。

　　1923 年,顾颉刚在《读书杂志》上提出了"层累地造成的中国古史"说,并进而提出了"四个打破"的理论,主张用历史演进的方法研究历史。围绕这些理论与方法的材料论证以及它们的适用范围,无论是学界名流,抑或是普通学人,均公开或私下地发表了不少质疑的意见。顾颉刚在《与钱玄同论古史书》中提出了"大禹是条虫"的假设,此说一出,很快遭到刘掞藜、胡堇人、柳诒徵等人的强烈反驳。顾颉刚根据《左传》所说的九鼎和《说文解字》对"禹"的解释来证明"禹的来源"。刘掞藜仿照顾氏的推理逻辑,指出顾颉刚在材料选择上的主观随意性太强,他认为若同样引用《诗经》也可以得出后稷、商契、商汤、周文王、周武王等应该是神而不是人的结论,"因用不到牵入禹的事而不将禹牵入诗去,顾君乃遂谓作此诗的诗人那时没有禹的观念,然则此诗也因用不到牵入公刘,太王,王季,文王,武王而不将公刘,太王,王季,文王,武王牵入诗去,我们遂得说《生民》作者那时也没有公刘,太王,王季,文王,武王的观念吗?"④柳诒徵对顾颉刚用《说文解字》论"禹"的象形来揣测"大禹是条虫"颇感不满,批评顾氏不懂《说文》义例⑤。钱玄同也同样并不赞同顾氏的这一假

　　① 　张荫麟:《评顾颉刚〈秦汉统一之由来和战国人对于世界的想象〉》,《古史辨》第 2 册,上海古籍出版社 1982 年版,第 15—16 页。

　　② 　徐旭生:《中国古史的传说时代》,广西师范大学出版社 2003 年版,第 30 页。

　　③ 　钱穆:《八十忆双亲·师友杂记》,生活·读书·新知三联书店 2005 年版,第 160 页。

　　④ 　刘掞藜:《读顾颉刚君〈与钱玄同先生论古史书〉的疑问》,《古史辨》第 1 册,上海古籍出版社 1982 年版,第 85 页。

　　⑤ 　柳诒徵:《论以〈说文〉证史必先知〈说文〉之谊例》,《古史辨》第 1 册,上海古籍出版社 1982 年版,第 217 页。

设，"先生据《说文》云'从内'，而想到'内'训'兽足蹂地'，以为大约是蜥蜴之类，窃谓不然。"①

刘掞藜由对"大禹是否天神，是否有实在的人格"这些具体论断的批评上升到对顾颉刚论证方法的批评，他提出了顾颉刚论证逻辑存在的问题，即使用了"默证法"。随后，王志刚、张荫麟、傅斯年也对这一方法提出了各自的意见。王志刚认为"古籍昭然，欲强天下人舍古以从今，恐非易事"②。张荫麟引录了法国史学家色诺波（Ch.Seignobos）的观点，批评顾颉刚完全违反默证适用之限度，"凡欲证明某时代无某某历史观念，贵能指出其时代中有与此历史观念相反之证据。若因某书或今存某时代之书无某史事之称述，遂断定某时代无此观念，此种方法谓之'默证'。默证之应用及其适用之限度，西方史家早有定论。吾观顾氏之论证法几尽用默证，而什九皆违反其适用之限度"，所以，"顾氏所设之假定绝对不能成立"③。他还归纳了顾颉刚"错误"的两个原因："其所以致误之原因，半由于误用默证，半由于凿孔附会。"④

梁园东、马乘风、徐旭生也不同意顾颉刚的"层累观"。梁园东批评顾颉刚依赖古书真伪而判定古史真伪的方法称不上史学方法，而只是"一种极危险的'捉摸'和'臆测'！"⑤马乘风认为，事物发展都有社会背景，战国时传说的古史也有若干的历史渊源，"绝非是完全的伪造"⑥。徐旭生引述张荫麟的话，批评"层累观"的主要错误"就是太无限度地使用默证。这种方法就是因某书或今存某时代之书无某史事之称述，遂断定某时代无此观念。"⑦傅斯年则告诫顾颉刚："找出证据来者可断其为有，不曾找出证据来者亦不能断其为无"⑧。在傅氏看来，史料是无限的，一条材料能够作为证据的基本前提是这

①　钱玄同：《答顾颉刚先生书》，《古史辨》第1册，上海古籍出版社1982年版，第69页。

②　王志刚：《古史稽疑契子》，《古史辨》第2册，上海古籍出版社1982年版，第302页。

③　张荫麟：《评近人对于中国古史之讨论》，《古史辨》第2册，上海古籍出版社1982年版，第271—272、284页。

④　张荫麟：《评近人对于中国古史之讨论》，《古史辨》第2册，上海古籍出版社1982年版，第288页。

⑤　梁园东：《古史辨的史学方法商榷》，《东方杂志》1930年第27卷第24期。

⑥　马乘风：《中国经济史》第1册，中国经济研究会1935年版，第528页。

⑦　徐旭生：《中国古史的传说时代》，广西师范大学出版社2003年版，第26页。

⑧　傅斯年：《评〈秦汉统一的由来和战国人对于世界的想象〉》，《古史辨》第2册，上海古籍出版社1982年版，第11页。

个材料必须存在,不能因为找不到证据就主观猜测。对"禹"的问题的批评与非议,根本的关键点就是史料问题。史料的范围是有限的还是无限的?就现有的史料来作的论断都只是"假设",而非定论,这是造成不同认识之间冲突的原因。钱穆对"层累观"有所保留,他认为"层累观""自不免有几许罅漏",自己是"抱着相当的赞同"①,重要的是,针对"层累地造成的古史说",钱穆在《国史大纲》中提出了"古史层累遗失说"②,实际上是对顾颉刚"层累说"的思想修正。

一味贬抑古史辨派的学术成就,固失其公允,而一味褒扬,也不益于洞察其中不足。出于宣传的"标榜",顾颉刚提出过"史学革命""怀疑一切"等绝对化的惊人之语,这在宣传效果上固然好些,但不免会引起误解,容易陷入一元论、绝对化,以致授人把柄。曾亲历过这场思想论战的董作宾,在回忆那一时期的中国史学界时就曾说道:"七大本《古史辨》,主要的观点只是一个'疑',一个'层累地造成的古史'信念之下的极端怀疑。"③民国时期围绕顾颉刚"疑古"展开的学术评骘,除了对具体疑古论断的争议外,还含有学术方法评估的意义,虽然有些情绪化的过激言辞,但也反映出了顾颉刚在某些方面的"欠缺",为我们全面了解顾颉刚提供了的启发。

4. 社会史大论战

20世纪20年代末至30年代初,中国思想理论界围绕着中国社会性质问题和中国社会史问题展开了一场论争。关于中国社会性质问题的论战,其中心议题是:近代中国社会究竟是封建社会、资本主义社会,还是半殖民地半封建社会。争论的主要问题是:一、关于帝国主义和近代中国社会经济的关系;二、关于中国资本主义的发展程度;三、关于封建势力在中国农村经济中的地位。对中国社会性质问题的争论,必然涉及到对中国社会历史发展过程的探求。因此,继中国社会性质问题的论战之后,1932—1933年期间,又开展了关于中国社会史问题的论战。1931年5月,王礼锡主编的《读书杂志》开辟"中

---

① 钱穆:《评顾颉刚〈五德终始说下的政治和历史〉》,《古史辨》第5册,上海古籍出版社1982年版,第619、621页。
② 钱穆:《国史大纲》上册,商务印书馆1947年版,第4—5页。
③ 董作宾:《中国古代文化的认识》,《中国现代学术经典·董作宾卷》,河北教育出版社1996年版,第613页。

国社会史论战"专栏。从同年 8 月至 1933 年 4 月，相继出版了 4 辑《中国社会史论战》专辑，汇集了各种有代表性的观点。这样，中国社会史论战和中国社会性质问题论战交叉进行，达到高潮。社会史论战的问题主要有三：第一，奴隶社会是不是人类必经的社会阶段，中国历史上是否存在奴隶社会？第二，中国封建社会始于何时，终于何时？有何特征？第三，马克思所说的亚细亚生产方式是什么？亚细亚生产方式在中国历史上是否出现过？其实质是：中国历史的发展是否与人类一般的历史发展规律基本相同？马克思主义是否适用于中国？这些问题，关系到人类社会历史发展是否存在着共同的客观规律，以及马克思主义关于社会形态学说是否适用于中国的问题。社会史论战从大革命失败以后到抗战爆发持续十年之久，"食货派""新思潮派""动力派""读书杂志派"等都自称信奉唯物史观，加入了这场声势浩大的社会史论战，一定意义上推进了中国社会史研究的进步，扩大了马克思主义的影响。1929 年，陶希圣出版了《中国社会之史的分析》《中国封建社会史》两本书，率先将问题引入社会史领域，而 1930 年出版的郭沫若的《中国古代社会研究》一书，则开创性地将唯物史观与中国古代历史相结合，认为中国古代历史发展遵循马克思主义揭示的历史规律，作了先驱性的贡献。

在论战中，以郭沫若、吕振羽为代表的马克思主义史学工作者，运用马克思主义唯物史观的理论和方法，科学分析中国社会的历史和现状，批驳了违反中国实际的种种错误观点，取得了突破性的进展。最早肯定中国历史上有奴隶制社会存在的是郭沫若。《中国古代社会研究》根据甲骨卜辞、青铜铭文和各种古代文献，把中国古代社会划分为：西周以前是原始共产社会，西周是奴隶社会，东周以后，特别是秦以后进入封建社会，首次尝试运用马克思主义社会经济形态理论全面研究中国古代历史。吕振羽在论战中后期参加论战，1934 年至 1936 年间，他出版了《史前期中国社会研究》《殷周时代的中国社会》等著作，利用文献资料和考古材料，对中国原始社会的内部结构及其特征进行了探索，厘出了中国历史的发展阶段，认为夏以前是原始共产社会，殷代是奴隶社会，周代为初期封建社会，由秦到鸦片战争前为变种的（亦即专制主义的）封建社会，鸦片战争以后是半殖民地半封建社会。吕振羽理论和史料并重，并把中国历史的叙述上推到远古时期，是最早主张西周封建论的学者，影响非常大。肯定中国社会有过奴隶制存在的还有翦伯赞。他在论战高潮时期,发声并不太多,论战进入尾声阶段,发表了一系列文章,对论战中的各种中国史观点进行了总结,提出了自己的见解。

这场社会史论战,与中国革命的性质、任务、动力、前途等政治论战紧密交织在一起,这就决定了唯物史观史学从一开始就具有革命性和实践性的品质特征,是将历史与现实打通的具有"经世"价值取向的致用史学。由于社会史论战是以唯物史观考察中国历史的整体进程和阶段特点,使中国马克思主义史学特别强调理论指导和宏大叙事。这些马克思主义史学的鲜明特点,与中国社会史论战有着直接关系,在很大程度上是社会史论战给中国马克思主义史学打下的时代烙印。

尽管马克思主义史学家对历史上某些朝代社会性质的看法有所不同,分析和论述中国社会史问题时还有不够完善的地方,但他们都一致论证了马克思主义关于人类社会发展普遍规律的科学性,说明中国社会发展的法则,也和世界其他民族一样,并没有什么本质的特殊。在中国社会性质问题和中国社会史问题论战中,马克思主义者对中国社会的历史和现状进行了科学分析,进一步论证了中国社会的半殖民地半封建的性质,肯定中国进行资产阶级民主革命是历史发展的客观要求,从学术上为中国共产党的民主革命路线提供了科学依据。

5. 学术争鸣的特点及意义

学术争鸣是促进史学发展的必要条件。不同学派之间的史学争鸣与交流,推动了中国现代史学的进步。

上面所论的学术争鸣,还只是民国时期学术派别争鸣中的荦荦大端者,限于篇幅,尚有一些具体问题的争鸣未及论到。学术流别之间的争鸣,绝大多数属于学术争论,也有一些涉及政治见解的分歧。但无论属于哪一种情况,都与民国时期政治的革命与改良,学术的传统与现代、中国与西方之关系密切相关。不同的政治主张,可以引起学派间的争论;不同的学术主张,也可以引起学派间乃至一个学派内部的争论。站在 21 世纪回眸这些争论,应力避非此即彼的单一思维模式,也不要把不同史学派别看作彼此之间界线分明的学术团体。每个学派都有它存在的根据,都有它的优点和局限,在争鸣中,它们也相互吸收对方的长处。它们在各自完善自身的同时,共同推动了中国现代史学的发展。恩格斯说:"历史是这样创造的:最终的结果总是从许多单个的意志的相互冲突中产生出来的,而其中每一个意志,又是由于许多特殊的生活条件,才成为它所成为的那样。这样就有无数互相交错的力量,有无数个力的平行四边形,由此就产生出一个合力,即历史结果"①。这就是马克思主义的历史合力论。中国现代史学的演进是中国各个史学流派所形成的许多个力的平行四边形推动的,而其中最大的平行四边形之边无疑是新历史考据学和马克思主义史学。

―――――――――

① 中共中央马克思恩格斯列宁斯大林著作编译局编译:《恩格斯致约瑟夫·布洛赫》,《马克思恩格斯选集》第4卷,人民出版社2012年版,第605页。

第三章　民国时期历史学的学科建设、研究机构及历史学会

民国以来的历史学学科建设，从观点到方法，从内容到形式都呈现出了全新的面貌，既是20世纪初提出的建立新史学的要求的真正实施，也是在中西学术交融的热潮中史学转型的真正开始。各高校建立了以培养史学人才为主要目的的新的教学和研究机构，制定了规范的课程大纲，设置了规范的教学讲授课程，成立历史学学术研究性的研究所或研究院等，并成立了历史学研究学会，有力地推动了历史学学科发展。在史学编纂机构方面，既有全国性的史馆、史料征集处，也有地方性的史书编纂机构，撰写了多方面的史学著作，保存了大量历史文献。

一、北京大学等史学系的教学改革和影响

（一）北京大学史学系课程改革

民国时期北京大学史学系的改革一直走在时代前列，这与朱希祖在北京大学任史学系主任时期的努力分不开。朱希祖，字逖先，1879年出生于浙江省海盐县长木桥上水村。1896年中秀才，1901年举廪生。1905年朱希祖以优异成绩考取了浙江省官费留学生，并于同年7月到日本早稻田大学师范科攻读历史，1909年毕业。在日本留学期间，朱希祖与钱玄同、周树人、周作人、钱家治等人受业于章太炎，常常听章太炎讲《说文》、音韵和史学。在章太炎的众多弟子中，朱希祖专攻史学。1918年，朱希祖任北京大学中国文学系主任，积极倡导新文学，提倡白话文学与科学民主思想，并在《新青年》等刊物上发表一系列支持新文化运动的文章。1919年，朱希祖与马裕藻、周树人、胡适等人向教育部国语统一筹备会提出了三个议案，即《请从速加添闰音字母以

利通俗教育的议案》《请颁行新式标点符号的议案》《国语统一进行方法的议案》，这极大地促进了国语统一和白话文的推行。1921 年初，他与叶圣陶、沈雁冰等十二人发起成立了文学研究会。这也是新文化运动中著名的新文学团体。1919 年至 1931 年初，除了 1927 年 8 月到 1929 年 2 月因不满奉系军阀改组北京大学而就任清华大学等校的教授外，朱希祖一直担任北大史学系主任。在此期间，朱希祖对北大史学系进行了大规模的改革，使北大史学系成为具有现代学术体系的历史学系。1928 年 10 月，他兼任天津《益世报·学术周刊》的主编，同年底，发起筹备中国史学会。1932 年 10 月，朱希祖南下广州，任国立中山大学史学系教授、文史学研究所主任，并兼任广东通志馆编纂。1944 年 7 月 5 日，朱希祖病逝。

1919 年 12 月，朱希祖担任北大史学系主任一职。史学系课程的大规模变革也是从这个时候开始的。"其中最具改革精神，也是贯穿其任职期间课程改革始终的，是他把'政治学'、'经济学'、'社会学'、'社会心理学'、'人类学'及'人种学'等基本社会科学，作为'史学应有之常识'，纳入史学系本科课程体系当中，力图'以文学的史学，改为科学的史学'。"[1]朱希祖进行课程改革的主要原因是受了德国史学家兰普勒希特和美国史学家鲁滨逊为代表的"新史学派"的影响，试图"以欧美新史学，改革中国旧史学"。[2]

朱希祖在史学系的课程改革大体上可以分为两个阶段。

第一阶段，从 1920 年到 1927 年秋朱希祖离校。这一阶段的改革指导思想在 1924—1925 年度的"史学系课程指导书"中有清楚的表述："本系课程，就史学应有之常识，务求设备完全。至于得此常识以后，欲专研究人类全史，以成所谓世界史或普遍史；或专研究一国史，如本国史及英美法德俄日等国史；或专研究学术史，如政治史，经济史，法制史，宗教史等，则任各生之志愿。此则大学院或研究所之责任，而非本系四年内所能谋及。若就此四年内分课程为三组，如本国史组，外国史组，学术史组，各便择一专攻，则史学应有之常识，恐不完备，造就浅薄，颇不适于复杂之史学。此本系课程之组织与他系不

---

① 尚小明：《北大史学系早期发展史研究：1899—1937》，北京大学出版社 2010 年版，第 87 页。

② 朱希祖：《北大史学系过去之略史与将来之希望》，朱希祖著，周文玖选编：《朱希祖文存》，上海古籍出版社 2006 年版，第 330 页。

同之点也。"①也就是说,这一阶段史学系课程改革的主要方向是追求课程设置全面,使学生能够获得"史学应有之常识"。

1923—1924 年的史学课程与 1921—1922 年的相比,没有太大的变化,只是课程上有所增减。到 1924—1925 年,史学课程发生了显著变化(见表一)。"政治学""经济学""社会学""社会心理学""人类学"及"人种学"等课程,由选修课改为必修课,这是因为"政治学"等课程被认为是史学基本科学当中最为重要者。

1925—1926 年到 1926—1927 年,史学系在选课制度上发生了些许变化(见表二)。学生在选课时必须自定次序,如未选上经济学,不宜先选经济史。

到 1927 年秋朱希祖离校时,除了"考古学"和"历史研究法"之外,其他史学科目都已经在史学系设立,课程设置十分完备。然而课程设置的完备也决定了史学系课程只能是史学及社会科学基本知识的灌注,大量的必修科目和选修科目使学生只能被动地接受史学知识的灌输,根本无暇深入思考与研究。

第二阶段,从 1929 年春到 1930 年底。这一阶段主要是针对第一阶段存在的问题进行了改革,在继续进行史学知识灌注的同时兼重专题研究。重新担任系主任一职后,朱希祖首先对第一阶段的改革进行了反思,他认为"过去史学系之课程,弊在全恃教员的灌注,而无自动的研究;且课程太繁,亦无研究余暇"。② 在这一认识的支配下,从 1929 年秋,朱希祖再一次对史学系进行了改革。新的课程与 1927 年前的相比,最大的变化在于恢复年级制的基础上,将四年课程一分为二:一二两年偏重讲授,三四两年偏重研究,一二年级不得选修三四年级的课程。"政治学,经济学,社会学,为史学之基本科学;中国通史,西洋通史,东洋通史,为初习史学者得到全部人类有系统的史学概念而设"③,所以这六种课程必须在一二年级学习。

---

① 《史学系课程指导书(十三年至十四年度)》,《北京大学日刊》1926 年 10 月 2 日第 1533 号,第 2 版。

② 朱希祖:《北大史学系过去之略史与将来之希望》,朱希祖著,周文玖选编:《朱希祖文存》,上海古籍出版社 2006 年版,第 330—331 页。

③ 《史学系课程指导书(十九年至二十年度)》,《北京大学日刊》1930 年 10 月 16 日第 2470 号,第 2 版。

　　1930—1931 年的课程设置是较为科学合理的。既注意到一二年级应该注重掌握基本知识，又注意发挥三四年级学生的兴趣，并与教师的研究相结合，从而使学生在专业研究方面得到训练。经过朱希祖的改革，北京大学的史学系建立了具有现代学术体系的历史学系，对国内其他高校史学系的建设产生了重大影响，极大地促进了历史学的独立与中国史学由传统向现代的转变。

表一　1921—1925 各年度北大史学系开设课程

		1921—1922 年度	1923—1924 年度	1924—1925 年度
第一学年	必修科	中国上古史　四 西洋上古史　三 （暂缺）	本国上古史　四 西洋上古史　三 印度古代史　一 本国史学名著研究　一	本国通史　三 欧美通史　三 本国史学名著讲演　一 人类学及人种学　三 政治学　三 经济学　四 社会学　二 外国语　四
	选修科	社会学大意　二 生物学大意　二 政治学原理　三 经济学原理　四 人类学及人种学　三 印度古代宗教史　二	社会学　三 生物学　二 政治学原理　三 经济学原理　四 人类学及人种学　三	地史学　一 生物学　一
第二学年	必修科	中国中古史　四 西洋中古史　三	本国中古史　四 西洋中古史　三 本国现代史　一 外国现代史　一	本国上古史　三 欧洲上古史　三 社会心理学　二 本国经济史　三 宗教史大纲　四 外国语　四
	选修科	法律哲学　二 社会心理学　二 统计学　二 政治史及外交史　三 经济史　三	法律哲学　二 社会心理学　二 统计学　二 外国经济史　三 本国经济史　三	法律哲学　二 印度古代宗教史　二 统计学　二

续表

		1921—1922 年度	1923—1924 年度	1924—1925 年度
第三学年	必修科	中国近世史　四 西洋近世史　三 日本近世史　二	本国近古史　四 西洋近世史　三 日本近世史　二	本国中古史　三 本国近古史　三 欧洲中古史　三 本国法制史　三 政治史及外交史　三 金石学　三
	选修科	中国法制史　三 中国经济史　三 唯物史观　二	政治史及外交史　六 本国法制史　三 本国美术史　三 金石学　三	本国美术史　三 西洋美术史　二
第四学年	必修科	中国通史（文化之部）四 西洋文明史　三（暂缺） 新史学　三 中国史学概论　二 中国哲学史　二 中国美术史　三	本国近世史　四 欧洲文化史　三 史学研究法　二 本国史学概论　二	本国近世史　三 欧美近世史　三 日本近世史　二 本国史学概论　二 欧美史学史　二 欧洲文化史　三
	选修科	中国文学史　二 金石学　二	欧洲社会变迁史　二 史学思想史　三 本国文学史　三 本国哲学史　二	本国文学史　三 本国哲学史　二 教育史　三

资料来源：《史学系本年科目》，《北京大学日刊》1921 年 10 月 19 日第 869 号，第 2 版；《史学系课程指导书（十二年至十三年度）》，《北京大学日刊》1923 年 9 月 29 日第 1302 号，第 3 版；《史学系课程指导书（十三年至十四年度）》，《北京大学日刊》1926 年 10 月 2 日第 1533 号，第 2 版；《国立北京大学史学系课程指导书（十四年至十五年度）》，《北京大学日刊》1925 年 10 月 9 日第 1778 号，第 1 版。

说明：表中科目后的数字为单位数。另据《史学系教授会通告》，1924—1925 年度第一学期中国史请柯劭忞指导研究"元史"，外国史添设"外国史学选读"课，由陈翰笙讲授。（《北京大学日刊》1924 年 10 月 24 日第 1547 号，第 1 版）

表二　1925—1927 各年度北大史学系开设课程

	1925—1926 年度	1926—1927 年度
必修科	本国史学概论　二 历史学　二 欧美史学史　二 本国上古史　三 本国中古史　三 本国近古史　三 欧洲上古史　三 欧洲中古史　三 欧美近世史　四 日本史　三 政治学　三 经济学　四 社会学　二 外国语（别有课程）	本国史学概论　二 历史学　二 欧美史学史　二 本国上古史　三 本国中古史　三 本国近古史　三 本国近世史　三 欧美通史　三 欧洲上古史　三 欧洲中古史　三 欧美近世史　四 日本史　三 政治学　三 经济学　四 社会学　二 外国语（别有规定）
选修科	地史学　一 人文地理　三 生物学　二 人类学及人种学　三 金石学　三 本国文字学　三 言语学　三 统计学　二 本国史学名著讲演　一 社会心理学　二 宪法　二 欧美经济学说　三 欧洲文化史　甲三、乙三 宗教史　四 政治史　三 外交史　三 欧美政治思想史　四 经济史　三 美术史　三 本国法制史　三 本国经济史　三 本国美术史　三 本国哲学史　三 本国文学史　三	人文地理　三 生物学　二 人类学及人种学　三 金石学　三 本国文字学　三 统计学　二 本国史学名著讲演　一 社会心理学　二 宪法　四 经济学史　三 欧洲文化史　甲三、乙三 宗教史大纲　四 政治史　三 外交史　三 政治思想史　四 经济史　三 美术史　二 本国法制史　三 本国经济史　三 本国美术史　三 本国哲学史　三 本国文学史　三

资料来源:《国立北京大学史学系课程指导书（十五年至十六年度）》,《北京大学日刊》1926 年 12 月 3 日第 1996 号第 2 版、12 月 4 日第 1997 号第 2 版;《国立北京大学史学系课程指导书（十五年至十六年度）》,《北京大学日刊》1927 年 1 月 12 日第 2025 号第 2 版、1 月 14 日第 2027 号第 2 版、1 月 15 日第 2028 号第 2 版、1 月 17 日第 2029 号第 2 版、1 月 19 日第 2031 号第 2 版。

表三　1929—1931 各年度北大史学系开设课程

年级		1929—1930 年度	1930—1931 年度
		课程开设情形	课程开设情形
一二年度	必选修科	中国通史一　四　邓之诚 中国通史二　四　邓之诚 西洋通史一　四　陆懋德 西洋通史二　四　陈衡哲 东洋史　三　王桐龄 地理学(人文)　三　毛准 地图学　二　毛准 人类学及人种学　三　陈映璜 社会学　二 政治学　三 经济学原理　四 宗教史　三	中国通史(上古)　三　陆懋德 中国通史(秦至五代)　四　邓之诚 中国通史(宋至民国)　四　徐项,邓之诚 西洋通史(上古)　三　陆懋德 西洋通史(中古)　二　李飞生 西洋通史(近世)　三　李飞生 东洋通史　三　王桐龄 中国史学史　二　朱希祖 政治学　三　政治学系 经济学原理　四　经济学系 社会学　三　政治学系 第一外国语,第二外国语 地学通论　三　毛准 人类学及人种学　三　陈映璜 金石学　三　马衡 金石学实习　一　马衡
三四年度	必修科	魏晋南北朝史　二　邓之诚 清史(原缺)　二　朱希祖 清史　二　罗家伦 清史(外交)　二　蒋廷黻 南北朝高僧传　二　陈寅恪 西藏史　二　吴寄笙 中西交通史　三　张星烺 英国史　二　刘崇鋐 史学方法论　二　傅斯年 史学史(西洋)　二　孔繁霱 史学史(中国)　二　朱希祖 史学名著评论　二　陈垣 历史专书选读(中国)　二　顾颉刚 历史专书选读(西洋)　二　陈衡哲 地史学　二　翁文灏 外交史　三	中国分代史研究 秦汉史　二　徐曦 魏晋南北朝史　二　邓之诚 宋史　二　朱希祖 元史　二　陈垣 以上四科各选其一专修之 中国近百年史一(民国前)　二　蒋廷黻 中国近百年史二(民国)　一　朱希祖 西洋近百年史一(欧战后)　二　刘崇鋐 西洋近百年史二(欧战)　一　李宗武 日本近世史　二　李宗武 西洋史学史　二　黄文山 史学方法论　二　傅斯年

续表

年级		1929—1930 年度	1930—1931 年度
		课程开设情形	课程开设情形
三四年度	选修科		第一组 欧洲地志　三　毛准 地图基线论　二　毛准 第二组 明清史籍研究　二　伦明 西北历史地理　二　张星烺 第三组 西藏史　二　吴燕绍 英国史　二　英文系 第四组 政治史及外交史　三　政治系 中国经济史　三　黎世衡 第五组 宗教史大纲　二　哲学系 中国哲学史　三　哲学系 西洋哲学史　三　哲学系
全年级	选修科	（选）中国上古史　二　陆懋德 （选）金石学三（实习）　二　马衡 （选）考古学　三　原田淑人 （选）中国美术史　三　叶瀚 （4.3.选）政治思想史　三 （4.3.选）经济学史　三 （选）中国文学史　三 （选）西洋文学史　三 （选）中国哲学史　三 （选）西洋哲学史　三 （选）文字学　四 （选）言语学　一	

资料来源:《史学系课程指导书(民国十八至十九年度)》,《北京大学日刊》,1929 年 9 月 23 日第 2237 号;《史学系课程指导书(民国十九至二十年度)》,《北京大学日刊》,1933 年 10 月 16 日第 2470 号。

综上,朱希祖的办系思想可以归纳为几点:一是以欧美新史学思想为指导,规划史学体系建设;二是重视史学理论课程的建设;三是注重培养学生的自主学习和自主研究能力;四是广揽人才,耆儒新进,皆所延聘。朱希祖在康宝忠改革的基础上继续向前推进,制定了本系的课程指导书,聘请了教员,在他任系主任时期基本建成了具有现代学术体系的历史学系①。

————————

① 周文玖:《朱希祖与中国史学》,见周文玖著:《史学史导论》,学苑出版社 2006 年版,第151—161 页。

(二)南京高等师范学校的历史系改革

1915 年 8 月 11 日,南京高等师范学校正式招生。9 月 18 日举行了开校仪式,并邀请了省长齐耀琳等官员莅临学校,参加典礼。至此,南京高等师范学校正式成立。南京高等师范学校正式成立的时候,仅仅设立了国文、理化两部和一个国文专修科,以培养中等学校师资为目的。南京高等师范学校的历史系设立应该是在 1920 年,但是在 1919 年的时候,国文部改为国文史地部,其中即设有"历史科",但这仅仅是设立的一个学科。所以说,现代意义上的"历史系"是在 1920 年设立的。南京高等师范学校历史系改革可以说是一个漫长的过程。

南京高等师范学校的教育改革在于谦和郭秉文的倡导下发展到了一个新的阶段。在五四运动的洗礼下,它摆脱了传统旧式的教育思想,借鉴西方的教育思想,从而使得教学思想得到了大解放,对学校的组织系统以及学制、学科等均作了较大的改变。他们明确提出了德(训)、智、体三育的标准、方法和程序①。训育:一方面注意启发学生,使其知所以然;另一方面注意实践,使学生行所当然,二者交相为用,以致达到知行合一。智育:以"诚"为智育之本。所谓"诚"是指道德的自我完善和知识上明达物理而言。研究事物以敛知即谓至诚。体育:一方面注意锻炼学生的身体素质,另一方面注意学生的饮食和学校的卫生。从以上可知,南京高等师范学校已经从过去在教育制度和教学内容上模仿日本,进而学习欧美,以资本主义国家的近代教育制度和教育内容为模本。这标志着我国近代教育这时已经处在转轨和初步发展的时期,为以后我国教育的发展做出了重大的贡献。

关于南京高等师范学校历史系的设立,现代意义的"历史学系"的正式设立是在 1920 年。此后经过了许多年的改革。1920 年成立了国立东南大学,与南高师共处同一校园,1921 年设立了文理科,其中设有史学系,国立东南大学史学系首任系主任为徐养秋。1928 年经国民政府大学委员会批准,正式更名为"国立中央大学"。1932 年罗家伦任中大校长,对各院系进行了调整,设立了文、理、教育、法、农、工等六个学院 30 系科,其中文学院设有历史系。中央大学时期的历史系课程改革见本节第五部分。

---

① 郭秉文:《南京高等师范学校概况报告》,陈学恂主编:《中国近代教育史教学参考资料》(中册),人民教育出版社 1987 年版,第 358—363 页。

（三）南开大学历史系的教学改革

南开大学正式成立于 1919 年，是由严修、张伯苓秉承教育救国理论创办的私立综合性大学。南开大学成立之初只设有文、理、商三科。历史学门属于文科门下。第一年没有聘历史教师。1920 年，政治历史教授余文灿到校，为历史学学生讲课。同年下半年，聘梁启超讲授"中国历史研究法"课程。在1923 年余氏离校后，美籍教授胡理来校教历史学与政治学。梁启超和胡理任教时间都不长。在胡理离校后，谢湘秋一度教授"西洋近代史"。1923 年，南开大学把专修的学门改称为系。文科设有文学、历史、哲学、教育、心理、政治、经济和人类学等系。南开成立之初，学科分类粗略，历史系的课程设置简单，教师资源更是匮乏。

然而，1923 年是历史学系发展史的一个重要转机。因为这一年，美国哥伦比亚大学博士蒋廷黻到南开任历史学系主任一职，不久又兼任文科主任。在蒋廷黻的主持下，南开历史系进行了一系列的改革与发展。"历史学系逐渐开设了西洋通史、一百五十年来之欧洲、英吉利通史、美利坚合众国通史、近世欧洲经济史、欧洲列强扩充他洲史、欧洲文艺复兴及宗教改革史、欧洲外交史、中国外交史等课程"，"同时，学校通过了历史学系图书预算经费，支持历史学系的发展"。[①] 此外，师资力量也得到了加强。"这一时期，南开文科各系有一批著名教授，如凌冰、范文澜、徐谟、汤用彤、李济、何廉、肖蘧、肖公权、黄钰生等，他们开设的课程都为历史系学生提供了选修机会。"[②]学生的学习方式也变得丰富多彩，蒋廷黻重视口述史学和社会调查，带领学生到学校周围的八里台村调查村史，组织工厂调查团，利用学生课余时间开展学术活动，从多方面提高学生的学习能力。在南开历史系的发展过程中，蒋廷黻起到了举足轻重的作用。在主持历史教学的六年时间里，蒋廷黻"不仅把西方历史研究的方法带到南开，而且吸收欧美最新科学资料和研究成果，较为系统地构建了历史学系关于西方史学的课程体系"。[③]

---

① 南开大学新闻中心编：《永续的学脉：南开大学学科发展历程》，南开大学出版社 2009 年版，第 23 页。

② 南开大学新闻中心编：《永续的学脉：南开大学学科发展历程》，南开大学出版社 2009 年版，第 23 页。

③ 南开大学新闻中心编：《永续的学脉：南开大学学科发展历程》，南开大学出版社 2009 年版，第 23 页。

1926 年,留美归来的黄钰生当选文科主任后,主张将文科分为政治、经济、哲学、教育心理、历史五系,并把主要精力放在政治、经济两系,将历史、哲学、教育心理三系作为副系。"在课程安排上,文科所授各课衔接贯通,学生可依兴趣和就业打算在政治历史、国际关系、政治哲学、应用政治、经济、财政学和文学等七个方面任选主修方向,学校为此编制 7 种课程表。"①这一改革措施虽然看似削弱了历史学科,但对历史学课程建设又有所加强。

20 世纪 30 年代初,翟毅夫在担任院长后改变了黄钰生办文科的设想,在文学院设置政治史系、国际事务系、政治哲学系、应用政治系、经济学系、财政学系和文学哲学系,计划重设历史学系,初步规划了历史学系的课程体系,包括欧洲中古史、英美史、中国社会制度、中国外交史、亚洲史、中国史学史(上学期)、历史研究法(下学期)等,中国史课程大有加强,欧洲中心论的影响减弱。但这一设想在翟毅夫离校后便被搁浅下来。九一八事变后,华北形势紧张,校长张伯苓决定另觅校址,历史系的发展暂被中断。

1937 年,全面抗战爆发后,7 月 29、30 日,南开大学被日军飞机炸毁,全校师生被迫南迁。南开大学与北京大学、清华大学组成长沙临时大学,后又迁往昆明组成国立西南联合大学。西南联大时期,"历史系学生前两年学习文学院规定的共同必修课,其中中国通史和西洋通史为本系专业基础课,另须学习的专业必修课有:中国近代史、西洋近代史、中国史学史、史学方法,断代史要选习中国史 2 门、西洋史 1—2 门、国别史和专门史各 1 门。四年如获 132 学分,体育和毕业论文及格,即可毕业"②。当时的历史系汇集了三校的著名历史学家,有雷海宗、刘崇鋐、蔡维藩、姚从吾、毛准、王信忠、邵循正、皮名举、陈寅恪、钱穆、吴晗等人,师资力量强大。教师的知识渊博,学派渊源不同,教学特点各异,教授方法迥异,学术观点纷杂。"学生在自由选课中领略到不同的治学门径,开拓了知识视野,活跃了学术思想,并且培养了善于思考、切磋辨析的学习风气。联大历史系学生不少人后来成为著名学者,与此不无关系。"③

---

① 南开大学新闻中心编:《永续的学脉:南开大学学科发展历程》,南开大学出版社 2009 年版,第 24 页。

② 南开大学新闻中心编:《永续的学脉:南开大学学科发展历程》,南开大学出版社 2009 年版,第 25—26 页。

③ 南开大学新闻中心编:《永续的学脉:南开大学学科发展历程》,南开大学出版社 2009 年版,第 26 页。

在此过程中,南开历史系与北大、清华历史系不断地交流与融合,形成了自己的学术底蕴。

1946 年西南联大宣告结束,北大、清华与南开北迁,各自复校。在复校之初,师资缺乏是历史系重建面临的首要问题。于是,学校召回借调到中央研究院的杨志玖,聘用青年教师黎国彬、赖才澄等。后来,张志远、戴蕃豫、蒋相泽、程绥楚、周明信、周培智等相继来校。王玉茂也于 1948 年 8 月应聘南开,暂任副教授。至此,历史系初步组建起教师群体。

南开大学复校后,文学院学生共 103 人,其中历史系仅 16 人,且只有一、二年级的学生。到 1948 年四个年级的学生共 26 人。在课程设置方面,"复校初期,历史系共开出 10 门课程,1948 年开出 20 多门课程。除文学院共同必修课外,一年级学生还有专业必修课中国通史,二年级有西洋通史、中国近世史、中国地理总论、殷周史、宋辽金元史等,三四年级有世界地理、西洋近古史、中国史学史、东北民族兴亡史、中国沿革地理、西洋中古史,选修课有英国史、西南边疆地理、人类学、中西交通史、俄国史、中国外交史、史学方法、史学名著等。"①

1949 年,随着天津的解放,南开大学历史系也迎来了新时代。新学期开始后,历史系着手教学改革,明确了以历史唯物主义为史学教育的指导思想和治史方法,制定了新的课程及学制改革方案。师资力量的构建,一直以来都是历史系发展的重点。在 1949 年 6 月 10 日的历史系师生大会上,领导班子调整,杨生茂暂代历史系主任职务。1949 年暑假,周培智、程绥楚、邓绥林三人离校,又聘请了吴廷璆、谢国桢、胡宜斋。截止到 1951 年 11 月,历史系有教师10 人,其中教授 3 人,副教授 3 人,讲师 3 人,助教 1 人,学生 20 人。建立教研组、加强科研工作是这一时期的新现象。1950 年 9 月,历史系成立了中国通史、世界通史和中国近代史三个教研组。同时,进一步明确了历史系的发展方向。"1950 年 2 月 4 日,系主任杨生茂在《历史系的重心》的工作计划中提出了教学原则和课程设置要求。该计划规定:一二年级为基本必修课程,奠定历史学知识的基础;三四年级给予更多的选修机会,做进一步的研究。"课程设

---

① 南开大学新闻中心编:《永续的学脉:南开大学学科发展历程》,南开大学出版社 2009 年版,第 27 页。

计在原有的基础上更加优化。在科研工作方面,杨生茂也提出了自己的意见,"研究国内少数民族发展史,以及毗邻各国的文化交流历史,同时要研究边疆区域地理,搜集资料展开天津近百年史的研究,'尤其关于帝国主义侵略天津史更当重要',作编写'天津近百年史'的准备"。[①]

(四)中山大学史学系的教学改革

中山大学史学系成立于 1924 年(时为广东大学,1926 年改名为中山大学),是中山大学最早设立的学系之一,多位中国现代史学奠基人,如郭沫若、傅斯年、顾颉刚、朱希祖等都曾在这里任教,奠定了深厚的学术根基与优良教学传统。1927 年中山大学在朱家骅的主持下改革学科设置。1932 年,朱谦之执掌中山大学史学系,掀起了"现代史学运动"。

1. 傅斯年的贡献

1926 年,傅斯年从德国回国后受聘为中山大学教授。1926 年 12 月至 1928 年 10 月,任史学系教授兼文科主任。傅斯年是当时主持中山大学工作的朱家骅聘任的。朱家骅为了"充实文学院,找一位对新文学有创造力,并对治新史学负有时名的学者来主持国文系和史学系"。傅斯年不负众望,到任后全力以赴,努力做好自己的本职工作,对中山大学的发展做出了重大贡献。傅斯年任教期间,为了加强文史科的学科建设,广泛聘请知名学者,这些学者大都具有新思想,具有较高学术水平。傅斯年站在学科发展前沿,提倡历史学、语言学、民俗学、人类学相结合的研究风格,设立了许多学科研究所,比如,语言历史学研究所、心理学研究所、教育学研究所等,还引进了新的思想,提倡教学与研究并重。傅斯年主张通过开设讲座的方式来扩大学生的知识面,中山大学开设了许多讲座,讲题有史料问题、南北朝史、中央亚细亚文化接触等,不仅涉及了中国的有关历史,还有一些西方国家的历史。傅斯年学识渊博,精通中外史学理论,谙熟中国传统古籍文献,提出了许多真知灼见。

傅斯年重视材料的搜集和文献的考察,他提出:"我们要打破以前学术界上的一切偶像,屏除以前学术界的一切成见!我们要实地搜罗材料,到民众中

---

① 南开大学新闻中心编:《永续的学脉:南开大学学科发展历程》,南开大学出版社 2009 年版,第 29 页。

寻方言,到古文化的遗址去发掘,到各种的人间社会去采风问俗,建设许多新的学问! 我们要使中国的语言学者和历史学者的造诣达到现代学术界的水平线上,和全世界的学者通力合作!"①傅斯年对史料的重视以及运用新方法开展历史学、语言学、民俗学的研究,为中山大学历史学科的发展奠定了基础。在此基础上,语言历史学研究所除出版《周刊》之外,决定筹办以顾颉刚为总编辑的《语言历史学丛书》。傅斯年、罗常培负责主持语言学丛书,顾颉刚与何思敬、钟敬文负责民俗学丛书;顾颉刚、傅斯年、容肇祖负责历史学丛书;傅斯年、容肇祖主持史料丛刊。

2. 顾颉刚的贡献

顾颉刚于 1927 年 4 月至 1929 年 2 月在中山大学任教,任史学系教授兼主任,后来兼任语言历史研究所主任和图书馆中文部主任,承担了繁重的教学任务和研究工作。他与傅斯年共同创办了语言历史研究所,主编了《中山大学语言历史研究所周刊》等,与何思敬、钟敬文等创立中山大学民俗学会,并创办《民间文艺》(后改为《民俗》周刊),有力地推动了民俗学运动的发展。顾先生办《周刊》、编《丛书》,发表大量科研成果,为中山大学学科建设做出了重要贡献。

第一,从资料建设着手。中山大学历史系教授张荣芳在《顾颉刚先生与中山大学》一文中对此举有个总结:"顾先生按此计划,前后 5 个月足迹遍及杭州、苏州、上海、绍兴、宁波、嘉兴、南京、松江等地,购到图书约 12 万册,其中有丛书约 150 种、地方志约 600 种、科举书约 600 种、家谱约 50 种、考古学书约 250 种、近代史料约 800 种、民间文艺约 500 种、民众迷信约 400 种、碑帖约 3 万张,内善本书及未经见之稿本、钞本、批本甚多。顾先生采购这些图书,使中大图书馆成为全国藏书量较多的几所高校之一。"②

第二,为中山大学民俗学建设奠定了基础。顾颉刚创办《民俗》周刊,撰写发刊词,主编《民俗学会丛书》,建立了风俗物品陈列室,开展了一系列的民俗考察调研活动。魏建功说:"顾先生就是民俗研究的开路人。……中山大

---

① 傅斯年:《〈语言历史学研究所周刊〉发刊词》,欧阳哲生编:《傅斯年全集》第 3 卷,湖南教育出版社 2003 年版,第 13 页。

② 张荣芳:《顾颉刚先生与中山大学》,《中山大学学报》2004 年第 6 期。

学出的《民俗》杂志,便是《歌谣》中断时期,他大力提倡在南方生长出来的新苗。"①

第三,重视学生科研能力的培养。顾颉刚 1927 年 10 月至 1929 年 1 月,先后开设"中国上古史""《书经》研究""书目指南""文史导课""古代地理研究""《春秋》研究""孔子研究""中国上古史实习"等课程,并编写了五种讲义。他的教学,不仅是传授知识,更重要的是培养学生研究的能力和水平。

3. 朱谦之的改革

朱谦之曾任教中山大学达二十年之久(1932—1952 年),他为中山大学人文学科的建设做出了重要贡献。

朱谦之(1899—1972 年),字情牵,福建福州人,现代著名哲学家、历史学家。1921 年肄业于北京大学哲学系,1929 年东渡日本,从事哲学研究。1932年回国后担任中山大学教授,并曾任史学系主任、哲学系主任、文学院院长、研究院文科研究所主任和历史学部主任等职。朱谦之被称为"百科全书式的学者",代表性著作有《文化哲学》《文化社会学》《黑格尔主义与孔德主义》《孔德哲学》《中国哲学对于欧洲的影响》《中国景教》《老子校释》《中国音乐文学史》《日本哲学史》《日本的朱子学》《日本的古学及阳明学》等等。

1932 年,朱谦之初到广州时就发表了《南方文化运动》一文,声言"谦之此次南来讲学,实抱有坚定的决心,就是愿尽一己所有能力,和南方的朋友们,共从事南方的文化运动。"②在任教中大的二十年里,他确实履行了诺言,不仅在中大发起了著名的"现代史学运动",还为中大的人文学科培养了一大批人才。其平生最重要的一些著作,如《中国思想对于欧洲的影响》(后改名《中国哲学对于欧洲的影响》)等也是在任教中大期间完成的。晚年回忆自己在中大的经历时说:"回忆一生,以三分之一的壮年时间,消磨在广东中山大学,广东成了我的第二故乡。"③在《中大二十年》一文中,朱谦之列举了当年为《现代史学》撰稿、后来成名的青年学生九人:戴裔煊、董家遵、陈啸江、王兴瑞、丘陶常、朱杰勤、江应樑、梁钊韬、彭泽益。

---

① 魏建功:《〈歌谣〉四十年》,《魏建功文集》第 5 卷,江苏教育出版社 2001 年版,第 574 页。

② 朱谦之:《南方文化运动》,《朱谦之文集》第六卷,福建教育出版社 2002 年版,第 391 页。

③ 朱谦之:《中大二十年》,《朱谦之文集》第一卷,福建教育出版社 2002 年版,第 183 页。

　　朱谦之对中大学术传统的形成具有深远的影响。1932 年,他为历史系课程制定了三条要旨:其一史学为社会科学之一种,故史学系课程,应多备社会科学课目;其二注重文化史与近代史之研究;其三中国各部通史,应定为必修课目①。朱氏所制定的要旨中有两点值得注意,一是注重社会科学的方法,二是注重文化史与近代史研究,这显然与当时史学注重上古史和政治史、方法上注重考据的风气不同。他的认识和主张很快得到实践,从他执掌史学系后的头两届毕业生(1936 年、1937 年)的毕业论文题目可见一斑,详见表四、表五。

表四　1936 年史学系学生毕业论文题目

姓名	论文题目	姓名	论文题目
黄宝璇	晋唐文艺发达之研究	方惠民	周代的封建与宗法
胡显民	先秦商业概况	李开复	殷周宗族思想之研究
黄思仁	井田制度的史的研究	刘达梅	日本侵略东北之史的研究
方履文	唐日文化沟通史	黄光泰	五胡乱华之史的考察
戴博荣	清代田赋制度与垦荒政策	王兴瑞	中国农业技术发展史
冯少壮	维新运动及其影响	陈兴	唐代边功的研究
周封岐	贵州苗族研究	何培生	罗伯斯比演讲词

资料来源:《国立中山大学文学院二十四年度毕业论文题目登记表》,《国立中山大学日报》1936 年 6 月 25 日第 2218 号,第 10 版。

表五　1937 年史学系学生毕业论文题目

姓名	论文题目	姓名	论文题目
刘伟民	中国古代手工业发展史之史的研究	李观淞	从宗教上所见西域在文化之地位
顾映明	唐代赋税(田赋)	赖兆玉	宋代之中外交通
李秋云	中国女性之史的研究	陈香生	中国新文化运动之史的检讨
陈一鸣	中国古代教育制度考	黄洪祐	太平天国革命制度的研究
王启澍	历史哲学的根本问题	王荣辉	黑格尔的历史哲学与孔德历史哲学
陈星汉	元末的经济恐慌与农民暴动	施乃昕	清代统治下之汉族革命情绪与运动

---

　　①　《文学院二十一年度第一次各系主任联席会议记录》,国立中山大学文学院编:《国立中山大学文学院会议录》第 1 集,国立中山大学文学院 1936 年印行,第 35 页。

续表

姓名	论文题目	姓名	论文题目
朱朝觐	华侨向外发展史	张滨源	两汉的生产概况
黄国樑	满清勃兴之研究	丘耀南	两汉赋税与徭役之研究
陈丽香	明代之中日关系	许淑左	宋代王安石保甲法之研究
罗代宁	元代戏曲小说之产生及其在中国艺术上所占之地位	林兆南	唐代考试制度
刘淑珍	明代中西交通之研究	邹如玉	明治初期之中日关系

资料来源：《二十五年度史学系教授会议录》，《国立中山大学日报》1937 年 6 月 12 日第 2446 号，第 3—4 版。

从上面两表可以看出：1936 年中大史学系毕业论文 14 篇，以朝代论，通史 1 篇（7%）、先秦史 4 篇（29%）、其他朝代 5 篇（36%）、近代史 3 篇（21%）、世界史 1 篇（7%）；以内容论，政治史 5 篇（36%）、社会经济史 4 篇（29%）、文化史 2 篇（14%）、民族史 1 篇（7%）、中外交通史 1 篇（7%）、世界史 1 篇（7%）。1937 年中大史学系毕业论文 22 篇，以朝代论，通史 3 篇（14%）、先秦史 0 篇、其他朝代 13 篇（59%）、近代史 4 篇（18%）、史学理论 2 篇（9%）；以内容论，政治史 5 篇（23%）、社会经济史 6 篇（27%）、中外交通史 5 篇（23%）、文化史 4 篇（18%）、历史哲学 2 篇（9%）。从上面的粗略统计中不难发现，1936 年、1937 年两年里中大史学系的毕业论文中先秦史、政治史所占的比例不高，而且从 1936 年到 1937 年这两项所占的比例还大大降低。朱谦之 1932 年为史学系课程制定的三条要旨中的第二条得到了实践，事实上，其成名的弟子中也没有研究这两个领域的。其门人中戴裔煊、王兴瑞、江应樑、梁钊韬精通人类学，董家遵精通社会学，陈啸江和彭泽益精通经济学。这与北京大学研究所国学门、清华大学国学研究院的研究旨趣已经大不相同。

（五）中央大学史学系的教学改革

1927 年，东南大学改名为中央大学以后，很多著名教授加盟，其史学系的课程设置的确有独到之处。中央大学史学系的改革具有明显的学者个人主张。

1. 缪凤林时期的改革

1928 年春，缪凤林在中央大学任教时，制定《中央大学历史课程规例》，阐明史学系之旨乃"注重实用"，缘于"史为经世之学"，这"较之时人以考据空想为史学，或称为史而学史者，颇有不同"①。缪氏以史学为经世之学和反对考据空想的说法，实是针对当时北平学术界"非考据不足以言学术"的空气而发。1930年，中央大学史学系的课程设置宗旨"在研究历史之重要智识，期以阐明历史对于人类社会之关系，并策专精研究之效，盖稽古所以知今，故讲明历史最有助于事理之观察与推断，分析言之，于本国史则注重政治文化蜕变之因果，庶可明其利弊，知所兴革。"②中央大学史学系重视"经世致用"的思想。但是，历史学的人才培养方案也是不断变动的。1933学年上学期中央大学史学系选课指导书的人才培养目标写道：一、养成治史之专门人才；二、以科学方法整理国史；三、研究外国历史并探讨其治史之方法；四、培养中学历史学科之师资人才。③ 这个培养目标的变动，可能与一些来自北平的教授加入有关系。当然，南北学人均有个体治学取向之差别，在人才培养的方法和课程设置的标准上也会有所差异。这是很正常的现象。

2. 朱希祖时期的改革

曾在北京大学执掌史学系的朱希祖1932年10月离开北平后，在中山大学短暂任教。1934年春，朱希祖赴南京中央大学任教。朱希祖刚到中央大学时，发现史学系学生"久受缪凤林等教育"，所编讲义"以详赡为主，且用文言"。朱希祖已认识到中央大学史学系与北平各校史学系迥异的风气，他告诉欲来中央大学任教的罗香林"练习文言，淘汰冗长文句及新滥名词"以做准备。

抗战初期教育部欲制定高等学校各院系课程标准，时任中央大学史学系主任的朱希祖曾专门拟就《大学文学院历史学系必修选修课目表审查意见》，陈述对统一课程标准的见解。他说："大学与中学异，中学课程表必须整齐划一，不可参差，大学别延请人材，不能一致，设备方面，亦不能一律"，所以教育部"不能制定一表，以整齐划一之"，而"只宜规定原则"。他指出，"以历史学系而言，因造就史学人材目的不同，故各大学所设课程亦异，有注重应用者，有注重学理者"；"然就注重学理而言，其目的亦有不同，例如以发明历史真相为

---

① 缪凤林：《中央大学历史系课程规例说明草案要删》，《史学杂志》1929年第1卷第1期。

② 《国立中央大学文学院史学系课程规则说明书》，《文学》1930年第1期。

③ 《文学院史学系选课指导书（二十二年度上学期）》，国立中央大学编：《国立中央大学文学院选课指导书》，国立中央大学出版组1935年印行，第51页。

主者,则除普遍史,包括文化史,及社会学、政治经济学为必修科目外,尚须以考古学、地史学、人类学、人种学、言语学、人文地理学、吾国之文字学包括甲骨文字古文书学等为必修科目,而以各种国别史,如英、美、德、法、俄、日等国史为选修科目,或选修专门史如社会史、经济史等以辅之。以发明历史真理而言,则除普遍史及社会学、政治学、经济学为必修科目外,尚须以心理学、论理学、哲学、历史哲学包括史观等为必修科目,而以各种专门史,如社会史、政治史、经济史、哲学史、美术史、宗教史为选修科目,或选修人文地理学、人类学以辅之。至于史学方法论、史学概论、史学原理等,其内部多有相通者,用其一种,不必重设。史学史、史籍举要,其内容亦有相通者,用其一种,不必重设。"他建议历史学系的课程原则为:"一、造就史学人材,目的宜确定标明,然后分别拟定课程。二、中外历史不宜偏重,普遍史必须完备。三、须以社会科学之若干门为基础。四、基本历史辅助科学,必须完备,如上列考古学等六种或心理学等四种。五、不准因人而设范围狭小、不甚重要科目。六、学分与钟点立定标准。至于科目分配之先后,分代史划分之长短,半学年、一学年之伸缩,钟点学分之多寡,皆由各大学斟酌实情,自由排列,以不违原则为限。"①由此可以看出,《大学文学院历史学系必修选修课程表审查意见》延续了其长期以来的历史学建设思想。朱希祖主张史学的社会科学化并在中央大学得以贯彻。在教育部规定大学历史学系必修科目和选修科目之外,中央大学史学系课程中则增加了社会科学类的必修科目:政治学、经济学和社会学,人类学和历史哲学也被列为选修科目。在朱希祖离开北京大学后,北大史学系原先社会科学类的课程不再要求学生选修。朱希祖却将昔日北大史学风气南移到中央大学。当然,朱希祖在中央大学史学系(1940年后改称历史系)的课程安排并非仅体现他个人的史学风格。就他个人的治学方法而言,还是以考据为主。

3. 金毓黻时期的改革

朱希祖之后,执掌中央大学史学系的是金毓黻。金毓黻在北京大学读书时曾受业于朱希祖,对他一直执弟子礼。不过,金毓黻对史学系的整体规划似与其师不完全相同。1941年6月30日,金毓黻为诸生讲"治史纲要",涉及本

---

① 朱希祖:《大学文学院历史学系必修选修课目表审查意见》,朱希祖著,周文玖选编:《朱希祖文存》,上海古籍出版社2006年版,第336—337页。

系治史的三大纲领:第一,以研究制度文物为中心;第二,求通重于求专;第三,以养成学问欲为系风。附各条缕析说明,其中研究"制度文物"是因为中央大学史学系侧重研究中国史,以正史志书等为研究对象;而"求通"主要体现在注重通史,避免支离破碎的治史方法①。金毓黻主张以研究文物制度为中心,其实就是关注正史即政治史,这与20世纪初年至抗战前所有新史学的主张颇异其趣,而是回归中国传统史学的正轨②。金毓黻在中央大学侧重制度文物(正史)和通史,恐怕与"南高史学"的史学主张更为相近,与史语所那种"窄而深"的专题式研究区别较大。金毓黻所著《中国史学史》也正体现了他的史学主张与研究旨趣。在1949年前,金毓黻的研究范围主要聚焦在东北史、辽宋史和中国史学史方面,重视通识之学。他认为"柳诒徵之学识固有可议,而其博闻多识亦自有不可及者"③。直至1960年,他仍将柳诒徵列为"平生所敬事之人"。金毓黻由最初对陈汉章的"中国通史"课的不满,到遂生敬佩之情,对于陈氏"博综取约,允为传作"的读书方法十分认同④。然而,朱希祖却认为自己的学生治学虽"忠实",但"仅能搜罗历史材料而不明历史之为何物"。由此,二人在治学主张和培养人才上意见不尽相同亦不难理解。

4. 贺昌群时期的改革

从1942年起,贺昌群长期在中央大学史学系任教,并从1946年起担任系主任。贺氏治史学属"自学成才",既未受过大学专业教育,又无明确的师承。1947年,他曾与当时服务于中研院史语所夏鼐谈及中央大学的"东南派"教授,表示颇多不满:"文史方面,柳诒徵门下三杰,龙(张其昀)、虎(胡焕庸)、狗(缪凤林),皆气派不大,根柢不深",而且他们主持的《学原》杂志在缺少新人文主义者主持的情况下,比《学衡》更差。然而,对恪守考据的"京派"学者,贺氏"更觉其支离破碎",考据不可能再成为思想界的主流⑤。贺昌群自非"东南史学"门中之人,但亦非北平"考据史学"的同调。

①　金毓黻:《静晤室日记》第6册,1941年6月30日条,辽沈书社1993年版,第4738—4739页。

②　桑兵:《金毓黻与南北学风的分合》,《近代史研究》2008年第5期。

③　金毓黻:《静晤室日记》第4册,1930年8月8日条,辽沈书社1993年版,第2480页。

④　金毓黻:《静晤室日记》第6册,1937年12月4日条,辽沈书社1993年版,第4046页。

⑤　夏鼐:《夏鼐日记》卷4,1947年9月28日条,华东师范大学出版社2011年版,第144—145页。

二、大学研究院、所培养研究人才模式和课程设置

在大学设置研究院和研究所进行科学研究和人才培养，有受到西方大学制度影响的因素，同时也是中国传统书院培养人才制度的延续。北京大学研究所国学门和清华大学国学研究院在学术研究方法和人才培养模式上各有千秋。厦门大学国学研究院沿袭了清华大学国学院的风格，而傅斯年主持的中央研究院历史语言研究所则综合了北京大学研究所国学门和清华大学国学研究院的长处，创立了一种新的人才培养模式。

（一）北京大学研究所国学门的人才培养模式和课程设置

1. 历史沿革

北京大学研究所国学门、文科研究所的变迁比较复杂，现简要进行概述，分为国文门研究所时期（1917—1921）、北京大学研究所国学门时期（1921—1932）、北京大学研究院文史部时期（1932—1934）、北京大学研究院文科研究所时期（1934—1952）。从 1917 年设立至 1952 年全国院系调整，北京大学研究所国学门前后屡经变革，存在了 35 年的时间。

1917 年 11 月，《北京大学日刊》第 1 号公布了北京大学《研究所通则》7 条，设立了包括国文学、英文学、哲学、数学、物理学、化学等在内的九个研究所。同月 30 日，又公布了《文科研究所办事细则》10 条，《文科研究所办法》5 条 14 款，文科研究所下分为国文、英文、哲学三门。1921 年 11 月，正式改成北京大学研究所国学门。因而，在 1917 年至 1921 年间，研究所的名称比较混乱，北京大学文科研究所国文学门、北京大学文科国文门研究所这一名称盛行了四年时间。

1920 年 7 月，北京大学评议会通过了北京大学《研究所章程》，正式确定了预科、本科、研究所三级的学制方式，计划在研究所下设自然科学、社会科学、国学和外国文学四个研究所。至 1921 年 11 月，北京大学研究所国学门正式成立，研究对象包括中国的文学、史学、哲学、语言学、考古学等方面。北京大学研究所国学门是中国现代最早建立并成功运作的人文学术研究机构，全

盛期虽仅四五年的时间,却在中国现代学术史上留下了深深的足迹①。

国学门的体制,从组织结构看,包括三室五会,"三室"谓登录室、研究室和编辑室,"五会"即歌谣研究会、明清史料整理会、考古学会、风俗调查会和方言研究会。就其工作性质与目标而论,陈以爱认为,此乃一种"兼具今日大学研究所与专门研究机构这两种性质的机构"。其实,国学门作为学术机构包括多方面作用:首先是为文科高级研究人才的培养进修提供条件,具有类似今日研究生院的功能。其《研究规则》称:"凡本校毕业生有专门研究之志愿及能力者,又未毕业及校外学者,曾作特别研究已有成绩者,皆可随时到本学门登录室报名",经审查合格后入所研究。而"研究生遇必要时,可要求本学门主任与有关系之各学系教授会,代请本校教员及国内外专门学者指导研究"。其次是专业研究机构的功能。事实上,申请入所的,不仅有研究生,也可以是本校教师和校外学者,或为教师和研究生共同组成的课题组,而由国学门提供一定经费,其《组织大纲》规定:"本所各门设奖学金额若干名,每年给予国币若干元。"研究人员的科研成果,则由编辑室负责编辑出版。最后是组织学术社团开展日常活动的功能。国学门的五会,不仅是研究室,同时又大多兼具社会学术团体常设机构的作用。其中歌谣研究会原先就是一个学术社团,并入国学门后,会员一度遍布全国十多个省。1923 年和 1924 年相继成立的风俗调查会和方言调查会(后改名方言研究会)也都向校内外公开征求会员,并允许不在北京的人可作为"通讯会员"加入;考古学会的情况与此相类,只是专业性更强,成员不及前两者面广罢了。

2. 人才培养与课程设置

集会是学生进行集中学习和研究的重要方式,类似于现代的学术工作坊。根据《北京大学日刊》公布的集会题目,可以看出北京大学研究所国学门在 1917—1921 年间集中学习的内容是文学艺术,同时也有训诂、考订、编纂等方面的内容。1922 年以后,集中到文字学、文学、哲学、史学、考古学等方面。研究生的成果先后在《北京大学日刊》《北京大学月刊》《国故月刊》《新潮》《歌谣周刊》《北京大学国学季刊》《北京大学研究所国学门周刊》(后改为月刊)

① 关于国学门的详情,因材料分散,一般人对其了解并不太多,台湾学者陈以爱的《中国现代学术研究机构的兴起——以北大研究所国学门为中心的探讨》对其进行了详细探讨。

等杂志发表。

导师制是人才培养的重要方式。在国文门研究所时期的导师主要有刘半农、周作人、陈汉章、田北湖、黄侃、钱玄同、沈尹默、沈兼士等,研究生有范文澜、冯友兰、陈钟凡、孙本文、顾名、傅斯年、袁振英、崔龙文等约40人①。北京大学研究所国学门时期的导师有沈兼士、刘半农、钱玄同、胡适、周作人、马衡、李大钊、马裕藻、朱希祖、单不庵、王国维、陈寅恪、罗振玉、陈垣等,还有俄国、日本、法国、丹麦等国家的学者。王国维指导题目为诗书中成语之研究、古字母之研究、古文学中联绵字之研究、共和之前年代之研究等;陈寅恪指导题目为长庆唐蕃会盟碑藏文之研究、鸠摩罗什之研究、中国古代天文星历诸问题之研究等;俄国人伊凤阁指导之题目为西夏国之历史文化和古迹,西夏国之地位与东方文化之关系,西夏国之历史、国语、文字。

1927—1929年,张作霖及奉系军队进驻北京,北京大学被合并,研究所国学门发展受到影响。1929年,北京大学恢复后,研究所国学门日渐恢复,一大批教授参加到研究工作中,此时期的研究生有张任政、徐景贤、靳德峻、刘淡云、侯植忠、方国瑜、傅振伦、单士元、谢国桢、高荣魁、商鸿逵、金受申等30余人,研究科目主要有明清史、雕刻瓷器、汉魏六朝诗、金石学、古声韵学、文字学、语音学、宗教史及宗教美术、中国基督教史、古器物学、中国古代哲学、中国歌谣、唐诗、词曲、音韵沿革、说文研究等。

1932年,北京大学成立研究院,北京大学研究所国学门即为北京大学研究院文史部所代替,并将原中文系所设之语音乐律实验室归入文史部,聘刘半农为文史部主任。文史部的研究方向略有改变,以中国语言文学和中国历史(含思想史、制度史)为主。文史部导师及指导科目有宋词(许之衡、赵万里)、清代古文(林损、孟森)、甲骨及钟鼎文专题研究(沈兼士、马裕藻、钱穆)、唐代文学专集研究(胡适、陶希圣、周作人)、甲骨文字专题研究(钱玄同、魏建功、马衡)、宋元戏曲专题研究(许之衡、罗庸)、近二十年之文学(刘半农、胡适)、中国古代伦理思想史(胡适、陶希圣、贺麟)、梁武帝以前佛儒道思想史(汤用彤、胡适)、清史专题研究(孟森)、明清之际中外交通史(孟森、陈受颐)、清代哲学专题研究(钱穆、陶希圣)等。在所研究生有陶贤棣、梁皇、谢石麟、黄谷

---

① 郭建荣:《北京大学研究所国学门的变迁》(上),《文史知识》1999年第4期。

仙、张桂芳、熊正刚、高公润、高庆赐、许汝致等人。

1934 年,文史部改为文科研究所。导师指导的科目主要有中国语言学(罗常培)、中国训诂学(沈兼士、罗常培)、中国声韵学(马裕藻、魏建功、罗常培)、中国文字学(钱玄同、沈兼士、唐兰)、中国文学史专题(胡适、周作人、傅斯年、罗庸)、中国古代史(傅斯年)、两汉史(钱穆)、辽金元史(姚从吾)、明清史(孟森、陈受颐)、近世外交史(张忠绂)、中国佛教史(汤用彤)、基督教在中国之早期史(陈受颐)、中国思想史专题(胡适)、中国教育思想制度史(邱椿)、中国社会经济史(陶希圣、周炳琳)、中国政治制度史(张忠缓、陶希圣、张佛泉)、中国法律史(董康、刘志敷、李祖荫)、专题传记(胡适)等。在所研究生有侯封祥、阎崇璩、李椷、陶元珍、朱文长、唐景裕、曹延亭等 30 余人。

抗日战争时期,研究院文科研究所在昆明恢复,聘傅斯年为所长(后改汤用彤)、郑天挺为副所长。1939 年 8 月、9 月分两次招收研究生 10 名。研究科目有史学、语音学、中国文学、考古学、人类学等五大类。西南联大期间北大文科研究所导师先后有傅斯年、汤用彤、郑天挺、姚从吾、罗常培、向达、魏建功、朱自清、唐兰、陈寅恪等十数人。毕业研究生有马学良、刘念和、周法高、王明、杨志玖、任继愈、阴法鲁、逯钦立、董庶、王玉哲、高华年、王利器、王叔岷、李孝定、魏明经、王达津、胡庆钧、阎文儒、李荣、殷焕光、方龄贵、汪篯、王永兴、萧雷南等约 30 人。

抗日战争结束以后,第一届研究生于 1947 年 7 月招收,科目虽有哲学、史学、中国语文学、东方语文学、西方语文学、教育学六部,但实际合格录取仅哲学、西方语文学、教育学三部 8 名,分别是王维贤、晏成书、刘若端、年华瞻、叶根荫、张道一、林毓杉、郭晋华。1948 年 8 月,文科研究所六部再次招生,又取 8 名,分别是哲学部黄楠森,史学部漆侠、殷作彬、吴天南,中国语文学部舒璐,西方语文学部赵少伟、刘慧义、周定文。尽管当时条件艰苦,环境恶劣,但是很多学者还是坚持下来,不断做出成绩。毕业以后,成为各高校的精英。

3. 社会影响

国学门之所以采取这种多功能的体制,自有它实际的考虑。当时北京大学财力有限,而学生及社会学术资源却相对丰富,国学门采取研究所与学会结合的体制,以少数专家引导分散于社会的相关学术力量加入新国学运动的做法,对于最大限度地发挥其工作能量和迅速扩大社会影响,应当说是十分有利的。

国学门成立后,高举"以科学方法整理国故"的大旗,借五四新文化运动之声威,迅速在学术界崛起,以致国内一些高校纷纷起而效之。1923 年 4 月,东南大学国文系议决设立国学院,并制定了系统整理国学的计划书。1925 年底,厦门大学也开始筹建国学研究院,并于次年,在原北大国学门成员沈兼士、林语堂、周树人、顾颉刚等人的加盟下,按照国学门的模式,制定了厦大国学院《研究院章程》和《办事细则》,设立了考古学会和风俗调查会等机构。而1928 年 1 月正式成立的中山大学语言历史研究所,不但主事者中顾颉刚、商承祚、容肇祖等多出自国学门,在组织体制上,其所设之考古、语言、历史、民俗四学会,亦多仿国学门而来。可见,北大研究所为其他大学提供了一种新型研究机构的样板且指明了学术研究的努力方向,对中国的新学术体制的形成产生了影响。北大创设研究所激起了北大师生研究学问的兴趣,促使他们形成了质疑问难、坐而论道的自由研究学风。这样一来,又使大学生们感觉到在课本之外还有需要自己研究的学问。这场国学研究运动的兴起和发展,固然与当时学界的研究兴趣有直接关系,但研究所这种新的研究机构作为一种体制性因素,也是功不可没的。可见北大研究所国学门的创立有开风气之先之义,并有深远之影响。

由于学术研究的日益精深,学术团体的逐步设立和完善,高校内设立的研究院面临着诸多问题。比如教授工作繁多,经费受限,培养体制不完善等等。傅斯年后来曾检讨说,大学设研究院,虽有学生人力资源比较丰富的优越条件,但其"不及专作研究院机关之便当处甚多。凡一事之需要较大量的设备、大规模的组织者,在大学各科并立的状态之下,颇难得一部分过分发展,而在专作研究之机关中,可以较少此样的限制。又如需要长期在外工作者,不是担任教科之教授所便于长久负荷的。此等事若依绝对的需要,也很应该在大学中作,因为大学的教师也正需要此等历练,不过在教书的任务之下,这事总不是可以为常的;若在专事研究的机关中,毫不受此等限制。"①

(二)清华大学国学研究院的人才培养模式和课程设置

与北京大学研究所国学门的培养模式不同,自 20 世纪 20 年代中期起,

---

① 傅斯年:《大学研究院设置之讨论》,欧阳哲生主编:《傅斯年全集》第 5 卷,湖南教育出版社 2003 年版,第 37—38 页。

高校也出现了另一类学术机构,其中最具代表性的便是清华大学国学研究院。清华国学研究院创建于 1925 年,至 1929 年 6 月停办,先后延续四年,对其始末,孙敦恒在《清华国学研究院纪事》中①,汇集相关档案资料和文献,作了较系统的记载。

从体制和功能看,清华国学研究院没有北大国学门那样复杂的建制和多功能特征,而纯粹是一个培养高层次人才的教育机构。其《章程》明确规定:"本院以研究高深学术,选成专门人才为宗旨……其目的专在养成下列两项人才:(一)以著述为毕生事业者;(二)各种学校之国学教师。"导师梁启超也一再对学生说:"设研究院之本意,非欲诸君在此一年中即研究出莫大之成果也;目的乃专欲诸君在此得若干治学方法耳!"并称"研究院的目的,是在养成大学者,但是大学者不是很快很短的时间所能养成的。"研究生在学习期间,应首先培养做学问的能力和良好习惯,"如果用科学的方法来研究,并且要得精深结论,必须有相当的时间,并受种种磨炼,使其治学方法与治学兴趣都经种种的训练陶冶,才可以使学问有所成就"②。围绕着这一目标,在学生的招收、学习和毕业等环节上,它都制定了一套相当规范的制度。

首先,学生入学须经严格的考试,"投考手续约分二步:第一步报名,听凭审查资格,合格者由本院发给准考证一纸。第二步持此证应考。考题分三部:第一部,经史小学,注重普通学识,用问答题;第二部,作论文一篇;第三部专门学科,分经学、中国史、小学、中国文学、中国哲学、外国语(英文,或德文,或法文)、自然科学(物理学,或化学,或生物学)、普通语言学八门。考生于其中任择三门,作出答案,即为完卷。"考生在报考时,应根据自己选定的专业方向,按照《清华学校研究院选考科目表》正确填报应考门类,每个专业方向均须考六门(六份卷子),内容涉及三至六个学科。

其次,对学生的管理也相当严格。在学期间,学员"须按期到院,常川住宿,屏绝外务,潜心研究"。其研究采用个人自修和专任教授指导相结合的方法,学员一旦根据兴趣与志向择定导师(如研究课题需要,也可确定同时兼受

---

① 孙敦恒:《清华国学研究院纪事》,葛兆光主编:《清华汉学研究》(第一辑),清华大学出版社 1994 年版。

② 孙敦恒:《清华国学研究院纪事》,葛兆光主编:《清华汉学研究》(第一辑),清华大学出版社 1994 年版,第 272、285、286 页。

几位教授指导）后，"不得更换，以免纷乱"。同时规定，教授除承担指导学生从事专题研究外，还须定期进行普通讲演，"所讲或为国学根柢之经史小学，或治学方法，或本人专门研究之心得。此种普通讲演，凡本院学员，均须到场听受"①。为了促使学生潜心研究，在国学院第二次教务会议上，还特地作出了暂不刊发杂志的决定，理由是："①杂志按期出版，内容材料难得精粹，若以照片祝词等充塞敷衍，于本院名声有损无益；②学生研究期限，暂定一年，研究时间已苦无多，若再分心于杂志之著作及编辑，必荒学业；③佳作可刊入丛书，短篇可于周刊及学报中分别刊登。而编印丛书，由教授指导学生为之。"②这一点，与北大国学门一开始就汲汲于学术期刊发布的做法也是不同的。

最后，学生毕业，发给正规的学历证书。凡"学员研究期满，其成绩经教授考核，认为合格者，由本院给予证书，其上载明该学员研究期限及题目，并由清华学校校长及教授签字。"③

这些都表明，清华国学研究院实施的是一种相当正规的研究生学历教育。当我们说清华国学研究院是一个研究生教育机构时，只是就其主要功能和工作目标而言，实际上，它显然也是一个研究机构。这不仅因为研究院教师在指导研究生的同时，都在从事高层次的学术研究，即以研究生选定的论文题目而论，也都有相当高的学术含量和研究水准，而研究院对学生的训练，正是通过这类研究实践来完成的。清华国学研究院与北大国学门相比，二者既存在一些共性，也存在一些不同。首先，在研究内容上，与北京大学研究所国学门的重心主要落在新材料的发掘整理（如民间社会歌谣、风俗、方言等资料的征集、古器物的搜罗、明清档案史料资料的整理等）上不同，清华国学院主要集中在运用现代学术理念进行传统文化的研究方面。其间虽有李济主持的西阴村史前遗址发掘，但这是李济入清华任职前就与美国弗利尔艺术博物馆商定的合作项目，本不属国学院计划的常规工作。其次，在方法上，北京大学研究所国学门强调的是建立一种合众的集体协作机制，其利用学会会员向全国各地大规模搜集民

① 孙敦恒：《清华国学研究院纪事》，葛兆光主编：《清华汉学研究》（第一辑），清华大学出版社1994年版，第273、274页。

② 孙敦恒：《清华国学研究院纪事》，葛兆光主编：《清华汉学研究》（第一辑），清华大学出版社1994年版，第289页。

③ 孙敦恒：《清华国学研究院纪事》，葛兆光主编：《清华汉学研究》（第一辑），清华大学出版社1994年版，第274页。

谣、民俗资料以及整理明清档案史料的工作,无不体现了这一特点。而清华国学院则比较偏重于个人技能训练和自主研究,其章程称:"本院略仿旧日书院及英国大学制度:研究之法,注重个人自修,教授专任指导,其分组不以学科,而以教授个人为主,期使学员与教授关系异常密切;而学员在此短时期中,于国学根柢及治学方法,均能确有所获。"①这种比较传统的师生间小范围交流,对于无拘束地自由发挥思想,特别是从事精深的专题研究,显然也有其不可忽略的长处。

(三)厦门大学国学研究院的人才培养模式和课程设置

厦门大学乃陈嘉庚 1919 年 6 月出资筹办,学校最大的校董为陈嘉庚。陈嘉庚酷爱国学,对国学研究院的设立大力支持。林文庆出任校长时,曾询问陈嘉庚办学宗旨是重国学还是专重西文? 他的回答是:"两者不可偏废,而尤以整顿国学为最重要。"②国学研究院的设立与发展受到陈嘉庚的大力支持。1926 年林语堂任厦门大学文科学长,聘沈兼士、顾颉刚、鲁迅等人同办厦大国学研究院,下设 14 个小组,即历史古物组、博物组(指动植矿物)、社会调查组(礼俗方言等)、医药组、天算组、地学组(地文地质)、美术组(建筑、雕刻、瓷陶漆器、音乐、图绘塑像、绣织、书法)、哲学组、文学组、经济组、法政组、教育组、神教组、闽南文化研究组。

1. 研究院的机构设置与人才培养模式

1925 年厦门大学成立了"国学专刊社",同年 12 月林文庆校长发起国学研究院筹备总委员会,在制定的《厦门大学国学研究院组织大纲》中指出:与北大国学门提出的"整理国故"不同,厦门大学国学研究院"以研究中国固有文化为必要,特设国学研究院"。因对"国故"与"固有文化"理解的差异,厦门大学国学研究院最初的目标不仅超越了"国故"的范围,"从实际上采集中国历史或有史以前之器物或图绘影拓之本,及属于自然科学之种种实物为整理之资料",而且强调了将国学研究名扬海外的企图,"从书本上搜求古今书籍或国外佚书秘籍,及金石骨甲木简文字为考证之资料,并将所得正确之成绩或新发见之事实,介绍于国内外学者"③。国学研究院远远超越了文科的范围,

①　孙敦恒:《清华国学研究院纪事》,葛兆光主编:《清华汉学研究》(第一辑),清华大学出版社 1994 年版,第 274 页。

②　《国学研究院成立大会纪盛》,《厦大周刊》1926 年 10 月 6 日第 169 期。

③　《厦门大学国学研究院组织大纲》,《厦大周刊》1926 年 1 月 2 日第 134 期。

注重学生各个领域知识的拓展。

国学研究院设院长一人,综理本院一切事宜,由厦门大学校长兼任;设委员会,同院长规划本院一切事宜,其会员由院长聘任。国学研究院每组设主任一人,由院长聘任,管理本组职务,各组所研究的问题及方法,由各组主任同院长议定。每组设助教及书记若干人,由院长指任,受本组主任之指挥,助理一切事务。研究院组织机构简洁,从院长到委员会、各小组分工较为合理,便于行政事务的组织与学者间学术的交流。1926年,大批在北京大学任教的知名学者进入厦门大学国学研究院任教,他们是:沈兼士,任厦大国学研究院主任;林语堂,任厦大国学研究院总秘书;张星烺,任厦大国学研究院研究教授;顾颉刚,任厦大国学研究院研究教授;鲁迅,任厦大国学研究院研究教授;陈万里,任厦大国学研究院考古学导师兼造型部干事;黄坚,任厦大国学研究院陈列部干事兼襄理、兼管造型部摄影事项;孙伏园,任厦大国学研究院编辑部干事兼管风俗调查事项;丁山,任厦大国学研究院编辑;潘家洵,任厦大国学研究院英文编辑兼管一切英文函件;章廷谦,任厦大国学研究院出版部干事兼图书部编辑;容肇祖,任厦大国学研究院风俗调查会成员[1]。国学研究院院长由校长林文庆兼任,国学研究院依托于文科,国学研究院职员则与文科各系教员互有兼职;俄国人史禄国(S.M.Shirokogoroff)兼文科历史社会学系教授;文科哲学系兼外国语言文学系德文学门副教授、德国人艾锷风(G.EcKe),也在国学研究院兼职。

在人才培养方面,研究院的研究生入选与培养严格,制度规范。开设具有闽南地域特色的课程培养研究生,形成初步的研究生教育方案和特色。1926年9月25日,《厦大周刊》公布《国学研究院研究生研究规则》,就研究生报名资格、报名、审查、口试、录取、交费、成绩、奖励等事项做出明确规定。其中包括:(一)研究院招收对象为本大学及本大学承认之大学本科毕业生,或于国学方面具有特殊学力及成绩者,可于每学期开始两星期中到院报名,填写已往之学业及现愿研究之题目与其研究之方法,有著作呈送著作,一并由主任交学术会议审查(必要时得用口试),合格者得领研究证入院研究。(二)本院教员

---

① 《新聘教职员略历》,《厦大周刊》1926年9月25日第156期、1926年10月2日第157期。

可以提出题目,招集有相当学力之研究生入院指导或共同研究,惟须由主任提交学术会议审查通过。(三)凡本校毕业生及校外学者有研究之志愿而不能到校者,得为通信研究生,其报名及审查手续均照上条办理。① 厦大研究院在学生入选、审查、毕业等方面的管理是十分严格的,因此能进入国学院进修的人非常少,这样一整套的管理模式形成了早期的研究生特色。

厦大国学研究院"开办数月,报名研究者约有五十余人","审查合格之研究生"有 14 人,研究生姓名及研究方向见表六。②

表六　厦门大学国学研究院研究题目一览

郑江涛	《诗经》描写下的社会现象	
高兴傅	太姥山	
陈佩真	诗学研究	
黄觉民	古代井田的研究	
魏应麒	王审知开闽史	
伍远资	明季的海外孤臣	
孙家璧	《论语》中的孔子及其和诸子的关系	
陈家瑞	中文小说编目	
汪剑余	《牡丹亭》传奇考	
蒋锡昌	《老子》校释	
黄天爵	经济观之中国南方交通史	
陈祖宾	中国语言文字略	莆田方言及闽南各县方言
蒋连城	许书通谊	
戚其芊	朱子哲学	

《国学研究院章程组织大纲》还称:"本院以整理国故并养成研究国学之专门人才为宗旨","凡本大学学生及本校承认之各大学学生有研究国学之志愿者,经本院考验合格,得为本院研究生"③。其对研究生的培养模式如下。

第一,重视过程培养与考核。强调对考生的学业成绩、研究题目、研究方法以及著作的审查,必要时加口试。第二,强调师生共同研究。教员可以提出

---

① 《国学研究院研究生研究规则》,《厦大周刊》1926 年 9 月 25 日第 156 期。
② 《本院纪事》,《厦门大学国学研究周刊》1927 年第 1 卷第 3 期。
③ 《国学研究院章程·组织大纲》,《厦大周刊》1926 年 10 月 23 日第 160 期。

题目召集有相当学力的研究生，经由学术会议审议通过后共同研究。第三，培养形式灵活。虽无研究年限，但有严格的考核机制，研究生每学期结束时须将取得的成绩进行报告，以作为评定奖学金的依据以及继续研究的基础。第四，收费与奖学金并重。在研究方面，厦门大学发扬了北京大学研究所国学门的传统，提倡用科学方法对国学进行研究，对闽南古迹与风俗进行了广泛的调查，形成了一批重要的研究成果。① 而国学研究院重视对考古实物和社会调查，并将两者结合起来，使厦门大学国学研究院的特色更加显著。② 民俗调查与研究是"五四"后发起的一场学术运动，经由顾颉刚、陈万里以及厦门大学国学研究院沈兼士、容肇祖、孙伏园等倡导，民俗学运动的中心逐渐由北京转移到了闽南。③ 厦门大学国学研究院充分结合地缘优势，设置具有自身地域特色的课程，培养学生的地方史研究方向。

1927 年厦门大学对学生学费进行调整，凡 1927 年 9 月以后入学的学生每学年学费 70 元（旧生为 50 元），预科每学年学费 50 元（旧生 40 元）。④ 相对于北京大学、清华大学的免学费来看，只能说厦门大学的研究生收费具有典型的私立大学特色。

2. 厦门大学国学研究院的课程设置

厦门大学国学研究院的教学体系与课程虽大多仿照北京大学研究所国学门的设置模式，但与北大研究所国学门和清华国学研究院相比又颇具特色。在《国立北京大学研究所国学门研究规则》中指出，研究所随时聘请国内外学者专门演讲，北京大学研究所国学门的科学研究与导师的教学工作并没有什么联系。⑤《清华大学研究院章程》就专门规定，除分组指导、专题研究以外，各教授均须课堂演讲并规定学时。

厦门大学国学研究院的教学处于两者之间，既不像北京大学过于自由，也不像清华大学密集谨严。厦门大学依照研究部办事细则第八条，国学研

① 《国学研究院第一次学术会议纪事》，《厦大周刊》1926 年 10 月 23 日第 160 期。
② 杨国桢：《20 世纪 20 年代的厦门大学国学研究院》，《厦门大学学报》2006 年第 5 期。
③ 洪峻峰：《厦门大学国学院的泉州访古与研究》，《泉州师范学院学报》2006 年第 3 期。
④ 洪永宏编著：《厦门大学校史（1921—1949）》第一卷，厦门大学出版社 1990 年版，第 90 页。
⑤ 萧超然等：《北京大学校史（1898—1949）》，上海教育出版社 1981 年版，第 148、149 页。

究院每月举行专门讲演一次。第一次学术演讲为张星烺的《二十世纪之泉州》,第二次为林语堂的《闽粤方言之来源》①,同时也允许学生自由选修课程。事实上由于国学院教师往往兼职其他本科院系,这也为研究生选修课程埋下了伏笔。如国学研究院总秘书林语堂,同时也是文科兼语言学教授,国学研究院主任沈兼士也是国文系主任、文字学教授,史学研究教授顾颉刚同时也是国文系名誉讲师,国学研究院考古学导师陈万里兼国文系名誉讲师,等等。沈兼士等人到厦大后,力图把国文系和国学院贯通起来,将国文系改称为国学系。其目的,就是要把基础教学与高深研究连接起来,把国学系作为国学研究院的依托。而这一点,构成了厦大国学院教学与课程体系的一大特色。

厦门大学国学研究院虽仅存短短几个月,后由于各种原因国学院不得不终止。但以陈嘉庚校董、林文庆校长和林语堂、顾颉刚、鲁迅、沈兼士等先辈的努力为现今厦大国学研究院提供了人才培养模式和课程设置的借鉴。

(四)中央研究院历史语言研究所人才培养模式

中央研究院历史语言研究所(以下简称史语所)不仅以丰硕的学术成果享誉国内外学界,更为中国历史学、语言学、考古学和民族学培养了一大批人才。在人才培养方面,该所制定了系列规定和原则。

第一,培养研究生。按照史语所规定,本所招收研究生,无定额,"以训练成历史学及语言学范围内共为工作之人,而谋集众工作之方便以成此等学科之进步"。史语所建立初期,由于各项工作百废待兴,未能把研究生培养工作提上日程,至1931年才提出试设研究生办法。同年7月,在安阳殷墟实习的河南大学毕业生石璋如、刘燿(即尹达)入所为研究生,由中华教育文化基金会资助,每月津贴50元。

第二,重视研究所后续人才的培养。史语所吸引人才主要有两个途径,一是由史语所开拓者们推荐优秀人才。傅斯年在北大史学系兼课期间,为史语所选拔了一批优秀的后备人才,如劳榦、高去寻、张政烺、傅乐焕、王崇武等。当时在各大学兼课的陈寅恪、陈垣、胡适、徐中舒等也为史语所推荐了众多优

---

①　《国学研究院第二次学术讲演》,《厦大周刊》1926年12月18日第168期。

秀人才,如陈寅恪推荐了于道泉、周一良等。即使在时局动荡的 1948 年,陈寅恪还写信给代理所长夏鼐,推荐新人。陈垣推荐陈述等人入所,胡适推荐丁声树,徐中舒推荐李广涛,李济推荐吴金鼎、李景聃等,被推荐的年轻人以后皆成长为某一方面的专家学者。

为了招揽人才,体现公平公正,史语所预先在南京、上海、北平等报纸上登载招聘信息,并在南京、北平等处分设考场,通过考试择优录取。吴宗济回忆:"第二年夏天,我见有报载中央研究院历史语言研究所招考助理(等于助研)的广告,就抱着试试看的希望去报考,竟被录取了。我那时在清华的出版工作颇有发展的前途,我也舍不得这个好环境,对去就很踌躇,就请教了哲学系主任兼出版委员会主席的冯友兰先生,他说:'学校固然很需要你,但男儿应当志在四方,走出校门去闯闯天下也好'。就这样,冯先生的几句话就使我由探路而择路,从此走上研究语音的道路。我考上史语所纯属侥幸,也可说是有点传奇性的。那年史语所只招一名助理,却在宁、平、沪、汉四个城市设了四处考场。'北平'的考场设在北海静心斋史语所原址(当时史语所已迁南京新址,这里成为驻平办事处),由李方桂先生主考。试题除音韵学、语音学及国际音标听记外,并加考音乐常识,这是由主考背对考生在钢琴上弹几组四部和弦,要考生写出五线分谱。当时全国四地的考生人数不会太少,而且大都是语言学或音韵学的'宿儒'。而我对西洋音乐的知识自无准备;我对音韵学只是选修,学得很浅,但记音辨调还不困难;同时碰巧我参加过几年大学管弦乐队,还懂得点'和声',就答上了这一门试题。后来才知道,那年是李方桂先生为了去广西调查壮语,要招一名能除记音之外还能记些歌谱的助理。因此我这两门的分数竟起了决定性作用。"[1]研究所采取宁缺毋滥的原则,无合格者不取。若发现了优秀人才,史语所便打破成例而多录取。如 1936 年计划招考一名语言学助理员,因董同和与周祖谟两人非常优秀,傅斯年和赵元任商量,两人都被录取。

第三,对年轻研究人员严格管理,督促学问。傅斯年对年轻人进行严格的管理监督,要求他们对待研究心无旁骛,要有献身精神。史语所经常有人因工

① 吴宗济:《我的音路历程》,《吴宗济语言学论文集》,商务印书馆 2004 年版,第 578—579 页。

作懈怠而遭受批评甚至处罚，如助理员黎光明在图书室中会客，被记大过一次。同时要求"所内不许研究人员在外兼职"，吴宗济在昆明时因在所外担任西南边疆的经理兼责编，被所里领导找去谈话。史语所要求新人入所后要闭门读书，三年内不许发表文章。钱穆回忆："然监督甚严。有某生（王崇武）专治明史，极有成绩，彼曾告余，孟真（傅斯年）不许其上窥元代，下涉清世"①，指导也因人而异。助理员黎光明政治兴趣较浓，傅斯年给赴川康地区调查民俗的黎氏写信，嘱咐"少发生政治兴味"，"少群居侈谈政治大事"，"千万不要在成都一带交际"，而要"细心观察"，"多自己耐苦。"②在学术研究指导上实行"师徒制"。中央研究院章程中对助理员的资格要求是国立、私立或国外大学本科毕业，且须对所习科目有相当研究并有成绩者，但大部分毕业生入所后还是面临研究能力不够、针对性不强、问题意识薄弱等问题。助理员除辅助研究员研究工作之外，还须接受研究员之指导。上述规定为史语所实行师徒制提供了制度依据。

第四，定期举行讲论会，加强学术交流，打造高标准的学术团队。为营造良好学术氛围，便于大家互相交流，互相引会，互相订正，史语所定期举办讲论会。王利器回忆说，"所里定期举行学术报告会，傅（斯年）先生指定我作一次报告，遂遵命作了《"家"、"人"对文》的报告，颇获得傅先生和其他先生的赞许。"③

史语所的高标准处处有所体现，如在晋升上添设了练习助理员。丁文江、傅斯年、李济等人发现大学毕业生直接任用为助理员，大多面临知识储备不充分、研究能力不够的问题。于是，李济写信给傅斯年，讨论在院中助理员之前再设练习助理员一职，此后大学新毕业之学生，应概以研究生待遇，津贴不妨略加。于是史语所在助理员之前亦添设了练习助理员。随着人才的积聚，各项学术工作走向正规，史语所的招聘条件越来越高，更看重其专业水平和研究成果。1936 年招考语言学组助理员的条件规定：报考练习助理员者，

① 钱穆：《八十忆双亲　师友杂忆》，生活·读书·新知三联书店 2005 年版，第 161 页。

② 傅斯年：《傅斯年致黎光明》，王汎森、潘光哲、吴政上主编：《傅斯年遗札》第 1 卷，社会科学文献出版社 2014 年版，第 138 页。

③ 王利器：《六同求学前后——回忆导师傅孟真先生》，聊城师范学院历史系、聊城地区政协工委、山东省政协文史委合编：《傅斯年》，山东人民出版社 1991 年版，第 14 页。

须在大学或大学相当之专门学校毕业，对于审音特别专长或具有汉语方言知识者。报考助理员，除上述资格外，须曾在学术机关服务二年，并须有专门著作。史语所对研究论文和著作出版的标准高而严格，须是积年研究所得，能经得起同行专家和时间的考验。马学良回忆，史语所"不太重视论文著作的数量，重视科研成果对本专业或本学科的创新和贡献。如丁声树先生学贯中西，当时他的著述虽不多，但每篇论文都能发前人所未发，有一鸣惊人的卓识高见，不仅为国内外学者专家所赏识，同辈学人也莫不佩服"①。于道泉曾经想编一部藏汉佛教词典，但是傅斯年和陈寅恪都不同意，傅、陈认为史语所出版的书，必须要有一定的水平，而编藏汉佛教词典，不仅要精通藏文和佛教，还要精通印度的梵文，而于道泉还不具备这些条件。岑仲勉入史语所后，凭借优越的学术条件，阅读了大量的图书，打下坚实的资料基础，拓展了自己的研究。在所内工作的 10 年时间，是岑仲勉做学问最努力的十年。岑氏自入所后仅在《集刊》上就发表了 41 篇文章，出版了《元和姓纂四校记》等著作多种。

史语所的开拓者对青年学者的吸纳与培养，使得史语所开创的新学术典范薪火相传，不断被发扬光大。史语所能取得如此成就，与史语所形成规范完善的人才培养制度关系重大。值得注意的是，北京大学国学门和清华大学国学院的不同研究风格，被傅斯年主持的中研院史语所吸收。这不仅表现在其人员构成大多来自此两大系统（史语所初建时历史、语言和考古三大组主任陈寅恪、赵元任和李济均出自清华国学研究院，各组成员则多出于北大），在新史料的发掘和研究方面，也都在相当程度上继承了两者的长处。应当说，这种现象，正是中国现代学术及其制度建设逐步走向成熟的标志。

三、高等学校的史学研究机构

中国高等学校里设置研究机构受到多方面因素的影响。一方面是西方高校中设立了研究机构，如德国的柏林大学，取得了良好的研究效果；另一方面

---

① 马学良：《历史的足音》，《马学良民族语言研究文集》，中央民族大学出版社 1999 年版，第 316 页。

是中国古代有书院传统,在中国学术近代转型以后,这种传统的延续需要一个载体。1922年,蔡元培读了《湖南自修大学组织大纲》后,盛赞湖南自修大学研究注重图书馆和实验室的做法,称其"全与我的理想相合"。他认为:"书院旧制,荡焉无存。大学规程,虽有研究所之目,而各地方讲授学术之所,多及专门学校而止。即有大学,亦仅为毕业之准备;至于极深研究之业,未遑及也……湖南学者乃有自修大学之创设。购置书器,延聘导师,因缘机会,积渐扩张。要以学者自力研究为本旨,学术以外无他鹄的。合吾国书院与西洋研究所之长而活用之,其诸可以为各省新设大学之模范者与?"①很多高校设置研究所(院)应该出此目的,即新设大学取法书院和西方大学研究所之所长。中国高校设置的史学研究机构,尽管存在的时间长短不一,但是对中国史学发展所产生的影响比较深远。

(一)北京大学研究所国学门、文科研究所

北京大学研究所国学门是文科研究所的前身,这两个机构是北京大学所设研究文史哲等社会科学以及进行研究生培养的机构。北京大学国学门1917年建立,1921年称之为"北京大学研究所国学门",后改称"北京大学研究院文史部"。1934年称之为"北京大学文科研究所"。抗日战争时期,该所于1939年在昆明恢复,1945年随校迁回北平(今北京),1952年停办。历任主任或所长有沈兼士、傅斯年、汤用彤、罗常培等。

1. 蔡元培的主张与实践

蔡元培是我国大学设立研究所的积极倡导者和先行者。然而关于我国大学研究院所的肇始时间,他自己也有两种说法:其一说,肇始于1922年北京大学研究所国学门的创设;其二说,即表示在1920年之前,北京大学即已有研究所之创设。1925年,蔡元培在《北京大学国学研究所一览序》中说:"民国元年教育部所颁布的大学令,改通儒院为大学院,又规定大学得设研究所,近十年来,国立北京大学屡有设立各系研究所的计划。为经费所限,不能实行。民国十年,由评议会决定,类聚各科,设四种研究所……因国学门较为重要,特先设立。"②

① 蔡元培:《湖南自修大学介绍与说明》,高平叔编:《蔡元培全集》第4卷,中华书局1984年版,第247页。

② 蔡元培:《北京大学国学研究所一览序》,《北京大学日刊》1925年6月27日第1730号,第2版。

1926 年，在回顾我国大学教育的进步时，他再次提到此事说："民国元年，教育部所定的大学规程，本有研究所一项，而各大学没有举行的。国立北京大学于七年间曾拟设各门研究所，因建设费无从筹出，不能成立……而国学门即于十一年成立。"[1] 蔡元培两次皆表示，北京大学在 1918 年间虽有设立研究所之计划，但因经费无着未能成立。故而 1922 年国学研究所的创办，则成为了他引以为豪之事。1936 年，他在论及中国研究机关的类别及成立先后时，将我国的研究机关分成了四类：一是国立综合研究院；二是独立的研究所；三是大学中的研究院；四是工业机关中之研究所。同时他表示第三类研究机关是"以国立北京大学之国学研究所为最先成立者，清华大学之国学研究所及交通大学之经济研究所继之"[2]。他再次明确指出，北京大学国学研究所是我国大学中最早成立的研究院所。或职是之故，当今有些学者也沿用这一观点。

可是，蔡元培在其他讲演中又有与其上述观点相左的说法。在北大 1918 年 9 月 20 日的开学讲话中，他说："本校一年以来，设研究所，增参考书，均为提起研究学问兴趣起见。"[3] 如此看来，北大在一年前（1917 年）即正在筹设或已设立了研究所。1920 年 9 月 16 日，蔡元培在开学典礼的演讲中又提道："本校所办的研究所，本为已毕业与将毕业诸生专精研究起见；但各系分设，觉得散漫一点，所以有几系竟一点没有成绩。"[4] 可见，他并不满意当时研究所开展的一些工作，但此说也证实了 1920 年前的北大已设立了研究所。这也与他所提倡的"各科必设各种研究所"的构想相吻合。他说："文、理两科，必须设各种的研究所；而此两科的教员与毕业生必有若干人是终身在研究所工作，兼任教员，而不愿往别种机关去的。"[5] 1920 年秋，蔡元培在长沙作讲演时，也谈及此事，他说："我们北京大学虽有研究所，但设备很不完全。至于独立的

---

[1] 蔡元培：《十五年来我国大学教育之进步》，高平叔编：《蔡元培全集》第 5 卷，中华书局 1984 年版，第 90 页。

[2] 蔡元培：《二十五年来中国研究机关之类别与其成立次第》，高平叔编：《蔡元培全集》第 7 卷，中华书局 1984 年版，第 121—122 页。

[3] 蔡元培：《北大一九一八开学式演说词》，高平叔编：《蔡元培全集》第 3 卷，中华书局 1984 年版，第 191 页。

[4] 蔡元培：《北大第二十三年开学日演说词》，高平叔编：《蔡元培全集》第 3 卷，中华书局 1984 年版，第 443 页。

[5] 蔡元培：《我在北京大学的经历》，高平叔编：《蔡元培全集》第 6 卷，中华书局 1984 年版，第 352 页。

研究所,竟还没有听到。"①此时他又明确表示北大已有了设备不健全的研究所。从蔡元培的上述言辞中又隐约可知,在 1920 年之前,北大似乎已经设立了研究所。

我们采取学界较为统一的认识,北京大学研究所于 1917 年底正式成立,成为我国现代大学中最早出现的研究所,尤其 1922 年北京大学研究所国学门(也通称国学研究所)的改组创建,使研究所具有了更多学术研究机构的功能。蔡元培在 1925 年为国学研究所写序说:"我们从前本来有一种专研国学的机关,就是书院……清季的教育制度,于大学堂以上,设通儒院,可以算是一种研究学术的机关。"②可见,蔡元培把北京大学国学研究所的建立视为书院国学研究精神的传承和发扬。

1925 年,蔡元培在《北京大学国学研究所一览序》中又介绍说:"外国大学,每一科学,必有一研究所;研究所里面,有实验的仪器,参考的图书,陈列的标本,指导的范围,练习的课程,发行的杂志。他的陈列法有两种:一种是把研究所设在陈列所里面,如植物学研究所,设在植物园中植物标本室;人类学研究所设在人类学博物院等。有一种,于大学研究所中特设陈列所,如美学及美术科学研究所中设美术史陈列所,古物学研究所中设古物陈列所等。这种陈列所,不但供教员与学生的参考,而且每一星期中必有几日开放,备校外人员的参观。"③可见,他倾向于在我国现代大学中创建供师生研习学问的研究所。故而在 1930 年,蔡元培介绍西方大学的教育现状时称:"大学教员有教授、额外教授与讲师等,以一定时间,在教室讲授学理。其为实地练习者,有研究所、实验室、病院等。研究所(Seminal 或作 Tuotitut)大抵为文、法等科而设,备有图书及其他必要之参考品。本为高等学生练习课程之机关,故常有一种课程,由教员指定条目,举出参考书,令学生同时研究,而分期报告,以资讨论。抑或指定名著,分段研讨,与讲义相辅而行。而教员与毕业生之有志研究学术者,

---

① 蔡元培:《何谓文化》,高平叔编:《蔡元培教育论著选》,人民教育出版社 2011 年版,第291 页。

② 蔡元培:《北京大学国学研究所一览序》,《北京大学日刊》1925 年 6 月 27 日第 1730 号,第 2 版。

③ 蔡元培:《北京大学国学研究所一览序》,《北京大学日刊》1925 年 6 月 27 日第 1730 号,第 2 版。

亦即在研究所用功。如古物学、历史学、美术史等研究所,间亦附有陈列所,与地质学、生物学等陈列所相等;不但供本校师生之考察,且亦定期公开,以便校外人参观。"①可见蔡元培对西方近代大学设置研究所之举极为推崇并力图效法。

当然,北京大学研究所国学门的设立也包含有很深厚的民族感情。沈兼士曾经说:"惟东方文化自古以中国为中心,所以整理东方学以贡献于世界,实为中国人今日一种责无旁贷之任务。吾人对于从外国输入之新学,曰我固不如人,犹可说也;此等自己家业,不但无人整理之,研究之,并保存而亦不能,一听其流转散佚,不知顾惜,如敦煌石室之秘籍发见于外人后。法、英、日本,均极重视,搜藏甚夥,且大都整理就绪;中国京师图书馆虽亦存储若干,然仅外人与私家割弃余剩之物耳;又如英人莫利逊文库,其中收藏中国史学上贵重之材料极多,中国亦以无相当机关主持收买,遂为日人岩崎氏所得;近闻已嘱托东京帝国大学文学部整理研究,不久当有报告公布。以中国古物典籍如此之宏富,国人竟不能发挥光大,于世界学术界中争一立脚地,此非极可痛心之事耶!"②

2. 学者的聘任与选用

北京大学国学门成立后,经过学者五年以来的努力,其中编辑室、考古学研究室、明清史料研究会、风俗调查会、歌谣研究室、方言调查会等,已获得不少的成绩,所著录研究生三十二人,也已有十二人贡献心得的著作。据傅振伦《七十年所见所闻》记载,北大国学门主要职员为:主任沈兼士,委员会委员蔡元培、顾孟余、沈兼士、李大钊、马裕藻、朱希祖、胡适、钱玄同、周作人、蒋梦麟、皮宗石、皓白、单不庵、马衡、周树人、徐炳昶、张黄、刘复、陈垣、李宗侗、李四光、袁同礼、沈尹默。歌谣研究会主席周作人。明清史料整理会主席陈垣。考古学会主席刘复。此外,聘王国维、陈垣、陈寅恪、柯凤荪及俄人钢和泰、伊凤阁为导师,聘法人伯希和、日人今西龙、德人卫礼贤等为通信员。另据陈平原《老北大的故事》,"1922 年 2 月,在北大研究所国学门委员会第一次会议上,

---

① 蔡元培:《大学教育》,高平叔编:《蔡元培教育论著选》,人民教育出版社 2011 年版,第 600—601 页。

② 沈兼士:《筹划北京大学研究所国学门经费建议书》,沈兼士著,葛信益、启功整理:《沈兼士学术论文集》,中华书局 1986 年版,第 362 页。

沈兼士、胡适等人强调,研究所之所以立'国学门'而不是具体的科系,目的是'打破学系观念','不以学科为范围'"①,周作人也曾指出北大研究所国学门"沟通文理"的特点。

从上述资料看,北大学人设计和设立的北大研究所国学门的组建模式及其指导思想具有如下两个要项:

其一,在学术力量方面,乃由大学校长主其事、理科教授(如地质学系教授李四光)和外籍学人(包括外籍导师和外籍通信员)亦与其事,并"著录"即报名、录取研究生,以实现"沟通文理""少数宿学极深者"和"多数学者"皆可"加入"的局面。

其二,在研究方向方面,既有对古物、古书乃至古史的研究,又有从现代社会生活调查风俗、歌谣和方言的方向。与此相应,研究部门"类聚"为古物陈列所、明清史料整理会和考古学会与风俗调查会、歌谣研究会和方言研究会等两大部分。

3. 研究方法与成绩

国学门学者多有留洋背景,学贯中西,他们对于档案的价值认识,充分体现了受到新文化运动洗礼的新一代学人在历史观与史料观上与传统学者迥异的旨趣。国学门主任沈兼士概括国学门的研究工作"于古代研究,则提倡考古学,注意古器物之采集;于近代研究,则侧重公家档案及民间习俗。持此纵横两界之大宗新材料,以佐证书籍之研究,为学者辟一新途。"国学门学者对于档案史料价值的高度重视,来自于西方科学方法的影响。胡适认为"西洋近百年史学大进步,大半由于审定史料的方法更严密",并将之运用于历史研究上。故要建设中国的现代史学,必须首先推进方法的科学化。在"科学"大旗的号召下,国学门学者提出要在平等的治学理念下对待一切的学术,扩展学术研究的范围。

北京大学研究所国学门工作大致包括三个方面:集会、办刊与调查。集会常常是导师先讲,然后师生讨论,颇具欧美的意味,也有中国书院的影子。研究成果主要有:一是整理、摘采明清档案史料;二是进行考古调查和撰著考古

---

① 陈平原:《北大传统:另一种阐释——以蔡元培与研究所国学门的关系为中心》,《老北大的故事》,北京大学出版社 2009 年版,第 136 页。

之书籍;三是征集歌谣和刊印民间文学成果;四是方言调查。此外,国学门还纂辑了一些学术研究参考的工具书。同时还编辑了一些引用书目、分类书目、学术年表以及诸子所用哲学名词索引等。

北京大学研究所国学门时期的研究成果较多且集中,研究方向是语言文字学类有清代小说家书目提要及其治学方法、广韵理董、音义起源考、殷周金文、殷墟甲骨文字、说文读若考、说文羨异考等 7 种;文学类有楚辞研究、晋二俊诗学、元曲发达史、古琴曲谱之系统的研究、三百篇演论、宋玉研究、建安文学等 7 种;哲学类有尹文子校释、公孙龙子注、老子义证、论语研究等 5 种;地理学类有黄河变迁考、中日交涉地理等 2 种;民族交际史类有西北民族对于中国之关系、中俄交涉史等 2 种;年表类有清代文学家年表、历代名人生卒年表等 2 种;学术史类有中国伦理学史、先秦教育思想史、西汉教育思想史等 3 种;政法制度学类有中国刑法思想之变迁、中国刑法之沿革、井田之研究等 3 种;史志类有隋唐五代史、补后汉书艺文志、元代史、宋代史等 4 种及云南风俗志一种等等①。具体的研究成果不再一一列举。

(二)清华学校国学研究院

清华学校国学研究院成立于 1925 年,1929 年宣告结束。清华国学研究院名师荟萃,盛景空前。在教学中他们互相尊重,齐心协力,以自己精深的学问、开阔的视野,为清华同时也为全国树立了兼容中西、贯通古今的学术典范。

1. 吴宓与清华国学研究院

"北伐前成立的清华学校研究院国学部,在立场上偏守旧,而学术趋向则更趋新,有着与众不同的主动追求。主事者吴宓想办一个突破边界、融合中西的新式书院,通过培养'正直高明之士'来影响社会。"②遗憾的是从辉煌登场到黯然谢幕,清华国学研究院仅经历了四个春秋,真正的鼎盛期也只有前两年,但不可否认其在中国现代教育史及学术史上产生了不可磨灭的影响。

清华国学研究院之所以能够成为20世纪20年代中国学术史上的一个重镇,首先要归功于吴宓对王国维、梁启超、陈寅恪、赵元任、李济等人的聘请,也是后来名动一时的"五星聚奎"。1925 年国学研究院筹备处成立后,吴宓帮助

①　郭建荣:《北京大学研究所国学门的变迁》(上),《文史知识》1999 年第 4 期。

②　罗志田:《一次宁静的革命:清华国学院的独特追求》,《清华大学学报》2011 年第 2 期。

校长曹云祥积极招聘国内著名学者。吴宓起初在这里担任主任一职,次年辞职任外文系教授,直到抗战爆发。在清华大学任职期间,吴宓继续主编《学衡》杂志,该刊 11 年间共出版 79 期,其宗旨主要是提倡国学,兼具欧美学术,自成一派。因对白话文持不同意见,与当时的新文化运动分庭抗礼。吴宓以中国的欧文·白璧德自居,用古典主义抨击新体自由诗,主张维护中国文化遗产价值。并于 1928 年应张季鸾之邀担任《大公报》兼职编辑主持《文艺副刊》,在不足五年半的时间里,他发表了一批文章,主要有《罗色地诞辰百年纪念》《马勒尔白逝世三百年纪念》《论诗之创作》《诗韵问题之我见》《吴芳吉传》等。在那期间,正值"九一八"日本侵华战争与"八一三"淞沪会战。他非常关注国内时局变化,利用《文化副刊》这一阵地,为宣传抗日做了大量努力,搜集、发表了不少关于抗战方面的作品,同时也发表了自己的见解。如常燕生的《翁将军歌》,吴宓对其大加赞赏。他还在《文艺副刊》上开辟了白话文学方面的栏目约请时任清华中文系教授的朱自清主持,沈从文、萧乾、林徽因也有参与。吴宓在清华大学开设"中西式之比较研究",使"比较文学"首次进入中国高等学府的课堂。吴宓还采用这个方法研究《红楼梦》,是一位与胡适、蔡元培、俞平伯、景梅九、周汝昌等齐名的红学大师。他曾用中、英文发表过《红楼梦新谈》《石头记评赞》《红楼梦与世界文学》《红楼梦之文学价值》《红楼梦之人物典型》等极有见地的文章,对推动红学研究有极大的作用。

国学研究院的师生们勤于研究,著述颇丰,为此他们自己创办了不少刊物,以便发行。主要有三种:第一种为教授主编之丛书。第二种为《国学丛论》,到 1929 年 3 月共出版 2 卷 6 期。该刊第一卷第一期刊行的文章有:梁启超《王阳明知行合一之教》、王国维《桐城徐氏印谱序》、吴其昌《宋代之地理史》、徐中舒《从古书中推测之殷周民族》、王镜第《书院通征》、刘盼遂《淮南子许注汉语疏》、何士骥《殷墟文字考》、卫聚贤《左传之研究》、陈守实《明史稿考证》、郑宋棨《鸦片之源流》、谢国桢《顾亭林先生学侣考序》、颜虚心《陈同父生卒年月考》等,前两篇为教授研究成果,其余皆为学生作品。也就是说,除本院教授之著作外,学生的研究成果经审查合格者,也可以予以登载。第三种为学生主编的《实学》月刊。清华国学院学生刘盼遂、杜钢百、余戴海、汪吟龙、闻惕、吴其昌等人以"实事求是,整理国故"为旨趣,发起组织了"实学社",为发表他们的研究成果,创办了《实学》月刊,前后共印行 6 期。每期王国维、梁启超等本院教授及校外国学名师会在"特载"栏内发表近期作品两三篇,作为范文。学生们自己的论文和诗词则刊登在"专著""文苑"栏里。其中具有代表性的成果有:吴其昌《两宋历数天文学考》《三统历简谱》,汪吟龙《与章太炎论文中子书》《西汉赋注》,高亨《韩非子集解补正》《连绵语根述略》,余戴海《荀子字义疏证》,闻惕《尔雅事例匡谬》《毛诗郑笺汉制考证》,王镜第《周官联事考》,刘盼遂《春秋名字解诂补正》《广均序校笺》等篇。这些学生的著述,受到了校内外学者的广泛关注,至今仍令人称道。国学研究院的师生还有一些作品发表在《清华周刊》《清华学报》《学衡》《大公报》等报刊上。其中不少有独到的见解,例如王力的《两粤音说》、程憬的《唯物史观略释》、周传儒的《十五年来中国教育的回顾》、王庸的《旧伦理与新道德》,都具有鲜明的时代色彩,颇有新意。院里不少学生还出了专著,如杨鸿烈的《中国法律史》、储皖峰的《中国文学选读书目》、卫聚贤的《古史研究》等,都为当时学术界所称赞。

2. 国学研究院的主要学者及成就

1925 年 4 月 18 日,王国维携眷从城内搬到清华园,住在清华西园 17、18 两号。王国维的普通讲演有"古史新证""说文解字",指导专题研究范围是经学、小学、上古史和中国文学等。在此期间,他的治学方向转为西北地理及元史。是年 9 月,草《鞑靼考》及年表,《元朝秘史地名索引》。11 月,撰《蒙文元朝秘史跋》。1926 年 2 月撰《黑鞑事跋》,校阅《亲征录》。4 月,撰《圣武亲征录校注序》,印清华国学研究院丛书第一种《蒙古史料四种校注》①,发表《耶律文正年谱余记》《黑鞑事略序》。5 月,写定《长春真人西游记校注》及序,刊出《圣武亲征录校序》。6 月,发表《鞑靼考》《长春真人西游记注序》。7 月,在燕京大学演讲《中国历代之尺度》。9 月,研究院新学年开学,王国维讲演《仪礼》和《说文》。10 月,撰成《桐乡徐氏印谱序》。11 月下旬,为北京大学讲演《宋代之金石学》。1927 年,撰有《南宋人所撰蒙古史料考》《元朝秘史之主因亦儿坚考》《金长城考》(后易名为《金壕界考》)、《水经注笺跋》《清华学校研究院讲义》。1927 年 6 月 2 日上午,自沉于颐和园昆明湖。他撰写的《清

---

① 包括《〈圣武亲征录〉校注》一卷、《〈长春真人西游〉记注》二卷、《〈蒙鞑备录〉笺证》一卷、《〈黑鞑事略〉笺证》一卷,附《鞑靼考》一卷、《辽金时蒙古考》一卷。

华学校研究院讲义》,内容包括《古史新证》《中国历代之尺度》《莽量释文》《散氏盘考释》《盂鼎铭考释》《克鼎铭考释》《毛公鼎铭考释》《蜀石经残拓本跋》《释乐次》和《小盂鼎释文》等多篇钟鼎释文,以及《说今叙篆文合以古籀说》《史籀篇疏证序》《战国时秦用籀文六国用古文说》《西吴徐氏印谱序》等共 28 篇,其中多数还未发表。这是王国维研究甲骨钟鼎文的成果,并系统的记录着王国维在清华的教学,是研究王国维的重要资料。现在已由清华大学中文系"清华文丛"之五影印出版,书名为《古史新证——王国维最后的讲义》。该书的《内容简介》写道:"《古史新证》系王国维先生在清华国学研究院任导师期间开设的一门重要课程,这本讲义代表了一代大师学术生涯的终点,书中所提出的'二重证据法'是中国近代史学史上的一座里程碑,影响至为深远。"

梁启超是中国近代"百科全书式"的人物。当时的学界公认"太炎为南方学术界之泰山,任公为北方学术界之北斗"。实际上从 1923 年 9 月起,梁启超就开始在清华讲学了,他所开的"最近三百年学术史"与"群书概要"两门课程受到清华学子的热烈欢迎。清华"自强不息、厚德载物"的校训就取自梁启超在清华作的以"论君子"为题的讲演。每周,他在清华待四天——阅读、讲课或辅导学生,在城内三天处理其他事务。此时的清华,已然是他的主要活动地点之一。因此面对吴宓之邀时,"梁先生极乐意前来"。在国学研究院中,梁启超开的普通演讲有"历史研究法""中国文化史""儒家哲学"等;指导专题的研究范围是:中国文学史、中国哲学史、史学研究法、儒家哲学等。他还计划带领学生"发奋重新改造一部中国史",可惜由于身体每况愈下而不得不终止。张荫麟在他逝世后写了一篇《近代中国学术史上的梁任公先生》,对其晚年的学术著作进行评价,称其"以昌明中国文化为己任"。

陈寅恪是 1926 年 7 月 7 日到清华国学研究院就职的,开的普通演讲有"西人之东方学""目录学""梵文—金刚经"等;指导专题的研究范围是:年历学、古代碑志与外族有关系之研究等。在清华国学研究院执教期间及稍后,撰有《春日独游玉泉静明园》《挽王静安先生》《王观堂先生挽词并序》《寄傅斯年》《戊辰中秋夕渤海州作》《北大学员己巳级史学系毕业生赠言》《大乘稻芊经随听疏跋》《有相夫人姻缘曲跋》《须达起精舍姻缘曲跋》《王静安先生纪念碑铭》《元代汉人译名考》《敦煌本唐梵翻对字音般若波罗蜜多心经跋》《童受喻鬘梵文残本跋》《大乘意书后》等,显示了非凡的才、学、识;并校阅藏汉文对照本《大宝积经论》,此为清华国学研究院丛书第二种。

赵元任开的普通演讲有"方言学""普通语言学"等;指导专题的研究范围是:现代方言学、中国音韵学、普通语言学等。1926 年,赵元任为研究汉语方言赴江浙一带进行吴语方言调查,撰《现代吴语研究》一书,于 1928 年作为清华国学研究院丛书第四种印行问世。此外,他还发表过《语条儿》《高本汉(Bernhardk Arlgren)的谐声说》《北京、苏州、常州语助词的研究》等,进行现代语言学的研究。其中,《语条儿》十八则是一篇富有哲理性的格言体佳作,文中简明阐述了"物质文明"和"精神文明"的关系,称"有钱未必有学,可是无钱更求不到学。物质文明高,精神文明未必高。可是物质文明很低,精神文明也高不到那儿去。"①赵元任这一时期的研究,为他后来被誉为"中国语言学之父"奠定了基础。

李济开的普通演讲有"人文学"等;指导专题研究的范围是:中国人种考等。经过一系列的考古调查和发掘,先后撰写《新郑的骨》《山西南部汾河流域考古调查》《西阴村史前遗址的发掘》《西阴村史前的遗存》等论文。《西阴村史前的遗存》是他去山西夏县进行考古发掘的总结报告,曾作为清华国学研究院丛书第三种于 1927 年印行。这次发掘是中国人自己组织的第一次成功的田野考古发掘,该文发表后李济"名震当时"。此后他还进行过多次发掘。

1929 年 6 月,清华国学研究院正式结束。在这短短的四年间,该院毕业生近 70 人,其中后来成为知名学者的近 50 人,成为当时乃至现代社会中一股不容小觑的存在。

(三)燕京大学国学研究所

燕京大学国学研究所不仅是我国近现代科研体制系统中不可或缺的研究机构,而且也是我国研究生培养的重要机构。它是在西方大学制度影响下以及争取学术独立的时代背景下创建与发展起来的。

1810 年,德国教育部长威廉·冯·洪堡创办了新型的柏林大学,第一次实现了教学与科研的有效结合,塑造了教学与科研相结合的现代大学新型模

---

① 赵元任:《语条儿》,《赵元任全集》,商务印书馆 2007 年版,第 899 页。

式。德国新型大学与传统大学的根本区别就是设立了研究所,这种模式对世界各国大学的发展产生了深远影响。如 19 世纪 70 年代美国的约翰霍普斯金大学、哈佛大学、耶鲁大学、芝加哥大学也争相设立了研究院。① 一些走出国门的中国学人,目睹了西方大学的变革及完善的大学制度后,接受了德国柏林大学的新理念,积极呼吁设立中国的现代大学以聚集人才、发展学术,要求在大学中建立研究院所,以提高大学的科研水平。20 世纪二三十年代,我国形成了一个介绍西方大学研究院所的热潮。任鸿隽曾说:"研究精神固属士人,而研究之进行,则有待于共同组织。盖科学之为物,有继长增高之性质,有参互考证之必要,有取精用宏之需求,皆不能不恃团体以为扶植。是故英之皇家学会,法之科学院,成立于科学萌芽之时,实即科学发生之一重要条件。盖研究精神为科学种子,而研究组织则为培养此种子之空气与土地,二者缺一不可也。"②在他看来,科学的研究应该是团体的合作,应该有研究的组织为其提供此种环境。

在此背景下,燕京大学亦设有研究院,包括文、理、法三个研究所,文科研究所包括历史部、文哲部、心理教育部;理科研究所包括理化部、生物部;法学研究所包括政治部、社会部。研究院以招收大学本科毕业生研究高深学术为宗旨,学制两年。文科研究所对学生实施精深的国学教育,国文课程有:考古文字(容庚)、苏诗研究(沈尹默)、陶诗研究(沈尹默)、语录文研究(黄子通)等;哲学课程有荀子哲学(诚质怡)、道家哲学(冯友兰)等课程;历史系设有中国史学目录(陈垣)、西北史地(张星烺)等课程。

1928 年,燕京大学设立国学研究所,以研究中华国学、沟通中西文化为宗旨,专门招收国学研究生。该所聘请的著名学者有吴雷川、容庚、顾颉刚、黄子通、许地山、郭绍虞、张星烺等。研究生入学后可以自由选择课程学习,修业一年后,作论文一篇,通过后即可获得硕士学位或修业证书。国学研究所还设立奖学金,授予研究院符合申请条件的研究生,鼓励学生研究国学,如郑德坤、冯家昇、吴世昌、翁独健等都曾在奖学金的支持下学习和研究国学。

研究生在选定导师后,根据导师的指导范围深入学习相关知识。文哲部

---

① 　齐思和:《今后我国高等教育的改进问题》,《大中》1946 年第 1 卷第 7 期。

② 　任鸿隽:《中国科学社之过去及未来》,《科学》1923 年第 8 卷第 1 期。

导师的指导范围分别是:中国哲学史、中国哲学家专集研究等(黄子通);欧美人研究汉学各问题等(博晨光);散文演变研究、魏晋诗家专集研究、中国文学批评(郭绍虞);古铜器研究、古文字研究(容庚)。历史部导师的指导范围分别是:远东近世史、历史研究法(洪业);明清史、制度沿革(邓之诚);中国上古史、中国历史地理、经学(顾颉刚);中国礼俗史、佛教史、道教史(许地山);辽金元史、中世纪中国与欧洲的关系(张星烺)。研究生于第一学年修业完毕后要参加所学专业的考试;毕业论文通过论文审查委员会的审查,且毕业考试合格,即可毕业。

(四)中山大学文史研究所

1928—1929年,傅斯年、顾颉刚相继离开中山大学语言历史研究所,使得原本就由于研究经费而左支右绌风雨飘摇的研究所更陷入了危急的境地。在语史所大量节省开支的情况下,每年仍透支4500余元。中山大学不得不对语史所采取"暂时停止杂费"的措施,事实则是整个中山大学已经全部陷入财政窘境。校长戴季陶为拮据的经费而寝食难安,感叹道:"今日学校,恒患财患,仅敷行政之开支,遑论学术之设备"①。1930年4月底5月初,语史所三本刊行书目《语史所周刊》《民俗周刊》《民俗学丛书》均因经费问题停刊,所务基本陷入停顿状态。1930年10月,语史所奉校长函,因"经费支绌,暂时停办语史所"。

语史所虽历时仅三年有余,但成绩斐然。通过倡导"打破学术界的一切偶像","眼光向下"的学术实践,将研究对象开始由注重社会上层或精英政治下移到民间风俗、普通民众的日常生活。相应的,材料搜集也由较为单一的传统文献,转向了文本文献与官厅民间旧档、考古发掘、田野调查实物、口述文化等多元材料的搜寻和综合运用,扩大了史学研究的范围。在这三年的时间里使中国的史学研究得到了突飞猛进的发展。

对于学术研究有着近乎偏执的中山大学的学者们,在看到语史所取得巨大成就的情况下由于缺乏经费停办,而北平的研究却在蒸蒸日上,自然不能安于现状。1931年1月,原语史所主任刘奇峰以"教授学生,对于研究工作均感不便"为由,致函校长请求恢复语言历史研究所。校长复函:"略谓既因学术

---

① 《戴校长向中央条陈整理本校概略》,《农声》1929年9月30日第125期。

研究,发生影响,自可先行恢复,惟现值校款奇绌,应请共体时艰,缩小规模,一切开支,务从搏节,原有名称,应该为文史研究所,以证名实,而资节便云。"①文史研究所恢复后,其组织架构也与之前的语史所有了较大变化,机构更加精简,同时更加侧重史学研究。原语史所架构主任之下设立三室四会五股,其中又以四会为研究主体。"四会"即历史学会、考古学会、民俗学会及语言学会,领头人称为主席;前三个学会下设档案整理室、古物陈列室及风俗物品陈列室,是为"三室",举凡档案、古物、民俗物品均在其搜罗之列;"五股"为研究外日常事务所设立,分为庶务股、调查股、图书股、出版股、文书股,五股各司其职,有条不紊地保障研究工作的进行。而文史研究所改弦更张之后,不再设语言学会,只设三会三室。但由于此时中山大学校长易变频仍,研究工作受到影响。考古学会、民俗学会主持人相继离校,研究一度陷入停滞。1932 年 11月,校长邹鲁聘任时任中山大学史学系教授朱希祖任文史研究所主任。朱甫一上任,立即恢复民俗学会,由原民俗学会主席容肇祖继续出版《民俗周刊》,并将《文史辑刊》改为《文史学研究所月刊》,按月发行。另外,朱希祖拟续招研究生,筹建文科研究院及中国学院②。中国学院以期用新法整理中国故有学术,求中国文化之复兴,在乱世之中求得文化自信,由此观之,"救亡图存"是深深烙印在当时那一批知识分子血肉里的。

1935 年夏,中山大学成立研究院,文史研究所亦按教育部颁布的《大学研究院暂行组织规程》(1934 年 5 月),改为其下属的文科研究所。新成立的文科研究所下设语言文学部和历史学部,分别刊出《文史汇刊》和《史学专刊》。史学部下设档案组、民俗组、考古组,依旧对应"三室"——附石刻像陈列室等。在一定意义上,这次改组承袭或说恢复了语史所原有体制。

文史研究所不仅在组织机构上开创了国内学科研究之先河,如考古学会、民俗学会的设立等,且在现代学术理论的指引下,利用已设立的学会做基础,借助于语言学、人类学、民族学等工具对传统文献资料以及一向被视为"边缘"的材料进行整理研究,通过《语史所周刊》《民俗周刊》等刊物发表他们的研究成果,开拓学术研究的新领域。

---

① 《语史所改名规复》,《国立中山大学日报》1931 年 1 月 30 日。
② 国立中山大学文学院编:《国立中山大学文学院概览》,国立中山大学出版部 1933 年版,第 10 页。

与北京大学研究所国学门的国学研究"仅停留在材料的收集和初步整理"不同,中山大学文史研究所更强调运用自然及社会的"科学方法"对所得材料进行研究。他们主张"语言历史学也正和其他的自然科学同目的同手段,所差的只是一个分工"①,承认"凡是一件材料没有不可研究之用的,材料本无生命,有方法用它时它就有了生命,所以死活是方法的问题而不是材料的问题。"他们试图通过"科学方法"的运用和推广将"中国向来号称材料最富研究最深的社会科学(历史学在内)和语言文字之学重新建设过",试图打破中国传统的治学范围和治学方法,从而"引起智识上思想上的一次彻底的改革"②。除"方法论"之外,国立中山大学的文史研究所之所以能够开风气之先,一个很重要的原因是当时时局动荡所造成的"思想界的丰收",何兆武先生曾在《上学记》中不只一次地提到过"学术自由非常重要",这也是为什么往往在乱世思想界得到大发展的原因。

(五)金陵大学中国文化研究所

1. 中国文化研究所之设置

金陵大学中国文化研究所始创于 1930 年春。1914 年,铝电解法发明人——美国铝业大王霍尔(Charles Martin Hall,1863—1914)去世时,在其遗嘱中规定,将其巨额遗产中的三分之一用于美国人或英国人控制下的亚洲或巴尔干地区的教育事业,其中一部分用于资助中国部分教会大学研究中国文化。1928 年燕京大学与哈佛大学达成协议,成立由霍尔基金资助的哈佛燕京学社,专门从事汉学研究。之后,金陵大学也"得捐助 60 万美元的基金,以其中30 万美元指定为研究我国文化之用。本校因即设立中国文化研究所"③。该研究所是金陵大学最早建立的一个科学研究机构,从此,金陵大学形成文、理、农和中国文化研究所"三院一所"的基本格局。

中国文化研究所由著名学者徐秋养担任主任委员(即所长),刘乃敬、贝德士、刘国钧、吴景超为委员。为了维持研究工作的延续性及稳定性,金陵大

---

① 傅斯年:《〈语言历史学研究所周刊〉发刊词》,欧阳哲生编:《傅斯年全集》第三卷,湖南教育出版社 2003 年版,第 13 页。

② 顾颉刚:《〈中山大学语言历史学研究所年报〉序》,《顾颉刚全集·宝树园文存》卷一,中华书局 2010 年版,第 313、311 页。

③ 《本校中国文化研究所来历》,《南大百年实录》编辑组编:《南大百年实录》下,南京大学出版社 2002 年版,第 59 页。

学中国文化研究所一直由徐秋养担任所长,直到 1939 年徐秋养另到别处任职,未随校西迁成都,才改由李小缘担任所长一职。

金陵大学中国文化研究所的建所宗旨主要是两个方面:一是研究并弘扬中国文化,二是造就研究中国文化的专门人才。对此,中国文化研究所实行科研与教学并重的办学方针。它要求研究人员专心致力于学术研究,不懈怠;同时还要兼授本校文学院的课程,担负起培养人才的工作。中国文化研究所的成员都是由文学院的讲师或教授兼任的,根据他们从事研究工作的时间划分为专任研究员和兼任研究员两种。一般将研究时间超过讲课时间大约两倍以上的,定为专任研究员,反之,就是兼任研究员;此外还设置有协助研究员的助理研究员。为进一步提高研究所的学术水平和学术地位,中国文化研究所还积极从校外延揽了一批功底扎实、知识渊博、学有所长的著名学者,从事教学和研究工作。例如 1932 年到金陵大学的著名考古学家、古文字学家商承祚,为学生讲授"殷周文化史"和"中国考古学"两门课程;1942 年到金陵大学的著名语言学家吕叔湘,为学生讲授"国文语法学"和"语言学导论"两门课程。为加强同外界的联系,扩大中国文化研究所影响力,金陵大学还聘请从事艺术学研究的吕凤子、汪采白及从事文学研究的杭立武等为特约研究员。1940年,中国文化研究所史学部招收研究生,受其所托,又担负起培养研究生的工作。由李小缘担任史学部主任一职,并亲授"目录学"。前后共培养研究生 3届,4 人毕业。

2. 学术研究之特色

重视考古学方面的研究,这是金陵大学中国文化研究所最重要的特色。20 世纪 30 年代初期,金陵大学的创始人、后任校董的福开森(美籍)将他在中国耗费巨资收藏的古物中的一部分(约千件,计有铜器 327 件;石器 7 件;书卷、画册、书轴、书横幅、书楹联、碑帖等)捐赠给金陵大学中国文化研究所,用以辅助教学和科研。正好此时商承祚来到金陵大学,他对其中的随葬品、铭文和拓片部分做了整理、研究工作,撰成《福氏所藏甲骨文字》,并校订了福氏所编写的《历代著录画目》一书。商承祚发表著述、论文若干,其中《十二家吉金图录》一书,刊印了出土于河南的 70 余件铜器的画像,并将其底版全部提供给河南省通志馆,用于文物图书编纂工作。

抗战时期,图书、古物较为缺乏,中国文化研究所的考古工作便由室内研究

转向田野考察。入川初期,商承祚两次赴长沙进行考察,经过整理研究,撰有
《长沙古物闻见记》《长沙古器物图录》《楚漆器集》等文。在以后的几年间,商
承祚又与刘铭恕等人进行古代石刻遗迹的考察,得古物、金石、印窟、汉画等
1000 余件,整理成《四川新津汉崖砖墓考略》等文(刊于《金陵学报》第 10 卷一、
二期)。与此同时,史岩进行了壁画考察,发表了《古画祥三种总考》(刊于《中国
文化研究会刊》第 1 期)。1942 年,商承祚离开金陵大学后,未来得及整理的考
古资料,由刘铭恕继续整理,写有《崖墓稽古录》《本所所藏之西蜀砖甓研究》等
文章。中国文化研究所还在成都举办了展览会,展品就是商承祚在长沙考察所
得的古物,大受民众喜爱。徐益棠教授入川后,将精力更多地投入到了少数民
族研究方面,对西康和雷波小凉山罗罗进行考察,撰写了《雷波小凉山之罗民》
《小凉山罗民之类的政治组织》《罗罗道均图说》等文,这是在民族学研究方面取
得的新成就,分别发于《中国文化研究汇刊》及《边疆研究论丛》上。

研究所十分注重文献资料的收集与整理。中国文化研究所设立图书委员
会,以研究员李小缘、贝德士、刘国钧为委员,办理选购图书事宜。李小缘负责
中文图书的选购,而贝德士则负责外文图书的选购。"专收史部书籍、笔记、
札记、丛书,已有三万三千六百四十一册,关于中国学术之英、德、法文著作四
百六十册,西文《东方学学报》全套十九种,装订成三百九十九册,关于中国学
术之日文书籍二〇五八七册,蜀中方志二七八种二七三九册,蜀中金石拓片二
六八〇种。"①可谓是收藏颇丰。

这里需要专门提及一下李小缘教授的贡献。李小缘在金陵大学的教学经
历大致可分为两个阶段:第一阶段为图书馆阶段。他先后担任金陵大学图书
馆西文书籍部主任,金陵大学图书馆学系教授、主任,金陵大学图书馆馆长。
第二阶段为中国文化研究所阶段,先后担任研究员、研究所主任,主编《金陵
学报》(第 1—6 卷,1931 年至 1936 年间)、《中国文化研究汇刊》(第 3 卷,1943
年;第 6 卷,1947 年)。李小缘在图书馆学和目录学方面著作颇丰,数十年间,
编纂过的中外文书目 30 余种,积累卡片 10 万余张。他撰写的《云南书目》
《西人论华书目》《西人论远东书目》(包括日本、朝鲜等国)、《西人论中国边

① 李小缘:《金陵大学中国文化研究所概况》,南京大学信息管理系编:《李小缘纪念文集:
1898—2008》,南京大学信息管理系 2008 年印行,第 297 页。

疆书目》（包括中国的东北、内蒙古、新疆、西藏、青海等地）、《汉籍西译书目》《西籍中国地图目录》《中国留美学生论文目录》等均代表了当时的学术水平，深受好评。《云南书目》共收录资料 3000 多种，其中外文资料约 700 种，是我国近代少见的大型综合性地方文献书目，是 20 世纪 30 年代目录学方面的代表作。此书不仅是研究云南地区历史、地理、政治、经济、文化的重要参考书，也为此后编写地方文献书目提供了样本。李小缘撰写完成的目录学著作有：《书的演进》《藏书史》《二十四史版本》《善本书藏书票考》《读书画语》《版本研究》《书籍制度考》《中文类书研究》等，也都具有相当高的学术价值。李小缘治学有道，带有图书馆学家特有的素质，即惜书如命、用书如神、知书如数家珍。他本人也致力于图书收藏，但与一般的收藏家不同，他主张"贵致用"。校内外许多著名的专家、学者，在书籍文献上都曾得到过他的帮助，故人称其"学富五车"，是"教授之教授"。

1942 年，吕叔湘来到金陵大学，主攻语言学的课题研究，包括"现代国语之语法研究""中国语句组成研究""国语虚助词研究"三大块。语言研究成为金陵大学中国文化研究所的重要课题和方向。吕叔湘借助西方语法学分析中国语言，先后发表多篇论文，如《论"底""地"之辨及"底"字的由来》《与动词后"得"与"不"有关之词序问题》《"把"用法的研究》等等，为建立中国现代语法体系打下了坚实的基础。

3. 学术著作出版

中国文化研究所积极筹备出版工作。从 1930 年到 1948 年，经由该所刊行的出版物之数量，十分可观。大致可分为两大类：第一类是丛书，由甲种丛书和乙种丛书两大块组成，见表七。

表七　《金陵大学中国文化研究所丛刊（甲种）》目录①

书　名	作者	出版时间
《天一阁藏书考》	陈登原	1932 年
《词源疏证》	蔡祯	1932 年

① 据李小缘《金陵大学中国文化研究所概况》（南京大学信息管理系编：《李小缘纪念文集：1898—2008》，南京大学信息管理系 2008 年印行）、《金陵大学中国文化研究所丛刊（甲种）》（商承祚：《长沙古物闻见记》卷下，金陵大学中国文化研究所 1939 年印行）编订。

续表

书 名	作者	出版时间
《古今伪书考补证》	黄云眉	1932 年
《邵二云先生年谱》	黄云眉	1933 年
《福氏所藏甲骨文字》	商承祚	1933 年
《殷契佚存》	商承祚	1933 年
《颜习斋哲学思想述》	陈登原	1934 年
《河徙及其影响》	孙儿伊	1935 年
《十二家吉金图录》	商承祚	1936 年
《浑源彝器图》	商承祚	1936 年
《历代著录画目》	福开森编，商承祚校	1936 年
《南阳汉画像汇存》	孙文青编，商承祚校	1937 年
《长沙古物闻见记》	商承祚	1939 年

1938 年，金陵大学西迁成都之前就已经完成并出版《金陵大学中国文化研究所丛刊(甲种)》著作 12 种，另一种为入川后出版，但仍属于《丛刊(甲种)》，所以一共有 13 种 22 册。与此同时，还有 12 种已完成待刊的书稿，包括：吕凤子的《画微》，汪采白的《新安画派》，叶季英的《中国画书书目提要》，商承祚的《长沙古器物图录》《楚漆器集》，刘骏的《历代西蜀石刻研究》，商承祚、刘铭恕的《本所所藏之西蜀砖甓研究》《西蜀汉画像汇存》，刘铭恕的《宋辽金元制度丛考》《本所所藏之历代墓志铭研究》，向达的《蛮书校注》等。因为研究计划曾得到哈佛燕京学社的赞助与资助承诺，文化研究所向其致函，申请资助已完成待出版的图书，并随信附寄 7 部书目，哈佛—燕京学社出版了其中的 4 部：商承祚的《甲骨文编》《七家金文图录》，李小缘的《边疆问题书目》，孙儿伊的《河徙与文化》。[①] 由于经费问题，中国文化研究所研究人员的成果并非仅限于所内出版，还有部分著作在校外发行，如陈登原《中国田赋史》《中国土地制度史》《荀子哲学》《鸦片战记》等。

继《丛刊(甲种)》出版以后，《丛刊(乙种)》也相继出版，共计 5 种，其中两种在抗日战争前就已经出版，见表八。

---

① 徐雁平、何庆先：《金陵大学中国文化研究所述考》，南京大学信息管理系编：《李小缘纪念文集:1898—2008》，南京大学信息管理系 2008 年印行，第 444 页。

表八　《金陵大学中国文化研究所丛刊(乙种)》目录

书　名	作者	出版时间
《西文东方学报论文举要》	贝德士	1933 年
《云南书目》(未印完)	李小缘	1937 年
《五朝门第》	王伊同	1943 年
《雷波小凉山之瑶民》	徐益棠	1944 年
《古画评三种考订》	史岩	1947 年

与此同时,正在进行的研究课题还有:王伊同的《北朝门第》,徐益棠的《古代民族之地理问题》《中国历史地理资料》,吕叔湘的《现代国语之语法研究》,李小缘的《史籍考》,刘国钧的《六国思想史》等。

第二类是学术期刊。中国文化研究所先后编纂出版了三种学术刊物。

(1)《金陵学报》,李小缘主编。自 1930 年创刊至 1940 年因经费不足停刊,《金陵学报》共出版了 10 卷,每卷 2 期。除了"文史专号"外,还有"理科专号""农业专号"以及《金陵文摘》。《金陵学报》积极吸引校外专家学者进行投稿,如闻一多、王重民、谢国桢、吴其昌、黄文弼、陈梦家、向达、唐圭璋等学者都曾将成果在上面刊发。

(2)《边疆研究丛论》,徐益棠主编。《边疆研究丛论》是 1940 年《金陵学报》停刊后出版的一个刊物,共出版了 3 期。由此,边疆问题成为中国文化研究所的重要研究方向之一。

(3)《中国文化研究汇刊》。为摆脱经费不足的困境,金陵大学、齐鲁大学、华西大学、燕京大学(至第四卷起加入)的文化研究所或国学研究院联合创刊,四所学校轮流主编。1940 年至 1950 年间,共出版了 8 卷。内容主要包括考证论文、调查报告、重要史料、书报评论四大门类,除继续保留各校原有风格之外,该杂志还积极关注中国西部地区,因为"中国西部,种族复杂,多未经调查,古物埋藏,多未经发掘,在研究上极有灿烂之前途,现在创办此刊,为三大学永久合作之机关,偏重于中国西部之研究"①。

---

① 《金陵　华西　齐鲁三大学中国文化研究所会议记录及所属联合出版委员会简章》,转引自张宪文主编:《金陵大学史》,南京大学出版社 2002 年版,第 170 页。

金陵大学中国文化研究所自 1930 年成立至 1950 年停办,存在了 20 年。它汇集了一大批国内国学研究界的顶尖学者,既弘扬了中国优秀传统文化,又促进了中西文化交流,而且为金陵大学赢得了学术声誉,为中国文化研究做出了巨大贡献。

(六)中央大学历史研究所

1927 年之后,因政局转变,东南大学被改组为中央大学。从"东大"到"中大",不仅有学校政治氛围的转易,而且学术文化层面亦有"变"的一面。这种"变"既有学术理路的逻辑衍化,其中包括学人、学派的分合因素,而且还有政治社会方面的造因①。

中央大学是民国时期规模较大,影响力较强的一所大学。无论是在历史教学还是历史研究领域,该校都处在国内前列,对中国近代历史学的发展有重大影响。中央大学设立的历史研究所,前身为该校史学部,1931 年成立。1946 年改为历史研究所。中央大学师资力量雄厚,拓展了史学研究领域,提高了教学质量。

从东南大学到中央大学,史学系(抗战期间改名历史系)庶几面目全非。实际上,1925 年柳诒徵因易长风潮离开东大,柳氏弟子中除了陈训慈在中央大学短暂任教外,只有缪凤林一人长期在中央大学任教。此外,中央大学史学系教授大都是不具本校背景的新人,有几任系主任陈汉章、朱希祖和金毓黻还是北京大学旧人。

表九　在中央大学任教的主要历史学教授及其研究成果

姓名	任教时间	职　务	担任课程	主要科研成果 (限民国)
朱希祖 1879—1944	1934—1940	系主任	南北朝史、明史	《中国史学通论》《六朝陵墓调查》《伪楚录辑补》《伪齐国志长篇》《伪齐录校补》等

---

① 参见蒋宝麟:《"史学南派":民国时期中央大学历史学科的学术认同与"学派"分际》,《史学史研究》2014 年第 2 期。

续表

姓名	任教时间	职　务	担任课程	主要科研成果（限民国）
柳诒徵 1880—1956	1929 年始	部聘教授① 学术评议会委员	中国文化史、史源	《中国文化史》《国史要义》《历代史略》
缪凤林 1899—1959	1928—1959	师范学院史地系主任	中国通史、文化史、日本史、朝鲜史、中国礼学史	《中国通史纲要》《西北史略》《中国史论丛》
徐子明 1888—1973	1929—1936 1939—1948		德国文、西洋古代史、法国革命史	
沈刚伯 1896—1977	1931—1944	1942 年秋任系主任	西洋上古史、希腊史、罗马史、英国史、俄国史、印度史、法国大革命史、西洋文化概论	
张贵永 1908—1965	1934—1949	1943—1947 年任系主任及史学研究所所长	西洋史、西洋史学史、西洋外交史	
金毓黻 1887—1962	1936—1947	1934 年任历史系主任	东北史、宋辽金史、中国史学史	《东北通史·上编》《宋辽金史》《中国史学史》《辽海丛书》《渤海图志长编》
顾颉刚 1893—1980	1941—1942	出版部主任		
贺昌群 1903—1973	1941—1949	1946 年后任系主任	隋唐五代史、杜诗	《魏晋南北朝史》
韩儒林 1903—1983	1944 年始		蒙古史、西藏史、突厥史	
郭廷以 1904—1975	1930—1949	曾任系主任及训导长	元明清史、中国近代史、西域史、中西交通史、太平天国史	《近代中国史》《中西交通史》《近代中国史纲》《中华民族发展简史》
蒋孟引 1907—1988	1939 年始	曾任历史系主任	西洋通史、世界近代史、英国史、史料阅读	《第一次世界大战史》《第二次鸦片战争史》《英国史论丛》

———————

　　① 　1941 年，教育部实行"部聘教授"制，按学科评选出一批资深、有名望的教授，改由教育部直接聘任（原则上每学科 1 名）。部聘教授每月薪金 600 元（相当于校长的待遇），另外发研究补助费 400 元，部聘教授还负有辅导全国各院校对于学科之教学与研究事项的重任，由教育部分派赴各地讲学。

中央大学教授著作繁复,见表九。其中,金毓黻的《中国史学史》出版后在当时史学界产生了重要影响。该书被教育部定为大学教材,"是中国史学史作为近代意义上的学科初步形成的重要标志"①。2000年,河北教育出版社从总结20世纪中国史学成就的高度,出版了大型系列丛书《二十世纪中国史学名著》,该书亦被选入其中。

抗战时期,为推动历史学研究,中央大学创办了《史学述林》《文史哲季刊》等学术杂志。《史学述林》是中央大学历史学会会刊,以"同学的作品较多"。《文史哲季刊》则以历史系教授居多。时任中央大学历史系主任金毓黻为《史学述林》题词曰:

> 本校之历史学系,具有二十余年之历史。盖自南京高师之史地科、东南大学之史地系,逐渐衍变而成,且继长增高,以至于今日,甚矣其难也。尝谓吾国古今之学术,因长江大河之横贯,显然有南、北两派之差别。……史学亦然,廿载以往,北都学者主以俗语易雅言,且以为治学之邮,风靡云涌,全国景从。而南都群彦则主除屏俗语,不捐雅言,著论阐明,比于诤友,于是有《学衡》杂志之刊行。考是时与其役者多为本校史学科系之诸师,吾无以名之,谓为史学之南派,以与北派之史学桴鼓相闻,亦可谓极一时之盛矣。今校长罗君治西史有声,曾为北派学者之健将,嗣则来长吾校,将满十年。向日以为分道扬镳不可合为一轨者,今则共聚一堂,以收风雨商量之雅。盖学术以互竞而孟晋,譬之江河分流,以俱注于海,其趋不同,而其归一也。……夫学问之道,以求是为归,何必尽同。本系诸君应勿忘往日史学南派之历史,以共树卓然自立确乎不拔之学风,因而相激相荡,与以有成。②

金毓黻先后发表《宋代兵制考实》《宋代史所载岳飞战功辩证》,韩儒林发表《蒙古的名称》《吐蕃史与传说研究》等文章,贺昌群发表《清潭之起源》《烽燧考》等文,朱希祖发表《汉王劫五诸侯兵考》,柳诒徵发表《三国志裴注义例》《从周官观其时社会》,张贵永发表《最近九十年来的德国史学》等一系列文

---

① 周文玖:《中国史学史学科初步形成的重要标志——重读金毓黻先生〈中国史学史〉》,《烟台师范学院学报》2003年第3期。

② 金毓黻:《史学述林题辞》,《静晤室日记》第6册,辽沈书社1993年版,第4629—4630页。

章。这些史学刊物为学术研究提供了交流的平台,开拓了中央大学学子的史学视野。民国时期中央大学历史学系努力进行学术研究,形成了自己的鲜明特色,为史学学科现代化做出了重大贡献。

(七)国立浙江大学史地系及研究所

浙江大学史地系合二为一是为了达到时间和空间的统一,是民国历史研究机构中具有特色的代表。

1.浙江大学史地系及研究所的设立

浙江大学史地系以及史地研究离不开两个人,他们是竺可桢与张其昀。1923 年,张其昀从南京高等师范学校毕业,入上海商务印书馆编辑中学地理教科书。他所编写的教科书由于图文并茂,文字优美,很受各界及各级学生的欢迎。1927 年,张其昀得其老师柳诒徵教授推荐,回母校东南大学(1928 年改为中央大学)任教,先后被聘为讲师、副教授、教授。1936 年,张其昀受竺可桢之聘到浙江大学任教,任系主任兼任学部主任,秉承浙大"通才教育"的思想,史地系在国内率先倡导并实践了"史地合一"的办学理念,独树一帜。他指出:"法国地理学家白吕纳曾说:'二十世纪学术上最大的贡献是史学精神与地学精神的结合。'盖一为时间的演变原则,一为空间的分布原则,两者相合,方足以明时空之真谛,识造化之本原。浙大史地学系创立的宗旨在此。"①

国立浙江大学史地系创立于 1936 年,当时隶属于浙江大学文理学院。1938 年 8 月,浙江大学在新增设的师范学院内再设一个史地系,系主任仍由张其昀兼任。1939 年,浙江大学因战乱西迁至广西宜山,8 月,史地系从文理学院分离,归属于文学院,成立文科研究所史地学部。根据当时教育部指示在文学院设文科研究所史地学部,并由张其昀兼任学部主任。这是浙江大学最早成立的研究所之一。这一时期,教育部又鉴于浙大史地系人才设备已有相当基础,委托浙大史地系附设史地教育研究室。至此,浙江大学史地系已发展成为包括四个单位(即文学院史地系、师范学院史地系、文科研究所史地学部

---

① 张其昀:《我与浙大史地系》,中国人民政治协商会议浙江省委员会文史资料研究委员会编:《天涯赤子情——港台和海外学人忆浙大》(浙江文史资料选辑第 34 辑),浙江人民出版社 1987 年版,第 5 页。

和史地教育研究室),具有一定规模的系科①。到 1949 年历史组停办,地理组改建为地理系为止,一共存在了 13 年。

在组织结构上,当时文学院史地系采取史地分组方法,其中史学组兼重中国史和世界史,以养成学生比较研究能力。地学组兼重人文地理和自然地理,以充实其科学研究的基础。师范学院史地系不采取分组方法,以使学生对史地二科有全面的了解,更好地培养史地兼备的中学师资②。史地研究所则分史学组、地形学组、气象学组及人文地理组,以培养专门研究之人才。史地教育研究室则"以传布史地学术之最近贡献,改进史地学科之教材教法,搜集专题研究之参考资料,编制史地教科之图书设备为主旨"③。这种组织形式既能使"时"与"空"分组钻研,又能融会贯通,各取其长。

浙江大学史地系经费充足,师资雄厚,张荫麟、谭其骧、吴定良、向达、贺昌群、钱穆等一大批专家学者在这任过教、讲过学,培养了大批人才。到 1948年,毕业于史地研究所的研究生就有 27 人,其中有 6 人到国外深造。当时据教育部统计,在各大学研究所毕业研究生人数中,浙江大学史地研究所的研究生是最多的④。师生中后来当选院士(学部委员)的有竺可桢、吴定良、向达、涂长望、夏鼐、谭其骧、任美锷、黄秉维、叶笃正、谢义炳、施雅风、毛汉礼、陈述彭、陈吉余 14 位。

2. 学术期刊的创办及影响

在全体师生的共同努力下,国立浙江大学史地系成果斐然,为中国学术研究做出了不可磨灭的贡献。

浙江大学史地系创办了具有特色的学术刊物:《史地杂志》和《史地研究所丛刊》。《史地杂志》创办于 1937 年 5 月,后因抗战西迁而暂时停刊,至1940 年 9 月在遵义复刊;《史地研究所丛刊》创办于 1942 年 4 月,共刊行 4期。两个刊物刊登了浙江大学史地系师生的论文 79 篇。刊发的学术论文质

---

① 颜士之、许为民:《张其昀史地结合思想与浙江大学史地系办学特色》,《浙江大学学报》1998 年第 3 期。

② 倪士毅:《播州风雨忆当年——浙大史地系在遵义》,《史地论稿》,浙江大学出版社 2019年版,第 389 页。

③ 国立浙江大学编:《国立浙江大学文学院概况》,国立浙江大学 1947 年印行,第 30 页。

④ 《国立浙江大学日刊》复刊新 5 号,1948 年 6 月 11 日。

量也比较高。如谭其骧的《播州杨保考》等。

1941 年,张其昀与梅光迪、钱穆、谢幼伟等创办了《思想与时代》月刊,以"科学时代的人文主义"为宗旨,聚集了一大批知识分子,其中,钱穆就是该社基本社员和核心撰稿人之一,先后撰稿四十余篇。1944 年,竺可桢在第 34 期上发表了《二十八宿起源之时代与地点》,论证了二十八宿起源于中国,解决了一百多年来争论不休的问题。此外,浙江大学史地系师生发表在《科学》《中国地理学报》《气象杂志》《中华杂志》《真理杂志》《益世报》等期刊报纸上的科研论文也不少。1941 年 4 月,由著名史学家张荫麟著的《中国史纲》是一部不可多得的中国通史著作。张其昀汇集和综合史地部在遵义收集到的材料编成《遵义新志》一书。它打破了传统的地方志编辑工作方式,是地方志编纂史上的一个创举。这些研究成果在抗战时期颇有影响。

要之,在 20 世纪三四十年代,浙江大学史地系在史地人才培养和科学研究方面做到了学术研究与现实需要的结合,可谓高校的一个典范。1948 年,张其昀在《史地学系之回顾与前瞻》一文中指出:史地学系总方针一方面在于造就对史学与地学有志深造之人才,即进行专才教育,另一方面在于培养对现代问题具有通识之人才,即融贯史地之学风,时空结合,进行通才教育。而史地分组合系正可达到这种目标:分组主要着意于专才培养,以稳固专门研究之根基;合系则着意于史地兼通的通才教育,由此即可把专才教育与通才教育统一起来。正是基于当时政治形势、经济建设等需要,张其昀从史地角度强调通才教育,并付诸实践。

(八)齐鲁大学国学研究所

齐鲁大学国学研究所 1930 年在济南成立,1952 年全国院校调整时随着齐鲁大学的撤销而结束。该研究所是根据当时文学院教授栾调甫的倡议,在文学院院长林济青的支持下创建的。齐鲁大学国学研究所成立后确定以中国哲学、史地、文学及社会经济为主要研究范围。随着栾调甫、老舍、余天麻、范迪瑞、许炳离、许慕贤、胡立初、彭翔生等学者的加入,研究所的整体实力得到了提升,国学教育的质量也得到明显提高。

1. 齐鲁大学国学研究所研究人员与成就

起初,国学研究所的工作侧重于山东历代郡县沿革与黄河河道变迁和先秦诸子两个方面。原因有二:一是齐鲁大学位于山东省,"为古齐、鲁两国地,齐鲁文化又为自汉以后中国文化之起源,论其重要性实为研究中国近三千年文化之母"①,是为"地利";二是齐鲁大学的发展渊源十分悠久②,与山东省密不可分,对山东省历史文化工作尤为重视。为此,研究所进行了大量的古迹考察、古物材料收集和古籍的辨伪校订、整理工作。同时,国学研究所与山东省立图书馆、中央研究院、山东考古协会等机构密切合作,取得了不小的成就,这为日后进行学术研究打下了坚实的基础。栾调甫的《释监》《释舍予》等考据文章就是在这一时期创作的。

国学研究所迁往成都以后,所内人员有所增加,研究方向较之前也有不小的变化。顾颉刚主持所务期间,确定了标点二十四史的计划,聘请所内外学者及在校研究生负责这项工作;并根据当时国内的战争形势,加大了边疆史方面的研究。在古代史、甲骨学、疆域史、中西交通史等方向成果累累,如钱穆的《史记地名考》和《国史读本》、吕思勉的《魏晋南北朝史》和《秦汉史》、胡厚宣的《甲骨文与商代历史》和《甲骨学商史论丛初集》等,得到了当时学界的广泛认可。1940年,国民政府成立历史编纂委员会共11人,其中顾颉刚、钱穆和吕思勉三人为齐鲁大学国学研究所的成员,均入选。除去所内事务,顾颉刚还聘请一批知名学者担任研究所的校外研究员,取得了不小的成果,如童书业的《春秋史》、容肇祖的《明代思想史》、赵泉澄的《清代地理沿革表》、丁山的《商周史》和《周金文研究》等。

齐鲁大学国学研究所的殷墟甲骨收藏与研究是该所的一项重点工作。甲骨学是近代新兴的一门学科,曾经盛极一时。彼时的齐鲁大学还叫广文学堂。其创立者方法敛(F.H.Chalfant)、库寿龄(Samuel Couling)大量收购甲骨片,两三年间就收购了五千多片,并将大量甲骨转让给英美的大学或博物馆。方法敛出版了《中国原始文字考》一书,是最早研究甲骨文的西方学者。稍后,广文学堂的校长柏尔根(Paul D.Bergen)也开始搜购甲骨片,这批藏品之后被保存在济南南关广智院,国学研究所明义士对其进行整理,出版了《柏根氏旧藏甲骨文字》一书。明义士是加拿大基督教长老会驻河南安阳的传教士、英国

皇家考古学会会员。他虽然是一名外国传教士，但能够讲一口流利的中国话，写一笔漂亮的中国白话文，还熟悉中国文字学，能读懂中国先秦典籍，直至做到能辨识、析释晦涩难懂的甲骨文字。他在国学研究所工作了近五年的时间（1932—1937），却著述不多，倒是他的助理研究员曾毅公在甲骨文整理上做出了不小的贡献，先后出版了《甲骨幸存》《甲骨地名通检》《殷墟书契续编校记》三种甲骨学研究的工具书。之后，在甲骨学方面颇有名气的胡厚宣应顾颉刚之邀来到齐鲁大学国学研究所，开始了为期六年（1940—1946）的研究工作，在甲骨文研究方面撰写了大量著作，仅1941年10月至1942年2月，就在《责善》半月刊上发表了7篇文章①，在学术界产生巨大影响。《甲骨学商史论丛初集》四册和《甲骨学商史论丛二集》二册，更是其多年研究的精髓所在。他在整理了大量的甲骨材料基础上，用现代科学方法进行统计、比勘、分析，并结合与之有关的古史、遗迹、遗物等做了精密的考证，解决了大量甲骨学上的重大问题。这两部著作出版之后得到了学术界的广泛肯定，称其为"集五十年来甲骨学之大成"，一版再版。同时，胡厚宣将当时在社会上流传的有关甲骨文的541种论著编成了《甲骨学类目》一书；还将在成都、重庆等地收集的摹本拓片编成了《甲骨六录》，作为国学研究所专刊出版②；他把在北平、天津收集到的甲骨万片整理撰成《战后京津新获甲骨集》四册，为甲骨研究做出了重大贡献。

2. 齐鲁大学国学研究所创办的学术期刊

齐鲁大学国学研究所在教学科研之余，也创办了一批独具特色的学术期刊，产生了广泛的社会影响。抗日战争爆发前，国学研究所出版了《国学汇编》和《齐大季刊》两种期刊，它们由齐鲁大学校内印刷所排版、出版部发行。抗日战争爆发后，该校离开济南迁往成都，又重新出版了四种刊物，分别是《齐大国学季刊》《责善》半月刊、《齐鲁学报》和《中国文化研究汇刊》，由于当时国内政局不稳定，国学研究所创办的这些期刊存在的时间都比较短。

《国学汇编》分两册，分别出版于1932年11月和1934年6月，国学研究所同仁的相关研究成果，大多数为文献整理、考据类文章，共17篇。《齐大季

---

① 参见《责善》半月刊，1941年第2卷第15—19期、1942年第2卷第20—22期。

② 岱峻：《胡厚宣探骊得珠》，《弦诵复骊歌：教会大学学人往事》，商务印书馆2017年版，第84—85页。

刊》于 1932 年 12 月创刊,延续至抗战爆发,研究所离开济南、迁往成都,一共出版 8 期。它是齐鲁大学文、理、医及国学研究所共同创办的刊物,每期所刊载的文章有一半以上来自国学研究所。其中,还为国学研究所收集到的青铜拓片出版了合集。

1940 年 11 月,《齐大国学季刊》创刊,由顾颉刚担任主编,接续在济南时的《齐大季刊》。此时的《齐大国学季刊》为国学研究所专有,不再由文、理、医三院共编。该刊以抗日战争时期必须要振兴中国文化、保持中国文化延绵不绝为己任,要求学者即使不能亲上战场操戈杀敌,也应当以笔为刀,"为天地立心,为生民立命,为往世继绝学,为万世开太平"。原定一年出刊四期,每四期合为一卷,后因种种原因,在 1941 年出版了第二期后就停刊了。

《责善》半月刊亦由顾颉刚担任主编,是当时齐鲁大学国学研究所创办的具有影响力的期刊。"责善"一词取自孟子"责善,朋友之道"说,旨在"晨昏督责,共赴至善之标",以为探讨学术,"将来建国之中得自献其几微之力"。①主要收录研究所内师生的论文,有时还载有启示和广告。如顾颉刚的《浪口村随笔》、王树民的《洮州日记》、张维思的《冰廬读书随录》、钱穆的《思亲疆学室读书记》、张维华的《读史杂记》、杨向奎的《绛史斋杂抄》等,内容充实,深受社会欢迎。1942 年 4 月,该刊出版了两卷四十八期之后也停刊了。

1941 年 1 月,《齐鲁学报》创刊,它是《齐鲁大学国学研究所学报》的简称,是国学研究所在上海创办的一种期刊,由钱穆任编委会主任,顾颉刚、张维华、胡厚宣、吕思勉、王伯祥、徐调孚是学报编辑。此刊不是定期出版,所刊载的文章皆是当时极负盛名的专家、学者所作,钱穆、吕思勉、丁山、杨宽、唐长孺、朱希祖等都有文章在上面刊发。该刊在 1941 年出完第二期后就停刊了。

齐鲁大学国学研究所的创立,有着深刻的意义。从小的方面看,它充实了文学院的教学科研工作,使其国学研究向现代化迈进;从大的方面看,它培养了大量国学研究人才,催生了一批国学研究成果,对国内学术研究起了推动作用。

---

① 顾颉刚:《〈责善半月刊〉发刊词》,《顾颉刚全集·宝树园文存》卷 1,中华书局 2010 年版,第 9 页。

四、中央研究院历史语言研究所

由傅斯年主持创办的中央研究院历史语言研究所对学科的设立有着重大的影响。尽管围绕着傅斯年提出的"史学就是史料学"存在很多争议,但是傅斯年及其率领的史语所在中国现代史学的科学化路程上起到了积极的推动作用。

(一)傅斯年留学德国

傅斯年在游欧七年之后回国,于1928年成立历史语言研究所,主持殷墟的考古发掘,从事科学的古史研究。一般人将傅氏回国以后所开展的一系列工作及其背后的理念,归结于德国兰克史学的影响。此种看法并无大错,但也存有疑点。傅氏在德国留学时期,其实对历史研究并无太大的兴趣。他当时致信他的北大同窗顾颉刚,祝贺顾氏在疑古方面的成就,称其在史学界"称王"了。傅氏然后指出,他自己则已经不再研究文史,所以不会受顾氏的统辖。

的确,傅氏在英国和德国的时候,一心想成为科学家,其实并没有对兰克史学本身有太多的接触。他以后留下的个人藏书,也几乎没有兰克的著作。这些都为王汎森的研究所指出[1]。在傅氏留学期间,他的确没有打算研究史学,而是一门心思研究"科学"。傅氏自己也不曾料到,回国以后,由于种种原因,他在欧洲所粗略接触的东西,经过他和他的同道、同僚的转手、再造,会在现代中国史学界引领一时风骚,而且影响如此深远。这里既有他个人的造化,也有时代风气和传统的作用。傅斯年应该是受到了德意志伍尔夫(Friedrich August Wolf,1759—1824)和他所提倡的"古代学"的影响,因为伍尔夫所提出的"古代学",正是想用跨学科的方式,重建古典希腊罗马文化,与傅斯年对史语所的期望和在该所展开的工作,十分类似。傅斯年在中山大学创建史语所的时候,一开始将其命名为"语言历史研究所",直到他应蔡元培之邀,成立中央研究院时,才将其改名为"历史语言研究所"。此处亦可见傅

---

① 参见王汎森:《傅斯年:中国近代历史与政治中的生命个体》,王晓冰译,生活·读书·新知三联书店2012年版。

氏受西方"语言学"研究的影响及其在回国以后思想兴趣转化之一斑。

(二)历史语言研究所的创办

傅斯年最大的功绩不在其本人的学术研究上,而在于成功地创办了"要科学的东方学之正统在中国"的历史语言学术研究机构。历史语言研究所(以下简称史语所),隶属于中央研究院。设立中央研究院的构想最早由孙中山先生提出。1927 年 5 月 9 日,南京国民政府中央政治会议召开第 19 次会议,决定由蔡元培、李煜瀛、张人杰等筹划创建中央研究院。1928 年 6 月 9 日,蔡元培在上海召集中央研究院第一次院务会议,标志着中央研究院正式成立。史语所是中央研究院的一个研究机构,创建于 1928 年 10 月。其实,早在1928 年 1 月,大学院成立之后,时任中山大学文科主任、大学院中央研究院筹备委员的傅斯年,就向大学院院长蔡元培提到语言文字及历史学的重要性,建议在大学院设史语所。3 月,大学院聘请傅斯年、顾颉刚、杨振声等筹建史语所,地址暂定在中山大学。后由于大学院改为教育部,中央研究院成为独立的学术机构。同年 5 月,傅斯年以史语所筹备处的名义,撰写了《中央研究院历史语言研究所工作之旨趣》,发表在《国立中央研究院历史语言研究所集刊》上,文章明确了史语所工作的指导思想和学术宗旨,傅斯年以其卓越的学识和领导才能担任史语所所长。

史语所成立后,傅斯年把全部的精力都放在了史语所上。在他任职的 20多年时间里,史语所取得了辉煌的成就,正如胡适所言:"搬来台湾的史语所,是全国研究古代文化的精华,也是人文学科的精华。第一任所长傅孟真先生,他以为研究新的历史,一面从全国各地的语言入手,一面研究古代的历史要从地下发掘入手……这个史语所现为世界出名的一个研究所。"①

(三)历史语言研究所的史学研究活动与成绩

在傅斯年担任史语所所长的 20 年光景中,史语所取得了辉煌的成就。根据《历史语言研究所工作之旨趣》,史语所初设史料征集、汉语、文籍考订、民间文艺、汉字、考古、人类学、民物学、敦煌材料研究等九个组。因分工过细,不便具体工作,1929 年 3 月,史语所迁到北海养心斋后,傅斯年主持召开所务会议,决定将原设的九组合为三组,即历史、语言、考古。具体分工如下:

---

① 胡颂平编著:《胡适之先生晚年谈话录》,新星出版社 2006 年版,第 24 页。

　　第一组：历史组，负责史学及文籍校订等工作，陈寅恪任组长；

　　第二组：语言组，负责语言学及民间文艺等工作，赵元任任组长；

　　第三组：考古组，负责考古、人类学及民物学等工作，李济任组长。

　　1935年，史语所迁至南京，又增设人类学组，由吴定良任组长。

　　史语所的成立是中国近代学术发展史上的一件大事，标志着中国学术开始摆脱传统的束缚，向着近代化的方向发展。根据傅斯年提出的"上穷碧落下黄泉，动手动脚找东西"的学术口号，史语所各组很快选定了研究课题，在短短的时间内，取得了辉煌的成绩。历史组把整理明清大内档案、汉简、敦煌材料及校勘《明实录》作为工作重点。

　　明清大内档案原为清代内阁所藏，是清政府存放在内阁大库中的诏令、奏章、则例、移会、贺表及各种簿册，是研究当时历史的原始材料。清朝灭亡后，这些档案无人管理，多遭损毁。傅斯年深知这批档案的史料价值，因此，他致书蔡元培，请求蔡元培以大学院的名义将之购买，赠给中央研究院，由中央研究院责成他领导的史语所整理。蔡元培接函后，多方联系，最后将之购回。至此，这批迭经劫难、散失严重的档案，才开始得到真正保护和科学管理。在整理明清大内档案的过程中，傅斯年充分发挥了他能治事、善用人的才能，为档案整理工作扫除了重重障碍。他聘请专家、网罗人才，为档案的整理工作组织起一个实力极强的班子，1929年9月，成立了以他为首的"明清史料编刊会"，会员有陈寅恪、朱希祖、陈垣、徐中舒等。他们以渊博的知识和精湛的识辨能力，为档案整理工作的高质量进行提供了学术上的保证。后来，傅斯年把招聘来的工作人员和历史组原有成员20多人，分成六组，集中精力投入了对明清档案的整理。傅斯年在领导史语所整理明清大内档案时，发现了有明朝内阁进呈的《熹宗实录》的散页，而北平图书馆红格本恰缺《熹宗实录》十三卷。所以，他又计划校勘《明实录》。在《明实录》的校勘过程中，傅斯年以严肃认真的工作作风和卓越的领导能力保证了这一巨大工程的顺利进行。

　　此外，在傅斯年寻求新材料的学术思想指导下，史语所对敦煌卷子的搜索、保存和整理，劳幹对汉简的整理、研究等都取得了很大的成就。语言学组的学者们在全国范围内进行了广泛的语言和方言的调查，在广西、贵州、云南、四川等地开展了苗语、藏语等少数民族语言的调查。考古组主要进行了安阳殷墟和城子崖的发掘工作，与山东省有关部门组成山东古迹研究会，组成河南古迹研究会，成立了西康古迹考察团、苍洱古迹考察团、川康古迹考察团、琴台整理工作团、西北史地考察团、西北科学考察团等。人类学组成立于1935年，时间虽晚，但成绩很大。为了及时公布调查结果，人类学组还出版了人类学集刊，内容包括山东人类体质研究、亚洲人种初步分类、华北平原中国人之体质测量等。同时对安阳出土的殷周时期的人体骨骼亦进行了研究。这些调查和研究，在中国民族学和人类学史上，无不具有开拓性的意义。

在傅斯年的领导下，史语所同仁殚精竭虑，为中国学术的发展作出了巨大贡献，在中国近代学术史上占有重要的地位。傅斯年领导的史语所开创了"集团式研究"的先河①。傅斯年十分重视"集团研究"，在他看来，科学的、系统的学术研究，仅仅依靠个人的孤立研究，已经难以胜任了，研究的方式必须从个人的孤立研究转变为有组织的集体研究，集团研究形式的学术中心的建立已势在必行。他说，"历史学和语言学发展到现在，已经不容易由个人作孤立的研究了，他既靠图书馆或学会供给他材料，靠团体为他寻材料，并且须得在一个研究的环境中，才能大家互相补其所不能，互相引会，互相订正，于是乎孤立的制作渐渐的难，渐渐的无意谓，集众的工作渐渐的成一切工作的样式了。"②不仅考古发掘、语言调查等工作需要严密的组织、集体的努力和雄厚的资金来保证，即使是史料的收藏与整理，亦非一人所能胜任。在明清大内档案的收藏与整理等方面，傅斯年都非常重视集团式工作。

（四）《中央研究院历史语言研究所集刊》的创办

胡适说："傅斯年是一流学者"，"他能做第一流的学术研究"，称赞他在文化教育领域创办了四件大事，其中一件就是创办历史语言研究所。

傅斯年早在北京大学预科班读书时，与沈雁冰、顾颉刚、范文澜等是同学。新文化运动期间，他与同学在北京大学组织新潮社，主持出版《新潮》杂志。1927年，32岁的傅斯年在广州中山大学任文学院院长及国文系、史学系主任，在学院里开办了语言历史研究所，同时发行《中山大学语言历史研究所周刊》，并招研究生。他还为这份周刊写了《发刊词》。《发刊词》指出："语言学

---

① 王凤青：《傅斯年与中央研究院历史语言研究所》，《殷都学刊》2006年第3期。

② 傅斯年：《历史语言研究所工作之旨趣》，欧阳哲生编：《傅斯年全集》第3卷，湖南教育出版社2003年版，第11—12页。

和历史学在中国发端甚早,中国所有的学问比较成绩最丰富的,也应推这两样,但为历史上种种势力所缚,经历了二千多年还不曾打好一个坚定的基础。"因此他提倡:"我们要实地搜罗材料,到民众中寻方言,到古文化的遗址去发掘,到各种的人间社会去采风问俗,建设许多的新学问!"①1928 年当由蔡元培任院长的中央研究院成立时,就聘任傅斯年出任该院历史语言研究所所长。1928 年 10 月,《国立中央研究院历史语言研究所集刊》在广州创办,由研究院院长蔡元培就"语言学与历史学是和人类最有密切关系的科学"写了发刊词,傅斯年在其后写了《历史语言研究所工作之旨趣》一文。他提出了历史语言学的发展标准:凡能直接研究材料,一种学问能扩展它的研究的材料和研究时应用的工具的,便是进步,反之则是退步。历史学的研究已经成了一个各种科学的方法之汇集,地质、地理、考古、生物、气象、天文等学,无一不供给研究历史问题的工具。由此,他又指出办刊的宗旨:第一是保持亭林百诗的遗训;第二是扩张研究的材料;第三是扩张研究的工具。这种集众的工作是几个人一起的合作,也可是有规模的系统研究。

根据《旨趣》,《集刊》就论文内容区分为历史学(文集考订、史料纪集、考古、人类及名物、比较艺术)、语言学(汉语、西南话、中央亚细亚语、语言学)。它以一期为一份,每四份为一本,每本为五百页,集有十余篇论文,每一本末附有《目录索引》《作者索引》。

由于傅斯年的努力,历史语言研究所由广州东山、北平、南京、四川南溪李庄至抗战胜利重返南京,几经迁徙。《历史语言研究所集刊》仍能维持出版,从未中断。直到 1949 年,它在大陆共出到第二十本,内含论文著述五百余篇,另有《人类学集刊》《安阳发掘报告》等附录。《历史语言研究所集刊》以该所成员为作者主体,陈寅恪、赵元任、李济、董作宾、胡适、陈垣、梁思永、梁思成、劳幹、翁文灏、顾颉刚、岑仲勉、邓广铭和季羡林都在上面发表有文章,很大程度上代表了当时中国历史学、语言学、考古学和社会学研究的最高水平②。

①　傅斯年:《〈语言历史学研究所周刊〉发刊词》,欧阳哲生编:《傅斯年全集》第 3 卷,湖南教育出版社 2003 年版,第 13 页。

②　王凤青:《傅斯年与中央研究院历史语言研究所》,《殷都学刊》2006 年第 3 期。

五、民国政府的史著编纂机构

中国有易代修史的传统,同样进入民国以后,无论是北洋政府还是南京国民政府都非常重视史料的收集和史著的编纂。民国时期,先后设立了清史馆、国史馆、国史编纂处以及国史馆筹备委员会等机构。但是,时局动乱,制定的修史计划多未实现。

(一)清史馆

1. 清史馆的设立

辛亥革命爆发,清皇朝灭亡了,标志着衰落的封建专制制度的终结。清皇朝一代也成为了"断代史之最后一课","自民国成立以后,亿万年皆民主政体,自无断代史可言"。[①] 新的政权建立以后,也力图继承中国历史上的易代修史传统。对于政府开馆修前代史,当时的媒体机构特别关注,《申报》曾以专电介绍。[②] 民国三年(1914年)春,国务院呈请大总统设立清史馆编修清史,在呈文中写道:

> 在昔邱明受经,伯鹔司籍,春秋而降,凡新陈之递嬗,每纪录而成编,是以武德开基,颜师古聿修隋史,元佑继统,欧阳修乃撰唐书,盖时有盛衰,制多兴革,不有鸿篇巨制,将奚以窥前代之盛,备后世考镜之资。……我中华民国,追维让德,于大清皇室,特颁优待条文,崇德报功,无微不至。惟是先朝记载,尚付阙如。后世追思,无从观感。及兹典籍具在,文献未湮,尤宜广招耆儒,宏开史馆,萃一代人文之美,为千秋信史之征……肇启宏规,贞观遗风,备登实录,以与往代二十四史,同昭垂鉴于无穷。[③]

从国务院的这个呈文来看,可以将设立史馆的理由归纳为三个方面:其一,要继承修史的优良传统,完成鸿篇巨制,鉴前代之盛衰,为当代之资鉴。其二,宣布前代政权的灭亡,标志一个新政权的建立。其三,显示中华民国作为

---

① 许师慎:《有关清史稿编印经过及各方面意见汇编·前言》上册,台湾"中华民国史料研究中心"1979年版,第1—2页。(下文引用简称为《汇编》)

② 《政府确将开清史馆议案》,《申报》1914年1月29日。

③ 《国务院呈请设清史馆文》,朱师辙:《清史述闻》,生活·读书·新知三联书店1957年版,第2页。

新政权,会与前代有所不同,而且在各个方面会展现新的迹象。

袁世凯回复呈请设立史馆令中说:"查往代述作,咸著史篇,盖将以识兴革之所由,资法鉴于来叶,意至善也。"作为北京政府大总统的袁世凯同意了国务院的请文,认识到了历史的借鉴作用。他还说道,大清国自开国以来,文物典章,异常丰富,开疆阔土,"有开历史之光荣,近则革故鼎新,尤系贞元之绝迹。"中华民国特颁布优待条文,允许撰写崇德报功之典籍,"成二百余年传信之专书,用以昭示来兹,导扬盛美,本大总统有厚望焉"①。作为一名民国时代的大总统,对前朝历史给予很高评价的原因是什么呢,前清末代皇帝溥仪的回忆告诉了答案:"说起来滑稽,但的确是事实,紫禁城的希望是放在取代大清而统治天下的新贵们身上的。第一个被寄托这样幻想的人,却是引起紫禁城忿忿之声的袁世凯大总统。"②"民国三年,就有人称这年为复辟年了。孤臣孽子感到兴奋的事情越来越多:袁世凯祀孔,采用三卿士大夫的官秩,设立清史馆,擢用前清旧臣。尤其令人眼花缭乱的是,前东三省总督赵尔巽被任为清史馆馆长。"③

可见,"袁世凯欲以文事饰治"④,袁在复文中所展现的民主、包容、宽大的胸怀,是带有很深政治目的的,他对前代史的歌颂,同时也是对自己的变相褒扬。这种以"崇德报功""追思先朝"为出发点的清史编纂,是当时正醉心于准备洪宪帝制的袁世凯,想借修清史网罗前清遗老、获取他们的拥戴手段,即所谓"民国初年,袁氏称帝,他为羁縻一班前清遗老,特辟清史馆修纂《清史》。"⑤袁世凯函聘前清东三省总督赵尔巽任馆长,起初,赵尔巽并没有直接接受聘请,经过一时的吹嘘"谦让"之后,赵尔巽才来北京担任馆长一职。政府于民国三年九月一日⑥(1914 年 9 月 1 日)正式开馆于北京东华门内。清

① 《大总统命令》,《政府公报》1914 年 3 月 10 日,第 660 号,命令,中国第二历史档案馆:《政府公报》(影印本)第 24 册,上海书店 1988 年版,第 269 页。

② 爱新觉罗·溥仪:《我的前半生》,中华书局 1977 年版,第 85 页。

③ 爱新觉罗·溥仪:《我的前半生》,中华书局 1977 年版,第 89、90 页。

④ 徐一士:《〈清史稿〉与赵尔巽》,徐一士著,徐泽昱、徐禾编:《一士类稿续编》,中华书局 2019 年版,第 36 页。

⑤ 郑逸梅:《〈清史稿〉编纂始末》,《清娱漫笔》,上海书店 1984 年版,第 12 页。

⑥ 《清史馆馆长赵尔巽呈报开馆日期文》(1914 年 8 月 31 日),《政府公报》1914 年 9 月 3 日,第 837 号,邮文并批令,中国第二历史档案馆:《政府公报》(影印本)第 39 册,上海书店 1988 年版,第 112 页。此呈请由袁世凯 8 月 31 日批准,开馆日期并非 8 月 31 日。

史馆的设立与历代皇朝设立的国史馆是不同的,它只是为了撰写清史,征集文献的需要,属于临时设立之机构。清史馆所花款项,由当时的财政部直接拨发。

2.清史馆机构设置

国务院在呈请设立清史馆并获批准后,也做了一些其他的准备,如拟定了《清史馆官制》,官制九条,内容如下:

第一条:清史馆掌纂辑清史并储藏关于史之一切材料。

第二条:清史馆置职员如大总裁(特任)、秘书(荐任)、纂修(同上)、编修(同上)、主事(委任)。

第三条:总裁一人,掌全馆事务,直隶于大总统。

第四条:秘书一人,承总裁之命,掌理文书事务。

第五条:纂修四人,编修八人,分任编辑事宜。

第六条:主事两人,承总裁之令,掌会计及庶务。

第七条:清史馆荐任官由总裁呈请大总统任命,委任官总裁专行之。

第八条:清史馆为缮写文件及其他庶务得酌用雇员。

第九条:本制自公布日施行。①

与国史馆官制进行比较,可以发现,这里所制定的清史馆官制,除清史馆纂辑清史,国史馆纂辑民国史、历代通史,清史馆置大总裁、国史馆置馆长外,其他条文一律相同。通阅官制还可看到,无论国史馆还是清史馆都直隶于大总统,说明它们的地位比较高,均为国民政府的特设机构。馆内所聘人员除主事外,其余皆由总统来任命,即编修清史所聘人员为总统"信得过"的人员。

这种官制仅是一种形式,后来在实际的工作中有所变化。赵尔巽同意任馆长之后,要求政府对清史馆用人及编纂问题均不得干涉。② 从清史馆馆员名录可知,清史馆所置职员主要有:馆长、提调、总纂、纂修兼总纂、协修、校勘兼协修、收掌、会计等。

3.清史馆经费

清史馆经费初期还是比较充裕的,馆中工作人员待遇也比较丰厚。政府

---

① 《编制声中之新机关·清史馆官制》,《申报》1914年2月9日。

② 《清史馆消息三则》,《时报》1914年7月8日。

初定清史馆为每月 10 万银元,最高级修史人士月薪达 600 元,由当时财政部直接拨付。尽管这一时期环境稳定,工资充裕,但是工作成果却极少。后来袁世凯的倒行逆施在人们的唾骂声中夭折,不久,他也命归黄泉。北洋政府继任总统对清史的编纂兴趣有所减弱,随后出现了派系之争,财政困难,清史馆经费时有拖欠扣减,从最初的每月 10 万元骤减至三四千元,有时这 4000 元也不能准时拨付,常以国库券、公债券代之。据统计,自 1912 年至 1927 年,北洋军阀政府及其统治下的各省举借外债共 387 笔,总额达 12.79 亿银元。[①] 自 1912 年至 1926 年实发公债 6.12 亿元。[②] 1925 年军费为 6 亿元,1927 年初达到 7 亿元。[③] 由此而观,清史馆减薪也就不足为怪了,以致再后经费全无,馆员工作基本全属义务性质。因薪金已不足以养人,所以编纂人员纷纷离去,为将工作进行下去,馆长只得向当时的军阀如吴佩孚、张宗昌、张作霖等募捐。赵尔巽自己垫款 2 万元,向张作霖一人借款高达 7 万余元。

赵尔巽之所以向张作霖多次借款还因为张作霖与赵尔巽关系确实非同一般。据民国旧人回忆:作霖之视赵尔巽如慈父、如严师;每年馈赠稠叠。尔巽死后,作霖以元首之尊临其丧,叩首哭失声。赵尔巽七十后才得一子,名之"天赐",张学良秉承张作霖遗愿,将妹妹嫁与天赐。[④]

4. 馆员的聘用与关系

(1)馆员的聘用与工作

赵尔巽担任馆长之后,开始延聘当时社会名望之士,所聘人员主要有总纂、纂修、协修,另外还聘请了一批名义职员。所聘请的人员在呈请政府鉴定后,颁发聘书,到馆工作。在清史馆还没有正式成立的时候(属于清史筹备处),已有大约一半的人员到馆报到[⑤]。史馆具体到馆的人员,戴逸先生认为"清史馆早期邀请学者 136 人,后实际到馆工作者 86 人,另有 100 多位执行人

①　徐义生:《中国近代外债史统计资料(1858—1927)》,中华书局 1962 年版,第 240 页。

②　千家驹:《旧中国发行公债史的研究》,《旧中国公债史资料(1894—1949 年)》,中华书局 1955 年版,第 10—11 页。

③　章有义:《中国近代农业史资料(1912—1927)》第 2 辑,生活·读书·新知三联书店 1957 年版,第 608 页。

④　陈灨一:《睇向斋谈往》,上海书店 1998 年版,第 41 页。

⑤　《清史馆馆长赵尔巽呈报开馆日期文》,《政府公报》1914 年 9 月 3 日,第 837 号,邮文并批令,中国第二历史档案馆:《政府公报》(影印本)第 39 册,上海书店 1988 年版,第 112 页。

员。"①刘海峰考证道："其中沈曾植、宝熙等 57 人未到馆，尽管如此，尚有 100 余人进入清史馆。"②据笔者现在看到的《清史馆馆员名录》（章钰手录，张尔田补注，朱师辙按语，夏孙桐改补）中，清史馆工作人员的情况是这样的：馆长 1 人，提调 5 人，总纂 7 人，纂修兼总纂 22 人，协修 21 人，校勘兼协修 17 人，后来添聘者 19 人，收掌 9 人，金梁两刻本补录 14 人，其他 16 人（朱师辙归为收掌校对科长类），另外还有 8 人，因为馆中没有记录，不知是否聘任过，还有 1 人，未存稿，大约负责校勘协修之类③。若没有记录的 8 人不计算在内的话，有 132 人受到聘任，其中有 27 人并未到馆工作，还剩 104 人，可见，清史馆所聘人员以及后来参与工作的人员数量还是很多的。金梁是在史馆结束时，被介绍入馆担任校勘工作的，"于开馆情形，全未深知"，所以他的刻本后记"多语焉不详，其或违反事实"，"其言殊不足以征信"。④ 在张尔田给夏孙桐的书信中也谈到"又金系办理校刻之人，后来私印本，竟添入总阅二字。居然以总裁自命，尤为有意欺人，……闻近日又出笔记多种，无非大吹其修史之功。"⑤金梁所述工作人员数量是不准确的。因朱师辙、夏孙桐在馆工作时间较长，参与了后期的整理与编撰。朱师辙还参与了清史馆的移交、接收工作，详细看过工作统计表，其回忆参加人员应较为可信。在中华书局校订的《清史稿》后附有关内本与关外本馆员名单，可以参考。另据朱师辙按语，参加的人员并非都为专门史家，"盖撰传之人，不谙史例者亦众，并有代撰者，其代撰之人更不知学术。"⑥所以，撰稿中不和用者皆未用，馆长因不能用而辞退者亦不少。

到清史馆工作的馆员也并非都能够安心整理史料、编纂史书。特别是在《清史稿》编纂初期，有些撰稿人，将史馆作为消遣之所。民国掌故学家郑逸梅叙述清史馆前期编纂人员的工作情况，"（馆员）每天聚着谈谈，随便撰写一

---

① 戴逸：《〈清史稿〉的纂修及其缺陷》，《清史研究》2002 年第 1 期。

② 刘海峰：《〈清史稿〉撰述人及其关系考》，《史学月刊》2003 年第 2 期。

③ 许师慎：《清史馆馆员名录》，《汇编》，台湾"中华民国史料研究中心"1979 年版，第 11—21 页。

④ 许师慎：《清史馆馆员名录》，《汇编》，台湾"中华民国史料研究中心"1979 年版，第 21 页。

⑤ 张尔田：《复夏闰枝先生书》，朱师辙：《清史述闻》，生活·读书·新知三联书店 1957 年版，第 298 页。

⑥ 许师慎：《清史馆馆员名录》，《汇编》，台湾"中华民国史料研究中心"1979 年版，第 22 页。

些,全无条例,有如一盘散沙"。① 朱师辙在撰文中说道,有些撰者"多懒翻书考证,仅据国史之传而删节之,翻实录东华录尚嫌其烦"。② 结果,尽管所出稿件甚多,但"形同废材"。恍惚之间,四年已过,"积稿盈百十箱,充满数屋,而成书尚无期也"。③ 这种局面到编纂的第二和第三阶段才有改观。

(2)撰述人关系

《清史稿》的撰稿人员较多,"清朝遗臣居多,前朝文人为主,父子相随,兄弟相从,乡邻同呼,师生相望,功名同科,同学相应,相互间关系密切。"④例如,柯劭忞为桐城古文派门下,娶桐城大家吴汝纶女儿为妻。马其昶、姚永朴、姚永概皆为桐城人,三人同乡同里又同为吴汝纶学生,二姚为胞兄弟,桐城大家姚鼐后裔,姚永概又为马其昶妻弟。夏孙桐与缪荃孙为同乡,其三妹嫁于缪荃孙。朱孔彰为朱师辙的父亲,朱方饴为朱师辙堂兄,夏孙桐三女儿嫁与朱方饴(朱师辙称夏为闺丈)。朱师辙为秦树声弟子,且为其女婿。奭良为赵尔巽表侄,瑞洵与骆成昌为表兄弟。袁金凯、吴廷燮、金梁为赵尔巽幕府中人。王树柟、柯劭忞、秦树声、瑞洵为光绪十二年(1886)同榜进士。夏孙桐、吴士鉴为光绪十八年(1892)同榜进士等。

对撰修人员的归类是一个比较难的问题。有些人在涉及学人归类的时候或以地域或以派系为据⑤,这两种归类标准都不能将《清史稿》纂修人员进行恰当的区分。像民初的所谓遗老遗少们,也并非完全与世隔阂,他们"高兴也知歌舞,痛苦也会流涕"。有些人将《清史稿》撰述人的特点归纳为:遗老居多、文人居多等,这种认识也未必合理。对于遗老所做的工作、他们的思想和想法,以现在的眼光来衡量,或有失妥当,但联系当时的时代条件来看,自可索意言外。历史不能回放,如果能够洞其底蕴而明其真相,也许对他们的评价和分析更到位。孟森的叙述,会有助于作进一步的了解。他说:"撰史稿诸人,流品自有一定,欲其激昂于种族,崇拜于革命先烈,此本非所望。然其不敢得

① 郑逸梅:《〈清史稿〉纂修始末》,《清娱漫笔》,上海书店 1984 年版,第 12 页。

② 朱师辙:《清史述闻》,生活·读书·新知三联书店 1957 年版,第 45 页。

③ 金梁:《清史例案叙》,《国家图书馆藏古籍题跋丛刊》第 26 册《瓜圃丛刊叙录续编》,北京图书馆出版社 2002 年版,第 216 页。

④ 邹爱莲、韩永福、卢经:《〈清史稿〉纂修始末》,《清史研究》2007 年第 1 期。

⑤ 清代以来学者论学,每每讲究地域与流派的关系,以地域来讲又分居住地和籍贯地两种。梁启超撰有《近代学风之地理的分布》(见《饮冰室合集》文集之四十一)。

罪于民国,则就所审查所见。"①在经过洋务运动时期的"中西之争",维新时期的"新旧之争",五四时期的"新旧文化之争",学者的思想已经在中国文化变革的过程中,不知不觉地发生着改变,这种趋势是锐不可当的。对于当时学者的认识已不能简单仅仅归类为"新学""旧派"。一部分学者通过接受新思想,他们的知识结构由以往的"卫道士"转向"知识型",由中世纪的"士"转变为近代型的知识分子,成为建设近代文明社会的主力军。②在开馆之初,有些馆员认为,清未亡,不应当修清史,张尔田说:"《东观汉纪》即当世所修,何嫌何疑也?"③摆脱"忠孝"观念的束缚,用更加客观的眼光来看待历史问题,是近代知识分子转变的标志。

到馆工作的人员,大体可以分为两大类:一类是前清宿儒,这些人具有很深的国学功底,于经、史、子、集无所不晓,在清代参与典制、当代史的编修。像张尔田曾向屠寄、秦树声、章珏问学,常与同县好友夏曾佑论学,遍读周、秦诸子著作,精通史书体例,通晓乐历,熟于辽、金、元三史,著有《史微》等,先后受聘于北京大学、上海交通大学、燕京大学等。柯劭忞著述等身,著有《新元史》《春秋穀梁传注》《蓼园诗钞》《续诗钞》《说经札记》《尔雅注》《后汉书注》等;缪荃孙任国史馆提调、总纂,曾主持常州龙城书院、江宁钟山书院等,著有《艺风堂文集》《续集》《外集》《续碑传集》及府志、县志多种;金兆丰熟悉文史撰述,曾兼任清国史馆协修、编书处协修、实录馆纂修、武英殿校对等,自己独自撰有《中国通史》《清史大纲》及《金华县志稿》,④在积稿众多的情况下,成为赵尔巽馆长选定的十人之一,在西馆(清史馆西室)厘审定稿;夏孙桐"学问淹洽,文词雅赡",熟悉朝章国故,曾任会典馆协修、帮总纂、总纂,国史馆协修、纂修,编书处总纂、提调等,赵尔巽礼聘为协修,后升至总纂。在史馆初期无体例的情况下,拟定循吏传编辑大意,忠义传编纂办法,艺文志讨论办法等。⑤

①　孟森:《〈清史稿〉应否禁锢之商榷》,《国学季刊》1932年第3卷第4期。

②　吴根梁:《康有为〈教学议议〉析》,中国社会科学院近代史研究所《近代史研究》编辑部编:《〈近代史研究〉专刊·近代中国人物》第三辑,重庆出版社1986年版,第140页。

③　邓之诚:《张君孟劬别传》,张尔田《史微》附录,上海书店出版社2006年版,第243页。

④　王树楠:《清封二品衔记名提学使翰林院编修金雪荪君行状》,唐文权编著:《民国人物碑传集》,凤凰出版社2011年版,第406页。

⑤　傅增湘:《江阴夏闰庵先生墓志铭》,唐文权编著:《民国人物碑传集》,凤凰出版社2011年版,第647—648页。

吴廷燮为制表方面的专家。这些学者在史馆审定体例、编纂相关目例,审核有法,兢兢业业。另一类是经历过五四新文化的洗礼,接受了新思想的一批人,他们既有国学根底,又对历史具有新的看法和认识,像张尔田、夏曾佑、刘师培、朱希祖、姚永朴等,都在北京大学教过书或正在任教,接受了新思想、新潮流。如夏曾佑倾心于进化论学说,在 20 世纪初就运用进化论写成了《最新中学中国历史教科书》,在近代史学上产生了深远的影响。第一批人,他们的思想观念较为陈旧,参与编修清史也是出于对旧王朝的眷念,作为报效清王室的一种方式。他们这种想法也成为清史得以撰就的一个原因。第二批人,修史工作有的属于专职,有的则属于兼职。有些人不满意当时的修史现状,遭到辞退或者主动退出。

清史馆的主要成绩是在时局动乱的情况下编纂完成了清史,出版时命名为《清史稿》。尽管它存在一些问题,但是毕竟收集并使用了众多史料,成为以后清史研究的重要文献。

(二)国史馆

1912 年首次提出设立国史馆,到 1947 年之间,国民政府几次成立国史馆和筹备机构,几经裁撤和重设。

1. 1914—1917 年

民国成立后,北京政府于 1914—1917 年亦设立了国史馆,但有名无实,并未实际开展修史工作。1912 年 1 月 1 日,中华民国临时政府在南京成立,孙中山就任临时大总统。3 月,胡汉民、黄兴等 97 人向孙中山提出设立国史院,并阐述了三个理由①。当月,孙中山批复同意设立国史院。批文提到,中国历代编纂国史的机构都是独立的,不受其他机关干涉和限制,以达到秉笔直书的效果。民国也应当设立这样的机构编纂民国史,让民国的事业为世界所知。设立国史院的提议虽被孙中山批准,但在南京临时政府任内并未成立。袁世凯在北京就任大总统后,于 1912 年 12 月 29 日颁布了《国史馆官制》,设立国史馆,直隶于临时政府。《国史馆官制》共九条,规定了编纂民国史、保藏民国史史料等任务。王闿运为馆长,由大总统直接任命,其余由国务总理聘任;副馆长为杨度;陈嘉言担任秘书,管理文书事务;阔普通武、周大烈、宋育仁担任

---

① 　参见夏雨:《民国国史馆研究》,华东师范大学硕士学位论文,2006 年,第 2 页。

纂修,景援、林世焘、陈庆慈、汤用彬、邓起枢、左绍佐、曾广钧、胡元玉担任协修,负责编纂民国史;王代懿、陈兆璇担任主事负责会计和庶务,由国务院派任。从这个官制看来,初时的国史馆的特点是机构简单,人数少,但名义上地位却十分尊崇,直接隶属于临时政府。从 16 位馆员的构成来看,其特点是清朝翰林院官员和湖南人居多。其中,副馆长杨度是王闿运的弟子和同乡,三位纂修都是清朝旧臣,宋育仁是王闿运的弟子,阔普通武与宋育仁是同年进士,周大烈与王闿运是湖南同乡,另有 6 人也是湖南人,占了一半。当时,王闿运已年届八十,久未赴任。袁世凯曾请章太炎担任馆长,以示笼络,却遭到拒绝。1914 年,王闿运北上赴任,5 月 25 日国史馆成立。由于袁世凯想复辟帝制,国史馆得不到重视,经费见绌,导致任职者人心外骛。王闿运因不赞同帝制而辞。国史馆的工作暂由副馆长杨度主持。这段时期,国史馆毫无成就。1916年,袁世凯帝制失败,杨度艰难维持馆务。

2. 1917—1927 年

1917 年 4 月,北京政府停办国史馆,交教育部处理善后。教育部将它并入其在北京大学设立的国史编纂处。据《北京大学附设国史编纂处简章》,国史编纂处隶属于北京大学文科中国史学门,由北京大学校长兼任处长,下设纂辑股和征集股,各设主任一名,纂辑员、事务员、书记数人;纂辑股负责纂辑民国史和历代通史,征集股负责征集史料;纂辑员主要由北京大学中国史学门教员兼任,另再聘请少数校外专家担任特别纂辑员。

自 1917 年,国史馆归入北京大学国史编纂处,虽也有所成就,但是并不显著。

1919 年 8 月,国务院将国史编纂处收为属下机构,颁布了《国史编纂处简章》,职员改由国务院聘请。派国务院参事涂凤书担任处长,聘王树枏为总编纂,负责制定编纂条例和审定史稿,编纂主任由屠寄、李经畲、黄维翰担任,编纂是钱恂、陈浏、刘慎诒、吴敬修、宾玉瓒;另设事务员管理庶务、会计事宜,缮校员担任缮写校对事项。编纂处的成员多为清末进士,其中钱恂整理过天一阁藏书、出使过许多国家,学问和见识广博,黄维翰曾任职东北多年,在东北地方志方面著述丰富,这些都非常有助于修史工作。金毓黻在《旧京史馆述闻》中回忆和评价这段时期的国史编纂处时,指出"尔时能举记言书事之职者唯黄维翰",他纂成"纪、表、志、传、纪事本末四十五册、列传四十五篇"。据吴宗慈所撰的《黄维翰传稿》记载,黄维翰在任职期间撰有统纪二十九册(自民国八年一月至十二年一月),政府年表、各省军政民政长官表共三册,列传若干篇,纪事本末武昌起义各一册等。

1927 年秋,张作霖在北京成立大元帅府,改国史编纂处为国史馆。增设监修一人,由国务总理兼任;任命柯劭忞为馆长,王树枏为总纂,纂修、协修数人,续撰列传若干篇,又设典籍厅保管史稿和书籍,设采访员专门搜集史料。随着政权更迭,恢复的国史馆实际上并未开展工作。

3. 1927—1939 年

1927 年 4 月,国民党政权定都南京,建立了南京国民政府,行政院曾在南京设立档案库,收藏清代和北京政府时期的档案,但一直没有设专门修史的机构。1931 年,经行政院批准,内政部和教育部联合设立了国史馆筹备处,为国史馆的成立做准备。8 月 6 日颁布了组织规程,由内政部和教育部派十名职员并聘请五位国内学者担任筹备员,另派数名职员负责会计、庶务。

1934 年 1 月,国民党中央委员邵元冲、居正、方觉慧等向国民党第四届中央执行委员会第四次全体会议提出了重设国史馆的提案。提案指出,中国数千年修史事业成果巨大,为其他国家所不及;北京政府时代的修史机构有名无实,实际上使国史事业停顿;国史事业不应在民国中断。提案认为,应从速设立国史馆,并提出五项原则,指出其组织大纲和经费由中央政治会议议定,其职责是编纂中华民国史,征集和整理史料、图书。这个提案被会议顺利通过。

按照史料收集办法,由中央图书馆搜集和保藏民国以来的各类图书,由故宫博物院、中央研究院共同组织国立档案库筹备处。中央和各地方政府机关、团体的档案必须每年上交档案库,并由教育部令各大学和学术机构配合档案库筹备处搜集和整理档案。为设立国立档案库作准备,行政院于 11 月 2 日成立了档案整理处,并公布了组织条例。

4. 1939—1946 年

抗战全面爆发后,国民政府内迁。整理档案史料成为主要任务。1939 年 1 月,张继、吴敬恒、邹鲁等 13 人,向国民党第五届中央执行委员会第五次全体会议提出"建立档案总库筹设国史馆案",获得会议的支持。是年 11 月,中央执行委员会第六次全体会议决议将党史编纂委员会改名为国史编纂委员会,并设国史馆筹备处。12 月 25 日,国民政府正式设立国史馆筹备委员会,由国民政府主席林森委任张继、邹鲁、叶楚伧、邓家彦、胡毅生、王伯群、杨庶堪七名委员,张继任主任委员。1940年2月,国史馆筹备委员会在重庆成立,办公地点设在李子坝张继寓所,4月迁往歌乐山向家湾,5月正式办公。国史馆筹委会中参与了实际工作的委员只有张继、邹鲁和王伯群。

根据总干事朱希祖所拟的《国史馆筹备委员会组织大纲》。筹委会设委员七人,其中一人为主任委员,总理本会事务,每月召开一次委员会议,议决重要事务。主任委员之下设总干事、副总干事各一名,审核、处理、监督一切事务。筹委会下设两组,第一组分设计、编纂、采访三股和图书室,第二组分文书、出纳、庶务、收发、档案五股。每组设主任一名,干事三名,助理干事两名。第一组的任务繁重,人数较少,所以又聘顾问六人、名誉顾问数名。后来,顾问一职改称编审。后又设人事室和会计室,由主任委员直接管理。筹委会还定期召开学术会议和业务检讨会议,商讨职员提出的意见、由职员讲演自己的研究心得以供他人参考和改正工作中的不足之处。筹委会的特点是结构简单、人员精简,正、副总干事在领导组织事务的同时也参与编纂工作。

国史馆筹备委员会订立了一系列详细的组织条例、大纲、办事细则和史料保管方法等,共计有以下十八篇:《国民政府国史馆筹备委员会组织条例(组织大纲)》《国民政府国史馆筹备委员会办事细则》《国民政府国史馆筹备委员会筹备大纲》《国民政府国史馆筹备委员会第一组办事细则》《国民政府国史馆筹备委员会第二组办事细则》《国民政府国史馆筹备委员会档案管理会办事细则》《国民政府国史馆筹备委员会调阅规则》《国民政府国史馆筹备委员会档案审查委员会简则》《征访民国史料纲要》《国民政府国史馆筹备委员会史料征集委员会简则》《国民政府国史馆筹备委员会征集史料简则》《国民政府国史馆筹备委员会秘密史料保管法》《国民政府国史馆筹备委员会工作考核实施细则》《国民政府国史馆筹备委员会工作日记暂行办法》《国民政府国史馆筹备委员会人事管理规则》《国民政府国史馆筹备委员会人事室办事细则》《国民政府国史馆筹备委员会人事室组织规程》《国民政府国史馆筹备委员会聘派用人员登记薪俸表》等[1]。

由于战时动荡,一时无法成立国史馆,但又不能让工作停顿,所以本应担

---

① 参见夏雨:《民国国史馆研究》,华东师范大学硕士学位论文,2006年,第8页。

任筹备工作的筹委会,实际上还承担了国史馆的工作,工作中心是制定史馆制度、设计国史体例、编辑中华民国史史料长编、征集和保存史料,先后撰成了一批论文、史料长编、人物传稿和部分志稿,现存于中国第二历史档案馆,其中部分文章发表在国史馆正式成立后刊行的《国史馆馆刊》上。国史馆筹备委员会的工作一直延续到抗日战争胜利后方宣告完成。

5. 1946—1949 年

1946 年 11 月 23 日,国民政府公布了《国史馆组织条例》。根据国民政府工作安排,1947 年 1 月在南京正式成立了国史馆。该条例共十二条,规定了国史馆的机构和人员设置。国史馆设正、副馆长各一人,纂修 20—25 人,协修 25—30 人,助修 15—20 人,主任秘书 1 人,还有秘书、处长、科长等数十人。国史馆有史料处、征校处、总务处、人事室和会计室,史料处下设档案科和图书科,负责整理档案和保存图书;征校处下设时政、实录、征集、校对四科,负责修民国史的相应事项;总务处下设文牍科和庶务科,负责收发文件和管理财务开支;人事室负责人事管理事务;会计室负责会计、统计事务。国史馆另特设了史料审查委员会,由馆长指定几名纂修、协修和从馆外聘请专家担任委员。从该组织条例来看,国史馆的特点是机构和职位设置简单,但负责具体修史工作的职位人数多。

张继为国史馆的首任馆长,但就任不到一年即病逝,馆务由副馆长但焘代理。1948 年 6 月 5 日,戴季陶被任命为馆长,但因病未能就职。戴季陶死后,但焘率领国史馆迁往广州。1949 年 4 月,代总统李宗仁任命居正为馆长,但居正也未就职。同年 7 月,但焘辞去副馆长之职,李宗仁又任命刘成禺为代理副馆长,负责馆务。由于国民党节节败退,国史馆先迁桂林,后又迁重庆。南京、重庆相继解放后,国民党撤往台湾,国史馆的档案资料大部分留存大陆,为南京市解放军军管委会接收。

根据 1947 年的《国史馆职员通讯录》显示,国史馆当时有 137 人。《国史馆馆刊》从 1947 年 12 月创刊到 1949 年 1 月,共出版 2 卷 5 期。后因战事而停刊。国史馆制定了一系列规章制度,包括国史馆办事细则、国史馆与国民党党史史料编纂委员会互借档案图书办法、国史馆馆务会议规则、国史馆纂修会议规则、国史馆史料审查委员会规则、国史馆国史体例商榷委员会会议规则、国史馆特约人员聘任制度等。

(三)中央古物保管委员会

中央古物保管委员会是中华民国时期设立的文物管理机构。

1928年成立大学院古物保管委员会,隶属于大学院,首任主任委员为张继。会址原设上海,1928年设立北平分会、江苏分会、浙江分会等下属机构。1929年迁至北平团城。当时被聘为中央古物保管委员会委员的有张继、蔡元培、傅斯年、张人杰(静江)、易培基、胡适、李四光、李宗侗、李石曾、高鲁、徐炳昶、沈兼士、陈寅恪、李济、朱家骅、顾颉刚、马衡、刘半农、袁复礼。1929年3月,大学院制结束后,改隶教育部。

1932年6月18日,国民政府行政院公布了《中央古物保管委员会组织条例》,规定了中央古物保管委员会的隶属关系、职权范围、工作内容和具体组织方法,并规定了人员编制及所司职责。确认该会按照《古物保存法》行使古物保管职权。规定中央古物保管委员会直隶于行政院,计划全国古物古迹的保管、研究及发掘事宜,下设文书、审核、登记三科,分掌各类事项。1933年1月10日,行政院通过决议,延聘李济、叶恭绰、黄文弼、傅斯年、滕固、蒋复璁、傅汝霖等为委员,并指定傅汝霖、滕固、李济、叶恭绰、蒋复璁为常务委员,以傅汝霖为主席。

1934年7月,国民政府成立中央古物保管委员会。是年7月12日,中央古物保管委员会在行政院会议厅召开成立大会,会址择在内政部内后防。大学院古物保管委员会改组为中央古物保管委员会北平办事处。1935年11月9日,立法院修正了《中央古物保管委员会组织条例》,将其改属于内政部,规定由内政部常务次长任主席,并设常务委员4人,负责事务处理。1937年10月29日,由于战时经费紧张,中央古物保管委员会被裁撤,其业务转由内政部礼俗司兼办。

中央古物保管委员会依据《中央古物保管委员会工作纲要》开展了大量文物保护工作。《纲要》计有十项,包括:对于已设立的合法保管机关,督促其保管方法之完整与改善;对于未经政府保管的古迹古物,须协同地方政府加以保护和修整;对于学术机关呈请采掘,分别准驳,并予以相当援助与取缔;对于奸商地痞的私掘盗卖,予以严厉制裁;保护私家所藏古物,就其重要者作精密调查与登记;各地方新发现的古物,经该会检定价值后,决定其保管机关;凡关于地方的古迹古物,责成地方政府负责保护;有关学术文化的古物,由该会斟酌核拨中央各文化学术机关,以供研讨;对于其他已发现的古物古迹,均予以登记,并妥筹保管方法;对于未出土古物的发掘,予以严密监督。以上十端,是中央古物保管委员会从事全国古物古迹的保管、研究及发掘事宜的大纲。根据此《纲要》和《古物保存法》及其《施行细则》,在短短三年多时间内,中央古物保管委员会制定了"古迹古物调查表""古物保存机关调查表""流出国外名贵古物调查表"等,对全国文物做了广泛的调查登记。委员会还参与拟定了《采掘古物规则》《古物出国护照规则》《外国学术团体或私人参加采掘古物规则》《暂定古物范围及种类大纲》和《古物奖励规则》等一系列文物保护法规。同时也为文物古迹的修缮整理做了大量工作。

六、省属及地方的历史研究机关

20世纪20至30年代,中国近代学术研究发展迎来了较快发展的十年,出现了中央研究院等全国性学术机构,备受学界关注。与此同时,仿照欧美学术研究机构所设立的地方历史研究机关,对当时的史学发展也有着不可磨灭的重要意义。

(一)北平史学会

北平中国史学会无形解散后,1932年10月16日,由北平各大学史学系的教授和学生发起,经过两个月的筹备,在中山公园水榭召开大会,成立北平史学会。史学名家和各校学生百余人到会,"颇极一时之盛"。10月26日下午2时,该会在北海公园五龙亭召开第一次执行委员会,由谭其骧主席,朱士嘉记录,会议议决执行委员会组织法,文书股由谢兴尧(北大)、谭其骧(燕京)、丁迪豪(北师大)担任,事务股由柴德赓(北师大)、陈均、张德昌(清华)、戴邦伟担任,出版股由吴晗(清华)、朱士嘉(燕京)、邓嗣禹(燕京)、李树新担任。决定出版会刊,拟聘请陈寅恪、陈受颐、陈垣、顾颉刚、邓之诚、陶希圣、陆懋德、洪业、胡适等18人担任编辑委员会委员,由执委会派邓嗣禹、吴晗2人为代表,出席编委会,计划于1933年元旦出版会刊的创刊号①。从职员的情形看,燕京大学历史学会的成员在其中起了重要作用。纲领性的《北平史学会缘

---

① 《北平史学会成立》,《国立北平图书馆读书月刊》1932年第2卷第2号。

起》，事先曾经顾颉刚修改①。

（二）北平研究院史学研究所

北平研究院是唯一地区性国有综合研究机构。1928 年，国民政府开始筹备设立北平研究院，于 1929 年 9 月正式成立。北平研究院以李石曾为院长，李书华为副院长，初期设物理、化学、生物、动物、植物、地质等六个研究所，1932 年增设镭学与药物学两个研究所，1936 年改史学研究会为史学研究所。

史学研究会成立于 1929 年 11 月，地址设在北平中南海怀仁堂西四所。卢沟桥事变前，为保障学术研究工作的进行，史学研究所一部分迁往陕西，并同陕西省政府合组陕西考古会。卢沟桥事变以后，1938 年 4 月，李书华在昆明北郊黑龙潭龙泉观设立办事处，史学研究所也在此时迁来昆明。因战事影响，北平研究院的经费曾停发数月，随后各项经费均减成支给。史学研究所在经费紧缩的情况下仍坚持部分研究工作。抗战胜利后，北平研究院各研究机构相继复员，机构迁回到北平。新中国成立后，史学研究所并入中国科学院考古研究所，此完成了历史使命。在这 20 多年中，史学研究所从无到有，不断发展壮大，开展了许多历史研究工作和考古工作，对当时的学术界有着重要的影响。

北平研究院史学研究会于 1931 年成立了考古和调查编纂两组，聘请徐炳昶为考古组长开展了考古工作。1935 年又改为历史、考古两组。历史组则聘请顾颉刚为主任②，负责主要事宜。1948 年，北平研究院增设学术会议，历史组学者有：徐炳昶、陈垣、陈寅恪、顾颉刚、姚从吾、张星烺、董作宾、汤用彤、李俨。随后根据工作需要，增聘了吴世昌、吴丰培、刘厚滋、张江裁等为编辑，常惠、刘师仪、许道龄、石兆原等人，陈垣、孟森、容庚等受聘担任名誉研究员，冯家升、白寿彝、王日蔚、杨向奎、顾廷龙、王振铎、童书业等数十人受聘为《史学集刊》名誉编辑。

作为一家地方性研究机构，史学研究所目光敏锐，适时地规划研究工作，主要工作内容为五部分：北平志的编纂；北方史料的收集；清代通鉴编纂；发掘和考古；成立学术编辑部。

---

① 顾潮编：《顾颉刚年谱》，中国社会科学出版社 1993 年版，第 204 页。
② 《国立北平研究院职员》，《国立北平研究院院务汇报》1935 年第 6 卷第 5 期。

一是北平志的编纂。它依托北平丰富的历史文献和文物古迹,运用实地调查等新方法,力图编纂出新《北平志》,他们在北京城内进行了调研和考察,撰写完成了考察记录。姚彤章、常惠、李志广、吴世昌、张江裁、许道龄等调查了北平城内外及西郊九百余处庙宇,撰成《北平庙宇通检》(许道龄)、《北平庙宇碑刻目录》(张江裁、许道龄)、《北平金石目》(史学研究会编辑)。另外,还有张江裁所撰的《北平岁时志》《北平天桥志》,并辑有《燕都景物诗录》。在编写北平志前,史学研究会还曾编有《北平史表长编》。学会成员还对北京的庙宇进行了考察,做好了记录。

二是史料的收集与整理。史学研究所极为关注日益严重的民族危机,以学术研究为社会和现实服务,整理了大量社会史史料,出版了多种论著。在顾颉刚主持下,还对《史记》进行整理。白寿彝对宋元学术史进行研究,冯家昇、吴丰培则对边疆史料进行整理,冯家昇还对二十四史中《四裔》传进行分类、标点并制成年表;吴丰培对近代西藏方面的史料及其他关于边疆的书籍中罕见流传的部分亦进行整理、编订,出版有《清季筹藏奏牍》和《清代西藏史料丛刊》。此外,史学研究会还曾编辑《社会史料丛编》(四册),包括萧一山在英国不列颠博物院所搜集整理而成的《太平天国诏谕》和《近代秘密社会史料》。这与瞿宣颖所编的《中国社会史料丛钞》(甲集三册)共同构成了新史学浪潮推动下的第一次社会史研究热①。

三是边疆史地研究。边疆史地研究主要由吴丰培负责,编成《清代西藏史料丛刊第一集》及《清季筹藏奏牍》,对《夷氛纪闻》《清升平署志略》《金陵大报恩寺塔志》《永乐大典考》《四库全书纂修考》等书均加审订,由商务印书馆出版。

四是考古发掘。史学研究所设立考古组后立即开展了一系列的考古发掘工作。先后与北京大学及古物保管委员会组成"燕下都考古团",开始了对燕下都的科学发掘;与陕西省政府合组陕西考古会,连续对陕西丰镐、大邱、阿房宫、陈宝祠等遗址进行调查,并在宝鸡县发掘斗鸡台周墓,在西安发掘唐中书省遗址,为推进先秦各民族初期文化及相关历史研究做出了贡献;为研究和保护与敦煌、龙门石窟同样珍贵的河北磁县南北响堂寺及其周边的石窟,徐炳

---

① 刁娅君:《北平研究院史学研究所的二十年》,《文史杂志》2007 年第 3 期。

昶、顾颉刚等人倾注了大量精力进行调查、摩拓及研究,出版了不少相关论著。常惠撰有《易县燕都故址调查报告》、何士骥著有《石刻唐太极宫暨府寺坊市残图大明宫残图兴庆宫图之研究》,何士骥、刘厚滋整理撰成《南北响堂寺及其附近石刻目录》,其他考古报告还有《斗鸡台发掘报告》和《陕西调查古迹报告》等。

五是编纂史学期刊,发布史学研究成果。史学研究会成立后,经过多年的资料调查与考古发掘工作,搜集到不少材料。史学研究会于1935年秋天开始筹备创办《史学集刊》,聘任顾颉刚为《史学集刊》编辑委员会委员长,李书华、徐炳昶、孟森、张星烺、陈垣、沈兼士、洪业、常惠、吴世昌、何士骥为委员。1936年4月出版发行第一期。《史学集刊》的内容以研究论文为主,文字一律横排,并加新式标点,文、白兼采,至抗战前共出版两期。

李书华副院长在1948年北平研究院学术会议第二次大会报告时曾说:"我们办独立研究院最初的目标,就是要发展中国的科学研究。先使中国科学研究由'无'变为'有',再进一步由'少'变成'多',由'粗'变成'精'。办研究院将近二十年的结果,可以说已经达到原定的目标。"①北平研究院在中国现代学术史上占有十分重要的位置,对现代中国学术事业的发展具有相当大的影响。史学研究所对历史资料的整理与考订、优秀历史学家的培养发挥了重要作用。

(三)地方志编纂机构

1.江苏省通志局

江苏省通志局成立于1909年,地址在南京市龙蟠里,职责为编纂江苏省通志。总纂缪荃孙,帮总纂胡炳益、金鉽、陈庆年,分纂丁周均、陈作霖、王锡棋、柳诒徵。江苏省通志局出版了《江苏金石志》《江苏兵事纪略》。辛亥革命爆发后,江苏省通志局解散。1918年,江苏省政府重新设立江苏省通志局。总纂冯煦,协纂宗瞬平、金鉽。1923年,江苏省通志局迁至上海,不久便因经费困难解散,只留下通志草稿300余卷。

1929年,江苏省政府决定成立江苏省通志编纂委员会,下设江苏省通志

---

① 李书华:《二十年北平研究院》,《李书华自述》,湖南教育出版社2015年版,第125—126页。

局。局址在镇江焦山。总纂庄蕴宽,常务编纂张相文、陈去病、金鉽、柳诒徵。在前稿的基础上,编纂出版《书院志》《礼俗志》《钱币志》《艺文志》。历经数次变迁,江苏省通志局为后世留下了《江苏省通志稿》22 个分志,1000 万字,并先后出版了《大事志》《建置志》《司法志》《灾异志》《列女志》《古迹志》《邮传志》《民政志》《都水志》。1960 年,中共江苏省委宣传部委托江苏省文化局组织学者整理该志稿。

金鉽在《艺文志》编纂方面做出了重要贡献。1929 年前后,他参与编纂通志,将历代江苏籍人士著作的纪传体史书、政书和方志典籍目录专名及诗文专题汇编成目录,全书分经、史、子、集四部,是一部大型古籍目录,现存于南京市图书馆。该书对研究江苏历代图书文献、考订学术源流,介绍江苏籍学者文人小传及其著述概况,极具参考价值。

2. 上海通志馆

设立上海通志馆是国民党粉饰民主的一种政治手段。在特殊的历史背景下,国民党中央监察委员柳亚子出任上海通志馆馆长。

柳亚子感到,上海在近一百年来,受帝国主义的侵略,租界林立,同时中国的工人阶级也在上海兴起、壮大,如果把这些历史写出来,对上海乃至全国人民都是很好的活教材,柳亚子表示愿意出任馆长。但他提出:一是不准由国民党官员随意安排混日子的人员。二是写上海市志必须用语体文(白话文)和公元纪年。这在当时属大胆的举动。虽然在五四运动中,已经提出了用白话文,但在 30 年代时,报刊、著作中大多还是采用文言文,国民党的公文也采用文言文,志书属国民党官修,按常情也应采用文言,但柳亚子主张用白话文。另外,当时国民党采用中华民国纪年,认为这是法统,柳亚子却提出在志书中,应采用国际通用的公元纪年,让后人有一个明了、准确的历史时间概念。国民党当局认为在官修的志书中采用这些方法,有"左"倾之嫌,但在柳亚子的坚持下,不得不让步。这两件事,在柳亚子的日记中有记述,说明当时冲破种种阻力的困难程度①。

1932 年 7 月 15 日,上海通志馆正式开馆,经费很少,初步计划修通志 25 篇,每篇约 10 万字,共 250 万字,准备以 2 个月时间收集资料,3 个月时间整

---

① 参见柳无忌、柳无非:《柳亚子文集(自传·年谱·日记)》,上海人民出版社 1985 年版。

理、考订，再以 5 个月时间写志稿，历时一年左右。国民政府大约就给 1 年时间修志。一年之后，志稿非但没有写成，还遇到许多困难，特别是资料严重不足，以 2 个月的时间来收集资料显然远远不够。通志馆成员一方面把修志期延长，另一方面自己动手抓资料。

第一，收集中外古今图书资料，包括旧志。第二，收集旧报纸。徐家汇天主教教会图书馆中，藏有大量的旧报刊，但图书馆只对神甫、教徒开放，通志馆人员通过教徒关系进馆阅读，并出钱买了些《申报》《新闻报》《字林西报》（外文）等。第三，收集、刊印旧志。在当时没有考古发掘的情况下，对上海古代史的研究，只能通过旧志来了解。第四，在收集资料中，注意收集上海的衙门、商业会馆、同乡会馆成立或建造时的碑刻。第五，注重收集商业资料。私营商业经营者对财产、销售量等内容视为机密，但是可以通过本行业的报告来认识当时的商业状况。

在收集资料的基础上，上海通志馆开始动手写志稿。1937 年志稿已逾1000 万字。在初稿中，第一、二、三篇已用铅字排出。由于抗战爆发，国民政府不给经费，通志馆工作不得不停顿下来。为保存资料，继续研究上海，柳亚子提出建立一个民间研究机构——上海通社，并刊印出《上海研究资料》一书。柳亚子认为通志馆与上海通社是孪生的双胞胎。

上海通志馆除了编写《上海通志》外，还编辑了《上海市年鉴》，每年一册。

七、高等学校的史学会

随着中外学术交流的频繁，五四时期成立各种专门学会一时蔚为风潮。北京大学、北京高师、南京高师等学校成立了史学学术组织，成为当时史学发展引领者。

（一）北京大学史学会

1.西方史学的输入对北大的影响

北京大学史学会是在西方史学输入与新史学思潮的影响下建立的。

北京大学史学会是在朱希祖的倡导下成立的，史学会成立的初衷是希望学生在课堂之外进行自主的研究。朱希祖早年留学日本，在早稻田大学学习史学，其间曾追随章太炎。1913 年后任教于北京大学。先是在北大国文门教中国文学史,并曾担任过国文门主任,1919 年 12 月任北大史学系系主任,是国内较早倡导新史学的学者之一。1921 年 8 月,他为何炳松所译美国史家鲁滨逊的《新史学》所做之序透露,他主张革新北大史学系,直接导因于他看了德国人兰普勒希特的《近代历史学》一书。在序文中,他总结兰普勒希特这本书的核心思想为"近代的历史学,是社会心理学的学问",而历史进程的原动力,自然在全体社会,所以研究历史应当本于社会心理的要素,应当以社会科学为基本科学。对此他深以为然。在该序中,他还极力推崇德国人梅里士的新理想主义历史哲学,这种哲学主张一种"普遍史",主张对历史进行综合研究。这表明朱希祖要综合研究世界历史的想法可能也受到了梅里士的影响。他认为,虽然《新史学》重在破,因而消极的话多,但"我国现在的史学界,实在是陈腐极了,没有一番破坏,断不能建设"。所以他认为何炳松的译著很合"我国史学界的程度",只有先"把史学界陈腐不堪的地方摧陷廓清了,然后慢慢地想到积极的建设方面去"。正是在这个层面上,他认为何译是"很有功于我国史学界的"。① 朱希祖认定史学社会科学化是新史学的方向,而时间连续、空间连贯的普遍史是史学的目标。只有在这个意义上取得进步,中国史学才算是得到真正意义上的发展。为贯彻史学社会科学化的思想,朱希祖在任北大史学系主任期间进行课程改革,广设社会科学科目如政治、经济、法律、宗教、伦理学等课程,并认为其中尤以社会学及社会心理学为重要。在他看来,现代的史学已为科学的史学,只有懂得社会科学,研究历史方有下手之处,"否则历史中种种材料,哪一种是重要,哪一种是不重要,就没有标准了"②。

2. 北京大学史学会的创办

为了改变北京大学史学系重于史学知识的传授轻于史学研究锻炼的现象,朱希祖在继续改革课程设置的同时,开始谋划成立北京大学史学会,以期弥补史学系在研究上的不足。

1922 年 11 月,北京大学史学会成立。在该会的成立大会上,朱希祖发表了长篇讲话,对史学系课程设置的用意进行进一步的阐述,强调课堂上主要是

① 朱希祖:《〈新史学〉序》,朱希祖著,周文玖选编:《朱希祖文存》,上海古籍出版社 2006 年版,第 375—377 页。

② 《朱遏先教授在北大史学会成立会的演说》,《北京大学日刊》1922 年 11 月 24 日第 1116 号。

教授学生"普遍的、连续的和社会科学的重要共同方法",至于分工的研究,如本国史中某朝历史的研究,某国的专史研究,政治、经济、宗教等的研究,这些特别研究,"这种自动的研究,那就要靠诸君所组织的史学会了"①。很明显,朱希祖是希望史学会能够成为他史学课程改革的重要辅助机构,以弥补史学系课程设置上的不足,一方面可以消弭非议,减少改革的阻力;另一方面则可以为学生提供一个运用社会科学方法进行史学研究的实践平台,达到理论与实践的结合。

北京大学史学会的简章中提到,"在北京大学史学系肄业及毕业者均得为本会会员",另外校内外甚至国内外有志于研究史学者都可以申请成为会员。如此广泛收纳会员固然可以表明主办人之雄心,但同时也表明史学会的松散性。在史学会公布的简章里,研究方向是多样的,史学会会员可就本国史、外国史、科学史、历史学、考古学等数种,认定一种或数种进行研究,其研究心得可以公开讲演和以论文的形式发表②。这样,创办一份刊物就显得尤为必要。

在朱希祖的主持下,北京大学史学会拟创办《史学季刊》,分 3、6、9、12 四个月出版。该刊"以中外史学及与史学相关之各种科学,如:人类学、人种学、考古学、社会学、言语学、历史的地理等为范围"③,稿件只要被认为"有裨史学",都予发表。刊物虽指明面向全国征稿,但其实主要对象是本系学生。然而史学系大量的必修科目和选修科目,使得史学系的学生只能被动的接受有关知识的灌输,根本无暇深入思考,消化,更无暇进行专门的研究工作,征稿因而进行的并不顺利,杂志也不见出版。

《史学季刊》出版的不顺利,朱希祖认为是学生"没有研究的缘故"。④ 为改变这种状况,朱希祖对史学系的课程做出部分调整,从 1925 年开始实行定期讲演及分年级研究中外历史的办法。通过调整,史学系专门研究的课程逐年增加。在 1930—1931 年的史学系课程指导书上,史学专门课程已明

---

① 《朱遏先教授在北大史学会成立会的演说》,《北京大学日刊》1922 年 11 月 24 日第1116 号。

② 《北京大学史学会启事》,《北京大学日刊》1922 年 12 月 12 日第 1131 号。

③ 《北京大学史学会启事》,《北京大学日刊》1924 年 1 月 10 日第 1382 号。

④ 《史学研究会开会记事》,《北京大学日刊》1925 年 11 月 30 日第 1818 号。

显增多,而且明确表明一、二年级偏重基础知识的讲授,三、四年级兼重研究。

北京大学史学会拟办期刊的努力,没有实现最初的预期效果,但朱希祖通过史学会发现了改革史学系课程中存在的问题,及时对课程进行了调整,也算是史学会的一个方面的贡献了。

(二)南京高等师范学校的史地研究会①

1.由地学研究会到史地研究会

南京高等师范学校史地研究会的前身是成立于1919年10月1日的地学研究会。此前南京高等师范学校的学生研究会中,因学校只有国文专科,而没有文史地部,因而唯独史地方面没有研究会。1919年,国文科改为文史地部,学生们就有了增设地学研究会的想法,并得到了柳诒徵和地理教授童季通的大力支持,于是就有了地学研究会的成立,初有会员67人,龚励之为首任总干事。柳诒徵曾在该会做“人生地理学”的讲演。1920年1月19日,地学研究会换届选举,诸葛麒任总干事,会员发展为73人。5月13日开会,“初会员鉴于地学与史学,似不宜忽此失彼”的建议提交大会讨论,最终获得通过,地学研究会改为史地研究会。

史地研究会以“研究史学、地学为宗旨”,“凡本校史学系、地学系或其他各科系同学有志研究史地者”及“本校毕业同学愿入会者”皆可成为会员;会务分讨论、演讲、调查、编辑等项;会员始终维持在近百人左右,诸葛麒、陈训慈、胡焕庸、向达等先后担任总干事;张其昀、陈训慈、缪凤林、陆维钊等人相继担任总编辑或编辑主任;柳诒徵、竺可桢、白眉初、王毓湘、朱进之、梁启超、徐则陵、陈衡哲、顾泰来、萧纯锦、曾膺联、杜景辉等担任指导员。

南高史地研究会重视与国内史学会的联系,以图共同促进史学发展。如北高师史地学会1920年出版《史地丛刊》2期后,因种种原因停顿,南高史地研究会深为惋惜,认为“北高《史地丛刊》,自《地学杂志》外,实导史地界定期刊物之先”。迨见到《史地丛刊》复刊,南高史地研究会同人为之欣喜不已,并希望“异日与本报(指《史地学报》)左提右挈,以昌吾国之史学地学”②。北高

师史地学会对南高师史地研究会甚为投契，双方互相交换会刊，"声应气求，志趣相合"①。

2. 创办《史地学报》及其他学术刊物

南高师校内的各种研究会出版了许多会刊，史地研究会成立以后也开始着手筹备会刊。1921 年 11 月，《史地学报》第 1 期由商务印书馆出版。《史地学报》共出版了 4 卷 20 期，其中第一卷 4 期，第二卷 8 期，第三卷 7 期，第四卷 1 期。1926 年 10 月停刊。

柳诒徵在《史地学报序》中说："国有珍闻，家有瑰宝，叩之学者，举之不知……今世人之所知者，已至于有史以前之史，大地以外之地，而吾所知。如此，匪惟不能争衡于并世，且举先民之已知者，而失坠之，而犹侈然自居于学者，其可耻孰甚。吾尝以此晓诸生，诸生亦耻之，于是有《史地学报》之刊"②。《史地学报》所设栏目（门类）有卷首插图、评论、通论、史地教学、研究、古书新评、读书录、杂缀、世界新闻（时事纪述、地理新材料、中外大事记）、气象报告、书报绍介、史地界消息、调查、史地家传记、专件、选录、书报目录（书籍、杂志、论文）、会务（纪录、会员录、职员录）、通讯、史传、地志、论文摘述、表解等。

《史地学报》停刊后，史地学派同人又先后办有《史学与地学》《地理学杂志》（《方志月刊》）、《史学杂志》《国风》《史地杂志》等刊物。柳诒徵、竺可桢、陈训慈、张其昀、缪凤林、郑鹤声、胡焕庸、向达等人在这些刊物上发表了大量的文章。

南高史地研究会尽管因以后学校名称出现变化、人员流动等而解散，但却创造了一个史学上的南高学派。它承继中国经世致用的史学传统，又受清末"中学为体、西学为用"的熏染。它是五四反传统的反动，主张守护中国文化传统，但对外又接受美国新人文主义和新史学的主张，对西方的史学理论并不排斥。《史地学报》等刊物大量地介绍了西方的史学理论、学术信息以及最新的西方史学趋势。

---

① 《北高史地学会近讯》，《史地学报》1923 年第 2 卷第 2 期。

② 载《史地学报》1921 年第 1 卷第 1 期。

(三)北京高等师范学校的史地学会

1. 史地学会之创办

北京高师史地学会是当时高校中成立最早的史学专业学会①之一。1915年2月,由北京高师史地部学生发起成立了史地学会,后规模日渐扩充。1915年学会会员有68人,1917年会员达到了125人,并开始吸收校外会员。1922年会员人数达到了294人②。史地学会以"研究历史地理,增进学识,联络感情"为宗旨,积极开展各种学术研究。

2. 组织学术活动

北京高师史地学会开展的史学活动集中在组织调查、举行学术讲演会、邀请校内外名家开设学术专题演讲、刊行《史地丛刊》。

在组织调查方面,会员武学易回忆道:"实地调查,为正确知识之原则,旅行远足,乃证实记录之法门。本部专修历史地理学科,关于山川之形势,地质之变迁,古迹之沿革,物产之状况,推至社会风俗,教育现况,及工业商业交通等,在在皆必须研究;此修学旅行,所以为史地部之必要也。每届春秋佳节,本部辄出旅行,鄙以助手资格,时克追随厥后,握管记录,责诸同学。"③实地调查调动了会员的研究兴趣,掌握一手史料奠定了基础,同时也促进了史学研究的开展。

在举行讲演方面,1915—1920年,史地学会举行讲演会40余次,作讲演109场,④涉及门类异常多。在社会史方面,有高荣魁讲演的《北京二十年来社会风尚之变迁》、刘勋讲演的《中国饥馑史略》;在文化史方面,有方庆尧讲演的《中国近代文化变迁之由来》、苏从武讲演的《宋代学术史略》、王嘉宾讲演的《文字源流考》、熊梦飞讲演的《周末学术史》;在经济史方面,有林学时讲演的《川盐之产地制法与引地之限制及其对于全国之影响》、王继儒

---

① 据俞旦初先生考证,目前所知以1908年成立的贵州陆军小学历史研究会和湖北史学会为最早的专业史学学会,但都时间较短,影响有限。史地学会是五四新文化运动时期全国高校中最早成立的史学专业学会,成立后长期保持相对活跃的状态。参见胡逢祥:《现代中国史学专业学会的兴起与运作》,《史林》2005年第3期。

② 参考北京高等师范学校史地学会编《史地丛刊》1922年第1卷第1期、第1卷第3期等;另参见杨彩丹:《北京高师史地学会述论》,《史学理论与史学史学刊》2011年卷。

③ 武学易:《北京高师史地部筹备旅行计画书》,《史地丛刊》1922年第2卷第1期。

④ 《本会沿革》,《史地丛刊》1920年第1卷第1期。

讲演的《国债史略》、金传珩讲演的《中国渔业史》;在宗教史方面,有秦儒杰讲演的《宗教之派别及其特色》、刘谓广讲演的《佛教谈》、张志铭讲演的《国教问题之研究》;在制度史方面,有傅绍曾讲演的《中国专制政体关系于人心之研究》、许毅讲演的《唐代兵制之研究》;在世界史方面,有陈璋讲演的《巴尔干问题述略》、李培栋讲演的《滇缅勘界史》、高鸿威讲演的《列强经营远东之大势》;等等。

此外,有些演讲还涉及史地学科的研究方法问题,如张羡东的《研究历史之要点》等。这些讲演稿的质量都很高,时常被当时一些刊物采用。如赵夔龙在史地学会第一次通常会的讲演稿《中国火器源流考》,就发表在当时颇有影响的《学生杂志》第2卷第6号上。

该学会还定期或不定期的邀请校内外名家开设学术专题演讲,白月恒、杜威女士、德却尔、梁启超、胡适、张蔚西、沈兼士等都在被邀之列。其中梁启超于1922年3月18日至6月4日在史地学会做了关于《历史上民族之研究》①等问题的连续讲演,为表示感谢,史地学会特赠给他一枚刻有"史学大师梁任公先生惠存"字样的银盃。

3. 创办《史地丛刊》

1920年6月,《史地丛刊》创刊,何炳松作了《发刊词》。他说:"史地同学,自此遂得一正式发表心得之机关以就正于邦人士"。② 虽然是将历史学与地理学合为一起,但《史地丛刊》它是中国较早以史学研究为主要内容的期刊。③ 用竖版及新式标点,文言、白话并行。原计划每学年刊行3期,后因资金及学潮等问题而改为不定期刊物,到1922年6月,共出了4期。稿件以在校学生和毕业生为主,由历史地理部教员审定发表,要求"以关于历史地理之范围为限","阐扬史地学理以活用于现世诸种问题"。④ 从刊登的文稿来看,大半属于历史或历史地理,单纯地理类的文章较少。其中史学文章的类别可分为考证历史上的遗留问题、关注国外史学动态,阐述史学思想和观点。

---

① 《北高史地学会近讯》,《史地学报》1923年第2卷第2期。

② 何炳松:《发刊词》,《史地丛刊》1920年第1卷第1期。

③ 20世纪20年代出现的专门性的史学研究期刊还有东南大学史地研究会:《史地学报》,1921年;中国史地学会:《史学与地学》,1926年;南京中国史学会:《史学杂志》,1929年;燕京大学史学系:《史学年报》,1929年;成都大学史学研究会:《成大史学杂志》,1929年。

④ 《本刊投稿规则》,《史地丛刊》1920年第1卷第1期。

北京高师史地学会以《史地丛刊》为阵地,通过学术研究对五四时期的现代史学建设发挥了重要作用。

第一,史地学会成员摒弃旧史观,积极引进西方史学观念。《史地丛刊·发刊词》指出:"自十九世纪以来,社会科学,日新月异,而要以进化二字为宗。返观史地著述,犹是陈陈相因,以'明燈''殷鉴'诸旧说炫世人之耳目。"①《史地丛刊》介绍最新的西方社会科学成绩,尤以对马克思主义唯物史观与鲁滨逊"新史学"的介绍影响最大。《唯物的历史观与科学的历史》是在《史地丛刊》刊发的首篇介绍唯物史观的文章,系统介绍并高度评价了马克思主义唯物史观,指出它是一切社会科学的指南针,"历史学得了这个经济中心论的大原则,于是对于这历史上纷如乱丝的现象,就若网在纲,有领可絜了。历史上从前不能说明的,至此也可以说明。从前没有普遍的原则的,至此也有了普遍的原则。于是科学的历史遂于此成立";研究历史应当"奉唯物的历史观为惟一的规律"。② 何炳松撰写的《新史学导言》也在此发表,称马克思"能够注重历史上最普通的而且永久的原质,实在难得的很"③;周传儒在《工业革命与近代社会问题》称马克思主义学说"奠劳动组合之始基,揭社会主义之精髓,流波所至,举世动摇,如豁雾之旭日,如启蛰之春雷,上聚社会主义千年之总汇,下树社会运动百世之风声"④;邹宗儒的《苏维埃俄国述略》⑤和于炳祥翻译Charles Willis Thompson 的《法国革命与俄国革命之比较》⑥则对十月革命前后俄国情况作了介绍。此外,史地部毕业生常乃惪还翻译了爱尔兰劳动丛书里 W.Paschal Larkin 所著《马克思历史的唯物主义》⑦一文,刊登在《国民》第 2 卷第 2 号上。也就是说,北京高师史地学会会员对唯物史观的介绍与传播做出了重要贡献,一定程度上为中国马克思主义史学的产生奠定了基础。

第二,客观地分析和认识传统史学。史地学会成员特别是教师对传统史

① 何炳松:《发刊词》,《史地丛刊》1920 年第 1 卷第 1 期。
② 李萌清:《唯物的历史观与科学的历史》,《史地丛刊》1920 年第 1 卷第 1 期。
③ 何炳松:《新史学导言》,《史地丛刊》1922 年第 2 卷第 1 期。
④ 周传儒:《工业革命与近代社会问题》,《史地丛刊》1922 年第 2 卷第 1 期。
⑤ 邹宗儒:《苏维埃俄国述略》,《史地丛刊》1922 年第 1 卷第 3 期。
⑥ Charles Willis Thampson 著:《法国革命与俄国革命之比较》,于炳祥译,《史地丛刊》1922 年第 2 卷第 1 期。
⑦ W.Paschal Larkin:《马克思历史的唯物主义》,常乃惪译,《国民》1920 年第 2 卷第 2 号。

学展开了较为全面而具体的批判,黄人望从整体上对"旧史学"进行了分析①,梁绳筼批评了传统史书的编纂体例②,何炳松从进化论的角度对传统史学停滞不前进行了批判③等。他们对传统史学的批判并不像 20 世纪初期"新史学"思潮那样简单地全盘否定,而是在批判旧史学的同时,也肯定了其中的一些积极成分。如萧澄就肯定了中国传统史学的一些长处,如"评论人物之公平","对于人物及事实为总括的论赞,冀启发后之读史家","司马迁之史识,较西洋近世史学无逊色,特如年表,于世界上以司马氏为创始祖,即编入历史,亦以《史记》为最古"。④ 梁绳筼也认为传统史书的体例存在着一定的优长,他认为"编年法""以事系月,以月系年,年经事纬",可以使人一目了然;典制"从制度的沿革损益上看来,自有他本身的价值;比较那专为皇帝做纪,后妃作传,还算得当的多";"纪事法"是以论述事件发展为主,以此法所写的史书能使读者"审理乱之大趋,述政治之得失,首尾毕具,分部就班"⑤。

第三,对现代史学理论的初步建构。在译介西方史学著作、整理中国传统史学的基础上,会员们逐渐形成了建构现代史学的基本思路。在融合新旧学说的基础上,从史学研究的目的、研究内容、研究方法、历史教授法等方面对现代史学理论进行了积极的探讨,在这方面,何炳松发挥了引领作用。北京高师史地学会也因此成为现代史学建设的一方重要阵地。

(四)燕京大学史学会

在北伐战争前后,能够持之以恒,并且成效卓著的是燕京大学史学会。该会成立于 1927 年,当时人数不多,精神涣散,成立不到一年,无形消灭。翌年秋,因校中各种学会纷纷出现,史学系同学"为联络师友感情计,为研讨学术计,为辅助史系发展计,佥以为史学会有重新组织再张旗鼓之必要,于是积极进行,赖师友之热忱,不一周即告成立,师友会员计二十余人",推举主席一人,文书一人,财务兼庶务一人,后来又增加演讲、参观、研究三股,各一人,合

① 黄伯珂:《研究本国史的指导》,《史地丛刊》1920 年第 1 卷第 1 期。
② 梁绳筼:《历史谈》,《史地丛刊》1921 年第 1 卷第 2 期。
③ 何炳松:《发刊词》,《史地丛刊》1920 年第 1 卷第 1 期。
④ 萧澄:《中国史学思想发达史略》,《史地丛刊》1921 年第 1 卷第 2 期。
⑤ 梁绳筼:《历史谈》,《史地丛刊》1921 年第 1 卷第 2 期。

称职员会;聘请顾问二人,另设出版委员会①。燕京大学史学会的宗旨是联络师生感情,研讨学术,辅助史学系发展,并为"国化燕大"发挥作用。学会章程号召本着学术无领域之真谛,联络各校同好,共谋中国史学会之发展,精诚合作,以发扬史学,整理国史。历任学会主席为韩东信、朱士嘉、邓嗣禹、葛启扬、周一良、刘选民、陆钦墀、侯仁之等。学会办了三种学术刊物:《史学年报》《史学消息》及《大公报》的《史地周刊》。《史学年报》创刊于 1929 年,得到系主任王克私(Philipe de Vargas)、教授王桐龄、张星烺等人的热心指导。此外,还举行系统演讲,请校内外学者主讲。以后,陆续来校任教的顾颉刚、洪业、张尔田、邓之诚、容庚等人亦积极予以多方面支持。《史学年报》持之以恒,发行到太平洋战争爆发燕大被日军占领止,刊登了许多优秀论文,造就了一批史学英才,受到国内外史学界的重视和好评②。该会按例每年秋季改选,因而人员流动甚大,但能够坚持不懈,涌现了不少著名学者,仅以担任过职员者论,就有翁独健、齐思和、赵丰田、冯家驹、朱士嘉、邓嗣禹、王育伊、周一良、张维华、蒙思明、王钟翰、侯仁之、王伊同、谭其骧等③。

燕京大学史学会在诸多高校史学会中,是办得比较好的一个。这从其组织的连续性、与史学系的关系、与校内外学术团体的联络、所组织的学术活动、所办的刊物、产生的优秀人才数量等等,都能反映出来。燕京大学史学会的突出成就,使之在北京(平)史学界的一系列组织活动中扮演重要角色。该会的工作重心之一,就是致力于联合他校史学会创办中国史学会于北平。

(五)高校史学会的作用

以上仅介绍了四所高校的史学会,实际上民国时期高校史学会远不止这些。其他的还有清华大学史学研究会、武汉大学历史学会、厦门大学历史学会、中山大学历史学会、成都大学史学研究会、中央大学历史学会、东北大学史学会等,都比较有名,都在民国史学史上产生了一定的影响。

高校史学会是由北京大学最早建立的,其目的是强化学生的自主学习和研究能力、弥补课堂教学的不足,强调学生的主体性。它具有联谊本校师生、

---

① 《历史学会之过去与将来》,《史学年报》1929 年第 1 卷第 1 期。
② 《历史学会十年来职员名录》,《史学年报》1938 年第 2 卷第 5 期。
③ 齐思和:《史学年报十年来之回顾》,《史学年报》1938 年第 2 卷第 5 期。

本校学生之间、本校与外校师生的功能;它办理学术刊物,为师生发表研究成果提供平台;它组织学术演讲、学术考察,引导学生走向更广、更深的学术领域。北京大学史学会的创立,对其他高校起到了引领的作用。其他高校纷纷效尤,竞相建立史学会,在发挥作用、促进学术发展方面甚至更胜于蓝。高校史学会是地方史学会、全国史学会的先导,并为各专业史学会的诞生奠定了基础。抗战期间,高校史学会出现了制度化的趋向。1940 年国民政府教育部成立的"史地教育委员会",明确提出"改进大中小学史地教育事项",并把"辅导各专科以上学校组织史地学会"列为首项。至此,高校史学会建设进入了一个规范化的阶段。

八、重庆及延安中国共产党领导的历史学 团体和研究机构

抗战时期,中国共产党领导的历史学团体和研究机构在重庆和延安都有一定的规模,并按照中共中央的指示,有所侧重的进行历史研究。由于重庆和延安政治形势的差异,两地的历史学家进行的研究亦有所侧重,各具特征。

(一)重庆中国共产党领导的历史研究机构与成就

1. 历史研究机构

抗战时期,一些革命史学家来到大西南,如郭沫若、翦伯赞、胡绳等,他们以重庆为中心,以国民政府的文化工作委员会为活动阵地,在西南地区形成了一支掌握马克思主义世界观和方法论的史家队伍,团结了一大批知识分子,以唯物史观为指针研究和著述中国历史。当时重庆出版了许多进步报纸杂志,有的甚至是中国共产党在国统区的机关报。它们是向全国发布马克思主义史学观点和成果的重要阵地。著名者有《读书月报》《理论与实践》《群众》《理论与现实》《现代中国》《新华日报》《中苏文化》等。其中,1939 年 4 月 15 日创刊的《理论与现实》杂志更明确地宣言以"学术中国化"和"理论现实化"为办刊宗旨。

除了创办进步报刊,重庆进步知识分子还依托学术机构进行研究活动。1935 年 10 月 25 日,中苏文化协会成立于南京,选举孙科作会长,张西曼为常务理事。1937 年抗日战争全面爆发后,中苏文化协会迁至重庆,并创办了《中

苏文化》杂志。中苏文化协会的主要组织者除了洪舫为国民党右派外,其他人如郭沫若、阳翰笙、葛一虹、王昆仑、侯外庐等均为进步人士。1940 年 2 月,翦伯赞到达重庆后兼任《中苏文化》杂志副主编;1943 年,侯外庐成为该杂志的主编。《中苏文化》成为宣传抗战文化和从事历史研究的重要平台。1939年 1 月 22 日,中国学术研究会在重庆成立,延安新哲学会在得知后还以团体会员的资格加入该会。1940 年 10 月,国民政府成立了以郭沫若为主任,阳翰笙为副主任的抗战文化工作委员会,主要职能是开展战时的文化活动与学术研究,当时吕振羽、吴泽、尚钺等学者都在这里从事历史研究工作,其领导权掌握在共产党人手中。国民党对进步文化界的打击在皖南事变后进一步升级,并通过国民党中央文化运动委员会来加强文化控制,在此形势下,原本活跃在文化研究战线的马克思主义史学家在中共南方局的号召下,以抗战大局为重,专注于学术研究活动,并组织了"新史学会"。"新史学会"团结了一大批进步的知识分子,"顾颉刚、张志让、周谷城等著名学者,都会聚到这面'新史学'的旗帜之下。"①

2. 历史研究成就

重庆的马克思主义史家由于政治环境和学术环境的原因,其研究课题离现实相对较远。特别是皖南事变以后,为了避免国民党顽固派的迫害,他们按照周恩来"坐下来搞研究"的指示,从事比较纯粹意义的学术研究,将自己的政治观点隐讳地表达在学术论著之中。如郭沫若关于先秦诸子的评价采取了这种方式,字里行间隐含着对国民党政府迫害爱国民主人士、推行愚民政策的抨击。侯外庐对明末清初至民国初年三百年的思想发展史进行了梳理,出版《中国近世思想学说史》。他在再版"自序"中说:这部著作"写作的年月又正当国民党反动派第一次反共高潮的时候,好多问题只好以心照不宣的方法来处理,所以材料虽多,而说明却是简略的。"②

重庆的马克思主义史家在中国古代社会史、思想史、马克思主义史学理论、通史编纂等方面,有新的突破和新作问世。特别是在中国古代社会史和思想史方面取得了丰硕的成果。吕振羽在重庆复旦大学讲学期间,对中国古代社

① 侯外庐:《韧的追求》,生活・读书・新知三联书店 1985 年版,第 123 页。
② 侯外庐:《自序》,《中国思想通史》第 5 卷,人民出版社 2011 年版,第 1 页。

会史进行悉心探讨，发表了《中国社会史上的奴隶制度问题》《关于中国社会史的诸问题》等论文，还完成了《简明中国通史》上册的书稿。侯外庐撰写了《中国古典社会史论》，又决定写一部古代思想史，"从而使社会史与思想史贯通起来，建立一个古代研究的系统"①。当时在国民党统治区，思想文化战线的斗争十分尖锐，"禁锢与反禁锢，围剿与反围剿，把文化界的人士都卷了进去"。马克思主义史家聚焦学术中国化问题、中国古代社会分期和性质，对侵略史观、唯心史观、庸俗史观进行了批判，并创作了大量的历史剧。

（1）关于学术中国化问题

西方学术思潮在五四新文化运动后大量涌入中国，中共早期知识分子在如何吸收西方学术文化的问题上存在盲目倾向，而 20 世纪 30 年代以后逐渐加深的民族危机又突显了民族文化认同方面存在的问题，党内教条主义、本本主义还一度盛行。于是，毛泽东在中共六届六中全会上向全党提出了"马克思主义中国化"的号召，强调马克思主义与我国具体社会特点相结合并通过一定的民族形式来体现，直接引发了其后学术界"中国化"思潮和运动的开启，这是抗战时期党的政治路线在文化领域的必然体现。学术"中国化"在重庆学术界也产生了较大反响，报刊纷纷开辟专栏或专文进行讨论和宣传。《读书月报》最早开辟专栏，其后《理论与现实》《新文化半月刊》《群众》等进步报刊纷纷载文予以申述。潘菽、柳湜、嵇文甫、吕振羽等学者不断撰文对"学术中国化"问题发表学术见解。最早提出把辩证唯物论中国化的学者是胡绳，他指出要做到"学术中国化"的先决条件乃是"中国学术化"，即"先要把中国的历史经验和现实材料理论化了以后，于是我们自然就可以做到理论的中国化"②。由此，"他把研究和整理本国历史，首先是近代史，看作理论中国化的绝对必要的前提"③，从而愈益投身于史学研究。嵇文甫以为"学术中国化"的核心是将外来先进的学术文化"民族化"，同时对待传统文化要一分为二，在承认中国文化一直"吸收着世界各方面的文化，而又时时把自己贡献

---

① 侯外庐：《韧的追求》，生活·读书·新知三联书店 1985 年版，第 118 页。
② 胡绳：《近五年间中国历史研究的成绩》，《新文化半月刊》1946 年第 2 卷第 5 期。
③ ［德］罗梅君著：《政治与科学之间的历史编纂》，孙立新译，山东教育出版社 1997 年版，第 40 页。

给世界,它和世界文化始终是起着交流作用的"①。吕振羽则结合毛泽东的新民主主义文化理论,将文化的"民族性"定义为一种"扬弃"的文化,并提醒人们注意"文化贩运主义"与公式主义或关门主义两种错误倾向,因为这些"是与中国民族具体环境与新民主主义革命的客观形式(势)和根本性质"相违背的②。侯外庐提出"学术中国化"基本精神就在于"知难行易的传统继承,使世界认识与中国认识在世界前进运动实践中和中国历史向上运动实践中,统一起来"。侯外庐还强调,现阶段的学术运动不但要继承中国古典学术传统,还要"把世界资产阶级的学术优良部分继承起来,而且同时要如'合理的核心颠倒'的批判,继承资产阶级学术的批判学术"③。抗战时期重庆进步史学工作者关于"学术中国化"问题的探讨,是要"在中国历史学、政治经济学、哲学、文学、音乐、美术、戏剧、诗歌和自然科学中,获得、巩固和发展自己的地位"④,最终是为了文化抗战的胜利。

(2)对中国古代社会分期和性质的讨论

古史分期的争鸣源于大革命失败后对中国古代社会性质的讨论,这一争鸣一直延续至抗战时期,重庆与延安的马克思主义史学工作者都继续进行了广泛深入的讨论,且成果相当显著。

1940 年 5 月,范文澜发表《关于上古历史阶段的商榷》,该文主张封建社会从西周开始,从而质疑郭沫若的"西周奴隶社会说",因为西周的奴隶"主要的却是农奴",而从生产力生产关系等角度来考察可知"西周文王时代,农奴已是主要的生产者"⑤。继范文澜之后,尹达、谢华、叶蠖生等人都从考古学的角度发表了自己对殷商史料的看法,虽然他们并未达成一致,却使得相关史料在讨论中被重新审视,以至于范文澜的文章在重庆的《群众》周刊转载后,郭沫若亦只能表示"关于殷代是奴隶社会这一层近来已得到一般公认"⑥。他还陆续发表《由诗剧说到奴隶制度》《殷周是奴隶社会考》《屈原研究》等文,继

①　嵇文甫:《中国文化与世界文化》,《时代中国》1944 年第 9 卷第 1 期。

②　吕振羽:《中国社会诸问题》,生活·读书·新知三联书店 1961 年版,第 160 页。

③　侯外庐:《中国学术的传统与现阶段学术运动》,《理论与现实》1939 年第 1 卷第 1 期。

④　杨松:《关于马列主义中国化的问题》,《中国文化》1940 年第 1 卷第 5 期。

⑤　范文澜:《关于上古历史阶段的商榷》,《中国文化》1940 年第 1 卷第 3 期。

⑥　林甘泉、田人隆、李祖德:《中国古代史分期讨论五十年(1929—1979)》,上海人民出版社 1982 年版,第 98 页。

续深入挖掘,1941 年发表的《由诗剧说到奴隶制度》、1945 年出版的《青铜时代》和《十批判书》,是郭沫若集结先前部分文稿而成的先秦思想史研究的力作,从唯物史观的角度对两周社会进行了细致的研究,书中详细考察了有关两周的历史资料,大体确认殷商为奴隶制社会,从而改变了原来以殷商为氏族社会末期的观点。这些都表明郭沫若正式抛弃旧说,重新认识殷代社会性质,由此可见重庆马克思主义史学成果发布、争鸣聚焦的积极影响。

郭沫若的中国古代社会性质的相关论断及其先秦思想史研究,在学术界引起了巨大反响,也使得重庆学界关于中国古代社会史与思想史的研究更加深入。如侯外庐的《中国古典社会史论》(再版时更名《中国古代社会史》),就对殷周奴隶社会性质的争论提出了新见解。他认为"亚细亚的古代"和"古典的古代"没有时代先后与本质的区分,只是实现"路径"迥异而已,因此它们都是指奴隶制社会。当时在重庆的翦伯赞、吕振羽、吴泽、华岗等人,都对西周封建制的观点作了进一步辩论。在这场论争中,虽然重庆与延安的学者最终并未达成共识,但在学术方法论上却日趋一致。延安关于古史分期的争论成果也在重庆的期刊上发表,进一步促使两地的研究者都认识到"如果想正确地把握社会的本质,必需依据正确的史料,必需正确地分析史料本身的可靠程度,才可能得到有相当安定性的结论!"①在这场辩论中,他们都开始肯定和提高史料在史学研究中的重要作用,对历史发展道路中的"一般"和"特殊"的认识上升到了一个新阶段,对历史前进的决定因素与推动力量等问题有了更加明确的认识,证明了马克思主义的普遍规律同样适用于中国。

(3)对侵略史观、唯心史观、庸俗史观的批判

九一八事变后,日本帝国主义为了配合对中国的军事侵略和经济掠夺,企图从文化与民族心理上征服中国人民。其御用学者打着学术研究的旗号,发表其侵略有理的反动观点。一些依附于国民党或持自由主义立场的学者不明就里,盲目附和,有人虽基于民族主义立场而著书立说,因自身历史理论的制约而不能有效地进行反驳。重庆马克思主义学者运用唯物史观对种种谬说进行了系统的反击。

日本法西斯军国主义宣传者秋泽修二无耻地宣称中国社会"停滞论""循

---

① 尹达:《关于殷商史料问题——兼论殷商社会性质》,《中国文化》1941 年第 3 卷第 1 期。

环""倒退"论、鼓噪中国文化"外铄论"等谬说,妄图为其侵略行为制造根据,并以此摧毁中国民众的抗日信念。针对日本侵略者的反动谬论,吕振羽从历史唯物主义的角度论证了生产力与生产关系的矛盾运动才是中国社会形态发展的基本动力,而非秋泽所谓的什么"政治形态"或"外在矛盾诸关系"。对所谓"中国社会停滞论",吕振羽指出:"中国封建社会在较迟缓的发展进程中,并没有'静止'、'退化'、'复归'或'循环',而是螺旋式地或波浪式地前进。在鸦片战争以后的年月,如果没有外国资本帝国主义的侵入,中国社会自身内部孕育出的资本主义幼芽便必然早就会引导中国社会完成资本主义的革命和由封建制向资本主义制的转化了"①。此外,他还先后发表《亚细亚的生产方法与所谓中国社会的停止性问题》《中国社会史上的奴隶制度问题》等一系列文章,依据翔实的史料考证与逻辑推理从各个角度批判了秋泽修二的法西斯主义侵略史观,号召中国人民只要"团结奋起",就一定能阻遏日本帝国主义所谓的"神风"②。

　　吴泽在《中国历史是"停滞"、"倒退"的吗?》一文中指出,殷朝开始至今,中国的社会经济状况总体来说是在继承中发展,相反,至近代以来的西方入侵以至于当前的日本侵华才是阻碍中国社会正常发展的因素。此外,吴泽当时还撰有《地理环境在社会历史中的作用》等文,对秋泽鼓吹的地缘政治论进行了批驳。华岗对秋泽散布的中国社会变动的"外铄论(外因论)"等谬论也给予了批驳。他指出,某一个民族历史发展是社会内在矛盾起决定作用,且"这种决定作用,由于历史的必然,是在社会本身内部形成的"。可以说,秋泽的历史理论"并非从一般的唯心史观出发,而正是法西斯的暴力史观的阐扬。其目的是想极力夸大地理环境、技术条件和政治形态等等的作用,企图去完成其所谓'在全部历史上可以看出的中国型的停滞性'的反动说教,而达到中国社会之殖民地前途的定命论的结论。"③此外,李达、王亚南等一批进步史家也起而著文驳斥秋泽的法西斯侵略史观,从而在史学界形成了一场声势浩大的

---

　　①　吕振羽:《关于中国社会史的诸问题》,《中国社会史诸问题》,生活·读书·新知三联书店 1961 年版,第 65 页。

　　②　吕振羽:《日寇侵略中国之史的认识与历史给予我们的试炼》,《中苏》1940 年第 4 卷 1、2 期合刊。

　　③　华岗:《评侵略主义的中国历史观》,吕振羽、翦伯赞等著:《中国历史论集》,东方出版社 1947 年版,第 61、72 页。

批判运动，揭露了日本反动学者的险恶用心，挫败了日本侵略者散布的"侵略有理"之诡计。

此外，针对胡适的"实用主义"史观，华岗指出胡适等人只会以进化论来观察社会发展变化，从而不可能认识到历史发展中的质变，这样，实验主义者便可以其"自由意志"来行使"涂改的大权"的企图①。吴泽在《中国历史研究法》一文中，对历史唯心论、人口史观、英雄史观、环境史观等错误历史观进行了集中批判。重庆的《群众》等期刊对蒋介石《中国之命运》一书鼓吹的法西斯主义和民生史观，对以冯友兰、钱穆、贺麟等人为代表的"复古主义思潮"以及以陈铨、林同济、雷海宗等为代表的"战国策派"等宣扬的意志哲学和英雄史观等，都进行了针对性的斗争和批评。在这些思想交锋中，唯物史观显示了科学的光辉，从正面回应了时代的种种难题，客观上弘扬了中华民族的优秀文化和优良传统，为中国共产党领导的民主革命事业起到了重要的推动作用。

（4）历史剧的编写与传播

戏剧向来是中国普通民众喜好的一种娱乐方式，抗战时期的马克思主义史家将历史故事改编成贴近普通民众生活的历史剧。这些历史剧内容丰富、形式多样，并能有效地抵制国民党政府的种种高压政策，因此也成为传播马克思主义史学理念的重要形式。

郭沫若、陈白尘、阳翰笙、欧阳予倩等国统区历史剧作家们从"发掘历史的精神"出发②，刻意从中国历史上动乱时期的史实中取材，如春秋战国时代与明清鼎革之际，在战争兴亡的干戈扰攘中呈现着善良与邪恶的斗争。从中选取爱国与卖国的人物与事件编成戏剧以鼓舞民众，鞭笞卖国求荣者，讽刺投降懦弱者。历史剧写的人与事虽然远离抗战现实，却"相当的渗杂着现代的成分"③。郭沫若也说："对于既成事实加以新的解释、新的阐发，而具象地把起初的古代精神翻译到现代"④，意即中国古代丰富的优秀精神传统是可以移植到现代生活中的。对此，他曾有更明确地说明："一个剧本的现实不现实，

---

① 华岗：《历史为什么是科学和怎样变成科学》，《中国历史的翻案》，作家书屋 1946 年版，第 105 页。

② 郭沫若：《抗战八年的历史剧》，《新华日报》1946 年 5 月 22 日。

③ 欧阳凡海：《论历史剧》，《新华日报》1941 年 12 月 7 日。

④ 郭沫若：《我是怎样写〈棠棣之花〉》，《新华日报》1941 年 12 月 14 日。

是不能以题材的'现代'或'历史'来区分,来估计,而是要看其剧中的主题是不是现实或非现实的,用历史的题材也许更能反映今天的现实"①。他的历史剧《棠棣之花》《屈原》《高渐离》《孔雀胆》《虎符》《南冠草》或讽刺分裂者,或贬斥投降异族者,或歌颂为国捐躯者等,在当时的形势下,都发挥了文化抗战的作用,最终揭示了依靠人民、团结奋斗的救国之道。此外,阳翰笙的《天国春秋》《李秀成之死》、陈白尘的《太平天国》等,都引起了很大的社会反响。有亲历者回忆说:"人民为了看到《屈原》剧,半夜带着铺盖到剧场门口排队等候第二天的售票,还有人专程从成都、贵阳赶到重庆看戏。在演出中,台上台下群情激越、思想交流。尽管国民党造谣污蔑,百般阻挠,然而人民的心,却深深为屈原的强烈爱国精神所震撼。人们从历史上看到了中华民族的光辉形象,也看到了历史上的丑恶现象。这都勾起了人们对现实的思考,与历史发生了强烈的共鸣。"②

(二)延安中国共产党领导的历史研究机构与成就

1. 历史研究机构

(1)马列学院历史研究室

为编写教材、培训学员,延安最早成立的史学团体是"中国革命史研究会",由张闻天于1937年3月组织建立,当时成员有刘亚楼、张爱萍、莫文骅、杨兰史、郭全等人。

1938年5月5日,马列学院在延安成立,院长由张闻天兼任。下设历史研究室,成员有尹达、佟冬、杨绍萱三人,陈伯达为主任。据叶蠖生回忆,陈伯达当时只是挂名,似乎是个局外人,他向大家传达过一次毛泽东关于要研究中国农民战争的指示,但他并未说明农民战争重要意义何在。因为陈伯达自己也不大懂得这个问题,更谈不上如何领导大家进行具体工作了③。此时,历史研究室规模很小,尚无具体的研究规划,参考资料也只有一套二十四史④,还

---

① 郭沫若讲,周惜吾记:《郭沫若讲历史剧》,《郭沫若专集》(1),四川人民出版社1984年版,第77页。

② 刘茂林:《抗战时期郭沫若对中国史学的苦心经营》,《郭沫若学刊》1988年第1期。

③ 叶蠖生:《我所了解的中国历史研究室》,温济泽等编:《延安中央研究院回忆录》,湖南人民出版社1984年版,第69页。

④ 佟冬:《我的历史》,北京图书馆《文献》丛刊编辑部、吉林省图书馆学会会刊编辑部编:《中国当代社会科学家》(第四辑),书目文献出版社1983年版,第83页。

处于起步阶段。

1940年1月,历史学家范文澜抵达延安,标志着延安史学研究的转折。范文澜不久即被委以重任,取代陈伯达出任历史研究室主任,总领历史研究工作。之后,历史研究室成员也由3名增加至8名,新增的5名成员除范文澜外分别是谢华、叶蠖生、金灿然和唐国庆。

范文澜上任不久,毛泽东即交代历史研究室一项重要任务,以新观点编纂一部中国通史。这项任务由范文澜主持,谢华、范文澜分任第一编;佟冬、尹达、范文澜分任第二编;叶蠖生、金灿然和唐国庆分任第三编。但后来因为参编人员的历史观点差异较大,最终由范文澜一人完成。1940年8月,《中国通史简编》的撰写工作正式启动。1941年5月完成上册,年底完成中册。上册于1941年9月在延安新华书店出版,署名为"中国历史研究会,谢华、佟冬、尹达、叶蠖生、金灿然、唐国庆,主编范文澜"。该书出版后,风行于各解放区,毛泽东兴奋地对范文澜说:"我们党在延安又做了一件大事。……我们共产党人对于自己国家几千年的历史,不仅有我们的看法,而且写出了一部系统的完整的中国通史。这表明我们中国共产党对于自己国家几千年的历史有了发言权,也拿出了科学的著作了。"[1]该书于1947年7月在国统区上海新知书店出版发行,两个月内重印两次,共6000册。这令国民党当局十分恼火,南京《中央日报》曾专门发表社论"介绍一本历史奇书"予以攻击,反而促使读者抢购此书,最后不得不加以查禁。

(2)中央研究院中国历史研究室

1941年7月,"马列学院"改组为"马列研究院"。1941年9月,"马列研究院"又更名为"中央研究院",院长张闻天,副院长范文澜,下设9个研究室,分别是中国政治研究室、中国经济研究室、中国文化思想研究室、中国教育研究室、中国文艺研究室、中国新闻研究室、中国历史研究室、国际问题研究室和俄文研究室。中国历史研究室由副院长范文澜主持。改组后的中国历史研究室人员变动很大,谢华、唐国庆和尹达离开中国历史研究室。中国历史研究室由研究员和研究生两部分人组成,他们职责相同而待遇有别。此间,历史研究

① 佟冬:《我的历史》,北京图书馆《文献》丛刊编辑部、吉林省图书馆学会会刊编辑部编:《中国当代社会科学家》(第四辑),书目文献出版社1983年版,第84页。

室补充了大量新成员,其中两位特别研究员是齐燕铭和吕振羽,一位研究员是刘亚生,新增研究生分别是陈道、宗箴、李徽、孙孝实、夏奇峰、胡朝芝和湛湘汉。到 1943 年初,成员发展到 20 余人。1942 年研究室制定了三年研究计划,如下所示①:

中国历史研究室研究计划(三年计划)

(一)总的方向:

(a)目的在培养能掌握科学方法的历史学者,依据洛甫同志的指示,以一半时间从事日常工作,另一半时间加深理论修养。

(b)研究方式:个人独立研究与集体商讨相辅进行,以期逐渐养成独立研究之能力。

(c)工作依现有之人力,暂分为三组:(1)近代史组;(2)农民土地组;(3)民族组。

(d)理论之研究学习,按期进行,暂以一年为一期,每期建立其中心方向:第一年为科学方法之修养;第二年为各种非科学的历史方法论之研究与批判;第三年则从事中国历史轮廓之研究,从实际运用中锻炼已学习之方法。

(二)三年工作概算:

(a)近代史组:

1.中国通史简编下册(近代史之部)　范文澜

2.苏维埃运动史　叶蠖生

3.中国近代政治史　叶蠖生、宗箴

4.收集东洋近代史材料　李徽

5.抗战史　叶蠖生

6.中国经济政治制度史　叶蠖生

7.中国经学史　范文澜

8.中国文学史

(b)农民土地组:

① 《原延安中央研究院各研究室计划》,温济泽等编:《延安中央研究院回忆录》,湖南人民出版社 1984 年版,第 280—283 页。

1. 中国土地制度史　佟冬

2. 中国法制史　孙孝实

3. 中国农民战争史　刘亚生、宗箴

(c)民族组:

1. 民族史　金灿然

2. 西南少数民族史　陈道

(三)半年内所拟即予完成之工作(大部为中央指定之工作)

1. 中国国文选(卅万字)由范文澜、齐燕铭、叶蠖生、金灿然、刘亚生、佟冬等合编。

2. 中级中国史课本(廿万字)由叶蠖生、金灿然、刘亚生合编。

3. 中国近代思想史料(仅全书之一部)由范文澜、齐燕铭、叶蠖生、金灿然参加。

4. 中国文学史(廿万字)　齐燕铭

5. 中国通史附录图表,由陈道、宗箴、孙孝实合编

6. 中国史初级教本(十万字)　佟冬

7. 参加院外授课者　范文澜、佟冬、陈道、孙孝实

(四)三年学习计划(略)

其中,范文澜的《中国通史简编》下册和《中级中国史课本》的编撰是两项主要任务,直到研究室结束也未最后完成。

1943 年 5 月,中央研究院改组为中共中央党校三部,中国历史研究室成员随即被纳入了各类行政组织之内,只有范文澜、叶蠖生留中宣部历史组。从形式上看,延安史学机构已不复存在,但其工作却继续进行,未曾中断。范文澜调中宣部后,根据分工编写中国近百年政治史,原拟分上下两编,上编写旧民主主义革命史,下编写新民主主义革命史。到 1945 年末,撰成自鸦片战争至义和团运动部分。手稿由叶蠖生整理。起初作为《中国通史简编》下册,因为体例与上、中册有所不同,所以尔后又将书名改为《中国近代史》上编第一分册。与此同时,范文澜还撰写了《汉奸刽子手曾国藩的一生》(作为《中国近代史》的附录刊行)和《太平天国革命运动》等。原中国历史研究室"三年计划"中规定的叶蠖生、金灿然、刘亚生合作的《中级中国史课本》也继续进行,改由范文澜主持、叶蠖生执笔撰写,从古代一直写到抗日战争,分上下两册。

后来上册印行并在陕甘宁等边区试用，下册在印成而尚未发行时毁于战火。

延安中央研究院中国历史研究室的成立，对于有组织、有计划地研究历史，对于马克思主义史学的发展意义重大。它的成立甚至引起国统区文教部门的恐慌。有人推测 1943 年 3 月 24 日在重庆成立中国史学会的意图就是与延安史学抗衡。顾颉刚日记（1943 年 3 月 31 日）载："此次中国史学会之召集出于教育部，电滇黔粤各校教授前来，花费殆十余万。说教部提倡学术，殆无此事。有谓延安正鼓吹史学，故办此以作抵制，不知可信否。"①尽管顾氏语气含糊，但也绝非空穴来风。此则材料正可反衬出延安史学的声势与影响。

（3）新哲学会

1938 年 9 月 30 日，在毛泽东等人的倡导下，艾思奇、何思敬、任白戈、张琴抚、张如心、吴理屏、周扬、王思华等 18 人，在延安出版的《解放》第 53 期上，联名发布了《新哲学会缘起》，标志着延安新哲学会成立。延安新哲学会由艾思奇、何思敬主持会务。所谓新哲学，就是马克思主义的哲学，即辩证唯物论与历史唯物论，它区别于以往的一切旧哲学。延安新哲学会是一个马克思主义哲学理论研究的团体，它的任务是组织翻译、介绍、研究马克思主义的新哲学，帮助干部掌握马克思主义，并引导他们理论联系实际，迅速地解决理论落后于实际的状况。新哲学会的成立，对于延安各界学习和研究哲学，特别是对于唯物史观的传播起了重要作用。许多机关成立了哲学研究小组，开展学习和研究哲学的活动，并与边区内外的学术研究机构建立了联系。1939 年1 月 22 日，设在重庆的中国学术研究会致函延安新哲学会，要求取得联系。延安新哲学会复函表示同意，并以团体会员的资格，加入中国学术研究会。

2.历史研究主要成就与特点

延安史学机构的工作重点放在宣传普及历史知识上，而不是钻研高深学术，史学研究的主要成就是通过历史宣传，推动抗战工作的开展。范文澜的《中国通史简编》是延安史学最主要的代表性成果，但由于资料匮乏、成书仓促，此书也多有疏漏。另外，根据毛泽东的指示，《中国通史简编》的用途是供各级干部学习用，因此这部书文字浅近，意在普及，未可视为专深之作。

延安时期为达到宣传教育的目的，编写了大量各类通俗历史读物，主要作

---

①　顾颉刚：《顾颉刚全集·顾颉刚日记》卷五，中华书局 2011 年版，第 50 页。

品有许立群的《中国史话》、尹启民的《中国历史讲座》、韩启农的《中国近代史讲话》、曹伯韩的《中国现代史常识》和《中国近百年史十讲》、敬之的《中国历史》等。1943 年,吕振羽还在《解放日报》开设"历史常识"专栏,从 4 月 17 日到 12 月 28 日发表了 9 个专题的历史常识系列讲话,叙述了从原始社会到两晋南北朝时期的中国历史。延安史学工作者还大力改编历史剧,借助通俗的、大众化的文艺形式传播历史知识。1944 年,由杨绍萱、齐燕铭根据《水浒》改编的历史剧《逼上梁山》搬上舞台。内容除了林冲和鲁智深的传统故事外,还增加了林冲主张抗金御侮,高俅推行投降主义路线,以及正面表现农民起义的情节,以配合抗战的主题。这类历史剧还有如《三打祝家庄》《串龙珠》等。

延安时期史学家进行历史研究的特点主要体现在:

第一,延安史家贴近社会现实寻找史学研究课题,直抒政治情怀。延安的史学家们始终强调史学研究服务于革命,服务于抗战的功用,其学术研究体现出贴近现实的强烈战斗性。他们主要关注那些能直接为抗战提供历史借鉴的研究课题,着眼于总结历史经验,评论古今得失,从中吸取教训,努力寻找历史与现实的最佳结合点。以何干之为例。他在学术研究中,十分注重探讨中国的实际问题;在研究实际问题时,不仅不局限于研究"眼前的问题",而且深入研究"一切历史的东西"。何干之指出:"以为中国问题,只限于眼前的问题,而一切历史的东西,只是学究书痴子的玩意儿的,是一种极偏颇的看法。"[1]他认为,"历史是有机地连贯着,'现在'由'过去'而来,'现在'又产生'未来'","要知道'未来',先要知道'现在',不知道'过去',也不知道'现在'"。[2] 即是说,认识"过去"是知道"现在"和"未来"的前提。他的《中国社会经济结构》《三民主义研究》等论著都是历史与现实紧密联系的作品。至于延安时期的革命史与中共党史研究,更是直接服务于现实政治斗争。

第二,延安史家研究重点由中国古代史转向中国近代史。抗战开始后一段时期,延安史家着重对中国古代史进行研究,在中国古代社会分期问题讨论、古代通史编纂方面取得了较大成就。而与现实有密切联系的中国近代史,

---

[1] 何干之:《何干之文集》第 1 卷,北京出版社 1993 年版,第 268 页。

[2] 何干之:《何干之文集》第 1 卷,北京出版社 1993 年版,第 121—122 页。

则相对被忽视。1941 年 5 月，毛泽东在《改造我们的学习》中指出，"对于近百年的中国史，应聚集人材，分工合作地去做，克服无组织的状态。应先作经济史、政治史、军事史、文化史几个部门的分析的研究，然后才有可能作综合的研究。"①此后，延安的近代史研究进入一个新阶段。何干之对近代经济史、思想史等领域作了新的探讨。陈伯达就近代中国社会经济的转型问题进行了思考。艾思奇等人则考察了新哲学思想在中国的发展历程。范文澜的《中国近代史》代表了当时中国近代史领域的综合研究成果。值得指出的是，中共党史在延安时期已显现独立学科的雏形。整风运动时期，全党掀起学习中共党史的热潮，并通过学习和研究中共党史，认识毛泽东思想的科学体系。

　　第三，延安史家史学研究与政治活动紧密相连。德国学者罗梅君以一位西方史家的独特视角，对延安与重庆两地史家的不同学术特点作了较为深入的分析。她说：延安史家所处的环境完全不同于重庆"民主主义"历史学家，"他们的身份和政治地位更与重庆历史学家迥异"。与那些一直与蒋介石政府直接处于对立状态的人们不同，"延安的历史学家作为占统治地位的中共党员，属于边区中的统治阶层，可以积极地干预政治和学术，比如在 1942 年的整风运动和 1943 年反对国民党的政治宣传运动中"。② 从 1942 年开始，延安史家在各自单位参加整风运动。1942 年 9 月 3 日，范文澜在《解放日报》撰文指出，在具有历史意义的整风运动中，"我和本院同志们在一起，用四个半月功夫，学习了关于整顿党风的文件。虽然仅仅做到初得门径，距升堂入室还远，可是已经获益不少"，"就现在成绩而言，已确切看到党教育我们的感化力，真是无可比拟的伟大"。③

　　第四，延安史家还以史学为武器对国民党进行宣传战。1941 年，中共中央宣传部发布《中央宣传部关于展开对国民党宣传战的指示》，文件指出：对于国民党抗战和合理方面的宣传，"我们应出以拥护和赞助的态度"，对其反动宣传，则应予以批判，"要从理论的、政治的、军事的、文化的、文艺的（今天

---

　　① 《毛泽东选集》第三卷，人民出版社 1991 年版，第 802 页。
　　② ［德］罗梅君：《政治与科学之间的历史编纂》，孙立新译，山东教育出版社 1997 年版，第 158 页。
　　③ 范文澜：《古今中外法浅释》，《解放日报》1942 年 9 月 3 日。

以前我们在这方面多多少少做了些工作),以至教育的、经济的、历史科学和自然科学的(这些方面至今我们做的很少),各方面都建立和巩固我们的作战阵地。"史学是对国民党进行宣传战的一个重要内容。中共中央要求广大社会科学工作者要"熟悉三民主义及国民党历史,熟悉其文献"等;因为"国民党颇有一部分人善于引经据典"①。为抨击国民党方面鼓吹法西斯文化专制,范文澜撰写了《斥所谓中国文化的统一性》。为驳斥蒋介石所著《中国之命运》,范文澜还又发表《谁革命? 革谁的命?》一文。吕振羽在《解放日报》发表《国共两党和中国之命运》,批驳蒋著《中国之命运》。

第五,延安史家的论著更多地受苏联史学的影响。进入抗战以后,苏联史学在延安解放区广泛传播。1937 年 8 月,延安《解放》出版"理论增刊",发表斯大林的《论联共党史课本》。斯大林在文章中对编写联共党史提出了具体意见。同期《解放》还刊登了《怎样研究联共党史》一文。《解放》发表师哲所翻译的《怎样写历史》,该文汇编了斯大林及苏共中央关于如何编写苏联史的文献。《解放》在"编者按"中指出:"斯大林同志、联共(布)党中央及苏联政府关于如何编写苏联史及新历史的指示,值得我们编写及学习历史的同志深刻注意与研究,故特请译出,并专载于此。"1938 年,联共(布)中央特设委员会编写,经联共(布)中央审定的《联共(布)党史简明教程》正式出版。1938 年11 月,该书刚出版 2 个月,其中第七章和结束语就被译成中文,发表在延安《解放》周刊。不久就有三个中译本流行。该书出版后,引起了中共中央的高度重视。毛泽东说:《联共(布)党史简明教程》"这本书是历史的,又是理论的,又有历史,又有理论,它是一个胜利的社会主义国家的历史,是马克思主义在俄国成功的历史,这本书要读。"②1939 年 4 月,凯丰在《解放》撰文指出《联共(布)党史简明教程》"是一部布尔塞维主义的科学的历史,这是一部马克思主义列宁主义基本知识的百科全书";该书的出版具有重要的历史意义和国际意义。③ 1939 年 8 月,《解放》刊登了苏共中央《关于〈联共(布)党史简明教程〉出版后党的宣传的决议》。决议说:该书的出版使党获得了"一种马克思

---

① 《中央宣传部关于展开对国民党宣传战的指示》,中共中央书记处编:《六大以来——党内秘密文件》(下),人民出版社 1981 年版,第 841—843 页。

② 《毛泽东文集》第三卷,人民出版社 1996 年版,第 350 页。

③ 凯丰:《〈联共(布)党史简明教程〉历史意义和国际意义》,《解放》1939 年第 69 期。

列宁主义领域上的基本认识底百科全书。党史教程是布尔塞维主义底科学的历史。"①

九、1929 年和 1943 年成立的中国历史学会

民国时期的学术延续晚清以来的趋向,由经入史。史学界受到外来学说的影响,在史学发展的同时,由于研究人数的众多,日益感到自我组织的必要,曾经多次尝试建立全国性的专门学会。不过,与国学会及其他学科的学术团体相比,无论就组织的稳固或影响的程度而论,史学会都不免相形见绌。这反映了当时史学界的学术派别难以协调,以及各人对于学术团体的功能作用看法的分歧。等到全国性的史学会终告成立之日,又不可避免地陷入了政治的旋涡,开始成为党派斗争的工具。

(一)1929 年成立的中国历史学会

南、北中国史学会是中国史学界建立自身组织的第一次正式尝试。南、北中国史学会是后人的命名。因为此时中国南方和北方都建立了中国史学会。为叙述方便,把以北京大学为中心的中国史学会称为北中国史学会,把以中央大学为核心的中国史学会称为南中国史学会。

1.北中国史学会

北中国史学会始于 1928 年底。1928 年 12 月 13 日,北京大学朱希祖教授拟定发起成立中国史学会,并在 1929 年 1 月 7 日草拟了《发起中国史学会的动机和希望》,10 日与张星烺拟定史学会简章,他的行动得到北京师范大学教授王同龄,辅仁大学校长陈垣等人的大力支持。据朱希祖称,发起中国史学会,出于三种动机,寄托七种希望。所谓三种动机:一是要打破孤独讲学的旧习。朱希祖认为,"现代的学术,非闭户读书可以做成功的,更非专靠书本可以做成功的。就史学而论,闭户读书,一切史料,个人不能齐聚;一切历史的辅助学科,一人不能尽知,人类的历史,世界各国多有关联,多有记载,一人不能尽识。所以孤独讲学,虽有所著作,必不能完备。专靠书本,不但有史以前无

---

①　徐冰译:《关于〈联共(布)党史简明教程〉出版后党底宣传的决议》,《解放》1939 年第 79 期。

书可据，就是有史以后，一切遗迹遗物，也有非书本所能说明的；至于现代史料，更非实地调查不可。所以历史这一种学问，决非一手一足所能做成功的。"①二是要打破专靠学校来讲史学的旧习。以前各大学史学系大都有史学会，并且办一个史学杂志，以为学校显扬声誉，"然而这种史学会，至多不过请名人讲演几回，所办的史学杂志或史地杂志，大都办了两三回，就完了事。因为史学这一件事，决非一校的教员学生所能发达进步的，而且学校的变迁太多，往往使学术受其影响，不能继续进行"。靠一校发达史学，与个人孤独讲学相似，力量不够。"历史是人类全体的总过程，再合全世界人来公共合作研究，方能真实发达，国界且不可有，何况乎学校等等界。"②三是要打破史学为政治的附属品，而为社会的独立事业。他认为，"政治有党派，学术无党派。讲史学的，尤应超出于政党以上，乃能为客观的公平观察，不为主观的偏私论著，方合于科学的史学精神。近来学校方面，大都有政党的牵制，因此同是研究史学的，而有彼此不能合作之心，而不能超然为真正之学者。"③对于筹办的史学会，朱希祖有详细的规划方案。主要内容包括，办一种史学杂志（月刊或季刊），发表研究论著，"使国内国外的同志，相互考校批评，以求进步；一方面介绍世界各国现代的史学家学说，及其著作，或其他史学消息，以求了解现代世界史学的趋势"；发展会员，扩大组织，先从北平发起，将来吸收各大学史学系毕业生、教员和在校学生，以及社会上研究史学的专家，分别调查全国的史料以及古迹古物，互相咨询报告；分组进行不同层次的工作，如编辑人名地名辞典、历史索引、史料采集和编目；继续清代学者的事业，搜辑已引各史；翻译外国记载的中国史事和各国历史名著等；改良史学教育，对中小学史地教科书进行比较批评；推动高深的史学研究，会员各认定一种史学，如本国断代史、各国史、分科史、历史辅助学科、中外通史、历史哲学等，专门研究数年，然后著述；北平的史学家尤其应当重视重修清史、倡修民国史，以及整理利用故宫博物院所藏清代和民国档案，供给史材；改良地方史志。利用毕业生散处各省，从事

---

① 朱希祖：《发起中国史学会的动机和希望》，朱希祖著，周文玖选编：《朱希祖文存》，上海古籍出版社 2006 年版，第 332 页。

② 朱希祖：《发起中国史学会的动机和希望》，朱希祖著，周文玖选编：《朱希祖文存》，上海古籍出版社 2006 年版，第 332、333 页。

③ 朱希祖：《发起中国史学会的动机和希望》，朱希祖著，周文玖选编：《朱希祖文存》，上海古籍出版社 2006 年版，第 333 页。

教育和服务公家的便利,汇集全国地方志,编辑详明目录和提要,罗列各种体例,批评其利病,以最新最良之方法,定一最适宜体例,以改革各处地方志,使之不专属于地理,而属于历史,以为一切社会科学和史学最丰富的材料①。

2. 南中国史学会

对于国际史学界的动向,以南京为中心的学人似乎更为关注。几乎与北京的中国史学会成立同时,中央大学的缪凤林、范西曾等人与中国史地协会张其昀合作,也成立了中国史学会。他们都是称自己的学术组织为中国史学会。为了好区分,学界将其区分为南北史学会。

南中国史学会的创办与南高师史地学派密不可分。1922 年,陈训慈在《史地学报》1 卷 2 期上发表了《组织中国史学会问题》一文,呼吁成立全国性的史学会。他认为,西方在 16 世纪后叶出现了专门的考古团体,其后不久就出现了法国古碑铭皇家学会等专门学术团体,"自后史学研究,日臻发达,至十九世纪中叶,各国史学会兴起日多"。截至 1908 年,英国有史学会 28 个,法国 26 个,德国 38 个,比利时 7 个,而且史学会的数量与该国的史学研究水平成正比,德国数量最多,其历史研究水平也是国际领先。当时世界范围内的史学研究,就其研究成就而言,德国确实傲视全球。返顾中国,学术不振、出版界也相当沉寂,其因全在没有专门的史学团体。中国史学会的创办将来可在三方面发生重要影响:一、促进实学之研究;二、表白中国文化;三、增加与保存史料。上述三端仅是举其大者而言,"至于研究史之教法,利用史学以为他学之取用,乃至间接裨助社会,其重要,尤有不可胜言者"②。他列举了史学会的主要任务,即整理旧史,编订新书,探险考察,保存古物,组织图书馆博览室,参与近史撰著等,希望各大学史学教授及专门史家联合发起,聚集同志,募集经费,建筑会所③。1929 年 3 月南中国史学会出版了学会的附属杂志《史学杂志》。

与北中国史学会相比,南中国史学会更加关注国际史学的动态,甚至在《史学杂志》上全程报道了国际历史学会第六届大会。南北中国史学会局面

① 朱希祖:《发起中国史学会的动机和希望》,朱希祖著,周文玖选编:《朱希祖文存》,上海古籍出版社 2006 年版,第 333—335 页。
② 陈训慈:《组织中国史学会问题》,《史地学报》1922 年第 1 卷第 2 期。
③ 陈训慈:《组织中国史学会问题》,《史学年报》1922 年第 1 卷第 2 期。

的形成与国民政府迁都南京,政治中心的南移有着密切关系。朱希祖发起中国史学会似乎是为了维持北京作为学术文化中心。南北学人为争夺文化中心地位而同时组织了两个史学组织。两个中国史学会虽然反映了学人对于专业学术团体的向往和追求,但是由于种种原因,他们终究没有什么大的作为,昙花一现,很快就不了了之了。

当时中国学界南北学统间的无形对立,使得成立全国性的史学研究会成为一种不可能。从学衡派对新文化运动,尤其是对胡适治学的批评,到史地学派与古史辨派的论战,无不说明了南北学界之间存在巨大差异和对立。按照胡适的说法,就是南北治学精神存在差异。南北两方面的学风存在很大差异,"南方史学勤苦而太信古,北方史学能疑古而学问太简陋。将来中国的新史学须有北方的疑古精神和南方的勤学工夫。"①就大致情况而言,当时南北学风差异确实如此。此种差异反映到学校之间,就无形中形成了南高(东南大学)与北京大学之间的对立。当时南高史地研究会致函北大史学读书会,试图联络感情而无回应,就在一定程度上彰显了北方学界以正统自居,对南方学人的学术活动不甚在意的一种心态。② 此种情状的存在,决定了如果没有强有力的外界因素的影响等原因,南北史学界联合而组建成全国性的史学会只能是一种空想。

南北学界同时出现中国史学会,说明史学界对于协作治史已经在某种程度上达成了共识,在理论上为成立全国性的统一的中国史学会打下了基础。但南北两方的中国史学会均无多大建树,都未能使对方心悦诚服。

(二)1943 年成立的中国史学会

对外学术交流再度强化了成立全国性史学会的迫切性。1933 年在华沙召开的第七次国际史学大会,中国依然没有代表参加。1936 年底,国际历史学会会长田伯莱教授来华,12 月 1 日,顾颉刚、陶希圣、连士升等人到其下榻的北京饭店拜会,商议组织中国历史学会以便加入国际历史学会的事宜。次

---

① 中国社会科学院近代研究所中华民国史研究室编:《胡适的日记》,中华书局 1985 年版,第 438 页。

② 参见钱穆:《八十忆双亲·师友杂忆》,生活·读书·新知三联书店 1998 年版,第 165—191 页。

日,田伯莱致函顾颉刚,请其协助进行此事①。

　　田波莱是应上海各大教授会常委康选宜邀请来华的。"康氏以中国至今无历史学会之成立……以提高国人对史学之注意,并促进中国历史学会之成立。康氏抵平后,与平方历史学者研讨结果,认为确有从速组织中国历史学会之必要,并决定由北京大学历史系主任姚士鳌先生及清华大学历史系刘主任负责,在平联络发起;中央大学罗校长负责在京联络发起;上海方面则由康氏南返后进行,务期赶速成立,并希望派代表出席一九三八年在瑞士举行国际历史学大会。"②在确认田波莱会努力帮助中国加入国际历史学会后,顾颉刚与郑振铎、罗家伦等人开始积极筹组中华史学会,作为中国研究历史的最高研究团体。但由于时局变换过快,抗战军兴,筹组中华史学会一事就此作罢,最终没能成立。

　　田波莱来华虽未能真正促成中国史学会的诞生,但在很大程度上让中国史学界学人明白了努力方向。随着抗战爆发,民族危机进一步加深,南北学人终于开始逐渐摒弃前嫌,不再过分主张双方在精神方面的不一致,开始了合作。1943 年 3 月 24 日,中国史学会成立大会在重庆中央图书馆举行,至此中国出现了形式上统一的史学会,南北学者也在一定程度上统一于中国史学会之内。制定了《中国史学会会章》,选举了监事会。由大会选出的中国史学会职员,有理事 21 人:顾颉刚、傅斯年、黎东方、雷海宗、徐炳昶、陈寅恪、金毓黻、钱穆、朱希祖、吴其昌、胡适、缪凤林、柳诒徵、姚从吾、沈刚伯、黎锦熙、卫聚贤、萧一山、张其昀、陈安仁、陈训慈。候补理事 9 人:罗香林、陈衡哲、王芸生、方豪、贺昌群、陆懋德、丁山、张西堂、向达。监事 7 人:吴敬恒、方觉慧、张继、蒋廷黻、吴俊升、蒋复璁、邹鲁。候补监事 3 人:陈东原、王迅中、蒙文通。3 月 26 日下午 2 时,如期召开中国史学会第一次理监事联席会议,选举常务理监事,共选出常务理事 9 人:顾颉刚、傅斯年、黎东方、朱希祖、缪凤林、陈训慈、卫聚贤、金毓黻、沈刚伯;常务监事 3 人:吴敬恒、方觉慧、蒋复璁,并推定黎东方兼任中国史学会秘书③。

　　①　顾潮编:《顾颉刚年谱》,中国社会科学出版社 1993 年版,第 264 页。
　　②　《康选宜发起组织中国历史学会》,《图书展望》1936 年第 2 卷第 2 期。
　　③　桑兵:《二十世纪前半期的中国史学会》,《历史研究》2004 年第 5 期。

根据大会通过的《中国史学会章程草案》,该会"以联络全国历史学者共同促进史学之研究及史学知识之传布为宗旨","会所设国民政府所在地",可以在各省市和各大学设立分会,会员分甲乙两种,研究院所助理员以上的研究人员、专科学校讲师以上的教员、其他学术机关相当于上述资格的人员以及有历史专著的人士可为甲种会员,研究生、助教、史学及史地系毕业生以及大学毕业后连续担任中学历史教员五年以上者,可为乙种会员。章程规定会员大会每年举行一次,理事会、监事会每三个月开会一次,常务理事会、常务监事会每月开会一次,将进行沟通国内外史学研究、整理史料、出版史学书刊、协助会员从事专门研究等事项①。尽管中国史学会中内部也隐藏着不少矛盾,但是它的成立对中国史学的发展起着重要作用,顾颉刚发挥的作用不容忽略。

在民国时期,南高史地学派成员都在孜孜不倦追求着成立统一的全国性史学会的愿望,从南高史地研究会的"仅具先声",到中国史地学会,再到南京中国史学会,乃至到抗战时期的中国史学会,无不留下他们努力的足迹。

---

① 王煦华:《抗日战争期间的中国史学会》,上海图书馆历史文献研究所编:《历史文献》第4辑,上海科学技术文献出版社2001年版,第221—225页。

第四章　民国时期中国史料整理及通史、断代史、专史撰述

一、新史料的发现

新史料的发现是 19 世纪末 20 世纪初中国历史学发展的一大特点和成就。这一时期发现的史料无论是质量还是数量都远远超过历史上的其他时期，主要有四：一、安阳殷墟的发掘与甲骨的出现；二、战国、秦汉、三国、两晋竹简的出土；三、敦煌藏经、文书、壁画等古物的发现；四、明清档案的公开。陈寅恪谓："一时代之学术，必有其新材料与新问题。取用此材料，以研求问题，则为此时代学术之新潮流。"①新史料的发现为民国学术发展注入新的活力，而它们的发现却存在着一定的偶然性与随机性。

（一）甲骨文的发现

甲骨文是一种契刻或撰写在龟甲和兽骨上的古文字，这是一种约定俗成的叫法。甲骨文被发现之初，学者们对其命名并不统一，命名的方式一般分为根据出土地点命名、根据契刻方式命名和根据记录文字的功用命名。在命名时或采用其中一种方式，或将几种方式混合使用。根据对甲骨文的整理和研究的作品及相关记录，学界早期对甲骨文的称呼主要有殷墟文字、殷契刻辞、贞卜文字、龟卜文、契文、甲骨刻文、甲骨刻辞、殷墟卜辞、贞卜文、殷契、殷墟书契、殷商文字、甲文、龟甲文等。"甲骨文"的称呼不知由何时因何人而起，但却因其简单形象地表现出这一文字最直观的特点被广泛熟知。

甲骨文的发现是指流于民间的甲骨上的符号，被有学识的人鉴定出是一种古老的文字。可以说甲骨文被发现之前经历了相当长时间的"错误放置"，

---

①　陈寅恪：《金明馆丛稿二编》，上海古籍出版社 1980 年版，第 236 页。

它们或被长期埋藏于地下,或被挖掘出来却因无人认识到其的价值而被毁坏,甚至后来被当作药材。直到 19 世纪末以后,甲骨文才迎来了它的"古董时期"。① 关于甲骨文被发现的时间及发现者,出现过三种说法:第一种认为甲骨文被发现于 1899 年,发现者为国子监祭酒王懿荣;第二种认为甲骨文被发现于 1898 年,发现者为著名学者王襄和孟定生;第三种认为甲骨文被发现于 1894 年,发现者为画家胡石查。以上三种说法,目前 1899 年王懿荣发现说最为多数学者所接受。

王懿荣是著名的金石学家,具有很深的古文字学造诣,这一学术背景对他能够发现甲骨文是至关重要的。而甲骨文的发现,是一个偶然的事件,据他儿子王汉章的记述:"回忆光绪己亥、庚子间,潍县估人陈姓,闻河南汤阴县境小商屯(地方志称河亶甲城,俗呼何三家城七村,总名小商屯)出有大宗商代铜器,至则已为他估席载以去,仅获残鳞剩甲,为之嗟然。乃亲赴发掘处查看,惟见古代牛骨龟版,山积其间。询之土人,云牛骨椎以为肥田之用,龟版则药商购为药料耳。估取其一稍大者,则文字行列整齐,非篆非籀,携归京师,为先公述之。先公索阅,细为订考,始知为商代卜骨,至其文字,则确在篆籀之前。乃界以重金,嘱令悉数购归。"②自此甲骨文进入学者的视野,学界开启了对它的收集和研究之路。

甲骨文以史料形式进入学界之后,引起了高度重视,在确定了出土地点后,从 1928 年 10 月至 1937 年 6 月全面抗战开始之际,中央研究院历史语言研究所先后在河南安阳殷墟进行了 15 次发掘,出土甲骨 24918 片。③ 这一重大收获为后来的甲骨学研究提供了重要的资料来源,大大促进了相关研究工作的开展。

(二)汉晋简牍的发现与公布

简牍是竹简和木牍的概称,上承甲骨金文,下启魏晋以后纸的广泛使用,是战国至魏晋时期重要的文字载体。

简牍的出土在古代已有,但是数量极为有限,其研究的价值也远远未被发

---

① 参见胡厚宣:《五十年来甲骨学论著目·序》,中华书局 1952 年版。
② 王汉章:《古董录》,《河北第一博物院画报》1933 年第 50、51 期。
③ 因学界对此记载不同,此处采用曹定云在《殷墟甲骨文研究百年回顾与展望》一文中所记数据。

现,所以说真正有目的的发掘和研究简牍,是从近代开始的。

近代汉晋简牍的发现对于中国学界来说是悲喜交加的,喜的是这一新史料的发现丰富了我国的文化遗产,开拓了研究的新路径;悲的是近代第一枚简牍虽然出土于中国,但却染上了近代中国的悲惨色彩,长期为外国探险家劫掠,导致被发现之后没有立即引起中国学界的关注。

近代中国简牍的大量出土与欧洲"探险家"英籍匈牙利人马尔克·奥莱尔·斯坦因(Marc Aurel Stein)、瑞士人斯文·赫定(Sven Anders Heidi)、俄国人科兹洛夫(Pytro Kuzmich Kozlov)、日本人橘瑞超以及中国瑞典合组的中国西北科学考察团中国团员黄文弼、瑞士团员贝格曼(Folke Bergman)的活动密不可分。

作为四大文明古国之一,中国有着悠久的历史传统和灿烂的古代文明,欧洲考古学进入相对成熟的时期之后,一些考古学家意识到中华文明在世界文明史上的地位,在列强各国瓜分中国的政治、军事浪潮中,考古学界也渗透进来,于1899年和1902年的第十二、十三届国际东方学会议上筹建探险组织以向中国进行"探险式的考古"活动。此后,一大批世界考古学者,开始在中国西北部的"古丝绸之路"上活动,这也是早期简牍的出土全部集中在西北地区的主要原因。

早期发现的简牍以敦煌汉简、李柏文书、居延汉简为最。

第一个进入西北地区的外国探险家是斯文·赫定,而第一个发现简牍的外国探险家却是斯坦因,他曾于1900—1901年、1906—1908年、1913—1916年三次率队在我国西部地区进行探险、考察,掠夺了大量珍贵的历史文物,其中包括大批简牍文书。

斯坦因发现简牍是在一个偶然的时机。1901年,他率队第一次进入和阗地区,其中一名队员从看热闹的村民伊布拉辛手中发现记有文字的木牍。斯坦因长期进行东方学研究,精通梵语和印度俗语,认出木牍上所刻的文字为佉卢文,遂雇佣伊布拉辛为向导进入木牍的出土地尼雅遗址进行了为期两周的调查,出土了40余枚中文简牍和524枚佉卢文木牍,其中出土的中文简牍多为魏晋简牍。由于斯坦因不懂汉语,回国之后,他将所获文书委托给法国汉学家沙畹(Edouard Chavannes)研究,沙畹于1907年发表文章《丹丹乌里克、尼雅与安迪尔发现的汉文文书》(*Chinese Documents from the Sites of Dandan-Uiliq,*

Niya and Endere),此次出土文书得到公布。

1906 年,斯坦因来中国进行第二次探险。他先在楼兰遗址发现一批简牍,后前往敦煌进行考察,获得简牍数百枚,此次发现的简牍多为汉代简牍,这批史料在沙畹于 1913 年发表的《斯坦因在东土耳其斯坦考察所获汉文文书》(*Les Documents Chinois Decouverts Par Aurel Stein Dans les Sables Du Turkestan Oriental*)一文中得到公布。

1913 年斯坦因开始了他的第三次探险,重访尼雅、楼兰遗址和敦煌,在敦煌遗址中再次获得大量汉代木牍,此次探险所获文书,由沙畹的弟子马伯乐进行研究,但成果未及时发布。

斯坦因的三次探险所发现的简牍中以"敦煌汉简"数量最多。

"李柏文书"于 1909 年被日本大谷探险队的成员橘瑞超在楼兰遗址的海头故城发现。"李柏文书"是五胡十六国时期前凉国唯一有史书可证的重要人物的文书遗迹。李柏是前凉国的西域长史,文书为李柏在 328 年从海头给焉耆国的几个国王发出的信函草稿,是前凉简牍资料中最为集中、内涵最为丰富的文书资料。

1927—1933 年,中国和瑞典合作组成中国西北科学考察团,几年间共有两大收获:一是 1930 年初,中国学者黄文弼在新疆罗布淖尔地区出土 71 枚汉简;二是在同年瑞典团员贝格曼在古居延旧地发掘出土了近一万枚汉简,命名为"居延汉简",这是民国时期发现汉简数量最多的一次。居延汉简在整理工作中遇到中国全面抗日战争的爆发及太平洋战争的爆发,命途多舛,简牍照片在战争中被毁,幸有劳幹先生留有副本,考释作品才得以出版。

(三)敦煌古物的发现

敦煌古物包括大量的敦煌文书以及珍贵的美术作品。文书以佛教典籍和寺院文书为主,另外涉及的内容包括宗教、历史、地理、语言、文学、美术、音乐、天文、历法、数学、医学等方面,是研究东汉、两晋、北魏、西魏、梁朝、北周、隋、唐、五代、北宋、西夏、元各朝文明的重要资料,具有丰富的文献价值。

最初发现敦煌古物的是中国人,但并未使其进入学术领域,发挥它们的价值。真正让中国学界认识到这批古物存在的是外国探险家。所以敦煌古物的发现与汉晋简牍一样,与外国探险家的"探险式考古"活动有关,也同样带有强烈的屈辱色彩。

大量的敦煌古物最初是由道士王圆箓在偶然中发现的。1900 年，王道士重修庙宇，在清除甬道的积沙时，出现一道裂缝，清理之后发现是一道门，门后是一间装满了经卷和画绣品的石室，这个石室当时被他命名为"藏经洞"。或许因为王道士没有认识到这批古物的价值，此处又偏远荒凉，远离政治文化中心，在有了如此重大的发现之后，王道士竟然将这座石室封锁起来，秘不示人，导致这批古物在被发现之后的几年内鲜为人知。

让王道士重新打开"藏经洞"大门的是斯坦因。1907 年，斯坦因第二次到中国进行探险式考古时来到敦煌，得知了"藏经洞"的存在，便开始利诱王道士以掠走这批古代文物。起初他想用金钱收买王道士，通过利诱打开"藏经洞"的门，但王道士或者出于对宗教的情感，或者怕激起众怒，致使斯坦因的金钱利诱策略没有起到任何效果。随后，斯坦因开始采用攻心术，他发现在寺庙内新建的凉廊上的绘画都以《西游记》的故事为题材，遂猜测王道士崇敬唐玄奘，而斯坦因本人也是在玄奘的《大唐西域记》的影响下才到东方来进行探险和考古的。有了这样的共同点，斯坦因开始向王道士渲染他对玄奘的崇拜，"述说我自己之崇奉玄奘，以及我如何循着他的足迹，从印度横越峻岭荒漠，以至于此的经过"[①]，在这样一番心理攻势之下，王道士放松了对斯坦因的警惕，为他打开了"藏经洞"的大门，也开启了斯坦因对敦煌古物的掠夺。因为斯坦因在此次掠夺敦煌古物时与王道士约定他离开中国国土之前，这批古物的来历除了他们二人和蒋师爷[②]之外，不能让其他人知道，所以此次斯坦因虽从敦煌掠走了近万件文物，但并不为人所知，当时的中国学术界还不知道敦煌古物的存在。

把敦煌古物带进中国学界视野的是法国著名的东方学家伯希和。

1908 年，在斯坦因掠走敦煌大量古物之后的第二年，伯希和亦到敦煌进行他的"探险式考古"活动，同样诱导王道士开启了"藏经洞"的大门，并掠去大量的中文写本。1909 年，伯希和回巴黎时，途经北京，并在六国饭店展示这批写本，自此敦煌古物开始为中国学界知晓。随后，在罗振玉和李盛铎等人的呼吁下，学部将余下的敦煌文书运到北京，保存在当时的京师图书馆中。除此

---

① ［英］斯坦因著：《斯坦因西域考古记》，向达译，中华书局 1936 年版，第 143 页。

② 即蒋孝琬，当时在新疆莎车衙门任职，斯坦因第二次进入新疆后，蒋充当斯坦因的助手，在斯坦因欺骗王道士的过程中起了重要作用。

之外，仍有一些文书或因王道士藏匿至今无存或落在当地士绅手中。

（四）明清档案的公布

明清档案包括明清内阁大库档案和清军机处档案。明朝始设内阁，是政令所从出的地方，清初沿袭明朝设置内阁，雍正时期，设立"军机处"，自此之后，内阁形同虚设。内阁的权力被军机处取代之后，所存明清两朝留下来的旧档案不再为人重视，分存礼、乐、射、御、书、数六库之中，前四库为档案，包括明档、清档和清盛京旧档三类；后两库为典籍，"多为明文渊阁遗存"。因内阁大库规定"一应官员闲杂人等不许擅入"，致使这些珍贵的档案资料几百年来尘封于世，无人问津。

甲骨文、汉晋简牍和敦煌古物这三种史料的发现与近代考古学的发展密切联系，而明清档案因其文献的属性公布于世的过程不同于以上三种，所涉人事多为京城学者和政府大臣之间的较量。其中罗振玉两次抢救这批珍贵的档案，是中国近代史学史上一件值得称道的事。

清宣统元年（1909年），因内阁大库年久屋坏，需要修理，于是将这些档案移至文华殿两庑，因档案太多，摆放极为凌乱，"露积库垣内尚半"。同年，醇亲王载沣任摄政王监国，希望从大库档案中查阅到清初多尔衮任摄政王举办摄政典礼时的档案以做参照，但是没有检索到，于是内阁大臣就以档案无用者太多为由奏请焚毁礼乐射御四库所存的档案。其他两库所藏典籍应当时军机大臣、管理学部事宜的张之洞之请，设学部图书馆以藏之，派学部参事罗振玉到内阁大库挑选。罗振玉见档案随便堆放，随手抽出两束查看，发现这些档案有重要的史料价值，因此恳请张之洞上奏罢焚，得到朝廷批准，将档案中案卷之类的存到国子监南学，试卷之类的存于学部大堂后楼。这是明清档案第一次流出宫外。

民国元年（1912年），教育部在国子监设立历史博物馆筹备处，后来因历史博物馆地理位置偏僻、馆舍狭隘，1917年教育部决定将其迁至午门和端门，因馆内无处存放，遂将档案和试卷存于端门门洞中。1921年，因经费紧缺，历史博物馆将一些较为破碎的档案（约占明清档案的四分之三）装成8000麻袋（一说9000麻袋），共15万斤之多，以4000元的价格卖给同懋增纸店，用作"还魂纸"的原料。后被罗振玉得知以三倍的价格将原物购回（事实上，同懋增纸店已经将一部分档案零售，所以罗振玉购回的只是一部分，而并非全部，但也是数量众多)存于北京和天津两处。在整理过程中,罗振玉发现仅凭一人之力难以将如此数量的档案整理完成,于是以16000元的价格将一部分卖给李盛铎,一部分卖给日本人,自己保留一部分。罗氏自己保留的部分于1936年捐赠给奉天图书馆。卖给李盛铎的部分李氏以18000元的价格将大部分档案于1929年卖给了中央研究院历史语言研究所,辗转一圈,这批档案又回到了政府的掌握之中,但这次回归它的身份由废纸变为珍贵的史料。值得注意的是,1912年教育部从内阁大库移出的档案并非全部,剩余部分后来由故宫博物院整理。

军机处的档案,民国初年在国务院总理孙宝琦的呈请下,被袁世凯移到中南海的集灵囿后楼,十多年间无人触及。故宫博物院成立后,在陈垣等人的努力下,档案于1926年被移至故宫博物院。

除上述四种外,新发现的史料还包括铜器群,有新郑与浑源铜器群、洛阳铜器群、寿县铜器群、安阳铜器群、濬县铜器群等以及史前遗迹的发现,为断代研究提供了新资料,在一定程度上促进了我国考古学和史前史以及先秦史的研究,改变了中外史家对中国早期文明的认识。

众多新史料的发现使史学界出现了两种截然不同的风气,一种是面对新史料的出现,一大批史学家开始充分利用新发现的史料做研究,并在新的研究观念和方法的指导下,形成了专门的学问。因这一派学者众多,成果丰硕,基本掌握了"话语权势",由此影响了整个民国时期史学的发展,成为"主流史学"。同时也出现了以章太炎为代表的所谓"旧派"对重视史料的新派的批评,认为"昔人治史,寻其根株;今人治史,摭其枝叶。"①持这种观点的传统史学家也有为证明不用新材料也能写史,全然用旧史料著述的,邓之诚的《中华二千年史》就是其中一例,对于新派史家之看重实物材料,邓氏批评说:"谓金石以外无史,窃以为稍过……又今人喜胪前人实物,宝为重要史料……特凡此种种,不过证史而已。史若可废,考证奚施?且实物发现,较之史书所纪,固已多少不侔矣。"而他自己的态度则是:"求证于金石甲骨,所得既渺,毋宁付之阙如。"②随着大量新材料的发现,新的史学风气已势不可挡。

---

① 章太炎:《救学弊论》,《华国月刊》第1卷第12期,1924年8月。
② 邓之诚:《中华二千年史·叙录》,商务印书馆1935年版,第4页。

二、史料整理及相关学问的形成

大量的新史料在 19 世纪末 20 世纪初被发现和公布，为民国史学提供了宝贵的研究资料，并逐渐发展为专门学问，对民国时期史学的发展产生了重要影响。

（一）甲骨文的整理与甲骨学的形成

甲骨文被发现之后，迅速引起了学术界的广泛关注。在经历了民国以前的搜集与著录之后，甲骨文的研究正式步入正轨，有"雪堂导夫先路，观堂继以考史，彦堂区其时代，鼎堂发其辞例"之说。[1] 甲骨研究四堂即罗振玉、王国维、董作宾和郭沫若的研究成果代表了民国时期学界对甲骨文内容研究的几个方向及成就。

早期对甲骨文研究贡献最大者当属罗振玉。所谓"雪堂导夫先路"，甲骨文发现以后的第一部名著即为罗振玉在 1914 年出版的《殷墟书契考释》[2]，该书包括"都邑、帝王、人名、地名、文字、卜辞、礼制、卜法"等部分，考释甲骨文字 485 个、商王名 22 个、先妣 14 个、人名 78 个、地名 193 个，后增订本出版，考订文字 560 个，商王名 23 个、先妣 16 个、人名 90 个、地名 230 个。这本书对甲骨文字的释读具有开创意义，亦有不少人因此书走上甲骨学研究的道路。

随着殷墟考古的发掘，大批的甲骨陆续出土。这一时期对甲骨文字的考释理论开始形成，贡献最大者当属唐兰，此外于省吾、丁山、陈梦家亦有颇多建树。

唐兰在 1934 年出版了《殷墟文字记》，1935 年出版《古文字学导论》，1939年出版《天壤阁甲骨文存并考释》。他在《古文字学导论》中提出了识别古文字的新方法，大大方便了对文字的认识以及识字的准确性，此书至今仍是学习古文字学的教科书。据他自己在《天壤阁甲骨文存并考释·序》中表示："余

---

[1] 唐兰：《关于尾右甲刻辞》，《考古社刊》1935 年第 6 期。
[2] 虽然在此书出版之前有被称为甲骨文研究的第一部著作——孙诒让在 1904 年写成的《契文举例》，但它在 1917 年才得以出版，且依据的材料有限，只有刘鹗《铁云藏龟》著录的甲骨文字 1085 片，并未引起当时学者的关注，影响不大。1910 年罗振玉出版的《殷墟贞卜文字考》，亦影响有限。

于卜辞文字,致力最久,所释倍于前人",这样的自信也是来源于他所创造的识别古文字的新方法。

于省吾对甲骨文字考释的贡献集中在 1940—1943 年出版的《双剑誃殷契骈枝》初编、续编和三编中。在这"三编"中,他共新识或纠正过去的误释文一百余字,是罗振玉、王国维以来,识读甲骨文数量最多准确性最高的学者。

丁山在文字考释上的成就集中在《历史语言研究所集刊》上发表的《释疾》《释梦》《释蒙》《殷契亡尤说》《宗法考源》等文章中,他能够通过对甲骨文的考释,进而进行相关的史实论证,最后构建出一套古史体系。

陈梦家也是研究甲骨文字的代表,他从 1932 年开始进行甲骨文研究,其著作《殷墟卜辞综述》于 1956 年出版,但其中大部分的研究成果来自 1932 年以来的旧稿,该书涉及了甲骨文字考释、断代以及商代的历法、地理、制度、农业、宗教等方面,可以说是研究甲骨文的百科全书。

"观堂继以考史",王国维虽对甲骨文的考释也有一定的贡献,成果在 1917 年著成的《戬寿堂所藏殷墟文字考释》一书中,但他的甲骨文研究的贡献主要是利用甲骨文研究古史,奠定了甲骨文在史学研究上的地位。

王国维在 1917 年发表《殷卜辞中所见先公先王考》及《续考》,考证了甲骨文中出现的商代的先公、先王和父兄之名,论证了在《史记·殷本纪》中所列商王世系基本可靠,证明了《史记》所记载的商王朝确实存在。这两篇文章将甲骨文与古代历史文献相结合进行研究,将甲骨文研究推进到了考史的方向。此外,王氏另有《殷周制度论》与《殷礼征文》探讨殷商制度及礼制。1925 年,王国维在清华国学研究院的讲稿《古史新证》中,力倡"二重证据法",主张用地下之新材料来佐证纸上材料,在将甲骨文与历史研究相结合的同时,也催生了中国近代考古学的兴起,进而有了三年后的殷墟考古发掘。

在甲骨文的古史研究方面,继王国维之后最有成就的是郭沫若。

郭沫若于 1928 年开始研究甲骨文,"就诸家所已拓印之卜辞,以新兴科学的观点来研究中国社会的古代"[1],成为马克思主义史学的创始人,写了大量的甲骨文研究论著,以下五种为其中的代表:1930 年出版的《卜辞中的古代社会》、1931 年出版的《甲骨文字研究》、1933 年出版的《卜辞通纂》、1933 年出

---

① 郭沫若:《郭沫若全集·历史编》第 1 卷,人民出版社 1982 年版,第 196 页。

版的《殷墟余论》以及 1937 年出版的《殷墟粹编》,另有其他成果散见于各种论著。其中以《卜辞通纂》和《殷墟粹编》的影响最大,二书所收的拓本基本包括了殷墟考古发掘前出土甲骨的精华,长期受到学术界的关注,直到现在仍是很多初学者的必读书。

与雪堂、观堂、鼎堂不同的是,彦堂董作宾是四堂中唯一一个参与考古挖掘,见证甲骨文出土的。董作宾甲骨文研究的主要贡献是断代分期,这一贡献也是得益于他参与的殷墟考古发掘工作。甲骨文的断代研究,在甲骨学上是非常重要的事。董作宾之前,王国维曾采用过称谓断代的方法,但此法存在很多缺陷,导致断代不准确。1928 年历史语言研究所在董作宾的建议下开始进行殷墟发掘,第一次由董作宾主持,其后直到 1937 年的 14 次发掘董氏亦有大半参加。在实地发掘过程中,他发明了用"贞人"来断代的方法,为甲骨文分期断代提供了一条有效的途径。董氏将研究心得于 1932 年撰写《甲骨文断代研究例》一文,提出十个断代标准,将甲骨断代分为五期。十个标准为:世系、称谓、贞人、坑位、方国、人物、事类、文法、字形、书体。五期分别是第一期:盘庚、小辛、小乙、武丁;第二期:祖庚、祖甲,第三期:廪辛、康丁;第四期:武乙、文丁;第五期:帝乙、帝辛。这一研究成果在甲骨文研究历史上具有里程碑式的意义。1934—1943 年,董作宾编写完成的《殷历谱》14 卷于 1945 年出版,是对甲骨文断代的进一步研究,此书对甲骨文的分期、分类、分派有重要的价值。

自甲骨文问世以来,在罗振玉、王国维等人的影响下,一批学者投入到对甲骨文的整理和研究中,并取得了丰硕的成果,使甲骨学逐渐成为专门之学。

(二)汉晋简牍的整理与简牍学的形成

民国时期汉晋简牍的研究充满了辛酸,中国境内出土汉晋简牍大部分被外国探险家掠夺到国外去,中国学者对简牍的研究更多的是依靠外国人提供的照片,所以民国时期中国学者在简牍上所做的研究不仅仅是学术上的贡献,同时反映了精神上的不屈。

20 世纪初期汉晋简牍的出土零散,且出土之后整理公布时间较晚,传到中国的时间更晚。1900 年斯坦因在尼雅地区发现第一枚汉简后,直到 1914年才有了中国学者的第一部研究成果。

民国时期的简牍研究从对简牍的释读开始,继而在此基础上进行考史、证史、补史,不断扩大简牍学的研究范畴。

1914 年，王国维和罗振玉依靠沙畹《斯坦因所获中国简牍考释》中收入的 991 片简牍，编为《流沙坠简》三卷，按照文书的性质，将全书分为三大类进行简牍考释。第一类为小学术数方技书，第二类为屯戍丛残，第三类为简牍遗文，第一类和第三类由罗振玉考释，第二类由王国维考释，后另作《流沙坠简补遗》，收录斯坦因在《古代和阗考》中所载的尼雅文书，附录李柏文书。后来随着简牍材料的不断公布，又有王国维《流沙坠简补正》一卷，贺昌群《流沙坠简校补》一文，对原书进行补订。

《流沙坠简》一书开启了国内对汉晋简牍的研究，奠定了国内简牍研究的基础，在国内外均引起了极大的反响。

斯坦因第三次中亚探险获得的大量文书由马伯乐进行释读研究，其间约同中国留法学者张凤一起进行考释。1925 年，张凤回国，马伯乐将斯坦因第三次中亚探险出土的简牍照片和沙畹以前考释的简牍照片和书籍送予他。1931 年，张凤将这些材料进行整理加以文字考释，编成《汉晋西陲木简汇编》一书，收入敦煌和楼兰出土的木简 200 余枚，简牍年代跨越两汉魏晋，为研究这一历史时期边地的社会经济状况提供了丰富的资料。值得一提的是，该书的出版使斯坦因第三次从中亚探险所获文书提前二十多年进入中国学者的视野。原因在于斯坦因回国之后将文书交与马伯乐研究，马伯乐于 1920 年开始整理考释，1936 年完稿，但由于第二次世界大战爆发，出版受到拖延，马伯乐因积极参加反对纳粹德国的斗争于 1945 年死于德国集中营，该书在战后经各方努力于 1953 年才得到出版。所以张凤的《汉晋西陲木简汇编》对于这二十多年间的汉晋简牍研究有重大的推动作用。

罗振玉、王国维以及张凤等人在这一时期进行的简牍研究几乎全是在没有见到实物的情况下，利用外国人提供的简牍照片展开的，其中的艰辛可想而知。

1927 年在中国学者的努力争取下，终于有机会参与西北的科学考察工作。1930 年黄文弼在罗布淖尔发现 71 枚汉简，这是近代以来第一批由中国学者发现的简牍，也是在西北地区发现的汉通西域以后年代最早的一批简牍，为研究西汉边地的政治社会情况提供了一手资料。此后，黄文弼很快便着手整理研究，在艰苦的环境下，于 1948 年完成《罗布淖尔考古记》一书，记述了他在西北地区的考察情况并用考古学的方法对发现的 71 枚木简进行了考释和研究。

在罗布淖尔地区发现汉简的同年，西北科学考察团的另一位成员瑞典人贝格曼发现了居延汉简，因在合作前，双方有协定，"考察成果归中国"，所以即使瑞典一方想把汉简带回国，但在中国学者的强烈阻止下，居延汉简最终得以保留在中国境内。

居延汉简的整理研究工作由双方学者共同参与，简牍照片双方共享。瑞典方面派出瑞典人高本汉和法国人伯希和，中国方面最初由马衡和刘复参加，不久刘复逝世，又派出劳幹、向达、贺昌群、余逊协助马衡研究，傅明德、傅振伦协助清理、编号、登记。

研究工作最初在北京进行，但是抗日战争爆发后，为安全起见，简牍原版被转到香港大学，马衡、劳幹、贺昌群、余逊所作的释文本定由商务印书馆在香港影印，书未出而太平洋战争爆发，书稿下落不明，简牍原版也再次转移，被送到美国国会图书馆。原版照片也在日军的轰炸中被毁，致使这批简牍很长时间得不到公布。即使在如此艰苦的条件下，参与研究工作的各位学者也取得了一些成果，其中以劳幹的贡献最大，他用原简的繁体照片于1943—1946年编成《居延汉简考释·释文之部》《居延汉简考释·考证之部》《居延汉简考证补正》，在对简牍进行释文的基础上，将简牍内容作为史料，对汉代历史进行全方位研究。

1944年中央博物馆、中央研究院和北京大学文科研究所共同组成的西北科学考察团成立，这是第一支完全由中国人组成的西北考察团。夏鼐做领队，在敦煌地区再次发现48枚汉简，1948年作《新获之敦煌汉简》一文公布了这批文书并作出相关研究。

民国时期的简牍学研究除释文以及将简牍与历史学研究相结合之外，另有对简牍之形制进行研究，以王国维的《简牍检署考》、马衡的《中国书籍制度变迁之研究》以及陈槃的《汉晋遗简偶述》的影响最大。

（三）敦煌古物的整理与敦煌学的形成

敦煌古物出土后，大部分被劫走，幸在罗振玉等学者的努力之下，得到一部分影印本和照片，并建议学部将经掠夺后剩余的文物从敦煌运至北京，这才有了后来我国敦煌学研究的史料基础。

在大多数的文物被外国人掠走的情况下，敦煌学的研究依然始于中国。

敦煌学研究包括对敦煌文书和敦煌石窟艺术等方面的研究。民国时期敦煌学的研究路径由单纯地对已出土带回的文献进行研究,发展到实地考察,将实物与文献相结合,研究规模从敦煌文书扩大到包括石窟艺术在内的整个敦煌文化。

中国学界对敦煌文书的整理和著录包括两个部分:一是查抄国外所藏的敦煌文献;二是对运回北京的文献进行整理。

1909年,罗振玉、蒋斧、王仁俊等人抄录伯希和携带的敦煌文书,辑印《敦煌石室真迹录》和《敦煌石室遗书》,开启了敦煌学的整理和研究。

后来,有一批中国学者赴国外抄录。如罗福苌1923年出版《伦敦博物馆敦煌书目》和《巴黎图书馆敦煌书目——伯希和氏敦煌将来目录》;王重民分别于1936年和1941年出版《巴黎敦煌残卷叙录》两卷,1939年出版《巴黎伦敦所藏敦煌残卷录十二篇》;向达分别于1937年和1939年出版《记伦敦所藏的敦煌俗文学》和《伦敦所藏敦煌卷子经眼目录》,劳榦1943年出版《伯希和敦煌图录解说》等。以上著录为国内学者更为全面地掌握敦煌文书材料提供了极大的方便。

国内敦煌文书的著录主要是对北平图书馆的文书进行整理。这批文书占"藏经洞"全部藏书的五分之一左右,1924年陈垣加以整理编成《敦煌劫余录》,1930年出版,共8679号,成为当时规模最大的敦煌文书整理,在国内外均产生重大影响,后来经胡鸣盛检阅,又对未登记的残页进行整理,编成1192号,两次整理共得9871号。陈寅恪在该书序中首次提出"敦煌学"的概念,肯定了对敦煌古物的研究价值。另外许国霖分别于1935年和1937年出版的《敦煌石室写经题记》《敦煌石室写经题记与敦煌杂录》、金祖同1940年出版的《流沙遗珍》也是对这批文书的著录。

以上对敦煌文书的整理和著录为敦煌学研究提供了丰富的资料,奠定了民国时期敦煌学研究的史料基础,使敦煌学的研究内容广泛涉及社会、宗教、文学、史地等方面,1944年成立的敦煌研究所在此基础上扩大了敦煌学的研究范围,尤其是丰富了对敦煌艺术的研究。

1925年刘复的《敦煌掇琐》出版,该书所依据的敦煌文书抄录自法国国家图书馆,共收录104种,分为三类:第一类是有关民间文学的材料;第二类是关于社会史的材料;第三类是关于语言文字的材料,研究内容丰富,奠定了后来敦煌学研究选题的基调。

敦煌学研究的帷幕拉开后,成果颇多,使敦煌学成为一门显学。宗教研究的书有李翊灼的《敦煌石室经卷中未入藏经论著述目录》(1912 年);向达的《论唐代佛曲》(1929 年)等。文学方面的研究有王国维的《敦煌发现唐朝之通俗诗及通俗小说》(1920 年)、《韦庄的秦妇吟》(1923 年);郑振铎的《唐代的俗文学》(1929 年)、向达的《唐代俗讲考》(1934 年)、孙楷第的《唐代俗讲的科范与体裁》(1936 年)、《敦煌写本张义潮变文跋》(1936 年)等。史地研究有王重民的《金山国事零拾》(1935 年)、董作宾的《敦煌纪年》(1943 年);陈寅恪的《唐代政治史述论稿》(1943 年)等。艺术研究有贺昌群的《敦煌佛教艺术的系统》(1931 年)、卫聚贤的《敦煌石室》(1943 年)、史岩的《敦煌千佛洞概述》(1943 年)、《敦煌石室画像题识》(1945 年)等。随着研究的不断深入,也出现了关于敦煌学宏观研究的作品,有姜亮夫的《敦煌经卷在中国学术文化上之价值》(1942 年)、傅芸子的《敦煌学三十年》(1943 年)、傅振伦的《敦煌艺术论略》(1945 年)、常书鸿的《敦煌艺术与今后中国文化建设》(1946 年)等。

(四)明清档案的整理与研究

明清档案的整理虽然没有像甲骨文、汉晋简牍、敦煌古物发现之后经整理研究形成"甲骨学""简牍学""敦煌学"一样形成"明清档案学",但对它的整理为明清史研究提供了丰富的资料,对近代史学科的建设起了促进作用,也为档案学的初步发展起了推动作用,影响不容小觑。明清档案的整理工作主要由罗振玉、北京大学研究所国学门(1934 年改称北京大学文科研究所)、故宫博物院文献馆、中央研究院历史语言研究所、清华大学历史系以及禹贡学会等单位和个人进行。

明清档案的整理工作始于罗振玉。1921 年,罗振玉将北洋政府卖给纸店的档案赎回后,略加整理,编成《史料丛刊初编》10 册。

北京大学研究所国学门整理的主要是 1921 年后存于历史博物馆尚未被卖掉的那部分档案。当时正值北大"整理国故"运动之后,感慨于档案被政府所卖,又为罗振玉赎回,向教育部申请将存于历史博物馆的档案拨归北大整理,得到教育次长陈垣的应允。档案运至北大后,北大随即成立清代内阁大库档案整理委员会,从 1922 年 7 月 4 日开始整理。为满足学界的要求,北大对档案采用边整理边公布的方式,1922 年 9 月 16 日前,每周六将整理的种类和数量公布在《北京大学日刊》上,后改为报告的形式,不定期地在《北京大学日刊》上公布目录,对重要档案的全文分类公布并说明摘录的缘由,直到 1926 年 10 月 16 日。另外,在北大 25 周年和 27 周年纪念时,展览了众多的内阁档案,让明清档案的价值为更多人所认识,使学界众人目睹了这批档案的真容,使越来越多的学者有机会利用档案材料进行研究。

在档案的整理过程中,由于大量学生的参与,档案整理的速度明显加快,同时,也造就了像郑天挺、萧一山这样的明清史研究专家。

1926 年,故宫博物院文献部开始对军机处档案进行整理。方甦生将故宫博物院对历史档案的整理分为三个阶段:拓荒时期,约自 1925 年故宫博物院成立,设文献部起至 1929 年改组为文献馆以前止;扩大整理时期,约自 1929 年文献馆成立后,至 1933 年故宫文物南运;精进时期,约自 1933 年故宫文物南运以后。① 拓荒时期的整理成果体现在 1928 年出版的《掌故丛编》②,这是继罗振玉《史料丛刊初编》之后第一次大规模的公布档案③,提高了明清档案在学人心目中的地位。可见,文献部设立以后,档案整理工作进入新时期。故宫博物院整理的档案不仅有军机处的档案,还有内阁大库档案、内务府档案、宫中档案、宗人府档案等等,均取得了丰硕的成果。

史语所在傅斯年倡导下,奉行"史学即是史料学"的观念,对明清档案这样的史料自是不能轻视。1929 年史语所自李盛铎处购得其所藏的档案后,便着手进行整理。相比北大与故宫博物院整理的档案来说,史语所收购的档案本是内阁大库的破碎档案,又经多次转手,更为零散,所以整理工作更加繁重。在条件艰苦的情况下,史语所自 1930 年至 1948 年整理出版《明清史料》甲乙丙丁四编,成为研究明清历史最直接的史料,意义重大。

蒋廷黻常到故宫博物院抄录档案进行研究,认识到档案的重要性,1929 年到清华任教后,陆陆续续购买了大量被废置的档案,这批档案以军机处和海军方面的资料为主。清华历史系设立档案室来保管这些档案,用三年的时间进行整理,参与整理工作的吴晗在此过程中获益良多,为后来的研究奠

---

① 方甦生:《整理档案方法的初步研究》,《故宫博物院年刊》1936 年创刊号。

② 之所以名为此,原因在于 1927 年文献部被改组为掌故部。

③ 此前北大公布的档案多为零星的公布,且不系统。

定了基础。

禹贡学会于 1936 年 7 月从某纸商手中购得大批清代档案,多为清代光、宣两朝案卷,因帝国主义侵略中国之中法战争、甲午战争、八国联军侵华战争都发生在这个时期,所以这些档案显得尤为重要。禹贡学会整理这批档案本为作研究之用,所以对档案的分类以实用为目的,采用简便、科学的方法进行整理,可惜的是 1936 年 12 月档案即被财政部档案保管处赎回。

以上学者和单位对档案进行整理时,多是边整理边公布,使学界能及时利用这批材料进行学术研究,产生了一大批相关的成果。在档案整理的过程中所慢慢摸索出的科学的档案分类方法,促进了档案学的建设。

三、通史的撰述及成就

(一)民国时期通史撰述概况

撰写通史,是中国史学的优良传统。关于撰述新的中国通史,进入 20 世纪以来,就有许多史家阐述过相关的设想。章太炎和梁启超关于中国通史撰述的设想标志着中国通史的编纂由传统到现代的转型,他们撰写中国通史的倡议,得到了不少学者的积极响应,根据《民国时期总书目》统计,民国时期的通史撰述取得了较大进展,数量达近 60 种之多。

张荫麟在《中国史纲·自序》中说:"现在发表一部新的中国通史,无论就中国史本身的发展上看,或就中国史学的发展上看,都可说是恰当其时。就中国史本身的发展上看,我们正处于中国有史以来最大的转变关头……第一次全民族一心一体地在血泊和瓦砾场中奋扎以创造一个赫然在望的新时代。若把读史比于登山,我们正达到分水岭的顶峰,无论四顾与前瞻,都可以得到最广阔的眼界。在这时候,把全部的民族史和它所指向道路,作一鸟瞰,最能给人以开拓心胸的历史的壮观。就中国史学的发展上看,过去十年来可算是一新纪元中的一小段落;在这十年间,严格的考证的崇尚,科学的发掘的开始,湮没的旧文献的新发现,新研究范围的垦辟,比较材料的增加,和种种输入的史观的流播,使得司马迁和司马光的时代顿成过去;同时史界的新风气也结成了不少新的,虽然有一部分还是未成熟的果……在这抱残守缺的时日,回顾过去十年来新的史学研究的成绩,把他们集结,把他们综合,在种种新史观的提警之下,写出一部分新的中国通史,以供一个民族在空前大转变时期的自知之助,岂不是史家应有之事吗?"①这段文字实际上解释了民国时期通史著作繁盛的原因,其一是中国历史进入了新阶段,日本侵华引发的严重的民族危机,唤起了史家对中国历史的回顾与反思,以宣扬爱国主义,鼓舞民族斗志。其二是中国史学进入了新阶段,新史料的发现、史学研究范围的扩大、进化史观与唯物史观的传入,使不同阵营的史家不约而同地以各自的史观重新审视与阐释中国历史。其三是史家的自觉,在激荡的历史时代,史家继承了中国史学通史撰述的优良传统,运用新观念、新方法撰述中国通史以完成自身的责任。

民国时期的通史著作呈现多元并存的发展态势,从史观上讲,总体上以进化史观为主导、马克思主义唯物史观后来居上,又有文化生命史观和生命形态史观等多元史观并存;从撰述形式上讲,以章节体为主导,也有纪事本末体和纲目体的使用;在史料运用上,既有专门用旧史料作史者,亦有大量利用新史料补充者,遂在这一时期出现了多样化的历史撰述方式,形成的风格各异的盛况到目前为止都是最壮观的一个时期。

在史家的通史撰述实践中,民国时期的通史理论也在不断发展。新型通史理论的建设始于梁启超,1901 年他在《中国史叙论》中提出了关于撰写中国通史的一系列问题,1921 年和 1926 年在讲述"中国历史研究法"时阐述了中国通史的范围以及通史与专史的关系,另外何炳松在通史理论方面也颇有建树,他在《通史新义》中主张综合中西方通史编纂理论,借用西方科学的研究方法以补中国传统通史理论之不足,虽然二者均未进行完整的通史撰述的实践,但他们的理论深受通史撰述者的关注。30 年代开始,通史撰述的实践不断增加,通史理论的建设也不断深入。"当时每一重要通史著作出版,常伴有长篇大作的'绪论'、'导言'或'引言',用以阐述自己的通史思想。"②其中比较著名的有雷海宗的"中国历史二周论"、周谷城的"历史完形论"以及马克思主义史学家对中国历史的宏观把握。通史撰述的实践与通史理论的深入共同促进了民国时期通史著述不断走向成熟。

---

① 张荫麟:《中国史纲·自序》,上海古籍出版社 1999 年版,第 1、2 页。

② 陈立柱:《百年来中国通史写作的阶段性发展及其特点概说》,《史学理论研究》2003 年第 3 期。

（二）以进化史观为指导的通史撰述及成就

历史观的变化是民国时期乃至整个 20 世纪中国史学最大的变化，运用不同的历史观编纂的中国通史著作将这一变化直观地呈现了出来，体现了民国时期中国史学的研究成果。

19 世纪末进化史观传入中国后，从根本上改变了人们的历史观，引发了史学界对中国历史的重新思考。正如顾颉刚在强调民国时期史学较前期进步时指出："过去人认为历史是退步的，愈古的愈好，愈到后世愈不行；到了新史观输入以后，人们才知道历史是进化的，后世的文明远过于古代，这整个改变了国人对于历史的观念。"①进化史观认为历史发展是有因果联系的，在民国时期出现了一批以此为指导的通史著作，它们将历史划分为不同的发展阶段，来探寻其中的因果关系，其中最具代表性的有：吕思勉的《白话本国史》《中国通史》、王桐龄的《中国史》、邓之诚的《中华二千年史》、缪凤林的《中国通史要略》、周谷城的《中国通史》、陈恭禄的《中国史》、张荫麟的《中国史纲》等。

吕思勉是一位不求闻达、潜心学术的史家。他通读《四库全书总目提要》经、史、子三部以及集部半部，熟读"二十四史"，可谓"一生读二十四史，又一生做笔记"②，为做学问打下了坚实的功底，这也是在民国时期著述中国通史各家中少有的学术背景。吕先生数十年致力于中国通史的讲授与写作，对于中国历史的发展进程有深刻而独到的认识，出版两部中国通史著作《白话本国史》与《中国通史》。

《白话本国史》1923 年于商务印书馆出版，是近代中国第一部白话本国史，开白话本通史之滥觞，同时也是当时最完整的一部中国通史，出版后销量经久不衰。吕思勉 1905—1910 年先后在常州私立溪山小学堂、苏州东吴大学、常州府中学堂和南通国文专修馆任教员，教授国文、历史，1914 年任中华书局编辑，负责教科书、参考书的编审工作，1919 年转入商务印书馆，此间萌生编写中国通史的想法。同年到江苏省立第一师范学校任教，1920 年任教于沈阳高等师范学校，开始写作《白话本国史》。该书是作者根据长期教学积累所完成的著作，长期被用作大学教材。全书起自上古，下讫 1922 年华盛顿会

---

① 顾颉刚：《当代中国史学·引论》，上海古籍出版社 2002 年版，第 3 页。
② 顾颉刚：《吕思勉著整理笔记及史学论文》，载《顾颉刚读书笔记》卷 7，台湾联经出版公司 1990 年版，第 562 页。

议。受进化史观影响,开篇绪论即解释何为历史,"历史者,研究人类社会之沿革,而认识其变迁进化之因果关系者也"①。正文采用章节体将整个中国历史分为上古史(周以前)、中古史(秦至唐中期)、近古史(唐中期至南宋)、近世史(元至清中叶以前)、最近世史(从西学东渐到 1922 年)五个阶段。吕思勉继承了乾嘉学派的考据之风,对重要的史事进行考证,又吸收西方史学思想,接受进化史观,摒弃传统的帝王将相家事的叙述,用科学的眼光和方法重新审视和整理旧材料,关注社会变迁,注重从经济、民族等方面来展现历史的发展。

《中国通史》上下册是吕思勉在上海光华大学任教时编著出版的。撰写的初衷是为适应大学教学的需要,避免大学国史课程与中小学历史学习重复。1928 年,教育部颁行大学课程,初期以中国文化史为大学一年级必修课程,后改为通史,但必须重视文化史的内容,此后十年间,吕思勉分文化史和政治史两部分讲授中国通史,在此基础上于 1940 年至 1946 年完成出版《中国通史》上下册。上册为文化史,下册为政治史。文化史分专题记述婚姻、族制、政体、阶级、财产、官制、选举、赋税、兵制、刑法、实业、货币、衣食、住行、教育、语文、学术、宗教等文化制度,强调"人类的一切行为,几无不与文化有关系""能了解文化,自然就能了解社会"②;下册按时代记述历代史事,并设专章论述了中华民族的由来。顾颉刚评价这本书"叙述中兼有议论,纯从社会科学的立场上,批评中国的文化和制度,极多石破天惊之新理论"。③ 全书注重社会的演化,在制度的考订方面具有独特的优势,在体裁上糅合了纪事本末体和典制体。因该书写作期间,正值全面抗战,吕思勉在最后一章设"革命途中的中国"一题,来寄托自己的家国情怀,并对中国政治的未来走向寄予信心与希望。

进入 20 世纪以来,随着大量新史料的增加,编著中国通史的难度越来越大,在这样的背景下,吕思勉编著的两部中国通史,都取得了极大的成功,深受学界好评,顾颉刚评价"编著中国通史的人,最易犯的毛病,是条列史实,缺乏见解,其书无异为变相的《纲鉴辑览》或《纲鉴易知录》之类,极为枯燥。及吕

---

① 吕思勉:《白话本国史·绪论》,商务印书馆 1923 年版,第 1 页。
② 吕思勉:《中国通史·绪论》,开明书店 1947 年版,第 4 页。
③ 顾颉刚:《当代中国史学》,上海古籍出版社 2002 年版,第 82 页。

思勉先生出,有鉴于此,乃以丰富的史识与流畅的笔调来写通史,方为通史写作开一个新的纪元。"①

王桐龄从事历史教学数十年的时间,所著《中国史》于1926年至1931年间出版,该书原为北京高等师范学校历史地理部中国史讲义,以章节体和纪事本末体相结合,记述了上古至鸦片战争前的中国历史。这本书以进化史观为指导,将中国历史划分为上古史、中古史、近古史、近世史四个阶段。上古至春秋战国时期,为汉族胚芽时期;秦统一六国到唐室之衰亡为汉族全盛时期;从五代到明室之衰亡为汉族衰微时期;从清初到清末为西学东渐时代。每记述一时代史事之后,专设一章详细记载该时代之制度、学术、宗教、风俗、实业,以及社会文化之兴替。其书洋洋一百二十多万言,规模宏大,被齐思和誉为"内容最详细的中国史"②,书中对重大事件的论述多有独到的见解,并非人云亦云,被梁启超赞为"成一家之言"。本书最大的特色之一是注重民族之盛衰,重视史学的社会作用:"国民爱国心发达则国兴,薄弱则国衰,绝无则国亡。历史者,爱国心之源泉,国民教育之基础也。历史教授之得法与否,与国家盛衰兴亡有直接关系"③,王桐龄希望通过历史教育来激发国民的爱国心,以抵抗清末以来的列强侵略,乃至于与列强竞争于世界舞台。此外,受新史学思想的影响,尤其是梁启超的"新史学"理论,书中多处强调地理环境对历史发展产生的影响。

邓之诚《中华二千年史》原名为《中国通史讲义》,在北京大学、北平师范大学、北平大学女子文理学院、辅仁大学、燕京大学用作教本,1934年至1935年分上、中册由商务印书馆出版。作者撰述通史的想法源自于发挥史学的社会功用。面对近代中国严重的民族危机,邓之诚认为"今后诚欲救亡,莫如读史,诚欲读史,莫如注重事实,先编通史"④,在历史中寻求因果定律,以提高民族自信心。1917年,国史馆改国史编纂处,邓之诚任国史编纂委员之一,又长期在大学教授中国通史,具备编纂通史的能力,《中华二千年史》出版后反响甚好,多次再版。这本书体例以纪事本末体为主,兼及编年、纪传、章节,记述

① 顾颉刚:《当代中国史学》,上海古籍出版社2002年版,第81页。
② 齐思和:《近百年来中国史学的发展》,《燕京社会科学》1949年第2卷。
③ 王桐龄:《中国史·序论》,中华书局1926年版,第3—4页。
④ 邓之诚:《中华二千年史·叙录》,商务印书馆1935年版,第2页。

了秦汉至宋元时期的历史①。《中华二千年史》起自秦朝，表现出作者疑古的思想。全书分为五卷，秦汉三国为一卷、两晋南北朝为一卷，隋唐五代为一卷、宋辽金元为一卷、明清为一卷。篇幅上，详今略古，重视记载民族变迁、典章制度、地理官制、学术文化、社会经济，以期明了时代之演进、社会之变迁，求得其因果关系。在风格上，这部书带有传统史家撰述之遗风，采用文言文撰述，重视正史和传统典籍的史料价值，全书所采史籍大约五百种，在丰富自身的同时，亦为多数通史著作的撰述提供了大量的史料。在史论表达上，没有长篇论述，以史料的选择与排比以及标题的设置来表达自己对史事的态度，颇有史迁风采。该书文笔简洁，可读性强，在出版之后产生了很大的影响。

周谷城的《中国通史》于1939年出版。该书出版前曾在国立中央大学和国立暨南大学用作讲义。全书除部分引用的史料外，用白话文撰述，记载了史前时代到北伐战争结束后的历史。周谷城认为人类历史是客观存在的，也是完整统一的，于是他提出了"历史完形论"作为编纂中国通史的理论依据，旨在全面地展示历史的发展进程。周谷城在体裁的选择、史料的取舍、篇章结构的安排、文字的表述等方面都以完整地展现历史为宗旨。他认为纪传体、编年体、章节体均会打破历史的完整性，而纪事本末体比较适合展现历史自身的完整，但是无法表现出事物发展之间的因果关系，因而在写作中将之加以改造成为新纪事本末体，成为该书的一大特色。他批评旧史书分朝代叙述把活动的历史静态化，而新体的上古、中古、近古的划分阶段的方法只是形式上的变化，其着重点仍然在于各朝代，为了保持历史的完整性，周氏作了一大突破，将过去的历史分为五个时代：游牧部族定居时代（周平王东迁洛邑以前）、私有田制生成时代（自周平王元年至新莽元年）、封建势力结晶时代（自新莽元年至北宋初年）、封建势力持续时代（自北宋初至鸦片之战）、资本主义萌芽时代（鸦片战争以后到北伐战争），论述的重点不在某朝代，而在于一时代的特征。在史料的选择上，却因过分关注历史之完整性，忽视了学术文化方面的内容。

张荫麟的《中国史纲》于1941年出版，原是1935年国民政府教育部委托为高中阶段编写的历史教科书。计划编写四卷八十章，时间起自石器时代，下讫新文化运动。原计划汉以前张荫麟主笔，唐以后各章由吴晗、千家驹、王芸

---

① 明清部分于1956年中华书局出版。

生分任各章主笔，最后由张氏统一定稿，但最终因国难等诸多原因，只有张荫麟的第一卷完成出版。成书的《中国史纲》只完成了东汉以前的部分，仅十六万字，却得到了时人的高度赞扬。全书文笔简洁，用优美的白话文写成，可读性较强。体裁上采用纪事本末体与章节体的结合，同时发挥纪传体以人物为中心的优势。因"这部中国史的着眼点在社会组织的变迁，思想和文物的创辟，以及伟大人物的性格和活动。这些项目要到有文字记录传后的时代才可得确考"[①]，所以本书记述从商代开始，下讫东汉建立，对这段时期的历史"选择少数的节目为主题给每一所选的节目以相当透彻的叙述，这些节目以外的大事，只概略地涉及以为背景"[②]。在史料的撷取上，本着"记事者必提其要"的原则，张荫麟提出了选择通史编纂史料的五项"笔削"标准："新异性的标准""实效的标准""文化价值的标准""训诲功用的标准""现状渊源的标准"，并以此来衡量史料与史实，从而使《中国史纲》以内容深刻为学界称颂。

缪凤林的《中国通史要略》于 1943 年出版，在此之前，他曾出版过《中国通史纲要》一书。作者自 1923 年起在沈阳东北大学，至 1928 年起在国立中央大学教授中国通史，为了满足教学需要，开始编纂通史教材，因日本全面侵华，作者搜集的二万三千余册图书资料均被日寇夺去，无奈之下撰述工作中断，该书宋以下之部分均未完成。1938 年，在西北讲学之时，祖国的大好河山、文化底蕴激起了缪凤林的民族爱国情感，他决定在《中国通史纲要》的基础上编写《中国通史要略》一书，以发挥书生报国之用，激励全民族抗战的信心。该书用文言文写成，在体裁上将纪事本末体、典制体与章节体相结合，记述了史前时代到民国时期的历史。全书 12 章 3 册，将中国历史分为 10 个时代：传疑时代（唐虞以前）、封建时代（唐虞夏商西周）、列国时代（东周）、统一时代（秦汉）、混乱时代与南北朝对峙时代（魏晋南北朝）、统一时代与割据时代（隋唐时代）、汉族式微与北方诸族崛兴时代（宋元）、汉族复兴时代（明）、满族入主时代（清）、中华民族更生时代（民国），其中民国时期和结论两章未完成。每个时代为一章，综合叙述政治、文化、社会变迁，展示了各个时代的历史发展特点和趋势。出版后，多次再版，主要用作大学教材，重庆编译馆 1943 年版与

---

① 张荫麟：《中国史纲》，上海古籍出版社 1999 年版，第 1 页。
② 张荫麟：《中国史纲·初版自序》，上海古籍出版社 1999 年版，第 10 页。

1944 年版均有"部定大学用书"字样。

　　陈恭禄民国时期先后在金陵大学、武汉大学、西北大学任教,所著《中国史》①,用文言文写成,全书两册,为未完成之作。第一册为上古至战国之历史,1940 年出版,第二册为秦汉史,1941 年本由香港商务印书馆出版,但太平洋战争爆发后,香港沦陷,直到 1947 年才得以出版。他撰述通史的初衷源自在教学过程中对通史教材的不满,认为教本的缺乏导致"学生对于我国历史上之大事及重要制度,常茫然不知;社会上所谓名流,亦多缺乏历史赏识,而不能认识国中困难之症结"②,另外也有希望通过自己编纂的中国通史提高民族自信心,为当时抗战救国提供精神力量的想法。陈恭禄在撰述时,既吸收中国传统史学的优点,又借鉴西方史学思想,使该书在民国时期各类通史著作中,脱颖而出,得到在学术上较为挑剔的顾颉刚的认可,将其列为较为理想的七部通史之一。③ 作为美籍教授贝德士早期的得意门生,陈恭禄深受西方史学中地理决定论的影响,《中国史》开篇论述地理环境之影响,将之作为中国民族活动之背景。他认为,"地理为一国人民之天然环境,影响于人生者至为巨大。人类只能予以利用,如土壤气候,而不能减少其势力;所谓征服天然者,亦不过认识较深,而利用之耳。吾人苟知一国利用天然势力之程度,常能明了其文化发达与否。"④全书除注重地理环境因素外,亦注重政治制度、人口数量、社会经济情况、宗教、学术文化等方面,并探寻它们之间的相互作用及其对历史发展大势的影响。

　　(三)马克思主义唯物史观指导下的通史撰述及成就

　　进化史观的传入,为学者重新认识中国历史提供了理论依据。在撰写通史过程中,历史学家开始重视社会史的内容,改变了以往用天命、时势等为主要因素来考察历史变化的情况,将历史的变化归之于生存竞争、地理环境、因

---

　　① 陈恭禄另著有《中国通史》,第一册记述远古至东汉历史,1944 年出版,其后写成至清代的通史 60 篇,直到 2014 年才得以出版。

　　② 陈恭禄:《中国史·自序》第 1 册,商务印书馆 1940 年版,第 3 页。

　　③ "中国通史的写作,到今日为止,出版的书虽不少,但很少能够达到理想的地步。所有的通史,多属千篇一律,彼此抄袭。其中较近理想的,有吕思勉《白话本国史》、周谷城《中国通史》、邓之诚《中华二千年史》、陈恭禄《中国史》、缪凤林《中国通史纲要》、张荫麟《中国史纲》、钱穆《国史大纲》"。参见顾颉刚:《当代中国史学》,上海古籍出版社 2002 年版,第 81 页。

　　④ 陈恭禄:《中国史·自序》第 1 册,商务印书馆 1940 年版,第 1 页。

果关系、学术文化和民族精神等，但是进化史观不能揭示历史发展进步的根本动因。

唯物史观传入中国后在 20 世纪 20 年代得到迅速传播，使中国的通史著作在以政治为中心转向以社会经济为中心上，较进化史观指导下的新史家的认识更进一步。唯物史观认为中国历史是一个由低级到高级的有规律的发展过程，其发展表现为不同社会形态的依次更替，在此观点下撰写的通史著作有两个共同点：一是强调经济基础对整个历史发展的决定作用，二是强调人民群众的革命斗争对推动历史发展的作用。民国时期马克思主义唯物史观指导下的通史著作有：范文澜的《中国通史简编》、吕振羽的《简明中国通史》、翦伯赞的《中国史纲》、吴泽的《中国历史简编》等。

《中国通史简编》是在延安整风运动期间，为满足干部学习的需要，毛泽东委托范文澜主持编写的通史著作。原本为分工协作，集体撰写，由范文澜统稿，但因文稿风格各异，难以统一，最终由范文澜一人从头撰述。全书 60 余万字，1941 年出版上册，1942 年出版中册。为满足本书读者的需要，拟定的编写原则为：简明扼要，通俗生动；揭露统治阶级罪恶，显示社会发展原则。① 虽然这本书是以马克思主义唯物史观为指导，但全书采用口语式文体，很少引用马克思主义经典语句，基本没有教条式的空泛议论，深入浅出，出版后，风行一时，深受读者喜爱，十年间先后有八个版本问世。当时正处在抗日战争相持阶段，在整体的撰述中，以救亡图存为旨归。范文澜说："我们要了解整个人类社会的前途，我们必需了解整个人类社会过去的历史；我们要了解中华民族的前途，我们必需了解中华民族过去的历史；我们要了解中华民族与整个人类社会共同的前途，我们必需了解这两个历史的共同性与其特殊性。只有真正了解了历史的共同性与特殊性，才能真正把握社会发展的基本法则，顺利地推动社会向一定目标前进。"② 全书记述了从远古到鸦片战争的史事，按照唯物史观，将这段时期的历史分为三大阶段：原始社会至中央集权的民族国家的建立时期（远古—秦）；民族统一的中央集权的封建国家建立后对外扩张到外族的内侵时期（秦汉—南北朝）；封建制度社会螺旋式的继续发展到西洋资本主义

---

① 参见范文澜：《中国通史简编·序》，河北教育出版社 2000 年版，第 4 页。
② 范文澜：《中国通史简编·序》，河北教育出版社 2000 年版，第 3 页。

的侵入时期(隋—鸦片战争),由低级到高级的发展顺序,将社会的发展阶段划分为夏以前的原始公社制度时期、夏商时代的奴隶制时期以及西周至鸦片战争的封建社会时期。可见范文澜是持西周封建论者,在《中国通史简编》里,他从土地所有制、主要生产者的身份、生产工具、封建制的产生途径等方面论述了西周为封建社会并且将封建社会分为三个阶段:第一个阶段为西周到秦的统一;第二个阶段为秦汉到南北朝时期;第三个阶段为隋唐大一统到鸦片战争。通过社会形态和历史阶段的划分,范文澜对全部中国历史进行了重新的审视和整理。这是在马克思主义指导下出版的第一部中国通史,毛泽东在庆贺《中国通史简编·上册》出版时曾表示这部书的出版说明"我们共产党人对于自己国家几千年的历史,不仅有我们的看法,而且写出了一部系统的完整的中国通史。这表明我们中国共产党对于自己国家几千年历史有了发言权,也写出了科学的著作了。"①

《简明中国通史》是吕振羽在吸收其《史前期中国社会研究》和《中国社会史诸问题》成果的基础上编写而成的。此书有两个编写目的,一是为一般的自学青年及中学与大学一二年级学生而写②,二是为抗战树立信心,提供正确的史学观。③ 全书两册,上册 1941 年由香港生活书店出版,之后因皖南事变,吕振羽被调至苏北抗日民主根据地,下册的写作为此搁浅,直到 1947 年,在大连养病期间,才抽暇完成,1948 年上下两册一起出版。全书记述了从原始社会到鸦片战争以前的历史,因考虑到本书的阅读对象,吕振羽在标题中未采用原本所拟的原始公社制、奴隶制、初期封建制、专制主义的封建制、半殖民地半封建制,但从内容上看,却不失其宗旨,吕振羽的这一划分历史阶段的观点得到了翦伯赞的认同,翦伯赞的《中国史纲》的划分方法大体与此相同。本书的写作特点一是表现为在唯物史观指导下把中国史当作一个发展的过程来把

---

① 范忠程主编:《博览群书的毛泽东》,湖南人民出版社 1993 年版,第 224 页。
② 吕振羽:《简明中国通史·序》,生活书店 1945 年版。
③ 随着民族民主革命实践过程的深入,为抗战建国的神圣事业服务的新史学,也进入了一个新的阶段。为了和侵略者、汉奸的中国史观以及其他各种各样的错误观点作斗争,为了指示大众以正确的实践方向,树立正确的中国社会史体系,首先对新史家提出的要求是对中国社会史的几个基本问题给予正确的解决——而步步深入的革命实践,又使问题的解决成为可能。参见吕振羽《中国社会史诸问题·序》。因《简明中国通史》接续《中国社会史诸问题》而作,故写作目的相通。

握；二是避免大汉族主义，尝试写出多民族的中国历史。

　　翦伯赞的《中国史纲》为"未完成之作"。他计划作一部八卷本的中国通史，第一卷《史前史、殷周史》；第二卷《秦汉史》；第三卷《魏晋南北朝史》；第四卷《隋唐五代史》；第五卷《宋元辽金史》；第六卷《明清史》（至鸦片战争）；第七、八卷《近代史》，但最终只出版了前两卷，第一卷史前史、殷周史于1943年出版，第二卷秦汉史于1946年出版。此书开始编著前，翦伯赞在重庆，时值皖南事变后一片白色恐怖之中，中共中央指示重庆的进步学者："形势不利于大规模地搞公开活动，但这也是一个机会，有研究能力的人，尽可以利用这个机会，坐下来搞点研究，抓紧时间深造自己，深入研究几个问题。想写什么书，赶快把它写出来"①，这本书因得此契机开始撰写。翦伯赞格外重视国际环境，他认为"研究中国历史不能抛开国际环境。中国的历史发展要和世界的历史发展相对照。"②因而在《中国史纲》中，他便"把中国史视为世界史的一部分，把它放在世界史范围内进行考察；每写到一段中国史，必定先交代当时的世界形势。"③此外，他也重视对考古学发掘的新史料的运用，以此来补充文献的不足及订正文献资料的讹误。为了使读者对历史有整体的概念，书中附有插画、地图以及年表，图文并茂，语言活泼生动，出版后得到了当时重庆文化界的广泛好评。同吕振羽一样，翦伯赞也是持西周封建论。

　　吴泽的《中国历史简编》，1945年出版。这本书的编写是为着在抗战时期，给中国青年明了中国过去的历史和未来的发展规律，以增强抗战胜利的信心，推动中国历史的前进，吴泽在自序中写道："'七七'神圣民族解放战争以来，每个青年关心着民族国家的前途——是殖民地亡国道路呢？是独立自由幸福，新中国复兴前途呢？这个中国社会历史发展规律问题和抗战实践过程中，主观努力的方向与任务问题，自必急切要求对中国社会史作正确的研究。"④全书简要记述了从原始社会到"七七事变"的历史，在唯物史观指导下，将过去的历史划分为史前原始公社制社会阶段、殷代奴隶制社会阶段、两

---

　　①　侯外庐：《韧的追求》，三联书店1985年版，第114页。
　　②　夏自强、郑必俊：《翦老在燕大》，《翦伯赞纪念文集》，人民教育出版社1997年版，第86页。
　　③　张芝联：《我认识的翦老》，《翦伯赞纪念文集》，人民教育出版社1997年版，第73页。
　　④　吴泽：《中国历史简编·序》，峨眉出版社1947年版，第1页。

周秦汉迄清鸦片战争封建社会阶段、鸦片战争到七七抗战的半殖民地半封建社会阶段，并讲述每个阶段的经济构造、政治构造和意识形态，在具体论述社会发展过程中"力图从生产力和生产关系的矛盾来揭示中国社会发展的根本动力"，同时，"也注意揭示发展的多样性，在着重生产力发展的终极原因外，还注意分析政治、经济和文化等多种因素的交互作用"，这是吴泽对编纂中国通史一个总结，也是他的撰述原则。吴泽也是西周封建论者，他在书中重点剖析了西周初期的封建社会和秦到鸦片战争时期的专制主义封建社会的特点，给这一论点以有力地支持。

以上成果在马克思主义唯物史观指导下，对中国通史的撰述共同创建了马克思主义中国通史体系，使"人们获得关于中国历史整体的贯通的知识以及带有规律性的认识"[①]，推动了中国历史唯物辩证法的研究，开启了中国通史撰述的新方向。

（四）其他理论指导下的通史撰述及成就

民国时期的通史撰述，除了依据进化史观审视中国历史的发展进程撰述的通史著作和依据马克思主义唯物史观考察中国历史的发展及其规律而撰述的通史著作外，还有雷海宗以斯宾格勒的文化形态史观为指导编著的《中国通史选读》和钱穆以文化生命史观编纂而成的《国史大纲》。

雷海宗的《中国通史选读》是他在清华大学讲授中国通史时的讲义，当时并未正式出版。[②] 20 世纪初，斯宾格勒在《西方的没落》中提出文化形态史观，以生物生长过程的观念进行历史研究，认为每一种文化都会经历产生、发展、兴盛、衰亡乃至毁灭的阶段。雷海宗深受这一观念的影响，并以之来考察中国历史的发展进程，通过对中国文化与世界其他文化的比较，他在斯宾格勒观点的基础上进一步思考，认为中国文化具有特殊性，提出了"中国历史的二周论"，由史前时期到淝水之战为第一周；淝水之战到中华民国时期为第二周。第一周的文化为纯粹的华夏民族创造，第二周的文化受北方胡人和印度佛教的影响较深。《中国通史选读》全书 90 多万字，记述了从史前时代到溥

---

① 王昌沛、周文玖：《中国马克思主义史学的学术品格——以郭、范、翦、吕、侯为对象的研究》，《史学史研究》2009 年第 2 期。

② 2006 年北京大学出版社整理出版，2012 武汉出版社从《中国通史选读》中辑出相关思想，对原书加以增补成《国史纲要》一书。

仪退位时期的历史,以史料为主,大部分为古籍原文,论述解说只有几万字,对于中国历史记述讲求会通,以全局观来考察历史,以目录和相关解说阐明其宗旨和纲领。

钱穆 1931 年起在北京大学史学系讲授中国通史,南下西南联大之后于 1938 年开始编写《国史大纲》,1939 年 6 月完成,1940 年出版。全书记述了从上古三代到抗日战争时期的历史,用文言文写成,在体例方面,采用章节体和纲目体交互的方式,在目录编排上采用传统的王朝体系,每章重点论述一时代之兴亡。这本书在"跑警报"中完成,带有很强的民族观念。他受文化生命史观的影响,把民族文化和民族精神视为历史发展的源动力,认为"我民族国家之前途,仍将于我先民文化所贻自身内部获得其生机。"①他指出通史撰述的主要任务"尤在将国史真态,传播于国人之前,使晓然了解于我先民对于国家民族所已尽之责任,而油然兴其慨想,奋发爱惜保护之挚意也。"②这种强烈的民族文化情感在《国史大纲》中得以呈现,使他在论著中,突出文化的作用,带有强烈的文化复兴色彩。这本书从各方面都表现出与同时代通史著作的不同,被顾颉刚誉为"创建最多"的中国通史,出版后引起很大反响,很快被国民政府定为教科书。

民国时期尤其是三四十年代的通史著作之多,大体受到民族危机与教学需要的影响。1931 年"九一八"事变之后,国民政府为激发全民爱国情感,教育部通令各大学开设中国通史课程。为满足教学需要,从事通史教学工作的学者,开始编写授课讲义,进而编著成书,以此实现书生报国之志。所以这一时期的通史撰述不仅在学术上开创了一系列新通史撰述的体系,而且激发了无数青年学子的爱国情感,可以说是学术与民族情感的结合。

四、断代史的撰写及成就

民国时期,随着新史料的增加和新的史学研究观念的传入,一大批学者投入到通史撰述的计划和实践中来。在实践过程中,为了写出高质量的通史著

① 钱穆:《国史大纲》,商务印书馆 1947 年版,第 28 页。
② 钱穆:《国史大纲》,商务印书馆 1947 年版,第 7 页。

作,有的史家提出了"通史是专史撰述之和"的观念,认为编写通史要先进行专史的研究,在专史研究的基础上撰述通史著作,梁启超、何炳松、齐思和、范文澜都有过相关的论述。在这种观念的影响下,产生了一种新的学风,更多的学者投入到专史的研究中去,促进了各专史研究的发展。按照梁启超的观点,专史有五种,断代的专史即为其中一种。在教学中,很多高校的史学课程开始抛弃按照进化史观所采用的"上古、中古、近古、近世"的分期法讲述中国通史的模式,开始从中国自身的发展规律出发,采用断代讲授通史之法,在一定程度上促进了断代史专著的撰写与相关研究的深入。一般来说,断代史包括先秦史、秦汉史、魏晋南北朝史、隋唐五代史、宋辽金元史、明清史以及近代史。

(一)先秦史

广义的先秦史指的是包括史前史在内秦统一以前的历史,狭义的先秦史包括夏、商、西周、春秋、战国这几个时期的历史。先秦史是中国历史文化之源,由于大量新史料的发现,进入民国以来,这段时期的历史受到关注,并且逐渐从经学的附庸中独立出来,在原有研究的基础上进一步深入,取得了丰硕的成果。

在先秦史研究领域罗振玉和王国维无疑具有承上启下的作用,他们一方面深受清代乾嘉考证学的影响,另一方面又接触到近代西方科学的研究方法,将考古发掘中出土的甲骨文、金文等史料应用到先秦史研究中,与原有的文献资料相互对勘,丰富了先秦史研究的史料内容,使相关研究进一步深化。王国维在此基础上提出的"二重证据法",至今在先秦史研究领域仍是基本的研究方法。

将先秦史研究从经学的附庸中解放出来的是以顾颉刚为代表的"古史辨"派。顾颉刚提出了"层累地造成古史"说,对一切古史记载均持怀疑态度,并且提出古史研究的一些基本观念,即打破民族出于一元的观念;打破地域向来一统的观念;打破古史人化的观念;打破古代为黄金世界的观念。虽然"古史辨"派的"疑古"有些过头,但是他们所提倡的用科学的观念进行古史研究并且对先秦文献资料的考证无疑促进了先秦史研究的独立,他们的相关论述及观点大多呈现在七册《古史辨》中。

民国时期先秦史研究的专著有吕思勉的《先秦史》(开明书店 1941 年)、黎东方的《先秦史》(商务印书馆 1944 年)两种;春秋史研究有童书业的《春秋史》（开明书店 1946 年）；用马克思主义唯物史观研究先秦时期社会性质及社会发展规律的有郭沫若的《中国古代社会研究》（联合书店 1930 年）、吕振羽的《殷周时代的中国社会》（不二书店 1936 年）、吴泽的《中国历史大系·古代史：殷代奴隶制社会史》（棠棣出版社 1944 年）、侯外庐的《中国古代社会史》（三联书店 1949 年）等。

吕思勉的《先秦史》，记述了从史前传说到秦统一六国的历史，共 16 章。全书分前后两部分，第一部分按时间顺序记述各个时期的史实；第二部分为社会制度，专门论述了先秦时期的民族疆域、社会组织、农工商业、衣食住行、政治制度以及宗教学术。吕思勉不赞成疑古派对先秦古典文献的全盘否定，认为经、史、子、集都具有重要的史料价值。在这本书中，吕氏引用了大量的古籍，但是对新出土的史料未加采用。黎东方的《先秦史》，记述了从石器时代到战国时期的历史，全书分三卷，第一卷远古，时间段为石器时代到西周时期，黎东方把夏商周的历史划入到远古时期，表现出与同时代史家的差异；第二卷为春秋；第三卷为战国。全书内容较为简略，侧重于对先秦历史中的少数重大史实和人物进行详细的论述，其他问题仅点到为止。

童书业自 1935 年至 1937 年给顾颉刚做研究助理，从事古史研究，《春秋史》的写作即是发端于此时。这本书本是由童书业代笔的顾颉刚在北大和燕京大学的讲义，后来顾颉刚委托童书业为齐鲁大学撰写春秋史，1941 年出版的《春秋史》即在讲义的基础上加以修订而成。全书共十七章，虽为断代史研究著作，书中依然贯穿了童书业的会通观念，记载了上古至春秋时期的历史。第一章"附注"中简要概述了上古传说及夏商史概略，而以"西周史略"作为标目实则是其疑古思想的体现①。《春秋史》用浅显易懂的白话文写成，对春秋时期的史事梳理清楚、交代明确，将整个春秋史以动态的面貌呈现给读者，自出版以后，受到学术界的广泛赞誉，直到 1989 年，李学勤在回顾春秋史研究状况时，仍然评论道："就专著而言，至今还没有代替建国前出版的童书业《春秋史》这一部书。"

郭沫若的《中国古代社会研究》是第一部用马克思主义理论阐释先秦历

①　"少康以前之古史，事迹甚为详尽，皆出神话传说，不可信，已详拙编《古史辨》第七册。少康以后之古史较近有史时代，或事迹简略，或说近情理，只可暂列之于存疑。"参见童书业：《春秋史》，开明书店 1946 年版，第 15 页。

史的著作。本书以恩格斯的《家庭、私有制和国家的起源》的研究方法为向导，利用王国维的"二重证据法"，将古典文献资料与出土文物相结合，开创了"新古史研究系统"，通过对先秦时期各个阶段的生产力和生产关系的分析，利用大量的甲骨文、金文研究资料，论证中国历史的发展经历了氏族社会、奴隶社会和封建社会等阶段。虽然随着大量新史料的出土和新的研究成果的出现，郭沫若后来修改了他对古代史分期的看法，但是这本书将古史研究引向一个新的方向，得到了学界同仁的称赞，甚至不赞成唯物史观的董作宾也给予了这本书高度评价："唯物史观派是郭沫若的《中国古代社会研究》领导起来的……他把《诗》《书》《易》里面的纸上史料，把甲骨卜辞、周金文里面的地下材料，熔冶于一炉，制造出来一个唯物史观的中国古代文化体系……郭沫若所用的旧史料与新史料，材料都是极可信任的。"①吕振羽的《殷周时代的中国社会》在学术界第一次提出了殷商是奴隶社会，西周是封建社会，而秦以后是专制主义封建社会的理论。这种社会形态的划分在先秦史研究领域产生了重要影响，马克思主义史学家中范文澜、翦伯赞、吴泽等人皆受此影响，成为西周封建论者。吴泽的《中国历史大系·古代史：殷代奴隶制社会史》记述了成汤建国到商纣亡国的整个殷代发展史，他认为中国的奴隶制起源于殷代，封建制起源于西周，即中国整个奴隶制的发生发展与灭亡皆在殷商一代，殷商的历史即为中国古代奴隶社会的历史，所以他把这段历史命名为"古代史"。书中广泛运用各类史料，以唯物史观为指导，旨在对殷代社会做一科学彻底的认识。这本书一大明显的特点是将殷商放到同时代的世界史中去研究，认为殷代的发展和灭亡与殷代以外的世界其他王国和种族有着重要的联系。侯外庐的《中国古代社会史》自称是"步着王国维和郭沫若同志的后尘"，在考辨史料上采用二重证据法，在研究路径上，侯外庐自视此书作为《家庭、私有制和国家的起源》的中国版，"依据氏族、财产和国家起源的中国路径"，认为西周初年到秦汉之际为奴隶社会，并且在书中论证了中国氏族社会向奴隶社会的过渡途径。总体而言，唯物史观指导下的马克思主义史学是在先秦史领域中首先诞生的，同时，也将先秦史研究从单纯的史料考订或是某具体问题的研究中解脱出来，引向对其社会性质及发展规律的研究，对其他史观指导下的先秦史研究

① 董作宾：《中国古代文化的认识》，《大陆杂志》1951 年第 3 卷第 12 期。

亦有影响。

由于疑古思潮的影响,史前史领域的专门研究一度几乎无人问津。为了证明马克思主义理论的正确性,吕振羽展开了对这一领域的研究,于1933年出版《史前期中国社会研究》一书。该书以马克思主义理论为指导,以地下出土资料和神话传说性的古籍记载为史料,对史前史进行了系统的分析和叙述。20世纪40年代初,翦伯赞也对史前史领域发表了多篇文章,1944年在《中国史纲》第一卷中也对史前史进行了系统的论述。

民国时期先秦史研究的成果亦有其他专著和论文,以上为其中具有代表性的、创见较多的著述。

(二)秦汉史

民国时期,由于新史料的出现以及新的史学观念的传入,对各个断代的研究由以前的以史料考订、史籍注释为主转向以对整体社会的研究为重。无论是断代史研究的专著,还是相关的政治制度、经济、社会、思想文化、边疆史地、人物研究等领域都取得了突出的成绩。

秦汉时期是中国历史上统一的多民族皇朝的第一阶段,其后一直到清朝的各项制度都是在此基础上增削删改。不论是专史还是通史,秦汉史研究都是不可绕过的一段,正如吕思勉所说:"自来治史学者,莫不以周、秦之间为史事之一大界,此特就政治言之耳。若就社会组织言,实当以新、汉之间为大界。"[①]很多史家即便不是专门研究秦汉历史,也会在此为其研究领域寻找源头,秦汉史的研究自然受到广泛的重视,呈现出欣欣向荣之势。

民国之前秦汉史研究的基本史料包括《史记》《汉书》《后汉书》《汉纪》《后汉纪》《东观汉纪》《七家后汉书》等史书,民国时期在这些史书的基础上增加了简牍、石刻、封泥、印章、铁器、铜器、漆器、货币等众多新史料。其中在研究中应用最多的为简牍,罗振玉和王国维整理的三册《流沙坠简》与劳干撰写的《居延汉简考释》,为秦汉史的研究提供了重要的资料,促进了相关研究的进展。

秦汉史研究的专著直到20世纪40年代才出现,其中有瞿益锴、张树棻的《秦汉史》(国立华北编译馆1943年)、瞿兑之的《秦汉史纂》(中国联合出版

---

① 吕思勉:《秦汉史》,开明书店1947年版,第1页。

公司 1944 年）、劳幹的《秦汉史》（中国文化服务社 1946 年）、吕思勉的《秦汉史》（上下册，开明书店 1947 年）、李源澄的《秦汉史》（商务印书馆 1947 年）等。

瞿益锴、张树棻的《秦汉史》只出版了第一册秦史的内容，且全书没有目录，亦不分章节，以记事件为中心，引用了大量的史料。

瞿兑之《秦汉史纂》的编纂是出于教学的需要。中国古籍浩繁，讲到汉史时需要师生查阅大量的史籍，无论是教师教学还是学生学习都多感不便。而且在抗战期间，书籍稀缺，为了满足教学需要，瞿兑之"发愤钞纂群书包举两朝事实以成一编，俾凡习秦汉史者备焉……俾手一编而省检阅诸书之烦"，使读者"虽不能遍读国策史汉诸书，得此亦可粗立治史之基。"①全书记述了秦、秦楚之际、汉、新、两汉之际、东汉六个时期的史事，用文言文纂成，对秦汉时期的政治、经济、军事等重要事件都有所论述，每一论后记载其史料来源。出版后，在台湾地区曾多年被作为大学讲义。

劳幹的《秦汉史》，全书共十章，即秦的兴亡、楚汉之际、从布衣天子到无为而治、汉武帝的生平、昭宣之治、王莽的兴起及其覆亡、东汉的中兴及明章时代的发展、外戚和宦官的消长及东汉西北的大事、季汉兴亡、两汉的学术信仰及物资生活。体裁为纪事本末体，用白话文写成，通俗简略，重视对政治制度与民族疆域问题的论述。

吕思勉的《秦汉史》，除包括秦汉史外，他从民族关系②角度考虑，亦将三国始末划归于秦汉史的断代中，这一史学架构设计值得后世学习史学者注意。全书 20 章，前 11 章按时间顺序记载从秦并天下到东汉时期的历史，12 章简要记述三国始末，13—20 章分别论述秦汉时期的社会组织、社会等级、人民生计情形、实业、人民生活、政治制度、学术与宗教，对秦汉时期的历史既做了系统全面的论述，又对重点问题进行了比较深入的阐释。在史料撷取方面，吕思勉以前四史为主要对象，很少利用新发现的文物考古资料。

李源澄的《秦汉史》原为他在浙江大学和四川大学教授秦汉史的讲义，目的在于帮助初学者读懂秦汉史，正如他在自序中所说："初撰此书，原在便利

---

① 瞿兑之：《秦汉史纂·序》，中国联合出版公司 1994 年版，第 1 页。
② 在《秦汉史》的第 4 页吕思勉说道："以民族关系论，两汉、魏、晋之间，亦当画为一大界。自汉以前，为我族征服异族之世，自晋以后，则转为异族所征服矣。"

学生，使之明了秦汉大事，再进而求之秦汉历史。"①全书共22章，在全面论述秦汉历史时，以封建、郡县、儒术为秦汉历史之中心。第1—15章，除第7章霍光外，其他各章以各帝王顺序标目，讲述秦汉时期的历史，并在15章后附录《魏武帝之政治与汉代士风之关系》，16—22章分别论述了秦汉时期的政治思想、法史与法律、选举与学术、社会经济与国用、地方政治、社会风尚、官制、学术思想等内容。

专题研究亦有突出的成就。关于秦汉时期政治制度史的研究著作有陶希圣、沈巨尘的《秦汉政治制度》（商务印书馆1936年）、曾资生的《西汉文官制度》（商务印书馆1941年）、程树德的《汉律考》（自刊1919年）等；经济史研究著作有陶希圣的《西汉经济史》（商务印书馆1931年）、陈啸江的《两汉社会经济研究》（上海新生命书局1936年）、马元材的《桑弘羊及其战时经济政策》（中国文化服务社1944年）、王恒的《汉代土地制度》（正中书局1945年）等；社会史研究的著作有瞿兑之的《汉代风俗制度史前编》（北平广业书社1928年）、杨树达的《汉代婚丧礼俗考》（商务印书馆1932年）、劳幹的《礼经制度与汉代宫室》（西南联大1940年）等；思想文化史研究的著作有王国维的《汉魏博士考》（上海明智大学1916年）、谢无量的《王充哲学》（中华书局1917年）、郑鹤声的《史汉研究》（商务印书馆1930年）、胡适的《中国中古思想史长编》（1930年完成分散刊行）、冯友兰的《中国哲学史（上卷）》（神州国光社1931年）等；边疆史地研究的著作有王国维的《秦汉郡考》（上虞罗氏雪堂丛刻本1915年）、《古胡服考》（上虞罗氏雪堂丛刻本1915年）等；人物研究的著作有杜呈祥的《卫青霍去病》（青年出版社1945年）、《张骞与苏武》（青年出版社1945年）、孙毓修的《马援》（商务印书馆1918年）、胡哲敷的《汉武帝》（中华书局1935年）、马元材的《秦始皇帝传》（商务印书馆1941年）等。②

除了以上研究著作外，民国时期的秦汉史研究亦有大量成就显著的文章。较为突出者，如劳幹的《从汉简所见之边郡制度》（《历史语言研究所集刊》八分二本）、《汉代兵制及汉简中的兵制》（同前十本一分）、《汉简中的河西经济

---

① 李源澄：《秦汉史·自序》，商务印书馆1947年版，第1页。

② 书目来源于周天游：《20世纪的中国秦汉史研究》，北京图书馆编：《民国时期总书目（历史·传记·考古·地理）》，书目文献出版社1994年版，第124—127页；张岂之：《中国近代史学学术史》，中国社会科学出版社1996年版，第305—314页。

生活》(同前十一本一二分),以上文章皆以出土的汉简为研究史料,见解独到,发前人所未发;钱穆的成名作《刘向歆父子年谱》(《燕京学报》1930 年第 7 期),文章梳理出两汉经学之史实,开辟了以史治经的治学新路线,在近代学术史上具有重要意义。

(三)魏晋南北朝史

魏晋南北朝时期是中国历史上一大特殊时期,吕思勉写道:"以民族关系论,两汉、魏、晋之间,亦当画为史事一大界。自汉以前,为我族征服异族之世,自晋以后,则转为异族所征服矣。"[①]又谓:"魏晋之际,中国盛衰强弱之大界也。"[②]从文化史的角度,柳诒徵将中国文化分为三个时期,"自邃古以迄两汉,是为吾国民族本其创造之力,由部落而建设国家,构成独立之文化之时期";"自东汉以迄明季,是为印度文化输入吾国,与吾国固有文化由抵牾而融合之时期";"自明季迄今日,是为中印两种文化均已就衰,而远西之学术、思想、宗教、政法以次输入,相激相荡而卒相合之时期。"[③]雷海宗的"中国文化二周说"认为"由殷商西周至五胡乱华为第一周。由五胡乱华以至最近为第二周"[④]。中国文化的第一周,大致是纯粹的华夏民族创造文化的时期,外来的血统与文化没有重要地位。这一阶段的中国可称为古典的中国。第二周,是北方各胡族屡次入侵,印度的佛教深刻地影响中国文化的时期。这一阶段的中国已不是当初纯华夏的古典中国,而是胡汉混合、梵华同化的新中国,一个综合的中国。虽然无论在民族血统上或文化意识上,都可说中国的个性并没有丧失,但外来的成分却占很重要的地位。[⑤] 以上几种说法虽不完全相同,但都论证了魏晋南北朝时期在中国历史发展上的特殊地位。近代以来的西学东渐与这一时期的文化相通,同样是文化变革的时代,愈加激发了史学家从这段历史中寻找社会发展规律的动力。

虽然以近现代的眼光来看,魏晋南北朝在中国历史上具有特殊的地位,但是在史学歌颂文治武功的时代,这一混乱的时期没有多少值得称道的功绩可

① 吕思勉:《秦汉史》,开明书店 1947 年版,第 4 页。
② 吕思勉:《两晋南北朝史》,开明书店 1948 年版,第 1 页。
③ 柳诒徵:《中国文化史·绪论》,中华书局 2015 年版,第 2 页。
④ 雷海宗:《历史的形态和例证》,《伯伦史学集》,中华书局 2002 年版,第 253 页。
⑤ 参见雷海宗:《断代问题与中国史的分期》,《伯伦史学集》,中华书局 2002 年版,第 140 页。

言,因而总是被忽略,历代对魏晋南北朝历史的研究成果都不多,直到近代"新史学"革命,史学界才开始从深处思考这段历史的作用和意义,虽然相比于其他断代史研究者与研究成果要少许多,但相关的研究在民国时期也较之前逐渐丰富起来,为此后的研究开辟了新道路。

"二十四史"中,魏晋南北朝时期的历史占了"一志二史八书"十一部,近代的考古发掘,亦出现大量这一时期的简牍与砖文等史料,可谓资料丰富。民国时期,史学界对魏晋南北朝历史的研究开始由旧史学向新史学过渡,并逐渐走向繁荣。

民国时期对魏晋南北朝历史研究的断代史专著仅有吕思勉的《两晋南北朝史》(开明书店1948年)一部;专门研究三国时期的专著有王钟麒的《三国史略》(商务印书馆1931年)、吕思勉的《三国史话》(开明书店1943年)、刘公任的《三国新志》(世界书局1947年)等;研究晋朝历史的专著有王钟麒的《晋初史略》(原名《晋之统一与八王之乱》,商务印书馆1931年)等。

吕思勉的《两晋南北朝史》110万字,分24章。与他的通史和其他断代史著作相似,全书分两部分,前一部分按时间顺序记载历代兴亡史事,后一部分记载这一时期的民族关系、社会组织、社会等级、人民生计、实业、人民生活、政治制度、学术与宗教。所用史料以正史和《资治通鉴》为主,在依据史料的同时,又不盲目采纳,有自己独到的见解。吕思勉认为在两晋南北朝三百多年中,民族迁徙是这个时代最重要的事,并认为由此产生了四大成就:"一曰士庶等级之平夷,二曰地方畛域之破除,三曰山间异族之同化,四曰长江流域之开辟"①。这些成就无论是从政治上还是经济上都对之后中国的发展产生了不可忽略的影响。

王钟麒的《三国史略》,史料以《后汉书》《后汉纪》《三国志》及《资治通鉴》为主。全书共14章,第一章"时势之鸟瞰",简要概述了三国时期的历史,第二章至第十四章记载了从黄巾起义至司马炎代魏平吴这段时期的主要历史人物和重大历史事件。王钟麒之所以断三国为一代,源自他认为"中国民族由极盛之两汉以转入中衰之六朝,三国纷扰实尸其咎。"②这本书虽然简略,但

① 吕思勉:《两晋南北朝史》,开明书店1948年版,第5页。

② 王钟麒:《三国史略》,商务印书馆1934年版,第1页。

不乏新见,出版后深受读者喜爱,曾多次再版。

《三国史话》是吕思勉唯一一部通俗性的历史著作,全书用浅显易懂的白话文写成,包括 16 节正文和 11 节附录。因三国时期的历史是大家所熟悉的,所以在这本书中,吕思勉以重要的人物和重大历史事件为基础,"就这一段史事,略加说述,或者纠正从前的误谬,或者陈述一些前人所忽略的事情"①,提出了很多独到的见解。

刘公任是广西大学教授。他认为陈寿《三国志》为晋司马氏隐讳,愧对董狐南史,作《三国新志》欲更改陈寿之误。这本书改变《三国志》的体系,分志为七类,取时人熟悉之名标目各篇次。在新史学盛行之际,又遇战乱,这一类型的著作得以出版,实属不易。书首有顾颉刚作的序。

王钟麒的《晋初史略》,全书 15 节,以纪事本末体记述了从司马氏代魏至八王之乱时期的晋史,书中用很大的篇幅记载了贾后专权与废死的史实。本书原名《晋之统一与八王之乱》,1931 年出版,1934 年改为此名重版。

门阀政治是魏晋南北朝时期突出的历史现象,民国时期对门阀政治的研究专著有杨筠如的《九品中正与六朝门阀》(商务印书馆 1930 年)、王伊同的《五朝门第》(金陵大学中国文化研究所 1943 年)等。魏晋玄学是中国古代思想史上一个重要的文化现象,民国时期这方面的研究专著有容肇祖的《魏晋的自然主义》(商务印书馆 1936 年)、范寿康的《魏晋之清谈》(商务印书馆 1936 年)、贺昌群的《魏晋清谈思想初论》(商务印书馆 1946 年)等。经济史研究专著有陈啸江的《三国经济史》(国立中山大学文科研究所 1936 年)、陶希圣、武仙卿的《南北朝经济史》(商务印书馆 1936 年)等。佛教史研究的专著有汤用彤的《汉魏两晋南北朝佛教史》(台湾商务印书股份有限公司 1938 年)等。人物研究方面,这一时期受到广泛关注的主要是诸葛亮,主要著作有卫聚贤的《诸葛亮征八莫》(说文社出版部 1944 年)等。

除了以上各领域有研究专著外,也出现了一些研究文章,对这一时期特殊的民族关系问题以及二三十年代学术界热衷讨论的社会性质进行探讨,代表性的有何兹全的《中古时代之中国佛教寺院》(《中国经济》1934 年第 9 期)。在这篇文章中,他首次提出了"魏晋封建说",这一观点在学术界产生了重要

---

① 吕思勉:《三国史话》,开明书店 1946 年版,第 3 页。

的影响。

值得注意的是,陈寅恪与周一良这个时期虽然没有相关专著,但对于推动魏晋南北朝史研究做出了突出的贡献。陈寅恪的《桃花源记旁证》(清华学报)、《魏书司马睿传江东氏族条释证及推论》(《历史语言研究所集刊》十一本一二分),周一良的《北魏镇戍制度考》(《禹贡》三卷九期)等论文,都有筚路蓝缕之功,影响着几代史学工作者对魏晋南北朝史的研究。

(四)隋唐五代史

隋唐五代起于 581 年,终于 960 年,历时 380 年。隋唐时期是继秦汉之后中国历史上又一个强盛时期,盛世本是历来研究的重点,五代时期的混乱成为中国封建社会前期到后期的转折点,又给这个时代增加了可研究的价值。虽然民国时期对这段历史的研究比先秦秦汉史要薄弱,但此时利用西方社会科学理论来分析中国传统的史料,仍然产生了诸多有影响力的著作,为后来的研究提供了丰富的理论素材。

民国时期对隋唐五代史研究的断代史专著仅有蓝文徵的《隋唐五代史》(上编)(商务印书馆 1946 年)一种。对隋唐史研究贡献最大的是陈寅恪与岑仲勉。陈寅恪用“文化人类学观点”写出了《唐代政治史述论稿》(商务印书馆 1943 年)、《隋唐制度渊源略论稿》(商务印书馆 1944 年)。岑仲勉的实证性力作有《补唐代翰林两记》(国立中央研究院 1942 年)、《元和姓纂四校记》(商务印书馆 1948 年)等。另外经济史方面的著作有鞠清远的《唐宋官私工业》(上海新生命书局 1934 年)、鞠清远与陶希圣的《唐代经济史》(商务印书馆 1935 年)等。交通史方面的著作有张星烺的《中西交通史料汇编》(辅仁大学图书馆 1930 年)、向达的《唐代长安与西域文明》(哈佛燕京学社 1933 年)等。社会史方面的著作有黄现璠的《唐代社会概略》(商务印书馆 1936 年)等。文化史方面的著作有罗香林的《唐代文化史研究》(商务印书馆 1944 年)。考订方面的著作有王桐龄的《杨隋李唐先世系考》(女师大 1931 年)等。根据新发现的敦煌资料对史料整理的著作有王重民的《金山国坠事拾零》(北平国立图书馆馆刊九卷六号抽印本 1935 年)等。

陈寅恪的两部隋唐史研究专著,解决了隋唐历史上许多重大历史现象和问题,为中国史学界的中古史研究开辟了新的研究路径。《隋唐制度渊源略论稿》通过对礼仪、职官、法律、音乐、兵制、财政等方面的考察,得出隋唐制度产生的历史渊源有三:一是来源于北魏、北齐;二是来源于梁、陈;三是来源于西魏、北周,其中北魏和北齐是最主要的来源。陈寅恪在分析隋唐制度的渊源时,主要从两方面考虑,一方面是分析门阀士族的影响,他认为魏晋隋唐时期的文化主要是依赖士族得以流传,所以门阀士族对隋唐文化制度的形成具有重要的作用;另一方面分析民族文化的影响,在民族文化的冲突下民族关系对文化制度的形成也有举足轻重的作用。《唐代政治史述论稿》从统治阶级之氏族升降、政治革命及党派分野、外族盛衰之连环性及外患与内政之关系等方面来分析唐代的政治史。这本书在《隋唐制度渊源略论稿》的基础上,进一步思考门阀士族的兴衰与民族文化冲突对唐代政治史的影响。唐代的政治史分为三个阶段,一是高祖、太宗时期;二是武则天时期;三是"安史之乱"之后。第一个时期,继续实行隋朝的"关中本位政策";第二个时期关陇集团势力被逐渐摧毁,开始推行科举制度,大量的新型阶级被选拔出来,逐渐取代了之前的将相世家的政权独尊地位;第三个时期,中央出现了党派之争,地方出现藩镇割据。这两部著作奠定了陈寅恪在隋唐史研究领域的开拓者地位,也代表了他在该领域取得的最高成就。虽然他的研究从微观角度入手,但却"善于发现某一特定历史时期影响重大的突出现象……善于注意事物的发展和变化,注意表面无干而实际有联系的事物,然后融会贯通,找出线索,阐明前因后果,对这六百年的历史提出持之有故、言之成理、自成体系的看法"①,这在民国时期隋唐史研究重在史料考据的时代特点下尤为突出。

民国时期岑仲勉隋唐史研究最大的成就在历史文献的整理与考证上,以《元和姓纂四校记》影响最大,这部具有很高学术价值的唐史研究工具书170万字,博采各类史料,征引各家考证,进行细致的校订增补,为唐史与谱学研究提供了可靠的参考资料。

民国时期五代史的研究相对薄弱,通常附属于隋唐史,除了姚兆胜、马增佑主编的《纷乱的五代十国》(民众书局1942年)一本少年通俗读物外,其他关于五代史的研究只有少量的论文,且研究领域较窄,影响力较小。

(五)宋辽金元史

民国时期宋辽金史研究的断代史专著只有金毓黻的《宋辽金史》(商务印

---

① 王永兴:《陈寅恪》,《中国史研究动态》1979年第8期。

书馆 1946 年）。宋史研究的代表作有张孟伦的《宋代兴亡史》（商务印书馆 1948 年）、张家驹的《宋代社会中西南迁史》（商务印书馆 1942 年）、邓广铭的《陈龙川传》（独立出版社 1943 年）、《岳飞》（重庆胜利出版社 1945 年）、《辛稼轩先生年谱》（商务印书馆 1947 年）。冯家昇的《辽史源流考》（哈佛燕京学社 1933 年）、陈汉章的《辽史索隐》（辍学堂丛稿初集 1936 年）、陈述的《契丹史论稿》（北平研究院 1948 年）。金史研究的著作有陈述的《金史氏族表初稿》（国立中央研究院历史语言研究所 1935 年）。元史研究的著作有柯绍忞的《新元史》（开明书店 1935 年）、陈垣的《元也里可温考》（商务印书馆 1923 年）、《沈刻元典章校补》（北京大学研究所国学门 1931 年）、《元典章校补释例》（古籍出版社 1931 年）、《元秘史译音用字考》（国立中央研究院历史语言研究所 1934 年）、《元西域人华化考》（励耘书屋 1934 年）等。

民国时期，"为中国宋史学立下开创之功的不仅仅是某一位学者，而是至少有四位，即蒙文通先生、陈乐素先生、张荫麟先生和邓广铭先生。"①其中，蒙文通作为经学专家，主张经史相融。他对宋史的研究是建立在把宋代放到社会变革的大环境基础上的。他认为"于宋史首应研学术"，论学术，不能根据王朝来讲。宋的学术是从唐中叶开始的，经五代到宋初，在宋仁宗时形成，"经过元到明初，仍是宋的学术。直到正德、嘉靖才转变。""因此，讲宋学的始末，应自大历到正德前。"②在这样的学术视野下，蒙文通于宋史研究多有建树，其代表性论著《中国禅学考》《读〈中国史上南北强弱观〉》《与李源澄论北宋变法与南宋和战书》《王介甫〈老子注〉佚文》等对宋代学术、政治和军事各方面都有独到的见解。值得注意的是，蒙文通于 1934—1935 年在北大教授宋史课程的一大特色是将宋史研究与浙东学派关联起来，课程的讲授重点为"注重探讨有宋一代政治之升降，学术之转变，制度之沿革，民族之盛衰，以吕东莱、陈君举、叶水心之说为本，取材于《东都事略》《南宋书》《宋朝事实》《太平治迹》，以济元修《宋史》之阙；更从《文献通考》辑出《建隆编》佚文，以为

---

① 朱瑞锡：《蒙文通先生在中国宋史学上的开创之功——兼评张荫麟、陈乐素、邓广铭三先生对宋史研究的贡献》，四川大学历史文化学院：《蒙文通先生诞辰 110 周年纪念文集》，线装书局 2005 年版，第 75 页。

② 胡昭曦：《谆谆教导，受用终生——缅怀文通师》，《巴蜀历史文化论集》，巴蜀书社 2002 年版，第 390—392 页。

《宋会要》之纲。"①他的宋史课程对邓广铭等史学家后来进行宋史研究产生了重要的启发。张荫麟"最早开设宋史课程，最早刊布宋史研究论文，发轫许多重要的研究课题，率先建构起中国宋史叙述之体系，并在培养宋史研究人才，开创宋史研究基地方面有突出贡献。"②撰述《中国史纲》之际，张荫麟在完成东汉以前的部分后，把主要精力放在宋史研究领域，发表了诸多论文，比如《宋朝的开国与开国规模》《北宋的土地分配和社会骚动》《顺昌战胜破贼录疏证》《沈括编年事辑》等文章在政治、社会经济、军事及文化研究领域取得了很大的成就。可惜张荫麟英年早逝，未能留下更多的作品。1942年张荫麟逝世后，陈乐素延续其治宋史的传统，在浙江大学继续开设宋史课程。他在宋史研究中，对文献学的研究贡献最大，同时在政治、社会领域亦有许多创建。他在文献学领域研究的成果有《徐梦莘考》(《国学季刊》1934年)、《〈三朝北盟会编〉考》(《历史语言研究所集刊》1935、1936年)；政治研究领域的成果有《宋徽宗谋复燕云之失败》(1933年)、《南宋定都临安的原因》《读〈宋史·魏杞〉传》；社会研究领域的成果有《余靖奏议中所见北宋庆历时社会》，这些成果在当时产生了重要的影响，使他成为继张荫麟之后宋史研究领域的继往开来者。邓广铭是宋代史学体系的建立者，他从事宋史研究受胡适影响较深，对宋史的研究范围较广，既有北宋史的研究，又有南宋史的研究，既有政治经济史的研究，又有学术文化史的研究。其中他将最主要的精力放在了历史人物谱传的撰写上，而且他在对历史人物的选择上，受到当时社会背景的影响，比如选择陈龙川和辛弃疾，很大程度上是因为二者都是爱国人士，在日寇入侵，国难危亟之日，选择二人作为研究重点，也体现了邓广铭作为一个学者所具备的国家和民族责任感。

学术界亦用"宋史学界的五朵金花"来评价宋史研究贡献较大者。除了上述四位外，第五位为金毓黻。金毓黻就治宋史的方法提出"三史互证，以宋为主的原则"，他"述本期史，以宋为主，辅之以辽金西夏，西辽之事迹，亦为附述，高丽之事迹，除与宋辽金有关者，则置而不言，盖以所处地位不同而异其详

---

① 王承军：《蒙文通先生年谱长编》，中华书局2012年版，第123页。

② 曹家齐：《张荫麟先生与中国宋史学》，《东莞历史文化论集》，广东人民出版社2007年版，第273页。

略也。"①1946 年出版《宋辽金史》(第 1 册),以章节体的形式,叙述了宋辽夏金时期的史事。这本书是金毓黻在中央大学历史系讲授宋辽金史讲义的基础上修改而成。金毓黻研究宋辽金史与其研究东北史有重要的关联。他在研究东北地方史时,注意到"东北史不过为国史之一部,欲研史之士集中精力于此,势所不能。第研史之途径不一,全视研史者之兴趣如何,倘富于研究辽金史之兴趣,则对于东北史,亦不能不有相当之注意,于是研究辽金史饶有兴趣,而研究东北史亦有兴趣矣。"②而且"辽金二史之纪事,与东北有关者几居其半……且近年在东北发见辽金时代之史迹,多至不可胜纪。果由研究东北地理,而从事改修辽金二史之大业,此亦为吾国史学界结一璀璨光华之果。"③以上两点说明了他研究宋辽金史的必要性,"生平喜读乙部之书,重点放在宋辽金三史一段"表明了他研究这段历史的可行性,在这样的基础上,研究宋辽金史的代表性学术著作《宋辽金史》于 1946 年撰述出版。金毓黻对宋辽金三史的地位及三朝兴亡的原因等都有独到的见解。

对宋代史研究贡献较大者还有张孟伦,他著有《宋代兴亡史》,1948 年由商务印书馆出版,这本书是张孟伦在国立中正大学教授宋元辽金史的基础上写成。受进化史观的影响,明确全书三章内容:宋代开国、宋治兴盛及宋治衰亡,叙述宋代开国以来的史事以及对后世的影响,使读者熟悉历史演进的程序,以求得宋代兴亡的因果律,并且希望求得历史与现实之间的关系,有强烈的为现实服务的意识。

民国时期的辽金史研究与对其他朝代的研究相比,略显沉寂,专门致力于此学者较少,但仍然使近代辽金史研究进入了初创阶段。辽金史的研究方向主要分为两类,一类是属于史料整理范畴的对辽史和金史的校勘与考订工作,另一类是用近代科学的方法对辽史进行研究,二者均取得了一定的成果。关于辽史第一类的研究成果主要有丁谦的《辽史各外国地理考证》(浙江图书馆1915 年)、黄任恒的《辽代年表》《辽文补录》《补辽史艺文志》《辽代文学考》《辽代金石录》,合称"辽痕五种"(聚珍印书局 1925 年)、冯家昇的《辽史源流

---

① 金毓黻:《宋辽金史》第 1 册,商务印书馆 1946 年版,第 4 页。
② 金毓黻:《东北通史·引言》(上编六卷),吉林教育出版社 1943 年版,第 3 页。
③ 金毓黻:《东北通史·引言》(上编六卷),吉林教育出版社 1943 年版,第 2 页。

与辽史初校》(燕京大学哈佛燕京学社 1933 年)、罗福颐的《辽文续拾》《辽文续拾补疑》(墨缘堂 1935 年)等。用近代科学等方法研究辽史成就最大者有陈述与傅乐焕。陈述有《契丹史论证稿》(国立北平研究院史学研究所 1948 年),主要研究契丹的政治制度;傅乐焕有《辽代四时捺钵考五篇》(《历史语言研究所集刊》1948 年),主要研究辽代特殊的政治制度。金史研究的第一类成果主要有陈述的《金史氏族表初稿》(《历史语言研究所集刊》五本三分 1935 年)、陈乐素的《三朝北盟会编考》(《历史语言研究所集刊》六本二分、三分 1936 年)等。第二类成果主要有金毓黻的《东北通史》(吉林教育出版社 1943 年)、《宋辽金史》(商务印书馆 1946 年)等。

元代是中国历史上一个特殊的时期,少数民族政权的统治使它具有多民族性,对外势力的扩张加强它的世界性。这两大特点一方面丰富了元史研究的内容,另一方面也加大了研究的困难,因而民国时期元史研究的成果相对较少。

19 世纪中叶以后,受政治影响,边疆地理研究成为新风尚,元史研究也受到高度重视,但一直到民国初年,研究的方法大都是按照传统体例修补重撰《元史》,如 20 世纪 20 年代初,柯绍忞著成的《新元史》257 卷。值得一提的是,这时期的元史研究开始引用国内外史料,为后世研究元史提供了丰富的资料,开阔了研究视野。

民国时期元史专题研究的开创者有王国维、陈垣、陈寅恪。他们学贯中西,运用新的研究方法作了大量的考证和论述,为元史研究奠定了基础,至今仍具有重要的参考价值。王国维主要是用二重证据法进行历史和史料考证及校注,代表作有《鞑靼考》《蒙古札记》《圣武亲征录校注》《长春真人西游记校注》等。陈垣主要从事蒙元史宗教及史籍校正方面的研究,代表作有《元也里可温考》《元西域人华化考》《元典章校补》等。陈寅恪对蒙元史的研究主要集中在蒙古民族起源的问题上,代表作有《彰所知论与蒙古源流》等。三十年代一批青年学者前往欧洲,学习先进的研究方法和语言,以从事元史研究,其中成就较突出者有姚从吾、韩儒林、邵循正、翁独健。姚从吾撰有《金元两代史源的研究》《成吉思汗时代的萨满教》等文,韩儒林撰有《成吉思汗十三翼考》《蒙古氏族札记》《蒙古的名称》等二十余篇文章,翁独健撰有《〈新元史〉〈蒙兀儿史记〉爱薛传订误》《蒙元时代的法典编纂》等文,邵循正撰有《〈元史〉、剌失德丁〈集史・蒙古帝室世系〉所记世祖后妃考》《元代的文学与社会》《蒙古的名称和渊源》等文，他们都重视将历史学与语言学结合，解决了元史研究中许多含糊不清的问题，纠正了前人研究中的错误，把元史研究推进到一个新的阶段。

（六）明清史

民国时期的明清史研究进入了多角度研究的发展阶段。

明代是汉民族所建立的最后一个传统的皇朝，也是中国历史上一个多元的时代，它处于元、清两个少数民族政权之间，其兴衰成败对于学界反思以汉族为主体的政权建设与文化发展具有重要的参考价值。学界对它的评价由清代到民国经历了从恶评如潮到正面论述逐渐增多的过程。民国时期，虽未出现明代的断代史研究专著，但是由于内阁大库档案的公开及其在中国历史上的特殊地位，学界对明史的研究范围由政治史一隅不断扩展为各个领域全面开花，社会经济、中外关系、思想文化、人物研究等方面都取得了丰硕的成果。

民国时期明史研究成就最大者有吴晗、王崇武及梁方仲。

吴晗之所以能在明史研究领域取得极大的成就与他早年在清华读书期间通过整理内阁大库档案掌握大量的新史料是分不开的。他在明史研究中最重要的著作是《朱元璋传》。这部书的初稿完成于 1944 年，多次修改后于 1949 年由上海新中国书局、三联书店和香港传记文学出版社出版。虽然吴晗在《朱元璋传》中对朱元璋的评价并非完全客观，其中寄托了他的政治情绪①，但全书以翔实的史料对朱元璋的一生做了全面的论述，通过对一个人的功过是非的评价，来展现整个明朝初年的历史，其成就不论是在对历史人物的评价标准上还是叙述明朝初年的历史事实上都具有重要的史学价值。作为现代明史研究的重要开创者，吴晗的研究成果以 20 世纪 30 年代最丰硕。在《朱元璋传》撰述之前，他在明史研究的多个领域都有突出的成绩，其成果主要有《胡惟庸党案考》(《燕京学报》第 15 期，1934 年)、《明代的锦衣卫和东厂》(《大公报・史地周刊》第 13 期，1934 年)、《明成祖生母考》(《清华学报》第 10 卷第 3 期，1935 年)、《明代靖难之役与国都北迁》(《清华学报》第 10 卷第 4 期，1935

---

① "由于当时对反动统治蒋介石集团的痛恨，以朱元璋影射蒋介石，虽然一方面不得不肯定历史上朱元璋应有的地位，另一方面却又指桑骂槐，给历史上较为突出的封建帝王朱元璋以过分的斥责。"参见吴晗：《朱元璋传・自序》，新中国书局 1949 年版。

年)、《明代之农民》(《天津益世报·史学》第 12、13 期,1935 年)、《明初卫所制之崩溃》(《南京中央时报·史学》第 3 期,1936 年)、《十六世纪前之中国与南洋》(《清华学报》第 11 卷第 1 期,1936 年)、《明代之军兵》(《中国社会经济史集刊》,1937 年)、《元明两代之匠户》(《云南大学学报》第 1 期,1938 年)、《明代之粮长及其他》(《云南大学学报》第 2 期,1939 年)、《明代汉族之发展》(《昆明中央日报·史学》第 3 期,1939 年)等。

王崇武的明史研究开启于在北京大学读书期间,毕业后留在北京大学文科研究所任助理研究员。在此期间,参与整理内阁大库档案,掌握了丰富的史料,对明代的宦官及屯田制度作了相关研究,取得了突出的成绩。1935 年 1 月到 4 月期间,他针对周作人发表的《太监》的不当观点,在《北京晨报》连续发表《明代宦官权势的演进》《明代宦官生活概况》《明代宦官与自宫禁令》,对明代的宦官制度进行了较为全面客观的论述。1936—1937 年间,他的主要研究兴趣是明代的屯田制度领域,当时他在《禹贡》等杂志上发表多篇研究文章,如《明初之际屯垦政策与井田说》(《禹贡》5 卷 5 期,1936 年)、《明代的商屯制度》(《禹贡》5 卷 12 期,1936 年)、《明代民屯之组织》(《禹贡》7 卷 1—3 期,1937 年)等,对明代屯田制度的研究具有开创之功。1937 年起,王崇武进入了学术研究的黄金阶段,论著颇丰,在政治、经济、军事及中外关系领域均有丰富的研究成果,除大量的研究论文外,1948 年亦有三部专著出版,即《明靖难史事考证稿》《〈明本纪〉校注》《〈奉天靖难记〉校注》。

梁方仲的主要研究领域是明代经济史,以《一条鞭法》著名。梁方仲在 20 世纪 30 年代参与整理明清档案,抄录了大量的明代财政经济史料,其间受到吴晗等人的影响,专注研究明代田赋史,发表了一系列研究论文,对明代前期的赋税制度所包含的各个部分都进行了系统而深入的研究,1936 年发表《一条鞭法》(《中国近代经济史研究集刊》4 卷 1 期),产生了很大的反响,不久就在日本被翻译成日文转载,费正清评价这篇文章"关于中国十六世纪赋役制度改革的研究是迄今最细致而透彻的研究成果,所提供的背景对研究中国近代货币制度经济的成长具有重要的参考价值。"这篇文章对"一条鞭法"产生的背景渊源、具体的法令条文及实施情况进行了细致的梳理,是民国时期对明初赋役制度研究最深,对学术界影响最大的论文。

此外,由于时代原因,民国时期的明史研究与政治密切相联。20 世纪 30

年代"九一八"事变之后，日本为强占东北，散布"满蒙在历史上非支那领土"的谬论，对此，中国明史学界展开了对明代东北和倭寇的研究。关于明代东北地区的研究成果有张维华的《明辽东"卫""都卫""都司"建置年代考略》（《禹贡》1934年1卷4期）《明代辽东卫所建置考略》（《禹贡》1934年1卷7期）等，关于倭寇的研究论著有陆懋恒的《明代倭寇考略》（1934年）、吴重翰的《明代倭寇犯华史略》（1939年）、柳诒徵的《明代江苏省倭寇事略》（《国风》1933年2卷8期）等。20世纪40年代在国民党对言论的严密控制下产生了众多借明史的黑暗影射国民党统治的论著，如翦伯赞的《桃花扇底看南朝》、郭沫若的《甲申三百年祭》、吴晗的《朱元璋传》、丁易的《明代特务政治》、朱东润的《张居正大传》等。

与其他断代史研究相比，清史研究具有其特殊性。清朝是中国历史上最后一个封建皇朝，时间跨度为1644年到1911年，有268年的历史。在这268年间，中国历史发生了翻天覆地的变化，以1840年鸦片战争为节点，前后社会性质出现了重大转变，所以说清朝既是中国封建王朝的结束，又是近代史的开端。虽然1840年之后的中国进入了近代史阶段，但对清朝历史的研究不应以此为终结，而应该包括对其从建立到灭亡的整个阶段的研究。同样由于清朝历史的特殊性，以及它与中国近代历史发展的紧密联系，在民国时期学界对清朝历史的研究较为活跃，各种各样的清史著作接踵问世，如清史馆纂修的《清史稿》（1914—1928年），汪荣宝、许国英的《清史讲义》（商务印书馆1913年），吴增祺的《清史纲要》（商务印书馆1913年），刘法曾的《清史纂要》（中华书局1914年），蔡郕的《清代史论》（上海会文堂书局1915年），黄鸿寿的《清代纪事本末》（上海文明书店1915年），许国英的《清鉴易知录》（上海藻思堂刊印1928年），孟森的《清朝前纪》（商务印书馆1930年）《清史讲义》（上海文化服务社1947年），陈怀的《清史要略》（中华书局1931年），萧一山的《清代通史》（上卷1923年，中卷1925年，商务印书馆；下卷北平文史政治学院讲稿本）《清史大纲》（1944年重庆经世学社，1945年改名《清代史》由商务印书馆出版），金兆丰的《清史大纲》（开明书店1935年），郑天挺的《清史探微》（独立出版社1945年）等。在众多学者中，对清史研究贡献较大者有萧一山、孟森及郑天挺。

萧一山在22岁大学未毕业之时，撰写了新式《清代通史》上卷，得到了学界的广泛好评,梁启超、李大钊、今西龙、朱希祖、蒋百里、蒋梦麟、杨栋林、李泰棻等都为之作序,在对萧一山进行褒扬的同时,又对他给予了极大的鼓舞。《清代通史》用章节体写成,史料丰富,运用了大量内阁档案,文字表述以白话文与浅近的文言文相结合,通俗易懂。萧一山不是把清代历史作为朝代史来写,而是将清代置于整个中国历史的发展中,注重其社会制度的沿革与变迁。他在序中说:"所述为清国史,亦即清代之中国史,而非清朝史,或清室史也。"①1944 年萧一山将《清代通史》改编为《清史大纲》,在这部书中强调"民族革命史观",在这个观念的指导下,《清史大纲》的许多地方过于偏激,但是这本书在抗战时期完成,具有强烈的现实意识,这一点是不容忽视的。

孟森是民国时期清史研究的杰出代表,也是近代清史学科的主要奠基人,他的清史研究无论是方法、成果还是治学态度都对后辈学者产生了重要影响,大大推动了清史的研究工作。孟森对清史研究的两大代表专著是《清朝前纪》与《清史讲义》,二书均为他在大学授课时的讲义。《清朝前纪》是孟森在中央大学授课时的讲义,1931 年到北大任教后改名为《满洲开国史》,1933 年又改为《明元清系通纪》。这本书以明代的纪元讲授清代的世系,对清朝的先世及兴起发展过程进行了比较详细的论述。《清史讲义》是 1931 年至 1937 年孟森在北大讲授明清史时讲义稿的一部分,1947 年《清史讲义》单独出版,这本书以政治史为主讲述清朝的历史,全书分为两编,第一编为总论,叙述了"清史在中国历史上的地位""清史体例""清代种族及世系""八旗制度考实",提出了很多独到的见解;第二编论述从开国到太平天国时期的历史,他在书中提出的观点很大程度上促进了清史研究的发展。

郑天挺的《清史探微》包括了他在 1936 年至 1944 年间研究清史多篇论文,有《清代皇室之氏族与血系》《多尔衮称皇父之臆测》《墨勒根王考》《释"阿玛王"》《多尔衮与九王爷》《清代包衣制与宦官》《满洲入关前后几种礼俗之变迁》等,其中的很多观点和见解推动了清史研究的发展,尤其是对多尔衮的研究具有开创之功。

(七)近代史

所谓近代史,一般是指 1840 年鸦片战争开始到 1949 年中华人民共和国

---

① 萧一山:《清代通史·叙例》,中华书局 1923 年版。

成立这段时期的历史。1840 年爆发的鸦片战争是中国近代史的起点。对于鸦片战争史的研究,从鸦片战争结束后就已经开始,此后,当代史书写不断。但 20 世纪 20 年代之前的近代史书写主要存在于教科书当中,20 年代开始出现近代史的研究论著和文章。近代史真正成为一门学科是从 20 世纪 30 年代开始的。

民国时期以中国近代史命名的著作有李泰棻的《中国近百年史》(商务印书馆 1924 年)、李鼎声的《中国近代史》(光明书局 1933 年)、陈恭禄的《中国近代史》(商务印书馆 1934 年)、蒋廷黻的《中国近代史》(青年书店 1939 年)、范文澜的《中国近代史》(上编第 1 分册新华书店 1947 年)、华岗的《中国近代史》(新华书店 1949 年),另外有郭廷以的《近代中国史》(上海书店 1941 年)、沈鉴、王栻的《国耻史讲话》(独立出版社 1940 年)等也是近代史研究的佳作。

李泰棻的《中国近百年史》是目前所见的最早的近代史专门著作。在此之后出现的近代史著作主要有两种范式体系,即"新史学"思想影响下的"冲击—反应"的近代化范式和以马克思主义唯物史观为指导的革命范式。这两种范式的共同点都体现在重视鸦片战争这一事件,都把鸦片战争作为中国近代史的起点,但以之为起点的原因却因立场不同有异。这两种范式对中国近代史的研究产生了深远的影响,可以说后来的研究都是建立在这两种范式的基础之上。

近代化范式以陈恭禄和蒋廷黻为代表。陈恭禄在金陵大学和武汉大学讲授中国近百年史,在此基础上编纂出版 70 余万字的《中国近代史》,为中国近代史的书写架构了基本的叙述轮廓,被誉为"二十世纪上半叶中国最有影响的大学历史教科书"。

民国时期中国近代史的发展离不开罗家伦的倡导。罗家伦在清华大学任校长期间,重点推进中国近代史学科的建设,后来调任中央大学当校长,继续推行这一政策。可以说把近代史作为专门领域进行研究,清华大学和中央大学都起到了非常重要的影响。蒋廷黻积极践行罗家伦的倡导,成为中国近代史研究的重要开拓者。他的《中国近代史》以近代化为视角,以近代中外关系史研究为侧重点,为近代史研究提供了重要范式。沈渭滨评价"蒋廷黻对现代中国史学的贡献,不仅在于他是中国少数几位近代史研究的开拓者之一,而且在于为起步不久的近代史研究建构了一个可资参考的分析框架与通史体系。"①

用马克思主义唯物史观指导撰写《中国近代史》最早的是李鼎声，他从社会阶级关系出发，通过生产力和生产关系的矛盾运动，分析鸦片战争之后中国社会性质的变化，得出鸦片战争之后中国已经沦为半殖民地半封建社会，鸦片战争就是中国近代史的开端这样一个结论。这本书讲述了从鸦片战争到日本侵占热河察哈尔时期的历史。李鼎声认为中国近代史就是一部帝国主义侵略史，所以他认为"中国近代史的主要任务，就是要说明国际资本主义侵入中国以来，中国社会、经济、政治所引起的重大变化，中国民族的殖民地化的过程，以及在此过程中所发生的社会阶级之分化与革命斗争的发展起落。"②全书在叙述重大历史事件时着重突出帝国主义的行径以及民众的反抗，带有强烈的革命话语书写范式，这种叙述模式受到了当时社会史论战的影响，同时也代表了共产党人的立场观点。

延安时期，毛泽东大力提倡中国近代史的研究，他所撰写的《中国革命和中国共产党》对中国近代史的社会性质作出了论断。1941 年，中共中央把设立在延安的马列学院改组为中央研究院，下设九个研究室，近代史组便是其中中国历史教研室的三个研究机构之一。马克思主义唯物史观指导下的中国近代史研究在此氛围中取得长足发展，张闻天的《中国现代革命运动史》（延安解放社 1937 年）、范文澜的《中国近代史》（上编第 1 分册）、胡绳的《帝国主义与中国政治》（三联书店 1949 年）、华岗的《中国近代史》（新华书店 1949 年）等都是在这个背景下撰写的。其中以范文澜著影响最大。范文澜的《中国近代史》以叙述近代史上的重大事件为主线，记载了 1840 年鸦片战争到 1905 年 60 多年的历史，出版后产生了较大的影响，后世评价"它的产生，标志着近代史研究达到了新的阶段，它所奠定的基本框架和提出的一系列深刻论断，影响了近代史研究达数十年之久。"③

总的来说，民国时期对近代史的研究相对比较薄弱，空白领域有很多。只

---

①　沈渭滨：《蒋廷黻与中国近代史研究》，《复旦学报》（社会科学版）1999 年第 4 期。

②　李鼎声：《中国近代史·绪论》，光明书局 1946 年版，第 2 页。

③　陈其泰：《范文澜〈中国近代史〉的开拓意义——纪念范文澜诞生 100 周年》，《中国社会科学院研究生院学报》1993 年第 6 期。

有极少部分领域受到了重视。

在近代史上一系列重大事件中，民国时期的史学家较为重视太平天国史的研究，在史料整理方面有程演生的《太平天国史料》（第一集）（北京大学出版社 1926 年）、萧一山的《太平天国丛书》（第一辑）（国立编译馆 1936 年）、谢兴尧的《太平天国丛书十三种》（商务印书馆 1935 年）等，著作有罗尔纲的《太平天国史纲》（商务印书馆 1937 年）、简又文的《太平天国广西首义史》（商务印书馆 1944 年）、郭廷以的《太平天国史事日志》（商务印书馆 1946 年）、华岗的《太平天国革命战争史》（海燕书店 1949 年）等。

另外，对辛亥革命和国民党史的研究也是近代史研究的重点。主要著作有邹鲁的《中国国民党史稿》（民智书局 1929 年）、冯自由的《革命逸史》（商务印书馆 1939—1949 年）、罗香林的《国父之大学时代》（独立出版社 1945 年）等。

关于近代中外关系史的研究，主要著作有刘彦的《中国近时外交史》（中华书局 1914 年）、《最近三十年中国外交史》（太平洋书店 1930 年）、钱亦石的《中国外交史》（生活书店 1938 年）、张健甫的《近六十年来中日关系》（生活书店 1937 年）、王芸生的《六十年来中国与日本》（大公报社出版部 1932—1933 年）、张忠绂的《中华民国外交史》（上卷）（正中书局 1943 年）等。

五、专门史的研究及成就

在"新史学"背景下，专门史的研究与撰述呼之欲出。在西方历史文化思想的影响和对中国传统史学的批判继承中，产生了两种专门史的分类，一种是梁启超在《中国历史研究法补编》中所列举的"人的专史、事的专史、文物的专史、地方的专史、断代的专史"五种，其中文化的专史包括"语言史、文字史、神话史、宗教史、学术思想史、文学史及美术史"等；一种是钱穆在《中国历史研究法》中所讲的政治、社会、经济、学术、人物、地理和文化史，这一方法更加接近现代对专门史的分类。民国时期，产生了大量的专门史研究著作，其数量之丰甚至超越了通史著作，成为民国时期最主要的历史撰述形式。在众多的专门史研究领域，成就最大者有史学理论及史学史、中国政治史、中国经济史、中国文化史、历史地理学、中西交通史、中国民族史等。其中受"决定论"意识的影响,持经济决定论和文化决定论的学者居多,故而"经济史"和"文化史"的著作尤其丰富。顾颉刚在《当代中国史学》中说:"中国史学进步最迅速的时期,是'五四'运动以后到抗战以前的二十年中。这短短的一个时期,使中国的史学,由破坏的进步进展到建设的进步,由笼统的研究进展到分门的精密的研究,新面目层出不穷,或由专门发展到通俗,或由普通而发展到专门;其门类之多,人材之众,都超出于其他各种学术之上。"①民国时期形成了多种学科意义的专门史。一个学科的形成大抵离不开相关研究群体的形成、学术著作的出版以及学校的课程设置几个方面。本节拟从这几点略述民国时期的专门史研究成就,以窥见中国史学在民国时期的发展情形。

(一)史学理论及史学史②

史学家对自身工作的反思、总结呈现出两种状态,一种是历史的总结,一种是理论的总结,因而便有了史学史与史学理论。③ 史学理论是关于历史学学科本身的理论,史学史是历史学发展的历史。民国时期的史学理论及史学史研究取得了丰硕的成果,对史学变革有重要的指导作用,极大地促进了中国史学由传统向现代的转变。中国史学理论的发展和外国史学理论的引进与介绍密不可分,而且这一时期的史学理论与史学史关系密切,众多的史学理论研究著作中包含有中外史学史的内容,使得史学史在20世纪20年代作为一门专史被提出并逐步发展为一门学科。

民国时期是史学理论及史学史取得长足发展的一个重要时期。1916年大量留学生归国以及1919年的五四运动,使史学界迅速活跃起来,随之而起的新文化热潮把新史学推向一个高峰,史学理论及史学史在这样的环境中蓬勃发展,出现了大量的相关研究专著。据不完全统计,民国时期撰述出版的史学理论著作有三十余种,史学史著作有十余种。

史学理论著作中较著名的有李大钊的《史学要论》(商务印书馆1924年)、何炳松的《历史研究法》(商务印书馆1927年)、《通史新义》(商务印书馆1930年)、梁启超的《中国历史研究法》(商务印书馆1922年)、《中国历史研究法补编》(商务印书馆1933年)、卢绍稷的《史学概要》(商务印书馆1930

---

① 顾颉刚:《当代中国史学·引论》,上海古籍出版社2002年版,第3页。

② 主要讨论史学理论及中国史学史。

③ 吴怀祺:《史学理论与史学史研究》,福建人民出版社2006年版,第46页。

年）、曹聚仁的《中国史学ABC》（世界书局1930年）、刘剑横的《历史学ABC》（世界书局1930年）、罗元鲲的《史学概要》（武昌亚新地学社1931年）、吴贯因的《史之梯》（又名《史学概论》，上海联合书店1930年）、赵吟秋的《史学通论》（上海大中书局1931年）、周容的《史学通论》（开明书店1933年）、朱谦之的《历史哲学大纲》（民智书局1933年）、刘静白的《何炳松史学批判》（上海辛垦书店1933年）、卫聚贤的《历史统计学》（商务印书馆1934年）、胡哲敷的《史学概论》（中华书局1935年）、李则纲的《史学通论》（商务印书馆1935年）、翦伯赞的《历史哲学教程》（新知书店1938年）、杨鸿烈的《史学通论》（商务印书馆1939年）、《历史研究法》（商务印书馆1939年）、蔡尚思的《中国历史新研究法》（中华书局1940年）、吴泽编著的《中国历史研究法》（峨眉出版社1942年）、吕思勉的《历史研究法》（永祥印书馆1945年）、陆懋德的《史学方法大纲》（独立出版社1945年）、刘节的《历史论》（正中书局1948年）、柳诒徵的《国史要义》（中华书局1948年）等。

中国传统史学中很早就有丰富的"史学史"因素，在新史学的作用下，其发展日趋成熟，20世纪20年代梁启超在《中国历史研究法补编》中将"史学史"视为"文化专史"中"学术思想史"的一个分支，明确把中国史学史作为一门专史提出来，宣布了这门专史的诞生。此后，尤其是三四十年代，在丰富的史学理论指导下产生了大量的史学史研究专著。其中较著名者有卫聚贤编的《中国史学史》（暨南大学印本1933年）、朱谦之的《中国史学之阶段的发展》（中山大学史学研究会出版1934年）、蒙文通的《中国史学史》（四川大学铅印本1938年）、傅振伦的《中国史学概要》（史学书局1944年）、蒋祖怡《史学纂要》（正中书局1944年）、魏应麒的《中国史学史》（商务印书馆1941年）、金毓黻的《中国史学史》（商务印书馆1944年）、王玉璋的《中国史学概论》（商务印书馆1942年）、顾颉刚的《当代中国史学》（胜利出版公司1947年）、方壮猷的《中国史学概要》（中国文化服务出版社1947年）、陆懋德的《中国史学史》（北平师范大学1949年）。这些著作的产生标志着中国史学史作为一门学科初步形成。

民国时期从事史学理论及史学史研究的学者中，梁启超、朱希祖、李大钊、何炳松、柳诒徵等做出了奠基性贡献。

史学史学科的产生与当时的史界革命和文化史的兴起有着密切联系。由于对文化史研究的重视、对文化史的分科研究的赞同以及对通史建设的夙愿，使梁启超晚年更加重视专史的研究和对传统史学的总结。深厚的学术史修养使得他成为最早明确提出建设中国史学史学科的学者。① 梁启超对中国史学史学科的成立和发展，做出的贡献是富有开创性的，他于 1926 年至 1927 年在清华国学研究院讲授"中国历史研究法（补编）"时，讲述了"史学史的做法"，他认为中国史学史研究的对象和基本内容主要包括四个部分：一、史官，二、史家，三、史学的成立与发展，四、最近史学的趋势。梁启超所设计的这个基本框架对其后中国史学史的研究产生了重要影响，魏应麒、王玉璋和金毓黻等人的中国史学史著作，基本上是按照这个体系完成的。魏应麒的《中国史学史》分为上下编，上编三章：一、中国史学之特质与价值；二、中国史籍之位置与类别；三、中国史官之建置与职守。下编十章：一、古代之史学；二、两汉之史学；三、三国两晋南北朝之史学；四、隋唐之史学；五、刘知幾；六、五代宋之史学；七、郑樵；八、元明清之史学；九、章学诚；十、民国以来之史学。王玉璋的《中国史学史概论》包括五章：一、史官；二、史籍名著评述；三、史体；四、历史哲学；五、史学之新趋势。金毓黻的《中国史学史》十章：一、古代之史官；二、古代之史家与史籍；三、司马迁与班固之史学；四、魏晋南北朝以迄唐初私家修史之本末；五、汉以后之史官；六、唐宋以来官修诸史之本末；七、唐宋以来之私修诸史；八、刘知幾与章学诚之史学；九、近代史家述略；十、最近史学之趋势。

当时清华国学研究院的学生中研究史学史较著名者姚名达、卫聚贤等都受到过梁启超的指导，在研究中受到他的影响颇深。姚名达 1925 年入清华国学研究院读书，此后一直致力于中国史学史的研究，并且拟定了宏大的著述计划，完成出版的相关著作有《刘宗周年谱》《邵念鲁年谱》《朱筠年谱》《中国目录学史》等。卫聚贤于清华国学院毕业后分别在上海持志学院和暨南大学讲授过中国史学史，讲义的内容包括："定义""历史的起源与演进""史学的分类及目录""正史及史目""历代的史官""历代的史学家"。除史学史研究外，史学理论方面的著作也有很多受到梁启超史学思想的影响，比如吴贯因的《史学概论》、胡哲敷的《史学概论》、杨鸿烈的《史学通论》等。

北京大学是最早设立史学史课程的学校，史学系系主任朱希祖在加强史

① 参见周文玖：《史学史导论》，学苑出版社 2006 年版，第 133—139 页。

学理论建设、促进史学史发展方面作出了重要贡献。他讲授的"中国史学概论"带有浓厚的中国史学史的性质。这门课程的讲义于1943年改名为《中国史学通论》由重庆独立社出版。分为两个部分,第一部分讲"中国史学之起源";第二部分讲"中国史学之派别",主要从史官和史书体裁的变化两个方面阐述史学的成立和发展,简略地勾勒出了中国史学产生和发展的概貌及规律。从事史学史研究的学者中金毓黻、姚从吾、傅振伦等人,受到朱氏的影响颇深。金毓黻的《中国史学史》在撰述体系上受梁启超的影响较深,但在思想上也吸收了朱希祖的相关研究成果,在"结论"部分,直接运用了他的理论和观点。姚从吾在北京大学期间专攻史学方法、史学史等科目,毕业后被派到德国留学,十多年后回北京大学史学系任教。抗日战争时期,在西南联大讲授中国史学史。傅振伦在朱希祖的指导下编著《刘知幾之史学》与《刘知幾年谱》,还撰写了关于郑樵和章学诚的多篇论文,毕业后,讲授"中国史学通论"课程,讲义受朱希祖的影响颇大,1944年改名为《中国史学概要》出版。

另外朱希祖在担任系主任期间,聘用何炳松、李大钊等讲授史学理论课程。何炳松的治学特色是以西洋史学为借鉴,进行中国史学史的研究与建设。1924年他翻译的《新史学》之出版,标志着20世纪初通过日本介绍引进西方史学理论的终结。

李大钊在北京大学史学系开设唯物史观研究和史学思想史。他1924年出版的《史学要论》产生了极大的影响。《史学理论》是第一部运用马克思主义阐发史学基本问题的著作,如它论述了"历史""历史学"的区别和联系,对历史学学科特点进行了揭示和定性,构建了历史学系统,指出了历史学的价值,为中国马克思主义史学的产生奠定了基石。刘剑横的《历史学ABC》、周容的《史学通论》、刘静白的《何炳松历史学批判》、李则纲的《史学通论》等,都受到李大钊史学理论的影响。

刘诒徵著有《史学概论》《中国史学之双轨》,对南高学派的史学史研究起到了带领作用。其弟子郑鹤声、缪凤林等,均对中国史学史有所贡献。

此外,民国时期史学史研究也出现了许多影响较大的论文,尤其是对刘知幾与章学诚的研究成果众多。同时也出现了一批断代史学史成果,以论文为主,古代史学史有郑鹤声的《汉隋间之史学》(《学衡》1924年9月第33期)、陈竞的《周秦史学》(《中国大学季刊》1927年11月第1卷第4期)、万福曾的《魏晋之史学》(《大公报·史地周刊》1936年12月11日第115期)、蒙文通的《宋代史学》(《华文月刊》1943年第2卷第2—3期)、杨翼骧的《三国时代的史学》(《经世日报·读书周刊》1948年1月7日、14日第77—78期)等；近代史学史的研究专著有顾颉刚的《当代中国史学》(胜利出版公司1947年),40年代出现了多篇总结近代史学的文章,有沈兼士的《近三十年来中国史学之趋势》(《经世日报·读书周刊》1940年8月14日第1期)、王国栋的《五十年来中国之新史学》(《新认识》1940年10月第2卷第2期)、周予同的《五十年来中国之新史学》(《学林》1941年第4期)、张绍良的《近三十年中国史学的发展》(《力行》1943年4月第7卷第4期)、齐思和的《近百年来中国史学的发展》(《燕京社会科学》1949年10月第2卷)等。①

要而言之,从中国史学史的理论、科研论文、学术专著以及这门学科的教学等几个方面看,中国史学史在民国时期已取得了独立的学科地位。

(二)中国政治史

鲁滨逊说:"政治史是最古的、最显明的而且最容易的一种历史;因为君主的政策、法律同战争,是最容易记载下来的事体。国家这样东西,是人类所造的一个最伟大的、最重要的组织。历史家普通以为过去事实最值得知道的,都是同国家直接的或间接的有关系的。"②从这个角度讲,历史著述的主要内容就是政治史。中国是一个古老的大国,历朝历代关于政治的研究和考索不绝于书,但是把中国政治史作为一个专门史来研究,是伴随着史学近代化而来的。尤其是五四运动之后,受马克思主义唯物史观的传播以及中国革命的发展的影响,大量的政治史研究著作涌现出来。中国政治史涉及很多方面的内容,比如政治制度、历代法制、历代兵制、地方行政、历代党争、御史制度、监察制度、考试制度、礼仪制度、宗教制度等。

其中具有政治学理论性质的著作有:李剑农的《政治学概论》(商务印书馆1934年)等;具有通史性质的政治史研究著作有:王桐龄的《中国历代党争史》(高等师范学校图书馆1922年)、黄绶的《中国地方行政史》(作者自刊1927年)、常乃惪的《中国政治制度小史》(爱文书局1928年)、姜蕴刚的《中

---

① 参见谢贵安:《中国史学史·绪言》,武汉大学出版社2012年版,第9—10页。
② 鲁滨逊著:《新史学》,何炳松译,商务印书馆1924年版,第44页。

国政治动向之史的考察》（中华书局 1934 年）、褚柏思的《人物中心中国政治史》（白雪出版社 1937 年）、钱亦石的《中国政治讲话》（生活书店 1939 年）、周谷城的《中国政治史》（中华书局 1940 年）、董霖的《中国政府》（世界书局 1941 年）、朱子爽的《中国县制史纲》（独立出版社 1941 年）、黄豪的《中国地方行政》（文通出版社 1942 年）、增资生的《中国政治制度史》（南方印书馆 1943 年）、许崇灏的《中国政治概要》（商务印书馆 1943 年）、陈之迈的《中国政府》（商务印书馆 1945 年）、萨孟武的《中国社会政治史》（独立出版社 1945 年）、杨熙时的《中国政治制度史》（商务印书馆 1946 年）、吕思勉的《中国政治制度小史》（亚光印书馆）、喻亮的《中国政治制度概论》（经世学社 1947 年）、王亚楠的《中国官僚政治研究》（时代文化出版社 1948 年）、程幸超的《中国地方行政史略》（中华书局 1948 年）等；单一政治制度的研究有：程树德的《中国法制史》（商务印书馆 1928 年）、邓定人的《中国考试制度研究》（民智书局 1929 年）、闻钧天的《中国保甲制度》（汉口直学轩 1933 年）、陈顾远的《中国法制史》（商务印书馆 1934 年）、邓嗣禹的《中国考试制度史》（考选委员会 1936 年）、徐式圭的《中国监察史略》（中华书局 1937 年）、秦松石的《中国历代兵制概要》（军用地图社 1937 年）等；断代史性质的政治史研究著作有：李剑农的《最近三十年中国政治史》（台湾学生书局 1930 年）、《中国近百年政治史》（国立师范学院史地学会 1942 年）、陶希圣、沈巨尘的《秦汉政治制度》（商务印书馆 1936 年）、增资生的《两汉文官制度》（商务印书馆 1941 年）、钱端升的《民国政制史》（商务印书馆 1946 年）等；政治思想史著作有：刘麟生的《中国政治思想史》（商务印书馆 1929 年）、陶希圣的《中国政治思想史》（新生命书局 1932 年）、陈安仁的《中国政治思想史大纲》（商务印书馆 1933 年）、杨幼炯的《中国政治思想史》（商务印书馆 1937 年）、萧公权的《中国政治思想史》（商务印书馆 1946 年）、吕振羽的《中国政治思想史》（生活书店 1947 年）等。

以上所列书目对各项政治制度、思想的渊源和演化作出了具体详细的分析，使中国政治史研究进入初步繁荣时期。其中成就较显著的有：李剑农的《最近三十年中国政治史》《中国近百年政治史》和周谷城的《中国政治史》。

李剑农是研究近代政治史的大家。1928 年出版《中山出世后中国六十年大事记》，之后继续相关研究，撰述完成《最近三十年中国政治史》，并在此基础上，将此书扩展成《中国近百年政治史》。李剑农在研究政治史时，具有强烈的现实关怀,善于把握重大历史事件,并以其为节点来分析历史大势的走向。《最近三十年中国政治史》叙述了维新运动以后的三十年的政治革命史,对清末政治演进得失进行了独到的分析,把甲午战争后中国内部的政治势力分为三派,即君主立宪派、革命派和军阀官僚派,其中后两派旨在推翻清王朝的统治,这就不可避免地造成了清政府的灭亡。1930 年,李剑农受聘于武汉大学,为讲授近代中国政治史的需要,他将《最近三十年中国政治史》进行了扩充,补充了鸦片战争到甲午中日战争的历史的三章,更名为《中国近百年政治史》,1940 年出版后广受欢迎,很快销售一空,得到了学界的高度赞扬,费正清评价这本书为"中国近代政治史的最清晰的唯一全面的评述"。林柏格认为"对于中国问题专题来说,是必不可少的书"。

周谷城的《中国政治史》与其他的政治史著作相比,表现出极大的思想性特色。在"弁言"中,周谷城强调"本书不是政治思想史,不是政治制度史;更与一般专讲理乱兴衰的政治史绝不相同,理乱兴衰为政治现象,然政治现象实为各种社会势力所造成"①,区分了"政治思想史""政治制度史""政治史"这三个不同的概念。全书分为四编,即部族联合之完成、政治社会之确立、门阀藩镇之交替及绝对专制之完成,表明这本书的研究重点在于"洞明每一时代支配政治之主要社会势力"。② 全书以摩尔根的观点开篇,在后面的论述中进一步运用摩尔根的观点扩展自己的研究,对氏族、胞族、部族、民族进行了概念辨析,并且对氏族社会和政治社会进行了严格的区分。在论述支配不同时期政治的主要社会势力时,他认同唯物主义的观点,认识到经济基础在其中发挥的重要作用。

(三)中国经济史

经济因素在社会发展中的重要作用,自古以来就受到史家的重视,司马迁《史记》中的《平准书》《货殖列传》,后世正史中的《食货志》,以及历代典章制度的专书中所述经济、财政的篇章,都是经济史的前身。近代意义上的经济史与政治史一样,是伴随着史学近代化而产生的。因为近代意义上的经济史研究是从西方引进的,而西方的经济史研究对于经济史、社会史以及经济社会史

---

① 周谷城:《中国政治史·弁言》,中华书局 1940 年版。
② 周谷城:《中国政治史·弁言》,中华书局 1940 年版。

三个概念没有明确的区分,它与我国传统食货之学的最大区别就在于,除对过去的经济进行记录和叙述之外,还要对其进行研究,而且研究的科学性来源于社会科学。民国时期中国经济史的研究与社会学密切相关,甚至可以说"中国经济史学科发轫于 20 世纪 30 年代的中国社会史论战"。所以当时对中国经济史的研究同西方经济史一样包括经济史、社会史以及社会经济史三个方面。

1904 年梁启超《中国国债史》的出版标志着中国经济史的出现。① 此后,中国经济史研究迅速展开,20 世纪二三十年代经历了社会史大论战之后,达到第一个高峰,并逐渐发展成为一门新的学科。

民国时期出现了重要的研究经济史的学术刊物和学术团体,为中国经济史的发展提供了良好的土壤。1932 年中央研究院社会科学研究所创办了《中国近代经济史研究集刊》(1937 年改名为《中国社会经济史研究集刊》),1934 年陶希圣在北京大学创办《食货》半月刊,这两份刊物对中国经济史学的发展作出了重要贡献。围绕着这两份刊物形成了两大经济社会史研究的学术团体,一个是汤象龙、吴晗发起的"史学研究会",一个是"食货学派"。以《中国近代经济史集刊》为中心的学术团体主要从事中国近代经济史的研究,"食货学派"以中国古代经济史和社会史研究为主。此外北平社会调查所的近代经济史研究组、中山大学成立的经济史研究室也是研究中国经济史的重要的学术团体。几大学术团体为中国经济史的研究储备了大量的人才,经济史研究领域的中坚人物陶希圣、汤象龙、罗玉东、梁方仲、刘隽等都与这些学术团体有重要的关系。

在经济社会史研究领域,陶希圣具有很大的影响。顾颉刚说:"研究社会经济史最早的大师,是郭沫若和陶希圣两位先生,事实上也只有他们两位最有成绩……陶希圣先生对于中国社会有极深刻的认识,他的学问很是广博,他应用各种社会科学和政治学经济学的知识,来研究中国社会,所以成就最大……虽然他的研究还是草创的,但已替中国社会经济史的研究打下了相当的基础。"②郭湛波说:"中国近日用新的科学方法——唯物史观,来研究中国社会

---

① 此观点参照赵德馨《20 世纪上半期中国经济史学发展的回顾与启示》,原发布于《中南经济史论坛》。

② 顾颉刚:《当代中国史学》,上海古籍出版社 2002 年版,第 96—97 页。

史,成绩最著,影响最大,就算陶希圣先生了。""陶氏在近五十年中国思想史之贡献,就在他用唯物史观的方法来研究'中国社会史'影响颇大"。① 但也有对陶希圣的研究作负面评价的,如周予同说:"陶氏并不是单纯的客观研究的理论家,所以时被不同派系的人所指责,而且陶氏各书中的见解前后各不一致,所以更予人以指责的机会。"②其他如罗玉东的厘金史研究、梁方仲的明代财政史研究、刘隽的近代盐政史研究都有突出的成就。

在政治环境与学术活动的相互作用下,民国时期产生了大量的经济史研究著作。其中具有经济通史性质的有:陶希圣的《中国封建社会史》(南强书局 1930 年)、马乘风的《中国经济史》(二册第 1 册中国经济研究会 1935 年,第 2 册商务印书馆 1939 年)。古代经济史研究的著作有:陶希圣的《西汉经济史》(商务印书馆 1931 年)、《唐代经济史》(商务印书馆 1936 年)、《南北朝经济史》(商务印书馆 1936 年)、万国鼎的《中国佃制史》(南京出版社 1933 年)、全汉昇的《中国行会制度史》(新生命书局 1934 年)、冯柳堂的《中国历代民食政策史》(商务印书馆 1934 年)、陈登原的《中国田赋史》(商务印书馆 1936 年)、王孝通的《中国商业史》(商务印书馆 1936 年)、邓拓的《中国救荒史》(商务印书馆 1937 年)、冀朝鼎的《中国历史上的基本经济区与水利事业的发展》(英文伦敦乔治・艾伦和易温有限公司 1936 年)、傅衣凌的《福建佃农经济史丛考》(福建协和大学 1944 年)。近代经济史研究的著作涉及关税、银行、农业、工业、经济思想等各方面,有陈向元的《中国关税史》(东方印书馆 1929 年)、侯厚培的《中国近代经济发展史》(大东书局 1929 年)、唐启宇的《近百年来中国农业之进步》(中央党报印刷所 1933 年)、龚骏的《中国新工业发展史大纲》(商务印书馆 1933 年)、王志莘的《中国之储蓄银行史》(新华信托储蓄银行 1934 年)、钱亦石的《中国近代经济史》(生活书店,1939 年)、贾德怀的《民国财政简史》(商务印书馆 1941 年)、朱斯煌的《民国经济史》(银行学会 1947 年)、夏炎德的《中国近百年经济思想》(商务印书馆 1948 年)等。

另外,马克思主义史学家对此也有相关研究,许多著作都对中国的社会经济史阐发了重要的见解,比如郭沫若的《中国古代社会研究》(联合书店 1930

① 郭湛波:《近五十年中国思想史》,上海古籍出版社 2005 年版,第 172—173 页。
② 周予同:《五十年来中国之新史学》,载《学林》第 4 期,1941 年。

年)、吕振羽的《史前期中国社会研究》(人文书店 1934 年)和《中国上古及中世经济史讲义》、王亚南的《中国经济原论》(经济科学出版社 1946 年)等,他们在社会史论战中首先以社会经济形态的理论来研究中国社会的发展,开创了以马克思主义研究中国经济史的路径,对中国社会经济史研究具有重要的思想指导意义。

(四)中国文化史

中国文化史研究的发展是民国时期史学发展的重要一环。虽然中国浩瀚的历史文化典籍,为文化史研究提供了丰富的材料,但是,中国古代史家更感兴趣的是对政治的记载,正如梁启超所说:"旧史皆详于政事而略于文化"。直到 20 世纪初西方文化史的传入,才引发了中国文化史的兴起,作为一门专门的学科,中国文化史形成于 20 世纪 20 年代。

梁启超是中国文化史的重要开拓者。1902 年的《新史学》中,他对史学进行了重新定义,把人们的目光引入文化史的研究,1921 年他在南开大学讲授"中国文化史",并编有讲义,后来改名为《中国历史研究法》出版。他计划写作多卷本的《中国文化史》,并提出了宏大的规划,内容包括:汉民族与少数民族的文化冲突和影响;"世界他部分之文化民族"与中国文化的交汇和双向影响;中国传统社会的阶层和团体;"自初民时代以至今日"的"衣食住等之状况";中国语言文字的特质和对文化的影响;"民族之根本思想"和"各时代思想蜕变之迹";"宗教信仰之情状及其变迁";"文化之继承及传播"的方式及其变迁;哲学、文学、美术、音乐、工艺、科学等;"各时代进展之迹"及其价值;中国文化曾作出的世界贡献以及未来的价值。虽然这项计划并没有完成,但是梁启超撰述多卷本中国文化史的气魄以及他对中国文化史的研究所起到的引领作用都是值得敬佩的。

五四运动后,在新的时代背景下,涌现出一大批文化史研究专著。其中,具有通史性质的文化史研究著作有顾康伯的《中国文化史》(上海大新书局 1924 年)、常乃惪的《中国文化小史》(中华书局 1928 年)、陈国强的《物观中国文化史》(神州国光社 1931 年)、杨东莼的《本国文化史大纲》(北新书局 1931 年)、柳诒徵的《中国文化史》(钟山书局 1932 年)、陈登原的《中国文化史》(世界书局 1935 年)、王德华的《中国文化史略》(正中书局 1936 年)、缪凤林的《中国民族之文化》(新中国文化出版社 1940 年)、李建文的《中国文化史讲话》(世界书局 1941 年)、王冶心的《中国文化史类编》(作者书店出版社 1943 年)、陈竺同的《中国文化史略》(上海文光书店 1948 年)等。断代分期性质的文化史著作有孟世杰的《先秦文化史》(上海书店出版社 1929 年)、陈安仁的《中国近世文化史》(商务印书馆 1936 年)、《中国上古中古文化史》(商务印书馆 1938 年)、罗香林的《唐代文化史研究》(商务印书馆 1944 年)、朱谦之的《太平天国革命文化史》(中华正气出版社 1944 年)。区域文化史研究的著作有张立志的《山东文化史研究》(齐鲁国学出版社 1939 年)、郑德坤的《四川古代文化史》(华西大学出版社 1946 年)、徐嘉瑞的《大理古代文化史》(云南大学西南文化研究室 1949 年)、岑家梧的《西南民族文化论丛》(广州岭南大学出版社 1949 年)等。以社会阶层角度研究文化史的著作有雷海宗的《中国文化与中国的兵》(商务印书馆 1940 年)、蒋星煜的《中国隐士与中国文化》(中华书局 1943 年)等。此外,王云五和傅伟平主编《中国文化史丛书》(商务印书馆 1936—1937 年),这套丛书体系庞大,出版四十余种,几乎囊括了所有文化史的内容,集中展示了全面抗战前中国文化史的研究成果。

柳诒徵的《中国文化史》是当时学术性最强的文化史著作。蔡尚思评价说:"在柳先生的著作中,《中国文化史》一书可说传授最广,不失为从出版到解放前各种《中国文化史》的'老母鸡'"。[①] 这本书本是柳诒徵在东南大学讲授中国文化史课程的讲义,全书共两册、三编,采用纲目体叙述了从远古时期至民国时期中国文化的发展概况。柳诒徵将中国文化分为三个时期,"自邃古以迄两汉,是为吾国民族本其创造之力,由部落而建设国家,构成独立之文化之时期";"自东汉以迄明季,是为印度文化输入吾国,与吾国固有文化由抵牾而融合之时期";"自明季迄今日,是为中印两种文化均已就衰,而远西之学术、思想、宗教、政法以次输入,相激相荡而卒相合之时期。"[②]其核心是维护儒家思想,传承和发扬中国传统的人文精神,表现出明显的新人文主义的特征。

陈登原的《中国文化史》共两册,将中国文化史分为五个历史时期,即"远古至秦初为上古,秦统一至五季为中古,宋至明季近古,明季至清季为近代,清

①　蔡尚思:《柳诒徵先生学述》,载《劬堂学记》,上海书店出版社 2002 年版,第 2 页。
②　柳诒徵:《中国文化史绪论》,中华书局 2015 年版,第 2 页。

季至今为近世。"①与柳著《中国文化史》一样,陈著采用纲目体的形式,但陈著的知识性更强。

杨东莼的《本国文化史大纲》是第一部运用唯物史观撰写的文化史著作。作者打破了传统的王朝体系,将中国文化史分为"经济生活之部""社会政治生活之部""智慧生活之部","凡属农业、商业、工业、交通、财政、土地制度以及赋税制度等,都归经济生活之部。凡属政制、刑制、教育、宗教、选举、家族、婚姻、丧葬等,都归社会政治生活之部。凡属哲学、文学、艺术等,都归智慧生活之部。"②这种著述模式不仅在文化史领域很独特,后来也在其他历史撰述中得到广泛应用。

(五)历史地理学

中国最早的一部地理学著作是《禹贡》,第一篇历史地理学文章是《汉书·地理志》,由于历代政权的变化,政区和地名也在随之改变,加之中国广阔的领土,自然地理环境尤其是黄河水道的变迁等,后世出现如《元和郡县图志》《通鉴地理通释》《读史方舆纪要》《大清一统志》等专门的著作来记录这些现象的变化,逐渐产生了"舆地之学"或者叫沿革地理这样一门学问。但是沿革地理与现代意义上的历史地理学存在很大的差距,沿革地理更多的是对出现的变化进行现象的描述和记载,或者是对相关的史书进行考释以辅助其他领域的研究,但对于其变化的原因、规律以及其中所反映的自然环境与人类社会的关系等等,涉及较少。"历史地理"这一学科名称在 1901 年至 1904 年间随日本近代学制而传入中国,二三十年代在国内学术界渐有介绍。③ 与其他专门史相比,历史地理学出现得较晚。而且整个民国时期的历史地理学研究由于受到各种条件的限制,沿革地理学的成分依然很大。因为植根于传统沿革地理的土壤之中,中国的历史地理学呈现出许多不同于西方的特色。加之"经世致用"的传统,致使中国的历史地理学既重视考证研究又重视实践应用。

顾颉刚被称为"中国历史地理学的开山祖"。④ 20 世纪 30 年代,顾颉刚

① 参见陈登原《中国文化史》,世界书局 1935 年版,第 52—53 页。
② 杨东莼:《杨东莼学术论著选序言》,华中师范大学出版社 1997 年版,第 9 页。
③ 侯甬坚:《"历史地理"学科名称由日本传入中国考》,《中国科技史料》2000 年第 4 期。
④ 华林甫:《中国历史地理学·综述》,山东教育出版社 2009 年版,第 101 页。

和谭其骧创办禹贡学会，并发行《禹贡》半月刊，在发刊词里提出了具体的工作计划："第一个计划是想把沿革史中间的几个重要问题研究清楚，从散漫而杂乱的故纸堆中整理出一部《中国地理沿革史》来；第二个计划是要把研究的结果，用最新式的绘制法，绘成若干种详备精确而又合用的地理沿革图；第三个计划是要广世搜罗所有中国历史上的地名，一一加以考证，用以编成一部可用，够用，又精确而详备的中国历史地名辞典；第四个计划是要完成清人未竟之业，把每一代的地理志都加以一番详密的整理；又地理书籍中往往具有各种文化史料，例如各正史地志什九皆载有州郡户口物产，为最好的经济史料，州郡间有详其民户所自来的，为最好的移民史料，故其第五个工作，是要把这些史料辑录出来，作各种专题的研究。"①从发刊词可见禹贡学会的学者在重视沿革地理的同时，已经开始向现代历史地理学转变。《禹贡》杂志的英文翻译最初为"The Evolution of Chinese Greography"，在顾颉刚的提议下改为"The Chinese Historial Geography"即"中国历史地理"。由于"七七事变"的发生，《禹贡》杂志，只出到第七卷。虽然如此，《禹贡》杂志对中国历史地理学发展的贡献是不容忽视的，它一方面造就了浓厚的历史地理学研究氛围，推动了整个学科的发展；另一方面为以后历史地理学的发展储备了重要的人才力量。

顾颉刚与谭其骧创办《禹贡》半月刊，主要有两个方面的原因，一个是近代以来，在列强侵略、国力衰弱的情势下，知识分子爱国情感的激发。在《本会此后三年中工作计画》中，顾颉刚说道："本会同人感念国事日非，惧民族衰亡之无日，深知抱'为学问而学问'之态度实未可应目前之急，亦非学人以学术救国所应出之一途，爰纠集同志从事于吾国地理之研究，窃愿借此以激起海内外同胞爱国之热诚，使于吾国疆域之演变有所认识，而坚持其爱护国土之意向"②。在发刊三年《纪念辞》中，他又说："我们要把我们祖先努力开发的土地算一个总账，合法地承受这份我们国民应当享受的遗产，永不忘记在邻邦暴力压迫或欺骗分化下所被夺的是自己的家业。"③这些都表明《禹贡》半月刊的创办具有强烈的经世色彩。二是当时顾颉刚在北京大学和燕京大学讲授"中国古代地理沿革史"课程，而学生所作的相关论文无处发表，学术交流困

---

①　顾颉刚：《当代中国史学》，上海古籍出版社 2002 年版，第 93 页。
②　顾颉刚：《本会此后三年中工作计画》，《禹贡》半月刊第 7 卷第 1、2、3 合期，1937 年。
③　顾颉刚：《纪念辞》，《禹贡》半月刊第 7 卷第 1、2、3 合期，1937 年。

难,谭其骧在燕京大学研究院毕业后,在辅仁大学讲授"中国地理沿革史",优秀学生的相关论作亦得不到发表,于是二人商议,联合三校学生创办《禹贡》杂志,进行学术交流,促进相关问题的研究。值得注意的是受到国事的影响,在爱国主义情感的影响下,《禹贡》半月刊重视边疆地理的研究,在出版的七卷中,有许多边疆地理研究的专号,比如《回教与回族专号》《康藏专号》《东北研究专号》《西北研究专号》《南洋研究专号》《察绥专号》等,其中尤其关注东北问题,发刊词中写道:"民族与地理是不可分割的两件事,我们的地理学既不发达,民族史的研究又怎样可以取得根据呢……《禹贡》列在《书》经,人所共读,但是没有幽州,东北只尽于碣石,那些读圣贤书的人就以为中国的东北境确是如此了。不搜集材料作实际的查勘,单读几篇极简单的经书,就注定了他的毕生的地理观念,这又不是我们的耻辱?"①

同禹贡学会一样重视东北史地研究的还有中央研究院历史语言研究所、金毓黻以及冯家昇。"九一八"事变之后,为驳斥日本的谬论,激发同胞的爱国心和民族自信心,傅斯年与史语所其他同仁方壮猷、徐中舒、蒋廷黻、萧一山计划合撰《东北史纲》五卷,但后来由于各种原因,只有傅斯年的第一卷《古代之东北》于1931年出版。金毓黻编有《渤海国志长编》二十卷(千华山馆1934年),对渤海国进行了详尽的研究。冯家昇对东北史地的研究可谓倾尽全力,他在《禹贡》半月刊发表了大量的研究文章。

在创办《禹贡》杂志之前,顾颉刚与史念海合著有《中国疆域沿革史》(上海书店出版社1934年),这是近代第一部系统的历史地理专著,介绍了从夏到民国时期疆域的变迁以及地方制度的改革,具有强烈的经世致用思想。关于中国地理学史的研究有王庸的《中国地理学史》(商务印书馆1938年),虽然这本书名为"地理学史",但作者更想称之为《中国地理图籍史》或者是《中国地图地志史》,因为书中包含了大量的地图、地志,作者作出了合理的解释:"因为地志和地图的关系很密切,而明清以前,除地图地志以外,实在没有多少系统的地理学可讲;并且中国的地志,至少在分量上占有中国旧籍的一大部分,是中国地理知识之渊薮,世界各国都没有这样兴盛的;我们如果搁置了这

---

① 《发刊词》,《禹贡》半月刊第1卷第1期,1934年。

大量的典籍,在《中国地理学史》上一字不提,似乎没有别的学术史可容纳的了。"①所以,从这个角度讲,这本书实际上是一部历史地理学著作。

(六)中西交通史

随着学科的发展,中西交通史的概念,出现广义与狭义之分。"广义上的'中西交通史'是一门研究中外地理交通、经济贸易和思想文化交流的学问","狭义的'中西交通史'即指中外文化交流的历史"。② 交通史在中国传统史学中可以说是比较薄弱的一个部分,虽然司马迁的《史记》以及以后的正史中有关于中西交通史的叙述,但总体来说由于政治、交通条件的限制以及传统史学观念的影响,中西交通史历来未引起历代学者的重视,直到 19 世纪末 20 世纪初,随着中国民族危机的加深,在"新史学"的影响下,一部分学者开始重视西北舆地、南洋史地研究,进而扩展到交通史的研究。

中西交通史是一门对学者的学术功底要求很高的学科,时间上纵贯上下几千年,空间上纵横几万里,内容上涉及政治、经济、民族、文化、宗教、地理、军事等方面。

早期研究中西交通史的有沈曾植与陈垣。沈曾植是最早从近代意义上关注中西交通史的学者,他对元代汪大渊的《岛夷志略》这部中西交通著作进行了考证。在他的影响下,越来越多的学者关注到中西交通史这一领域。

陈垣并不是专门研究中西交通史的学者,但他在这个领域的贡献却是不容忽视的。陈垣的中西交通史的研究方向主要是宗教交流史研究,其著作有《元也里可温考》(商务印书馆 1923 年)、《元西域人华化考》(励耘书屋 1934年)等。《元也里可温考》"以博洽的学问,以及透视群书的眼光,将中西文化的有关史料作深入的考证,'诚为中西交通史开时代的先锋。'"③这两部著作一方面为外来宗教与元代的中外文化交流作出了详细的梳理,另一方面也为中西交通史的研究提供了新的研究视角。此外陈垣在辅仁大学主持校务期间,发起创办《辅仁学志》和《华裔学志》,为中西交通史研究提供了重要的阵地,陈垣也被称为"中外关系史研究的拓荒者"。

---

① 王庸:《中国地理学史·弁言》,商务印书馆 1938 年版,第 1—2 页。
② 毛瑞方:《回顾与思考:20 世纪的中西交通史研究》,《历史文献研究》2011 年总第 30 辑。
③ 修彩波:《近代学人与中西交通史研究》,光明日报出版社 2010 年版,第 59 页。

20 世纪二三十年代，作为一门专门学科的中西交通史初步形成。在大学课程中，设置"中西交通史"进一步促进了这门学科的发展。1922 年至 1926年，张星烺编纂完成《中西交通史料汇编》（辅仁大学图书馆 1930 年），这是近代第一部用"中西交通史"命名的专著，从此确立了"中西交通史的学科名称"。这部 120 万字的巨著把中西交通史作为一个整体进行了系统研究，第一次对明代以前的中国与欧亚非洲各国和地区的往来与交流史料加以整理，全书分八个部分叙述了古代中国与欧洲、非洲、阿拉伯、亚美尼亚、犹太、伊兰、中亚、印度半岛的交通史。对于取材，"上起邃古，下迄明季，凡朝廷通聘，商贾游客，僧侣教士之记载，东鳞西爪，可以互证者，无不爬罗剔扶"①，为后世中西交通史的研究提供了大量的史料。同为中西交通史研究的同仁冯承钧评价此书为"出版界之一巨刊也。此书搜集关系中西交际材料之多，从前此类出版物莫能与之伦比。"②这部著作出版之后受到了学界的广泛好评，朱希祖在为之作序时，将它与《绎史》相比，"今张君此书，视《绎史》更为进化：而其学殖之渊博，识见之骏伟，以视马氏又何多让耶！"③它的出版成为中西交通史这一学科建立的重要标志之一。此外，张星烺对中西交流史贡献较大的另外一个方面是翻译了大量的相关著作。

冯承钧对中西交通史研究的最大贡献在史籍的翻译方面，另外，他的研究主要集中在南洋交通上，著有《中国南洋交通史》（商务印书馆 1937 年），是中国第一部系统的研究中国南洋交通史的著作。

向达一生致力于中西交通史研究，其著作主要有《中外交通小史》（商务印书馆 1933 年）、《唐代长安与西域文明》（哈佛燕京学社 1933 年）、《中西交通史》（中华书局 1934 年）。向达在《中外交通小史》中提出了中西交通史的概念及其所要研究的对象。他认为交通史有两种含义："一是就交通制度本身而言，如中国历代交通器具的变迁以及交通时间的缩短，都是这一类交通史中讨论的资料；一是就这一个地理单位同又一个地理单位在各时代交往的情形及其影响而言，如中国同日本历代往来的梗概，和其在文化上所激起的变

---

① 张星烺：《中西交通史料汇编·自序》，华文出版社 2018 年版，第 5 页。
② 冯承钧：《评中西交通史料汇编》，《大公报·文学副刊》1930 年 10 月 13 日。
③ 张星烺：《中西交通史料汇编·朱希祖序》，华文出版社 2018 年版，第 3 页。

革,那是这一类交通史所要讨论的"①,而中西交通史是属于后一类的。这部
书的断限为"张骞通西域至乾隆禁西教",由于篇幅和旨趣所限,这本书实际
是一本"中外文化交流史",在书中,向达详加叙述了中国与希腊罗马、伊兰、
阿拉伯以及印度的交流情况,另外着重关注了中国文化的"东被和南传""景
教与也里可温教""明清之际的西学潮"等问题,还列举了中古时代来到中国
的几位外国人的情况,多方位地阐释了中国同周边国家的交流情况。《中西
交通史》是《中外交通小史》的姊妹篇,这本书从政治、文化史的角度,概述了
先秦到鸦片战争时期的中西交通历程,以此来窥探因中西交通而发生的更广
阔的世界。向达对中西交通史的贡献巨大,被顾颉刚称为对中西交通史研究
贡献最大者。《唐代长安与西域文明》的出版,奠定了向达在中西交通史上的
重要地位,他以在唐代长安城中为官或者居住的西域人为中心,来论证唐代中
西交通的频繁,以及东西文化相互交往所产生的深远的影响。

方豪在中西交通史上,对明清之际的宗教的研究多有创见。

在中西交通史研究这样有难度的领域里,民国时期短短的时间有如此多
的学者参与进来,并创造了可观的研究成果,可以看出中国学者的开拓进取
精神。

(七)中国民族史

中国自古以来就是一个多民族国家,历代典籍中有不少对多民族史迹
的记载,但是在儒家"内诸夏而外夷狄"的思想影响下,除了少数像司马迁
一样的史学家外,大部分史学家的撰述中往往带有大汉族主义的倾向,对中
国境内其他民族的记载或失之简略,或抱有偏见,缺乏客观和公正的态度。
近代以来,在内忧外患的刺激下,民族危机不断加深,民族史也越来越受到
重视,一大批学者开始以全新视野和研究方法投入到民族史的研究和撰述
中去,梁启超倡之于前,王桐龄、吕思勉、宋文炳、缪凤林、林惠祥、李济、吕振
羽等继之于后。

在内忧外患的社会背景下,梁启超较早地开始了民族史研究,为中国民族
史学科的发展起了开拓性作用。1923 年发表《中国历史上民族之研究》,这篇
两万余字的文章对中国民族发展的历史进行了概括的论述,可以看作是近代

---

① 向达:《中外交通小史·绪论》,商务印书馆 1930 年版,第 1 页。

最早的一部民族史纲要。在文中，梁启超对"民族"的概念进行了解释，并且将之与"种族""国民"区分开来，对民族史学科的专门化具有重要意义。他认为中华民族是多元的，中国境内有六个民族，中国古代民族可分为八个组，汉族是在长期发展过程中跟各民族融合而成的混合体，这为民族史的研究提供了客观而正确的价值观念。

梁启超之后，一大批学者投入到民族史的研究中去，并创造了大量的研究成果。有王桐龄的《中国民族史》（北平文化学社 1928 年）、吕思勉的《中国民族史》（世界书局 1934 年）、《中国民族演进史》（上海亚细亚书局 1935 年）、宋文炳的《中国民族史》（中华书局 1935 年）、缪凤林的《中国民族史》（中央大学 1935 年）、林惠祥的《中国民族史》（商务印书馆 1936 年）、李济的《中国民族的形成》（博士论文 1923 年）、俞剑华的《中华民族史》（国民出版社 1944 年）、吕振羽的《中国民族简史》（三联书店 1948 年）等，其中成就较大者有王桐龄、吕思勉、林惠祥的三部《中国民族史》以及吕振羽的《中国民族简史》。

王桐龄的《中国民族史》是民国期间第一部通史性质的民族史著作，是他在北平师范大学和东南大学讲授的"中国民族史"以及"北三民族活动史"课程讲义基础上编纂而成的。他注重"民族融合"的观念，在书中用进化论的观点证明中华民族是一个互相融合的民族，序中写道："我中国建国之久，已历四千余年……国犹如是，民犹如是，户口之多，有加于昔；虽内部经过许多变乱，外部受过许多骚扰，而我常能顺应环境，利用吾族文化，抵抗外族武力，每经一次战争，常能吸收外来血统，销纳之于吾族团体之中，使之融合无间；中间受过几多压迫，忍过几多苦楚，而卒能潜滋暗长，造成庞大无伦之中国者，曰惟蜕化之故。"①他认为："实则中国民族本为混合体，无纯粹之汉族，亦无纯粹之满人，无所用其排。"②另外，此书的一大特色是列有大量的表，为研究不同民族间的交流提供了重要的参考史料。

吕思勉的《中国民族史》是其在沪江大学讲授"中国民族史"的讲义基础上编纂而成的，将中国历史上的民族划分为 12 个族群，包括汉族、匈奴、鲜卑、

---

① 王桐龄：《中国民族史·序论》，北平文化学社 1928 年版，第 3 页。

② 王桐龄：《中国民族史·序》，北平文化学社 1928 年版，第 1 页。

丁令、貉族、肃慎、苗族、粤族、濮族、羌族、藏族、白种,并主要论述了各族群的起源、发展和变迁。《中国民族演进史》是为中学生而作,书中分十章讲述了"什么叫做民族、中国民族的起源怎样、中国民族是怎样形成的、中国民族怎样统一中国本部、中国民族第一次向外开拓怎样、五胡乱华后的中华民族是怎样的、中国民族在近代所受的创痛是怎样、中国民族的现状怎样、怎样复兴中国民族、中国民族演进的总观察怎样",书后附有参考书和主要问题,深入浅出地讲解了中国民族史的相关问题。除此两部专门研究民族史的著作,吕思勉在《中国通史》和《白话本国史》中亦有很多精彩的民族史见解。比如他认为文化是民族的根柢,"世界上的人多着呢? 为什么有些人能合组一个国家,有些人却要分做两国呢? 这个原因,最重要的,就是民族的异同,而民族的根柢,则为文化。世界文化的发达,其无形的目的,总是向着大同之路走的,但非一蹴可几。未能至于大同之时,则文化相同的人民可以结为一体,通力合作,以共御外侮;文化不相同的则不能然,此即民族国家形成的原理。"①关于中国民族的由来,他的思想发生过根本的变化,在1923年《白话本国史》中,他主张汉族西来说,30年代出版的两部民族史和《中国通史》中经过仔细考证,得出中国民族起源于本土的结论。

林惠祥的《中国民族史》主要讨论古今民族发展的历史沿革,创造性地提出了两种民族分类的方法,即"历史上的分类"和"现代的分类"。他在书中首先倡导了民族平等的观念,认为"大同世界之达到,须先由各民族获得平均的幸福,乐遂其生存始,故民族主义为大同主义之初步。"②吕振羽的《中国民族简史》从马克思主义的角度,利用文献和实践调研来解释民族问题。全书继续使用五族共和的观念,整个结构按照这五个部分来构建。

在上述学者的共同努力下,民族史研究在民国时期取得初步进展,正如白寿彝先生所评价的:这一时期的中国民族史研究"基本上脱离了政治史的附属地位,而向一个有丰富内容,有自己体系的独立学科发展。"③

---

①　吕思勉:《中国通史》下册,开明书店1947年版,第348页。

②　林惠祥:《中国民族史·序》,商务印书馆1936年版,第1、2页。

③　白寿彝:《中国通史》第1卷,上海人民出版社1989年版,第29页。

第五章　民国时期的世界史研究

中国的世界史学科与国外一样，最初也是只能写已知局部世界史，但其转折要比西方晚四五百年。19世纪40年代前后，世界史作为一门学科开始传入中国。到20世纪初期，中国有为数不多的人学习研究世界史，他们为中国世界史学科的建设奠定了基石。1912—1949年，中国史学在现代化、学科化道路上蹒跚前行，中国的世界史编纂从简单的译介外国的世界史著作转变到自己撰述世界史著作，世界史编纂取得长足的进步，是中国世界史学科的草创时期，为新中国成立后世界史学科建设奠定了基础。

一、世界史著作的翻译和编纂

（一）留学生的世界史研究

中国真正主动了解外部世界是从鸦片战争开始的。禁烟运动及鸦片战争期间，林则徐组织人员编撰《四洲志》，是中国近代开眼看世界的第一人。林则徐被黜后，他把稿子交给魏源。魏源在此基础上补充扩展，完成《海国图志》，对世界各国的史地作了比较详细的介绍。其后，徐继畬撰写了《瀛环志略》，姚莹写了《康輶纪行》，形成了近代以来的第一批外国史著作。最初走出去了解世界的是史学家王韬，再后是出使西洋的使团和驻外公使如郭嵩焘等，以及外派的幼童留学生，而到国外学习社会科学的则更晚。

民国初年，留洋成风，官费与自费留洋者兼有。不过当时留洋旨在救国，即使是真正的求学者，所学多为理、工、农、医。学文科的多是为寻求救国图强之路，许多人是在国外从事革命活动。以学术为目的到外国学习文史，也是感到我们的文科太过陈旧，要寻求西方的方法，用以改造中国的国学。虽然明确知道要向西方学习，但似乎没人立志要从历史角度探究西方为什么先进，或在学术上与外国人一比高低。恰恰相反的是,到国外学社会科学,所作论文往往还是以中国文史为题;学成归国后,学术成就还是在研究中国文史方面。教授世界史课程的人不算少,以研究世界历史为主业的人并不多①。主要从事世界史研究和教学的学者有王桐龄、何炳松、陈衡哲、沈刚伯、李泰棻、周谷城、刘崇鋐、耿淡如、陈翰笙、李季谷、周传儒、陈受颐、雷海宗、杨人楩、阎宗临、王绳祖、蒋孟引、齐思和、张锦光、皮名举、周一良、吴于廑、余协中、沈炼之、周鲠生、王纯一、束世澂、刘启戈、王芸生、姚莘农、何鲁之、张忠绂、邵循正、杨生茂、吴廷璆、向达等。

　　1949 年以前,即使是一些留学回国后教授外国历史的学者,他们的学位论文以及有影响的著作大都是中国史方面的,在世界史论著方面较少,见表十。

表十　1949 年前部分留学生与历史相关学位论文统计表

姓名	毕业学校	学位与年份	论文题目
何炳松	美国普林斯顿大学	政治科硕士 1916	春秋时期中国古代国际法
陈衡哲	芝加哥大学	历史学硕士 1920	古代与中古的中西交流
孔繁霱	芝加哥大学	政治学硕士 1922	马基雅弗里的君主论
陈翰笙	德国柏林大学	博士 1924	瓜分阿尔巴尼亚的 1911 年伦敦使节会议
雷海宗	芝加哥大学	博士 1927	杜尔阁的政治思想
蒋孟引	伦敦大学	博士 1933	论 1856—1860 年中英关系
齐思和	哈佛大学	博士 1935	春秋时期中国的封建制度
阎宗临	瑞士伏赖堡大学	博士 1936	杜赫德研究
杨人楩	英国牛津大学	文学士 1937	圣鞠斯特
王绳祖	牛津大学	硕士 1939	马嘉里案和烟台条约
戚佑烈	巴黎大学	博士 1940	百科全书和狄德罗之中国
周一良	哈佛大学	博士 1944	中国的密教
吴于廑	哈佛大学	博士 1946	封建中国的王权和法律
黄绍湘	哥伦比亚大学	硕士 1946	马克来的社会哲学思想
杨生茂	斯坦福大学	硕士 1946	旧金山华文报纸论 1937—1941 中美关系
刘绪贻	芝加哥大学	硕士 1947	中国儒学统治反对社会变革

资料来源:马克垚:《我国世界史学科建设的回顾与展望》,《经济社会史评论》2015 年第 1 期。

---

　　① 　马克垚:《我国世界史学科建设的回顾与展望》,《经济社会史评论》2015 年第 1 期。

(二)外国世界史著作的编译

民国时期的留学生回国后在世界史方面的主要贡献是普及。他们编译了大量外国历史教科书,如何炳松的《中古欧洲史》《欧洲近代史》,钱端升翻译的《英国史》,梁思成、向达翻译的英人韦尔斯的《世界史纲》(商务印书馆1928年)。另外还有周传儒的《世界史》、傅彦长的《西洋史ABC》、耿淡如、王宗武的《高级中学外国史》、陈衡哲的《西洋史》《文艺复兴小史》、何鲁之的《欧洲中古史》、阎宗临的《李维史学研究》、王桐龄的《东洋史》、蔡元培和王云五合编的《新时代史地丛书》、张世禄的《德国现代史》、张闻天编译的《西洋史大纲》、雷海宗的《西洋文化史纲要》、沈炼之的《法国革命史讲话》、李泰棻的《西洋大历史》《西洋近百年史》《新著世界史》和《欧战史要》,这些图书在当时都获得好评,有的还多次再版。有几部著作看似通史著作,严格地来讲也只能称作区域史,还说不上是世界通史。

上述书籍,可谓编译时代的代表作。它们对开展教学,提高国民素质具有积极的意义。这个时代,编译是手段,普及是目的。没有这一时期的编译工作,此后的一些研究成就就不可能取得。

(三)世界史著作的编纂

应该说,在20世纪二三十年代以后,中国的世界史著作明显增多起来。从纵的方面来看,有世界古代史、世界近现代史、世界当代史著作。从横的方面来看,不仅在通史性著作方面,而且在专题性研究方面也有进展。比如《世界共和国史》《现代名人传》《世界历代名人传》《二十世纪新发明》《现代文学类选》《世界文学类选》《世界宗教》等。在史书编纂体例方面显得更加的成熟,世界史的阶段性划分、专题划分、区域划分以及参考文献、人名地名对照等,都有了详细参考。

在《近百年世界史》中,编者朱公振指出:"现在的时代,是世界大通,万国洞开的时代,决不能闭关自守,故步自封。""世界的历史,从时间方面说,已经有了六七千年的历史,不可谓不悠久。从空间方面说,包含着地球上五洲万国,不可谓不广大。"①随后,作者将世界史分为五个时期。上古史:从开辟起至西罗马帝国灭亡;中古史:从西罗马帝国灭亡至哥伦布发现新大陆;近古史:

---

① 朱公振编:《近百年世界史·引言》,世界书局1929年版,第1页。

从发现新大陆到法兰西大革命;近世史:法兰西大革命到欧洲大战;现世史:欧战以来。这种分期认识已经见其成熟。

在世界史编纂方面,有几部代表性著作,下面逐一介绍。

1. 陈衡哲及其《西洋史》

陈衡哲是中国近现代史上著名的文学家、史学家、诗人,清华学堂第一位留美女生。1920 年硕士毕业后被北京大学校长蔡元培聘为史学系教授。陈衡哲在世界史领域成果丰硕,她在此领域的代表作是《西洋史》。《西洋史》分为上下册,上册于 1924 年出版,下册于 1926 年出版。上册为古代史,又分为上古史及中古史二编。上古史起于先史时代,终于 5 世纪西罗马帝国灭亡。中古史上承上古史,下逮 13 世纪的文艺复兴。下册为近代史,起于文艺复兴,终于 1914 年第一次世界大战的爆发。《西洋史》是陈衡哲在世界史领域的代表之作,在当时史学界颇有影响。胡适评价此书:"陈衡哲女士的《西洋史》是一部带有创作的野心的著作。在史料的方面,她不能不倚赖西洋史家的供给,但在叙述与解释的方面,她确然做了一番精心结构的功夫。这部书可以说是中国治西史的学者给中国读者精心著述的第一部西洋史。在这一方面说,此书也是一部开山的作品。"①

2. 何炳松及其《外国史》

何炳松是浙江金华人,先后就读于美国威斯康星大学、普林斯顿大学研究院,攻读现代史学、经济学和国际政治学等,尤其重视"西洋史研究",分别获学士、硕士学位。1916 年学成回国,历任北京大学史学系教授,北京高等师范学校英语部主任、暨南大学校长等职。何炳松一生在史学研究方面多有建树,著述甚丰,在世界史、中国史、史学理论与史学史等方面都取得了卓越的成就。周谷城评价说:"他注意中西史学的比较研究,以中国史学方法来治西洋史,这与梁启超以西洋史学方法来治中国史,恰成两种不同的研究法。"②齐思和认为:"何氏无疑地是当代介绍西洋史学最努力的一位学者,他在中国现代史学有不可磨灭的贡献。"③他著有《通史新义》《外国史》《历史研究法》《历史教

---

① 胡适:《介绍几部新出的史学书》,《现代评论》1926 年第 4 卷第 92 期。

② 周谷城:《序》,刘寅生、谢巍、房鑫亮编校:《何炳松论文集》,商务印书馆 1990 年版,第 1 页。

③ 齐思和:《近百年来中国史学的发展》,《燕京社会科学》1949 年第 2 卷第 2 期。

育法》《中古欧洲史》《秦始皇帝》《近古欧洲史》《浙东学派溯源》等，译著有《新史学》《西洋史学史》等。《外国史》（又名《复兴高级中学教科书》）在 20 世纪二三十年代是一部比较优秀的世界史著作，尽管该书标为高中教科书，但其实际意义远已超出了高中历史教科书的范畴。它分为上、下两册，上册于 1929 年由商务印书馆出版发行，下册于 1933 年面世。《外国史》具有鲜明的编纂特点，即突出世界历史的整体性，注重从宏观上描述世界历史，在世界各个部分之间的关系上着墨较多。在史料采撰上，突出内容的全面性，政治、经济、国际关系以及自然科学和人文科学的状况，作者都有提及。

3. 雷海宗的《西洋文化史纲要》

《西洋文化史纲要》是雷海宗于 1931 年在武汉大学讲授《欧洲通史》时所写的讲义，内容包括西洋政治史、经济史和思想文化史，但重心是思想文化史。该书共 51 章，其中谈思想文化史部分占 36 章。全书以西洋文化的形成与循序渐进的演化为基本线索，所以整理者将书名改为《西洋文化史纲要》（公元 5 世纪—20 世纪初）。该书具有完整的分期体系（三期加一酝酿期），不同时期间存在明显的因果联系。每章后面附有多部参考书目（绝大多数为英文书）。整部书贯穿的基本思想是文化形态史观。此乃三十年代流行的历史观之一，但雷海宗的形态分类有着自己的特点。他把西洋文化分成四大阶段，即酝酿期（476—911 年）、形成期（911—1517 年）、成长期（1517—1815 年）、成熟期（1815 年至今），每期各具特色，前一期为下一期的准备。雷海宗把西洋文化看作是在古典文化废墟上兴起的一种新型文化，即"外表希罗内质全新之新兴文化"，并非是古典文化的再现，全书围绕着新形态的形成与发展这一枢轴展开。

4. 李季谷及其《西洋近世史》

李季谷是民国时期著名的世界史专家，先后任教于北京大学、西北联合大学、中山大学、四川大学等。《西洋近世史》系他的讲义，于 1942 年四川大学中国文化服务社出版发行，全书分为五章：导言、从维也纳会议到法国二月革命、德意两国的勃兴及美国的进步、列强的争霸及第一次世界大战、战后新世界。正文前有序言，末尾附有近代世界大事年表，叙述的范围起自 1815 年维也纳会议，止于第二次世界大战初期，近 130 年的历史。著者把这 130 年的历史划分为四个历史时期。作者在"导言"中强调："这一段历史含有不平凡的重要性,这是谁都知道的,它的政治变化是如许迅速,它的国际关系是如许复杂,它给我们实际生活的影响是如许深而且多,它可以告诉我们以世界列强的政治背景,它可以指示我们以过去及现在的国际情形,它可以使我们了解世界以往的过程及今后将如何推进的趋势。"①强调了世界近代史的重要性。

5. 张锦光的《世界史纲要》

张锦光1947年编著的《世界史纲要》系其在天津私立工商大学附中的课堂讲义。全书分为四个部分:"上古史"自太古至西罗马帝国灭亡、"中古史"自西罗马帝国灭亡至地理大发现、"近古史"自地理大发现至法国大革命、"近世史"自法国大革命至1946年。他认为世界史研究的主要任务是:第一要研究世界各民族过去的事情;第二,明了世界当代的情形;第三,推测世界各民族将来的趋势;第四,找出世界各民族相互的关系。

6. 周谷城的《世界通史》

周谷城的《世界通史》是20世纪前半期中国世界史编纂的集大成之作,1949年由商务印书馆出版。《世界通史》原为周氏新中国成立前在复旦大学的讲义,是在条件十分艰苦的年代编撰出来的。姜义华认为:"周谷城的《世界通史》无愧为中国历史学家贡献于20世纪世界史学界的一部珍贵的科学著作,在中国近代史学发展史上具有极为重要的意义。"②周谷城的《世界通史》三册均由商务印书馆出版。按照作者原来的设想,还将完成第四册,以"产业革命以后的世界历史"为主要内容,但因故未能如愿。已经出版的三册主题分别是:"远古文化之发展""亚欧势力之往还"和"世界范围之扩大"。作为大学教科书,周著《世界通史》有着鲜明的编纂特点。它以周谷城的"历史完形论"为理论支撑,具有自己的理论特色,打破了长久以来"欧洲中心论"的牢笼,注重在世界史视野下的中国史的叙述,以及中国在世界史上地位的探讨,重视中西历史的比较,在史料采撰上,做到了博洽。

这一时期的世界史著作还有很多。如1948年上海光明书局出版发行的平心编著的《各国革命史讲话》,程浩编著的《近代世界史简编》(上海远方书店出版,1949年再版时改名为《近代世界革命史》),焦敏之编著的《古代世界

---

① 李季谷:《西洋近世史》,中国文化服务社1945年版,第1页。

② 姜义华:《世界通史·前言》,河北教育出版社编:《二十世纪中国史学名著叙录》,河北教育出版社2002年版,第271页。

史纲》(上海棠棣出版社出版发行,该书是依据苏联学者米修林的《古代世界史》编译而来)。1949 年,林岱举的《西洋近代史纲》由上海杂志公司刊行。另外,周鲠生著《近代欧洲外交史》、王绳祖著《近代欧洲外交史》、张铁生著《近代国际关系史》,皆属难能可贵之作。

二、独立的世界史学科体系的初步形成

(一)从世界史观念到世界史学科建设

对于中国学界来说,"世界史"是一个较新的概念。直到近代,中国才出现"世界史"一词,且晚清至民国时期的"世界史"与今天谈论的世界历史在概念的内涵和外延上都发生了重大变化。晚清时期,介绍世界历史的书籍多以"外国史""万国史""泰西史""西洋史"等名字出现,如《西洋史要》《万国历史汇编》《泰西新史揽要》等。民国时期越来越多的著作使用"世界史"这一概念。虽然以世界史命名,史著大都是以讲述欧洲历史为主,涉及范围主要包括亚欧大陆、非洲北部和北美,对撒哈拉以南的非洲和拉丁美洲鲜有涉及。从世界史观念到世界史学科的建设,经历了漫长的历程。

晚清至民初,我国由传统的经、史、子、集改为现代社会科学、人文科学的各学科,迁延很久。在 1903 年清政府颁定的《奏定学堂章程》中,有中国史学门和万国史学门,万国史学门的课程很简略。各地刚建立的高等师范学堂、中学堂和小学堂,以及大学中的预备科、速成科等,虽然按照章程讲授中外历史,但师资水平很低①。北京大学 1919 年才建立史学系添设西洋史课程。陈衡哲教授西洋史;何炳松教授欧洲中古史、欧洲近代史,并翻译鲁滨孙的《新史学》,以了解西方的新史学方法;李大钊开设唯物史观和欧美史学史课程。世界史教学开始步入轨道。继北大之后,清华、厦大、燕京、圣约翰、辅仁等学校陆续设立史学系,到 1931 年,中国有 18 所大学建立了史学系。至此,中国史学现代化在高等教育中具备了一定规模。那时出国的留学生,文科基础还是国学,而且多数人国学基础深厚,以本国史做论文相对容易;对西方国家历史

①　刘龙心:《学科体制与近代中国史学的建立》,收于罗志田主编:《20 世纪的中国:学术与社会·史学卷》下,山东人民出版社 2001 年版,第 488—491 页。

的心态主要是学习,不是研究,多数人大概还没有深入研究世界史的想法。他们回国后在世界史方面的主要贡献是普及。多数大学开设的"西洋史",主要讲解欧洲国家的历史,少数高校开设了地区史和国别史,比如亚洲史、日本史、印度史等。非洲史几乎全部集中在埃及史领域,而拉丁美洲史则基本上是空白。概括来看,新中国成立前的世界史研究十分薄弱,并且研究对象分布极不均匀。值得欣慰的是,这时的世界史编纂很少受中国史学传统中的负面因素影响,也没有近代西方史学的深刻烙印,是一片新的天地①。

这一时期世界史图书的翻译和编著对世界史学科的体系建设体现在以下方面:

一是对当代史编纂的高度关注。第一次和第二次世界大战结束后,学人对于世界未来局势,对于中国的发展前途,都表现出强烈的关注。带着这种关注,对刚刚结束的第二次世界大战进行一些总结和探讨,因而出现了一大批介绍第一次、第二次世界大战的史学著作。这些著作试图通过对世界历史的发展趋势以及当时发生的重大事件的探讨,以期探索中国在战后复杂的国际形势下,应该走什么样的道路。1946 年,石啸冲编著的《历史转变的年代——1945—1946》,对二战后期以及战后初期的世界局势做了分析,并对战后中国的国内局势表示担忧。1948 年,昔非、李纯青等人编著的《论世界危机》出版,此书对二战后的世界面临的种种危机做了深刻剖析。

二是对世界史的理论有所探讨。当时一些世界史著作的绪论(序论)、导论、导言部分,实际上就是一部简缩版的"历史研究法",是有关史学理论的论述。这些论述主要集中在"史之定义""史之目的""历史之范围""历史之种类""史学与其他学科的关系"等方面。其中又以"史之定义""史之目的"和"史学与其他学科的关系"三个部分的论述最为集中。曹剑光的《世界史表解》、李嵩仪和梁柏年的《西洋史》、傅岳棻的《西洋历史教科书》、章其谓的《西洋通史》、李泰棻的《西洋大历史》、殷祖英的《世界史》等著作均有这个特点。王桐龄反对将西洋史等同于世界史,认为世界史应该是全面研究世界上国与国的关系。周谷城的《世界通史》强调世界各地区之间的相互联

①　何芳川:《迎接中国世界史研究的新纪元——20 世纪中国世界史研究的回顾与展望》,《世界历史》2000 年第 4 期。

系，主张将世界历史作为一个整体进行研究。这些观点对中国的世界史学科建设具有理论意义。

三是逐渐摆脱"西欧中心论"的束缚。20世纪上半期，中国的世界史编纂，呈现世界史、外国史、"西洋史"、国别史等多种编纂形式并存的局面。由于受"西欧中心论"的影响，20世纪前20年的世界史编纂，几乎都是"西洋史"，也多以"西洋史"命名；到了20世纪二三十年代，出现了一批以"世界史"命名的世界史著作，如李泰棻的《新著世界史》，陈其可、朱翊新的《世界史》，沈自元的《世界新史纲》，殷祖英的《世界史》等。这一时期还出现了大量"外国史"编纂，如李季谷的《高中外国史》、何炳松的《外国史》。针对这些不同类型的世界史著作，学界对世界史、"西洋史"、外国史等概念进行了理论上的厘析①。

中国学者逐渐摒弃"西方中心论"与国际形势的变化、民族主义的发展、马克思主义的传播等多种因素的影响有关。学者从中国社会现实角度出发，突出中国在国际关系中的重要性。中国既担负着抵抗日本帝国主义的重任，又要实现自身的民族解放。何炳松在其编的《外国史》中说："中国民族解放运动的成功，关系世界前途确是非常重大。"②此外，何炳松还直接阐述了民族主义的现实意义："自从一九一一年后，中国本身乃得到一种民族主义的新武器。"③在书中，这种"新武器"被作者视为可以拯救中国的"民族精神"。何炳松还对中国的重要性进行了升华，探讨了一种有别于"欧洲中心论"的"世界重心论"："旧式外国史总以欧洲一洲为中心；东洋史则以中国一国为中心。欧洲和中国固然为东西两洋文化的重心，不可忽视；但亦不宜偏重。"④这样，世界历史就从"一个中心"变成了"两个重心"。"世界重心论"改变了"欧洲中心论"的认识。

---

① 参见杨俊光：《20世纪上半叶中国的世界史编纂二题》，《赤峰学院学报》2012年第5期。

② 何炳松：《复兴教科书·高中外国史》下册，见《何炳松文集》第五卷，商务印书馆1997年版，第902页。

③ 何炳松：《复兴教科书·高中外国史》下册，见《何炳松文集》第五卷，商务印书馆1997年版，第900页。

④ 何炳松：《编辑大意》，《复兴教科书·初中外国史》，见《何炳松文集》第五卷，商务印书馆1997年版，第3页。

四是重视对世界通史、区域史、专题史、国别史以及历史教科书的编纂,世界史著作并不仅仅限于普通的介绍,而是逐渐进入研究阶段。如何鲁之于1937年著的《欧洲中古史》采用了比较新颖的编纂手法,强调了历史过程描述的系统性和简约性,这样可以给读者一个清晰的历史发展脉络,避免历史纪年的前后颠倒,同时不至冗长繁复,这在当时是一个新探索。张世禄的《德国现代史》已不是简单的编译,而是一部研究性的著作。它不只是对历史过程的描述,同时也有深入的理论性的分析,并且在注释中使用了大量的中、外文资料,已经具有较完备形态的世界历史研究雏形,在当时具有很高的学术水平①。

（二）推动世界史学科建设的代表性人物

我国自觉的具体体系化的世界史学科的创建是抗日战争后期至新中国成立前。这几年可谓民国时期世界史学科发展的大转变时期。出现这个大转变的原因主要有两点。

一是反法西斯战争的胜利使中国国际地位大大提高。从开罗会议起,中国就成为世界四大国之一,联合国建立后又成为五个常任理事国之一,而西洋史体系没有中国地位。中国人的心态再也不能接受了。进步的历史学家们都在寻求改变,周谷城于40年代在复旦大学文法学院讲世界史,并于1949年4月出版突破欧洲中心论的三卷本《世界通史》。

二是苏联成为世界一流强国,社会主义制度得到巩固,东欧各人民民主国家的建立和亚洲的中、朝、越、蒙新政权的诞生,都宣告了马列主义的历史性胜利。改变《西洋史》的唯心主义历史观,在世界史教研中贯彻马列主义是新时期的迫切要求。苏联史学界在这方面已有几十年探索,学习苏联是当时所有进步学者的共同渴望。当时有些学者,如吴清友从1940年起就着手翻译苏联刚出版的《殖民地保护国新历史》。该书1947年在大连开始出版。苏联鲍爵姆金主编的《世界外交史》也被中国学者翻译于新中国成立前。1949年后大批苏联世界史著作被翻译出版,对我国世界史学科化产生了积极影响。

由此可见,世界形势的重大变化,中国国内政治格局的变化,都加速了中国的世界史学科的发展进程,形塑了其发展方向。

---

① 于沛:《世界史研究》,福建人民出版社2006年版,第45、49—52页。

　　然而,不可否认,实现这一转变,离不开多年世界史教学的积累,离不开众多世界史学者的创榛辟莽。这里面可分为两代学者。第一代学人是民国时期大学毕业或留学归国的世界史学者。他们在这时期一般都是高校世界史教学的主讲者和研究工作的学术带头人。他们大多具有留学经历,运用先进的理论与方法,结合中国的教学需要,开设了世界史课程,撰写了世界史著作。第二代学者既包括留学归来的留学生,也有本国大学培养出来的新一代学人,他们在第一代学者的基础上,加强了专题研究,有了自觉的学科独立意识。两代学者中,在学科建设中更加突出的是何炳松、陈衡哲、陈受颐、蔡元培、陈翰笙、余协中、向达、刘启戈、姚莘农、王芸生、雷海宗、束世澂、周谷城、王绳祖、蒋孟引、沈炼之、周鲠生、王纯一、闫宗临、杨人楩等人,他们在那风雨如晦的岁月均付出了辛勤劳作,均有筚路蓝缕之功。下面简要介绍几位。

　　1. 陈翰笙

　　陈翰笙(1897—2004),原名陈枢,江苏无锡人,国际问题专家。早年留学美国、德国,1921 年获芝加哥大学硕士学位,1924 年获柏林大学博士学位。1924 年回国,被聘为北京大学教授。任教期间,经李大钊介绍参加革命。1934 年后,先后在日本、苏联、美国从事研究和著书工作,并在纽约任《太平洋季刊》副主编。1939 年回到香港,主编《远东通讯》。在新中国成立前,陈翰笙的主要精力放在革命活动和中国问题研究上。同时,他也利用各种机会搜集外国史研究资料。抗日战争结束后,陈翰笙等转到印度史学会工作,他利用这个机会,对印度进行经济区域考察,东至加尔各答,南到印度洋海岸,西到孟买,北到阿富汗边境附近的信德,积累了大量的第一手资料。通过调查,他对印度经济地理、社会状况、种姓制度、宗教等有了比较透彻的认识。1946 年,他离开印度前往美国西海岸,在华盛顿州立大学任特约教授,讲授印度史。他在美国继续查阅 1927—1928 年出版的《英国皇家印度农村调查团证词》14 巨册,补充在印度调查所得的资料,用英文写成《印度和巴基斯坦经济区域》,后来译成中文,1959 年由商务印书馆出版。新中国成立后,陈翰笙受周恩来总理电邀,于 1950 年 1 月回国。他被选为外交学会副会长、中印友好协会副会长、国际问题研究所副所长、中国科学院哲学社会科学部世界史组负责人。50 年代他作为文化代表访问东欧及印度等国。

2. 周谷城

周谷城(1898—1996),湖南益阳人。1917 年考入北京高等师范学校(今北京师范大学前身)英语部。在校期间,新文化运动逐渐走向高潮,周谷城受到熏陶,接触到各种新思想。1921 年春,周谷城回到长沙,在湖南省立第一师范学校担任师范部英文教员,兼教伦理学。1924 年,他在商务印书馆出版了《生活系统》一书,这是他的第一部哲学著作。周谷城将该书视为自己思想体系形成的标志。蒋介石发动"四一二"反革命政变和汪精卫发动"七一五"反革命政变后,他来到上海,完成了三部重要的著作,分别为《中国社会之结构》《中国社会之变化》《中国社会之现状》,总称《中国社会史论》。在这三部书中,他努力运用自己所掌握的马克思主义理论,分析近代以来中国社会经济的变迁,剖析中国社会各阶级的特点,试图说明改造中国社会现状的途径。这是对中国社会史首次作系统的奠基性研究。1939 年,开明书局出版了他的《中国通史》上下册,1940 年,中华书局出版了他的《中国政治史》。周谷城在《中国通史》中运用了"历史完形论"这一史学理论来阐述中国几千年的历史。所谓历史完形,实际上就是社会形态,就是要求人们通过社会形态更迭整体地把握历史的变迁①。1946 年,周谷城担任了复旦大学历史系主任,主讲世界通史课程,并以三年时间撰成《世界通史》一、二、三册,该书于 1949 年由商务印书馆出版。从《世界通史》三册各章所附参考资料可以看出,作者在编撰本书时,除中文资料外,直接参考的外文文献有一百余种。这就使本书能够广泛吸取世界通史及断代史研究、专史研究的已有成果,具有相当高的起点。

周谷城强调:"世界通史并非国别史之总和。"他认为,历史发展有其自身的规律性和协调性,各国各地域互相联系成一个彼此影响的有机的整体。要打破先前世界通史几乎一以贯之的"欧洲中心论"思想,力求从世界历史总体的研究中揭示历史发展进步的内在规律。就方法论而言,他广泛地运用了历史比较研究的方法。他说:"比较研究将彼此不同的事物进行参照对比。这样做可以使我们不至产生一些不应有的偏见"。通过比较研究可以看出:从古代到中世纪,亚、欧、非三洲有些政治势力的发展,存在着由分区并立向往来

---

① 李勇:《论周谷城世界通史编纂思想及实践与当代"整体史"观和"全球史"观的相关性》,《学术探索》2004 年第 6 期。

交叉发展的趋势。比较研究还有助于认识各个不同国家、不同地区、不同文明的特征,哪些大体相似,哪些极不相同。此外,历史的发展虽有阶段可循,但中外发展仍旧存在着很多地区、时段的不平衡,把不同国家对比起来看,比较容易看清楚这些特点。从以上这些特征不难看出,周谷城的《世界通史》,已摆脱了外国世界史著作的框架,具有自己的学术体系,反映了中国学者的独到思考。

3. 雷海宗

雷海宗字伯伦,1902 年生于河北省永清县。1922 年毕业于清华学堂,公费留美。1927 年获芝加哥大学哲学博士学位,所著博士学位论文《杜尔阁的政治思想》颇获好评。毕业后,他迅即回国在南京中央大学史学系任教授和系主任,兼任金陵女子大学史学系教授和中国文化研究所研究员,讲授西洋史和中国史的有关课程,主编《史学》杂志。成为中央大学著名的年轻教授。

1931 年秋,雷海宗离开了南京,转任武汉大学史学系和哲学教育系合聘教授,1932 年又北上任清华大学历史系教授。1937 年抗日战争爆发后,雷海宗随清华大学南迁,在昆明西南联合大学任教,讲授中、外历史多种课程。抗日战争胜利后,雷海宗随清华大学返回北平,仍在清华大学执教。雷海宗兼通中外,讲授过世界上古史、世界中古史、世界近代史、外国史学史、外国文化史、基督教史等多种课程。编著了《西洋通史》《西洋通史选读》等;发表译文和论文多种。

4. 吴于廑

吴于廑原名保安,1913 年生于安徽省休宁县,自幼聪颖好学,在中学和西学两方面都打下了扎实的根底。十几岁的时候,就在家乡阅读了英国韦尔斯《世界史纲》的中译本,深有所得。1931 年 9 月获奖学金升入苏州东吴大学历史系学习,1935 年毕业后在东吴附中任教。吴于廑在上学期间和工作后,深受雷海宗的影响,在著作中有所体现①。吴于廑在研究生读书期间,在宏观上的史学方法论和整个世界史观均受到斯宾格勒文化形态史观和雷海宗的影响。

---

① 王敦书:《雷海宗与吴于廑——中国世界史学科建设杂忆数则》,《武汉大学学报》1993年第 5 期。

1941 年秋,吴于廑考取清华大学第五届留美公费生,赴美为哈佛大学研究生。1946 年获哲学博士学位,1947 年回国任武汉大学历史系教授和历史系主任。他的英文博士论文是关于中外封建制度研究的。吴于廑这时在武汉大学历史系主要讲授世界上古史课程。新中国成立后,教育部数次召开全国高等学校世界上古史教师会议,讨论和交流关于世界上古史教学大纲、教材、教学参考资料以及科学研究等方面的问题,他都积极参加,建言献策,在世界史的图书编纂和学科发展方面,做出了重要贡献。吴于廑指出:"世界历史是历史学的一门重要分支学科,内容为对人类历史自原始、孤立、分散的人群发展为全世界成一密切联系整体的过程进行系统探讨和阐述。"①他认为古今历史学家对世界历史有不同认识,他深刻精辟地分析了世界历史的纵向发展和横向发展,高瞻远瞩地概览了世界历史古往今来的全局发展。

民国时期成长起来的学者以及在此期间培养的优秀学人,都成为新中国成立以后中国世界史学科发展的中流砥柱。

（三）世界史学科发展中存在的问题和影响因素

民国时期,世界史著作从无到有,从少到多已经实现了重大的跨越性发展,为新中国成立后世界史学科发展和社会需要奠定了基础。但是,与中国史学科相比,民国时期的世界史学科,还存在不少的问题,集中体现在以下几个方面。

一是刊发世界史研究成果的刊物、专业性的学术团体和学术机构还相对较少。在国外发表的中国学者关于外国历史的学术论著如凤毛麟角,向国外介绍中国世界史研究状况的文章也极少见,这就影响了中国世界史研究走向世界的进程。

二是世界史研究存在研究范围分布不平衡的现象。学者的研究方向集中在古代、中世纪、近代等诸多问题上,忽视对世界现代史(特别是当代史)的研究。在地区国别问题研究上,则以英国和美国、俄国(苏联)等大国为主,对亚非拉国家历史的研究比较匮乏。就地区史而论,这种情况,在亚洲、非洲、拉丁美洲、大洋洲乃至东欧,可以说尤甚。以非洲史为例,从 1897 年至 1949 年,据统计仅有 8 本译著,而且全部集中在埃及史领域。

---

① 吴于廑:《世界历史——为〈中国大百科全书·外国历史卷〉作》,《吴于廑文选》,武汉大学出版社 2007 年版,第 40 页。

三是世界史学科的教学和研究队伍较小。从全国范围看,民国时期我国的世界史的教学和研究队伍一直保持在较小的数量范围,处于边缘化的状态。

四是关于世界史研究的理论和方法著作匮乏。史学家更重视专题史、国别史、断代史的研究,对于通史以及世界史的理论和方法关注不够,有些著作在绪论或导言中虽有所论述,但对整个学科建设而言还是不够的。专门论述世界史学科理论的著作和文章均未出现。

制约民国时期世界史学科体系建设有多种因素,而最主要的是两点。

第一,真正以世界史为业,长期坚持不懈的学者偏少。即使是在国外学习的留学生,回来后也转向了中国史研究,使仅存的人员也流失了。马克垚不无遗憾地指出,有名的才女陈衡哲后来去做文学,放弃了西洋史。何炳松做了教育家,任浙江一师校长、暨南大学校长。陈翰笙如果不做革命家,他的学术贡献会更大。

第二,国家多难之时,政府对教育和学术研究的投入极其有限。当初只有北大、清华等少数学校还能购买一些外国史的书籍,多数高校的西洋史课程只能是向学生传播基本知识而已。资料缺乏,使得学者们无法作进一步深入研究,以至于有的学者转向中国史的研究。包括齐思和、林志纯等一大批学者,他们进行学术研究都是从中国史研究起家的,这是民国时期的一个普遍现象。

特殊的历史时期,再加上久已形成的习惯和传统,世界史成了冷门。何芳川说:"从 20 世纪初到中华人民共和国的成立,中国的世界史学,从总体上讲始终处于准备与发轫状态,这个基本状态,是由当时中国的国情所决定的。那是一个革命和战争的年代。在短短的半个世纪中,中国爆发了推翻两千年帝制的辛亥革命,爆发了三次国内革命战争、一次伟大的抗日民族解放战争;经过了晚清末年,北洋军阀、国民党统治的动荡岁月。在那样的环境下,我们的前辈学者们所能进行的世界史方面的工作,是极为有限的。因此,抓住一些可能转瞬即逝的短暂时机,努力翻译和介绍一些西方世界史学方面的著作,编写一些世界史方面的教材与入门,间或贡献一些有着中国学者独特见解的著述,大约就是当时条件所能允许的最大空间了。"①

---

① 何芳川:《迎接中国的世界史研究新纪元——20 世纪中国世界史研究回顾与展望》,《世界历史》2000 年第 4 期。

民国时期世界史建设虽然薄弱,但也为以后世界史学科体系的建设奠定了基础。

新中国成立后的1952年,全国院系调整,教育学习苏联。各大学历史系都设立了世界通史课程,与中国通史等量齐观。有留学经历的老师,不管原来教什么,都动员来教世界史,成为专职的世界史教员,世界史教师队伍陡然增加。到20世纪60年代,北大、南开、武大等校先后设立了世界史专业,与中国史专业并驾齐驱,世界史学科最终建设起来了。

三、分期史和国别史研究之成就

(一)分期史、专题史的研究成就

世界史的撰写,首先遇到的一个问题,就是历史发展阶段的划分。在20世纪前半期,中国的世界史基本是以西方历史发展为中心进行的,并且受到西方既有研究成果的影响。这样造成了两个问题:一是将欧洲历史分期视为世界历史分期,二是以欧洲作为历史主体,尤其是突出欧洲在近代史上的作用,主题是宣扬近代欧美各国的政治经济发展,欧洲人所创造的近代文明,以及这个文明向整个世界的普及[1]。"欧洲中心论"也得到了部分中国学者的认可。例如,杨人楩在《高中外国史》中认为,"在外国史中,当然要以欧洲为中心,本书也就是如此;因为欧洲不特占的地位多,而且它的变化也较重要。"[2]在民国时期,这一观点具有较大的影响。当然,以欧洲史来代替世界史的写法,也遭到了一些学者、政治家、出版商的质疑。时任图书编辑的张闻天反对房龙《人类的故事》中的世界史观念。1924年9月,时任中华书局编辑的张闻天翻译了美国作家房龙的《人类的故事》,并将其更名为《西洋史大纲》[3]。他在译序中解释了更名的原因:作者"所说的人类,差不多完全以白种人为中心,对于有数千年文化史的中国与印度,只在原书第四十二章内略略说了一点,敷衍了事。不幸就是这一点也已经犯了许多错误! 我觉得删去这一章对于读者既没

①　吴于廑:《关于编纂世界史的意见》,《武汉大学学报》1978年第5期。

②　杨人楩:《高中外国史·叙》,北新书局1944年版,第4页。

③　张培森主编,中共中央党史研究室张闻天选集传记组编:《张闻天年谱(1900—1976)》,中共党史出版社2000年版,第56页。

有损失,而且他所说的既以欧美人为中心,倒不如把原书的书名改为《西洋史大纲》较为近于实际。"①张闻天的观点具有一定的代表性。

这一时期,中国学者编撰的分期史著作受西方学者的影响较大,原因是国内没有世界史著作,所编纂的世界史著作多是参考了西方现有的研究成果。比如,何炳松编译的《中古欧洲史》(上海商务印书馆 1924 年)是根据美国史学家鲁滨逊的《欧洲史导论》改编而成,将中古欧洲史定为公元 3 世纪日耳曼人入侵罗马帝国至 1618—1648 年 30 年战争时期的欧洲史②。而在何鲁之编纂的《欧洲中古史》中,将欧洲中古史定为西罗马帝国灭亡至欧洲文艺复兴时期的历史③。在何炳松编译的《近世欧洲史》著作中,将欧洲近世史定为英国资产阶级革命至第一次世界大战爆发初年④。何鲁之的《欧洲近古史》将欧洲近代史的时间界定为 16—18 世纪时期的欧洲史⑤。王绳祖的《欧洲近代史》(上、下册)将欧洲近代史划定为 18 世纪至第一次世界大战之后⑥。

关于欧洲文艺复兴时期的著作也有不少研究成果,如蒋方震的《欧洲文艺复兴史》(上海商务印书馆 1921 年)、陈衡哲的《文艺复兴小史》(上海商务印书馆 1924 年)和《欧洲文艺复兴小史》(上海商务印书馆 1930 年),常乃惪编的《文艺复兴小史》(上海中华书局 1934 年)、傅东华的《欧洲文艺复兴》(上海开明书店 1934 年)。

在专题史研究方面,也有深入和扩展。比如欧洲史研究的著作涵括了欧洲政治史、文化史、革命史等专题。专题史同样是编译西方学者的较多,中国学者独立完成的著作较少。像阎宗临撰写的《近代欧洲文化之研究》《欧洲文化史论要》⑦等著作还是较少见的。再比如法国史研究,有《法国革命史》《第二帝国》《巴黎公社》《第二次世界大战时期的法国》等。

① [美]房龙著:《西洋史大纲:张闻天手稿》,张闻天译,上海辞书出版社 2003 年版,第 5—6 页。
② 何炳松编译:《中古欧洲史》,商务印书馆 1924 年版,第 4 页。
③ 何鲁之编著:《欧洲中古史》,商务印书馆 1937 年版。
④ 何炳松编译:《近世欧洲史》,商务印书馆 1925 年版。此书是依据鲁滨逊和彼得(C. A. Beard)合撰的《欧洲史大纲》编译的。
⑤ 何鲁之:《欧洲近古史》,商务印书馆 1934 年版。
⑥ 王绳祖:《欧洲近代史》,商务印书馆 1936 年版。
⑦ 阎宗临:《欧洲文化史论要》,文化供应社 1948 年版。该书后来被定为大学用书。

（二）国别史研究成就

民国时期以来，中国的美国史、英国史、日本史、法国史、俄国史以及拉丁美洲史、欧洲区域史、专题史的研究取得了一定的成绩。尽管条件异常艰苦，学者还是创榛辟莽，甚至对过去较少涉及的澳大利亚、加拿大、西班牙、葡萄牙、阿富汗、伊朗、捷克斯洛伐克、土耳其、埃及、埃塞俄比亚等国家历史进行撰述。从整体而言，对欧洲国家的历史发展研究较多，其次是东亚和东南亚，再次是美国。

1. 民国时期的美国史研究

进入 20 世纪，中国人出国留学就渐成潮流。民国之后，变得更加壮阔。中国开展美国史研究与留美学生以及时代背景是密不可分的。

（1）民国留美学人及美国史研究成就

从 1912 年到 1929 年，随着庚款留美项目的实施及清华留美预备学校的建立和完善，出现了北洋时期的留美热潮。1929—1932 年，席卷资本主义世界的经济危机爆发，中国留美人数大幅度下降。1933—1937 年，中国留美人数有所上升。1935 年在美国大专院校注册的中国学生共有 1433 人，1936 年有 1580 人，1937 年达到 1733 人。1938—1945 年，中国留美人数处于低谷。1946—1949 年出现了抗战胜利后的留美热。留美学生群体一般具有良好的家庭背景和教育背景，同时大都接受了新式教育和高等教育，在此基础上再赴美接受西方高等教育，并获得较高学位，因此留美生在留学生群体中素质普遍较高。

留美学人从事美国史研究与解决中国的现实问题是分不开的。"一批赴美的留学生亲眼看到了美国社会的发达、本国的落后和固步自封，以及自己过去对外界的无知，颇有'坐井观天'之感。他们当中有人把自己的见闻和感想写成游记和著作，其中含有不少关于美国社会、政治、经济和历史方面的内容"[1]。近代以来"自强"的主题一直伴随着社会的发展，国内与国外的对比对留学生产生了深刻的影响，他们希望通过研究美国的发展史为中国的发展寻求出路。这就促使一批思想敏锐、忧国忧民的政治家和知识分子更迫切需要研究、了解外国，以寻求救国之道。由于当时美国在世界上经济发展较迅速

---

[1]　张友伦：《美国史研究百年回顾》，《历史研究》1997 年第 3 期。

和民主体制较稳定,自然就成了他们了解和效仿的最理想国家,因而对美国史的研究就日益增多。

关于民国时期出版的美国史译作和专著,可列表如下。

表十一　民国学人翻译美国史的代表性著作

译著者	出版时间	著作	出版社
商务印书馆编译	1912 年	《美国独立战争》	上海商务印书馆
俾尔德	1919 年	《美国的竞争》	上海新文化书店
魏野畴	1929 年	《美国史》	上海商务印书馆
姚绍华	1936 年	《美国史》	上海中华书店
宋桂煜	1937 年	《美国史》	
白达	1940 年	《社会科学史纲》	长沙商务印书馆
刘尊祺	1949 年	《美国通史》	中外出版社

表十二　民国学人撰写的美国史代表性著作

姓名	出版时间	著作	出版社
陈震异	1921 年	《太平洋会议与中美俄同盟》	新知书社
罗家伦	1922 年	《华盛顿会议》	北京晨报社
蔡元培	1928 年	《中美外交史》	上海商务印书馆
唐庆增	1929 年	《中美外交史》	上海商务印书馆
蔡恭晟	1930 年	《中美关系纪要》	上海中华书局
胡明恳	1936 年	《美国独立》	上海开明书店
熊大经	1938 年	《美国经济史》	上海商务印书馆
胡华	1947 年	《美帝国主义侵华史略》	冀中新华出版社
刘大年	1947 年	《美国侵华简史》	太原铁路管理局
刘大年	1948 年	《美国侵华史》	华北大学出版社

(2)中国的美国史研究特点

民国学人对美国史研究的最主要特点与美国对华政策和国际环境是分不开的。

第一次世界大战时期，列强在欧洲厮杀，无暇东顾，日本趁机提出了"二十一条"，妄图霸占中国。美国密切关注着日本在华的一举一动，但无奈在华力量难以与日本抗衡，又不愿得罪日本，只得再度重申"门户开放，利益均沾"。1921 年 11 月，为了调整远东的国际关系，抑制太平洋地区的军备扩充，美国邀请各大国召开了华盛顿会议。中国由于在巴黎和会的外交失败，对这次由美国召开的会议抱有更大的希望，想通过美国来限制日本的特权和收回山东。当时英美也意识到为了维护其在华的利益，有必要对日本加以限制。会议上，美国拆散了英日同盟，以四国同盟取而代之，重新确立了"门户开放"政策。故而这一时期的美国史翻译和著作都是围绕着美国的独立战争、华盛顿会议来展开的。在这段时间里，中国的出版界还刊印发行了几种关于美国和华盛顿会议的译本和小册子①。

南京国民政府成立之前，美国对中国内战持中立态度。南京国民政府成立后，美国率先承认了南京国民政府，开始确立双方长期比较稳定的关系，美国常常以友好的形象出现在中国人的面前。随着中美之间交往和纠纷的增多，中国学者开始注重对中美关系史的研究，不仅翻译了大量美国学者撰写的中美关系史方面的著作，而且自己动手撰写了几部书。其中，有蔡元培的《中美外交史》（上海商务印书馆 1928 年）、唐庆增的《中美外交史》（上海商务印书馆 1929 年）、蔡恭晟的《中美关系纪要》（上海中华书局 1930 年）。此外，《东方杂志》《新青年》《申报月刊》《世界知识》等刊物也纷纷发表有关美国时事述评、政论文章和译文，对美国的政治制度、在国际事务中的活动进行评述和报道②。抗日战争后期，罗斯福努力执行"让中国成为大国"的政策，把中国列为"四大强国"之一。因为这样既可以加强中国在抗战的地位，又可以支持美国的太平洋战争。1942 年 1 月 1 日的《联合国家共同宣言》上，中国作为四大国之一在文件上签字，这是中国以四大国地位第一次在国际文件上出现，中国的国际地位得到了空前的提高。随着美国对华政策的不断转变，中国与美国在政治、经济、军事方面的交流日渐频繁，国内对美国的研究进一步加强，大都围绕着中美外交史而进行。

---

① 其中有项衡方编：《太平洋会议之参考资料》，《上海申报馆》1921 年；罗家伦编：《华盛顿会议》，北京晨报社 1922 年版。

② 张友伦：《美国史研究百年回顾》，《历史研究》1997 年第 3 期。

解放战争初期的美国对华政策,其实是美国对蒋介石支持的延续。日本投降以后,解决国民政府与中共的对立问题是美国对华政策的中心。虽然战争是在所难免的,迟早都要爆发,但美国只希望国民政府与中共商议建立联合政府,由国民政府统一中国,再实行改革,取得民心,稳定中国。"随着中国国内局势的发展,美国的对华政策随之相应调整,但最终美国对华政策宣告彻底失败,也宣告了美国'扶蒋反共'的阴谋在中国的彻底破灭"①。与美国的对华政策相呼应,此时国内关于美国的著作大都是在揭露美国的罪行,批判美国的做法,如《美帝国主义侵华史略》《美国侵华简史》等。

2. 民国时期的英国史研究

自鸦片战争之际起,中国的开明士大夫开始睁眼看世界,为寻求富国强兵之道,试图从西方国家历史中寻求他们富强的原因。由于中国与英国交涉较早,中国的英国史研究起步也早,学术成果更为丰硕。中国的英国史研究同整个世界史研究一样从一开始就具有强烈的经世致用的色彩,它与中国了解世界、走向世界、融入世界的目标联系在一起,反映了历史学家试图找到国家强盛的借鉴经验,反映了中国知识分子爱国报民的拳拳之心②。中国对于英国从寥寥数语的认识到对英国的政治、经济、文化、外交等方面有比较全面深入的研究,经历了数十年。进入民国,中国半殖民地半封建社会的性质并没有改变,中国对帝国主义侵略有着切肤之痛。英国是第一个侵略中国的西方国家,并且是世界上拥有殖民地最多的国家。中国学人普遍认为,开展英国史的研究能够知己知彼,能够更好的处理两国之间的事务。

(1)民国时期英国史研究学人及成就

这一时期的英国史研究继承前一时期,尤其是在中英关系史方面取得了丰硕的成果,其中最具代表性的是蒋孟引和王绳祖。他们在 20 世纪 30 年代末求学于英国,接受英国现代史学的正规教育,在中英关系史研究方面取得了突出的成就。

蒋孟引在英国求学时,研究了第二次鸦片战争期间的中英关系,1939年撰写了《中英关系:1856—1860 年》一文。这篇论文最大的特点就是用英

①　高朋:《解放战争时期美国对华政策的调整》,《延边党校学报》2013 年第 1 期。
②　钱乘旦:《中国的英国史研究》,《历史研究》1997 年第 5 期。

国的史料再现英国的侵华行径,论述战争的责任在英国,中国军民奋起抵抗,可歌可泣,无可指责。蒋孟引以无可辩驳的证据赢得了英国老师的认可,顺利地通过论文答辩,获得伦敦大学博士学位①。王绳祖则以马嘉里案(即滇案)发生的经过为题,在牛津出版了《马嘉里案和〈烟台条约〉》一书(1940年),此后,立即受到国际史学界高度评价。我国著名史学家陈恭禄在《星期评论》上赞扬作者作了卓越的开创性研究。英国中亚研究会在会刊上发表书评,认为此书对研究"中英关系史中一段重要插曲的来龙去脉作出了可贵的贡献",披露了当时"从今天的国际道德观念来看令人不快的"英国对华外交。研究远东的美国著名进步学者劳伦斯·罗辛格在《太平洋月刊》上着重指出了此书的政治意义,他说:"有眼力的读者,将在这里看到一项关于帝国主义发展史的有益的实例研究,尽管所述的事件较早,但现代扩张的许多一般性质已具体地表现了出来。"此外,美国历史学会《历史文献指南》将此书列为研究中国国际关系史的必读参考书。② 这两部著作都以大量的中英文史料,尤其是英方史料为基础,忠实地反映了历史真相,同时又都以饱满的爱国主义热情揭露和鞭笞了英国侵略者,体现了中国知识分子的民族正义感。这两本书的出版,标志着中英关系史的研究已进入成熟阶段,蒋孟引后来成为中国英国史研究的奠基人,王绳祖成为中国国际关系史研究的奠基人。

除中英关系史之外,还有张忠绂的《英日同盟》(新月书店1931年)和楼邦彦的《不列颠自治领》(商务印书馆1944年),前书对英日同盟形成的历史过程作了清楚的梳理。后者则讨论了英联邦自治领各种法律地位的演变过程,该书资料丰富,论证充分,其立论之清晰,阐释之透彻,说服力之强,半个世纪后仍被尊为典范③。这说明,到20世纪40年代,中国学者的英国史研究已达到相当高的水平,但由于时局动荡不安,学者不能静心研究,这样的优秀成果毕竟不多,诚为遗憾。

---

① 钱乘旦:《英国史研究的奠基人——蒋孟引教授》,《世界历史》1995年第1期。
② 时殷弘:《王绳祖传略》,《晋阳学刊》1988年第6期。
③ 钱乘旦:《中国的英国史研究》,《历史研究》1997年第5期。

表十三　民国期刊或学人编纂的部分英国史著作

作者或刊物	篇名或书名	备注
《东方杂志》	《英国十一年来外交政策》	
《新中华杂志》	《英国治印度之政策》	
《史地学报》	《不列颠帝国》	
《庸言》	《英国之政党政治》	
《法政杂志》	《英国宪法沿革小史》	
《东方杂志》	《埃及与英国》	
《东方杂志》	《英国与印度》	
《现代评论》	《英国帝国主义的前途》	
《新民国》	《英国经济状况与工人生活》	
《妇女杂志》	《英国劳动妇女和失业问题》	
《东方杂志》	《英国工党发展史》	
《银行周报》	《英国煤业争议小史》	
《东方杂志》	《英国劳动妇女参政权之扩张》	
《平明》	《英国的法西斯运动》	
《时事类编》	《费边社之沿革》	
《女子月刊》	《英国中世纪中等妇女的职业生活》	
《史学季刊》	《咖啡店对于英国社会之影响》	
《史料旬刊》	《清咸丰十年英法兵入京焚毁圆明园案》	
《新生命》	《在华英帝国主义之史的发展》	
关培梧	《夷务始末外鸦片战后中英议和史料数件》	
陈独秀	《英吉利帝国之构造》	
余汉华	《霸气消沉之英帝国》	
梁启超	《英国政制论》	
李惟果	《英国侵略西藏之肇端》	
杨体仁	《英人经营滇缅边界之史实》	
朱杰勤	《英国第一次使臣来华记》	
陆钦墀	《英法联军占据广州始末》	
何炳棣	《英国与门户开放政策之起源》	
范存忠	《十七八世纪英国流行的中国思想》	
蒋孟引	《中英关系：1856—1860 年》	
王绳祖	《马嘉里案和〈烟台条约〉》	

（2）民国时期英国史研究的特点

民国时期英国史研究的特点主要体现在：

第一，对英国外交殖民史的兴趣仍然高涨。第一次世界大战结束后，欧洲各国遭受重创，尤其是英法等老牌资本主义强国，世界上的殖民地被重新划分，往日大英帝国的形象在中国人心中的地位下降。1921 年以后，许多杂志开始介绍英国殖民地的民族解放运动史，《东方杂志》接连刊出了数篇有关爱尔兰民族运动取得胜利的文章。这些文章进一步鼓舞了中国人民反对外来压迫的信心，其中的一篇文章说："数载以来，爱尔兰人之因要求独立而遭牺牲者，殆不可胜数。英雄之血、义士之生命，卒换得民族之正义。"①1932 年出版的余汉华著《霸气消沉之英帝国》，虽然篇幅不大，却清楚地叙述了英帝国从形成到瓦解的过程。文中指出："世界政治演进之迹，均不能超脱盛衰消长大法则之外"，而今日"英帝国巨大之足迹，能有不踏上斜阳衰草萧萧墓门之途境者乎！"②

第二，对英国宪政史的研究一度成为热点。这与中国当时正在进行的"代议制试验"有关，康、梁等人百日维新所推行的君主立宪制，孙中山等人辛亥革命所推崇的民主共和制，结局都以失败告终，人们希望能从英国的经验中获得某些启迪。因此，在报刊上出现了《英国之政党政治》（《庸言》1913 年第 1 卷 9—12 号）、《英国宪法沿革小史》（《法政杂志》1914 年第 3 卷 10、11 号）等文章，最有代表性的是刊登在梁启超主编的《大中华杂志》上的《英国政制论》一文，其中写道："夫立国之道，曰教育，曰实业，曰学术，曰军备……然推其本原，则一惟政制是系。政制善者，则一切皆善；政制不善者，则一切皆不能善。"③在中国的代议制试验失败以后，一些学者将研究方向转移到了关于英帝国的兴衰以及一些具体的现实问题，如英帝国内部的危机问题，对英国国内某些历史事件进行叙述和评价。《埃及与英国》（《东方杂志》1919 年第 16 卷 12 号）、《英国经济状况与工人生活》（《新民国年》1924 年第 1 卷 6 号）、《英国工党发展史》（《东方杂志》1924 年第 21 卷 9 号）等属于这类文章，它们向国人介绍了更多有关于英国的知识，使国民对英国的历史与现状有了进一步的了解。

---

① 罗罗：《爱尔兰民族运动之成功》，《东方杂志》1921 年第 18 卷 13 号。
② 余汉华：《霸气消沉之英帝国》，华风书店 1932 年版，第 5 页。
③ 蓝公武：《英国政制论》，《大中华杂志》1915 年第 1 卷第 1 期。

　　第三，日益重视中英关系史研究。从学术角度系统研究中英关系史始于20年代末30年代初。这方面的研究是从史料发掘着手的，如《史料旬刊》1930年第18期登载的《清咸丰十年英法兵入京焚毁圆明园案》史料，《史学年报》1931年刊载的关培梧在燕京大学图书馆新发现的史料《夷务始末外鸦片战后中英议和史料数件》等。在史料整理的基础上，有学者撰写了关于英国侵华史的研究性论文，最早的一篇是《新生命》杂志1930年发表的《在华英帝国主义之史的发展》。此后这方面的论文便越来越多。其中多数不限于对英国侵华行径进行简单的谴责，而是注重从学术上进行深入的探讨和分析，并就某些事实进行考证。比如，李惟果的《英国侵略西藏之肇端》比较详细地论述了18世纪英国人赫斯定第一次实施侵略西藏的过程①，杨体仁在《英人经营滇缅边界之史实》中剖析了英国在滇缅边界的各种活动，指出英国侵入中国的野心②。朱杰勤在《英国第一次使臣来华记》中梳理了"一千七百九十二年英国第一次使臣马卡特尼之来华，恭敬自持，礼物多珍，犹不免失望而回"的经过，文后还有8篇附录，即中英双方来往文件，包括乔治三世致乾隆书③，这是中国学者根据中英接触的第一手史料而撰写的事件经过。陆钦墀在《英法联军占据广州始末》中探讨了1842—1858年在广州入城问题上的中英争端，文中引用了大量的档案资料，包括英国外交部档案、信件等，是一篇高质量的学术论文④。何炳棣在《英国与门户开放政策之起源》中提出新观点，认为"'门户开放'的真正起源是在英国而不是美国"；"美国仅仅在华商业利益与'门户开放'的原则暗相吻合而已"；美国宣布门户开放政策，"几乎可以说是完全受了英国的影响。"范存忠在《十七八世纪英国流行的中国思想》中对中国的思想如何传播到英国和西方作了探讨。⑤

　　民国时期的英国史研究可谓是承上启下，上承鸦片战争以来知识分子"开眼看世界"向西方学习，研究西方，下启新中国成立后的英国史研究，为新中国建立以后的英国史研究奠定了良好基础。

　　① 李惟果：《英国侵略西藏之肇端——薄格尔的使命和成绩》，《中山文化教育馆季刊》1935年第2卷第1期。
　　② 杨体仁：《英人经营滇缅边界之史实》，《民族》1935年第3卷第5期。
　　③ 朱杰勤：《英国第一次使臣来华记》，《现代史学》1936年第3卷第1期。
　　④ 陆钦墀：《英法联军占据广州始末》，《史学年报》1938年第2卷第5期。
　　⑤ 参见钱乘旦：《中国的英国史研究》，《历史研究》1997年第5期。

3.民国时期的拉丁美洲史研究

"拉丁美洲"一词是 19 世纪 30 年代法国学者首先使用的,指原西班牙、葡萄牙、法国等拉丁语系国家的殖民地在独立后建立的国家。20 世纪 60—70 年代后,加勒比海地区的一些英、荷殖民地获得独立后,其官方语言英语、荷兰语不属于拉丁语系,因此国际组织和机构逐渐将"拉丁美洲"改称为"拉丁美洲和加勒比地区"。拉丁美洲历史发展大体经过了古代印第安人文明时期、殖民统治时期、近代、现代四个阶段。① 拉丁美洲史作为一个独立的分支学科,在中国史学中是很年轻的。民国时期,一些有识之士注意到外部世界的变化,翻译了不少有关拉丁美洲史的资料,撰写了一些拉丁美洲史著作,为拉丁美洲史研究做出了突出的贡献。

(1)开展拉丁美洲史研究的背景

民国时期,中国与拉美国家的交流活动不断增多。清朝时与中国建交的拉美国家仅有 5 个,1939 年增加到 9 个。到第二次世界大战结束时,与中国建交的拉美国家增加到 13 个,拉美地区主要国家都与中国建立了外交关系②。外交活动是推动中国开展拉丁美洲史研究的一个重要桥梁,促使民国时期的中国敞开与拉丁美洲交往的大门。同时,外交关系的拓展推动了中国和拉美国家在各个领域联系的加强,促进了中国人民对拉丁美洲历史与现实的了解,激发了民国时期的中国学者对拉丁美洲史研究的热情。

沙丁等在《中国和拉丁美洲关系简史》中叙述道:"十九世纪后期和二十世纪头十年间,我国清朝政府先后同古巴、秘鲁、巴西、墨西哥、巴拿马建交,并分别签订了具有平等互利性质的友好通商条约和有关改善华工待遇的条款,促进了彼此的政治经济联系和民间友好往来。这是我国和拉丁美洲关系史上最重要的篇章之一。"③书中具体叙述了中国与这五国建交的经过,在对其性质做了分析之后总结道:"近代中国与拉丁美洲国家之间外交关系的建立,毕竟是双方关系史上的一个重要转折。特别是由于当时彼此的处境基本相似,双方的立约建交从一开始就具有比较友好和平等互利的性质,与当时中国同西方列强的不平等关系有着根本的区别。"说中国与这些国家立约建交是相

---

① 林被甸、董经胜:《拉丁美洲史·前言》,人民出版社 2010 年版,第 1、4—6 页。

② 王晓德、雷泳仁:《中国拉丁美洲史研究回顾》,《历史研究》2000 年第 5 期。

③ 沙丁、杨典求等:《中国和拉丁美洲关系简史·序言》,河南人民出版社 1986 年版,第 3 页。

互关系史上"最重要的篇章之一"，是"一个重大转折"，有利于促进双方的联系和交流，这是民国时期开展拉丁美洲史研究的重要背景。

（2）中国学者翻译的有关拉丁美洲史的著作

民国时期，我国学者注重对拉丁美洲史相关著作的研究。他们耗费无数心血，通过多种途径查阅与拉丁美洲史相关的文献，翻译了大量的有关拉丁美洲史的著作。例如冯雄翻译的《世界文化史》（美国桑戴克著）专章介绍了拉丁美洲的古代文化，涵盖面广，宏微兼及，文笔通畅，知识性、学术性与可读性兼备。《世界文化史》从全球观点出发，系统地论述了世界文化自远古至当代的发展历程，揭示了世界各民族文化发展的共同规律和各自的特点，介绍了各民族的文化特色以及它们对世界文化发展所做出的突出贡献，力图揭示出多元一体的人类文化演变的内在本质。该书尤为注重对各民族、各地区或者国家间文化交流的论述，强调它对人类文化发展所起的重要作用。该书将叙述的重点放在精神文化上，同时还涉及物质文化、行为文化和制度文化等方面的内容。

王慧琴翻译的《世界文明史》（塞钮博著，上海亚东图书馆 1933 年）对美洲新大陆的文化进行了较为详细的论述。董希白翻译的《种族与历史》（上、下册）（撒塔尔著，商务印书馆 1940 年）介绍了美洲印第安种族的起源与发展。吴泽霖翻译的《印第安人兴衰史》（马克劳德著，商务印书馆 1947 年）叙述了美洲土著民族遭受西方殖民者奴役和剥削的历史。

据《民国时期总书目》等资料统计，民国时期有关拉美史的著译作品多达40 余种，其中既有翻译的拉丁美洲通史著作，也有我国系统论证"中国人发现美洲"的专著。"中国人发现美洲"是由法国汉学家歧尼 1752 年提出的，一直是国际学术界关注的一个"世界之谜"。早在民国初年，章太炎首次提出了"法显发现西半球"的观点，但论证不足。朱谦之根据文献学、民俗学和考古学的史料，从证人、证地和证事三方面撰著《扶桑国考证》一书，分析了这一说法，结论是公元五世纪中国僧人发现美洲"决无可疑"。当然，也有表示不同意见的。韩振华就撰写了《扶桑国新考证》，予以否定。这是国内对此问题的第一次讨论。①

---

① 王晓德、雷泳仁：《中国拉丁美洲史研究回顾》，《历史研究》2000 年第 5 期。

（3）中国学者的拉丁美洲史著作

在我国浩如烟海的文献中,有关拉美史的记述较早见于明季刻印的《职方外纪》,该书成于1623年,是意大利来华传教士艾儒略用中文所著。中国学者编撰的最早记述拉美史内容的著作是《高厚蒙求》,此书由清朝徐朝俊撰写,1807年刻印问世。全书四集,第二集《海域大观》中的"五大洲记"一节记载了哥伦布发现新大陆的经过及美洲名称的来历,西班牙人入侵之前古代秘鲁和墨西哥人的社会状况,西班牙殖民者征服拉丁美洲的过程。林则徐撰写的《四洲志》也记载了智利的阿拉干人坚持数十年的反西班牙殖民统治的英勇斗争。

民国时期的报纸杂志对拉美国家发生的重大事件大都予以详细的报道和评述。墨西哥资产阶级民主革命(1910—1917年)与中国辛亥革命发生在同一时期,是反映这一时期不发达地区日益觉醒的重要革命,故易引起中国资产阶级知识分子的共鸣。为了满足读者的需要,许多杂志对墨西哥革命进行了重点介绍。如这一时期的《东方杂志》从8卷1号到23卷10号,共发表23篇文章,比较详细地介绍了墨西哥革命爆发的原因、过程及其影响。最初的文章视墨西哥革命为"内乱",不久就有文章称之为"革命"[1]。这也反映出辛亥革命后人们观念上的巨大变化,表明帝制的倾覆解除了束缚人们的精神枷锁,使他们对墨西哥革命的认识更加符合实际。墨西哥革命的进程并非一帆风顺。美国为了维护其在墨西哥的利益,对墨内政进行了肆无忌惮的干涉。中国学者发表了许多有关这方面的文章,字里行间流露出谴责美国沙文主义的情绪[2]。据统计,民国时期《东方杂志》刊登有关拉丁美洲国家的文章110余篇,其他如《国闻周报》《青年杂志》《新青年》《学生杂志》《正谊杂志》《中华杂志》《中华实业界》《雅言》《国民月刊》《海军杂志》《说报》《庸言》《生计》等也不乏有关拉美国家的文章。尤其是20世纪30年代出版的《世界知识》,介绍与论述拉美问题的文章更多。这些杂志刊登的文章涉及内容广泛,几乎囊括了这一时期拉丁美洲地区所发生的有一定影响的事件,如巴拿马运河问题、拉美国家的民族民主运动、拉美国家间的纠纷与冲突、西方列强与拉美国家之间的外交关系、泛美会议、美英等国在拉美的争夺等等。客观上讲,这些文章多

---

[1]　钱智修:《纪墨西哥之革命》,《东方杂志》1912年第9卷第2号。

[2]　许家庆:《墨西哥内乱与美墨之交涉》,《东方杂志》1915年第12卷第11号。

是对所发生事件的直观描述，很难谈得上是"研究"；不过它们反映了这一时期中国学界对拉美问题的"探讨"。从这个意义上说，这些文章在中国拉丁美洲史研究发展过程中具有特定的历史地位。

（4）研究拉丁美洲史的主要学者及贡献

民国时期，研究拉丁美洲史的主要学者有梁抚、陈之佛等。中国学术界发表的有关拉美的文章主要集中于"当代"问题，由于历史和现实很难截然分开，许多文章在论述现实问题时自然也少不了对历史背景的介绍。有些学者开始对拉美地区历史上的重大问题进行探讨。印第安人是拉美地区的最早居民，他们在西方殖民者到来之前就创造出丰富多彩的文化成就。梁抚在《美洲最古的土人及其文化》一文中详细阐述了古代印第安文化的伟大之处，认为印第安文化在某些方面与欧洲古代文化一样伟大，甚至超过后者。陈之佛是研究拉丁美洲史的主要学者之一，他是一位卓越的工艺美术家、工笔花鸟画家和艺术教育家。他的《古代墨西哥及秘鲁艺术》一文不仅介绍了美洲印第安人历史文化发展概貌，而且对阿兹特克、玛雅和印加人所取得的杰出文化成就进行了分析比较。还有些文章探讨了哥伦布发现美洲这一在人类文明发展史上具有伟大意义的事件[1]。

此外，门罗主义是美国制订拉美政策的基础，对美洲国家之间的关系有重要影响。王造时是我国近代民主运动的先驱之一，他从国际法的角度对门罗主义与国联盟约的关系进行了比较分析[2]；丘瑾璋对门罗主义的形成及发展进行了历史考察，并做出了很有见地的"展望"[3]，对拉丁美洲史的研究也做出了突出的贡献。

（5）中国拉丁美洲史研究的特点

与晚清相比，民国时期对拉美历史的研究取得了明显的进步，无论是翻译的外国人有关拉丁美洲史的著作，还是自己撰写的拉丁美洲史著作在选题和写作的质量上都有很大的提升。

首先，民国时期对拉美历史的认识更趋丰富，研究范围更加广泛，对个别问题进行了深入的探讨。在清朝，我国史地著作中有关拉丁美洲史的资料虽

---

① 东序：《哥伦布是一四九二年发现美洲吗》，《东方杂志》1931年第28卷第6号。
② 王造时：《门罗主义与国际盟约》，《东方杂志》1936年第33卷第20号。
③ 丘瑾璋：《门罗主义的回顾与前瞻》，《东方杂志》1941年第38卷第4期。

称不上丰富,但零零碎碎也不算少,记载有拉美史内容的书籍至清末已不下百余部。这些著述尽管多为资料汇编,泛泛而谈,而且译名杂乱无章,但中国人正是通过这些著述,对拉美历史有了初步的了解。民国以来,我国学者对拉美历史的认识涉及多个方面,他们通过查阅大量的一手资料,翻译众多的著作,研究范围有所扩展,对某些学术专题也进行了深入的探讨。

其次,整体而言,拉美史的研究缺乏专业人才,无专门的学术机构和学术园地,所取得的进展还是有限的。① 民国时期的拉丁美洲史研究能取得这样的成就离不开外交关系的拓展,研究成果增进了中国人民对拉丁美洲历史与现实的了解。

4.民国时期的日本史研究

亚洲史的研究主要集中在东亚的蒙古、朝鲜、日本,东南亚的印度以及西亚的土耳其。民国时期中国学者在日本史研究上有所突破,特别是王芸生编的《六十年来中国与日本》(天津大公报社 1932 年),一家独秀。这部皇皇巨著汇集了 1871 年至 1931 年的资料。在教学方面,周一良在清华大学开设过日本通史,张孝年在北大开讲过日本近代史②。相对于欧洲史,开展日本史研究应该比较容易,但是不知受何种因素的影响,日本史研究没有兴盛起来。

这一时期,关于日本史的研究著作(含翻译)之数量达到了一定规模,有通史、政治史、文化史、明治维新史、日俄战争以及第一次世界大战之后的日本。不完全统计,仅通史性著作就有近三十部。

表十四　中国日本史研究通史代表性著作

书名	作者	出版社	时间	备注
日本小史	[英]菲尼摩尔 滕柱译	上海商务印书馆	1925 年	
日本全史	陈恭禄编	上海中华书局	1927 年	
日本史 ABC	李宗武著	上海 ABC 丛书社	1929 年	
日本之文明	J.I.Bryan 著 健者译	北京华严书店	1929 年	

① 王晓德、雷泳仁:《中国拉丁美洲史研究回顾》,《历史研究》2000 年第 5 期。
② 刘新成主编:《历史学百年》,北京出版社 1999 年版,第 307 页。

续表

书名	作者	出版社	时间	备注
日本历史大纲	[美]哥温 陈彬龢译	上海商务印书馆	1930 年	
日本社会史	徐孔僧译	上海华通书局	1931 年	
物观日本史	[日]佐野学著 陈公培译	上海神州国光社	1932 年	
日本的发展	[美]拉图累特著 梁大鹏译	上海商务印书馆	1933 年	
日本史鸟瞰	缪凤林著	南京钟山书局	1933 年	
日本史	卢文迪编	上海中华书局	1935 年	
日本历史	蒋社村编著	重庆正中书局	1938 年	
日本历史讲话	[苏]E.茹科夫著 胡明译	上海学术出版社	1941 年	
日本历史概说	王迅中著	重庆正中书局	1942 年	
日本历史教程	[日]早川二郎著 张荫桐译	桂林文化供应社	1943 年	
日本历史概论	洪启翔著	重庆国民图书出版社	1944 年	
日本史纲	金学成、曹成修著	上海中国建设印务股份 有限公司	1949 年	
日本文明概说	[日]大川周明著 [日]中岛信一编译	长春满洲帝国协和会	1937 年	沦陷区出版物
日本二千六百 年史	[日]大川周明著 李雅森译	沈阳大东文化协会	1941 年	沦陷区出版物
日本历史韵言	陆梦熊撰辑	出版社不清	1940 年	著者为汉奸文人
日本二千六百 年史	[日]藤谷雄著 [日]武田胜雄译	北平中华法令编印馆	1940 年	沦陷区出版物
日本综合二千 六百年史	补庐等编译	南京国立编译馆	1941 年	沦陷区出版物
日本史略	丘日新编著	南京中日文化协会	1941 年	敌伪出版物
日本通史	[日]古田良一著 章钦亮译	南京国立编译馆	1942 年	沦陷区出版物
日本史话	[日]菊池宽著 邵士荫译	北平春明服务社	1942 年	沦陷区出版物
新日本外史	[日]菊池宽著 陈致平译	广州中日文化协会广东 省分会	1943 年	沦陷区出版物

资料来源:北京图书馆编:《民国时期总书目:1911—1949:历史·传记·考古·地理》,北京图书馆出版社 1994 年版。

上表所列著述反映了以下特点：

第一，翻译的日本学者的著作占了一定比例。自 1931—1945 年，日本长时期侵略中国，日本为了加强文化宣传，编撰了一些日本史著作，特别是一些日本的御用文人歪曲中日关系，撰写了违背历史事实的著作。这是考察此期译作需要注意的。

第二，历史著作的翻译与撰述和中国社会现实密切相连。在 20 世纪 30 年代以后，中国人民掀起了反抗日本侵略的民族主义运动。但是，自晚清以来，中国对日本的政策和社会发展不甚了解。为了进一步了解日本，学者撰写了很多认识日本基本情况的通史性和断代史的著作。何兹全《日本维新史》（重庆独立出版社 1942 年）、郑学稼《日本明治维新史纲》（西安新中国文化出版社 1940 年）、李执中《二十年来的日本》（重庆独立出版社 1942 年）等，都属于这种情况。

第三，一些汉奸文人视民族与国家利益于不顾，编写日本史，鼓吹日本在中国国民觉醒方面的作用，对日本的侵略起到了推波助澜的作用，应予批判和否定。

5. 民国时期的俄国史（苏联史）研究

中国古代的典籍就有关于俄国的风土人情记载，但是还谈不上研究。近代以来，随着中俄接触及往来增多，特别是俄国开始入侵中国黑龙江流域，有关中俄关系的档案文献汇编陆续涌现。鸦片战争后，随着列强侵略步伐的加快和"西学热"的兴起，有关俄国的文献记载尤其是侵华战争史逐渐增多。林则徐、魏源、何秋涛、俞正燮、姚莹等都撰写了相关著作。总体而言，20 世纪以前，中国关于俄国史的学术工作基本处于译介俄文书籍、介绍俄国风土人情和对外战争并为政治服务的阶段。民国建立后，中国的共和政权不断遭到外国反动势力的围攻。俄国的十月革命成功，为中国社会发展带来了新的曙光，中国对俄国的研究逐渐增多。

20 世纪初，学者们在关注中俄关系史的同时，有感于"彼得之业震烁古今"，而欲求"其立国之道与强大之所由来"，便翻译各种著作。中国留日学生翻译了不少俄国史方面的著作。伊罗瓦伊基《俄罗斯史》、山本利喜雄《俄罗斯史》等著作被翻译过来。1917 年，俄国先后爆发两次国内革命。二月革命后，虽然两种政权同时并存，但沙皇制度覆灭，国家由专制变为共和，引起了全世界的关注。革命先行者孙中山对这次革命赞赏有加，直言俄国政变"将牢不可破之专制国，一举而倾覆之，……与中国作佳邻焉"，并开始以友好态度对待新"共和国"①。几个月后,十月革命胜利和世界上第一个社会主义性质国家建立的消息传到中国,举国上下一片震惊。在中国政局动荡的背景下,部分学界和政界人士很快掀起研究苏联的热潮,期望学习苏联模式,改变中国被动挨打的局面。1920 年,毛泽东、何叔衡等在长沙创办湖南俄罗斯研究会,孙中山也于 1923 年初正式确立"对外之联俄政策"。研究会的创办,对中国的苏联研究起到了推动作用。

20 世纪 20 年代,中国学者对俄国史研究为国人了解社会变革起到了重要作用。山内封介的《俄国革命运动史》、史列泼柯夫的《俄国革命史(1905—1907)》均被译介;朱枕薪、杨幼炯、金兆梓、陈复光等编写俄国革命史,介绍俄国革命大致经过;方颐朴还在《俄国富源》一文中分析俄国得以成功的自然优势。1929 年,何汉文创办了《俄罗斯研究杂志》。不过,中国学者在 20 年代对俄国历史进程的研究仍处于早期摸索中②。

20 世纪三四十年代,俄国史研究逐渐发展,研究机构和学术杂志出现,论著数量增加,内容也相对丰富。此时期的俄国研究表现出新的特点:一是学术研究氛围相对开放自由,著作具有学术性和专业性;二是 1930 年专门机构俄罗斯研究会在南京成立,开启了俄国史研究的新阶段。此后苏俄评论社、中苏文化协会、中苏文化杂志社陆续创办,并出版《俄罗斯研究》《苏俄评论》《中苏文化》等杂志。研究成果仍集中于俄国革命史和通史,译著有波克罗夫斯基、范伦斯基、托洛茨基等的俄国革命史,蒲律托诺夫、迈斯基、佛那次基等的俄国通史,以及普列汉诺夫的《俄国社会思想史》。苏联科学院历史研究院古柏尔教授等 20 余人从 1934 年起编写《殖民地·保护国新历史》二卷本,1940 年出版,吴清友即翻译上卷(1789—1918 年),1947—1949 年 3 月大连读书出版社分 4 册出版。鲍爵姆金主编的两卷本《世界外交(从古代至 1940 年)》1949 年前就被翻译。1949 年 11 月至 1951 年 10 月由北京 50 年代出版社分 5 册出版。此后大量的苏联史学著作被译成中文③。

① 《孙中山全集》第 4 卷,中华书局 1985 年版,第 114 页。
② 张广翔、周嘉滢:《百年以来的中国俄国史研究》,《史学月刊》2015 年第 11 期。
③ 于沛:《当代中国世界历史学研究(1949—2009)》,中国社会科学出版社 2012 年版,第15—23 页。

中国学者以俄国学者成果为基础，经过多年的学术积累，有能力自行编写教材，主要有宗华的《俄国革命史概论》，以及娄壮行、顾谷宜、何汉文、陈廷璠等撰著的俄国通史。

表十五　中国学者撰写的苏联史著作（部分）

书名	著者	出版机构	出版时间
革命后之俄罗斯（上、下册）	李待琛、刘宝书编	上海太平洋书店	1927 年
俄国革命史	杨幼絅编著	上海民智书局	1928 年
十年来共产党专政下的苏俄	中国国民党广东省党务指委会宣传部	编者刊	1928 年
俄国现代史	查良鉴	上海商务印书馆	1930 年
史泰林治下之苏俄	张君劢	北平再生杂志社	1933 年
二十年的苏联	沈志远、张仲实	上海生活书店	1937 年
苏联建国史	吴清友编著	上海商务印书馆	1937 年
苏联二十年	王达夫	上海杂志公司	1937 年
快乐的苏联	拓荒编译	上海一心书店	1938 年
苏联怎样冲破帝国主义的包围	陈豪	汉口黎明书局	1938 年
坚苦成功的苏联	可园编	上海世界书局	1938 年
苏联研究	方至刚	国民政府军事委员会战时工作部	1938 年
苏联救亡战史	黄震遐	华中图书公司	1938 年
社会主义的苏联	秦丰川编著	民族革命出版社	1939 年
苏联建国史	公直	上海世界书局	1940 年
苏联的认识	王守伟编著	成都今日出版社	1941 年
苏联建国史	杨幼絅编著	重庆正中书局	1942 年
二十年来的苏联	王觉源	重庆独立出版社	1942 年
苏联建国史	西门宗华	重庆商务印书馆	1942 年
二十五年的苏联	梁纯夫编译	重庆中苏文化协会编译委员会	1943 年
论苏联	苏华	上海新知书店	1943 年
社会主义的苏联	苏华	上海生活·读书·新知联合发行所	1949 年

续表

书名	著者	出版机构	出版时间
新世界史如何创造的	林举岱编译	上海立达图书服务社	1946 年
三十年的苏联	东北书店编辑	佳木斯东北书店	1948 年
苏联建国三十年	华北新华书店编辑部	华北新华书店	1948 年

资料来源:北京图书馆编:《民国时期总书目:1911—1949:历史・传记・考古・地理》,北京图书馆出版社 1994 年版。

这一时期研究有了新的现实意义,主要受当时中国国内政治局势的影响,甚至从某种程度上说早已超过学术本身。在国共第一次合作破裂和大革命失败的背景下,十月革命后俄国政治和社会组织的突变吸引了中国政界和学界的关注。当时有人将苏维埃政权视为"理想国",有人将其看作"洪水猛兽"。娄壮行便认为必须仔细考察苏联成立和革命过程才能区分真实与传说。日本侵华步伐的加快,也成为俄国史研究的新契机。中日战争爆发后,孙科、陈廷璠等高举民族主义大旗,希望举国团结起来给日本沉重打击,免遭侵略和屠杀,获得自由和幸福。苏联建国成就和内战胜利经验是很好的借鉴,欲了解其背景就必须探本求源,溯及历史。

但这一时期的研究也为后来的教条化史学埋下了种子。中国俄国史研究从模仿苏联史学框架起步,然而苏联史学研究也有一些消极因素。苏联初期的史学不仅否定革命前的史学成就,还僵化、片面解释和应用马克思主义。1930 年代苏联又兴起新史学运动,批评革命前乃至革命后的俄国历史著作,其间出版的《联共(布)党史简明教程》影响尤为深远。由于特殊的政治气候,苏联史学意识形态色彩浓重,学术禁区较多[1]。苏联史学中的这些消极因素都曾或直接或间接地对后来中国的苏俄史研究甚至整个史学研究,产生不良的影响。

---

[1]　张广翔、周嘉滢:《百年以来的中国俄国史研究》,《史学月刊》2015 年第 11 期。

第六章 民国时期历史学重大问题的研究和争鸣

一、关于东西文化的论争

五四运动以前,中西文化的论争主要围绕着"中学为体,西学为用"而进行,"中体西用论"在 19 世纪后期对封建顽固派进行斗争时,是有进步意义的。及至五四运动前后,西方思潮大量涌入,孔子的儒家学说受到极大冲击,从而引起孔化和西化的大辩论。以后,西化派又一分为二,形成西化与俄化两大派的斗争。而孔化派内部也在分化,如新儒学就是从中分化出来的。1930 年代前期出现的"中国本位文化建设论",虽然与"中体西用论"没有直接的关系,但又似乎是"中体西用论"的逻辑发展,与其相对应的则是"全盘西化论"的主张,于是二者又进行了论战。

在论战过程中,双方都从对方吸收了许多有益的思想,逐步提出了"现代化""中国化"等概念,最后达到一种朦胧的中国式的现代化的认识。也就是说,中西文化的论争,总是与拯救中国、改造中国、振兴中国紧密地联系在一起的,每一次论争,都不是简单的前者的重复,而是在前者基础上的深化,对当时的社会实践产生了积极的影响。遗憾的是,由于日本帝国主义的侵略,一些问题没有深入讨论下去。抗战胜利后,又爆发了国共内战。长期的战争环境,使得从文化上思考中国民族的现代化问题受到很大的局限。

五四时期,军阀割据,政权分立,虽然北洋军阀政治上也很专制,但在文化领域反而出现了某种宽松和兴旺的景象。五四时期的文化论争与此前最大的不同是,此前都是以复古为解放,所有的思想改造都是打着孔夫子的旗帜来开展,而以《新青年》为代表的知识分子却毅然举起"反孔"的旗帜,提出"打倒孔家店"的口号。这样就出现了国粹派与"科学""民主"思潮的论争。国粹派的代表人物有辜鸿铭、刘师培、林纾等人。陈独秀勇敢地突破了传统思维框架的束缚，旗帜鲜明地主张接受近代西洋文明来全盘否定中国的传统文化，从根本上突破了"中体西用论"的框框。他认识到，"欧洲输入之文化，与吾华固有之文化，其根本性质极端相反"①，因此，"吾人倘以新输入之欧化为是，则不得不以旧有之孔教为非。倘以旧有之孔教为是，则不得不以新输入之欧化为非。新旧之间，绝无调和两存之余地"②。陈独秀所说的"欧化"，最核心的内容就是科学与民主。他说："西洋人因为拥护德、赛两先生，闹了多少事，流了多少血，德、赛两先生才渐渐从黑暗中把他们救出，引到光明世界。我们现在认定只有这两位先生，可以救治中国政治上、道德上、学术上、思想上一切的黑暗。"③这里的"欧化"即"西化"是对两千年来儒学传统的大突破。五四时期的西化论的主流思想是输入西方的民主与科学精神，通过激进的文化革命来彻底改造中国旧文化，以争取中国的文艺复兴。

如果说，五四以前国粹派与新文化派的争论还比较单纯的话，五四以后，情况则复杂得多。五四以前，维新志士倡导的新学，留学生提倡的新文化，实际上都是19世纪的西方资本主义文明。五四以后，东西文化论战中有关西方文化的估价因第一次世界大战引起的国际国内思想大变动而发生了很大变化。中国的新文化运动、东西文化的论战，都面临一个大转折。用激进和保守来划分不免笼统。如杜亚泉与陈独秀的争论，就是这样。陈独秀着重从文化发展的纵向联系上判定中西文化的先进与落后，从而赞扬西方文化，批评中国文化。杜亚泉从横向的联系上，将中西文化视作两种类型不同、各具特质的文化体系。他既强调中国文化的内在价值，又提倡两者的调和互补。针对杜亚泉的观点，陈独秀在《新青年》发表文章，提出质问和批评。④ 杜氏在回答陈独秀的文章中，对自己的观点又作了修正和补充。首先，他开始承认从纵向的角度考察，中国文化大大落后于西方文化。其次，他提出，战后社会革命的兴起表明，西方正在形成"新时代之道德"和追求"合肉与灵为一"的新生活，认为

---

① 陈独秀：《陈独秀著作选》第1卷，上海人民出版社1984年版，第175页。
② 陈独秀：《陈独秀著作选》第1卷，上海人民出版社1984年版，第281页。
③ 陈独秀：《陈独秀著作选》第1卷，上海人民出版社1984年版，第443页。
④ 参见陈独秀在《新青年》1918年第5卷第3号、1919年第6卷第2号发表的《质问〈东方杂志〉记者》《再质问〈东方杂志〉记者》两文。

西方文化与中国文化有相通的地方。两种文化能够相互融合。"内容相异的两文化结合常发生优秀的文化……东洋文化和西洋文化结合,产生未来的新文化,亦为吾人所希望。"①即在坚持中西文化取向不同的前提下,希望通过中西文化的融合而产生中国新文化。所以用文化保守主义对杜亚泉定性,未必恰当。

梁启超在欧洲旅行了一年多后,于1920年春归国。与先前大力赞赏西方文明相比,他有了很大转变:仍然肯定西方的高度文明,但对其弊端及文化之消极面有所体察。宣传科学与民主的陈独秀,五四运动以后则转向了赞成苏俄社会主义新文明。梁氏对西方文化的观感引动东西文化论战之新的涟漪,陈独秀对苏俄文化的讴歌则导致新文化运动的大分化。

梁启超在《欧游心影录》中,号召青年以"孔老墨三大圣"和"东方文明"去拯救西方文明:所以我希望我们可爱的青年,第一步,要人人存一个尊重爱护本国文化的诚意。第二步,要用那西洋人研究学问的方法去研究他,得他的真相。第三步,把自己的文化综合起来,还拿别人的补助他,叫他起一种化合作用,成了一个新文化系统。第四步,把这个系统往外扩充,叫人类全体都得着他好处。② 这一观点可以称之为中西互补论,而且偏重"以中补西"。从五四新文化运动的角度看,这似乎是一种倒退。但他的这一认识中包含了对西方文化的批判性的重新评判,从这个意义来看,他的认识比过去又有了深化。

梁漱溟1921年出版了《东西文化及其哲学》一书,与梁启超的观点大体相同,并将中西文化问题上升到哲学的高度进行思考。梁漱溟认为,东西文化的差异并不是历史阶段的差异,而是意欲和生活路向的差异。他将世界文化分为三种类型:欧洲文化、中国文化、印度文化;说欧洲文化是"意欲向前"的路向;中国文化是"意欲自为调和持中"的路向;印度文化是"意欲向后"的路向;三种文化各自有不同的价值观念和伦理哲学;东西文化并不代表人类文化发展的不同阶段,中国人无论走多久都不会走到西方人可达到的地点,这就从根本上否定了西化论的理论根据。在对三种文化进行比较分析之后,他断言:西方文化的路向已经病痛百出,将不得不转向中国文化的路向,未来文化就是

---

① 杜亚泉:《人生哲学》,商务印书馆1929年版,第154页。
② 梁启超:《饮冰室合集(专集之二十三)》,中华书局1989年版,第37页。

中国文化之复兴;继中国文化之后,将有印度文化复兴。

梁漱溟对中国文化的肯定,是对《新青年》派以反传统而启蒙的否定,但在他的意欲决定论的构架下,也包含着合理的因素。首先,他提醒人们要注意研究文化的民族性;其次,在西化论盛行之际,他的三种文化路向说,是对"欧洲中心主义"思潮的对抗;最后,梁漱溟的《东西文化及其哲学》把五四时期广泛层面的文化论争提到哲学的高度,有助于将文化讨论推向更深的层次。

梁漱溟的文化观,遭到以胡适、杨杏佛为代表的自由主义者和以瞿秋白、杨明斋等为代表的马克思主义者的批评。胡适指出,不能以意欲的动向来区分文化形态,他强调要用历史的眼光来观察文化,西方和东方文明还是有先进和落后之分的,东方最终还是要走西方人走过的路。他说:"至于欧洲文化今日的特色,科学与德谟克拉西,事事都可用历史的事实来说明:我们只可以说欧洲民族在这三百年中,受了环境的逼迫,赶上了几步,在征服环境的方面的成绩比较其余各民族确是大的多多。这也不是奇事:本来赛跑最怕赶上;赶上一步之后,先到的局面已成。但赛跑争先,虽然只有一个人得第一,落后的人,虽不能抢第一,而慢慢走去终也有到目的地的时候。现在全世界大通了,当初鞭策欧洲人的环境和问题现在又来鞭策我们了。将来中国和印度的科学化与民治化,是无可疑的。"①

此后,他在《我们对于西洋近代文明的态度》一文中,又进一步提出要打破所谓东西方有"精神文明"与"物质文明"对立之成见,认为西方文明不仅是物质的文明,还是精神的文明,指出:"我们可以大胆地宣言:西方近代文明绝不轻视人类的精神上的要求。我们还可以大胆地进一步说:西洋近代文明能够满足人类心灵上的要求的程度,远非东洋旧文明所能梦见。在这一方面看来,西洋近代文明绝非唯物的,乃是理想主义的(Idealistic),乃是精神的Spiritual。"②

杨明斋1924年出版了《评中西文化观》一书,对梁漱溟、梁启超、章士钊的文化观进行了系统的批判。该书由四部分组成:卷一评梁漱溟的《东西文化及其哲学》;卷二评梁启超的《先秦政治思想史》;卷三评章士钊的《农国

---

① 胡适:《胡适文存(二集)》,黄山书社1996年版,第179—180页。
② 胡适:《胡适文存(三集)》,黄山书社1996年版,第3—4页。

辨》；卷四是总解释。杨明斋从唯物史观原理出发，对梁漱溟的文化"意欲决定论"进行了批评，说："文化为社会生活，可也是由社会生活而产生，它并不是凭空而来的东西。""离开了物质与物质现象便没有心境"，就没有文化。他强调中西文化观的差异，应从经济基础方面寻找原因，说："梁君把农业的家族经济和工业的社会经济置之不论，只是埋怨理智，可真屈煞他老人家了"。①他将社会发展划分为渔猎、畜牧、农业、工业四个阶段，指出建立在农业家族经济基础上的中国传统社会是依赖于"自然转机的大流"，从而长期停止了进化。他用这个观点，对中国文化的特征，儒家的学说和人生观，孔老墨的思想发展背景，作了融会贯通的新解释，分析了中国历史长期停滞性的原因："儒家的政治法律思想道德伦理等在中国之所以能生存不变至二千余年的原因，便是全凭农业生产的经济组织。"②梁启超在《先秦政治思想史》中宣扬孔孟率先发明社会主义；章士钊在《农国辨》中，攻击西方文化"过重物质文明"，致使人心不古，道德沦丧，贫富悬殊。农业经济"寡欲""戒争""素淡宗教"，可以补救西方文化之弊，所以章氏主张"逃工归农"，"中国可长为农国"。杨明斋认为，这些其实都是复古倒退的主张。他又从理论与历史的结合方面阐述了一种新的文化观，从广阔的视野上对梁、章折中及倒退观点进行了比较系统的分析和批判。杨明斋的《评中西文化观》，是最早运用唯物史观论述中西文化问题的著作之一，也是早期马克思主义者参加中西文化之争留下的珍贵遗产。

孙中山没有参加东西文化的论战，但他对五四新文化运动给予了热情的赞颂。由于他与西方文化接触较早，对近代西方文明的弊端也早有体察，所以他主张只有把中国固有文明与近代西方新文明结合，才能使中国"驾乎欧美之上"。他反对盲目照抄西方，指出中国建设不能追随"西方文明之旧路径"。他举例说，哥伦布航行美洲时，从欧洲绕道极远而到美洲，而现在则可采取"直接方向"航行。中国的经济建设也是这样，要走"最直捷之途径"。"欲使外国之资本主义以造成中国之社会主义，而调和此人类进化之两种经济能力，使之互相为用，以促进将来之文明也"。③ 他以日本学习欧美文化取得成功之

①　杨明斋：《评中西文化观》，黄山书社 2008 年版，第 46 页。
②　杨明斋：《评中西文化观》，黄山书社 2008 年版，第 248 页。
③　《孙中山选集》，人民出版社 1981 年版，第 369 页。

事例来鼓舞中国人民,增强民族自信心:"日本从前的文化是从中国学去的,比较中国低得多。但是日本近来专学欧美的文化,不过几十年便成世界中列强之一。我看中国人的聪明才力不亚于日本,我们此后去学欧美,比较日本还要容易。"①在对待中西文化的态度上,他比同时代的那些启蒙思想家看的还要远些,对中国的旧文化旧道德有比较辩证的认识,说:"一般醉心新文化的人,便排斥旧道德,以为有了新文化,便可以不要旧道德。不知道我们固有的东西,如果是好的,当然是要保存,不好的才可以放弃。"②但也应看到,孙中山对于国家现代化建设所面临的阻力和困难估计不足,他认为,对于外国的长处,中国只要能够"迎头去学,十年过后,虽然不能超过外国,一定可以和他们并驾齐驱"③。这种过于乐观的预言,说明他对中国传统文化的消极因素和改造旧体制的艰巨性,认识得还不是那么充分。

东西文化之争,到 1920 年代后期逐渐沉寂下来,这与当时的国民党内部的混战和国共内战有关。纷乱的战争环境,转移了中国思想界文化界的兴奋点和注意力。但数年后,即 1930 年代初,新的论争又出现了。这些新的论争已不限于东西文化观的问题,在广度和深度上都大大超过 1920 年代。在新的论争中还提出了"现代化"的概念,以取代比较偏狭的"西化"。同时在知识界,对中国出路问题的探讨,也从文化领域延伸到经济的领域,实际上是引出了整个中国的发展道路问题。

"现代化"一词,在五四以后关于东西文化的争论中,已偶尔出现,如严既澄的文章就出现过"近代化的孔家思想"之提法。④ 柳克述 1926 年出版了《新土耳齐》一书,认为土耳其过去的处境与中国相似,土耳其的兴起对中国有借鉴意义。土耳其"励精图治,从各方面去实行现代化,西方化,以期与世界各文明国立于同一标准线上"⑤。这里将"现代化"与"西方化"并列,现代化几乎等同西方化。但"现代化"作为一个新的社会科学词汇在报刊上使用,还是在 1930 年代。1933 年 7 月《申报月刊》为创刊周年纪念,发行专号,刊出"中

---

① 孙中山:《孙中山选集》,人民出版社 1981 年版,第 690 页。
② 孙中山:《孙中山选集》,人民出版社 1981 年版,第 680 页。
③ 孙中山:《孙中山选集》,人民出版社 1981 年版,第 690 页。
④ 严既澄:《评〈东西文化及其哲学〉》,《民铎》1922 年第 3 期。
⑤ 柳克述:《新土耳其》,商务印书馆 1926 年版,第 337 页。

国现代化问题特辑"，盖是"现代化"概念正式运用的开端。①

1934 年，陈序经出版一书《中国文化的出路》，提出全盘西化论。作者在序言中说明，做这个题目是针对梁漱溟的《东西文化及其哲学》的观点而发。② 可见，此乃 1920 年代中西文化之争的继续和发展。1935 年初，陶希圣、萨孟武、何炳松等 10 位教授发表了一个《中国本位的文化建设宣言》（以下简称《宣言》）。《宣言》是针对全盘西化论的，说"在文化的领域中，我们看不见现在的中国了"；并重点对洋务运动以来的社会文化变革作了清理，提出文化建设的方针，"不守旧，不盲从；根据中国本位，采取批评态度，应用科学方法来检讨过去，把握现在，创造将来"。③《宣言》一经发表，立即引起了全国文化界和书报杂志的热烈讨论，使沉寂数年的中国文化问题的讨论重新活跃起来。《独立评论》也发表了多篇吴景超、陈序经、胡适关于这个问题的辩论。

吴景超首先发表《建设问题与东西文化》，这篇文章是就胡适的《建国问题引论》（载《独立评论》1933 年第 77 号）和《宣言》提出的问题而撰写的。他认为胡适对东西文化的保存和采用，与《宣言》一样，都是折中的态度，并表示自己赞同这种折中的观点。吴景超指出，对于中西文化的态度，除了折中这一派以外，至少还有两派：一派主张全盘西化，一派主张复返中国固有文化。后一派在青年中薄弱已极，没有辩驳的价值，但前一派不但有鲜明的主张，而且有理论根据，并说这一派的代表人物是陈序经。接着对陈序经主张的全盘西化论进行了讨论，认为陈序经的理论根据"文化本身上是分开不得的"是不能成立的，在西方文化中，"包含许多互相冲突、互不两立的文化集团"，西方文化本身的种种矛盾，是主张全盘西化者的致命伤。④ 陈序经很快做出回应，先后在《独立评论》上发表《关于全盘西化答吴景超先生》（1935 年第 142 号）、《再谈"全盘西化"》（1935 年第 147 号）。在第一篇文章中，陈序经对吴景超列举的事例作了反驳，指出："当我们讨论东西文化时，我们不能不把中国文化的各方面，来和西洋文化的各方面比较比较，看看哪一种的文化，是较为优美，或合于时势。……凡是平心静气的人，总不能不承认中国文化，无论在哪

---

①　罗荣渠：《现代化新论》，商务印书馆 2006 年版，第 378 页。

②　陈序经：《中国文化的出路》，中国人民大学出版社 2004 年版，第 5 页。

③　何炳松：《何炳松论文集》，商务印书馆 1990 年版，第 273 页。

④　吴景超：《建设问题与东西文化》，《独立评论》1935 年第 139 期。

一方面,都比不上西洋文化。于是可知全盘西化的理论,并非凭空造出来的。"①他说采纳西洋之长来调和中国之长的折中论调,已唱了70年,但并不见得有什么成绩。它所生出的危险,恐怕远在真正复古派之上。在第二篇文章中,陈序经首先列出胡适、张佛泉对全盘西化观点的支持,但对他们不彻底的地方也作了分析和批评。吴景超针对陈序经的批评,又作了反批评:第一,反驳陈序经说的"文化分不开"的理论,说:"我们是主张文化各部分有分不开,也有分得开的,所以在西化的过程中,我们还可以有选择之余地。"第二,对西化无条件地全盘赞赏行不通。他引用胡适的话"吃饭的,决不能都改吃番菜;用筷子的,决不能全改用刀叉"。进而反驳道:"全盘西化论者,在理论上,应该是反对吃饭,反对用筷子的。他们岂只应该反对吃饭,反对用筷子而已,也应当反对说中国话,因为中国话决不是西化。我不知道陈先生是否主张我们中国人,以后大家都说英语,或法德文,或任何西国的文。假如他不这样主张,那么他的全盘西化论,便缺了一角了。"②以后,陈序经又发表《全盘西化的辩护》,这篇文章并没有再与吴景超辩论,而是就胡适发表的《充分世界化与全盘西化》来继续阐发自己的观点。胡适主张西化,但又觉得使用全盘西化容易引起误解,所以认为用"充分世界化"更加恰当,并提出了几点理由。③陈序经对胡适提出的几点理由并不认同,他依然坚定地坚持自己的看法,说:"无论在需要上,在趋势上,在事实上,在理论上,全盘西化都有可能性的,所以我们才主张全盘西化。"④可见,陈序经在主张西化的问题上,比胡适的立场更坚定,走得更远。王南屏对陈序经、胡适的全盘西化论又进行了批评,发表《陈胡二先生"全盘西化"论的检讨》,其立言的方式多用陈、胡所举的事例重新辨析,以说明中国文化并不是陈、胡所说没有存在的价值,仍希望对于西洋文化取长去短,与中国固有文化之"精英"融合起来,而成为最新的、最进步的、创造的、"中国本位"的新文化。⑤

《宣言》在当时学术界是颇有影响的事件。南京(首都)、上海、北平、济南

① 陈序经:《关于全盘西化答吴景超先生》,《独立评论》1935年第142期。
② 吴景超:《答陈序经先生的全盘西化论》,《独立评论》1935年第147期。
③ 胡适:《充分世界化与全盘西化》,《大公报》1935年6月21日。
④ 陈序经:《全盘西化的辩护》,《独立评论》1935年第160期。
⑤ 王南屏:《陈胡二先生"全盘西化"论的检讨》,《读书季刊》1935年第1期。

等地的学术界都围绕着"中国本位的文化建设"召开了座谈会。学界名流大都表态发言,既有赞同的,也有表示质疑的,还有表示反对的。胡适没有参加座谈会,但针对《宣言》,他专门发表了文章《试评所谓"中国本位的文化建设"》,说它仍是"洋务""维新"时期"中学为体、西学为用"的老调。中国旧文化的惰性实在大得可怕,我们正可以不必替"中国本位"担忧。① 对此,何炳松发表了《论中国本位文化建设答胡适先生》,认为胡适没有了解那篇宣言中所谓"中国本位"一词的意义,并进一步解释说,所谓"本位",就是中国"此时此地的需要"。② 以后,何炳松等 10 位教授又发表《我们的总答复》,是针对各种责难和非议的回应,指出:"我们所主张的中国本位,不是抱残守缺的因袭,不是生吞活剥的模仿,不是中体西用的凑合,而是以此时此地整个民族的需要和准备为条件的创造。"这个"需要"总括起来,就是"充实人民的生活,发展国民的生计,争取民族的生存。""中国本位的文化建设是一种民族自信力的表现,一种积极的创造,而反帝反封建也就是这种创造过程中的必然使命。"③当时有学者针对"中国此时此地的需要"中没提"人民的权利"批评说:"中国本位文化的要义就是取消'民权主义'! 取消'民权主义'是'三民主义向更高阶段的发展'! 更透彻的讲,中国本位文化建设运动就是独裁政制建设运动。"④在相当长时间内学术界在评价"中国本位的文化建设"时,也常常说其得到国民党的授意,批评它自语反复,空洞无物等。现在重新审视这个争论,《宣言》究竟与官方有无关系,没有有力的证据。从《宣言》发起人何炳松、樊仲云、陶希圣的发言和文章看,这个《宣言》并不像是因了官方的授意而写的,而是一些关心国家民族命运的学者的自发行动,尽管他们当中有人是亲国民党的,有的人甚至在国民党中还很有地位。退一步说,即使这个《宣言》与国民党官方有一定的关系,但学术界那么多人很坦率地就此问题表达自己的意见,表明这次讨论还是一次关于中西文化的学术讨论。从《宣言》本身以及此后的争论文章来看,"中国本位的文化建设"派的主张,有其合理的内容,它对主张全盘西化论的冲击不可忽视。

---

① 胡适:《试评所谓"中国本位的文化建设"》,《独立评论》1935 年第 145 期。
② 何炳松:《论中国本位文化建设答胡适先生》,《文化建设月刊》1935 年第 8 期。
③ 何炳松:《何炳松论文集》,商务印书馆 1990 年版,第 285 页。
④ 张熙若:《全盘西化与中国本位》,《国闻周报》1935 年第 23 期。

中国本位文化论与西化论在讨论中逐步接近,或者说是互相吸收。除了陈序经,西化派坚持"全盘"提法的人越来越少了,而本位派也不断充实对"本位"的阐释,如刘絜敖提出建立"中国本位意识"的观点。建立中国本位意识的方法,一是要彻底检讨我们自己民族之优点与缺点,这是"自己认识工作";二是须尽量探索欧美国家的实情和欧美文化的本质,这是"认识他人工作";三是多多研究各民族文化过去的盛衰兴亡史实,发现所以兴盛所以衰亡的因果法则,以衡量我民族文化的生存能力,是为"比较认识工作"。① 这些认识,是在中西文化论争中获得的,与 1920 年代相比,有了明显的进步。

在讨论中,不论是西化论者还是中国本位论者,都逐步产生一种新认识,即用"现代化"这个新概念来取代"西化""中国本位"等概念更能反映所要表述的思想。其中张熙若的主张最有代表性,他说:"现代化可以包括西化,西化却不能包括现代化。这并不是斤斤于一个无谓的空洞的名词,这其中包含着许多性质不同的事实。复杂的社会情况是不容许我们笼统的。"②

与中西文化问题的论战密切联系在一起的还有以工立国与以农立国的争论。这个争论持续的时间也很久,从 1920 年代一直到 1930 年代。在 1920 年代中,这场大论战只是刚刚萌芽,但论战双方的阵线是明显的。所有反对中国大革命的封建顽固派,阻止新思潮反对新文化运动的国粹派和"甲寅派",鼓吹复兴中国文化的以梁漱溟为代表的新旧调和派,等等,都是站在主张以农立国的一边;而鼓吹新文化运动、西化、反帝反封建的知识界则都是中国工业化的积极鼓吹者。这表明我国思想文化论争与经济现代化之问题有一种内在的联系;现代新文化与中国传统旧文化之争,自然形成为工业文明支持者与农业文明支持者的天然分野。1920 年代以农立国论的代表人物是当时北洋政府的教育总长章士钊,其代表作是《农国辨》。以工立国论的代表有恽代英、杨明斋等人,其中以杨明斋的《评〈农国辨〉》最有分量。到 1930 年代,在文化界展开中国本位文化与全盘西化之争的同时,以农立国与以工立国之争又活跃起来,以农立国论者的代表人物是梁漱溟,与其对立的则是以吴景超为代表的

---

① 刘絜敖:《中国本位意识与中国本位文化》,《文化建设月刊》1935 年第 9 期。

② 张熙若:《全盘西化与中国本位》,《国闻周报》1935 年第 23 期。

《独立评论》派。从这次论战中所反映出的观点来看,对这个问题大致可分为三派:一派主张复兴农村,振兴农村以引发工业;一派主张先发展工业,振兴工业才能救济农村;还有一派则主张农工并重。当时所论述的问题诸如中国经济的自主发展、农业是基础、工农之间的关系、工业化与政治民主的关系,以及中国工业化面临的阻力与困难等,具有长远的意义。翁文灏综合多人的观点,在讨论中提出了"以农立国,以工建国"的主张,说农业和工业是"相辅相成,而不可分的";"发展农业必须与工业化相配合,始有远大的前途可言";"中国必须工业化,只有工业化才能使中国富强,使中国成为国际经济发展中的重要一员"。① 这些观点反映了具有中国特色的工业化思想。总之,通过讨论,认识逐步趋同,那就是,中国的经济发展要取得成功,必须探讨一条符合中国国情的工业化道路。

在这些年中,中国共产党思考的主要是革命道路问题,经过十年的土地革命战争,通过总结革命的经验教训,中共逐步摆脱了建党以来所走的俄国模式的革命道路,提出马克思主义与中国革命实践相结合、马克思主义的中国化等原则,并在1940年代探索出了适合中国国情的新民主主义理论,其中包括"使中国由农业国变为工业国"的方针。②

在几次文化论战中,国粹派、部分西化论、全盘西化论、中西调和论、中国本位论等,都充分展示了自己的观点。学术讨论中的自由民主风气还是值得称赞的。像复古派、国粹派、全盘西化派尽管在那时就被视为是走极端,但当事人并没有觉得这样有什么不对,所以他们敢于提出自己的观点,并作了充分的说明和论证。事实上只有各种观点的充分的学术交锋,才能撞击出智慧和真理的火花,才能推进学术的发展和思想的进步。

国粹派、全盘西化论现在看起来都是片面的,但他们也不是胡说八道,都有自己的理由。他们对待自己的理论是认真的,对国家、民族前途的关心是真诚的。但是无论是思想的现实还是实践的历史,都证明他们的主张是行不通的,历史总是沿着折中的路线在走,就是既吸收西方的先进文化,又不能抛弃中国自身的优秀传统。正如罗荣渠所说:"传统与现代性是现代化过程中生

---

① 翁文灏:《以农立国　以工建国》,载罗荣渠主编:《从"西化"到现代化》(下册),黄山书社 2008 年版,第 1010 页。

② 《毛泽东选集》第三卷,人民出版社 1991 年版,第 1081 页。

生不断的'连续体',背弃了传统的现代化是殖民地或半殖民地化,而背向现代化的传统则是自取灭亡的传统。"①到 1930 年代末,宣扬国粹而拒绝西方文明在知识阶层中可以说基本没有市场了,而主张西化的知识分子对传统文化的看法也有了更加辩证的观点。特别是马克思主义学者,运用唯物史观研究中国传统文化,正确分析近代以来的文化论争,在中西文化论争中占据了理论制高点,逐步认识到:其一,传统的旧文化中有许多东西根本就带有一般性和共同性,不是某一时代所独有,与现代生活没有什么冲突,很容易接受。其二,传统的旧文化中有些东西,原来的具体形态和现代生产不能相容,然而由于时代转变,它的形态早已消亡,对现代生活没有多大影响,但它留下的某些精神在现代生活中能发生某种有益作用或暗示,这些东西也可以接受。其三,传统的旧文化中有些东西是乌烟瘴气的,但其中却含有某些真理或近代的思想因素,可取其内核。其四,传统的旧文化中有些东西,用现代眼光来看已经过时了,但在当时却是进步的,对此要历史地看,肯定它在当时的进步意义。② 这些认识的取得,表明在对待中国的民族传统和实现中华民族的近代化这一问题上,思想文化界在不断地走向成熟。这也是中西文化论争成果的一个重要体现。

二、关于中国古代社会形态理论的论争

(一)中国社会史和社会性质问题

20 世纪 20 年代末 30 年代初,中国学界围绕"中国向何处去"的问题爆发了中国社会史和社会性质论战。而其起因,则要追溯至大革命的失败。除国共两党外,各方势力和人物在大革命后纷纷发表自己政见,就中国政治和社会形势发表见解,提出各自的解决方案,由此牵涉到如何认识中国近代社会的社会性质的问题。这样,中国社会性质问题论战首先爆发。

论战主要开始于 1928 年,其时,共产党和国民党内部都酝酿着分裂的危机。共产党方面,这种危机导源于苏联、共产国际内部。1924 年列宁去世后,

---

① 罗荣渠:《现代化新论——世界与中国的现代化进程》(增订本),商务印书馆 2006 年版,第 400 页。

② 嵇文甫:《漫谈学术中国化问题》,《理论与现实》第 1 卷第 4 期,1940 年。

苏联共产党高层逐渐出现了不同政见和权力之争。体现在中国革命问题上，以斯大林、布哈林为代表的多数派相信，封建势力在中国仍有大量残余，是政治经济生活中的基本力量，帝国主义通过扶植其中的代理人来统治中国，所以中国应当首先开展反帝反封建的资产阶级民主革命。而托洛茨基、季诺维也夫、拉狄克少数派则相信，中国已经进入资本主义社会，封建势力是残余中的残余，中国应当进行推翻资本主义制度的社会主义革命。斗争最终以斯大林的胜利告终。1927年，斗争失败的托洛茨基、季诺维也夫等先后被开除出党。1928年，即使在大革命失败、国民党上台的情况下，在莫斯科召开的中共六大所通过的决议，仍然作出了中国是半殖民地半封建社会，反帝反封建的民族民主革命仍应继续的判断。然而，对于大革命失败的原因以及中国革命性质的判断，陈独秀以及部分认同托洛茨基主张的苏联归国留学生都有着自己的看法，他们与中共中央出现分歧，这种分歧从思想发展到组织，最终被中共中央以"托陈取消派"为名开除出党。分歧最终引发了公开论战，《我们的话》《动力》是托派的舆论阵地，是为动力派。而中共中央方面也曾组织学者在《新思潮》等杂志上进行回应，是为新思潮派。

国民党方面，南京政府成立后，蒋介石和汪精卫作为国民党最高权力的争夺者，都相互组织了自己的舆论势力。1928年1月，在蒋介石支持下，戴季陶、周佛海、陶希圣等在上海创办《新生命》月刊，嗣后又创办新生命书局，倡导三民主义精神和社会改良主张，反对半殖民地半封建社会说，主张中国封建社会崩坏论，认为中国已经是资本主义社会，应该积极开展国家和社会建设，是为新生命派。汪精卫方面，则由陈公博、顾孟余等人于1928年在上海成立中国国民党改组同志会，要求改组国民党，恢复1924年国民党改组精神，不同意蒋介石派系和中共的主张，倡导改良路线。其舆论阵地是《革命评论》和《前进》，是为改组派。

独立学者方面，中共脱党学者、同情革命的进步学者、自由派学者等也都纷纷就时局和社会问题发表见解，形成了各具特色的理论主张。一时间，围绕中国社会性质问题出现了一个各家争鸣、歧见丛出的局面。

中国社会性质问题论战涉及的问题很复杂，但仍有线索可循。诚如何干之所言，在这场论战中，"中国是一个什么社会"是一切问题的中心，而论战的症结则在于对帝国主义、民族资本主义和封建残余三种社会势力的相互关系的了解,只有正确地了解这种相互关系,对于中国社会性质的估计才能有可靠的保证,而正因为各党各派对这问题的认识不同,就引起了各种各样的政治主张,发生了种种式式的争论。而对于这三种势力的关系的了解又不出乎两点:(1)帝国主义对封建势力发生的影响是破坏,还是维持? 半封建说和资本主义说的分界就在这里。(2)帝国主义对民族资本是阻滞,破坏,还是推动、发展? 中外资本发展的不平衡对整个中国国民经济有什么影响?①

新生命派最先在论战中出场。《新生命》杂志创立后,陶希圣先后于其上发表了《中国社会到底是什么社会?》《中国之商人资本及地主与农民》等文章。通过新生命书局,陶希圣出版了《中国社会之史的分析》(1929 年)、《中国社会与中国革命》(1929 年)等著作。在陶希圣眼里,中国的封建制度"在春秋时已经崩坏,所以中国早已不是封建的国家"②,当下的中国社会则是"金融商业资本之下的地主阶级支配的社会"③。而在《中国社会到底是什么社会?》中,陶希圣曾说:"(中国)封建制度已不存在,封建势力还存在着";"中国社会是什么社会呢? 从最下层的农户起到最上层的军阀止,是一个宗法封建社会的构造,其庞大的身分阶级不是封建领主,而是以政治力量执行土地所有权并保障其身分的信仰的士大夫阶级。中国资本主义受这个势力的桎梏,所以不能自发的发展。"④陶希圣的观点几经变化,先后提出帝国主义侵略下的半封建社会、前资本主义、变质的封建社会等概念,这实际反映了陶氏思想的驳杂与矛盾。而这些论断实际都是为三民主义张本,陶希圣后来回忆:"当时中共干部派主张中国社会是半封建资本主义社会,为其在长江流域制造农民暴动,实行土地革命之理论根据,……希圣则指出中国封建制度已衰,封建势力犹存,而归本于三民主义国民革命。"⑤

托派方面,大革命失败后,陈独秀很快被剥夺了党内领导权,他在反思中接受了托洛茨基"不断革命论"的思想,并于 1929 年三次致信中共中央表达

---

① 何干之:《中国社会性质问题论战》,《何干之文集》,北京出版社 1993 年版,第 209、216、217 页。

② 陶希圣:《中国社会之史的分析》,新生命书店 1929 年版,第 261 页。

③ 陶希圣:《中国之商人资本及地主与农民》,高军编:《中国社会性质问题论战(资料选辑)》,人民出版社 1984 年版,第 115 页。

④ 陶希圣:《中国社会到底是什么社会?》,《新生命》第 1 卷第 1 期。

⑤ 陶希圣:《潮流与点滴》,台湾传记文学丛刊 1979 年版,第 109 页。

自己对于中国社会性质的不同意见。他认为,封建势力经过大革命的打击已经是残余之残余,大革命失败则是资产阶级的胜利,南京政府为资产阶级政权,中国革命接下来应当是无产阶级领导社会主义革命,但鉴于革命形势缺乏,只能开展议会斗争,静候无产阶级革命到来。① 托派的其他人物如任曙、严灵峰、刘仁静等则在《动力》上先后发表文章谈中国社会性质问题。如严灵峰有《中国是资本主义的经济,还是封建制度的经济?》《再论中国经济问题》等文。他还针对新思潮派的批评,出版了《中国经济问题研究》(1931 年)一书作为回应。任曙也写有《关于中国经济的研究和批判》等文章,并出版了《中国经济研究绪论》(1931 年)。他们与陈独秀一样,持有中国封建势力是"残余之残余"、中国已进入资本主义社会的论断。如严灵峰就突出帝国主义对中国封建经济的解体作用,认为"帝国主义在中国是绝对地要破坏封建制度的经济基础","二十世纪帝国主义的资本输入直到现在,都是促进中国社会资本主义经济的发展",而城市和农村商品经济的发展也使得封建制度不能立足。② 所以,"中国社会经济机构中,资本主义的生产方法和生产关系是居领导(亦即支配)的地位","中国目前是资本主义社会"。③

改组派的观点与新生命派和托派(动力派)的观点相近。如顾孟余曾表示:"中国土地问题的性质,不是封建制度的,而是资本主义的",中国社会性质是"为封建思想所支配的初期封建资本主义"。④ 由于顾氏等改组派学者的观点无甚特别之处,故有论者评价说,改组派根本没有自己的主见,拾人牙慧,东拼西凑,在否定中国社会封建性和论定中国农村的资本主义化方面,其文章分别剽窃了动力派和新生命派的观点。⑤

上述诸派虽主张各异,但最终都引向了对中共中央所主张的半殖民地半封建社会论的否定,而其政治旨归也是反对共产党在农村开展的土地革命。对此,新思潮派的学者进行了回应与批评。如潘东周、吴黎平、王学文等在

① 陈独秀:《关于中国革命问题致中共中央信》,彭明主编:《中国现代史资料选辑》第 5 册,中国人民大学出版社 1989 年版,第 376—385 页。

② 严灵峰:《中国是资本主义的经济,还是封建制度的经济?》,《动力》第 1 卷第 1 期。

③ 严灵峰:《中国经济问题研究》,新生命书局 1931 年版,第 8—9 页。

④ 公孙愈之(顾孟余):《中国农民问题》,戴季陶主编:《中国问题之回顾与展望》,新生命书局 1929 年版,第 266—282 页。

⑤ 桂遵义:《马克思主义史学在中国》,山东人民出版社 1992 年版,第 116—117 页。

1930 年 4 月出版的《新思潮·中国经济研究专号》上，分别发表了《中国经济的性质》《中国土地问题》《中国资本主义在中国经济中的地位其发展及其前途》等文，刘梦云（张闻天）、钱亦石、刘苏华等人随后又分别在《布尔塞维克》《中国经济》等杂志上发表《中国经济之性质问题的研究》《现代中国经济的检讨》《唯物辩证法与严灵峰》等文章，对前述诸派观点作了较为全面系统的批评。他们除了鲜明地论证了半殖民地半封建社会论和民主革命理论外，还就前述诸派的观点作了分析。他们一方面辩证地分析了帝国主义对中国经济的影响，如潘东周、刘梦云就指出，帝国主义在中国确实起到了破坏中国经济的停滞状态、带来新式资本主义生产技术的积极作用，但更重要的是把中国变为其经济的附庸，并碍止了中国资本主义的独立发展。[1] 他们批判动力派夸大帝国主义入侵的积极作用的观点。另一方面，他们相信中国资本主义确实在中国有所发展，但仍在初期阶段。思云就说："资本主义的成份的成长，在现在是依然受旧封建的成份的束缚，其成长之量的增加并未能达到引起质的变化，压倒封建的成份获得优势的程度。"[2]他们批评动力派和新生命派的论者夸大了商品关系在社会经济性质认定中的作用，将商品经济的社会等同于资本主义的社会，从而走入了误区。此外，他们认为封建势力无论在城市还是农村，都有残余，尤其是在对中国经济具有决定性影响的广大农村地区，封建的生产关系和剥削关系仍占主导地位。吴黎平就表示："现在中国农村租佃制度下的剥削关系，是封建式的剥削关系"，而解决这种土地问题的土地革命则是"中国革命目前阶段上的中心问题"。[3]

　　此外，还有数量众多的独立学者也曾就中国社会性质问题发表见解。较典型的如李达，他在 1929 年独立完成了《中国产业革命概观》《社会之基础知识》等著作，以大量的材料分析了中国近代经济的发展情况，有力地论证了半殖民地半封建社会论。再如胡适，他曾在上海创办新月书店和《新月》杂志，就"中国的现状"进行讨论。1930 年，在《我们走哪条路》一文中，胡适提出了

---

　　① 潘东周：《中国经济的性质》，刘梦云：《中国经济之性质问题的研究》，高军编：《中国社会性质问题论战》，人民出版社 1988 年版。

　　② 思云：《中国经济的性质是什么？》，高军编：《中国社会性质问题论战》，人民出版社 1988 年版，第 514 页。

　　③ 吴黎平：《中国土地问题》，高军编：《中国社会性质问题论战》，人民出版社 1988 年版，第 245、257 页。

贫穷、愚昧、疾病、贪污、扰乱"五鬼"是中国所有问题的根源,是为"五鬼闹中华",而帝国主义、封建势力在他看来都不能解释中国的现状。

中国社会性质问题论战持续到 1933 年左右,然后逐渐转向对中国农村性质问题的探讨。而论战过程中,人们逐渐认识到,要对现代中国的社会性质进行清晰说明,就必须要对中国历史上的各个发展阶段进行梳理,如此,中国社会史论战呼之欲出。社会史论战稍晚于社会性质论战的出现,但结束时间则与社会性质论战相同。1929 年陶希圣著《中国社会之史的分析》以及 1930 年郭沫若著《中国古代社会研究》的出版,可谓社会史论战发端的标志,尤其是郭书引发了众多的讨论和批评,由此所带动的回应与反回应引起了学界的广泛兴趣。论战的主体仍是此前参加社会性质论战的学者。新生命派的陶希圣、梅思平、陈邦国、梁园东,中共方面的郭沫若、吕振羽、翦伯赞、何干之,动力派的任曙、杜畏之、严灵峰、李季、王宜昌,以及独立学者中的李达、王亚南、胡秋原、王礼锡、孙倬章等,都是论战中的活跃人物。而论战的平台则有《读书杂志》《新生命》《文化批判》《丰台》《中国经济》《三民半月刊》《文史》《晨报》《益世报》等。其中,《读书杂志》尤为重要,1931 年 4 月该杂志的创刊号上曾开辟"中国社会史的论战"专栏,由此掀起了论战的高潮,而 1933 年该杂志的停刊则表明了论战高潮的过去。

论战兴起的根源同样可以追溯至中国革命的需要。陶希圣在《中国社会之史的分析》中就表示:"中国的革命,到今日反成了不可解的谜了……要扫除论争上的疑难,必须把中国社会加以解剖;而解剖中国社会,又必须把中国社会史作一决算。"[1]郭沫若在《中国古代社会研究》中也表达了同样的意思:"对于未来社会的待望逼迫着我们不能不生出清算过往社会的要求。古人说:'前事不忘,后事之师。'认清楚过往的来程也正好决定我们未来的去向。"[2]这都反映社会史论战兴起时论者们的初衷,即如陶希圣言,归本于中国革命。

社会史论战主要围绕三个方面的问题展开,即奴隶社会是否为人类历史必经阶段及中国历史是否有此阶段,中国封建社会的起讫时间及其特征,亚细

---

[1]　陶希圣:《中国社会之史的分析》,新生命书局 1929 年版,第 1 页。
[2]　郭沫若:《中国古代社会研究·自序》,人民出版社 1954 年版。

亚生产方式的内涵及其在中国是否存在过。相关讨论在本章"中国古史分期问题""亚细亚生产方式问题""中国封建社会长期延续问题"诸目中都会作具体分析，这里仅就诸派学者的一些主要观点进行梳理，以方便对论战总体内容与脉络的把握。

总体而言，参与论战的各方人士都强调在唯物史观理论的指导下进行研究。中共方面的学者谨守马克思主义的基本原理，在社会形态判定和阶级观点的坚持上较严格地遵守了马克思主义唯物史观理论的原意，强调中国史研究要遵循世界历史的普遍规律，但不足之处则在于过于死板和教条。新生命派和托派对于唯物史观理论认识则相对灵活，喜欢局部性地、片面地运用唯物史观某些原理，强调中国史研究所具有的特殊性，问题则在于容易走向对马克思主义原典意义的背离。

在具体观点上，则无论哪派都是言人人殊，而其隐性的观念鸿沟则体现在新生命派与托派倾向于提倡所谓奴隶制度社会空白论，如新生命派的陶希圣、梅思平、陈邦国，托派的李季、杜畏之，还有神州国光社的王礼锡、胡秋原等人，在划分中国历史发展阶段的图式时，都空白了中国奴隶社会这一历史阶段。①王礼锡就曾很直白地表示："在中国的各时代中，奴隶是从来有的，但不曾在生产上占支配的地位"，所以"奴隶社会这个阶段不但在中国找不出，就是欧洲也不是各国都要经过这个阶段"，"我们不必机械地在中国去寻找奴隶社会这个阶段。"②在他们看来，原始社会结束后，不必然走奴隶社会道路才能发展到封建社会，其中固然有可能经历奴隶社会阶段再过渡到封建社会，但也有可能是氏族社会向封建社会的直接过渡，也有可能经过亚细亚生产方式再行过渡，总之他们对奴隶社会的普适性普遍存疑。与之相反，中共领导下的马克思主义学者与之作了针锋相对的研究与批评。他们在积极引证经典文献、努力挖掘历史资料的基础上对中国奴隶社会问题作了诸多论证。如郭沫若首提西周奴隶社会说，吕振羽则提出了殷商奴隶社会说。吕振羽就曾说道："奴隶制度是社会发展过程中一个必经的阶段；若没有这一特定阶段的存在，则后来的

---

① 桂遵义：《马克思主义史学在中国》，山东人民出版社1992年版，第174页。
② 王礼锡：《中国社会形态发展史中之谜的时代》，《读书杂志》1932年第2卷第7—8期合刊。

文明时代便不能想象。"①

再有就是关于商业资本主义社会和前资本主义社会问题,新生命派和托派常常将鸦片战争以前有着漫长历史的中国社会称之为商业资本主义社会或前资本主义社会,极力肯定战国至秦阶段资本主义发展的意义,认为西周就已出现的封建社会早已因为这种商业资本的发展而逐渐崩坏。如陶希圣在其《中国社会之史的分析》中就指出,商业资本主义在西周就已发达起来,春秋诸霸便是资本主义国家,由此导致战国时代封建制度的崩坏。② 李季则主张前资本主义说,他曾言:前资本主义是"一种过渡的生产方法,含有以前各种方法的残余",而中国秦至鸦片战争的两千年间都是前资本主义生产方法的时代。③ 针对上述论断,中共领导下的马克思主义学者作了深刻的批判。何干之就一针见血地指出,"专制主义""先资本主义""前资本主义"等名词"不能表达出某种特定的生产方法",例如"要拿这些术语来作某一社会构成的代名词,结果,不是不从经济基础,而从政治形式中,来辨别社会形态,就是拿一个抽象的名词,来蒙蔽前资本主义史的过程,这些都是有害的见解"。④ 何干之的分析可谓一语中的。

在参加社会史论战的诸多人物中,虽然总体上形成了上述理论壁垒,但也并非没有特例。如王宜昌在《中国社会史短论》《中国封建社会史》等著述中,就曾把中国历史作了如下划分,殷代以前为原始共产主义社会,周代至西晋时期为奴隶社会,东晋至清末为封建社会,1900 年以后则为资本主义社会。王宜昌肯定奴隶社会在中国的存在,也没有提及商业资本主义社会的问题,与中共领导下的马克思主义学者有很大的相似之处。而后一群体中,也不见得就都持有一致的、正确的结论,如郭沫若在《中国古代社会研究》中就曾认定近代社会为资本主义社会。

总之,中国社会性质和社会史论战是以唯物史观研究中国历史的总体发展进程的一场大规模的理论论争,其间折射了理论与史实、政治与学术的复杂纠缠,同时也推动了中国马克思主义史学的产生与发展,成为马克思主义史学

---

① 吕振羽:《中国经济之史的发展阶段》,《文史》1934 年第 1 卷第 1 期。
② 陶希圣:《中国社会之史的分析》,新生命书局 1929 年版,第 28—30 页。
③ 李季:《对于中国社会史论战的贡献与批评》,《读书杂志》1932 年第 2 卷第 2、3 期合刊。
④ 何干之:《中国社会史问题论战》,《何干之文集》第 1 卷,北京出版社 1993 年版,第 301 页。

在中国强势崛起的重要标志。

(二)关于中国古史分期问题

中国学界对古史分期问题的研究可以追溯至20世纪20年代。1925年,张伯简就曾在其《社会进化简史》中对中国古代社会历史进行分期,即将包犠氏以前视为原始社会,自包犠氏至尧舜为族长血族社会,自禹至秦为纯粹封建社会,秦以后至欧洲资本主义的侵入为特别封建社会。[①] 不过张氏并没有结合史实对此进行说明。这时期的古史分期问题研究虽零星有所涉及,但并没有真正发展起来。

围绕中国古史分期问题形成热烈讨论则是在社会史论战前后了。1928—1929年,流亡日本的郭沫若用唯物史观社会形态理论分析中国古史,先后写作并发表了《中国社会之历史的发展阶段》《卜辞中之古代社会》《周金中的社会史观》《诗书时代的社会变革与其思想上之反映》《周易时代的社会生活》等文章。1930年,他将这些论文集为《中国古代社会研究》出版。其中依照五种社会形态论对中国社会历史发展进程作了明确的阶段划分,即认为大抵在西周以前就是所谓的亚细亚的原始共产社会,西周为奴隶社会,东周尤其是秦以后则是封建社会,鸦片战争以来则是资本主义社会。郭沫若关于中国历史分期的重要意义一方面在于这是较早以五种社会形态论对中国历史进行分期的尝试,另一方面则在于它以翔实的资料对其中的部分论断进行了论证。著名的西周奴隶社会说就是郭沫若在这里首倡的。在郭沫若的笔下,殷代是中国历史之开幕时期,他通过对卜辞中有关殷人生产生活状态的描述,认定商代是金石并用的时代,并从产业形式、婚姻形态、私有财产、阶级制度等方面进行分析,得出殷代是原始共产制的氏族社会的结论。他还通过对青铜铭文、诗书文献等的分析,考察西周的奴隶制度、农业生产、宗教思想,以此论证西周为奴隶社会,并认为奴隶制在周室东迁以后逐渐崩溃。郭沫若的古史分期观念一直在变动,其殷商原始社会说和近代资本主义社会说存在严重问题,后来逐渐声明改正,但西周奴隶社会说却一直在坚持,尽管上下限有所调整。郭沫若的上述研究为中国史研究与马克思主义理论紧密结合提供了典范,为后来的中国史研究昭示了一条大道。此后如火如荼开展起来的中国社会史论战,很大程

---

① 张伯简:《社会进化简史》,国光书店1925年版,第32页。

度上就是围绕郭沫若所抛出的问题，根据郭沫若所例示的大道铺展开来的。

陶希圣与郭沫若一样，也是社会史论战中较早开展古史分期研究的学者。他的观点则更加多变，表明他在社会形态论认识上有一定程度的随意性。在《中国社会到底是什么社会?》(1928 年)一文中，陶希圣也对中国社会历史作了阶段划分，认为在周以前的中国是一个宗法社会，周代则是封建社会，春秋战国到鸦片战争之间为商业资本主义社会。① 而到《中国社会之史的分析》《中国封建社会史》《中国社会与中国革命》《中国政治思想史》等著作中，陶氏又先后提出了西周"氏族社会末期说"②，"原始封建国家说"③等观点。在春秋战国时代，陶希圣则认为是商业资本主义社会出现，封建制度结束，封建势力残存的时代。在秦汉以后，陶希圣则时而认为是前资本主义社会④，时而认为是变质的封建社会⑤，甚至在此基础上再行分段——秦汉为奴隶社会，三国到五代为封建庄园时期，宋以后为资本主义社会⑥。陶希圣的古史分期观点不但变化多端，其中最主要的问题是他对社会形态概念的运用非常随意，而他的古史观念的理论基础之一——士大夫阶级概念也是如此，它们都偏离了马克思主义社会经济形态理论和阶级理论的原意。

随着郭沫若与陶希圣在中国社会史论战中的登场，其他学者逐渐投入其中。尤其是梅思平、陈邦国等新生命派，于中国社会性质论战高潮之际转入对中国社会史的考察，甚至将火力对准郭沫若的相关研究，由此引发了托派、独立学者的兴趣以及中共方面学者的回击。尤其是 1931 年 4 月王礼锡创办的《读书杂志》设置"中国社会史的论战"专栏，邀请各派学者在其上发表文章后，论战终于正式形成规模。论战在本质上是围绕中国古史分期问题展开，而其中最为关键的是对秦汉以前社会性质及其时限划分的认识。

首先，关于夏商周社会性质的认识最为多样，争论也最为激烈。其中如前述，郭沫若持有殷商以前为原始社会，周代为奴隶社会的认识。而吕振羽则在郭沫若的基础上提出了殷商奴隶社会说以及西周为封建社会的论断。他曾

---

① 陶希圣:《中国社会到底是什么社会?》,《新生命》第 1 卷第 1 期。
② 陶希圣:《中国社会与中国革命》,新生命书局 1932 年版,第 196 页。
③ 陶希圣:《中国社会之史的分析》,新生命书局 1929 年版,第 7 页。
④ 陶希圣:《中国社会之史的分析》,新生命书局 1929 年版,第 7 页。
⑤ 陶希圣:《中国社会之史的分析》,新生命书局 1929 年版,第 8 页。
⑥ 陶希圣:《中国社会形式发展过程的新估定》,《读书杂志》1932 年第 2 卷第 7、8 期合刊。

说，奴隶制度是社会发展过程中一个必然的阶段，若没有这一特定阶段的存在，则后来的文明时代便不能想象。① 郭沫若与吕振羽对殷商社会性质认识差异的出现，主要在于两人对当时生产力水平的判断有所不同，郭沫若认为殷代是金石并用的时代，畜牧业是主要生产部门，吕振羽则根据殷墟考古报告判断殷代为青铜时代，农业繁盛，并认为奴隶是当时农业生产的主要担当者。吕振羽的意见是比较中肯的，后来包括郭沫若之内的很多学者都接受了它的殷商奴隶社会说。紧随吕振羽之后，翦伯赞也撰文谈奴隶制问题，批评郭沫若的殷代原始社会说，指出殷代是奴隶社会，已存在使用青铜和奴隶开展劳动生产的现象。② 此外，邓拓的认识也与吕振羽的相近，他相信殷代出现了奴隶劳动和奴隶经济，牧畜业高度发展，纯农业相对发达，从而肯定了商代奴隶制的存在。③ 吕振羽对西周社会性质的认识也有一定的创新意义，他是通过分析西周土地制度、生产方式、剥削方式等问题来论证封建社会存在的，这区别于郭沫若的西周奴隶社会说，也与此前的种种西周封建论相异。翦伯赞和邓拓都是西周封建社会说的支持者。而在殷商原始社会说，虽为郭沫若所放弃，其他派别的一些学者如陈邦国、王宜昌、王伯平等都是认同的。尤其是王宜昌比较特别，他曾主张："在殷代以前是氏族社会，周秦汉西晋是奴隶社会，东晋到清末是封建社会。"④他是少数认同中国历史上存在奴隶社会的非中共方面的学者。

　　除了上述认识之外，还有亚细亚生产方式说。如李季则主张夏商为亚细亚生产方式时期，西周开始进入封建社会。他曾言："自殷至殷末为亚细亚生产方法的时代"。⑤ 而吕振羽在《殷周时代的中国社会》中，也曾指出殷代奴隶社会是一个由亚细亚生产方式所支配的奴隶制社会。此外，还有夏商周封建社会说，陶希圣和周谷城都曾持此论断。陶希圣在《中国社会之史的分析》中曾认为，中国有史以前自炎帝起便是封建社会，此后直到清末都是如此。⑥

---

　　① 吕振羽：《中国经济之史的发展阶段》，《文史》1934 年第 1 卷第 1 期。

　　② 翦伯赞：《关于历史发展中之"奴隶所有者社会"问题》，《中山文化教育馆季刊》1936 年第 3 卷第 3 期。

　　③ 邓云特(邓拓)：《论中国社会经济史上的奴隶制度问题》，《新世纪》1936 年第 1 卷第 3 期。

　　④ 王宜昌：《中国奴隶社会史——附论》，《读书杂志》1932 年第 2 卷第 7—8 期合刊。

　　⑤ 李季：《对于中国社会史论战的贡献与批评》，《读书杂志》1932 年第 2 卷第 2、3 期合刊。

　　⑥ 陶希圣：《中国社会之史的分析》，新生命书局 1929 年版，第 195—196 页。

当然,如前所述,由于陶希圣的观点一直在变化,因此还曾提出西周氏族社会末期说。而周谷城也表示:"自邃古以至周初,为封建之成长期;自秦以后至于清末,为封建之消灭期。自周初至于秦初,可以算是一个封建时代。"①梁园东也持商周封建社会论。他表示:"我以为从商代的侵略性和奴隶的众多,以及工艺交换形态和文字用具等等导线上看来,是一种极进步的社会,单从侵略和土地的占有上看,他已具足封建时代的状况,即使不是完全的封建社会,也是封建的前期,即是所谓奴隶社会的——家长制家族奴隶社会。""夏商两代至少已成为初期封建的国家了。"②这些力主西周封建社会说的学者与吕振羽等中共方面的马克思主义学者的差别主要在于对"封建"概念的认识不同。他们"尽管已涉及到周代的社会制度、生产关系等诸多方面的问题,但还没有对作为社会形态的'封建'与作为'封邦建国'的周之'封建'进行区分。他们对西周封建社会性质的论定,方法比较简单,大体认为自然经济的、贡赋的、等级制的即为封建社会。"③

其次,关于春秋战国时期的社会性质的认识主要分为奴隶社会说、封建社会说、先资本主义(或商业资本主义)社会说等见解,这无疑与春秋战国是一个公认的社会性质转型时代有关。郭沫若就是春秋封建说的提倡者,他在《中国古代社会研究》中就曾说道:"东周以后,特别是秦以后,才真正地进入了封建时代","周室东迁的前后,我们中国的社会是由奴隶制变为真正的封建制度的时期"。④ 胡秋原也持春秋封建论,他认为"东周是封建社会之崩落期",理由则是铁器的使用,公社的彻底破坏,土地私有与集中,还有商工业的发达。⑤ 而基于商业资本的发达,他又相信春秋战国"已由封建社会之崩溃,到先资本主义时代"。⑥ 春秋奴隶制说的论者则有王宜昌和周绍溱。王氏以《左传》中的"皂吏""小人"皆为奴隶⑦,周氏则以商业资本的发展催生了奴隶制⑧。陶

① 周谷城:《中国社会之结构》,新生命书局 1930 年版,第 46 页。
② 梁园东:《中国社会各阶段的讨论》,《读书杂志》1932 年第 2 卷第 7—8 期合刊。
③ 罗新慧:《二十世纪中国古史分期问题论辩》,百花洲文艺出版社 2004 年版,第 49 页。
④ 郭沫若:《中国古代社会研究》,人民出版社 1954 年版,第 133—134 页。
⑤ 胡秋原:《中国社会＝文化发展草书》,《读书杂志》1933 年第 3 卷第 3、4 期合刊。
⑥ 胡秋原:《略复孙倬章君并略论中国社会之性质》,《读书杂志》1932 年第 2 卷第 2、3 期合刊。
⑦ 王宜昌:《中国奴隶社会史——附论》,《读书杂志》1932 年第 2 卷第 7—8 期合刊。
⑧ 周绍溱:《对于〈诗书时代的社会变革及其思想的反映〉的质疑》,《读书杂志》1931 年第 1 卷第 4、5 期合刊。

希圣对春秋战国时代的认识先是持封建社会说，认为中国社会在这个时候结束了封建制度①，其后又认为战国到东汉都是奴隶经济占主要地位的社会，无论农业还是工商业的劳动生产都是由奴隶担负②。此外，陶希圣有时也与胡秋原类似，主张商业资本主义社会说。

最后，关于秦汉魏晋时期的社会性质的讨论也同样形成了封建社会说、奴隶社会说和资本主义社会说等见解。郭沫若、吕振羽、翦伯赞等马克思主义学者便都认为秦汉以后是封建社会的时代。而持秦汉奴隶社会说者，则仍是王宜昌，如前述，王宜昌将周至晋都视为奴隶社会，秦汉自然也属于奴隶社会时代，他认为秦统一的基础在"伟大的国家奴隶底劳动"，"私人之使用奴隶劳动，其数量也是很大的"。③ 陈邦国视秦为商业资本的社会。他说：秦始皇"已经不是代表封建，而是商业资本的政权形式了"，"秦的统一，是商业资本的统一"，"促成秦统一的原因是商业资本发展"。④ 胡秋原主张先资本主义社会，实际上也便是商业资本主义时代。他说："西汉东汉，商业资本主义之发展是不可否认的事实"，"晋氏之奢靡，可见当时先资本主义剥削之残酷"。⑤ 关于魏晋时期社会性质的讨论，较有代表性的是王宜昌的魏晋封建论。他认为，东晋以后中国步入了封建社会："从经济史上的追溯，会看见中国封建社会，是起始于五胡十六国的"。⑥

《读书杂志》1933 年停刊后，中国社会史论战的高潮也逐渐过去，但围绕社会史的讨论仍不绝于耳，吕振羽、邓拓等人的研究就是代表。到抗日战争前，论战终于告一段落。而在抗日战争和解放战争时期，围绕中国古史分期的讨论虽然没有社会史论战中那样热烈，但新的观点和论断也不时出现，有关中国古史分期问题的认识取得一些进展。

在殷商社会性质问题上，延安曾发生过一场争论。1940 年，范文澜发表《关于上古历史阶段的商榷》一文，系统地表达了自己对于殷商奴隶社会的见

---

① 陶希圣：《中国社会之史的分析》，新生命书局 1929 年版，第 6 页。
② 陶希圣：《中国社会形式发达过程的新估定》，《读书杂志》1932 年第 2 卷第 7、8 期合刊。
③ 王宜昌：《中国奴隶社会史——附论》，《读书杂志》1932 年第 2 卷第 7—8 期合刊。
④ 陈邦国：《中国历史发展的道路》，《读书杂志》1931 年第 1 卷第 4、5 期合刊。
⑤ 胡秋原：《略复孙倬章君并略论中国社会之性质》，《读书杂志》1932 年第 2 卷第 2、3 期合刊。
⑥ 王宜昌：《中国社会史短论》，《读书杂志》1931 年第 1 卷第 4、5 期合刊。

解。他明确表示不赞成郭沫若有关西周铁器说的判断，并用金属农具来描述当时生产的发展。他还从生产关系、生产分工、交换出现、财富集中、阶级关系等众多角度论证殷代奴隶制的存在。① 范文澜的文章发表后，在延安引起了一场争论，尹达、谢华、叶蠖生等都曾参与其中。尹达根据对殷墟挖掘总体情况的分析，认为范文澜、吕振羽过高估计了殷商的生产力水平，实际青铜器在当时虽已出现，但还没有用于生产领域，奴隶也是一样，因而还是氏族社会末期。② 谢华和叶蠖生则强调不能忽略传世文献的价值，也不能轻视殷商青铜器制作的高水平发展，并由此出发支持了范文澜的意见。这场争论与社会史论战一样，没有最终结果，但深化了人们对殷商社会情况的了解。此后，范文澜主编的《中国通史简编》（1941 年）贯彻了这种认识。而翦伯赞的《中国史纲》（1943 年）也承认殷商是奴隶制社会。在该书中，翦伯赞坚持了他在社会史论战中的看法，认为殷代为金石并用的时代。他对青铜工具在商代的广泛使用坚信不疑，而且认为铁器也曾在殷末出现，不过他并不将此视作奴隶社会的判断标准，而是以生产关系和阶级关系的分析作为切入点。1945 年，郭沫若发表《古代研究的自我批判》，修正了自己此前有关殷代氏族社会末期说，转而认同殷商奴隶社会说。但与郭沫若的转变相反，侯外庐在《中国古典社会史论》（1943 年）中将自己在亚细亚生产方式研究中的独到见解，推之于殷代社会制度的研究，通过城乡关系、生产分工、奴隶使用等方面的情况，论定殷代为氏族社会末期说。

在西周社会性质问题上，吕振羽、翦伯赞、范文澜等人对西周封建说作了更多的论证与说明，他们主要通过对奴隶或农奴身份以及土地制度等的分析，来完善西周封建说的立论。有学者指出："古史分期讨论中的西周封建论，在四十年代经过吕振羽、翦伯赞、范文澜等人的敷陈立论，基本上建立了自己的体系。"③而在另一方面，郭沫若则坚持其原有的西周奴隶说，并对来自翦伯赞、范文澜等人的批评意见作了申辩。在四十年代的西周奴隶社会说的支持者中，侯外庐是比较有代表性的一位。他以自己对中国古代文明路径的研究为基础，指出西周土地国有制度是氏族贵族的土地所有，奴隶是以家室计的集

---

① 范文澜：《关于上古历史阶段的商榷》，《群众》1940 年第 5 卷第 4、5 期。
② 尹达：《关于殷商社会性质争论中的几个重要问题》，《中国文化》1940 年第 2 卷第 1 期。
③ 林甘泉等主编：《中国古代史分期讨论五十年》，上海人民出版社 1982 年版，第 120 页。

体族奴。侯外庐从劳动力和生产资料的结合关系来论定西周生产方式的研究方法在当时是比较有独创意义的。

在春秋战国社会性质的认识上,马克思主义学者以不同方式解释转型时代的情况。吕振羽的《中国社会史纲》和翦伯赞的《中国史纲》将春秋战国时代视作初期封建社会向高级封建社会的转型时代,他们是通过生产力水平、租税制度、阶级关系等的变化进行论证的。而郭沫若的《十批判书》和《青铜时代》则着重从铁器使用、井田制破坏、人民身份变化等角度论述春秋战国时代是奴隶制向封建制变革的时代。以生产工具作为社会形态的重要判断依据是郭沫若史学研究的一大特色。侯外庐对于春秋战国时代社会性质的观点,总体而言与郭沫若类似,认为是奴隶制逐渐蜕变转型的时期,是家族奴隶向隶农乃至农奴转化的时期。

民国时期中国学界围绕中国古史分期提出了问题,也分析了问题,为新中国成立以后古史分期大讨论的进一步开展做好了铺垫,后来的许多争论在民国时期都已经有了一定程度的探讨。虽然就结果而言,相关讨论多未能达成共识,但对于增进人们对中国古代社会的认识,以及对唯物史观理论的认识,都有积极作用。

(三)亚细亚生产方式问题

亚细亚生产方式问题涉及的是对马克思所提出的"亚细亚生产方式"概念如何阐释和运用的问题,围绕这个问题国内外马克思主义学界展开了长期的学术争鸣,其中的历程和所反映出的问题为我们提供了反思马克思主义史学发展的重要材料——我们应当如何正确理解与运用马克思主义创始人所提出的理论概念?

中国学术界围绕亚细亚生产方式的争论是由国际马克思主义理论界的相关争论触发的。19世纪50年代以后,马克思正处在对资本主义经济学研究的攻坚时期,为了弄清资本主义生产关系形成和发展的历史过程,有必要对资本主义以前的诸种生产关系进行清理。所以,他在1857年的《〈政治经济学〉导言》中表示,资产阶级只有在资产阶级社会的自我批判已经开始时,才能理解封建社会、古代社会和东方社会。[1] 这说明马克思在当时已经开始思考东

---

① 《马克思恩格斯选集》第2卷,人民出版社1972年版,第109页。

方社会的历史问题了。1859 年,在《〈政治经济学批判〉序言》中,马克思得出这样一个论断:"大体说来,亚细亚的、古代的、封建的和现代资产阶级的生产方式可以看作是社会经济形态演进的几个时代。"①"亚细亚生产方式"概念由此被马克思首次提出。此后,这个概念在《资本论》《反杜林论》等著作中重复出现。尤其是在《资本主义生产以前各形式》中,马克思还从财产关系、土地关系、剥削关系等角度专门讨论了"亚细亚的所有制形式"的问题。但在这诸多语境中,马克思却从未对"亚细亚生产方式"及其本质特征做过正面阐释和描述,这样,"亚细亚生产方式"这个对于分析东方诸国历史至关重要的概念遂成一个马克思主义理论的悬案。

马克思恩格斯逝世以后,国际马克思主义学界尤其是苏联学界围绕"亚细亚生产方式"的解读与阐释逐渐涌现。较早关注这个问题的是对东方社会历史比较感兴趣的俄国马克思主义先驱普列汉诺夫。他在 1907 年出版的《马克思主义的基本问题》中对马克思的"东方社会"说进行了解释,指出马克思读到摩尔根《原始社会》后,改变了对古代生产方式和东方生产方式的认识,意即马克思并没有将亚细亚和古代的生产方式的前后相继作为一般规律。普列汉诺夫认为,亚细亚的和古代的生产方式应该是"两个并存的经济发展的类型",在西方是古代社会代替了氏族社会组织,而东方社会制度产生以前也是氏族社会组织,这两种经济制度的类型都是生产力在氏族制度内部增长的结果,但其巨大差别的出现则是地理环境的影响下形成的。② 尽管普列汉诺夫的地理环境决定论存在明显不科学的地方,但他否认亚细亚的和古代的生产方式是前后相继的社会经济形态,强调两者的并列性,则是后来许多马克思主义者所认同的。"由于他在一开始就把亚细亚生产方式看作一种独特的生产方式,看作是五种基本生产方式之外的'第六种生产方式',从而为后来的独特的亚细亚的'东方社会论'开了先河。"③普氏之后,苏联学者瓦尔加在 1920 年代初写作的《中国革命的经济问题》《中国革命的展望》《中国革命的根本问题》等文章中接受普列汉诺夫的观点,将亚细亚生产方式视为独特的生产方式,并评断中国社会在资本主义入侵前一直处在亚细亚生产方式的支

---

① 《马克思恩格斯全集》第 13 卷,人民出版社 1962 年版,第 9 页。
② 普列汉诺夫:《马克思主义的基本问题》,人民出版社 1958 年版,第 40 页。
③ 桂遵义:《马克思主义史学在中国》,山东人民出版社 1992 年版,第 147 页。

配下。当时的共产国际驻中国代表罗明纳兹也接受瓦尔加的说法,将亚细亚生产方式视作中国独特的封建主义的残余。

然而,上述观点在 1927 年的联共(布)第十五次代表大会上受到批判。1928 年,中共六大延续了这种批判立场,强调了中国近代社会的半殖民地半封建性,而非亚细亚生产方式。中共六大决议还对亚细亚生产方式的特点进行了总结:"如果认为现代中国的社会经济制度以及农村经济,完全是从亚洲式生产方式进于资本主义之过渡的制度,那是错误的。亚洲式的生产方法的最主要的特点是:(一)没有土地私有制度,(二)国家指导巨大的社会工程之建设(尤其是水利河道),这是形成集权的中央政府统治一般小生产者的组织(家族公产社或农村公产社)之物质的基础。(三)公产社制度之巩固的存在(这种制度根据手工业与农业经过家庭而相联合的现象)。这些条件,尤其是第一个条件,是和中国的实际情形相反的。"①

真正引发亚细亚生产方式争论的是苏联东方学家马扎亚尔。他作为匈牙利人,曾被共产国际派至中国工作,回国后担任共产国际农业研究所东方部长,是著名的中国问题专家,《中国农村经济研究》《中国经济概念》是其重要代表作。在《中国农村经济研究》(1928 年)中,马扎亚尔批驳了托派有关商业资本在中国占统治地位的观点,认为帝国主义入侵前的中国社会是一个亚细亚生产关系占支配地位的社会,也即是封建关系占统治地位的社会,亚细亚生产方式的基础因为帝国主义的入侵被最终打破。马扎亚尔的观点提出后为瓦尔加·柯金、帕帕杨所赞同,由此形成所谓"马扎亚尔学派"。不过,反对者也大有人在,苏联中国问题研究所在出版该书时就于"编辑者序言"中明确表示反对,表示中国历史上确曾有过以土地国有为基础的亚细亚生产方式,但早已因商业资本的发展而发生解体,帝国主义入侵前的中国社会是封建社会。如此,该书出版后很快引起了苏联、日本、中国学界的广泛关注。1929 年,苏联东方学者杜博洛夫斯基出版《"亚细亚生产方式",封建制度,农奴制度及商业资本之本质问题》一书,批评马扎亚尔独特的社会经济形态论。面对各方批评,马扎亚尔于 1930 年苏联共产主义学院农业所召开的会议上声明放弃帝

---

① 中央档案馆编:《中共中央文件选集(1928)》第 4 册,中共中央党校出版社 1989 年版,第 337 页。

国主义入侵中国所遇到的是亚细亚生产方式的观点,但仍坚持亚细亚生产方式是人类社会发展的特定阶段。而在同年为柯金著《古代中国的土地制度》(该书中译本名《中国古代社会》)一书所作序言中,马氏再次阐发了自己对亚细亚生产方式的理解,并概括其主要特点为:土地私有财产制不存在,人工灌溉之必要,及与此相适应的极大范围的公共事业组织之必要,农村公社,专制政治为国家的形式。[①]　此后,包括约尔克、哥德斯、司特鲁威、科瓦列夫等诸多苏联中国问题专家都曾撰文批判马扎亚尔学派观点,并阐发各自对亚细亚生产方式的理解,如司特鲁威提出了东方奴隶社会论,科瓦列夫提出了奴隶制度变种论,等等。

　　国际上围绕亚细亚生产方式的讨论在 20 世纪 30 年代很自然地影响到中国,在社会史大论战中,中国学者对亚细亚生产方式问题展开了激烈辩论。1928 年,身处日本的郭沫若在《诗书时代的社会变革与其思想上的反映》一文中曾将亚细亚的生产方式解释为古代的原始共产社会,并认为这种社会在中国存在于西周以前。这是中国学者中较早就亚细亚生产方式发表见解的情况了。1930 年代初,社会史论战开启,各派学者都曾围绕亚细亚生产方式问题作出解读。

　　首先是中国“托派”方面,有很多学者持亚细亚生产方式是一种特殊的社会经济形态的论断。杜畏之于 1932 年在《读书杂志》上发表《古代中国研究批判引论》,拿马扎亚尔对亚细亚生产方式的特征比照中国,认为中国历史上从未存在过亚细亚生产方式。他说:“氏族社会解体后不一定产生东方社会,也不一定产生古代社会,在它的废墟上亦有建立封建社会的可能——这要看氏族社会内部发展与氏族间的关系如何而定。氏族社会可以生育出一个亚细亚社会,如在古代是近东;亦可生出一个封建社会,如在纪元前十二、十三世纪的中国;还可以生育一个特殊的社会组织,如南美洲印加帝国下的社会系统。”在杜氏看来,在氏族社会解体以后,现代资本社会出现以前,人类历史是一个多元发展的格局,没有什么统一的规律可循。而杜氏对中国历史的评断则是:“中国没有划然的奴隶社会一阶段,更无东方社会一阶段。在氏族的丘墟上产生了封建社会,而封建社会被分解后则继之以被历史拉长的过渡阶

---

①　参见［苏］柯金著:《中国古代社会·马加尔序》,岑纪译,黎明书局 1933 年版。

段——从封建社会到资本主义社会之过渡。……这里面有封建关系，有奴隶劳动，有资本主义关系。"①杜畏之不承认亚细亚生产方式在中国的存在，主要原因在于他强调了近东、远东、美洲等等不同地域内的社会组织和社会系统的独特性，没有抓住生产发展阶段这个普遍性的因素进行思考，从而走向了对马克思主义总结的社会经济形态的一般发展阶段的否定。

与杜畏之同时在《读书杂志》上发表见解的还有胡秋原、王宜昌、李季等。胡秋原在《略复孙倬章君并略论中国社会之性质》中接受约尔克有关亚细亚生产方式是奴隶制和封建制的混合体的观点，并认为马克思将东方专制政治视作以封建生产关系为基础的特殊政治形态，所以亚细亚生产方式应是指东方封建社会的一种特殊形态。② 尔后，他又在给吴清友译著所作序言中表示："马克思所谓亚细亚生产方法者，不过是亚洲之先资本制，即与农村公社结合的封建的及一部分农奴底制度"，"如果有亚细亚生产方式，那么，它就是专制主义的农奴制。"③王宜昌的观点则与胡秋原类似，他在《中国社会史论史》一文中将亚细亚生产方式理解为印度和东方封建社会，他说："假如我们说'亚细亚生产方法'是指整个的东方社会史，那我们只是不理解这一理论出生底时间和空间的限制。马恩等的这一理论，……其材料底范围，正是限于封建社会。"④李季则写作了《对于中国社会史论战的贡献与批评》，他在文中对普列汉诺夫所谓马克思对亚细亚生产方式和古代生产方式的理解曾发生变动的观点表示赞同，并认为亚细亚生产方式就是东方国家在原始社会瓦解后所产生的与古典奴隶制社会并列的另一种特殊的社会经济形态，而殷代就是这样的时代。其理由则是盘庚时代正是氏族社会崩溃和私有财产与国家起源的时代，盘庚迁殷后将氏族共有的土地转变为国有土地，这正符合亚细亚生产方式特征。⑤ 在后来出版的《中国社会史论战》中，李季又据土地国有、大禹治水、专制政府等特征将夏代也纳入亚细亚生产方式占主导地位的时代。由上可见，无论杜畏之、胡秋原、王宜昌、李季等人，虽然各自对亚细亚生产方式的内

---

① 杜畏之：《古代中国研究批判引论》，《读书杂志》1932 年第 2 卷第 2、3 期合刊。

② 胡秋原：《略复孙倬章君并略论中国社会之性质》，《读书杂志》1932 年第 2 卷第 2、3 期合刊。

③ 胡秋原：《亚细亚生产方式与专制主义》，《读书杂志》1932 年第 2 卷第 7、8 期合刊。

④ 王宜昌：《中国社会史论史》，《读书杂志》1932 年第 2 卷第 2、3 期合刊。

⑤ 李季：《对于中国社会史论战的贡献与批评》，《读书杂志》1932 年第 2 卷第 2、3 期合刊。

涵界定不一,但都沿袭了马扎亚尔所持的亚细亚生产方式是独特的社会经济形态的论断。而无论他们是否承认中国社会历史上存在过亚细亚生产方式,却都极力否认中国历史与世界历史共同的社会发展规律。

对于上述意见,中共领导下的进步学者进行了大力批驳。1934 年,吕振羽在中国社会史论战之时出版《史前期中国社会研究》,认同哥德斯关于亚细亚生产方式是马克思读到摩尔根《古代社会》以前提出的一个假设的观点,指出其内涵为东方封建主义的特殊性。由于这个观点具有问题,两年后,他又在《殷周时代的中国社会》中声明放弃自己的观点,改尊科瓦列夫观点,将亚细亚生产方式视作不同于古希腊罗马古典奴隶制的另一种奴隶制生产方式,并称这是历史的地理的条件影响的结果。在书中,他还对殷商奴隶社会的土地国有、农村公社等亚细亚生产方式诸特点进行分析,比较它们与古希腊罗马奴隶制的不同,揭示了中国历史发展的特殊性。这是中国学者在亚细亚生产方式讨论上的一项重大收获。

1936 年,郭沫若发表《社会发展阶段之再认识》一文,再次就亚细亚生产方式问题提出了自己的见解。他根据马克思恩格斯合著的《德意志意识形态》中的相关论述,概括出经营方式、财产形态和生产方式相互对应的四个阶段和形态,并得出如下结论:"马克思所说的'亚细亚的生产方式'或'东洋的社会'实等于'家长制'或'氏族财产'形态,而'古代的生产方法'便明确地指示着希腊罗马的奴隶制。"[①]郭沫若将家长制和奴隶制视作前后相续的最早的两种生产方式,所以他对亚细亚生产方式的理解其实还是延续了《诗书时代的社会变革与其思想上的反映》的思路,视之为原始共产社会时代的社会经济形态。而同时期与郭沫若有着类似认识的学者还有王亚南。

1937 年,何干之对社会史大论战作总结,出版了《中国社会史问题论战》。在书中,他同意日本学者早川二郎的观点,将亚细亚生产方式视作贡纳制。换句话说,他并没有将亚细亚生产方式当作一种社会经济形态来看待。这种认识与马克思在《〈政治经济学批判〉序言》中的说法存在较大差距。

抗日战争时期,中国学界围绕亚细亚生产方式的讨论已不再像社会史大论战中那样热烈,继续开展此项研究并不断取得进展的,是中共领导下的进步

① 　郭沫若:《社会发展阶段之再认识》,《文物》1936 年第 1 卷第 2 期。

学者。30 年代中后期，苏联学界有关古代东方奴隶制的观点逐渐传入中国，从吕振羽开始，进步学者中有越来越多的人对此表示赞同。1938 年，翦伯赞在《历史哲学教程》中接受科瓦列夫的观点，将亚细亚生产方式视作"古代希腊罗马而外的一种奴隶制的变种"，同时也认为它在中国、埃及、印度等不同地区具有普遍性。1942 年，侯外庐在《中国古代社会史论》中，根据自己对生产方式理论的独到研究，阐发亚细亚生产方式问题，将亚细亚生产方式定义为土地氏族国有的生产资料和家族奴隶的劳动力两者的结合关系，并指出古典的古代和亚细亚的古代都是奴隶社会，而其区别则在于，古典古代是正常发育的文明形态，走的是革命的路径，亚细亚的古代则是早熟的文明形态，走的是改良的路径。所以，他将殷周时代看成是亚细亚生产方式逐渐形成的时代。侯外庐对于亚细亚生产方式的探索在马恩原典与中国历史之间构筑了一套独特的解释体系，为亚细亚生产方式的中国解读提供了典范。

抗日战争和解放战争期间，马克思主义学者对亚细亚生产方式问题的讨论未能热络起来，而下一次围绕该问题的大争论则是在新中国成立以后了。

（四）中国封建社会长期延续问题

中国史学界关于中国封建社会长期延续问题的讨论可以追溯至中国社会性质和社会史论战前后。为什么素称文明古国的中国在近代如此落后于西方？中国古代社会在进入封建时代以后为什么迟迟没有像西方那样演化出资本主义制度？对于这些问题的回答事关近代中国社会性质的认识，因而自然地引起了社会性质和社会史论战参与者的思考，人们也尝试着从鸦片战争以前的中国历史中去寻找答案。社会史论战的参与者王宜昌就曾说道："'中国社会长期停滞论'的起源，应该追溯到一九二七年大革命后对于革命经验的'回想时期'的陶希圣。那时，他是主张自西周亡后，中国封建社会，便长期停滞着，而在其中产生出流氓无产者和士大夫阶级，陷中国封建社会于延续的消灭过程中。"[①]陶希圣或是从长期停滞的角度，或是从历史反复循环的角度，来理解近代以前的中国历史的，这实际是一种静止的机械性的观点。不过，意识到中国古代社会演进缓慢问题的，在当时乃至更早时候都大有人在，如 1918年李大钊在比较东西方文明差异时就曾经说过东洋文明是惰性的、衰颓于静

---

① 王宜昌：《评中国社会长期停滞论》，《思想月刊》1937 年第 1 卷第 1 期。

止之中的文明①,而李达更曾于 1923 年论断中国"自周秦以至满清末季"长期处于"封建的专制政治"之下②,杨明斋在评论中西文化观时也指出中国在秦以后社会停止了进化,其因则在于儒家文化的影响③。然而,相关论者并没有将中国古代社会的长期延续作为一个重要的命题来处理,谈封建社会延续的那就更少了,而在社会史论战中,与陶希圣一样对封建社会长期延续问题抱有理论兴趣而又做过一定程度研究的则不在少数。不过,对于该问题的讨论,比较明显地受到了苏联和日本史学界的影响。

早在 1926 年,苏联学者坎托罗维亚就曾在《前资本主义时代的中国社会关系体系》(苏联《新东方》1926 年第 15 期)一文中将中国社会停滞的原因归之于农民起义。他认为中国古代的农民暴动具有明显的土匪性和破坏性,这使得中国社会处于停滞的僵化状态。④ 此后,他又在《论亚细亚生产方式·别林报告讨论速记》(1930 年)等著作中,补充了自己的论点。与此同时,苏联学者洛马金在《社会经济形态讨论》中得出了类似结论。⑤ 这些观点在当时主要是在苏联传播,对中国学界的影响并不大。但随着 1932 年沙发诺夫著《中国社会发展史》被翻译成中文,其中有关中国封建制度是"封建停滞的化身"的观点则传播甚广。在书中,作者认为新的封建化在新的朝代中的一再出现,使得原始封建积累重复进行,无法向资本主义转化;而人口的过量增长没能推进生产,反而造成了农业技术之畸形的停滞。⑥ 尤其是在次年,鲍格柯夫在列宁格勒国立物质文化研究所的大会上发表了《中国封建制度史的规律性》的报告,将"停滞"视作中国封建制度的特殊性之一,并将货币地租未能在中国取得支配地位,从而影响到亚细亚生产方式的蜕变视作停滞问题产生的根源。⑦ 鲍氏将停滞与中国封建制的特殊性相联系,从而将封建社会长期停滞问题上

---

① 李大钊:《东西文明根本之异点》,《言治》1918 年第 3 期。

② 李达:《中国商工阶级应有之觉悟》,《新时代》第 1 卷第 4 期,1923 年 7 月。

③ 杨明斋:《评中西文化观》,中华书局 1924 年版,第 324—325 页。

④ [苏]坎托罗维亚:《前资本主义时代的中国社会关系体系》,载《外国学者论亚细亚生产方式》下册,中国社会科学出版社 1981 年版,第 29—30 页。

⑤ 白钢:《中国封建社会长期延续问题论战的由来与发展》,中国社会科学出版社 1984 年版,第 6—7 页。

⑥ 沙发诺夫:《中国社会发展史》,李俚人译,新生命书局 1932 年版,第 188、428 页。

⑦ [日]西村雄三编译:《东洋封建制度史论》,东京白杨社 1936 年版,第 8—45 页。

升到新的更具理论意义的高度。

而反观中国学界，继陶希圣后，王礼锡于 1932 年在《中国社会史论战序幕》的著名文章中再次提到了中国社会的长期停滞问题。不过由于他相信中国近代以前的社会是商业资本主义社会，所以他所谓的"停滞"是指商业资本主义社会的停滞。至于个中原因，他认为是地理上的便于统一、低级文化民族的入侵、商业资本与土地资本的结合等因素共同造成的。① 与王礼锡观点类似的有李立中，他于 1935 年在《食货》上撰文《试谈谈中国社会史上的一个"谜"》，同样持商业资本主义社会长期停滞论，而其理由也与王氏类似，强调外族入侵和农商业之均衡的破立。② 在同期的《食货》杂志上，还有莫非斯的《中国社会史分期的商榷》一文，作者认为中国历史的真实过程是循环，而"循环的原因，完全由于农民暴动"。③ 这种强调农民暴动带来停滞性的观点与苏联学者坎托罗维亚的见解相似。而在对停滞原因的解释上，刘兴唐则侧重从农村公社的角度分析。他的《中国社会史上诸问题的清算》（1934 年）、《中国经济发展的本质》（1935 年）、《中国社会发展形式之探险》（1935 年）等文章，将中国社会长期停滞的原因归之于农村公社的组织形式、土地私有制缺乏、野蛮民族之侵袭、地理和疆域的影响等④。其中，农村公社问题则是他最为关注的原因。

相较而言，中共领导下的马克思主义史学家的研究则相对深入很多。1936 年，邓云特（邓拓）在《中山文化教育馆季刊》上先后发表《中国社会经济长期停滞的考察》《中国历史上手工业发展的特质》《再论中国封建制的"停滞"问题》等文，意在"对于中国封建社会长期发展的科学的历史规律"提出一些个人见解。他先是批判了社会史论战中的各种不正确见解，指出它们都一致地认为，"中国没有走上产业资本主义道路以前，有一个'长期停滞'的状态"，又因为对此没有科学解释，才造成"形形色色的理论"，"如商业资本主义社会说、前资本主义社会说、亚细亚生产方法说、专制主义社会说、佃佣制社会说以及'反复论'等各种说法"，"照他们的说法，中国竟然'长期停滞'在商业

① 王礼锡：《中国社会史论战序幕》，《读书杂志》1932 年第 1 卷第 4、5 期合刊。
② 李立中：《试谈谈中国社会史上的一个"谜"》，《食货》1935 年第 2 卷第 11 期。
③ 莫非斯：《中国社会史分期的商榷》，《食货》1935 年第 2 卷第 11 期。
④ 刘兴唐：《中国社会发展形式之探险》，《食货》1935 年第 2 卷第 9 期。

资本主义社会等等形态之中"，这给中国历史造成了莫名其妙的哑谜。而应有的正确看法则是："中国的历史，从西周到清代鸦片战争以前，在一个长时期中，都是封建制度的历史，这是事实。但是它和其他社会形态一样，曾经有许多发展变化，可以划分若干小阶段"，"所谓'停滞'，只能说它的发展是极度迂缓罢了"，所以"我以为中国封建社会的所谓'长期停滞'的提法是不恰当的"。①　而对于停滞的原因，邓拓总结道："中国历史上旧的生产方法——即以农奴劳动为主体的小规模农业生产和家庭手工业的紧密结合，构成了封建社会内部坚固的经济体；地主、高利贷者、商业资本家的三位一体对农民的剥削，以及商业资本因其寄生性和剥削性而不能破坏旧的生产方法和占领全部劳动过程；各经济区域间生活必需品大体自给，较少引起区域间大规模的交易；在上述条件下，封建剥削加强，手工业不能独立发展，难以向工场手工业转化，官营工业又缩小了商品市场；加上自然地理原因形成若干分离并立的政治经济中心，增强了封建经济的地方独立性和落后性，阻碍了商品市场的统一。"②无疑，邓拓的分析跳出了各种地理决定论、蛮族入侵论和农村公社延续论的窠臼，比此前形形色色的研究更为深入和有效，而这与他的研究紧紧抓住了经济基础这个关键点有关。对于邓拓的研究，何干之却不认同，他在1936年的《时代论坛》上发表《中国封建制"长期停滞"的分析》和《地租、手工业反映中国封建制的停滞性》等文章，强调自成小天地的村落共同体"是造成中央集权制的有力条件"，"共同体的反复再生产是紧紧的统一着手工业和农业，加强了农村的孤立性，于是中国封建制，于悠悠几千年，在亚细亚的沃野，长期停滞着，翻来覆去，没有根本的改变。"③何氏受日本学者早川二郎的影响，把农村共同体和东洋绝对主义权威看作停滞问题的根源，而把邓拓所指的手工业与农业的紧密结合、官营手工业的难以转化等看作次一层次的原因。

到了1937年，论战仍在延续。王宜昌于是年著《评"中国社会长期停滞论"》，对刘兴唐、邓拓、王礼锡、莫非斯等一众人的观点进行批评，认为他们的

---

①　邓拓：《论中国封建社会"长期停滞"的问题》，见《论中国历史的几个问题》，三联书店1979年版，第59—60页。

②　邓拓：《再论中国封建制的"停滞"问题》，见《论中国历史的几个问题》，三联书店1979年版，第61—73页。

③　何干之：《中国封建制长期停滞的分析》，《时代论坛》1936年第1卷第5期。

观点要么属于"长期停滞论"，要么属于"循环发展论"，实际是从社会构成的个别因素和表面现象思考问题，而没有抓住社会的"结构"和"本质"。① 王氏的观点引起了莫非斯的答辩，后者重申了自己农民暴动造成中国社会历史循环的观点。②

抗日战争爆发前后，日本学者秋泽修二为给日本侵略中国张本，著《东洋哲学史》《支那社会构成》等书，夸大中国亚细亚社会特征，提出所谓"亚细亚的停滞性"，认为农村共同体和人工灌溉是中国农业社会发展的桎梏，中国社会并未以其自身之力产生出具有资本主义性质的手工工场，商人资本没有外部作用便不能发展成为资本的资本，所以中国社会在结局上是停滞的，中国社会的根本性格是停滞的、循环的、倒退的。鸦片战争则是中国经济近代化的转机，而日本皇军的武力将会给与中国社会之特有的停滞性以最后的克服。③

秋泽修二的谬论引起了中国学者的警惕和批判，由此引发了封建社会长期停滞问题的又一轮研究高潮。吕振羽较早对此进行了批判。他于 1940 年先后著成《关于中国社会史的诸问题》《"亚细亚生产方式"和所谓中国社会的"停滞性"问题》两文，对秋泽修二的观点进行了全面的批判。首先，他指出秋泽不是从研究的立场出发，而是为着日本帝国主义的侵华宣传来曲说其所谓中国社会之亚细亚停滞性的。其次，他批驳了秋泽修二的农村共同体论和人工灌溉论。他指出，秋泽把以共同祖先的祭祀为中心而结合的同一氏族形成的村落看成是氏族制和农村共同体的遗制，把唐宋以后偶然存在的五世同居现象看作是原始家族共产体，都是歪曲了阶级社会同姓或异姓错落的阶级关系的构成，中国家族的情况没有什么原始共产体的内容，这些农村公社的残余对中国社会发展形势不能产生决定性的作用；同时，秋泽所谓水利事业是中国中央集权专制主义的一个物质基础的结论也有问题，水利事业在古代中国确实具有较大意义，但国家负责的水利工程及其所灌溉的面积在全国水利工程及其灌溉面积中所占比例并不大，且统治者也不见得都重视水利事业，秋泽的分析在本质上是把阶级关系隐蔽于国家的名义下了。最后，吕振羽是在批判秋泽修二的过程中，阐明中国社会发展的阻滞性的根源的。他强调外在矛盾

① 王宜昌：《评"中国社会长期停滞论"》，《思想月刊》1937 年第 1 卷第 1 期。
② 莫非斯：《为中国社会长期延续问题答王宜昌》，《思想月刊》1937 年第 1 卷第 2 期。
③ 参见吕振羽：《中国社会史诸问题》，三联书店 1979 年版，第 5 页。

的影响,也即异族入主,包括帝国主义的入侵所产生的阻滞作用,这实际是将批评的矛头转向日本侵略者。① 吕振羽对于秋泽修二观点的批评无疑是犀利、深刻的,但强调外因而非内在矛盾的决定作用,则属于一种置气行为了。到了1946年,吕振羽的观点受到了陈贤录的批评,后者则强调了地主经济封建制的影响。②

对于封建社会长期停滞原因认识比较到位、分析比较全面的是李达,他于1941年发表了《中国社会发展迟滞的原因》一文,指出中国社会在从西周到鸦片战争间的三千年的封建社会中是有进步的,虽然其间常有停滞和萧条时期出现,但农业、手工业、商业在春秋战国、秦汉、唐、宋、明等时期都有长足发展。所以问题不在于社会有无进步,而在于为什么长期停顿在封建阶段。而个中原因主要有八:战乱频繁,封建力役,封建剥削,宗法遗制下聚族而居的村落公社,封建的政治机构,农民阶级不能担负新的生产方法,科学的不发达与儒家学说的影响,地理环境的影响。李达表示,这些因素便是"障碍生产力的发展以及不能孕育新生产力的原因",相关因素都要联系起来才能理解这个问题的全部;同时,也要讲究原因的主次,它们之中,前五项为主要原因,后三项为次要原因。李达以为中国封建社会具有其特殊性,这是它走上了与欧洲封建社会不同的发展道路的原因,这种特殊性表现在:中国封建的战乱规模之大、时间之长是欧洲没有的;秦以后出现的民间地主成为大领主和国王的有力台柱,农民承受着劳役与实物、地主与国王的二重剥削,而欧洲则没有这种情况;秦以后的绝对主义君主独裁政权以地主阶级为最有力的台柱,而不像西方的绝对主义是建立在贵族阶级与市民阶级的均势之上的。③

然而,李达的分析却没有区分主次因素,在生产力与生产关系的互动研究上显得较为薄弱。这便引起了其他学者的批评。1942年,蒙达坦撰《与李达先生论中国社会发展迟滞的原因》,强调要从资本积累和生产方法进步来分析问题,指出土地自由买卖的特殊土地所有权关系、频繁的农民战争、农村共有财产的存在阻碍了资本积累,而重农抑商、地域的广阔与发展不平衡、儒家

---

① 吕振羽:《关于中国社会史的诸问题》,《理论与现实》1940年第2卷第1期。
② 陈贤录:《论中国封建长期停滞问题》,《社会科学》1946年第2卷第1、2期。
③ 李达:《中国社会发展迟滞的原因》,《文化杂志》1941年第1卷第2号。

学说影响等,则妨碍了生产方法的进步。① 嗣后,华岗撰文对李达和蒙达坦的研究进行评论。他一方面批驳了秋泽修二的观点,另一方面又评价了李达与蒙达坦研究的不足,并从内外因的角度解释停滞性问题,认为农业与手工业结合的农村公社遗制和特殊的土地所有权关系是内因,少数民族入侵和帝国主义入侵是外因。② 华岗的观点强调内外因的结合,这是其特色,但并无多少新意。此外,罗克汀1943年写的《论中国社会发展阻滞的原因——兼评几位史家对于这个问题的意见》对参加讨论的各家的观点进行了总结评述,也值得留意。而对于停滞性的原因,他表示:"由于中国封建社会的特点(包括特殊的土地所有权及自给自足经济——农村公社的残存、手工业与农业的直接结合)所造成的地租、商业资本、高利贷资本三者的强固结合,残酷的剥削使农民必要的物质生活资料不能维持,生产缺乏了刺激,只能以父子相传的同一生产方法去进行单纯再生产,因而造成了生产力的发展的龟步式的爬行。更加上了外在因素(条件)——地理环境的影响及历代异族的侵略和入主——的影响而形成了中国社会发展的阻滞。"③罗氏的总结吸收、综合了此前讨论的观点,体现了内外因和主次因的结合,为中国封建社会长期停滞的解答提供了一个较好的解释。

解放战争时期,围绕中国社会停滞问题的讨论也偶有发生。如前述陈贤录的文章,以及公盾写的《中国封建社会停滞性的研究》(1947年)、王亚南的《官僚政治对于中国社会长期停滞的影响》(1947年)等都是代表作。尤其是王亚南的文章,注重从官僚政治对商工市民的强大消解同化力入手分析问题,提供了不同于以往观点的新认识。

民国时期中国学者围绕中国封建社会长期停滞问题的讨论的价值在于,一方面提出了问题,虽然未能很好的解决;另一面又从马克思主义立场和观点出发对该问题作了初步探索,比之于此前那些所谓中国缺乏科学与民主精神、没有蒸汽机的发明等类型的解释要科学严谨很多,尤其是马克思主义者从生

---

① 蒙达坦:《与李达先生论中国社会发展迟滞的原因》,《文化杂志》1942年第2卷第1号。

② 华岗:《中国社会发展阻滞的基因——兼评李达、蒙达坦两先生对中国社会发展迟滞原因的讨论》,《群众》1942年第7卷第11、12期。

③ 罗克汀:《论中国社会发展阻滞的原因——兼评几位史家对于这个问题的意见》,《群众》1943年第1、2期。

产力与生产关系、经济基础与上层建筑相结合、内外因与主次因相结合等角度
所作出的分析,在新中国成立以后乃至今天看来,仍有着重要的理论价值。

三、关于民族问题的论争

(一)汉民族形成问题

关于汉民族形成问题的讨论可以追溯至 19 世纪末 20 世纪初的反清排满
运动,当时无论革命派、改良派,经常将"华种""黄种""人种""种族""汉族"
等概念混用,以激发普通民众的民族自信心和责任感。梁启超 1901 年在《中
国史叙论》中说道:"我辈现时遍布于国中,所谓文明之胄,黄帝之子孙是也"。
不过他也意识到,所谓汉族是黄帝子孙的说法具有不严谨性,表示:"今且勿
论他族,即吾汉族,果同出于一祖乎? 抑各自发生乎? 亦一未能断定之问题
也。"他还提到了各区域"民族"间的差别:"江南民族自周初以至战国,常见有
特别之发达。其性质、习俗颇与河北民族异其程度。自是黄河沿岸与扬子江
沿岸,其文明各自发达,不相承袭。"在这种情况下,梁启超感慨道"种界本难
定者",不过他转而又强调要"于难定之中强定之"。① 在梁启超看来,强调汉
族共祖虽不科学,却是确定种界的需要。而事实上,当时革命党人所鼓吹的
"排满革命"理论也大都如梁启超一样,试图通过强调共祖黄帝来彰显满汉的
边界。到了 1922 年,梁启超对于民族已经有了更新的理解。在《中国历史上
民族之研究》中,梁启超强调血缘、语言、信仰等都是民族成立的条件,但绝不
能将它们视作民族的分野,民族成立的唯一要素就是民族意识的发现与确立,
也即对他自觉为我的意识的确立,这是经无数年积累而成的文化枢系。对汉
族来说,诸夏(也即汉族)就是一种区分于夷狄的民族意识,其确立时间则是
在大禹时代,而所以在这个时代是因为有了公用之语言习惯,也是各部落合作
对付洪水的需要,以及与苗族等异族接触。②

虽然同讲排满革命,章太炎在《序种姓》一文中梳理汉族形成过程时则形
成了不同的解决思路。一方面,章太炎从历史和文化的角度分析汉民族问题,

① 梁启超:《中国史叙论》,《梁启超全集》,北京出版社 1999 年版,第 450—453 页。
② 梁启超:《中国历史上民族之研究》,《梁任公近著》第 1 辑下,商务印书馆 1924 年版,第
43—49 页。

意识到了中国历史上的民族并非"一族",中国不过是"并包殊族""种姓和齐"的结果,而文化的"醇化""归化"作用是一重要原因。他说:"亦建国大陆之上,广员万里,黔首浩穰,其始故不一族。太皞以降,力政经营,并包殊族,使种姓和齐,以遵率王道者,数矣。文字政教既一,其始异者,其终且醇化。是故淳维、姜戎,出夏后、四岳也,窜而为异,即亦因而异之。冉駹朝蜀,瓯越朝会稽,驯而为同,同则亦同也。然则自有书契,以《世本》《尧典》为断,庶方驳姓,悉为一宗,所谓历史民族然矣。自尔有归化者,因其类例,并包兼容。魏、周、金、元之民,扶服厥角,以奔明氏,明氏视以携养蘖子,宜不于中夏有点。若其乘时僭盗,比于归化,类例固殊焉,有典常不赦。"章氏所谓"历史民族"强调"庶方驳姓,悉为一宗",点明了民族形成的历史性,可以说已经抓住了民族发展最根本的特质。另一面,章太炎还从血缘角度分析了汉民族的形成问题。他说:"议者欲举晋衰以来夷汉之种姓,一切疏通分北之,使无干渎。愚以为界域泰严,则视听变易,而战斗之心生。且其存者,大氏前于洪武,与汉民通婚媾。婚至七世,故胡之血液,百二十八而遗其一。今载祀五百矣!七世犹倍进之。与汉民比肩,若日本之蕃别,则可也。"章太炎看到胡汉血脉在通婚过程中受到稀释,这说明即就血缘关系言,汉民族也一直在同化他族。因此,章氏的总观点即是:"今世种同者,古或异;种异者,古或同,要以有史为限断,则谓之历史民族,非其本始然也"。当然,章氏如是之论,说到底还是要为他排满服务的,而他的结论是:"独有满洲与新徙塞内诸蒙古,今在赤县,犹自为妃耦,不问名于华夏。其民康回虐饕,墨贼无艺。有圣王作,悦攘斥之乎攘斥而不殚,流蔡无土,视之若日本之视虾夷,则可也。"[①]言外之意,中国历史上的民族都归化了汉族,唯有满族与部分蒙古族不服归化,没有文明,故应攘斥之。章氏排满之论在今天看来固然有其局限,但他的历史民族说则颇显卓识。

到了中华民国时期,国民党提倡五族共和,强调五族之间亲密无间,如一家人。在这种的政治和舆论环境下,衍生出"五族同化论",其中关于汉族的形成也出现了与章太炎等革命党人的认识不一样的看法。1913 年,吴贯因在

---

① 章炳麟:《序种姓》(上下),《章太炎全集》(三),上海人民出版社 1985 年版,第 170—190 页。

《五族同化论》中说道："所谓汉满蒙回藏云者，多属地理之名词，或教宗之名词，而非种族之名词也。"这实际是否定了汉族与蒙回等族的种族区分。他的一个理由则是："若云种族，则自数千年前，此五族已有各种之关系，其血统之混淆，固已久矣。欲辨种界，亦岂易得而辨之者？"这是指血统混淆言。而另一理论则是："所谓汉满蒙回藏等族云者，不特彼此之血统固已混淆，即仅就一族之起源论之，其初亦非单纯之种族，实集合若干小种族而成，此不独汉族为然，即满蒙回藏诸族，亦无不皆然也。"这是就各族起源言。而单就汉族起源论，吴氏也像梁启超一样意识到汉族为"黄帝子孙"这一说法的不严谨，"今之所谓汉人者，其初果出于同一之种族乎？此实不能无疑也。"征诸历史，他以为"自黄帝至于商周，吾族所拓之疆土日广，所积之势力亦厚，以最文明之民族而宰制其他诸小族，宜乎四境之内，凡有血气者，皆归同化，而无复有种族之界限存也。"虽然当时华夷树帜，"干戈起于一室"，但其起因则是宗法时代"人人怀种族之僻见"。而战国以后，秦汉至清末则是"合诸小族而成一大民族"的历史，因为历史进入军国社会时代，"国界之思想日以发达，而种界之思想日以销沉"，七国竞争导致种族日归于融化，秦统一天下，则"合禹域内诸小族而成为一大族矣"，具体原因则是互通婚姻、任用异族人才、以文化定种界学说的提倡、宗教混合等。这就是说汉族是不同小族融合而成的大民族。总之，在五族共和的理论框架下，吴贯因相信："汉族之中既含有满蒙回藏诸族之分子，而满蒙回藏诸族之中亦含有汉族之分子，是则汉满蒙回藏诸族，今虽未能全同化，而其中已各有一部分之同化矣。"[①]其意，汉族在其形成过程中不但在同化他族，他族也同时在同化汉族。由此不难得出，汉族的形成是多民族相互融合同化的结果。

而同样以五族共和理念为指导，孙中山在 1924 年的《民族主义》演讲中也谈到了自己对民族形成的认识。他表示，民族是自然力所造成，而自然力则包括血统、生活、语言、宗教、风俗习惯等因素，如中国民族的形成在血缘上则"根源于黄色血统而成"。[②] 孙中山对现代中国的民族主义和民族意识的觉醒非常看重，他希望汉族与满蒙回藏等族"合为一炉而冶之"，而对于汉族在古

---

①　吴贯因：《五族同化论》，《庸言》1913 年第 1 卷第 7、8、9 期。

②　孙中山：《民族主义》，《孙中山选集》下，人民出版社 1957 年版，第 588—660 页。

代是如何形成发展的,孙中山的兴趣似乎并不大。

到 20 世纪 20 年代中期以后,国内学者有关中国民族问题的探讨越来越多,也越来越具有系统性。围绕汉民族形成问题的认识也日趋多元化。其中,吴有清的《苏联民族问题读本》(1927 年),王桐龄的《中国民族史》(1928 年),李达的《民族问题》(1929 年),郭真的《现代民族问题》(1929 年),吕思勉的《中国民族史》(1934 年)和《中国民族演进史》(1935 年),宋文炳编写的《中国民族史》(1935 年),施瑛编写的《中国民族史讲话》(1934 年),文化批判社编的《文化批判·中国民族史研究特辑》(1935 年)等,都是比较有代表性的著述。就其中的非马克思主义著作而言,大多继承了一二十年代国内学者有关民族问题的多元论认识,相信中国民族包括汉族都是民族相互融合的结果,而其中汉族因为文明发展程度较高而有更强的同化力。同时,虽然部分人仍然会受到中国人种西来说的影响,但更多的人对此进行了否认和批判。如王桐龄著《中国民族史》开篇就反思道:"晚清光宣之交,国人对于民族观念上发生两种误解:一为对内之误解,是曰排满;一为对外之误解,是曰媚外。实则中国民族本为混合体,无纯粹之汉族,亦无纯粹之满人,无所用其排。中国文化常能开辟东亚,武力亦能震撼欧洲,亦不必用其媚。"①这实际是对中国民族一元论和西来说的反驳。而在中国民族形成问题上,作者的认识更加明确。书中将中国历史分为汉族为主体和外族为主体的时代,认为两者都在相互同化。在汉族的形成,则经历了胚胎时代、四次蜕化时代和三次休养时代。② 这意味着汉族形成问题不再是某一时间点而是一个长期演化和持续融合的过程。而对西来说批判更直接的,则如刘兴唐在《中国人种的起源》中对一元论者中国人种西来说之虚构的批评③,吕思勉在《中国民族演进史》中对"中国民族自西方迁来"的观点的否定④,等等。

此外,这时期学者对于"中国民族"的认识中虽然仍保留着大汉族主义的

---

① 王桐龄:《中国民族史·序》(增补订正),北平文化学社 1934 年版,第 1 页。

② 王桐龄:《中国民族史·序论》(增补订正),北平文化学社 1934 年版,第 3—7 页。

③ 刘兴唐:《中国人种的起源》,载文化批判社编:《文化批判·中国民族史研究特辑》,中华书局 1935 年版,第 9—12 页。

④ 吕思勉:《中国民族演进史》,上海亚细亚书局 1935 年版,第 20 页。

观念,但这种观念已开始淡化。如吕思勉著《中国民族史》对于汉族的描述是:"此为最初组织中国国家之民族,其语言、习俗、文化等皆自成一体,一脉相承。凡世所称为中国民族者,皆以其能用此种语言,具有此等习俗文化而言之也。"①这里将汉族的语言习俗文化作为中国民族的判定条件,体现出大汉族主义的倾向。这实际是自梁启超时代以来国内众多学者的认知。而与此同时,吕书在对中国民族进行分类时,又能将汉族与匈奴、鲜卑、苗族等 12 个民族并列论述,实际上已有将汉族纳入中国民族一支的意思。

斯大林民族理论的提倡者中,包括李达、郭真、萨孟武等人都受到了苏联学者勃罗伊多的影响。而在勃罗伊多的解释中,除了强调民族有共同语言、领土、经济生活和文化心理结构等四大特征,以及民族与资本主义经济发展有必然联系外,同时也说明人们共同体从氏族、种族到民族的接续发展。这一观点,经由日语翻译传入中国。② 如李达在《民族问题》中指出:"所谓民族,是历史所形成的常住人们共同体,并且是因共同的言语、共同的居住地域,共同的经济生活,及表现于文化的共同心理而结合的人们共同体。"这种对民族的定义无疑是斯大林的观点。民族的起源在他看来有三个步骤,即氏族、种族、民族,它们是与人类各种经济发展阶段相适应的人类社会形态。采集、渔猎、耕作、牧畜是氏族经济的基础,封锁的自然的牧畜经济、农业经济或两者的混合经济是种族经济的基础,在商品经济基础上发达的交换及其以后的资本主义经济是民族经济的基础。而民族的端绪则开始于资本主义的最初阶段商业资本主义时代,推进种族到民族的原动力,是在种族中发展的生产力。③ 李达的这些论断是后来许多马克思主义学者思想的共同反映。不仅如此,这些论断也曾被用来分析汉族的形成。1940 年翦伯赞就曾表示,民族是资本主义兴起以后的产物,中国历史上存在的大汉族主义实际是一种种族主义,秦的国家也只是种族国家而非民族国家。④ 与此类似的,范文澜在 1941 年也认为现代中华民族是在一定文化一定种族基础上经过几千年的历史形成的,而所谓种

① 吕思勉:《中国民族史》,上海世界书局 1934 年版,第 1 页。

② 贾益:《1949 年前的"民族形成"问题讨论》,《中央民族大学学报(哲学社会科学版)》2018 年第 3 期。

③ 李达:《民族问题》,上海南强书局 1929 年版,第 3—10 页。

④ 翦伯赞:《论中华民族与民族主义——读顾颉刚〈续论中华民族是一个〉以后》,《中苏文化》1940 年第 6 卷第 1 期。

族则是黄帝传下的华族(周代称华族,汉以后称汉族)。① 这种认识虽然与马克思主义的资产阶级民族国家理论相契合,但必然引向中国古代历史上只有种族没有民族的论断,并不利于塑造民族自信,且与毛泽东在《中国革命和中国共产党》中所说的中华民族(主要是汉族)的发展已经经历了五千年的历史的论断相矛盾。故此,由种族发展为民族的论断终于被修正。范文澜的《中国通史简编》1948 年修订本中就将他的前述论断改成了中华民族是在一定民族基础上形成的,而民族基础则是华族。②

1947 年,吕振羽撰著的《中国民族简史》出版,这是"以马克思主义及其民族观为指导的中国民族史的开创之作"③。首先,该书旗帜鲜明地批判了旧民族观。对于儒家学者,吕振羽批评他们在中国人种起源上从道统观出发造出盘古氏、天皇氏、地皇氏、人皇氏等谬说,还武断地把中国境内乃至四周民族都臆断为神农、黄帝、大昊、少昊等人的子孙,"这丝毫也没有历史根据或任何科学成分,只是一种神学的臆断。"对于资产阶级的学者,他们无论是单元论、多元论或全元论,都是从帝国主义的侵略立场立论。如多元论者认为白人是聪秀的黑猩猩的子孙,黄种人和黑人则分别是较笨和最笨的猩猩、大猩猩的子孙,这种谬论曾为德国和日本法西斯所利用;单元论认为中国人种和文化都来自中亚细亚,其领头人便是黄帝,而中国人都是黄帝子孙,这种侵略主义假科学理论则又为墨索里尼和中国法西斯主义者所贩运。吕振羽认为,解脱这些谬论的羁绊,揭露其中阴谋,科学地解答其中问题,是中国马列主义者的责任。④ 其次,该书就汉族起源与形成问题提出了独到的见解。在中国人种起源上,作者指出中国人种的主要来源是蒙古人种和马来人种,次要人种则有高加索人种等。作者还就此强调,中国各民族与世界其他民族、中国国内各民族相互间的血统在不断的混合与同化,所以斯大林规定民族诸特征时,不提及血统。这体现出作者对斯大林民族理论的深刻理解。在汉族起源形成问题上,作者认为商族和夏族是后来构成华族(或华夏族)的两大骨干,此外包括羌

---

① 范文澜:《原始公社到中央集权的封建制度:远古至秦》,《中国文化》1940 年第 2 卷第 3 期。

② 中国历史研究会:《中国通史简编》上册,华北新华书店 1948 年版,第 10 页。

③ 阮芳纪:《编印说明》,见《吕振羽全集》第 6 卷《中国民族简史》,人民出版社 2014 年版。

④ 吕振羽:《吕振羽全集》第 6 卷《中国民族简史》,人民出版社 2014 年版,第 20—21 页。

族、山戎、狄等也渐次成为华族的构成部分，而华族自汉武帝、宣帝以后，便开始叫做汉族。而在后来的中国历史上，汉族与他族也持续上演了相互同化和统治的历史剧。直到解放战争时，汉族从严格意义上说也还没有成为一个完全现代化的独立民族。① 上述认识吸收了国内学界的同化论观点，也秉持了马克思主义的民族国家学说。最后，该书坚持了斯大林的民族四特征说，并注重以马列主义观点分析汉族的形成和发展问题。书中以四特征说来分析现代汉族的民族形态，指出解放战争时期汉族是有固定领土的，人民的经济生活处于新民主主义和半殖民地半封建的两种社会形态下，在很早的过去汉族就有了共同的文字和通用的官话，在文化心理状态方面也是有着共同特征的。书中还表示，"汉族的全部历史，是充满了斗争事迹的人民的历史"。这集中体现了人民史观。而对于汉族生产生活水平的分析，也为作者所重视。总之，吕振羽对于汉族形成问题的研究是马列主义理论与中国历史实际相结合的成果，富有典型性和体系性，说明民国时期国内有关汉民族形成问题研究已达到较高水准。

（二）关于"中华民族是一个"的争鸣

民族问题是一个十分复杂的问题，它既有很强的学术性，又与社会现实、国家的民族政策等密切相关。近代以来，随着外国帝国主义对中国的不断侵略以及中国社会危机的不断加剧，民族问题日益彰显。清朝末年，资产阶级革命派为了推翻满族贵族的统治，提出"驱逐鞑虏，恢复中华"等口号，把满族视为异族。而资产阶级改良派主张实行君主立宪制，强调"同种合体"。② 现在看来，改良派所持的民族观点与革命派当时的"排满"言论相比，更富有理性。辛亥革命后，资产阶级革命派很快改变了以前的排满做法，而倡言满汉一家，五族共和。"中华民族"这一名词在当时学者的文章中，政治家的演讲中，乃至政府的文告中，越来越多地被使用，其含义也不断充实，由原来主要指汉族，扩展为包含中国境内各个民族的民族共同体。这一变化，在五四运动前后尤其明显。③

① 吕振羽：《吕振羽全集》第6卷《中国民族简史》，人民出版社2014年版，第27—41页。
② 梁启超：《论变法必自平满汉之界始》，《梁启超全集》第1册，北京出版社1999年版，第52—54页。
③ 参见陈连开：《中国·华夷·藩汉·中华·中华民族——一个内在联系发展被认识的过程》，载陈连开著：《中华民族研究初探》，知识出版社1994年版；黄兴涛：《民族自觉与符号认同》，《中国社会科学评论》（香港）2002年创刊号。

1931 年"九一八"事变至 1937 年卢沟桥事变,日本帝国主义由局部侵略扩大为全面侵略,中国面临亡国灭种的危险。"中华民族"的自觉意识在抗日战争中进一步加强,"中华民族"之称谓得到全国各民族的认同,对民族问题的探讨由此更加受到重视。抗战前期,"中华民族是一个"民族观点的提出,引发了中华民族问题的学术论辩。

明确撰文提出"中华民族是一个"观点的是顾颉刚,与他观点相同的还有傅斯年等人。1938 年 12 月,顾颉刚在昆明创办《益世报·边疆周刊》,目的是"要使一般人对于自己的边疆得到些认识,要使学者们时时刻刻不忘我们的民族史和疆域史,要使企业家肯向边疆的生产事业投资,要使有志的青年敢到边疆去作冒险的考察,要把边疆的情势尽量贡献给政府而请政府确立边疆政策,更要促进边疆同胞和内地同胞的精诚合作的运动,并共同抵御野心国家的侵略"。① 不久,他在《益世报·星期论评》发表《"中国本部"一名亟应废弃》,指出:"中国的历代政府从不曾规定某一部分地方叫作'本部',中国的各个地理学家也不曾设想把某一部分国土定为'本部',在四十年前我们自己的地理书里更不曾见过这'本部'的称谓"。"这个名词就是从日本的地理教科书里抄来的",日人伪造、曲解历史来作窃取我国领土的凭证,因此必须废弃之。② 傅斯年在看到顾颉刚的文章后,给顾颉刚写了一封信,在信中他提出"'中华民族是一个',这是信念,也是事实"。顾颉刚"读到这位老友恳切的来信,顿然起了极大的共鸣和同情",第二天一早(1939 年 2 月 9 日),他不顾自己身体的虚弱,扶杖到书桌前写了《中华民族是一个》③,并于 1939 年 2 月 13 日发表在《益世报·边疆周刊》上。文章开宗明义地说:"凡是中国人都是中华民族——在中华民族之内我们绝不该再析出什么民族——从今以后大家应当留神使用这'民族'二字"。接着提到了傅斯年写给他的信,且叙述了这封信的主要内容。从傅乐成在《傅孟真先生的民族思想》所引用的傅氏致顾氏的信看,顾颉刚的这篇文章的确是对傅斯年的观点和意见的发挥。傅斯年说:"有两名词,在此地用之,宜必谨慎。其一为'边疆'。……其次即所谓'民族'。""更当尽力发挥'中华民族是一个'之大义,证明夷汉之为一家,并可以历史为

---

① (昆明)《益世报·边疆周刊》发刊词,1938 年 12 月 19 日。
② 《"中国本部"一名亟应废弃》,《益世报·星期论评》,1939 年 1 月 1 日。
③ 见《中华民族是一个》前言,《益世报·边疆周刊》第 9 期,1939 年 2 月 13 日。

证。即如我辈,在北人谁敢保证其无胡人血统,在南人谁敢保证其无百粤苗黎血统,今日之云南,实即千百年前之江南巴蜀耳。此非曲学也"。① 傅斯年在信中说的慎用民族,"发挥'中华民族是一个'之大义",顾颉刚在文章的开头和结尾都强调了:开头直言要留神使用"民族"二字,在中华民族之内不再析出什么民族;结尾又说:"我们从今以后要绝对郑重使用'民族'二字,我们对内没有什么民族之分,对外只有一个中华民族"。②

顾颉刚对"中华民族是一个"的论证,一是基于对历史的研究,二是缘于他从社会调查中得到的感性认识。他说自古以来的中国人只有文化的观念而没有种族的观念。到秦始皇统一时,"中华民族是一个"的意识就生根发芽了;晋朝五胡乱华,虽说大混乱了多少年,但中华民族却因此而扩大了一次;宋朝时辽、金、元和西夏迭来侵夺,然而到了后来仍然忘了种族的仇恨,彼此是一家人了。中华民族既不组织在血缘上,也不建立在同文化上。现有的汉人的文化是和非汉人的共同使用的,这不能称为汉人的文化,而只能称为"中华民族的文化"。不仅汉人文化不能称为汉人文化,就是这"汉人"二字也说不通。因为汉人在血缘上既非同源,文化也不是一元。中国人只是在一个政府之下共同生活的人,在中华民族之外决不该再有别的称谓。以前没有中华民族这个称谓时,没有办法,只得姑且认为汉人,现在有了这个最适当的中华民族之名了,就当舍弃以前不合理的"汉人"的称呼,而和那些因交通不便而致生活方式略略不同的边地人民共同集合在中华民族一名之下。他还分析了"五大民族"的由来,认为"五大民族"之说,是中国人自己作茧自缚,成为帝国主义假借"民族自决"分化中国的口实。他对民族和种族作了区分,并根据自己的见闻,认为在民间,一般老百姓并不懂得民族的含义,不使用民族的说法,只是用教之不同来相互区分。这个教,实际是文化的别名。他说,在中国境内,如果要用文化来区分的话,有三个文化集团:汉文化集团、回文化集团、藏文化集团,但它们并没有清楚的界限而是互相牵连的。他根据所见所闻,列举出边地人不同意以某一民族称呼自己的事例;并说要谨防外国人利用种族问题到边疆从事分裂中国的行径。希望青年到边疆和边民通婚,使得种族的界限一代

---

① 傅斯年致顾颉刚的信,转引自傅乐成:《傅孟真先生的民族思想》,《傅斯年印象》,学林出版社 1997 年版,第 201 页。

② 顾颉刚:《中华民族是一个》,《益世报·边疆周刊》第 9 期,1939 年 2 月 13 日。

比一代的淡下去而中华民族的意识一代比一代高起来,这样,"中华民国就是一个永远打不破的金瓯了"。这篇文章写得很有激情,历史与现实紧密联系,文献史料和实地调查相互结合,表达了作者积蕴多年的观点。

顾颉刚的这篇文章发表后,引起了很大的反响,重庆《中央日报》、南平《东南日报》、西安《西京平报》以及安徽屯溪、湖南衡阳、贵州、广东等地报纸纷纷转载了它。① 顾氏所主持的《边疆周刊》栏目也收到不少讨论文章。据查发表在《益世报》之《边疆周刊》或《星期论评》的信件和文章有如下一些:张维华的《读了顾颉刚先生的"中华民族是一个"之后》(署名"华",1939 年 2 月 27 日)、白寿彝的来函(后附顾颉刚的按语,1939 年 4 月 3 日)、费孝通的《关于民族问题的讨论》(1939 年 5 月 1 日)、马毅的《坚强"中华民族是一个"的信念》(1939 年 5 月 7 日)、鲁格夫尔的来函两封(后附顾颉刚的按语,1939 年 5 月 15 日)、徐虚生的《用历史的观点对鲁格夫尔先生说几句话》(1939 年 6 月 12 日)、杨向奎的《论所谓汉族》(1939 年 7 月 17 日)。上述文章对顾颉刚的观点大多表示了赞同,特别是从当时的形势着眼,认为顾氏提出这一观点对团结抗战具有重要的现实意义。唯费孝通的文章对顾颉刚的观点表示了不同意见,为此顾颉刚在发表了费孝通的文章后,又连作两文《续论"中华民族是一个"——答费孝通先生》,分别发表在《益世报》1939 年 5 月 8 日《边疆周刊》第 20 期和 1939 年 5 月 29 日《边疆周刊》第 23 期上。此二文从其内在的逻辑联系上看,可分别称作二论、三论"中华民族是一个"。在其他学术刊物上也有与顾颉刚商榷的文章,翦伯赞的《论中华民族与民族主义——读顾颉刚〈续论"中华民族是一个"〉以后》②就是有代表性的一篇。此后何轩举的《中华民族发展的规律性》,黄举安的《中华民族是整个的》以及席世镇的《中华民族起源问题质疑》等文章,都是在这一背景下发表的。

张维华、白寿彝是顾颉刚的学生,他们都同意顾颉刚的观点。张维华说:"顾先生这篇文章,是从历史的事实上说明我们是一家,坚强的建立起'中华民族是一个'的理论来,便于无形中加强我们团结的思想,这正是解救时蔽的一副良剂,我们对于这个问题是当该十分留意的。"他认为,坚强的民族意识

---

① 参见《中国现代学术经典·顾颉刚卷》,河北教育出版社 1996 年版,第 773 页,该文下所作的注释。

② 载《中苏文化》第 6 卷第 1 期,1940 年 4 月。

对反抗外来侵略压迫是很重要的,因此,"中华民族是一个"的理论亟待发挥。他对"一个"也作了自己的理解,说:"所谓'一个'的意义,据我个人看来,可从两方面说:一是从政治的联系上和社会生活各方面的联系上说,非成为一个不可。……第二方面是从血统上或是文化上,说明国内各部族是混一的,不是单独分立的,因为是混一的,所以成为一个。"但他也指出了从第二个方面进行解释的困难,说"中国的历史很长,疆域很广,内中所包括的份子也很复杂,其混一之迹,真是不容易寻究清楚。"然而他对这个理论还是充满信心的,"希望一般学人对于这个问题多多考虑,很快把这个理论建立起来"。①

白寿彝对顾颉刚提出"中华民族是一个"表示敬佩,说"'中华民族是一个',从中国整个的历史上去看,的确是如此,而在此非常时代,从各方面抗战工作上,更切实地有了事实上的表现,但在全民心理上却还不能说已经成了一个普遍的信念,而还没有走出口号的阶段。"作为一名回族学者,白寿彝从自身的感受中,对在抗战期间用历史上的民族矛盾激励民众爱国情绪的做法很不赞同,认为这是一种不健全的心理。他强调中华民族的团结一致,主张将"中华民族是一个"的思想贯穿到历史研究和历史编纂中,"中国史学家的责任,应该是以'中华民族是一个'为我们的新的本国史底一个重要观点,应该是从真的史料上写成一部伟大的书来证实这个观念"。"'中华民族是一个',应该是全中国底新史学运动底第一个标语"。顾颉刚在白寿彝这封信的按语中,赞同白寿彝的意见,但表示要在短时间内写出"这样的一部书来实在够困难"。"要使'中华民族是一个'的观念达到每个中国人的心曲,非使青年们多学会现在本国内流行的几种语言文字,能直接和边地同胞通情愫,并有能力搜集其历史材料不可"。②

马毅在《坚强"中华民族是一个"的信念》一文中,对抗战以来帝国主义利用民族问题企图分化中华民族的阴谋进行了揭露,说历史的任务本是民族教育的工具,忘记研究学问的目的,这种态度是要不得的。他认为中国各民族并

---

① 华(张维华):《读了顾颉刚先生的"中华民族是一个"之后》,《益世报·边疆周刊》第11期,1939年2月27日。

② 《来函》,《益世报·边疆周刊》第16期,1939年4月3日。顾颉刚的观点大概对白寿彝产生了很大影响,白氏晚年的民族思想和历史编纂学思想与他这一时期关注民族问题是有联系的。

无仇恨,只有加紧团结方可共御外侮。中华民族是各民族糅合抟聚合一炉而冶之以成的一大民族。他引用人类学研究成果,驳斥中华民族外来说;以章太炎的文字学研究、吕思勉的民族史研究成果,说明古之三苗不是现在的苗族,证明苗汉没有矛盾。"夷""夏"均可训为大的意思,四夷加虫犬字旁,源于原始氏族图腾崇拜,亦无鄙贱之意。这篇文章还引用了孙中山遗言和临时全国人民代表大会宣言,既有"国内的各少数民族"之提法,又有"整个的中华民族"等用语,与顾颉刚的提法略有一点不协调,但最后仍指出坚强"中华民族是一个"信念的重要性。[1]

苗族人鲁格夫尔不赞同苗汉同源论,说:"据我观察所得,今日要团结苗夷共赴国难,并不须学究们来大唱同源论,我们不必忌讳,苗夷历史虽无专书记载,但苗夷自己决不承认是与汉族同源的。同源不同源,苗夷族不管,只希望政府当局能给以实际的平等权利"。"对变相的大汉族主义之宣传须绝对禁止,以免引起民族间之摩擦,予敌人以分化之口实。"顾颉刚为这封信作按语说:"我们的团结的基础建筑在'团结则生,不团结则死'的必然趋势上,原不建筑于一个种族上,更不建筑于一个祖先上。"有些宣传用语虽有语病,"但也可以原谅,因为在这极度兴奋的时势之下,很容易急不择言,没加上详密的思考。"提议"汉奸"一名应改称为"内奸"等。鲁格夫尔显然对"中华民族是一个"的观点有所保留,但他对中华民族团结一致,共同抗击敌人是坚决支持的。[2]

费孝通的来信对"中华民族是一个"提出了质疑。针对顾颉刚文章中立论的根据,费孝通提出了几个问题:一、名词的意义和作用;二、民族是指什么;三、我们不必否认中国境内有不同的文化、语言、体质的团体;四、国家不是文化、语言、体质团体;五、民族问题的政治意味;六、什么时候名词能分化一个团体。他根据顾颉刚对民族的几种阐释,对顾颉刚的民族定义作了归纳,认为顾氏所谓民族是指在同一政府之下,在同一国家疆宇之内,有共同利害,有团结情绪的一辈人民。在"民族"之内部可以有语言、文化、宗教、血统不同"种族"的存在。因为顾颉刚附有英文 Nation 和 Clan,于是费氏就对 State、Nation、

---

① 参见马毅:《坚强"中华民族是一个"的信念》,《益世报·星期论评》1939 年 5 月 7 日。

② 参见《来函》,《益世报·边疆周刊》第 21 期,1939 年 5 月 15 日。

Race、Clan 作了解释和辨析。说 Nation 通常的意义却并不是同属一政府有团体意识的一辈人民，而是指语言、文化、体质(血统)上相同的一辈人民，通常译作民族。种族通常不是 Clan 的译文，而是 Race 的译文，指一辈在体质上相似的人。Clan 是社会人类学中的专门名词，指单系亲属团体，通常译作氏族。费氏认为，依这些译法，顾颉刚所谓"民族"与通常所谓"国家"相当，顾氏所谓"种族"和通常所谓"民族"相当。既然用法出现了歧异，费孝通干脆在讨论中直接使用涵义明确的"政治团体""言语团体""文化团体"甚至"体质团体"。他说："文化、语言、体质可以是人口分类的标准，也可以是社会分化的标帜。分类标准是一个局外人根据文化、语言、体质上的异同，把一地人口分成类型。分化标帜是局内人自觉在文化、语言、体质上的分歧，各自组成对立的团体。"①也就是说，分类标准以客观存在为根据，分化标帜则是主观认同的反映。客观上的混合并不就等于主观上的统一。费孝通根据自己的民族学、社会学调查，认为中国人民不但在文化、语言、体质有分歧，而且这些分歧时常成为社会分化的根据。在社会接触的过程中，文化、语言、体质不会没有混合的，可是这些混合并不一定会在政治上发生统一。因此，要证明中国人民因曾有混合，在文化、语言、体质上的分歧不发生社会的分化是不容易的。即使证明了，也不能就说政治上一定能团结。所以，费氏认为，不能把国家与文化、语言、体质团体画等号，即国家和民族不是一回事，不必否认中国境内有不同的文化、语言、体质的团体(即不同民族的存在)。谋求政治的统一，不一定要消除"各种种族"(即费氏所谓的民族)以及各经济集团间的界限，而是在于消除因这些界限所引起的政治上的不平等。对于顾颉刚说的要通过宣传"中华民族是一个"防止敌人的分化，费孝通认为重要的还是要健全自己的组织，"组成国家的分子都能享受平等，大家都能因为有一个统一的政治团体得到切身的利益，这个国家一定会受各分子的爱护"。为了避免在名词上纠缠不清，费孝通没有使用"民族"一词，但他所说的"各文化语言体质团体、分子"等，其实就是指的民族。也就是说，他认为中国是一个包含多个民族的国家。

　　针对费孝通的质疑，顾颉刚又作了两篇《续论"中华民族是一个"》。在第一篇中，他详细地说明了自己研究这个问题的五个因由。其中核心的意思是，

---

①　费孝通:《关于民族问题的讨论》,《益世报·边疆周刊》第 19 期,1939 年 5 月 1 日。

"九一八"事变以后,日本帝国主义加紧对中国进行侵略,用民族问题分化中国,"民族"二字需要慎重使用。他说:"我虽是没有研究过社会人类学,不能根据了专门的学理来建立我的理论,可是我所处的时代是中国有史以来最艰危的时代,我所得的经验是亲身接触的边民受苦受欺的经验,我有爱国心,我有同情心,我便不忍不这样说。"费孝通认为顾氏写《中华民族是一个》"立论的目的似在为'我们不要根据文化、语言、体质上的分歧而影响到我们政治的统一'一句话找一个理论的根据"。顾氏对此既同意又不完全同意。他说费氏的这个话"真是道出了我的心事,搔着了我的痒处。不过我的意思不只限于'政治的统一',还要进一步而希望达到'心理的统一'耳"。他对费孝通所提的"名词的意义和作用"又作了申辩,说"中国本部""五大民族"都没有客观实体。从血统上,满汉早已混同,"汉和满是否该分为两族也是大有疑问的"。他既不同意"五大民族"之说法,也不同意使用"苗民族""瑶民族""罗罗民族"等说法,认为这样的名词对帝国主义分化中国都会起到帮助的作用。①

在第二篇续论中,顾颉刚详细论述了 Nation 的用法,认为 Nation 不是人类学上的一个名词而是国际法上的一个术语,与 State 并没有截然的分野。他说,"语言、文化及体质"都不是构成民族的条件,构成民族的主要条件只是一个"团结的情绪"。民族的构成是精神的,非物质的,是主观的,非客观的。他引用 Arthur N.Holcombe 为民族下的定义道:"民族是具有共同民族意识的情绪的人群"。"民族意识是一个团结的情绪——一个国人彼此间袍泽的情感,相互的同情心"。一个民族里可以包含许多异语言、异文化、异体质的分子(如美国),而同语言、同文化、同体质的人们亦可因政治及地域的关系而分作两个民族(如英、美)。中国自从秦始皇统一之后,朝代虽有变更,种族虽有进退,但"一个民族"总是一个民族,任凭外面的压力有多大总不能把它破裂,新加入的分子无论有怎么多也总能容受,好像雪球这样,越滚越大,遂得成为世界上独一无二的大民族。为了更明确地表达自己的意思,顾颉刚用了一个设问:"或者有人要提出异议,说道'中华民族即是汉族的别名,汉人为一个民族是没有问题的,汉人以一个民族建国也是没有问题的。现在的问题乃是满蒙

---

① 顾颉刚:《续论"中华民族是一个"——答费孝通先生》,《益世报·边疆周刊》第 20 期,1939 年 5 月 8 日。

回藏苗是否都是民族？如是民族，则中华民国之内明有不少的民族，你就不应当说中华民族是一个'。……我现在要问：汉人的成为一族，在血统上有根据吗？如果有根据，可以证明它是一个纯粹的血统，那么它也只是一个种族而不是民族。如果研究的结果，它不是一个纯粹的血统，而是已含有满蒙回藏苗……的血液的，那么它就是一个民族而不是种族。它是什么民族？是中华民族，是中华民族之先进者，而现存的满蒙回藏苗……便是中华民族之后进者。他们既是中华民族之后进者，那么在他们和外边隔绝的时候，只能称之为种族而不能称之为民族。因为他们尚没有达到一个 nationhood，就不能成为一个 nation。他们如要取得 nation 的资格，惟有参加中华民族之内。既参加在中华民族之内，则中华民族还只有一个。"他还说，国内有些矛盾，如回汉问题，并不是真正的种族矛盾，而是交通问题。交通困难，人们见识少，视野狭隘，所以就斤斤计较，冤冤相报。他赞同孙中山的说法："本党还要在民族主义上做工夫，必要满蒙回藏都同化于我们汉族，成一个大民族主义国家"。他认为，这样说并不是大汉族主义，因为"所谓同化，并不是要消灭他们原有的文化，而只是为了他们切身利害，希望他们增加知识和技能，享受现代的生活，成为一个中华民国的好公民，一个中华民国的健全分子"。① 虽然如此，但顾氏关于民族的看法与孙中山还是有所不同。顾氏认为汉族是不能成立的。因为汉人血统不同源，文化也不是一元，所以"这'汉人'二字也可以断然说它不通"，应该用"中华民族"取而代之。② 他甚至不同意用"汉奸"，应该用"内奸"。要之，他认为在中国境内没有能够称为"民族"的独立民族，有，则只有一个包含所有中国人的"中华民族"。顾颉刚否定国内不同民族的存在，这是不符合实际的，这里面有他运用民族理论的局限性，与当时国民党所奉行的民族压迫政策还不是一回事，对此要有公允的认识。再者，他对中华民族内各个组成部分的密切联系的论述，对中华民族整体性的说明，还是有其学术价值的，为以后建立更加科学的民族理论提供了有益的思想资料。

这里有必要提一下傅斯年在这个争辩中的态度。傅氏虽然没有参加这场争辩，但他对这个争辩是十分关注的，他与顾颉刚的民族观点表现出惊人的一

---

① 顾颉刚：《续论"中华民族是一个"——答费孝通先生（续）》，《益世报·边疆周刊》第 23 期，1939 年 5 月 29 日。

② 顾颉刚：《中华民族是一个》，《益世报·边疆周刊》第 9 期，1939 年 2 月 13 日。

致。傅斯年在中国古代民族史的研究方面很有成就。他的《夷夏东西说》《周东封与殷遗民》《大东小东说》等均是颇具见识的研究先秦民族的名文①。1931 年九一八事变后,他撰写了《东北史纲》(第一卷),论述古代的东北民族。他与胡适、蒋廷黻等人创办《独立评论》,并在该刊及其他报刊发表大量文章,激扬民族士气,力主对日抵抗,如《"九一八"一年了》(1932 年 9 月 18 日)、《中国人做人的机会到了》(1933 年 1 月 15 日)、《溥逆窃号与外部态度》(1934 年 3 月 11 日)、《政府与对日外交》(1934 年 6 月 10 日)、《北方人民与国难》(1935 年 12 月 15 日)、《中华民族是整个的》(1935 年 12 月 15 日)等,在当时产生了很大的影响。特别是在《中华民族是整个的》一文中,他说:"我们中华民族,说一种话,写一种字,据同一的文化,行同一的伦理,俨然是一个家族。也有凭傅在这个民族上的少数民族,但我们中华民族自古有一种美德,便是无歧视小民族的偏见,而有四海一家的风度。即如汉武帝,正在打击匈奴用气力的时候,便用一个匈奴俘虏做顾命大臣,在昭帝时,金日磾竟和霍光同辅朝政。到了现在,我们对前朝之旗籍毫无歧视,汉满之旧恨,随清朝之亡而消灭。这是何等超越平凡的胸襟? 所以世界上的民族,我们最大;世界上的历史,我们最长,这不是偶然,是当然。'中华民族是整个的'一句话,是历史的事实,更是现在的事实。""有时不幸,中华民族在政治上分裂了,或裂于外族,或裂于自身。在这时候,人民感觉无限痛苦,所渴望者,只是天下一统,未统一时,梦想一统,既一统时,庆幸一统;一统受迫害时,便表示无限的愤慨。文人如此,老百姓亦复如此。居心不如此者,便是社会上的捣乱分子,视之为败类,名之曰寇贼,有力则正之以典刑,无力则加之以消极的抵抗"。② 且不要以为这是傅氏的一篇政论文,其实它表达了傅氏的民族观点,即中华民族是整个的,整个的就是一个。顾颉刚所论述的"中华民族是一个",即是傅斯年给他的信中最先提出的。傅乐成在傅斯年去世后回忆说,1938 年至 1939 年,傅氏在昆明撰有《中华民族革命史稿》,史稿原分多少章,不得而知,写成的只有第一章"界说与断限"和第四章"金元之祸及中国人之抵抗",共约两万字。其内容是说明中华民族的整体性及其抵御外侮百折不挠的民族精神,用以鼓舞民

---

① 参见何兹全为傅斯年《民族与中国古代史》(河北教育出版社 2002 年版)所作《前言》中的评论。

② 傅斯年:《中华民族是整个的》,《独立评论》第 181 号,1935 年 12 月 15 日。

心士气,增强国人的团结和民族自信心。在第一章中,傅斯年认为中华民族虽在名词上有汉、满、蒙、回、藏等族,但事实上实为一族。他说:"汉族一名,在今日亦已失其逻辑性,不如用汉人一名词。若必言族,则皆是中华民族耳。夫族之所以为族者,以其血统不单元,历代之中,无时不吸取外来之血脉,故能智力齐全,保其滋大。""今日之北人,谁敢保其无胡人血统? 今日之南人,谁敢保其无蛮越血统? 故满洲人在今日变为汉人之情况,即元氏在唐代变为汉人之情况也。今日西南若干部落中人变为汉人之现象,即我辈先世在千年前经过之现象也"。"则论原始论现事,与其曰汉族,毋宁曰汉人,名实好合也。若必问其族,则只有一体之中华民族耳。"①可见,傅氏与顾氏在名词和资料的运用方面,均有不少相通之处。傅氏与顾氏曾是北京大学的同学,傅是国文系学生,顾是哲学系学生,两人曾同住一个宿舍②,后均得到胡适的欣赏和信赖。但由于性情和发展学术的思路不同,自中央研究院史语所创办后,两人在学术上的交往减少了很多,然在此民族危难之际,他们在民族问题上又走在了一起。顾颉刚在《中华民族是一个》中提到一封"老友"来信,这位老友就是指傅斯年。

　　傅氏不但向顾氏表明了自己的民族观点,而且在费孝通的文章发表之后,还从行政上干预此事。费孝通是吴文藻的学生,他认为,费孝通写这篇文章,受了吴文藻的指使。因吴文藻当时是受中英庚款董事会的委派到云南大学工作的,于是他致函此会的董事长朱家骅和总干事杭立武,希望将吴文藻他调。在该函中,他对说中华民族并非一个断然反对:"更说中华民族不是一个,这些都是'民族',有自决权,汉族不能漠视此等少数民族。更有高调,为学问而作学问,不管政治,……弟以为最可痛恨者此也。""吴某所办之民族学会,即是专门提倡这些把戏的。他自己虽尚未作文,而其高弟子费某则大放厥词。若说此辈有心作祸,固不然,然以其拾取'帝国主义在殖民地发达之科学'之牙慧,以不了解政治及受西洋人恶习太深之故,忘其所以,加之要在此地出头,其结果必有恶果无疑也。"③这封信很长,其中既有一些卓见,也有不少义气用

---

　　① 转引自傅乐成:《傅孟真先生的民族思想》,《傅斯年印象》,学林出版社1997年版,第204—205页。

　　② 顾潮编著:《顾颉刚年谱》,中国社会科学出版社1993年版,第43页。

　　③ 转引自傅乐成:《傅孟真先生的民族思想》,《傅斯年印象》,学林出版社1997年版,第202—203页。

事和党同伐异的情绪。

在对待讨论上,顾颉刚与傅斯年还是有所不同的。傅斯年不主张讨论这个可能引起争议的问题。所以在顾颉刚开辟《边疆周刊》后,他就规劝顾氏"少谈'边疆''民族'等等在此有刺激性之名词"。顾颉刚在文章中也说要慎用或郑重使用"民族"二字,但又认为不能讳疾忌医,应该深入探讨。他说:"有一种人小心过甚,以为国内各种各族的事情最好不谈,谈的结果适足以召分裂之祸。记得前数年就有人对我说:'边地人民不知道他们自己的历史时还好驾驭;一让他们知道,那就管不住了'。但我觉得,这是讳疾忌医的态度,我们不当采取"。① 因此《边疆周刊》不仅没有回避边疆、民族等问题,而且对于即使与自己观点不同的文章,也予以登载。显然,顾氏是把这个问题当成一个严肃的学术问题来看待的,且表现了宽阔的学术胸襟。

顾氏对民族问题的关注始于九一八事变。20 世纪 20 年代,他在从事古史辨时,还不断使用"夏民族""商民族""周民族""楚民族""越民族"等词,九一八事变后,他认为自己过去对"民族"的使用不严谨。鉴于中国民族危机的日益严重,他加强了对边疆、民族、中国古代地理沿革的研究,创办《禹贡》半月刊和创建禹贡学会。在《禹贡》半月刊发刊词中,顾颉刚指出"民族与地理是不可分割的两件事"。② 他请白寿彝主编了"回教与回族"专号③;发表一些与民族有关的通讯;在《禹贡》第 7 卷第一、二、三合期,设置民族专栏,发表了齐思和的《民族与种族》、袁复礼的《新疆之哈萨克民族》、谭其骧的《粤东初民考》等文章④。但顾颉刚本人在称国内民族时均用"种族",称整个中国民族为"中华民族",如在《禹贡》第 7 卷第一、二、三合期上,他说:"我们要把我们的祖先冒着千辛万苦而结合成的中华民族的经过探索出来,使得国内各个种族领会得大家可合而不可离的历史背景和时代使命,彼此休戚相关,交互尊重,共同提携,团结为一个最坚强的民族"。⑤ 1937 年,他发表《中华民族的团结》,区别种族与民族的不同,说虽然中国境内存在许多种族,"但我们确实认

① 顾颉刚:《中华民族是一个》,《益世报·边疆周刊》第 9 期,1939 年 2 月 13 日。
② 《禹贡》半月刊第 1 卷第 1 期,1934 年 2 月。
③ 《禹贡》半月刊第 5 卷第 11 期,1936 年 8 月。
④ 齐思和的文章对顾颉刚的民族观有影响,在《续论"中华民族是一个"——答费孝通先生(续)》中大段引用了齐文。
⑤ 《纪念辞》,《禹贡》半月刊第 7 卷第 1、2、3 合期,1937 年 4 月。

定,在中国的版图里只有一个中华民族"①。可见,"中华民族是一个"的思想自九一八事变以来,在顾颉刚那里就逐步产生了。加上他以后的西北民族调查,更加坚信这一思想。诚如他在回答费孝通的信中所说:"我有爱国心,我有同情心,我便不忍不这样说",②"若如鲠在喉,不吐不快"。③

　　顾颉刚在《边疆周刊》接连发表两篇《续论中华民族是一个——答费孝通先生》,费孝通此后却没有再写论辩文章,这不是因为被顾氏的论证所折服,而是担心这样辩论下去收不到好的效果。费孝通小顾氏 17 岁,也是苏州人,读中学时就对顾氏搞古史辨钦敬不已。30 年代初顾氏为燕京大学教授,费氏是燕京大学的学生。费氏在燕大读的是社会学,主要受吴文藻等人的影响,未修过顾氏的课程。④ 然他们并非没有联系。对费孝通的社会学成绩,顾颉刚是清楚的。在禹贡学会成立会上,费孝通应邀出席,并以"调查广西花篮猺之经过"为题作演讲。⑤ 有人向《禹贡》编辑部询问《花蓝猺社会组织》一书如何求购,顾颉刚在该刊"通讯"栏回复:"《花蓝猺社会组织》一书系王同惠女士遗著,其夫费孝通先生整理者;书成之后,由广西省政府交商务印书馆印刷。迩来军事扰攘,发行之事或以是停滞,而费先生又去国,竟无从索取奉寄,特此志歉"。⑥ 费孝通从英国回国后,还曾与顾颉刚一起至云南的禄丰,参观学校、寺庙,调查赶街及夷人村落。⑦ 这些都说明,他们在日常生活和学术方面有一定的交往。54 年后,费孝通还对这次论争作了回忆⑧,对自己没有再写文章作了

---

①　1937 年 1 月 10 日《申报·星期论坛》。

②　顾颉刚:《续论"中华民族是一个"——答费孝通先生》,《盖世报·边疆周刊》第 20 期,1939 年 5 月 8 日。

③　顾颉刚:《续论"中华民族是一个"——答费孝通先生(续)》,《盖世报·边疆周刊》第 23 期,1939 年 5 月 29 日。

④　费孝通:《顾颉刚先生百年祭》,《费孝通文集》第 13 卷,群言出版社 1999 年版,第 26—27 页。

⑤　见《禹贡》半月刊第 7 卷第 1、2、3 合期,《本会三年来大事表》,但从会员名单可知,费孝通并没有加入禹贡学会。

⑥　《通讯》,《禹贡》半月刊第 6 卷第 5 期。

⑦　见顾潮编著:《顾颉刚年谱》1938 年 11 月 15 日条,中国社会科学出版社 1993 年版,第 290 页。

⑧　费孝通在《益世报》上发表的这篇文章,群言出版社出版的《费孝通文集》没有收入,大概是编辑者没有找到;顾颉刚的续论文章,2010 年出版的《顾颉刚全集》之前的各个版本的顾颉刚文集也没有收入,在这种情况下,费孝通的回忆仍很准确,可见这次争论对他的印象是极其深刻的。

说明，他说："后来我明白了顾先生是激于爱国热情，针对当时日帝国主义在东北成立'满洲国'，又在内蒙古煽动分裂，所以义愤膺胸，极力反对利用'民族'来分裂我国的侵略行为。他的政治立场我是完全拥护的。虽则我还是不同意他承认满、蒙是民族是作茧自缚或是授人以柄，成了引起帝国主义分裂我国的原因。而且认为只要不承认有这些'民族'就可以不致引狼入室。借口不是原因，卸下把柄不会使人不能动刀。但是这种牵涉到政治的辩论对当时的形势并不有利，所以我没有再写文章辩论下去"。①

翦伯赞没有看到顾颉刚的《中华民族是一个》，他看到的只是第二篇《续论中华民族是一个——答费孝通先生（续）》。翦伯赞说"这虽然只是顾先生大作的一部分，但因为是他的结论，所以能使我们充分地看出他们对于民族一般乃至中华民族的整个理解"。翦伯赞认为顾颉刚把中华民族当作一个问题而提出，是非常重要的。但又认为当时的争论大半陷于名词的讨论，没有把中华民族与现实的斗争关联起来，使得问题不能得到正确的解决。他说顾颉刚提出的"中华民族是一个"命题本身就不太正确，"因为这一命题，就包含着否定国内少数民族之存在的意义，然而这与客观的事实是相背离的"，虽然顾先生否认摆了大民族的架子。关于民族理论，翦伯赞认为顾颉刚也犯了一些"错误"：第一，把"民族"与"民族意识"混同起来，并且把"民族意识"当作"民族"；第二，把民族与国家混同起来，以为民族与国家是同时发生的；第三，把民族混合与民族消灭混为一谈；第四，在对种族与民族的解释方面存在问题，认为种族是"纯合血统"，民族是"混合血统"。翦氏说这是不对的，因为民族不是种族的变质，而是各种种族之结合，从种族到民族不是一种生物学上的原理，而是社会学的原理。第五，说民族的形成，不是内在的经济推动，而是外在的政治推动，翦氏认为这是只看到现象而忽视了本质。关于如何看待国内民族间的矛盾，翦伯赞说，顾颉刚把矛盾的产生归结为交通问题、现代化问题是对现实问题的回避。"我们以为问题并不在于'交通便不便'，也不在于'现代化不现代化'。主要的是要承认各民族之生存乃至独立与自由发展的权利，在民族与民族间建立经济的、政治的乃至文化的平等关系。以兄弟的友谊相

---

① 费孝通：《顾颉刚先生百年祭》，《费孝通文集》第13卷，群言出版社1999年版，第29—30页。

互结合,则'自杀的惨剧'自然可以消灭。真实的民族大团结也才能实现。我们这样研究是完全遵从三民主义的。""中华民族若离开经济的政治的平等概念,就否定了民族主义的革命意义,而与三民主义相违背的"。① 翦伯赞在文章中阐述了马克思主义的民族理论,认为要承认过去存在民族矛盾的现实,并分析了当前社会民族矛盾产生的原因,提出了实现中华民族大团结的根本途径,显示了马克思主义民族理论对解决历史问题和现实问题的巨大价值。当然,翦伯赞对顾颉刚的批评也存在一定的片面性,对顾氏观点的合理成分没有给予应有的肯定,个别论断也有点简单化。

顾颉刚对翦伯赞的文章没有回应,个中原因不甚其详②。此后他到成都齐鲁大学任职,昆明《益世报》之《边疆周刊》停办,"中华民族是一个"的学术论辩逐渐沉寂下来。

"中华民族是一个"的争论开展于抗日战争前期,具有鲜明的时代性。就顾颉刚而言,这个讨论既是他强烈地关心民族命运之爱国情怀的反映,又是他创办《禹贡》杂志以来学术工作的继续。但研究这一问题并非顾颉刚所想的那么简单,这是因为:一、民族本身就是一个很不好研究的学术问题,涉及许多学科的知识;二、这个问题与国内外形势,特别是抗战的时局联系紧密,在当时的历史条件下不可能展开充分的学术探讨、学术争论;三、当时的两大政党国民党和共产党在国内民族问题的观点有严重的分歧,欲超然党派而从事纯学术的研究也是很困难的。③ 但是这个问题在那时提出来并进行一定程度的论辩,具有它的必然性。清末以来,中华民族的认同意识不断加强,中国民族史的研究有了相当的成绩,如 20 世纪初,梁启超发表了多篇具有卓越见解的有关民族问题的文章;夏曾佑的《最新中学教科书·中国历史》包含很多民族史的内容;刘师培的《中国民族志》,着重叙述中国历史上各族的衍脉及其相互

---

① 以上引文皆见翦伯赞:《论中华民族与民族主义——读顾颉刚〈续论"中华民族是一个"〉以后》,《中苏文化》第 6 卷第 1 期,1940 年 4 月。

② 顾颉刚与翦伯赞相识是在此后的 1944 年,《顾颉刚日记》1944 年 5 月 8 日载:"伯赞与予初交而作深谈"。这次深谈,大概也谈到他们在民族问题上的不同观点。

③ 顾颉刚此后仍然重视边疆问题的研究,继续对民族问题给予了热情的关注。他 1947 年在《西北通讯》发表文章《我为什么要写"中华民族是一个"》,基本内容是答复费孝通文章的第一篇《续论》之文,即着重从自己的经历和中华民族近代以来遭受的苦难谈他写那篇文章的用意。

联系,已体现出专门的民族史的性质。此后,陆续出版了一些民族史专书,如王桐龄的《中国民族史》(1928 年)、吕思勉的《中国民族史》(1934 年)、宋文炳的《中国民族史》(1935 年)、缪凤林的《中国民族史序论》(1935 年)、郑德坤的《中国民族的研究》(1936 年)、郭维屏的《中华民族发展史》(1936 年)以及林惠祥的《中国民族史》(1936 年)等。特别是林惠祥的《中国民族史》,把人类学与历史学结合起来,开辟了中国民族史研究的新途径。不少通史类的著作也包含丰富的民族史的内容。因此,从学术自身的发展趋势看,对中华民族的宏观理论认识日益成为不可回避的问题。"中华民族是一个"是一个大命题,讨论这一命题对推进宏观民族理论研究具有重要的意义,是建立科学的中国民族理论不可或缺的环节。

经过抗日战争、解放战争等反对外来侵略和国内政治斗争的洗礼,中华民族的认同意识进一步增强,学术界关于中华民族的理论研究亦有了极大的推进。当年参加"中华民族是一个"学术论辩的学者,在新中国成立后,学术上更加精湛,不断提出新的理论。50 年代,顾颉刚计划编辑《中国民族史料集》,对自己过去的提法有所修正,说:"中华民族为多种民族所结合,中国文化为多种民族文化所荟萃,这是毫无疑问的事"。① 费孝通提出"多元一体格局"的民族理论②,白寿彝提出"多种形式的多民族统一"的历史理论③,反映了中国民族理论的日臻成熟。

但应该看到,"中华民族是一个"的学术论辩与以后提出成熟的民族理论的学术联系。

在关于"中华民族是一个"的讨论中,费孝通看到了中华民族的多元性,顾颉刚则强调了它的一体性。顾颉刚为了强调一体性而否定了多民族之存在,这使得他的理论带有严重的缺陷。但他对一体性的认识和论证,对费孝通以后提出"中华民族多元一体格局"的理论还是有意义的。顾颉刚是历史学家,他对历史上人们心向统一、民族意识日益趋同等资料的梳理,有益于从历史学的角度论证中华民族的一体格局。他说,"'中华民族是一个',这话固然

---

① 《顾颉刚自述》,《世纪学人自述》,北京十月文艺出版社 2000 年版,第 74 页。
② 费孝通:《中华民族的多元一体格局》,《北京大学学报》1989 年第 4 期。
③ 参见白寿彝总主编《中国通史·导论卷》第一章。

到了现在才说出来,但默默地实行却已有了二千数百年的历史了"。① 这与费
孝通后来所说的"自在的民族实体"和"自觉的民族实体"是相通的。费孝通
说:"中华民族作为一个自觉的民族实体,是近百年来中国和西方列强对抗中
出现的,但作为一个自在的民族实体则是几千年的历史过程所形成的"。② 顾
颉刚强调民族意识对确立民族的根本意义;费孝通在民族识别工作和民族理
论中,也对民族意识极其重视。费孝通在回顾自己的民族研究经历时提到英
国功能派社会人类学和俄国人类学家史禄国(S.M.Shirokogoroff)对他的影响,
说从他们那里学到的人类学理论和他 1935 年广西大瑶山的实地考察,是他提
出"多元一体理论"的两个主要因素。但是一个理论体系的完成,除了理论指
导和实地调查之外,历史的论证是不可缺少的,正像他说的:"现况调查必须
和历史研究相结合。在学科上说就是社会学或人类学必须和历史学相结
合"。③ 费孝通的"多元一体"理论,基本是通过历史论证的方法完成的。费
孝通本人在新中国成立后教授过中国民族史,并编写了讲义,他的《中华民族
多元一体格局》就是在该讲义的基础上加以 20 多年的思考撰写而成的。从
这里我们可以看出,"中华民族是一个"与"中华民族多元一体"理论的学术关
联,反映了历史学对民族学的影响。就白寿彝而言,在顾颉刚创办《禹贡》半
月刊时,他就与顾颉刚联系密切,并倾力研究回族史。他也积极地参加了"中
华民族是一个"的讨论,以后虽然对最初的观点有较大的改变,但那次讨论对
他此后学术路向的影响却是显而易见的。

　　要之,"中华民族是一个"的学术论辩是 20 世纪中国史学史上引人瞩目
的一页,对中国民族理论的发展,产生了深远的影响。

---

　　①　顾颉刚:《中华民族是一个》,《益世报·边疆周刊》第 9 期,1939 年 2 月 13 日。
　　②　费孝通:《中华民族的多元一体格局》,《北京大学学报》1989 年第 4 期。
　　③　费孝通:《我的民族研究经历和思考》,见马戎、周星主编《中华民族凝聚力形成与发
展》,北京大学出版社 1999 年版,第 10 页。

第七章　民国时期中外史学交流

一、中日史学交流

(一)近世以来之日本史学界

明治维新后,日本仿照西方,创办高等学校,建立研究机构,成立学会,编辑学术刊物,学术研究迅速实现了近代转型。在此背景下,日本在历史学方面亦取得快速的进步。1887年,东京帝国大学文科创设史学科,聘请德国人利斯(Ludwig Riess, 1861—1928)为教授。利斯是兰克(Leopold von Ranke, 1795—1886)的再传弟子,至此,西洋近代之史学研究法传到日本。当时日本史学界以日本史、中国史、西洋史鼎足而三。日本人以西方体例著中国史,取得初步成绩,著名的史书有那珂通世的《支那通史》。甲午战起,日本学者注意范围渐大,在那珂通世倡议下,中等教育设立东洋史科,以与西洋史对立。宫本贯之《东洋历史》,藤田丰八《中等教育东洋史》,市村瓒次郎《东洋史要》,桑原骘藏《中等东洋史》。东洋史成为与西洋史相对应的专门学问。所谓"东洋史",就是以中国史为主要研究内容,范围兼及四周国家的治乱兴衰及其相互关系。

日本各大学,实乃日本研究各种学术的最高中枢。学校内设立各种学会,有力地促进了学术交流和协作,对学术研究水平的提高具有很大作用。东京帝国大学内有史学会、东洋史谈话会、支那哲文学学生会、汉学会、东洋史同好会、东京历史研究会。京都帝国大学内有史学研究会、京都文学会、支那学会、支那学社、东洋史谈话会、东洋史研究会。京城帝国大学内有支那哲文学会、青丘学会。东京文理科大学内有大塚史学会、汉文学会。早稻田大学内有东洋学会、支那哲学部会、东洋史学会。庆应义塾大学内有三田史学会。这些学会有的还办有学术刊物,如东京帝大史学会的《史学杂志》,京都帝国大学东洋史学会的《东洋史研究》、支那学会的《支那学》等,都是影响很大的学术期刊。

除了大学史学科及其史学会,有一些学术资助机构和图书馆,在历史研究方面也发挥重大的作用。如帝国学士院,设立基金,奖励论文著书成绩卓著者,对于有深造希望之士,给予研究学术补助费。此外还有亚细亚学会、东洋协会、东亚考古学会、东方文化学院、南满洲铁道株式会社等。日本著名的图书馆有宫内省图书寮、内阁文库、东洋文库、静嘉堂文库。日本的历史著述、大学、史学团体、图书馆,在中日史学交流中均发挥了重要作用。

(二)晚清中日史学交流

由于历史上中日文化的紧密联系,以及地理的相邻,近代以来,中国与日本文化交流频繁。中国通过日本,了解和学习西方史学。中国学习日本主要从中日甲午战争之后,特别是日俄战争之后开始的。此间,中国大量地派遣留学生到日本,留学生在中日史学交流方面发挥了巨大作用。据统计,从1896年到第二次世界大战结束的五十年间,留日生约5万多人。从1896年到辛亥革命前,中国留日生的数量呈现抛物线形态,1896年仅有13人,1903年猛增至1000多人,1906年更达12000人。1907年后开始下降①。此外,旅居日本的政治活动家、学者如梁启超、章太炎、刘师培等人,也从事学术活动,与日本学术界有学术交往,向国内介绍日本史学界的成果。

辛亥革命前,留日生在日本成立了许多翻译团体,著名的有译书汇编社、湖南编译社、会文学社、新译界社、教科书译辑社、闽学会、国学社等。这些翻译团体编译书籍的范围十分广泛,包括政治、经济、法律、行政、教育、外交、军事、地理、哲学、历史、文学、自然科学、实业等等。其中有学术著作,也有教科书。历史书在留日生的译著中占有较大的比例。据谭汝谦主编的《中国译日本书综合目录》统计,1900年至1911年留日生编译的史地书籍有220多种,绝大多数为欧美、日本新出版的世界史、国别史、外交史、战争史、地区史、史学理论、历史教学法。这期间,日本运用章节体等西方体例所写的中国史、东洋史被翻译至国内,日本根据西方史学理论编著的史学理论著作包括历史研究

---

① 李喜所:《清末留日学生人数小考》,见李喜所著:《中国留学史论稿》,中华书局2007年版,第248—253页。

法著作被译介过来,被日本引进的西方文明史学著作也被翻译过来。兰克史学在中国生根发芽,也有日本的因素①。在翻译日本书籍的基础上,中国学者也用章节体撰写了中国历史②,撰写史学理论和史学方法论著作③,初步建立了中国现代史学的学科框架。清末的"癸卯学制",其章程主要是借鉴的日本的学制。因此,自戊戌变法至辛亥革命,是中国现代史学产生的阶段,被称作"早期新史学"。这个阶段,中国史学受日本的影响最大。早期新史学为民国时期史学的发展奠定了基础。

(三)民国时期中日史学交流

民国时期的中日史学交流是在晚清史学交流的基础上不断发展的。晚清时期即20世纪初年留学日本的学生在辛亥革命后大都回国,那些学习师范、史地、政治、经济等专业的学者,大都成为国内高校文史学科的骨干。以北京大学为例,北京大学1917年设立史学门,1919年改门为系。第一届史学门主任是康宝忠,他也是第一届史学系系主任。康宝忠1919年11月去世,接任史学系主任的是朱希祖。朱希祖在北京大学史学系主任任上一直干到1931年初。康宝忠、朱希祖都是留日生出身。在北京大学史学系讲授"唯物史观研究""史学思想史"课程的李大钊也是留日出身。其他执北京大学文科牛耳者如马裕藻、沈兼士、周树人、周作人、钱玄同等也都在日本留学过。在中国的最高学府北京大学,留日生在其创办初期具有举足轻重的作用。北京大学史学系的课程表,在星期之列,用日文月(星期一,月曜日)、火(星期二,火曜日)、水(星期三,水曜日)、木(星期四,木曜日)、金(星期五,金曜日)、土(星期六,土曜日)表示,可见日本元素在教学中的影响。此外,北京大学史学系还聘请日本学者担任教授,如1929年北京大学考古学课程就是由日本学者原

---

① 据考查,国人最早在文字中提到兰克的是王国维。他1900年为箕作元八、峰山米造合著《欧罗巴通史》所作的《序》中说:"日本理学士箕作元八及峰山米造两君所著《西洋史纲》,盖模德人兰克 Ranke 氏之作,以供中学教科之用者"。

② 如曾鲲化著的《中国历史》(1903年出版上卷,1904年出版中卷),涉园主人(张元济)著的《中国历史教科书》(1903年商务印书馆出版),陈庆年著的《中国历史》(1904年版),夏曾佑著的《中国历史教科书》(1904年、1905年、1906年分三册出版),刘师培著的《中国历史教科书》(1905年版),吕瑞庭、赵澂璧编《新体中国历史》(1907年商务印书馆出版),徐念慈编的《中国历史讲义》(1908年版)等。

③ 如汪荣宝编译的《史学概论》、梁启超的《新史学》、曹佐熙的《史学通论》等。

田淑人担任的①。国文系同样受到日本研究中国学问的影响。1932年《北京大学中国文学系课程指导书》指出："近数十年来，各国多有所谓 Sinologist 者，用其新眼光来研究我国的学问，贡献甚大。日本以文字、历史、地理的关系，其所谓'支那学'的成绩，最近二三十年，尤多可观。老实说，近年提倡国故整理，多少是受了这种 Sinologist 或'支那学'的刺激而发的。"②

　　民国时期尽管留日生人数与20世纪初相比下降了，但仍然较多。其中不乏在民国时期影响很大的学者，如吴玉章、陈望道、李达、郭沫若、吕振羽③、何干之等马克思主义史学家，以及在史学理论方面卓有建树的朱谦之、杨鸿烈等。特别需要指出的是，马克思主义在中国传播，日本是一个重要渠道，传播的主体是留日生。如第一个全译《共产党宣言》的陈望道，1915年赴日本留学，先后在东洋大学、早稻田大学、中央大学等校学习文学、哲学、法律等，其间阅读大量马克思主义书籍。李达、郭沫若等都是在日本期间接触、翻译马克思主义著作后，逐渐成为马克思主义者的。他们在马克思主义历史理论方面都有建树。

　　日本的东洋史研究、中国史研究成果不断被介绍到国内来。日本研究中国有两个中心，一是以白鸟库吉为首的东京大学，一是以内藤湖南为首的京都大学。前者冠以"东洋学"，后者标以"支那学"。白鸟库吉是利斯的弟子，以尊奉兰克史学方法自命。1909年提出著名的"尧舜禹抹杀论"，认为尧舜禹在中国历史传说中代表三种文化价值。尧代表属于天的天下为公的价值，舜代表属于人的孝顺价值，禹代表属于地的勤劳价值。天、人、地是儒家思想的三个关键支柱，象征三种美德。从儒家产生的时间，足以判断尧、舜、禹是春秋战国以后创造出来的人物，目的是为了宣扬儒家的价值观念。

　　"尧舜禹抹杀论"以《支那古传说之研究》为题目发表在《东洋时报》上，迅速在日本掀起轩然大波。林泰辅与白鸟库吉及其弟子桥本增吉进行了论争。与此相关，东洋学派的饭岛忠夫与支那学派的新城新藏围绕先秦天文历

---

　　① 王应宪编校：《现代大学史学系概览（1912—1949）》，上海古籍出版社2016年版，第49页。
　　② 转引自陈以爱著：《中国现代学术研究机构的兴起——以北大研究所国学门为中心的探讨》，江西教育出版社2002年版，第45页。该材料注：《国立北京大学中国文学系课程指导书（民国21年9月订）》，北大档案，全宗号：1/案卷号：274。
　　③ 吕氏1927年9月东渡日本，入日本明治大学读经济学课程，次年3月回国。

法进行了论战。白鸟库吉的观点，在北京师范大学中国史教授王桐龄的《中国史》讲义中有所介绍。他说："据白鸟库吉先生所研究，三皇五帝者，未必实有其人，不过汉民族国民思想之反映、臆造之架空的理想人物而已。"①王桐龄的学生李泰棻1922年出版的《中国史纲》，亦有"三才五行说"之介绍。中国学者也有对白鸟的观点提出批评的。章太炎1910年就对其"尧舜禹抹杀论"非常不屑，甚至嗤之以鼻，说："白鸟库吉自言知历史，说尧舜禹三号，以为法天、地、人，尤纰缪不中程度。"②在顾颉刚倡导疑古之前，白鸟库吉的观点在中国学术界，特别是具有留日背景学者那里有所知晓，但影响似乎不大。顾颉刚1920年代的疑古观点，与白鸟的"尧舜禹抹杀论"并不存在学术承继关联。白鸟的观点至三十年代以后，因有学术界的评论文章，方在中国学术界较大范围地被知晓③。白鸟库吉研究中国塞外史地的论文三十年代后才不断被翻译，在国内学术刊物上刊登。如《粟特国考》④、《东胡民族考》⑤、《大秦传中所见之汉人思想》⑥、《康居粟特考》⑦等等。王古鲁受中华教育文化基金董事会编译委员会的委托，翻译日本学者著述，名曰《塞外史地论文译丛》，将白鸟以"大秦、拂菻"为中心问题之文字编为第一辑，并撰写了《白鸟库吉及其著作》置于卷首，介绍了白鸟的生平、主要著作、重要的学术观点。特别是对白鸟的"尧舜禹抹杀论"的提出以及在日本的争辩过程作了简明扼要的梳理。卷末附有《白鸟博士著作年表》。王古鲁译编的白鸟著作由商务印书馆1938年、1940年分两辑出版，但他撰写的《白鸟库吉及其著作》《白鸟博士著作年表》却在1936年11月即刊登在《金陵学报》第6卷第2期上了。

内藤湖南（本名虎次郎，1866—1934）作为京都大学的中国学的标志性学者，治学领域宽广，在中国史、日本文化史等方面均留下了许多的成果。他既精通传世的历史文献，又重视甲骨文、敦煌文献的史学价值，对甲骨学、敦煌学

① 王桐龄：《中国史》，文化学社1934年版，第190页。
② 章太炎：《与罗振玉书》，见马勇编：《章太炎书信集》，河北人民出版社2003年版，第285页。
③ 参见李孝迁：《域外汉学与中国现代史学》，上海古籍出版社2014年版，第88页。
④ 钱稻孙译，《女师大学术季刊》1930年第1卷第4期。
⑤ 冯家昇译，《地学杂志》1934年第2期、1945年第1、2期。
⑥ 仇在庐译，《禹贡》1935年第3卷第3、5期。
⑦ 傅勤家译，商务印书馆1936年版。

的发展做出了贡献。他于 1920 年代提出著名的"唐宋变革论"。他与王国维
是学术朋友，彼此相互影响，王国维以"二重证据法"研究古史，运用甲骨文研
究殷周历史，与内藤湖南治学理路相契合。郭沫若流亡日本期间，潜心研究甲
骨文、金文，对京都学派和内藤湖南的治学均表现出赞赏和尊重。郭沫若在京
都曾专门拜访内藤湖南，并与他在"恭仁山庄"进行了交谈。"郭沫若谈及了
自己关于甲骨文研究的见解，内藤湖南认为郭沫若很有天分，不过他不大同意
郭沫若的见解。他后来私下对人讲，郭沫若对甲骨文的解释'有些异想天
开'，其研究具有'冒险性'。尽管如此，郭沫若对内藤湖南非常敬重，他在返
回东京后即赋诗一首《访恭仁山庄》，请田中庆太郎转寄内藤湖南。内藤湖南
也曾专门为郭沫若复制拓本资料。"①

　　内藤湖南曾到中国访学、游历，1902 年读到章学诚《文史通义》《校雠通
义》，深感其寓意深刻，在杭州购得两部，并将其中一部送给了当时在中国留
学的狩野直喜。以后他又买到章氏遗书抄本 18 册，编辑了《章实斋先生年
谱》，撰写了《章学诚的史学》。他的《章实斋先生年谱》在中国史学界产生了
影响。胡适、姚名达在内藤湖南的年谱基础上，又作了更加翔实的《章实斋年
谱》，从而激发起中国史学界对章学诚史学的重视。胡适说："我做《章实斋年
谱》的动机，起于民国九年冬天读日本内藤虎次郎编的《章实斋先生年谱》
（《支那学》卷一，第三至第四号）。我那时正觉得，章实斋这一位专讲史学的
人，不应该死了一百二十年还没有人给他做一篇详实的传。……最可使我们
惭愧的，是第一次作《章实斋年谱》的乃是一位外国的学者。"②胡适作《章实
斋年谱》时，知道内藤湖南有章氏遗书抄本 18 册，还托请日本朋友青木正儿
将这部遗书的目录全抄了寄给胡适，说明胡适与内藤氏亦有间接的联系。胡
适的《章实斋年谱》出版后，受到中国史学界的关注，清华国学研究院的学生
姚名达把"章学诚史学研究"作为自己的研究方向。《章实斋年谱》再版时，胡
适请姚名达进行增补，请对章学诚研究有素的何炳松写序。中国学者研究章
学诚的这些活动，也引起内藤湖南的关注，他说："中国有一位叫胡适的人
还将我所作的年谱予以增订出版，由此章氏的学问亦引起了中国新派学者

---

①　刘德有：《战后随郭沫若访日》，辽宁人民出版社 1988 年版，第 141 页。

②　胡适著，姚名达订补：《章实斋年谱·胡序》，商务印书馆 1934 年版，第 1 页。

的注意。在此之前,中国治旧学的学者,如张尔田、孙德谦等人出于对章氏学风的仰慕也曾特别进行过钻研;而最近除胡适之外,又有出身于清华学堂的姚名达,以及四川学者刘咸炘等人,都能发挥章氏之学,各有著述公开发表。"①

中国的学术期刊比较注意介绍日本的汉学研究成果。《国学季刊》《北京大学研究所国学门周刊》《燕京学报》《史地学报》《禹贡》等刊物都刊登了不少日本学者的研究成果,并发表评介文章。如《燕京学报》1936 年第 19 期刊登的《日人在东北的考古》,《禹贡》1936 年第 5 卷第 6 期发表的《日人对我东北的研究近况》等就可反映这方面的情况。日本学者的著作翻译成中文的也很多,如桑原骘藏的《蒲寿庚考》,内藤湖南的《先秦经籍考》,白鸟库吉的《塞外史地论文》《东胡民族考》,青木正儿的《中国近世戏曲史》《南北戏曲源流考》《元人杂剧序说》《中国文学概说》,羽田亨的《西域文明史概说》《中央亚细亚的文化》,羽溪了谛的《西域之佛教》,石田干之助的《中西文化之交流》等名著,都被翻译成中文。

日本汉学界的学者也到中国,收购书籍,建立汉学研究机构,充实他们的研究资料。如 1931 年,日人松村太郎来北平,与琉璃厂、文殿阁建立紧密的业务联系,购买了大量中外交通史料,并找中国学者予以标点和整理。来中国访学的日本学者数量也很多,其中不乏著名者,如竹田复、吉川幸次郎、青木正儿、仓石武四郎等,他们都得到中国学者的友好接待。

日本的著名图书馆,与民国时期中国图书的外流也有密切的关系。如东洋文库是 1917 年岩崎久弥收购原在北京的莫利森文库的基础上创立的。莫利森文库藏图书二万四千余册,图片千余帧,是莫利森(George Ernest Morrison,1862—1920)在华期间二十多年苦心搜罗的有关亚洲的书籍图志,包括英、法、德、俄、荷兰、意、葡、拉丁、西班牙、瑞典、丹麦、波兰、匈牙利、希腊、芬兰等国文字关于东方(以中国为主)的论著。莫利森是出生于澳大利亚的苏格兰人,1897 年以伦敦《泰晤士报》通讯员身份到北京,后任中国总统府顾问(1912—1920)。日本静嘉堂文库有中国皕宋楼、十万卷楼善本四万余册,宋

---

① [日]内藤湖南:《章学诚的史学》,内藤湖南著:《中国史学史》,马彪译,上海古籍出版社2008 年版,第 371 页。

元版书之夥,独步古今。日本也有许多甲骨、金文、石鼓文的收藏家、研究者,他们经常到中国来,与中国的古董商和有关专家多有交往。郭沫若1928年至1937年流亡日本期间,研究甲骨文、金文,取得令日本学界震惊的丰硕成果,就与日本在这方面丰富的收藏有关。

日本在明治维新前,一直受中国文化的影响,知识阶层自觉地学习和吸收中国文化。中国传统学术在日本文化中有丰厚的积淀。明治维新后,他们又主动学习西方,运用西方的学术理念、学术机制进行本国史、中国史、西洋史研究,迅速实现了学术研究的近代转型。相对于西方学者,日本学者有一些得天独厚的优越条件:日本与中国地缘近,人员来往方便;日本文化中具有浓重的中国文化色彩,接受和学习中国文化比较容易。因此,在先进的学术理念和治学方法的指导下,日本的中国学在短时间内取得了诸多成就。文化的紧密交融,本是中日史学交流的良好的基础,但日本近代以来一直对中国抱有野心,甲午战争后更是进行野蛮的侵略。日本的中国学研究,在学术成果的背后,也隐藏着不纯正的动机和目的,给中日史学交流蒙上了一层阴霾。

早在1910年,章太炎对明治维新后的日本第一代汉学家就有批评,指出其学术研究中的对外扩张性特点。他说:“大抵东人治汉学者,觊以尉荐外交,不求其实”。① 也就是说,日本汉学界为了政治利益以及侵略扩张的目的,有研究学问故意歪曲事实的倾向。郭沫若对以白鸟库吉为中心的东洋学派极为反感,说“白鸟本人(他便是法西斯外交官白鸟某的父亲)除在东京帝大担任教授之外,在这儿(按指东洋文库)有他的研究室,经常住在这儿的三楼。他的下边的一群学者,大多是受了法兰西学派的影响,而又充分发泄着帝国主义的臭味的。对于中国的古典没有什么坚实的根底,而好作放诞不经的怪论。有一位著名的饭田(岛)忠夫博士,便是这种人的代表。他坚决主张中国人是没有固有文化的,所有先秦古典,一律都是后人假造。中国的古代文化,特别关于星算之类,是西纪前三三四年(战国中叶)亚历山德大王东征之后才由西方输入的。因此凡是古文献中有干支之类的文字,在他认为尽都是后人的假托。甲骨文和金文里面的干支文字极多,而这些东西都是在西纪前三三四年之前,不用说也就都是假造的东西了。这样的论调与其说是学术研究,宁可说

① 章太炎:《与罗振玉》,见马勇编:《章太炎书信集》,河北人民出版社2003年版,第285页。

是帝国主义的军号。东京学派的人大抵上是倾向于这一主张的，因而他们对于清乾嘉以来的成绩，不仅不重视而且藐视。关于甲骨文和金文之类，自然也就要被看成等于复瓿的东西了。"①

本田成之的《支那经学史论》，1927 年出版。其书末有云："我至是有一遐想，埃及和迦勒底的学问在其本国已亡掉了，希腊的学问在他的本国已亡，而在他国却完全保存着呢。佛教也是这样。回想我以前，在南华某人家曾见左宗棠墨迹一联云'异国古书留日本'。像经学这一学科，将或失于中国而被存于日本也未可知，我于此有无限的感慨了。"②本田成之的这本书很快就在中国出现两个译本：一是江侠庵译，商务印书馆 1934 年出版，书名译为《经学史论》；一是孙俍工译，中华书局 1935 年出版，书名译为《中国经学史》。该书的确也让中国学者受到了些许刺激，如当时研治经学史的青年学者周予同就感慨道："但是很可奇怪的，以中国这样重视史籍的民族，竟没有一部严整的系统的经学通史。自然，经学史料是异常丰富的，广义的经学史或部分的经学史也不是绝无仅有；但是，如果说到经学通史，而且是严整点系统点的，那我们真不知如何回答了。皮锡瑞的《经学历史》、刘师培的《经学教科书》第一册，固然不能说不是通史；但是以两位近代著名的经今古文学大师，而他们的作品竟这样地简略，如一篇论文或一部小史似的，这不能不使我们失望了。最近日人本田成之撰《支那经学史论》，已由东京弘文堂出版，以具有二千余年之经学研究的国度，而整理经学史料的责任竟让诸异域的学者，这在我们研究学术史的人，不能不刺骨地感到愧惭与耻辱了。"③"整个经学之产生和演变的叙述，让日本后起的学人本田成之在东京出版；这国内外学术研究空气的对比，真使我们感到刺骨的惭愧。"④即使这样，周予同认为这本书问题仍然很多。他说："此书只能表示异国学者对于中国经学的见解，并不是成熟的作品"⑤。

① 郭沫若：《我是中国人》，《郭沫若选集》第 1 卷下册，四川人民出版社 1979 年版，第 87—88 页。

② ［日］本田成之著：《中国经学史》，孙俍工译，上海书店出版社 2001 年版，第 296 页。

③ 周予同：《经学史与经学之派别——皮锡瑞〈经学历史〉序》，《周予同经学史研究论著选集》（增订本），上海人民出版社 1996 年版，第 96 页。

④ 周予同：《治经与治史》，《周予同经学史研究论著选集》（增订本），上海人民出版社 1996 年版，第 623 页。

⑤ 周予同：《治经与治史》，《周予同经学史研究论著选集》（增订本），上海人民出版社 1996 年版，第 626 页。

"其缺点在对于中国经学的修养不够而多武断的话。"①在一个中国青年学者看来如此不成熟的作品，作者却如此豪言自负，多少反映了日本学者研究汉学的强权霸道心理。

日本对中国社会史、经济史的研究在 20 世纪 30 年代的社会史论战时期产生了一定的影响。森谷克己的《中国社会经济史》、早川二郎的《古代社会史》、佐野袈裟美的《中国历史教程》等，被翻译过来，成为社会史论战时期的外来资源，为参与论战者所资取。那时对这种现象进行的学术批评多少也能折射出这种情况，郑师许说："日本森谷克己的《中国社会经济史》及佐野袈裟美的《中国历史教程》等书传入我国，而译者纷起，甚至有改头换面、半编半译的类似外货的史书出现，而学校中竟有用为课本以号时髦者，岂不大可哀乎？"②

日本在中国东北肆意进行侵略活动，特别是九一八事变后，成立了日满文化协会、满洲协会，日本众多一流汉学家包括白鸟库吉、内藤虎次郎、服部宇之吉、羽田亨等，与罗振玉、郑孝胥等人沆瀣一气，进行东北历史地理调查，整理满蒙史料，以融合日满文化相标榜，为日本侵吞中国东北张目，完全沦为日本帝国主义对中国进行侵略的工具和帮凶。中国学者对此进行了反击和驳斥。如主张"史学即是史料学"的傅斯年，为了驳斥日本帝国主义的满洲非中国领土论，撰写了《东北史纲》。章太炎在北平高校演讲，强调历史之重要性："不知不讲历史，即无以维持其国家。历史即是账簿、家谱之类，持家者亦不得不读也。"③"日本外交官在国际联盟会称东三省本是满洲之地，中国外交官竟无以驳正，此岂非不看家谱、账簿而不知旧有之产业乎？"④顾颉刚创办《禹贡半月刊》，发表《禹贡学会研究边疆学之旨趣》，针对日本对中国的侵略和"近年日本学者之中国研究"，提出研究边疆学的紧迫性，他说："我辈生于今日，受

---

① 周予同：《怎样研究经学》，《周予同经学史研究论著选集》（增订本），上海人民出版社1996 年版，第 629 页。

② 郑师许：《民族主义的历史教学上之三大问题》，《教与学月刊》第 5 卷第 11、12 期合刊，1941 年。

③ 章太炎：《历史之重要》，见马勇编：《章太炎讲演集》，河北人民出版社 2004 年版，第152 页。

④ 章太炎：《历史之重要》，见马勇编：《章太炎讲演集》，河北人民出版社 2004 年版，第150 页。

重重之束缚，欲求我之知彼固不容同于彼之知我，然而我之知我则必不可逊于彼之知我。何则？主客易位则宰割由人；岂惟束手待毙，亦将无以得旁观者之同情。有某甲焉，负箧而趋，某乙追之，呼曰：'是吾家物也，汝何盗！'甲止步而询曰：'果是君家物者，请具言其中所藏！'乙瞠目而不能答。甲乃侃侃陈词，谓中有币帛若干，金银若干。启而检之，果如所说，斯时旁观者必皆直甲而曲乙，斥乙为诬谰矣。即有明知甲之为盗者，亦必鄙乙之颟顸而不善保其所有，目笑存之矣。呜呼，今日之事何以异此！"①金毓黻是著名的东北史家，基于爱国爱乡的情愫，他潜心研究东北史，他对日本学界东北史研究的情形十分清楚，提出中国加强东北史研究的紧迫性。他说："今日有一奇异之现象，即研究东北史之重心，不在吾国，而在日本，是也。姑无论其用意若何，所述有无牵强附会，而其搜材之富，立说之繁，著书之多，亦足令人惊叹。试检其国谈东洋史之专籍，十册之中，必有一册属于东北，论东方学术之杂志，十篇之中，必有一篇属于东北，总其部居，校其篇目，林林总总，几于更仆难数。世界各国学者，凡欲研究东洋史、东方学术，或进而研究吾国东北史，必取日本之著作为基本材料，断然无疑。以乙国人，叙甲国事，其观察之不密，判断之不公，本不待论。重以牵强附会，别有用意，入主出奴，积非成是，世界学者读之，应作如何感想。是其影响之巨，贻患之深，岂待今日而后见。此由吾国向无此类精详之专书，可供世界学者之考览，而国人忽略史事，研究不早，亦其一端也。譬之居家，室中之藏，土田之籍，牛马蕃息之数，戚郦隆杀之等，主人概不之知。而其邻人或素昧平生之士，登其庭入其室，开其箧缄，一一而探索之，分类而晰载之，细大不捐，如数家珍，吾知其家之败可立待，且将辇其所藏以入于他人也。今日之情，何以异是。为主人者，亟应自计其室中之藏，土田之籍，马牛蕃息之数，戚郦隆杀之等，失之东隅，尤可收之桑榆。然则研究东北史，其可缓乎？"②

随着日本全面发动侵华战争，日本汉学界的一些人士完全撕下了学者的外衣，为本国的侵略行径宣传鼓噪。杨宽指出："白鸟库吉就是日本南满洲铁道株式会社所属'满鲜历史地理调查部'的主持人，白鸟曾四次奉命前往中国东北、华北、内蒙等地作实地调查，这个机构前后出版的研究成果，显然应合当

---

① 顾颉刚：《禹贡学会研究边疆学之旨趣》，《宝树园文存》卷4，中华书局2010年版，第221页。

② 金毓黻：《东北通史·引言》，吉林教育出版社1943年版，第2—3页。

时日本侵略的需要。"①白鸟在日本侵华过程中扮演了一个御用文人的角色，曾公开在《满洲报》发表《满洲建国之必然》，以学术研究的面目宣扬"满蒙非支那土地"的谬论，歪曲历史，为日本侵华编造根据，为虎作伥。正常的中日史学交流至此基本中断了。在日伪占领区，日伪文化机关所开办的大学及其学术刊物，虽然仍不乏登载介绍日本学界的汉学研究机构、汉学家以及汉学研究成果之文章，但其交流的性质出现了质的变化。中日史学交流进入了黑暗和冷冻期。

二、中美史学交流

美国是一个后起的新兴的国家。自其建国后，发展迅速，19 世纪一跃成为世界强国，并走上对外扩张的道路。由于美国与欧洲的密切关系，美国的科学技术、哲学社会科学、人文学科受欧洲的影响很大。在历史学方面，19 世纪后期至 20 世纪初期，美国步欧洲之后尘，诸多美国学者到欧洲留学，学成后回到美国。还有许多欧洲的著名史学家来到美国，在美国著名大学任教。所以欧洲的史学思潮和史学流派，在美国均有信奉者和传人。中美文化交流最早是从美国传教士来华开始的。鸦片战争后，西方传教士大批来华，传播西方的宗教文化，其中包括诸多美国传教士。他们在传教的同时，也介绍了西方的史地知识，以及西方国家的政治、经济、社会、文化等方面的情况。中国近代的最早一批涉及外国史地的著作如《海国图志》《瀛环志略》等，就吸收了美国传教士的西学知识。1847 年，中国派出容闳、黄胜、黄宽三人赴美留学，这是中国近代最早的留美生。1872 年清政府又陆续派了 120 名幼童留学美国。因为清政府内部顽固派的反对，1881 年这批幼童没有完成学业就回国了，学生留美工作基本中断。1900 年后，留美生才逐步增多。特别是 1909 年后，美国将庚子赔款的一部分用于中国派遣留美生的经费，并建立了清华留美预备学校，留美学生数量剧增。此外，各省都有官费资助的留美生。民国时期，留美生数量庞大。留美生在中美史学交流中发挥了重要的桥梁作用。另一方面，美国

① 杨宽：《历史激流中的动荡和曲折——杨宽自传》，(台北)时报文化出版企业有限公司1993 年版，第 77 页。

来华的汉学家与中国学者也有密切的学术交流，他们回国后，对美国的中国学研究发挥了重大作用。

据统计，民国时期留学美国以中国史为题获得博士学位的留学生有 29 位①，以获得博士学位时间先后，依次为刘强（1923 年）、陈受颐（1928 年）、范存忠（1931 年）、金武周（1931 年）、沈维泰（1932 年）、汤吉禾（1932 年）、郭斌佳（1933 年）、皮名举（1935 年）、齐思和（1935 年）、章楚（1935 年）、罗荣宗（1936 年）、翁独健（1938 年）、黄延毓（1940 年）、姚善友（1941 年）、郑德坤（1941 年）、邓嗣禹（1942 年）、余秀豪（1942 年）、陈铁民（1944 年）、周一良（1944 年）、史景成（1946 年）、吴保安（吴于廑，1946 年）、杨联陞（1946 年）、朱士嘉（1946 年）、何祚藩（1947 年）、温月熊（1948 年）、张伯训（1948 年）、王伊同（1948 年）、蒙思明（1949 年）、向高（1949 年）。这些学者大都博士毕业后回到国内，成为民国时期知名大学的教授；少部分居留美国，如邓嗣禹、杨联陞等，在美国汉学界乃至国际汉学界具有重大的影响。杨联陞以后成为哈佛大学教授，美国许多汉学家出于他门下。他撰写了数篇中国史学史方面的论文，如《中国传统的编史工作》《二十四史称呼之理论》《古代中国历史研究之发展》等，对美国了解中国史学具有重要的意义。邓嗣禹 1949 年写有《最近50 年中国史学》，对中国 20 世纪前半期的史学作了全面介绍，指出中国史学，历史悠久，成就辉煌，在人类文明史上罕有与之匹敌者，西方学者应该知道和了解中国史学。留美博士既是民国时期中美史学交流的成果，又为推动民国时期中美史学交流做出了重大贡献。

哲学与史学关系密切，在美国研究中国哲学问题的学者回国后在史学方面取得成就者不乏其人。以中国哲学问题为研究论题获得博士学位的留学生有 19 位②，以毕业时间为序，依次为刘经庶（刘伯明，1915 年）、胡适（1917年）、许仕廉（1923 年）、戴贯一（1925 年）、冯友兰（1925 年）、梅贻宝（1927年）、诚质怡（1928 年）、邓春膏（1928 年）、陈荣捷（1929 年）、陈元龙（1930年）、徐腾辉（1930 年）、袁文伯（1930 年）、徐宝谦（1933 年）、倪青原（1938年）、施有忠（1939 年）、黄秀玑（1944 年）、陈观胜（1944 年）、鞠秀熙（1948

---

① 参见元青等著：《民国时期留美生的中国问题研究》，南开大学出版社 2017 年版，第 34 页。
② 参见元青等著：《民国时期留美生的中国问题研究》，南开大学出版社 2017 年版，第61—62 页。

年)、周幼伟(1948 年)。此外,还有在中国近代史领域影响很大的蒋廷黻,他 1923 年以《劳工与帝国:关于英国工党特别是工党国会议员对于 1880 年以后英国帝国主义的反应的研究》为题,获得哥伦比亚大学哲学博士学位。在世界史领域很有影响的雷海宗,以《杜尔阁的政治思想》为题,1927 年在芝加哥大学获得哲学博士学位。留美生关于中国问题的论文,对于美国乃至西方世界了解中国文化,东学西渐,促进美国汉学的发展具有重要的意义。

留学美国获得硕士学位的学者,在民国时期中美史学交流中做出巨大贡献的也很多。他们在美国读的专业,有的是历史学,有的虽不是历史学,而是哲学,或是政治学,或是教育学,或是其他社会科学,但由于辅修了历史学,以及原来就有良好的史学功底,这部分学者回国后从事历史研究和教学,介绍美国史学流派和史学思想,对中美史学交流的贡献亦非常突出。在民国时期史学界比较有影响的学者像何炳松、洪业、陈衡哲、陈翰笙、陆懋德、吴宓、徐则陵、李济、陈寅恪、梁思永、张星烺、刘崇宏、林同济、张荫麟、耿淡如、杨生茂、丁则民、王锺翰、黄绍湘、翦伯赞、王毓铨、何兹全等等,都曾留学美国,在引进美国史学成果及史学理论方面各有特色。洪业的中美学术交流组织工作,陈衡哲的西洋史教学和教材编写,陈翰笙的西方史学史教学,陆懋德的史学方法论著作,李济、梁思永的考古学,张星烺的中西交通史著述,张荫麟对西方历史哲学的述评,杨生茂、丁则民、黄绍湘的美国史研究,耿淡如的西方史学研究,王锺翰的清史研究等等,都是别开生面,在中国现代史学建设方面,具有开创性意义。

民国时期,对中国史学影响较大的哲学思想是美国的实验主义。早在 1906 年,张东荪、蓝公武等人就在中国介绍和宣传实验主义,但在当时影响有限。真正在中国掀起巨大波澜是在五四运动时期。特别是留美生胡适的系统阐释,使实验主义开创出一个史学新时代——新历史考证学的兴起。1919 年,胡适发表《实验主义》,他说:"到了实验主义一派的哲学家,方才把达尔文一派的进化观念拿到哲学上来应用;拿来批评哲学上的问题,拿来讨论真理,拿来研究道德。进化观念在哲学上应用的结果,便发生了一种'历史的态度'(the genetic method)。怎么叫做'历史的态度'呢? 这就是要研究事物如何发生,怎样来的,怎样变成现在的样子:这就是'历史的态度'。……这种历史的态度,便是实验主义的一个重要的元素。……实验主义的两个根本观念:第一是科学实验室的态度,第二是历史的态度。这两个基本观念都是十九世纪科学的影响。所以我们可以说:实验主义不过是科学方法在哲学上的应用。"①
"十九世纪前半的哲学的实证主义(Positivism)就一变而为十九世纪末年的实
验主义(Pragmatism)了。"②胡适认为影响他思想最大的是赫胥黎和杜威。他
指出:"我的思想受两个人的影响最大:一个是赫胥黎,一个是杜威先生。"③胡
适以实验主义为指导,研究中国哲学史,出版《中国哲学史大纲》(卷上)。在
该书"导言",提出了哲学史研究的方法论。他说:

> 要做一部可靠的中国哲学史,必须要用这几条方法。第一步须搜集
> 史料;第二步须审定史料的真假;第三步须把一切不可信的史料全行除去
> 不用。第四步须把可靠的史料仔细整理一番:先把本子校勘完好,次把字
> 句解释明白,最后又把各家的书贯串领会,使一家一家的学说,都成有条
> 理有系统的哲学。做到这个地位方才做到"述学"两个字。然后还须把
> 各家的学说,笼统研究一番,依时代的先后,看他们传授的渊源,交互的影
> 响,变迁的次序:这便叫做"明变"。然后研究各家学派兴废沿革变迁的
> 原故:这便叫"求因"。然后用完全中立的眼光,历史的观念,一一寻求各
> 家学说的效果影响,再用这种影响效果来批评各家学说的价值:这便叫做
> "评判"。④

胡适的这段研究中国哲学史的方法论,对一切历史研究都是适用的。可以说,
它对中国现代史学具有典范意义。通过开展整理国故运动,致使新历史考据
学兴起,民国史学进入一个新的时代。

李大钊是北京大学教授,20 世纪 20 年代,他在北京大学讲授"唯物史观
研究""史学思想史"等课程,在史学理论方面多有建树,发表论著较多。他受
美国学者房龙的影响,或接受房龙的观点。亨德里克·威廉·房龙(Hendrik
Willem van Loon,1882—1944)是荷兰裔美国人,1882 年出生在荷兰鹿特丹。
他是历史地理学家,也是出色的通俗历史作家,在历史学、文化、文明、科学等
方面都有著作,是伟大的文化普及者。青年时期先后在美国康奈尔大学和德
国慕尼黑大学学习,获得博士学位。他 1913 年开始写书,1921 年写出《人类

---

① 胡适:《实验主义》,《胡适文存》一集,黄山书社 1996 年版,第 216 页。
② 胡适:《五十年来之世界哲学》,《胡适文存》二集,黄山书社 1996 年版,第 253 页。
③ 胡适:《介绍我自己的思想》,《胡适文存》四集,黄山书社 1996 年版,第 452 页。
④ 胡适:《中国哲学史大纲》卷上,商务印书馆 1919 年版,第 32—33 页。

的故事》,一举成名。李大钊在《史学与哲学》一文中,介绍了房龙的史学观点。他说:"万龙氏作有《人类史》一书。他的序文中有几句警语:'最善的点,乃在环绕吾们的光荣的过去的大观,当吾们返于吾们日常的事业的时候,与吾们以新鲜的勇气,以临将来的问题。'又说:'历史是经验的伟大楼阁,这是时间在过去世代的无终界域中建造的。达到这个古代建筑物的屋顶,并且得到那全部光景的利益,不是一件容易的事。除非青年的足是健强的,这事才能做到。此外,绝无人能登临。'"①《史学与哲学》是李大钊1923年3月至4月初在上海复旦大学的讲演记录,发表于1923年4月17日至19日的《新民意报》副刊《星火》。1924年李大钊出版《史学要论》,在最后一节《现代史学的研究及于人生态度的影响》论述史学的价值,其中的观点很明显吸收了房龙的思想,并有自己创造性的体验和发挥,他说:"过去一段的历史,恰如'时'在人生世界上建筑起来的一座高楼,里面一层一层的陈列着我们人类累代相传下来的家珍国宝。这一座高楼,只有生长成熟踏践实地的健足,才能拾级而升,把凡所经过的层级、所陈的珍宝,一览无余;然后上临绝顶,登楼四望,无限的将来的远景,不尽的人生的大观,才能比较的眺望清楚。在这种光景中,可以认识出来人生前进的大路。我们登这过去的崇楼登的愈高,愈能把未来人生的光景及其道路,认识的愈清。无限的未来世界,只有在过去的崇楼顶上,才能看得清楚;无限的过去的崇楼,只有老成练达踏实奋进的健足,才能登得上去。"②

蒋梦麟在美国学习的是教育,获博士学位。1918年1月他担任北京大学代理校长期间,在《教育杂志》发表《历史教授革新之研究》,对美国新史学作了介绍,认为美国历史教学的宗旨有三条:第一,"教授历史当以学生之生活需要为主体也。"第二,"教授历史当以平民之生活为中心点也。"第三,"表扬

---

①　李大钊:《史学与哲学》,见李守常著:《史学要论》,河北教育出版社2000年版,第241—242页。房龙《人类的故事》中文本是1925年商务印书馆出版的,译者沈性仁。李大钊这里的引述,盖是他自己翻译的。其原文为:"Best of all, the wide view of the glorious past, which surrounded us on all sides, gave us new courage to face the problems of the future when we had gone back to our daily tasks." "History is the mighty Tower of Experience, which Time has built amidst the endless fields of bygone ages. It is no easy task to reach the top of this ancient structure and get the benefit of the full view. There is no elevator, but young feet are strong and it can be done." 见"Foreword", *The Story of Mankind*, Foreign language Teaching and Research Press, 2000。

②　李守常著:《史学要论》,河北教育出版社2000年版,第57页。

伟人、政治家与科学家、发明家当并重。"①

何炳松在引进和介绍美国新史学方面做了很多工作,被誉为"中国新史学派的领袖"。何氏于1913年至1916年在美国威斯康星大学、普林斯顿大学留学,研究方向为现代史和国际政治,受到美国鲁滨逊(J.H.Robinson,1863—1936)"新史学"的深刻影响。他1916年回国,先后在北京师范大学、北京大学、商务印书馆、大夏大学、光华大学、暨南大学等校任职,翻译了鲁滨逊的《新史学》及其欧洲史教本,此外还有亨利·约翰生的《历史教学法》、绍特维尔的《西洋史学史》等著作,在史学界产生了重要影响。何炳松为自己翻译的鲁滨逊《新史学》写了一篇《导言》,逐章介绍鲁滨逊的观点,并重点称赞了鲁滨逊的历史功用论:"研究历史的人,应该知道人类是很古的,人类是进步的。历史的目的在于明白现在的状况,改良现在的社会。当以将来为球门,不当以过去为标准。'古今一辙'的观念同'盲从古人'的习惯统应该打破的;因为古今的状况,断不是相同的。"②

在何炳松的带动下,鲁滨逊及其弟子的历史著作在民国时期被大量地翻译出版,如鲁滨逊的《心理的改造》、桑戴克的《世界文化史》、巴恩斯的《新史学与社会科学》、海斯的《欧洲近代政治社会史》等。美国新史学派的史学主张在中国得到了积极的回响,许多学者"以新史学派所主张者为最可信"。20世纪三四十年代出版的史学理论著作,如《史学概论》《史学通论》《史学方法论》《史学概要》等,大都程度不同地接受或引用鲁滨逊及其学派的观点,将之作为最新的史学理论成果。

学衡派的主要成员是留美生。他们在《学衡》热情地介绍美国白璧德的"新人文主义"。如胡先骕的《白璧德中西人文教育谈》、梅光迪的《现今西洋人文主义》、吴宓的《白璧德之人文主义》等。学衡派与南高学派有比较紧密的联系,南高学派的史学思想受学衡派的影响,在对待中国传统史学,怎样处理中西史学的关系方面,均与学衡派有相同或相近的观点。

不仅留美生在中美史学交流中发挥了巨大的作用,而且美国的著名学者亲自来华讲学或到中国访学。这也是中美史学交流的重要内容。杜威1919

① 蒋梦麟:《历史教授革新之研究》,载《教育杂志》,商务印书馆1918年版。
② [美]鲁滨逊著:《新史学·译者导言》,何炳松译,商务印书馆1924年版。

年 4 月底来中国,1921 年 6 月底离开中国,在华时间是两年零两个月。在两年多的时间里,他不辞辛劳,频繁奔波,足迹遍及 14 个省市,做演讲二百多场,广泛传播了实用主义哲学、政治学、教育学、伦理学。中国知识界对杜威及其实验主义给予了热情欢迎和高度评价,北京大学 1920 年 7 月还授予他荣誉博士,中国的学术官员和第一流学者高规格接待他。他不仅是他的弟子胡适等人的客人,更是五四时期中国新知识界的嘉宾。

美国众多著名的汉学家在民国时期来中国工作、学习过。这些汉学家或是来华传教士的后裔,或是在传教士创办的华文学校学习和任教,与中国渊源深厚。这些人包括博晨光(Lucius C. Porter,1880—1958)、恒慕义(Arthur W. Hummel,1884—1975)、富路特(L. Carrungton Goodrich,1894—1986)、芳亨利(Henry C. Fenn,1894—1978)、拉铁摩尔(Owen Lattimore,1900—1989)、白瑞华(Roswell S. Britton,1897—1951)、孙念礼(Nancy Lee Swann,1881—1966)、杨格(Carl Walter Young,1902—1939)、毕乃德(Knight Biggerstaff,1906—2001)、韦慕庭(Clarence M. Wilbur,1908—1997)、卜德(Derk Bodde,1909—2003)等等。新中国之后,他们回到美国,在美国各大学任教,成为美国汉学的中坚力量。

犹太裔美国人魏特夫(Karl August Wittfogel,1896—1988)1935 年 6 月以"太平洋学会"研究员身份来到中国,居留时间长达 2 年,与众多中国学者有交往①,他的著述在中国史学界也有一定的影响。魏特夫著有《觉醒的中国》《地理学批判》《中国经济与社会》等。他的学术观点早在中国社会史论战时即引起中国学者的注意,在《新生命》《读书杂志》《食货半月刊》等刊物被介绍和评述。在华期间,他的著述受到更多的关注。1937 年,魏特夫回到美国,入美国籍,主持"中国历史编纂计划"(The Chinese History Project),一些在美国留学的中国学生加入其工作团队,为其计划的实施做出很多贡献。②

费正清(John King Fairbank,1907—1991)是美国中国学界的一位重要人

---

① 据李孝迁研究,与魏特夫交往的学者有:杜任之、冀朝鼎、陈翰笙、陶孟和、千家驹、王毓铨、陈啸江、陶希圣、鞠清远、连士升、冯家昇、胡适、洪业、邓之诚、顾颉刚、马乘风、黄子通、容庚、傅斯年、张荫麟、汤象龙、姚从吾、梁方仲、吴文藻、费孝通、瞿同祖等等。参见李孝迁著《域外汉学与中国现代史学》第五章"魏特夫与近代中国学术界"(上海古籍出版社 2014 年版)。

② 参见李孝迁:《域外汉学与中国现代史学》,上海古籍出版社 2014 年版,第 239—267 页。

物。1927 年,他进入哈佛大学,与英国汉学家查理·韦伯斯特(Charles K. Webster, 1886—1961)过从甚密,接触汉学。哈佛大学毕业后,费正清到英国牛津大学攻读博士学位,以《中国海关的起源:1850—1858》(*The Origin of the Chinese Maritime Customs Service, 1850-1858*)为题撰写博士学位论文。为此,他 1932 年来中国,一面学习汉语,一面向中国学者求教,与中国学者蒋廷黻、胡适、金岳霖、梁思成、林徽因等均有比较密切的交往。1936 年获得博士学位后,费正清担任哈佛大学历史系教授。他大力倡导中国研究,并改变了美国之中国研究的方向。美国汉学是从欧洲转移过去的,一批移居美国的欧洲汉学家奠定了美国汉学的基础。美国高校设立汉学讲座、创建汉学研究机构是从 19 世纪 70 年代开始的,哈佛大学、耶鲁大学是较早开设汉学课程的高校。进入 20 世纪,中国的留美生加入了讲授汉语的师资队伍,如赵元任、梅光迪、陈受颐、王天目、李绍章都曾在他们留学的大学讲授过汉语。

哈佛大学建立了东方图书馆,有的大学专门成立了东方研究系或东亚系,主要以研究中国文化为内容。如哈佛大学中国史教授加德纳就著有《中国旧史学》一册①。全书共七章:第一章“导言”,略述 18 世纪以来中国新史学之起源,及其发达之经过与影响;第二章“作史动机”;第三章“校勘学”;第四章“史料批评”;第五章“史之组织”;第六章“史之体裁”;第七章“史部之分类”。中国学者朱士嘉对该书有纠谬和批评,同时也作了一些肯定,说“著者以一人之力撰成此书,在东方学方兴未艾之美国,又多一种新著作,其精神固自可钦。他日倘能更进而增补缺漏,订正谬误,俾此完善之书,则尤鄙人之所深望者也。”②

要而言之,经过几十年的建设,一支专业化的汉学研究队伍在美国业已形成。他们继承了欧洲汉学研究的传统,注重从中国语言文字入手,偏重研究古代历史和文化,较少关注现实中国,研究课题专业性强。此乃所谓美国的传统汉学。

然而,在哈佛大学,费正清认为传统的汉学研究过时了,已经不适应新形势新时代的需要了,批评传统的汉学家犹如语言的仆人,甚至奴隶。认为历史

① 该书由哈佛大学出版社 1938 年出版。

② 朱士嘉:《中国旧史学》,《史学年报》第 2 卷第 5 期,1938 年 12 月。见李孝迁编校:《近代中国域外汉学评论萃编》,上海古籍出版社 2014 年版,第 428 页。

学家应将语言视为工具,为历史研究所用,而不是相反。他主张对中国的研究应重视文件档案,而不像传统汉学家那样为语言的学习所束缚,应把对中国研究的重心从古代转移到近现代。他与他的中国助手邓嗣禹一起编了许多文件集,研究美中关系史、清史,并编写了教材。他与中国学者合作,发表的《清朝的朝贡制度》《中国对西方的反应》,以及他的个人专著《美国与中国》,都标志着他扭转美国的中国学方向的努力。太平洋战争爆发后,他受美国政府的指派,到重庆建立了学术资料服务处,任务是搜集日本的各种出版物,并进行分析和整理,然后分批送回华盛顿。这项工作使他与包括郭沫若在内的中国学者以及国共两党的高级官员多有接触,使他对中国的了解更加全面、更加深刻了。1946 年,他回到哈佛大学,主持有关中国的区域研究项目。他在哈佛大学的支持和福特基金会的资助下创建了哈佛大学东亚研究中心,并出任主任,有力地推动了美国的中国历史研究。费正清建立了美国之中国研究的基本框架和范式,他是美国现代中国学的开拓者,著述勤奋,成果丰硕。尤其是在他的带领下,美国对现代中国的研究,超过了欧洲,成为西方之中国学研究的领跑者。

需要关注的是,美国在中国创办的教会大学,在民国时期的中美史学交流中也具有重要的地位。这些教会大学包括燕京大学、金陵大学、齐鲁大学、上海圣约翰大学、华中大学、东吴大学、沪江大学、之江大学、岭南大学等等。它们设立文史专业,聘中西籍教授,在学术研究的国际化方面有自己的特色。燕京大学校长司徒雷登(John Leighton Stuart,1876—1962)确立的办学目标是"将中西学识,熔于一炉,各采其长,以求多获益处。"①在他的努力下,1928 年哈佛大学和燕京大学合作,成立了哈佛燕京学社,有力地推进了美国的中国学(包括汉学)研究。哈佛燕京学社也因此成为美国研究中国问题的重镇。

成立哈佛燕京学社的目的在于"从事及帮助有关中国文化的研究、教学和出版"。对中国文化的研究主要集中在文学、艺术、历史、语言、哲学和宗教史。"共同的任务在于激发美国人的兴趣和利用近代批评手段来鼓励在中国的东方问题研究。"②哈佛燕京学社的成立,为推动中美两国的中国文化研究、

① [美]司徒雷登:《在燕大师生大会上的讲话》,《燕京新闻》1935 年 9 月 24 日。
② 转引自张寄谦:《哈佛燕京学社》,《近代史研究》1990 年第 5 期。

加强中美文化交流做出了贡献。对于美国的汉学研究来说,学社的成立起了极大的促进作用。首先,通过学社派遣,一大批美国的学者和研究生来华学习和学术考察,他们归国后成为美国汉学和现代中国学研究领域的佼佼者,是美国高校关于中国文化的学术带头人。其次,学社成立后,因总部设在哈佛大学,有利于促进哈佛的汉学研究。如哈佛大学在学社成立后聘请了欧洲汉学大师伯希和(Paul Pelliot,1878—1945)等到校讲学,在远东系增设新的有关中国文化的课程,购置了大量中文图书。于是,哈佛大学逐渐成为美国的中国问题研究中心。

三、中法史学交流

中法史学交流源远流长。18世纪的法国思想家伏尔泰在他的名著《历史哲学》(即《风俗论》)就盛赞中国史学:"如果一个民族最早的编年史证明确实存在过一个强大而文明的帝国,那么这个民族一定在多少个世纪以前早就集合成为一个实体。中国人就是这样一个民族,4000多年来,每天都在写它的编年史。"[①]1867年12月,中国史学家王韬自香港到英国考察,在英国生活两年多。1870年返回香港时,再次途经法国,与法国汉学家儒莲等进行学术交流。儒莲去世后,王韬撰写纪念文章《法国儒莲传》。王韬撰写的《法国志略》《普法战纪》等著作,是中国人走出国门结合亲身见闻所著的最早的法国史。20世纪初期,法国著名史学家基佐的文明史著作《欧洲文明史》《法国文明史》就通过日本传入中国,对中国的"新史学"思潮起了推波助澜的作用。民国时期,中国与法国人文学界有密切的联系。法国汉学发达,拥有世界一流的汉学家,几成欧洲的汉学中心[②],中国学者负笈留学法国者较多,他们回国后介绍法国的汉学家、法国的汉学成果,以及法

---

① [法]伏尔泰著:《风俗论》,梁守锵等译,商务印书馆2000年版,第86页。

② 1920—1930年陈垣多次说:"现在中外学者谈汉学,不是说巴黎如何,就是说日本如何,没有提中国的。我们应当把汉学中心夺回中国、夺回北京。"(郑天挺:《郑天挺自传》,见冯尔康、郑克晟编:《郑天挺学记》,生活·读书·新知三联书店1991年版,第378页)方豪也说:"法国自诩为'汉学家之国',确是当之无愧的,因为在西方,法国对于汉学的成绩,实在坐了第一把交椅,并且使她成了欧洲研究汉学的中心。"(方豪:《英国汉学的回顾与前瞻》,见李孝迁编校:《近代中国域外汉学评论萃编》,上海古籍出版社2014年版,第165页)

国的史学著作,特别是史学理论和史学方法,对推动民国史学的发展具有重
要意义。

法国的汉学研究之所以成就大,是因为:一、有一流的汉学家。二、有专门
的汉学研究机构和教育机构,其汉学研究能够得以传承。三、汉学研究在法国
的学术研究中受到尊重。雷姆萨(Abel Remusat 1788—1822)、儒莲(Stanishlas
Julien,1797—1873)、考狄尔①(H.Cordier,1849—1925)等,都是 19 世纪法国
著名的汉学家。20 世纪初,沙畹(Edouard Chavanne,1865—1918)是成绩最大
的汉学大师。法兰西学院设有汉学讲座,由最著名的汉学家担任讲习,培养汉
学人才。沙畹 1893 年担任该学院汉学讲座教授,治学精深,领域宽广,著有
《司马迁史记》《两汉时代之石画像》《北华访古录》《泰山志》《西突厥史料》
《大唐西域求法高僧传译注》《中国佛藏中五百故事选》;撰有重要论文七八十
篇,与伯希和(P.Pelliot)合著《中国摩尼教考》。沙畹之后,法国著名的汉学家
有马伯乐②(Henri Maspero,1883—1945)、葛兰言③(Marcel Granet,1884—
1940)、伯希和(Paul Pelliot 1878—1945)。

关于法国汉学界的进步和成就,马伯乐在《五十年来之史学与史学家》
(*Histoire et historuens depuis cenquanteans*)中说:"来自欧洲的汉学家,为中国学
者的权威所镇压,所以接受他们的学说,几于不敢稍有议论。但半个世纪以来,
欧洲人也开始批评中国学者了。最先脱出中国见解的束缚的是沙畹(Ed.Cha-
vannes),他采用了欧洲的语言学方法;和他大略同时的有孔好古,也离开了若干
中国人的传统说法,尤其是关于古代史他应用了自由方法;洛弗尔(B.Laufer)
则建立了真正合乎科学的中国考古学。欧洲人的这种治学方法,现在已影响
中国人了。此种情形发展很快,欧洲方面的研究和东方学者的研究渐有相得

---

① 考狄尔生于美国,在法国接受的教育。1869 年,他以外交官的身份来华。1881 年,他
担任法国东方现代语学校教授,并创办了著名的汉学刊物《通报》。其学术研究领域包括中国
史地、法制、经济、外交等,所编《汉学书目》,在西方汉学界颇具盛名,被视为必备的工具书。
此外,他还著有《中国与西洋各国外交史》《中国通史》(四本),以及《日本学书目》《安南学书
目》等。

② 马伯乐 1936 年被选为法兰西研究会会员,代表作为《中国上古史》,以及一批有创见的
学术论文:《唐代长安方言考》《墨辩杂考》《汉前之中国天文学》《马援远征考》《古代白话文献
考》。

③ 葛兰言受教于沙畹和法国社会学派名家杜尔干(Emile Durkheim,1858—1917),亦从印
欧比较语言学家梅业(A.Meillet,1866—1936)学习。

益彰之势。"①

留法学者郭麟阁结合自己的见闻也作出中肯的评论:"在巴黎期间,我还认识了不少汉学家,如伯希和、马斯伯欧、葛拉内,向他们学习汉学知识。他们之中,有的研究中国哲学,精通《易经》,有的精通《诗经》《楚辞》和古代神话传说;有的钻研历史,精通《春秋》和《书经》;有的擅长诸子百家及唐宋八大家的散文;有的专研究《中国交通史》和丝绸之路,总之,五花八门,法国汉学真是丰富多彩,繁荣昌盛。跟他们在一起,耳濡目染,大大扩大了我的知识面和治学目光。我一生热爱中国学术,固然由于少年时代受北大名教授的教诲与熏陶,法国汉学家的影响,也有很大的关系。"②

伯希和在西方汉学界的影响超过沙畹,与中国学术界的交往更加密切。他生于巴黎,早年在越南河内的远东法兰西文学校读书和任教。1900 年到中国专门学习汉语。1906 年他组织中亚考察队赴新疆。1908 年在敦煌千佛洞石室精选藏书六千卷,于次年带回法国,震惊世界。1911 年法兰西学院为其特设中亚文化史地语言考古讲座。1925 年,他担任了《通报》主编,执西方汉学之牛耳。伯希和精通多国文字,治学方法科学,论文著作富有创见。他除了与沙畹合著的《中国摩尼教考》外,还有《敦煌图录》六本、《伯希和中亚考查报告书》《塞努奇博物院之汉画》《元朝秘史之蒙文重造及译注》《马可波罗游记注译》等。1928 年他被中国中央研究院聘为通信研究员;1930 年、1936 年他又两次来华,与中国学术界进行了广泛的学术交流。当时中国的一流学者对他的学术作了很高的评价,对他给予了热情的接待。由于他具有崇高的国际声誉,1935 年、1936 年英国剑桥大学、美国哈佛大学先后授予其名誉博士。

伯希和将其精选的敦煌典籍带到巴黎,有盗窃中国文物典籍之瑕疵。但他将这些典籍公藏,并制成微缩胶片向世人开放,却也促成了敦煌学的兴起和国际化。伯希和向西方世界介绍了中国学者及其成果。如他发表的《中国艺术和考古新视野》,就极力称赞罗振玉、王国维的研究成果。1916 年,伯希和

---

① 转引自方豪:《敬悼马伯乐先生》,见李孝迁编校:《近代中国域外汉学评论萃编》,上海古籍出版社 2014 年版,第 310 页。

② 《郭麟阁自传》,见巴金等著,王寿兰编:《当代文学翻译百家谈》,北京大学出版社 1989 版,第 729 页。

以外交官的身份被派到北京,与北京的中国学者交往频繁。1927年王国维逝世,他在《通报》发表《纪念王国维》。陈寅恪曾留学法国巴黎,回国后与伯希和多有往还,对法国汉学之成绩也颇赞许。陈氏研治中国史、中亚历史语言、蒙元史,甚至比较语言学,均注意参考法国汉学名著,特别是伯希和的著作。

除了陈寅恪,民国时期的诸多著名史学家也是留法出身,如李石曾、李宗侗、徐炳昶、冯承钧、裴文中、杨堃、李思纯、韩儒林、翁独健、邵循正、郭麟阁、黎东方、周谦冲、陈祖源、张世禄、王静如、陆侃如、李璜、侯外庐等。直接师承伯希和的有韩儒林、邵循正、翁独健等。韩儒林是北京大学的学生,1934年他进入巴黎大学,师从伯希和研究蒙古史、中亚史和中亚古文字。邵循正1926年入清华大学政治系,1930年入清华研究院改习历史,以《中法越南关系始末》为题撰写研究生论文,同时他也从学于陈寅恪研究蒙元史。1934年赴法兰西学院东方语言学院从伯希和等人学习蒙古史、古波斯文。翁独健1928年考取燕京大学历史系,受陈垣、洪业的影响,以蒙元史作为自己的研究方向。1938年,他考取巴黎大学,在伯希和指导下,研究蒙古史。1939年他回燕京大学史学系执教,开设"史学方法""辽金元史""中亚历史语言研究"等课程。韩儒林、邵循正、翁独健都是著名的蒙元史专家,他们直接受教于伯希和,学术成果丰硕,反映了伯希和学术对中国的影响。

冯承钧是留法生,在中西交通史方面贡献很大,他是法国汉学成果的积极引进者。他翻译沙畹、伯希和、马伯乐、勒维等大家的作品多达数十种,对民国学术界影响至伟。而对中西交通史做出重大贡献的张星烺,在他的名著《中西交通史料汇编》中翻译收录了考狄尔的中西交通史研究成果。杨堃对葛兰言的介绍,功劳很大。他的《葛兰言研究导论》①,比较全面地评述了葛兰言的学术。裴文中1937年获巴黎大学博士学位,他是北京猿人头盖骨的发现者,在史前史及考古学方面,成就卓著。李石曾和他的侄子李宗侗都是留法出身,归国后均在北京大学等高校任教,在民国教育界和博物馆学界具有重要地位。李宗侗的《中国古代社会研究初稿》在民国学界曾经轰动一时,该书方法先进,借鉴了法国汉学家古郎士、杜尔干、夫勒则、葛兰言以及莫斯的方法和成果,运用了史语方法并有向社会科学方法途径上迈进之势。其对社会科学方

① 发表于《社会科学季刊》第1卷第3、4期,1942年;第2卷第1期,1943年。

法的重视,明显带有法国汉学的治学特点。

留法学生非常热心介绍法国汉学家的工作,是引进法国学术的重要使者。他们在国内学术刊物发表了大量文章,重要者有:陆侃如的《欧洲"支那学"家》①,冯承钧的《沙畹之撰述》②,方豪的《敬悼马伯乐先生》③,陈定民的《纪念法国汉学家马伯乐教授》④,雨堂的《汉学家法国葛兰言先生》⑤,幼春的《法国支那学者格拉勒的治学方法》⑥,翁独健的《伯希和教授》⑦,李玮的《伯希和在远东学术研究上之贡献及其遗著简目》⑧,叶茂的《法国的汉学家》⑨,禹扬的《法国的远东学院》⑩,颜虚心的《法国东方学之亚洲古代地理学》⑪,哲民的《法人关于东北之研究》⑫,高名凯的《葛兰言教授》⑬。此外,有的重要学术刊物也比较重视介绍法国对中国的研究成果,如《禹贡半月刊》发表的《法人对于东北的研究》⑭。非留法出身的学者对法国学者在本专业的影响也往往做出积极的回应。如文字学家罗常培发表《伯希和对于中国音韵学研究的启示》⑮;民族主义思想比较强烈的傅斯年,针对国人对伯氏携走中国图书的责难,还为伯氏作了解释和辩护,发表《伯希和教授》⑯。

梁启超是中国"新史学"的开山,20世纪初期他发表《中国史叙论》《新史学》,拉开了中国现代史学的序幕。辛亥革命后,他参加了袁世凯政府、段祺瑞政府。北洋政府的黑暗令他失望。1918年,他退出政坛。该年冬,他与张君劢等人到欧洲考察,几乎走遍了西欧各国,而在法国居留的时间最久。这期

① 《河北省立女师学院周刊》第 244 期,1937 年 5 月 10 日,张慜言记。
② 《大公报·文学周刊》第 168 期,1931 年 3 月 30 日。
③ 《大公报·文艺周刊》1945 年 5 月 6 日。
④ 《中法文化》第 1 卷第 7 期,1946 年。
⑤ 《新东方杂志》第 1 卷第 9 期,1940 年。
⑥ 《新月》第 2 卷第 8 号,1929 年 10 月 10 日。
⑦ 《燕京学报》第 30 期,1946 年。
⑧ 《大公报·图书周刊》1948 年第 49 期。
⑨ 《西点》第 31 期,1948 年。
⑩ 《申报》1931 年 8 月 18 日。
⑪ 《东方杂志》第 38 卷第 19 期,1941 年。
⑫ 《行健月刊》第 4 卷第 6 期,1934 年。
⑬ 《燕京学报》第 30 期,1946 年。
⑭ 田口稔著:《法人对于东北的研究》,刘选民译,《禹贡》第 7 期,1937 年 6 月。
⑮ 《中山文化季刊》第 1 卷第 2 期,1943 年。
⑯ 《大公报》1935 年 2 月 19、21 日,第 4 版。

间,他对法国的学术动态非常关注,请懂法语的朋友为其讲述法国学术界的情况,并虚心请教法国的史学理论。李宗侗说:"梁先生到欧洲去的时候,我恰好住在巴黎,他请了很多留法学生给他讲述各门的学问,恐怕史学方法论亦是其中之一。不过他另补充上很多中国的材料,但其原则仍不免受外国人的影响。"①。陈训慈在《史学蠡测》中说:"西史家于内校雠中此点考审甚精,如朗格罗之书详列十条及二十事,梁任公《中国历史研究法》中所举之若干条多有取于西说而加以融通者。"②杜维运也说:"此时正值班汉穆、朗格诺瓦与瑟诺博司的史学方法最为盛行的时候,梁氏所请留法学生给他讲述的各门学问,史学方法是其中一项,应是不容置疑的。"③他回国后,在天津南开大学担任讲习,在讲"中国历史研究法"时,曾感慨地说:"五六十年以前欧人之陋于东学,一如吾华人之陋于西学,其著述之关于中国之记载及批评者,多可发噱。"并举出沙畹、伯希、劳佛尔等法国学者的成果,认为"其于中国古物,其于佛教,其于中国与外国之交涉,皆往往有精诣之书,为吾侪所万不可不读。盖彼辈能应用科学方法以治史,善搜集史料而善驾驭之,故新发明往往而有也。"④

柏格森(Henri Bergson,1859—1941)的生命哲学对中国具有影响。柏格森没有来过中国。梁启超、张君劢访问欧洲时,在法国会见过他。缪凤林的《历史与哲学》、陈定谟的《认识论之历史观》对柏格森的生命哲学均有介绍和讨论。

李大钊在北京大学史学系开设的"唯物史观研究""史学思想史"等课程,重视法国史学家、思想家成果。特别是"史学思想史"课,他以欧洲近世重要史学家的思想说明历史观的变化和发展,从思想史上论述了唯物史观是科学的、进步的历史观。李大钊的《史学思想史》,由十二讲组成⑤,八讲以所研究史

① 转引自杜维运:《西方史学输入中国考》,(台湾)东大图书公司1981年版,第298页。

② 《史地学报》第3卷第1期,1924年。

③ 杜维运:《西方史学输入中国考》,(台湾)东大图书公司1981年版,第299页。

④ 梁启超:《中国历史研究法》,《饮冰室合集》专集之七十三,中华书局1989年版,第60页。

⑤ 十二讲的题目是:一、史观;二、"今"与"古";三、鲍丹的历史思想;四、鲁雷的历史思想;五、孟德斯鸠的历史思想;六、韦柯及其历史思想;七、孔道西的历史思想;八、桑西门的历史思想;九、马克思的历史哲学与理恺尔的历史哲学;十、唯物史观在现代史学上的价值;十一、唯物史观在现代社会学上的价值。按:现人名翻译与李大钊有所不同。

学家或哲学家的历史思想为标题,其中鲍丹、鲁雷、孟德斯鸠、孔道西、桑西门都是法国人。他对法国史学家和思想家给予了很高的评价。如评价鲍丹说:"鲍丹的新历史观,在史学上的贡献,如此其大,我们不能抹煞他的伟大的功绩,而于研索唯物史观起原(源)的时候,尤不可遗忘了此人"①。评价鲁雷:鲁雷对于"史学上的贡献,有三要点,全与鲍丹相同。就是一、世界未曾退落;二、现代不劣于古典的古代;三、全世界的人种正在形成一个世界共和国(Mundane republic)"②。评价孟德斯鸠:"历史行程,全为普遍原因所决定,全为广布而永存的倾向所决定,全为广而深的潜流所决定;而为单独的事变,有限的议论,特殊的制定,任何偶然的、孤立各个事物,所影响者,实微乎其微,只在次副的附属的程级而已。这是一个开一新纪元的原则。此原则的承认,是历史科学可能的一个根本的条件"。"孟氏以其透辟的观察,澈悟此原则;以其后来未或能越过的天才与诚实表明之,于历史科学实为一崇高的贡献"③。评价孔道西:"自孔道西依着器械论的典型想把历史作成一科学,而期发见出一普遍的力,把那变幻无极的历史现象一以贯之,更进而开了唯物史观的端绪。故孔道西可以算是唯物史观的开创者"④。评价桑西门:"他于是确立一种历史的法则,认历史过程,惟有经由产业组织的变化,才能理解;将来的社会,亦惟依产业发达的倾向,才能测度;这就是他的经济的历史观。后来承此绪余而建立唯物史观的学说者,厥为马克思"⑤。在李大钊的著作中涉及如此众多的法国史学家,说明了法国学术界的思想资源对中国马克思主义史学的产生亦具有一定的影响。五四运动期间,中国留法勤工俭学者甚多,出现了众多的著名的马克思主义者和革命家。有的革命家在史学领域也有突出的贡献,如蔡和森著有《社会进化史》,该书运用恩格斯的《家庭、私有制和国家的起源》以及达尔文的社会进化论来论证社会发展的必然规律,宣传唯物史观的基本原理,是中国人以马克思主义唯物史观写成的第一部社会发展史。侯外庐1927年远赴法国,一边学习法语、德语,一边研究和翻译《资本论》。他

----

① 《李大钊史学论集》,河北人民出版社1984年版,第85页。
② 《李大钊史学论集》,河北人民出版社1984年版,第87页。
③ 《李大钊史学论集》,河北人民出版社1984年版,第103页。
④ 《李大钊史学论集》,河北人民出版社1984年版,第152页。
⑤ 《李大钊史学论集》,河北人民出版社1984年版,第125页。

在法国留学 3 年,回国后继续翻译《资本论》,同时运用马克思主义研究中国社会史、中国思想史。侯外庐在民国时期运用马克思主义研究中国社会的特殊性,在建设具有中国特色的马克思主义史学方面具有自己特有的贡献①。郭沫若在日本期间的学术研究受到法国汉学家的关注。他与马伯乐似乎有交往,在《答马伯乐先生》中说"时每听见朋友们说格拉南先生的方法和我的很相近"。② 此处的"格拉南先生"是葛兰言。

民国时期,法国的史学理论对中国产生了重要影响。留法学生翻译了法国一些具有世界影响的史学理论和史学方法的著作。如李思纯译,朗格诺瓦、瑟诺博斯著的《史学原论》,由商务印书馆 1926 年出版;黎东方译,施亨利著的《历史之科学与哲学》,由商务印书馆 1930 年出版;青锐译,拉波播尔著的《历史哲学》,由上海辛垦书店 1930 年出版。下面评述一下这几部著述。

朗格诺瓦(Ch.V.Langlois,1863—1929)与瑟诺博斯(Ch.Seignobos,1854—1942)都是法国著名的历史学家。朗格诺瓦曾任巴黎大学历史学教授,法国档案局局长,提倡以科学方法编纂历史。他在法国政治史、文化史、社会史方面有深入的研究,撰有多种专著。瑟诺博斯也曾任巴黎大学教授,具备多门社会科学知识,在法国和欧洲近代政治史研究领域很有成就,著述多种,有丰富的治学经验。《史学原论》是作者总结自身历史研究的实际经验,吸取德国著名史家伯伦汉(Ernst Bernheim,1850—1942)《史学方法论》中的史学观点撰著而成,其中对史学方法的论述尤其细致。全书由上、中、下三篇组成,依次为"初基知识""分析工作""综合工作"。每篇分为若干章。上篇"初基知识"包含两章:依次是搜集史料、辅助之科学。中篇"分析工作"共八章,分两部,八章连续排序,即第一章历史知识之概况;第一部外形鉴定(校雠考证鉴定),包含四章,依次为第二章原本文字鉴定、第三章制作原始鉴定、第四章史料之类分整理、第五章校雠考证与校雠考证家;第二部内容鉴定,包含三章,依次为第六章命意释意鉴定(解经鉴定)、第七章忠实与精确之反面鉴定、第八章特件事实之个别研究。下篇"综合工作"分为五章,依次为第一章历史构造之概

① 白寿彝:《外庐同志的学术成就》,《白寿彝史学论集》上,北京师范大学出版社 1994 年版,第 414 页。

② 郭沫若:《答马伯乐先生》,《沫若近著》,上海北新书局 1937 年版,第 60 页。

况、第二章事实之汇聚分组、第三章构造之理想推度、第四章构造之大体编成、第五章史文造作。最后是"结论"、附篇。附篇一：法兰西中等历史教育，附篇二：法兰西高等历史教育。李思纯在"译者弁言"中对该书的基本情况作了简单的介绍，说："朗氏法兰西国家藏书楼主任，瑟氏巴黎大学历史教授也。是书以一八九七年八月出版于巴黎。书虽稍旧，然远西后出谈历史方法之书尚未有逾此者。"①同时，李思纯还通过与中国传统治史方法的比较，评述了该书的价值。他从"史料之搜集""校雠考证""记载之真实""论历史之鹄目"等几个方面，将中国古代史学批评家刘知幾、章学诚的观点与《史学原论》进行对比，找出他们的共同性。又列举了《史学原论》中有而刘、章未备的治史方法，指出："本书上篇第二章所讨论历史家辅助科学，与其解识古文鉴别古器之法。中篇第二章所论鉴别同型副本，有二个抄本相同，或多数抄本相同者，当如何鉴别是非。又多数抄本彼此传抄者，当如何排列其宗支谱牒，以察其所由转变之迹。第三章所论侦察两种史料同事抄袭之弊。第四章所论整理史料时，所用单页零简之活动纸片法。第五章所论校雠考证家之专业情形。第六章所论古今史料文字因时地而意义变迁之状况。第八章所论考察相符合之史料是否确相符合，与历史中之鬼物妖异问题，及历史学当服从一切自然科学规律之理由。下篇第二章所论社会事实联带之因果。第三章论理想推度之道。是皆刘、章二氏所未发也，是皆《史通》与《文史通义》《校雠通义》中之所未及也。"②

《史学原论》对民国史界的历史研究产生了影响。如张荫麟1925年发表的《评近人对于中国古史的讨论（古史决疑录之一）》③，就根据《史学原论》中的论默证法功能及其限制立论，批评顾颉刚方法上的根本谬误在于滥用默证法。

瑟诺波斯还著有《社会科学与历史方法》，是张宗文翻译的，由大东书局1930年出版。

---

① ［法］朗格诺瓦、瑟诺波斯著：《史学原论·译者弁言》，李思纯译，见王东、李孝迁主编：《历史研究法二种合刊》，上海古籍出版社2018年版，第3页。

② ［法］朗格诺瓦、瑟诺波斯著：《史学原论·译者弁言》，李思纯译，见王东、李孝迁主编：《历史研究法二种合刊》，上海古籍出版社2018年版，第6—7页。

③ 该文原载《学衡》第40期，1925年，收入《古史辨》第二册。

留美出身的何炳松,1930年编著了《通史新义》,吸收了瑟诺博斯的史学理论。何炳松说:"本书凡分两编。上编计分十章,专论社会史料研究法,凡史料考订与事实编比之理论及应用,均加以系统之讨论。下编计分十一章专论社会史研究法,凡社会通史之著作及其与他种历史之关系,均加以浅显之说明。同时对于其他各种似而非是偏而不全之义例,亦复随处加以相当之估值。卷首并有详密之目录,读者可开帙求之。""至于本书所述之原理十九采自法国名史塞诺波所著《应用于社会科学上之历史研究法》(Ch. Seignbos: La Méthode Historique Appliquée aux Sciences Socials)一书。著者虽略有疏通证明之功,终未敢掩袭他山之美。"①

《历史之科学与哲学》的作者施亨利(Henri Sée, 1864—1936),是法国著名历史学家、勒恩大学教授,终生埋头于学术工作,在经济史的研究方面成就卓著,是法国经济史学的先驱者之一。他著有很多思想史、历史理论方面的著述。

《历史之科学与哲学》共有八章,第一章至第四章叙述以往在历史哲学上有代表性的几位欧洲学者如孔德、古尔诺等人的观点,夹叙夹议,在议论中阐发自己的历史观点。第五章至第八章则是专论,依次为"历史科学论""历史的比较方法""历史中的进化观念""我们能否有一种科学的历史哲学",系统阐明作者自己的主张。

关于孔德的历史理论,该书认为,孔德历史观的重要特点是明确提出历史是有其必然性发展规律的,人类社会的未来发展是可以预见的。关于历史的发展,孔德提出了"三时期律"——神学哲学时期、玄学哲学时期、实证哲学时期。孔德认为,意识、知识在社会发展中居于决定性地位,所以孔德将哲学思想作为历史分期的标志。与孔德一样,施亨利也是倡导实证主义哲学的,故他认为实证哲学代表着历史的高级阶段。

关于古尔诺的历史思想,该书阐明古尔诺不承认历史学是科学、不承认历史存在着发展规律的观点及其论据,对古尔诺关于偶然事件及个人作用的分析作了详细介绍,并且颇表赞同。作者特别高度评价古尔诺对历史哲学是历史学的延长,而含有批评性质的看法,认为这是历史学一大进步,甚至影响及

①　何炳松:《通史新义·自序》,上海书店1992年版,第18—19页。

于历史方法。

关于历史学的性质，施亨利说，历史没有物理、化学那样的定律，这是因为历史不能确切找出事实间的数量关系，又不能靠实验和直接的观察来进行验证已取得的认识。那么历史学是否因此就不是一门科学？他说，历史学还是可以成为一种科学的。历史学虽然不能奢求找到定律，但能够解释历史现象。他认为能够对历史现象进行解释就可称之为科学，不能把是否有定律作为一门学科是否科学的唯一标准。

该书还论述了比较方法在历史研究的意义。他说，比较方法在论及有关进化的各科学中用处最为广泛，在历史学中也有最大的效用。对不同空间的历史现象进行比较研究，能够认清许多共同特点，有利于搞清历史变化的原因；对不同时代的历史现象进行比较研究，对深入认识历史现象也非常有益。

拉波播尔（Charles Rappoport）的《历史哲学》包含八章，依次为：一、什么是历史的法则；二、历史哲学的性质与可能；三、学理与方法；四、历史中支配因子的理论；五、个人在历史上的作用；六、主观的方法；七、政治思想的进化；八、马克思主义的哲学。该书也是民国时期西学汉译书籍中的一部，对当时研究世界历史和各国历史学提供了很多的参考。

对于法国年鉴学派，民国史家似乎介绍不多，然留法学生杨堃在 1948 年写的《论"中国社会史"问题》曾提到过。他说："回忆二十年前，余在巴黎，从莫斯（Marcel Mauss）与葛兰言（Marcel Granet）两教授习社会学、民族学与中国文化史，又在《社会学年刊》（L' Année Sociologique）与《历史综合评论》（Revue de Synthèse Historique）两刊物内，得读法国社会学家与史学家之论战及其后二者合作之方式，使余颇有感动。"[1]"若再看四十年前，法国史学家与社会学家相处的情况，那原是先经过几年的论战时期（约自一九〇〇至一九〇五），然后始进入于合作的时期。而白尔（Henri Berr）先生所主编的《人类演化丛书》（Collection de L' évolution De L' humanité），即是那种合作的结果。今该丛书已早成为世界著名的人类文化史与人类社会史丛书中的权威，它不仅完全译成

---

[1]　杨堃：《论"中国社会史"问题》，见李孝迁编校：《中国现代史学评论》，上海古籍出版社2016 年版，第 444—445 页。

英文,而且内有几种,如《从民族到帝国》(黎东方译)、《种族与历史》(董希白译)等,在中文内,亦已有了译本。"①

法国年鉴学派的治史理论在民国年间没有在中国得到传播,产生重大影响,这是非常令人遗憾的。

法国的天主教也参与了天主教在华创办学校的活动。天主教在华创办的教会学校数量很多,但中小学占绝大多数,高校在全国仅有三所,分别为上海震旦大学、天津工商大学和北京辅仁大学,其中与法国传教士有关者为前两所。震旦大学创建的促成者是梁启超和蔡元培,创立者为马相伯。

中法大学和中法汉学研究所的创建,也是中法文化交流史的重要事件②。中法大学成立于1920年,是在民国初年李石曾、蔡元培等人组织发起的留法俭学会③与法文预备学校和孔德学校的基础上组建的。最初设在西山碧云寺的法文预备学校扩充为文理两科后,改称中法大学西山学院,是为该大学创建之始。中法大学的创办者具有留法背景,经费与法国退还庚子赔款也有一定的关系。但它是中国人独立创办的大学,依据中国学制,吸取了法国学制之长,在办学机制方面效仿法国的教育体制,如设立附属中学、附属小学之类。1921年,在法国里昂成立中法大学海外部,称为里昂中法大学,同年,又在比利时设立晓露槐工业专修馆。中法大学所设立的孔德学院、服尔德学院、居里学院、陆莫克学院等,都是以法国著名的哲学家、文学家、物理学家、生物学家的名字命名的,很显然具有法国教育的特色。该校聘请了较多的法籍教授。中法大学创始人抱高远之理想,以求在中国实行一种新教育。因法兰西人之理想与中国的理想多有契合,遂有意识地取法国教育制度为蓝本,参酌国情而融会中外。中法大学及里昂中法大学在民国时期为中国培养了大量的人才。1927年8月奉系军阀控制的北京政府及1928年8月南京政府实施的大学区

---

① 杨堃:《论"中国社会史"问题》,见李孝迁编校:《中国现代史学评论》,上海古籍出版社2016年版,第445—446页。

② 相关研究成果,参考葛夫平:《中法文化教育合作事业研究(1912—1949)》,上海书店2010年版;李孝迁:《域外汉学与中国现代史学》,上海古籍出版社2014年版。

③ 1915年,李石曾、蔡元培在法国组织勤工俭学会,提倡"勤于做工、俭于求学",旨在让更多的普通中国人通过半工半读的方式达到留学的目的。1916年,"华法教育会"成立。在其组织下,1919年至1920年间,先后有20批1700多人到法国留学,形成了勤工俭学的高潮。其中一些热血青年,如周恩来、邓小平、陈毅等,深受马克思主义影响,投身政治活动,后来成为了中华人民共和国的政治领袖。

制，其实是对法国大学区制度的借鉴。这与曾经留学法国的蔡元培、李石曾等人赞赏法国高等教育设置的理念有关。大学区制由于忽视了当时中国高等教育的历史和现状，受到北京大学的强力抵制，至 1929 年 7 月被停止实行。

中法汉学研究所成立于 1941 年 10 月。该研究所以法国人担任所长和研究所理事长，聘请中、法学者研究中国文化。研究所设立民俗学组、历史语言组、通检组，经常举行学术讲演，介绍中外汉学研究新成就以及法国著名的汉学家，举办展览会。研究所对培养法国汉学人才做出了重要贡献，韩百诗、康德谟、石泰安、于儒伯、李嘉乐等法国著名汉学家都曾在研究所学习过。曾任巴黎大学北京汉学研究所董事会副会长的戴密微说："法国新一代的多名汉学家都曾在北京汉学研究所受到了培养。"①研究所对中国学者也有助益。抗日战争期间，它保护了一批中国学者，使他们能够摆脱日伪的控制，在相对自由安定的环境中继续进行研究工作。

四、中德史学交流

中德史学交流与传教士有很深的关系。有的传教士到中国，虽抱着传教的目的而来，却被中国文化所吸引。他们热情地学习中文和中国传统经典，把中国的经典名著译成西文，传到西方，成为中学西渐的重要桥梁。德国人卫礼贤就是这样一位传教士。卫礼贤本名理查德·威廉（Richard Wilhelm，1873—1930），礼贤是他到中国后所起的中文名字。卫氏在学生时代是歌德的崇拜者。歌德对中国文化的赞美，深深地影响了他，成为他研究中国文化的启蒙者。1899 年，卫礼贤响应德国同善会的征召，加入了到中国传教的队伍。这年，他来到还是一个荒芜小渔村的青岛。他在中国生活了 25 年，其间，他不仅精通了中文，而且将大量的中国古典名著译成德文。这些名著包括《道德经》《列子》《庄子》《孟子》《大学》《易经》《吕氏春秋》《礼记》等。他的译文准确、顺畅、典雅，在德国和西方广受欢迎。特别是他花费十年的时间精心译成的《易经》，又被转译成英、法、荷兰、西班牙、瑞典、丹麦等多国文字，享誉西方世

---

① ［法］戴密微:《法国汉学研究史》，戴仁主编:《法国当代中国学》，耿昇译，中国社会科学出版社 1998 年版，第 44 页。

界。他创建了中国学会（China-Institute），向德国公众推介中国的文学、艺术、哲学。1929 年，他回到德国，担任法兰克福大学的汉学教授。

德国也有一批学养深厚的汉学家，他们中有的虽然是外交官出身，但在中国历史研究、中国哲学史研究方面，成就卓著。如福兰阁（Otto Franke，1863—1946）1888—1901 年先后在德国驻北京、天津、上海使领馆工作，后长期执教于汉堡大学、柏林大学，代表作有《中国通史——它的起源、它的性质和它的一直到现在的进化》《孔教教义与中国国教历史的研究》等，对中国儒家文化有深度的理解。佛尔克（Alfred Forke，1867—1944）的经历与福兰阁相似，也是先做外交官，后回国担任大学教授。他有三卷本的《中国哲学史》，研究古代、中古、近代中国哲学。他翻译过《墨子》《论衡》，对促进中德哲学交流发挥了重大作用。此外还有以《中国与罗马的东方》而著名的夏德（Friedrich Hirth，1845—1927），以《东亚、中亚语言文字》而著名的米勒（F. W. Muller，1863—1930）等等。他们的学术声望都超出德国国界以外，而成为欧洲有名的东方学者。这些汉学家不仅潜心研究中国的古典学问，而且对中国近世乃至当代学术非常关注。姚从吾在《德国佛朗克教授对于中国历史研究的贡献》一文中说："（佛朗克）教授不但对于我国历史研究著述宏富，并且很关怀我国近数十年来的维新变法的文艺复兴运动。新出名著如胡适之先生的《中国哲学史大纲》、梁启超先生的《先秦政治思想史》、陈援庵先生的《中西回史日历闰朔表》、张星烺先生的《中西交通史料汇编》等，都有很恳切的评文或口头的介绍。"[1]

德国史学在民国时期对中国史学影响最大的还是兰克学派。中国人对于兰克及其学术的认知最早是通过日本获得的。兰克的再传弟子路德维希·利斯（Ludwig Riess，1861—1928）1887 年被日本东京大学聘为史学科教授，他在东京大学和早稻田大学教授"史学方法论"课程，宣传兰克史学，对日本史学的近代化、专业化产生了很大影响。19 世纪末 20 世纪初，中国的留日学生在吸纳日本史家的思想时，也间接地接纳了兰克史学思想。1900 年，王国维为箕作元八、峰山米造合著的《欧罗巴通史》作序时，就提到了兰克，说箕作元八、峰山米造所著《西洋史纲》，"盖模德人兰克（Ranke）氏之作，以供中学教科

①　姚士鳌：《德国佛朗克教授对于中国历史研究的贡献》，《新中华》第 4 卷第 1 期，1936 年。

之用者。"①从而向国人传播了兰克的信息。20世纪初，一些书刊社出版了一定数量的西洋史著作，它们要么是翻译之作，要么是编译之作，或是世界史类的教科书，其中往往有对西洋史学、史家的评述，兰克就经常被提到。如1901年金粟斋出版的《西洋史要》说德国史家兰克、特赖奇克"皆以泰斗见称"。其他像1902年杭州史学斋发行的《西洋历史》，1902年敬业学社出版的《欧洲历史揽要》，1902年作新社编译的《万国历史》，1903年开明书店译刊的《世界史要》，1903年上海通社出版的《世界通史》，1905年湖北法政编辑社编译的《西洋史》，1906年梁焕均编的《西洋历史》等，都对兰克有介绍②。鲁迅1907年写的《科学史教篇》，内中提到的"阑喀"就是德国历史学家兰克（Ranke）③。

1908年《学报》刊载的《百年来西洋学术之回顾》被认为是清末对兰克的评述"中文文献中最为详实的一篇文字"④。其中说道："逮数十年而有兰该（Leopold von Ranke）。兰该，世界史学界之泰斗也。……以其明确的头脑，遍览奇书珍籍。……指实证谬，功最高焉……此后氏乃专研史学，未几，著《罗马教皇史》《宗教改革时代之德意志史》等书。补普鲁士修史官，旋又作《普鲁士史》，名益高。一八六五年，列于贵族。氏曾不自满，研学精神，老而弥笃，复以数年之力作《世界史》。此书氏八十一岁时始起草，一生精神之所结果，此书实其最大者也。要之，氏之史学，其特长有四：搜集之勤一也，宅心之公二也，学识之高三也，断案之确四也。有兹四长，而兼有流畅、锐达、活泼、明易之文以行之，其独步千秋，宜哉。"⑤该文对德国其他史学家也有评述，如特赖奇克、蒙森、尼布尔、罗伦次、勒次、德尔布留克、兰普勒希特、伯伦汉等。据李孝迁考证，该篇文章论史学部分，实译自日本濑川秀雄的《西洋通史》第四编相

①　王国维：《欧罗巴通史序》，见谢维扬、房鑫亮主编：《王国维全集》第14卷，浙江教育出版社2009年版，第4页。

②　参见李孝迁：《西方史学在中国的传播（1882—1949）》，华东师范大学出版社2007年版，第294—295页。

③　"阑喀曰，孰辅相人，而使得至真之知识乎？不为真者，不为可知者，盖理想耳。"见《鲁迅全集》第1卷，人民文学出版社2005年版，第29—30页。

④　参见李孝迁：《西方史学在中国的传播（1882—1949）》，华东师范大学出版社2007年版，第296页。

⑤　《百年来西洋学术之回顾》，《学报》第11号，1908年6月。

关章节①。这表明在 20 世纪初期,中国对德国史学的认识,日本是一个重要渠道。民国期间,南高学派的学者对兰克有一定的介绍,如陈训慈说:"明谓史为科学者,则自德人 Ranke"②。徐则陵认为"'根据之学'(Documentary 乃 Science)自有其不朽之精神,本此精神以号召史学界者,自德之朗开氏(Ranke 1795—1886)始。"③张其昀也说:"西洋史家之著作,有能重科学之精神,用批评之方法起自最近六七十年,当道咸之际。开其端者,德史家朗凯(Ranke,1795—1886)是也。"④留德出身的陈寅恪对兰克亦推崇有加。据他的学生回忆,他"在黑板上书写了好些西方历史学家的外文名字,记得其中有被誉为欧洲近代史学之父的德国考据学派史家兰克(Ranke)以及英国剑桥学派史家阿克顿(Acton)。"⑤

其实,兰克史学在中国的影响,更多的是通过他的再传弟子伯伦汉的《史学方法论》产生的。兰克的原著在民国时期被介绍和评论的并不多,但伯伦汉的书被翻译过来了;《史学方法论》中译本出版之前,就出现了不少对该书的评论,说明读懂该书原版的学者已经非常关注它了,并下功夫研读,掌握了其内容。傅斯年 1929 年在北大史学系讲授《史学方法导论》,对《史学方法论》很重视参考。该讲义凡七讲,第四讲为史料论略。他指出:"史料学便是比较方法之应用","处理每一历史的事件,每每取用一种特别的手段,这手段在宗旨上诚然不过是比较。"⑥伯伦汉《史学方法论》也非常重视比较法,说比较法"不仅可使人求得总共之处,且可用以决定个别事物,知其与他事物间之相同及相异者何在。"⑦1945 年傅斯年在《史料与史学》"发刊词"中说:"本所同人之治史学,不以空论为学问,亦不以'史观'为急图,乃纯就史料以探史实也。史料有之,则可因钩稽有此知识,史料所无,则不敢臆测,亦不敢比附成式。此在中国,固为司马光以至钱大昕之治史方法,在西洋,亦为软克、莫母森

①　参见李孝迁:《西方史学在中国的传播(1882—1949)》,华东师范大学出版社 2007 年版,第 295 页。

②　陈训慈:《史学观念之变迁及其趋势》,《史地学报》第 1 卷第 1 期,1921 年。

③　徐则陵:《近今西洋史学之发展》,《史地学报》1922 年第 1 卷第 2 期。

④　张其昀:《古书新评:读〈史通〉与〈文史通义〉〈校雠通义〉(续):"刘知幾与章实斋之史学"》,《史地学报》第 1 卷第 4 期,1922 年。

⑤　李坚:《陈寅恪二三事》,《民国春秋》1990 年第 5 期。

⑥　傅斯年:《史学方法导论》,欧阳哲生主编:《傅斯年全集》第 2 卷,湖南教育出版社 2003 年版,第 309 页。

⑦　[德]伯伦汉著:《史学方法论》,陈韬译,商务印书馆 1937 年版,第 133—134 页。

之著史立点。"①"历史本是一个破罐子，缺边掉底，折把残嘴，果真由我们一整齐了，便有我们主观的分数加进去了"②。因此，香港学者许冠三评论傅氏说："以西方名家言，他最推崇的是德人软克（Leopold von Ranke，1795—1886）和莫母森（Theodor Mommsen，1817—1903）。"③由此可见，傅斯年遵循兰克史学的精神，而用伯伦汉的史学方法予以实施。傅斯年研究专家王汎森整理傅斯年个人藏书时发现：傅氏并没有一本兰克著作，但所藏伯伦汉的《史学方法论》封皮已经破损，1937年傅氏对之重装④。

伯伦汉的《史学方法论》由陈韬翻译，商务印书馆1937年出版。伯伦汉还有一本《历史学导论》，盖是其《史学方法论》的节本。留德出身的姚从吾、孔繁霭、张贵永都很推崇伯伦汉，在课堂上热情地讲授其史学方法。姚从吾（1894—1970），河南襄城人，北京大学史学系毕业，1922年经北京大学考选，到德国柏林大学留学，1934年回国，任教于北京大学、西南联大学等。他在北京大学开设过"历史研究法"，在辅仁大学等学校开设过"历史学原理"课程。其课程内容主要是：1.历史学的性质与任务。2.史源学（或史料的研究，为本课主要部分）。3.历史学的辅助科学和历史学与其他社会科学的关系。4.欧洲近代通行的几种历史观。他说："在德国自尼博尔（B.C.Nibuhr）、栾克（L.Ranke）以后，史学家对史料的来源、记载、口传与古物的分别，清清楚楚，一毫不苟。对于记载是原型抑或副本（外部的批评），著作人是否愿意报告实

---

① 傅斯年：《〈史料与史学〉发刊词》，欧阳哲生主编：《傅斯年全集》第3卷，湖南教育出版社2003年版，第335页。

② 傅斯年：《丁文江的〈历史人物与地理的关系〉》，见欧阳哲生主编：《傅斯年全集》第1卷，湖南教育出版社2003年版，第428页。

③ 许冠三：《新史学九十年》上册，香港中文大学出版社1986年版，第214页。

④ 王汎森：《傅斯年：中国近代历史与政治中的个体生命》，生活・读书・新知三联书店2012年版，第69—70页。王汎森、杜正胜编《傅斯年文物资料选辑》（台湾"中央研究院"历史语言研究所1995年版）有一张傅斯年所藏伯伦汉著的书之原版书影，并作说明："图为傅斯年所藏的伯伦汉（Ernst Bernheim）的《史学方法论》（*Lehrbuch der historischen Methode und Geschichts-philosophie*），扉页写着'一九三七年重装'。此书为兰克学派在方法论及资料处理等方面精华的积累。"（第51页）按：该书影显示，傅氏藏书书名为 *Einleitung in die Geschichtswissenschaft*（应译为《历史学导论》），与 *Lehrbuch der historischen Methode und Geschichts-philosophie*（该书被译为《史学方法论》并不准确，应译为《史学方法论与历史哲学》）不是一本书，而是后者的改写本。王、杜的说明有误。李孝迁所作《伯伦汉〈史学方法论〉以及在东亚的知识旅行——代前言》亦指出这一点，见伯伦汉著，陈韬译，胡昌智、李孝迁整理的《史学方法论》（上海古籍出版社2018年版，第40页）。尽管如此，但由此可证傅斯年深受伯伦汉《史学方法论》的影响，还是能够成立的。

事(内部的批评),都是慎加选择,宁阙疑,不愿轻信"。"班海穆是现代历史学界兼讲方法与理论的开山大师。许多关于历史学的至理名言和近代历史学演进的大势,都可从他的这部著作中得识概要,他的这部书流行既广,国际的地位也很高。"①由于他对中国传统史学也比较了解,故在接受西方史学方法后能够作出比较研究和论断。他说:"所谓乾嘉朴学,是朝夕挂在嘴上的。到德国后,情形大变了,始而惊异,继而佩服。三年之后渐有创获,觉得 Ranke(兰克)及 Bernheim(斑汉穆)的治史,实高出乾嘉一等。他们有比较客观的标准,不为传统所囿,有各种社会科学自然科学的启示、指导,可以推陈出新,他们很有系统的、切实的、客观的治学方法,他们有意想不到的设备,意想不到的环境,合理的人生观,与合理的社会生活。"②

孔繁霱(1894—1959)先是留学美国,在芝加哥大学获得硕士学位后,又赴德国柏林大学研究院深造,研究欧洲中古史。回国后在北京大学、清华大学任教。张贵永是清华大学的学生,受孔繁霱的影响,赴德留学,师从赫尔曼·昂科(Hermann Oncken)学习外交史,取得博士学位,其博士论文研究的是弗里德利希·冯·荷尔斯坦因(Friedrich von Holstein)的外交政策③。但他与兰克史学的传人梅尼克(Friedrich Meinecke,1862—1954)有交往,深受其影响。张贵永回国后,在中央大学任教,讲授兰克学派的史学方法论。特别是伯伦汉的《历史学导论》,是他授课的主要依据④。

不仅留德生重视讲述兰克、伯伦汉的史学方法,民国时期的一些史学理论著作也重视引用他们的著作。如朱谦之的《历史哲学大纲》、卢绍稷的《史学概要》、杨鸿烈的《史学通论》、陆懋德的《史学方法大纲》等,都多次介绍和引用伯伦汉的著作。

兰克史学是德国 19 世纪的史学主流,但到 20 世纪它就受到以卡尔·兰普勒希特(Karl Lamprecht,1856—1915)为代表的新史学之挑战。20 世纪上半期,新史学代表了德国史学的新趋向。美国的新史学也是源自德国。20 世纪

---

①　姚从吾:《欧洲近百年来的历史学》,《中央日报》副刊《文史》第 5 期,1936 年 12 月 6 日。

②　转引自李长林:《辛勤耕耘在史学教学与研究园地的姚从吾先生》,《中国史研究动态》1999 年第 6 期。

③　参见张一博:《张贵永与德意志历史主义在民国时期的传播》,《河北学刊》2019 年第 4 期。

④　参见李勇:《张贵永与西方史学研究》,《史学月刊》2014 年第 1 期。

20 年代,中国史学界自觉地接受了德国新史学派的思想,并表现于教学内容和史学理论方面。

朱希祖 1919 年 12 月开始担任北京大学史学系系主任,他对史学系课程体系的制定和改革,与他读到兰普勒希特的书直接相关。他说:"民国九年的夏天,我担任北京大学校史学系的主任,那时我看了德国 Lamprecht 的《近代历史学》。他的最要紧的话就是:'近代的历史学,是社会心理学的学问。现在历史学新旧的论争,就是研究历史,本于社会心的要素? 还是本于个人心的要素? 稍严密一点说起来,就是历史进程的原动力在全体社会呢? 还是在少数英雄?' Lamprecht 的意思,以为历史进程的原动力,自然在全体社会;研究历史,应当本于社会心的要素。所以研究历史,应当以社会科学为基本科学。我那时就把北京大学史学系的课程,大加更改。本科第一、二年级,先把社会科学学习,做一种基础,如政治学、经济学、法律学、社会学等,再辅之以生物学、人类学及人种学、古物学等。特别注重的,就推社会心理学。"①这样的课程设置,对当时中国各高校史学系的课程安排,都有很大的影响。傅振伦说:"这种制度施行之后,国内公私大学历史系,一致采用。我担任东北大学历史系主任兼长白师范学院史地系主任时,也采用了它。从此以后,中国史学乃得跻于科学之林,而史学名家培养渐多。"②不仅如此,朱希祖还将兰普勒希特的学术观点运用到自己的史学史研究中,以兰氏理论为依据,阐释中国史学的起源。他说:"德国历史家郎泊雷希脱 Lamprecht 著《近代历史学》,以为'历史之发端,有两元之倾向,皆由个人之记忆,而对于祖先尤为关切。两元者何? 即所谓自然主义与理想主义是也。取自然主义形式者,最初为谱系;取理想主义形式者,最初为英雄诗'。推究吾国历史之发端,亦不外此例。然则小史所掌奠系世、辨昭穆之谱牒,及春秋以前颂美祖先之诗,皆吾国历史之萌芽也。"③又说:"史学之发端,有两元之倾向,即自然主义与理想主义是也。自然主义发端为谱系,其进步为年代记;理想主义发端为英雄诗,其进步为纪传。"④

---

① 朱希祖:《〈新史学〉序》,《朱希祖文存》,上海古籍出版社 2006 年版,第 375 页。
② 傅振伦:《朱希祖传略》,《中国现代社会科学家传略》,山西人民出版社 1985 年版,第 54 页。
③ 朱希祖著:《中国史学通论》,商务印书馆 2015 年版,第 17 页。
④ 朱希祖著:《中国史学通论》,商务印书馆 2015 年版,第 25 页。

马克思主义史学创始人李大钊,在他的史学理论演讲和著作中,也非常重视兰普勒希特的观点。1923 年 3、4 月间,他在上海复旦大学讲演《史学与哲学》,讨论史学的定义,就介绍了兰普勒希特的说法,他说:"郎氏在他的《什么是历史》一书中说:'史事本体无他,即是应用心理学。历史乃是社会心理学的科学。'"①在讨论文学与史学关系的时候,李大钊再次运用了兰普勒希特的观点,说:"郎氏(Lamprecht)谓:'史有二方面:(一)取自然主义的形式的——谱系;(二)取理想主义的形式的——英雄诗。谱系进而成为编年史,英雄诗进而成为传记'。这都可证明诗与史的关系密切了。"②

南高学派虽然给人以文化保守主义的印象,但他们事实上很注重引介国外的史学理论。他们对兰普勒希特史学思想的介绍是比较早的。徐则陵说:"郎勃雷赫德(Lamprecht)谓史之本体非他,即应用心理学也。""氏乃据心理学之公例,如'类似联合','经验联合','印象与承受力之比较'等律,以求人类活动之意义,以解释史。"③另一位南高学派学者陈训慈指出:"故史是否科学,在今日尚为问题。多数学者,已以科学称之(如 Lamprecht 之《何谓史》)。"④

德国新生机主义哲学家杜里舒(Hans Driesch,1867—1941),1922 年受梁启超为社长的讲学社之邀来华讲学,在上海、杭州、南京、北京、天津、武昌等地巡回演讲,其演讲内容最后由张君劢、瞿世英(字菊农)等人整理为《杜里舒讲演录》,包括《康德与最近哲学潮流》《生机体之哲学》《形上学》《近代哲学史》《系统哲学》《国家哲学》《达尔文学说之批评》《康德批导哲学中之非批导的成分》《心理学的变迁》《历史之意义》《一与多》《人类思想与实在问题》《伦理学上之根本问题》等。《东方杂志》还出版了"杜里舒专号",登载的文章有:瞿菊农的《杜里舒学说的研究》,秉志的《杜里舒生机哲学论》,张君劢的《关于杜里舒与罗素两家心理学之感想》,费鸿年的《杜里舒的著作》《杜里舒学说概说》,周建人的《生机定义》,以及杜里舒本人的《近代心理学中非自觉及不自觉问题》(张君劢译)、《生机论概念》(宏严译)。生机主义哲学又称为生机论、活力论,是 19 世纪末 20 世纪初在德、法等国流行的一种唯心主义哲学观

---

① 李守常:《史学与哲学》,《史学要论》,河北教育出版社 2000 年版,第 241 页。
② 李守常:《史学与哲学》,《史学要论》,河北教育出版社 2000 年版,第 244 页。
③ 徐则陵:《史之一种解释》,《史地学报》第 1 卷第 1 期,1921 年。
④ 陈训慈:《史学观念之变迁及其趋势》,《史地学报》第 1 卷第 1 期,1921 年。

点,属于生命哲学的一种。这种哲学观主要建立在生物学基础上,利用生物学、生理学等科学发现来论证其观点。它主张生物自身的发展、变化并不受物理、化学原则的支配,而是因为生物体内部有一种自主自在的动力,这种动力自由释放、不可度量,是非理性的。杜里舒利用实验生物学的方法,以不可验的动力说明生物自身具有特别的自主性,提出了形而上学的生机论,即新生机论。杜里舒的来华讲演,上承中国学者对柏格森等人的介绍,在国内造成了一定反响。朱谦之受杜里舒影响很大,在他的《历史哲学》中,系统地介绍和宣传新生机主义。他在该书《序言》中说:"我最感激的,是新生机主义者杜里舒、柏格森、麦独孤、鲍尔文等,都有很多的借重。还有孔德、克鲁泡特金,都曾给我许多有益的见解,因有这些影响,才成功我的'历史哲学'。"①

斯宾格勒(Oswald Spengler,1880—1936)的文化形态学说一问世,不仅轰动西方,在中国也得到回应②。斯宾格勒,德国著名哲学家、文学家,1880 年出生于一个邮政官员的家庭,先后在慕尼黑、柏林、哈雷等地求学,1904 年在哈雷—维滕贝格大学获得博士学位。毕业后先是在中学任教,后专门从事研究和写作。主要著作有《西方的没落》《普鲁士的精神与社会主义》《人与技术》等。《西方的没落》是多卷本著作,所谓的文化形态学说或历史形态学(Morphology of History)主要表现在这部著作中。其第一卷出版于 1918 年 7 月,第二卷成书于 1922 年。第二卷的基本思想与第一卷一脉相承。斯宾格勒把生物学概念引入文化学的研究中,认为文化是一种包含生、长、盛、衰发展阶段的有机体,犹如春、夏、秋、冬四季之变迁,周而复始地发展变化。每种文化都遵循这样的规律。斯宾格勒强调:"有生就有死,有青春就有老境,有生活一般地就有生活的形式和给予它的时限。"③"谁若是不懂得这种结果是必不可免

---

① 朱谦之:《历史哲学·序》,《朱谦之文集》第 5 卷,福建教育出版社 2002 年版,第 3 页。

② 关于斯宾格勒文化形态史观在中国的传播及影响,参见李长林:《斯宾格勒"文化形态学"在中国的早期传播》,《历史研究》2004 年第 6 期;王敦书:《斯宾格勒的"文化形态史观"在华之最初传播——吴宓题英文本〈斯宾格勒之文化论〉手迹读后》,《历史研究》2002 年第 4 期;张国刚:《雷海宗:一个学术史的解读》,《博览群书》2003 年第 7 期;江沛:《战国策派思潮研究》,天津人民出版社 2001 年版;李孝迁、邬国义:《斯宾格勒〈西方的没落〉在中国的传播》,《史学理论与史学史学刊》2004—2005 年卷,社科文献出版社 2005 年版。

③ [德]斯宾格勒著:《西方的没落:世界历史的透视》,齐世荣等译,商务印书馆 1963 年版,第 66 页。

的、不容修正的,不懂得我们的选择只能是情愿这样或一无所愿,只能是牢附这种宿命或对未来和生活本身悲观失望……谁就应该放弃理解历史、在历史中生活、或创造历史的一些愿望。"①斯宾格勒的文化形态史观被认为是宿命的。斯氏将文化发展分为三个阶段:前文化阶段、文化阶段、文明阶段,并论述了每一阶段的特征以及在世界各地的表现。他指出世界有八种独立的文化系统,即埃及文化、巴比伦文化、印度文化、中国文化、古典文化(希腊罗马文化)、阿拉伯文化、墨西哥文化和西方文化。他对自己的这一发现非常自信,自诩为哥白尼式的发现。斯宾格勒的文化形态学说否定了欧洲中心论,认为在西方文化之外,还有其他具有同等价值的文化。它从历史的有机性和宿命性出发,认为西方文化的衰落是必然的。

斯氏的学说传入中国始于 20 世纪 20 年代初,留德的中国留学生及少年中国学会的成员当是最早介绍斯宾格勒及其著作的学者。这些人中有宗白华、王光祈、魏嗣銮、张君劢、俞颂华、黄文山、金井羊、李思纯等。其后,随着斯宾格勒的著作影响的扩大,他的著作很快被翻译成法文、英文、俄文、日文。留学法国、英美、俄国和日本的学生通过留学国或这几种文字了解该书,将该书的重点内容翻译成中文。在中国 20 世纪 40 年代前,对斯宾格勒文化形态学进行的介绍和评论主要有三条渠道:一是欧美,二是苏俄,三是日本。欧美渠道,有三种文本传播形态,即德文、法文、英文,以英文本为主,除了上文提到的留学德法者外,张荫麟、吴宓等对有关斯宾格勒著述的翻译和介绍非常突出。在吴宓的指导下,张荫麟翻译了美国学者葛达德(E.H.Goddard)和吉朋斯(P.A.Gibbons)合撰的《斯宾格勒之文化论》(该书原名为:*Civilisation or Civilisations*:*An Essay on the Spenglerian Philosophy of History*),在《学衡》及《国闻周报》连载,影响较大。吴宓作为《学衡》的主编,亲自撰写"编者识",对斯宾格勒的文化形态史观进行评介,并呼吁中国学术界"深望吾国宏识博学之士,采用斯氏之方法,以研究吾国之历史及文化,明其变迁之大势,著其特异之性质,更与其他各国文明比较,而确定其真正地位及价值。"②苏俄渠道主要表现在任衍生的《斯宾格勒底文化史论及其批判》和胡秋原的《历史哲学概论》,侧重于批

---

① [德]斯宾格勒著:《西方的没落:世界历史的透视》,齐世荣等译,商务印书馆 1963 年版,第 64 页。

② 见《学衡》第 61 期,1928 年。

判。日本渠道在留学日本的朱谦之的《历史哲学大纲》中有明显的表现。① 当代学者还发现日译本《西方的没落》出版不久即传到中国:"上海图书馆馆藏一套 1926 年初版《没落》日译本第 1 卷 2 册,扉页题'昭和二年壹月贰日',邓天民在日本买到这部书,然后寄存于中华学艺社图书馆,这说明 1927 年就有人从日本购得《没落》日译本带回国内。"②

20 世纪 30 年代的大学讲堂上,斯宾格勒的书已成为教学内容。1937 年雷海宗、孔繁霭、刘崇宏、张荫麟在清华大学开设"史学名著选读",要求学生选读史学专书五种,其中就有斯宾格勒的《西方的没落》。《西方的没落》在 20 世纪里并没有出版一部完整的中译本。1963 年商务印书馆只翻译了该书的第二卷,1986 年台湾远流公司出版了它的缩译本。

《西方的没落》之后,斯宾格勒又出版了《人与技术》(1931 年在德国慕尼黑出版)。董兆孚从英译本将它翻译成中文,1937 年 12 月由商务印书馆出版,篇幅比《西方的没落》小得多,是对《没落》的补充。它由五章构成:"技术为生活之策略""食草兽与猛兽""人之起源:手与工具""第二阶段:语言与事业""最后之活动:机械文化之兴与衰"。从工具的角度论述人类历史,属于历史哲学的范畴。该书对中国的文化史、历史哲学研究均产生影响。像黄文山、朱谦之、闫焕文等人的著作,都介绍和运用了此书的观点。一些学术期刊发表了对该书的评论,诸如春林的《史槃格楼著〈人与技术〉》、黄文山的《人类,文化与文明》、王锦第的《评〈人与技术〉》等。此外,斯宾格勒还著有《马克斯主义在欧洲》(原名为"普鲁士的精神和社会主义",初版于 1919 年),重庆独立出版社 1941 年出版了刘檀贵翻译的中文本。

如果说 20 世纪二三十年代,对斯宾格勒的文化形态史观还局限于纯粹的学术研究,那么随着抗日战争形势的发展和变化,四十年代大后方所出现的战国策派,则表明这种史观与中国社会局势发生了联系,它在中国学界的影响因此亦由专业化走向普及化,由学术领域走向社会。

1940 年 4 月,聚集于昆明的几位大学教授林同济、雷海宗、陈铨等人出版

---

① 参见李孝迁、邬国义:《斯宾格勒〈西方的没落〉在中国的传播》,《史学理论与史学史学刊》2004—2005 年卷,社会科学文献出版社 2005 年版。

② 转引自李孝迁、邬国义:《斯宾格勒〈西方的没落〉在中国的传播》,《史学理论与史学史学刊》2004—2005 年卷,社会科学文献出版社 2005 年版,第 263 页。

《战国策》半月刊。该刊出版了17期,1941年初停刊。1941年12月,他们又在重庆《大公报》上开辟《战国》副刊,共出31期,1942年7月停刊。后林同济把他与雷海宗的部分论文编为《文化形态史观》一书(上海大东书局1946年版),将另一部分论文编为《时代之波》(在创出版社1944年版)。此前,雷海宗还著有《中国文化与中国的兵》,上海商务印书馆1940年出版。

雷海宗、林同济的论著,受斯宾格勒的影响是明显的,因为在他们的著作中,也表现出两个特点:一个是历史发展的命定论,即用一种既定的模式,来概括历史演变的路程;一个是历史循环论。如雷海宗说:"中国文化的第二周显然已快到了结束的时候。但到底如何结束,结束的方式如何,何时结束,现在还很难说。在较远的将来,我们是否还有一个第三周的希望? 谁敢大胆的肯定或否定?"①但他们根据时代的需要,对文化形态学说也作了某些改造。他们在引入文化形态学说时,又夹杂了尼采的学说,推崇权力意志、赞美武力,力图在当时抗战的严峻时刻,给国人一点精神的力量。如雷海宗以《中国文化与中国的兵》为题,是为了发掘中国文化的阳刚、尚武之因素,以在民族危难关头发扬光大,抵抗外国侵略。林同济撰写的《力》,意在激励中国的尚武精神。"我们这个古老民族已是人类历史上对'力'的一个字,最缺乏理解,也最不愿理解的民族了。这朵充满了希腊之火之花,在我们一般人的心目中,竟也成为一个残暴贪婪的总称。'力'字与'暴',无端地打成一片。于是有力必暴,凡暴皆力。力者非他,乃一切生命的表征,一切生物的本体。力即是生,生即是力。天地间没有'无力'之生;无力便是死。"②该文的目的就是为了激励人心,应对艰苦的抗战。在《战国时代的重演》中,他又说:"日本这次来侵,不但被侵略的国家(中国)生死在此一举,即是侵略者(日本)的命运也孤注在这一掷中! 此所以日本对我们更非全部歼灭不可,而我们的对策,舍'抗战到底'再没有第二途。"③

民国时期最早成立的中德文化交流组织是"留德学生中德文化研究会",其成员主要是少年中国学会中的一批留德青年,包括王光祈、宗白华、郑寿麟、

---

① 雷海宗:《断代问题与中国历史的分期》,《社会科学(北平)》第2卷第1期,1936年。

② 林同济:《力》,《战国策》第3期,1940年。

③ 林同济:《战国时代的重演》,见林同济、雷海宗编:《文化形态史观》,大东书局1946年版,第92页。

魏嗣銮等。该会以"介绍研究中德两国文化为宗旨"，希望"东西两种文化结婚"，以"产生第三种文化"。继"留德学生中德文化研究会"后，1933年，部分留德学生又和在北京的德国汉学家一起共同成立了一个"中德文化协会"。1935年更名为"中德学会"。发起人是郑寿麟。学会得到他的所有私人藏书，后来又得到德国学术交换处的支持，成为一个既介绍德国学术文化，又研究传统中国文化的学术团体。学会出版中文版《中德学志》、德文版学术杂志《汉学集刊》，并在30年代推出21种德国学术译著。学会还编译了《北平中德学会会务概况》《北平中德学会工作报告》《北平中德学会工作年报》，分别以中德两种文字出版。

辅仁大学主要是德国天主教会创办的，教员很多是德国汉学家。辅仁大学所办的《华裔学志》，主编就是德国人鲍润生（Franz Xaver Biallas, 1878—1936）。辅仁大学一定意义上说也是中德文化交流的体现和象征。历史学家陈垣长期担任辅仁大学的校长，重视历史学科的建设，史学系的学科设置、学术期刊，都带有中德史学交往的印迹。

民国时期，德国汉学家来中国讲学、学习者的数量在欧洲各国中居于前列，在德国留学回国的著名史学家也很多，如陈寅恪、傅斯年、姚从吾、毛准、孔繁霈、张贵永等都是留德出身。留学日本的郭沫若，非常喜欢德国文学，翻译歌德作品；在考古学方面，深受德国考古学家海米里司的影响，并翻译了他的《美术考古发现史》。

五、中英史学交流

民国时期的中英史学交流是建立在晚清史学交流基础上的。晚清时期，中英史学交流就已经很频繁了。鸦片战争以后，中国被迫向外国殖民者不断开放门户。英国是最早打开中国门户的国家，扮演了侵略中国的先锋。随之而至的是西方文化的东来。英国在西学东渐的潮流中自然是领潮者。中国史学由传统走向近代，是中国社会变革的必然要求，同时与西学东渐的大背景也是分不开的。

英国传教士到中国后在传教的同时，还译介了西方的史地著作。如1840—1860年间慕维廉（William Muirhead, 1822—1900）译著的《地理全志》

《大英国志》。前者介绍了亚洲、欧洲、非洲、大洋洲的概貌,各区域主要国家的自然和社会情况;后者讲述了英国的历史发展,包括社会制度、风俗、文化。两书是晚清时期中国人了解世界、认识英国的重要资料。英国传教士麦都思(Walter Henry Medhurst,1796—1857)在上海创办的墨海书馆,在出版宗教书籍的同时,也出版了一大批西学书籍,涉及数学、地理、光学、生物、医学等学科,包括艾约瑟(Joseph Edkins,1823—1905)的《中西通书》,王韬的《泰西著作考》《西学图说》,伟列亚力(Alexanden Wylie,1815—1887)的《华英通商事略》,以及期刊《六合丛谈》,促进了中西史学交流,对西学在中国的传播,促进国人的思想观念、思维方式的变化,均产生了一定的启蒙作用。王韬在英国传教士理雅格(James Legge,1815—1897)的邀请下,还到欧洲游历2年,对法国、英国进行了考察和学术交流,回到香港后写了著名的《法国志略》《普法战纪》。以英国传教士为主导的广学会(The Christian Literature Society)在19世纪八九十年代通过出版书籍、创办报刊、组织学会等形式传播西方文化知识。广学会总干事英国人李提摩太(Timothy Richard,1845—1919)与助手蔡尔康1894年翻译的麦肯齐(John Robert Mackenzie)著《泰西新史揽要》(*The Nineteenth Century:A History*),对中国史学界影响很大,梁启超称赞它说:"述百年以来,欧美各国变法自强之迹,西史中最佳之书也。"①直到民国时代,该书对国人了解西方历史仍是宝贵的读物。

严复是清末留英生的代表,在英国学习的是海军技术,但他在中国近代史上的影响却主要是在思想领域,特别是他对西方进化论的引进和介绍,改变了中国人的历史观念,对中国史学从传统向近代转变,起到了理论先导的作用。1895年,痛心于甲午战争的失败,严复翻译了英国人赫胥黎的《进化论与伦理学》(*Evolution and Ethics and other Essays*),题曰《天演论》,其部分内容刊载于1897年《国闻汇编》第二册,1898年全书出版。1899年,他又翻译了约翰·穆勒的《群己权界说》(*On Liberty*);1902年翻译甄克思的《社会通诠》(*History of Politics*);1906年刊行《政治讲义》,译完孟德斯鸠的《法意》(*Spirit of Law*)。严复翻译《天演论》的目的,一是探究社会发展的规律,二是激发人们意识到

① 梁启超:《读西学书法》,夏晓虹辑:《〈饮冰室合集〉集外文》,北京大学出版社2005年版,第1164页。

民族危机,要奋起自强保种。该书介绍了自然界的运动变化,哥白尼、达尔文等对人类社会的贡献,介绍了赫胥黎、斯宾塞的思想,并进行比较。《天演论》在中国影响达数十年之久。在马克思主义唯物史观传入中国以前,它一直占据中国思想界的重要地位。蔡元培说:"五十年来,介绍西洋哲学的,要推侯官严复为第一。""他译的最早、而且在社会上最有影响的,是赫胥黎的《天演论》(Huxley:*Evolution and Ethics and other Essays*)。自此书出后,'物竞''争存''优胜劣汰'等词,成为人人的口头禅。"①《天演论》将近代经世史学推进到以社会进化史观为指导的时代,为新史学的产生奠定了重要的思想基础。严复对西方进化论的引介业绩,一定意义上说也是中英学术交流的一个结晶。

英国对中国文化的研究与中英国家关系和传教士来华传教紧密相关。这种研究被称作汉学。牛津大学有汉学讲座,始于 1876 年(光绪二年),理雅格为首任教授;剑桥大学则始于 1888 年(光绪十四年),威特(G.E.Wade)为首任教授。英国的汉学家以传教士和外交官为多,如霍布金(L. C. Hopkins,1854—?)在同治年间来华,任上海、芝罘、天津等地的领事,沉溺于中国古代史研究,考订殷墟甲骨文字、研究古泉。清室英语老师庄士敦(R.F.Johnston,1874—1938),在佛教、喇嘛教、景教等方面,造诣深厚。他回国后在伦敦大学任汉语教授。巴克尔(E.H.Parker)著有《匈奴史》。斯坦因(M.A.Stein)是匈牙利人,但受英国政府的委托,20 世纪初深入中亚探险。1901 年,他率领的探险队在和阗附近发现汉晋时代的木简和唐代的珍贵文书;1907 年他又作了第二次搜索,在敦煌东南的千佛洞中,他最先发现了大批抄本文献,并将它们带到英国。这些抄本至今尚珍藏在不列颠博物院,约有 5000 卷。晚清时期,英国大学有汉学科者为伦敦大学、牛津大学、剑桥大学、利物浦大学、曼彻斯特大学。大学图书馆均有汉籍。英国研究汉学之刊物重要者有《不列颠及爱尔兰皇家亚洲学会学报》(*Journal of the Royal Asiatic Society of Great Britian and Ireland*)、《皇家亚洲学会华北分会学报》[此志刊载研究汉学之论文、讲稿或杂俎等,创刊于咸丰八年(1858),至 1860 年刊行两卷,称为初集。续刊之集自 1864 年,年刊一卷,由英国皇家亚洲学会华北分会发行]、《东方学院学报》

---

① 蔡元培:《五十年来中国之哲学》,见中国蔡元培研究会编:《蔡元培全集》第 5 卷,浙江教育出版社 1997 年版,第 102 页。

（*Bulletin of the School of Oriental Studies*，创刊于 1917 年，编辑及发行为英国伦敦大学东方学院，论文以英语为主。探讨印度、阿拉伯、波斯问题等，也有关于中国之论著，并多书评）①。

20 世纪上半期，随着中英交往的扩大和英国在华利益的需要，英国的汉学研究迅速发展起来，继理雅格、威妥玛、德庇时、翟理斯之后，又涌现出亚瑟韦利、阿克·穆尔、爱德华兹、翟林奈、倭纳、苏慧廉、修中诚等一大批著名汉学家。他们走欧洲传统汉学之路，研究的重点是中国的语言、文学、历史、哲学，翻译中国经典著作。在中英关系、中西关系、中国历史方面，也有一些著述。如传教士出身的苏慧廉（William Edward Soothill, 1861—1935）在中国传教办学二十多年，曾担任过山西大学西斋总教席，回国后被牛津大学聘为汉学讲座教授，著有《中西交通史大纲》《中国和英国》《中国史》等②。修中诚（Ernest Richard Hugnes, 1883—1956）在主持牛津大学汉学讲座时，创立了汉学科，设置了汉学学位，制定了汉学科的课程体系、考核办法。

英国传教士对英国史学著作的翻译和介绍是中国近代了解英国史学的最早途径。国人走出国门，通过亲身考察得出的认识，是第二个途径。如王韬在《重订法国志略》中就有对英国史家的评论："作列国史记者，曰罗伯森，曰吉本。"进入 20 世纪，留日学者所办的报刊对西方史学大量地进行介绍和评论，其中英国的史家和史著是重点。英国史学家休谟、麦考莱等都曾被特别的关注。英国史学家弗里曼（E. A. Freeman, 1923—1892）话"历史是过去的政治，

① 参见梁绳祎：《外国汉学研究概观》，李孝迁编校：《近代中国域外汉学评论萃编》，上海古籍出版社 2014 年版，第 45—47 页。

② 华五《英国的汉学家》对这位汉学家有相当诙谐、形象的描写："继承雷格而任牛津大学中文教授的是苏熙洵（Soothill），中国学生暗地里称呼他做苏熙老。他在满清时代来中国传教，后任山西大学副校长，民国成立后回到英国，后因退还庚款事曾与卫丁顿勋爵来华一次。著作有《中国的三教》等书。我最初见到苏熙老的名字是在伦敦《泰晤士报》（The Times）的通讯栏里，距今已经有七八年了，那时不知道是谁提到了山西是中国的模范省，于是我们的苏熙老便写了一封信给《泰晤士报》的主笔，说明他曾任山西大学副校长，并说山西之所以成为模范省，由以大部分的县知事是山西大学的毕业生，而这般学生又是他所训练出来的。照着自然的逻辑，山西之所以成为模范省，完全是苏熙老办教育的功劳。……在牛津，每逢有新的中国学生去时，他总是请到他家去喝茶，有的人不大喜欢去，因为他说的话有时我们听不惯，可是他的态度是诚恳的。中国学生考进了大学或是得了文凭与学位，苏熙老都感到喜悦，好像父兄看见了子弟成材"。见李孝迁编校：《近代中国域外汉学评论萃编》，上海古籍出版社 2014 年版，第 166—167 页。

而政治是现在的历史"作为名言被广泛引用。1908 年，《学报》登载的《百年来西洋学术之回顾》则专节论述 19 世纪英国的史学，涉及大量的英国史家及其著作，诸如麦考莱、卡莱尔、弗劳德、弗里曼、格林等等。特别是巴克尔的《英国文明史》和格林的《英国人民简史》，以多种形式被翻译成中文，对新史学思潮影响很大①。

民国时期中国到英国留学的人数，与留学日、美、德、法比较，相对较少。这与英国在近代对中国的影响似乎不甚相称。这主要是因为英国留学费用高，入学门槛高。英国的很多学校贵族习气很重，对中国的学历往往不予承认。所以民国时期有些本打算去英国留学的学子往往不得不到其他国家留学。中国的留英生也有自己的特点，专业大都集中在理工科，人文社会科学的较少，归国后在政治舞台上活跃的较少，大都在学术事业上。他们引进英国的现代科技，传播英国和西方的哲学、文学艺术以及其他社会科学，对促进中英文化交流，推进中国学术事业的发展做出了重要贡献。留英生在人文、社会科学方面有成就的有许地山、周传儒、侯仁之、钱锺书、费孝通、杨人楩、刘半农、傅斯年、陶孟和、金岳霖、向达、徐志摩、王星拱、丁文江、朱光潜、萧乾、王佐良、老舍、张芝联等。许地山是文学家，同时他也是著名的宗教学家，对宗教史研究卓有成就。周传儒是清华国学研究院出身，是梁启超的弟子，1931 年考选官费留学，入剑桥大学，专攻世界史和近代外交史。侯仁之是历史地理学家，钱锺书是文学家，也是一位学贯中西、博古通今的大学者。费孝通是社会学家，以英国功能学派注重社区研究的方法，撰写了《江村经济》（《中国农民生活》），对社会学的社区研究做出贡献。杨人楩译有芒图的《十八世纪产业革命——英国近代大工业初期的概况》，是著名的世界史教授。向达入牛津大学留学，在大英博物馆抄录敦煌卷子，译有帕刻的《鞑靼千年史》（1936 年）、《匈奴史》（1934 年）、斯坦因的《西域考古记》（1936 年）等。张芝联译有巴葛的《英国大学》（1948 年）等。张芝联 1946 年赴美国耶鲁大学研究院攻读历史，1947 年又横渡大西洋到英国牛津大学进修，到法国参加国际讨论会。其间广泛涉猎中外文学、历史和学术思想。回国后，先在上海光华大学任教，

①　参见李孝迁著：《西方史学在中国的传播（1882—1949）》，华东师范大学出版社 2007 年版，第 56—71 页。

1951 年北上到燕京大学历史系任教,教授世界史。1952 年转入北京大学任历史系教授。王星拱毕业于伦敦大学,既是一位自然科学家,也是一位哲学家,还是著名的教育家。他是武汉大学的创建者之一,担任武汉大学校长多年。萧乾是著名记者,也是文学家。陶孟和是社会学家,金岳霖是哲学家,徐志摩是诗人,朱光潜是美学家,王佐良是翻译家,老舍是文学家。傅斯年开始在英国伦敦大学留学,以后才到德国留学。留英期间,他与英国史学界有一定的交往,史学思想也受到影响。他的藏书有一本英国史学家巴克尔的《英国文明史》原版书。《傅斯年文物资料选辑》收有一张巴克尔的《英国文明史》原版书书影,并作说明:"图为英国史学家巴克(H.T.Buckle)《英国文明史》(*History of Civilization in England*)的书影。傅斯年颇受此书的影响,后来曾译此书前五章(稿未见),并拟附以傅自己所写的《地理的史观》(*Geographical Interpretation of History*)。"①傅氏还与英国文学家、史学家有过学术合作。《傅斯年文物资料选辑》中有一张威尔斯(H.G.Wells,1866—1946)的《世界通史》原版书影,并对该书影注释道:"到英国的第一年,傅斯年帮助英国文学家威尔斯(H.G.Wells)撰写《世界通史》(*The Outline of History*)中有关中国中古史的部分。该书于一九二〇年出版后,洛阳纸贵,十二年内卖出一百五十万本。"②威尔斯的《世界史纲》,由梁思成翻译,1927 年由商务印书馆出版。

民国时期翻译的英国史学理论著作有弗林特(Robert Flint,1838—1910)的《历史哲学概论》、司各脱(E.Scott)的《史学概论》。前者由郭斌佳翻译,新月书店 1928 年初版,黎明书局 1934 年再版,内容是评述 18 世纪至 19 世纪末期西方思想家的历史哲学思想。后者有两个译本,一是由余楠秋、谢德风翻译,民智书局 1933 年出版;一是由翁之达翻译,书名为《史学与史学问题》,开明书局 1934 年出版。原著者说:"本书之目的,欲提起对于历史方法、历史步趋及历史本身材料之兴趣。凡读此书者,当即显然知之也。予深信此书目的,业已达到。并望此书,将应更大范围之要求也。"该书共十章,依次为:历史之目的、历史方法、历史与地理、历史与传记、历史与自然科学、教育中之史学、历

---

① 见王汎森、杜正胜编:《傅斯年文物资料选辑》,台湾"中央研究院"历史语言研究所 1995 年版,第 51 页。

② 见王汎森、杜正胜编:《傅斯年文物资料选辑》,台湾"中央研究院"历史语言研究所 1995 年版,第 38 页。

史与爱国心、历史之种类、历史问题、历史之活动力。郭斌佳与何炳松还曾合作翻译英国史家古奇（G.P.Gooch，1873—1968）的《十九世纪史家与史学》，不知何故，该书那时未能出版。

英国的史学思想资源对民国时期的史学理论具有一定的影响。在民国时期出版的众多史学概论、史学通论、史学方法论著述中，英国的弗里曼、司各脱、麦考莱、F.Perie、G.Crump、A.C.Haddon、巴克尔、S.Hook、T.Jackson 等人的观点，不断被引用。

马克思主义史学创始人李大钊在他的史学理论中就不断征引英国史学家的观点。他在《史学要论》论述第一个问题"什么是历史"时，引用福利曼（今译作弗里曼）的名言。他说："还有一派史学家，只认政治的历史为历史，此外的东西似乎都不包括于历史以内。他们认以政治为中心纵着考察社会变迁的，是历史学。像那福利曼（Freeman）说：'历史是过去的政治，政治是现在的历史'，就是这种观念。"①在论述第四个问题"史学在科学中的位置"时，对英国哲学家培根的文字多次引用。他说："文、哲、史三者并举，始自倍根（Francis Bacon）……倍根曾把全体学问，分为史学、哲学及诗，鼎足而三。……倍根认依心的能力类别学问为最良的方法，而先分之为历史 historia（History）、诗 Poesis（Poesy）、哲学 Philosophia（Phylosophy）三者。其意盖谓心灵有三种能力：一曰记忆 Memoria（Memory），二曰想像 Phantasia（Imagination），三曰理性 Ratio（Reason）；而以历史为关于记忆者，诗为关于想像者，哲学为关于理性者。"②在另一篇文章《史学与哲学》中，他再次用培根的观点说明史学与文学、哲学的关系。他说："倍根的分类，见于他所著的 Advancement of Learning（1605）及以拉丁文著的 The Dignity and Advancement of Learning（1623）.这二书都是讲当时的思想的发展的。在此二种中，他把学问分为三大类：（一）历史；（二）诗；（三）哲学。这是按照心的能力而分的。因为心的能力也有三：（一）记忆；（二）想像；（三）理性。记忆所产生的是史，想像所产生的是诗，理性所产生的是哲学。这个分类，在今日看来是不完全的，因为他只是指他那时代的学问状况而说的，但我们正好藉用他的分类，说明史

① 李守常著：《史学要论》，河北教育出版社 2000 年版，第 6 页。
② 李守常著：《史学要论》，河北教育出版社 2000 年版，第 35—36 页。

学、文学、哲学三者的关系的密切。"①另外,弗林特的观点也是他常用的。在《史学与哲学》中,他探讨"历史的定义",引用了几个人的观点,其中就有弗林特的定义:"弗氏谓历史学即是历史哲学。他说:'历史哲学,不是一个从历史事实分出来的东西,乃是一个包蕴在历史事实里面的东西。一个人愈能深喻历史事实的意义,他愈能深喻历史哲学;而于历史哲学,也愈能深喻于其神智。因为历史哲学,只是些历史事实的真实性质与根本关系的意义,合理的解释、知识罢了。'这里他所说的历史哲学,史学也包括在内。"②而在《史学要论》"五、史学与其相关学问的关系"则是重点论述了史学与哲学的关系。此处他详细引用了弗林特的著作。他说:

故于历史哲学,亦常有人以广义解之,默然视为泛称关于历史事实的理论的考察者。如傅林特(Flint)所称的历史哲学,其概念即极其广泛。兹将其为历史哲学所下的定义,抄译于下:

The philosophy of history is not a something separated from the facts of history, but a something contained in them. The more a man gets into the meaning of them, the more he gets into it, and it into him; for it is simply the meaning, the rational interpretation, the knowledge of the true nature and essentialrelations of the facts.

历史哲学不是一些从历史事实分离出来的东西,乃是一些包蕴在历史事实里面的东西。一个人愈深入于历史事实的意义中,愈能深入于历史哲学中,即历史哲学愈能深喻于其理智;因为历史哲学纯是些历史事实的真实性质与根本关系之意义之合理的解释之智识而已。③

弗林特的这段话,出自他的《历史哲学概论》。李大钊出版他的《史学要论》,写作《史学与哲学》时,尚未有该书的中译本。这说明李大钊很早就看到弗林特的原版书了。弗林特的《历史哲学概论》对李大钊讲授"史学思想史"帮助很大。"史学思想史"涉及欧洲的思想家较多,李大钊在对这些思想家的思想进行阐发和评述时,参考了弗林特的观点。

① 李守常著:《史学要论》,河北教育出版社 2000 年版,第 243 页。
② 李守常著:《史学要论》,河北教育出版社 2000 年版,第 241 页。
③ 李守常著:《史学要论》,河北教育出版社 2000 年版,第 49—50 页。

论及民国时期的中英史学交流,有三个英国人对中国学界产生的影响,是不应忽视的。第一个是罗素。罗素(B.Russell,1872—1970)是20世纪英国伟大的哲学家、思想家,也是一位成就卓著的数学家、逻辑学家,对世界和平运动也做出了积极的贡献。罗素1920年10月至1921年7月到中国讲学,演讲地包括上海、杭州、南京、长沙、北京、保定等,演讲的形式既有单次演说,也有系列讲座,演讲的内容涉及教育问题、自然科学问题、数理逻辑、哲学问题、国际政治、心理学、宗教学、社会结构学等等。罗素的讲学活动,传播了现代英国与西方大量的科学知识与哲学思想,给五四时期渴求新知、向往西学的中国知识界带来丰富的养料,注入新鲜活力。罗素在中国期间,与中国的著名学者和史学家多有交往。如梁启超、赵元任、蔡元培、范源濂、张申府、丁文江、傅铜等。其中,张申府、张东荪、赵元任、傅铜可谓罗素思想的积极宣传者。罗素回国后,在英国留学的徐志摩,与罗素关系密切,是罗素家中的座上客,思想、精神气质,均受罗素影响很深。留英生金岳霖承继罗素的衣钵,是研究罗素哲学、继承罗素哲学最有成就的中国哲学家。罗素在中国的演讲,对20世纪20年代中国的中西文化论争起了催化作用。中西文化论争也是值得史学史探讨的重要课题。

罗素热爱中国文化,对中国人民抱有友好的感情。他总是善意地向西方介绍中国的优长,对肆意抹黑中国人的论调予以反驳。他写道:"在西方有一种论调:中国人不可思议,满脑子神秘思想,有时让人难以理解……但是,以我在中国讲学期间的所见所闻,并没有发现任何证明这种论点的根据。我像与英国人交谈一样与中国人交谈,他们回答我也很像英国人回答一个中国人。中国人相当有教养,聪慧而明智。我根本不相信'东方人阴险'的鬼话。""平心而论,我认为中华民族是世界上我所遇见的最优秀的民族之一。""中国文明远比中国政治更具大一统的特性。也是世界上几大古国文明中唯一得以幸存和延续下来的文明。自孔子时代以来,埃及、巴比伦、波斯、马其顿和罗马帝国的文明都相继消亡,但中国文明却通过持续不断的改良,得以延续下来。中国文明也一直受到外来文化的影响。从早先的佛教,直到现代的西方科学。但是佛教并没有把中国人变成印度人。西方科学也没有把他们变成欧洲人。在中国,我遇到一些人,他们像我们西方国家教授那样熟知西方文化。然而,他们并没有失去文化心理上的平衡,也未脱离自己的人民。他们认为,西方一些不好的东西,如野蛮好战,动乱不安,欺负弱小,利欲熏心,追求纯粹的物质享受目标等,是不可取的。而一些好的东西,特别是西方科学,中国人则希望学习采纳。"①

第二个是汤因比(Arnold Joseph Toynbee,1889—1975)。斯宾格勒创立的文化形态史观对中国产生了影响,前已述论。汤因比是文化形态史观的发扬光大者,把斯宾格勒的八种文明发展到二三十种文明,"试图把人类的历史视为一个整体"。他是受斯宾格勒的启发而提出自己理论体系的。他回忆说:"当我读着这些充满历史洞见之光的篇章时,我首先怀疑,我的整个探讨,在问题提出之前(更不用说找到答案了)就已被斯宾格勒处理过了,这一想法在我的脑海中充分明朗起来。我主要的观点之一是:历史研究中最难于理解的领域是所有这些社会,而不是像现代西方的民族国家或古希腊、罗马时期的城邦国家这一类任一分隔的片断。我的另一个观点是:所有被称为文明社会的历史,在某种意义上,都是平行的和同时代的。这两个观点也是斯宾格勒体系中的主要的观点,当我在斯宾格勒的书中寻找我的关于文明起源问题的答案时,我发现我仍有工作要做。"②

汤因比早在20世纪20年代已受到中国学术界的关注。1923年11月,《学衡》第23期开始连续刊译英国李文斯顿(R.W.Lingston)编的《希腊之留传》(The Legacy of Greece)一书。该书内收有汤因比的《希腊之史学》,故吴宓在"本志编者识"中对汤因比有一简短介绍:"童璧 Arnold Toynbee 伦敦大学东罗马及近世希腊方言、文学、历史教授。"③但他真正成为中国学界的热门学术人物还是在他的《历史研究》(A Study of History)出版之后。1934年汤因比出版了《历史研究》前三卷。汤因比认为,在人类文明史中,曾出现过21个文明:西方文明、拜占庭文明、俄罗斯文明、伊朗文明、阿拉伯文明、印度文明、远东文明、希腊文明、叙利亚文明、古代印度文明、古代中国文明、朝鲜日本文明、米诺斯文明、苏美尔文明、赫梯文明、巴比伦文明、埃及文明、安第斯文明、墨西

① [英]罗素著:《罗素回忆录——来自记忆里的肖像》,吴凯琳译,希望出版社2006年版,第189—191页。
② [英]汤因比:《我的历史观》,载《文明经受着考验》,浙江人民出版社1988年版,第10—11页。
③ 吴宓:"本志编者识",载《希腊之留传第一篇希腊对于世界将来之价值》篇首,《学衡》第23期,1923年。

哥文明、于佳丹文明、玛雅文明。有时他又说有 26 个文明，有时又扩大至 37 个，显得比较随意。张君劢的《明日之中国文化》①对该书进行的评介。1937 年顾俶南在《图书展望》发表书评《介绍汤因比氏〈历史研究〉》，篇首写明原著的出版情况："A Study of History, vols. Ⅰ—Ⅲ, By Arnold J.Toynbee, 1935.Oxford University Press"，对汤因比作了简要介绍。说："他是当代国际问题世界有名之权威，凡是研究现代国际问题的人，当没有不知道他的。他担任英国国际问题皇家学会(Royal Institute of International Affairs) 专任研究员。自从一九二三年以来，他将每一年所经历过之国际事件用富有哲学的眼光作有系统之分析，这就是有名的每年由英国出版之 Survey of International Affairs，但是很少人知道汤氏对于人类整个的历史也有深刻的研究"。接着对此书的规模和基本思想作了介绍，认为它是能够与吉本的《罗马衰亡史》、斯宾格勒的《西方的没落》、威尔斯的《世界史纲》相媲美的著作。指出汤因比与斯宾格勒一样，都运用历史比较法，提出西方文化发展高峰已过，开始出现衰落。但汤因比不像斯宾格勒悲观，"彼非斯宾葛勒式之宿命论者，此点或即为汤氏较胜斯氏的一点"。最后说到汤因比曾游历过中国，以及该书对研究中国文化史的价值："汤氏在其著作中，对中国历史亦多述及。彼前年曾游历中国，对于中国文化之观察虽非完全正确，但颇多新颖之见解。凡研究中国文化史者，尤其有志将中国文化与其他文化作比较研究者，汤氏之著作实有参考之价值。"②随着汤因比《历史研究》的后续几卷的出版，该书不断得到评介。如《星期评论》1941 年分两期发表了王绳祖对《历史研究》前六卷的介绍，说："陶因拜是英国皇家国际学会的总干事兼伦敦大学国际史研究教授。他在一九三四年出版三卷《历史研究》；一九三九年又续出三卷。据说再有数卷，方可完结……他以史学家的资格，用历史的例证来说明一个思想体系，内容自与哲学家所写的历史哲学不同。无疑问地，这是近几十年以来史学界的一部空前杰作。"③此外，还有国外学者的评述被译介，如李絜非译的 J.Feibleman 对汤因比的书评文章《汤比氏之历史论》④。雷海宗、林同济等战国策派学人对汤因比著作也有涉

---

① 该书由商务印书馆 1936 年出版。
② 顾淑楠：《介绍汤因比氏〈历史研究〉》，《图书展望》第 2 卷第 3 期，1937 年。
③ 王绳祖：《历史研究》，《星期评论》第 26 期，1941 年。
④ 刊于《文化先锋》第 6 卷第 15 期，1947 年。

猎和借鉴。

第三位是李约瑟。李约瑟在中西文化交流史上被称作 20 世纪的利玛窦。他虽在自然科学领域很有成就,却为中国古代科技和文化所吸引,一生倾力研究中国科技史,完成了鸿篇巨制《中国科学技术史》。这是他对人类做出的巨大贡献,也是中英史学交流、文化交流的成就之体现。李约瑟出生于 1900 年,23 岁即获得剑桥大学的哲学博士和科学博士,30 多岁成为英国著名的生物化学家、胚胎学家,英国皇家学会会员。1943 年 2 月至 1946 年 3 月,李约瑟来到中国,在抗战大后方,与中国的教育界、文化界、科技界进行了广泛的交流,为中国科技界与英国以及其他西方国家建立学术联系做了大量工作。他敦促英国政府支持中国抗战。在他的建议下,1943 年 6 月,英国政府批准成立了"中英科学合作馆"(Sino-British Scientific Cooperation Office),并任命他为馆长。其间,他以巨大的热情,全身心地投入了以科技支援中国的伟大工作;他与迁至大后方的高校和科研机构进行了很多接触,结识了一批著名学者。这些学者为他以后的中国科技史之著述提供了帮助。在《中国科学技术史》第 1 卷序言中,他写道:

> 1943 年初我刚到昆明时,在这方面给我帮助的人士中间有史学家雷海宗和闻一多(后者在担任民主同盟的领导工作时被暗杀了)。牛津大学的汉学家修中诚(H.R.Aughes)博士当时和闻一多教授一起工作,对修中诚博士给我长时间富有启发性谈话的机会,我愿在此表示感谢。在科学家当中,钱临照博士对《墨经》(公元前 4 世纪)中的物理学原理所作的阐释使我惊叹不已。华罗庚教授曾帮助我了解中国的数学,而经利彬则帮助我了解药物学方面的资料。[1]

李约瑟与中国的许多学者相识并建立了友谊。他的中国科技史研究,得到了郭沫若、冀朝鼎、陶行知、邓初民、林伯渠、侯外庐、冯友兰、王星拱、侯宝璋、郭本道、章孟闻、张资珙等人的指点和协助。他历尽艰辛,辗转数千里,前往西南、西北、东南进行学术考察,访问了内迁的武汉大学、同济大学、中央研究院历史语言研究所、社会学研究所和考古博物馆、河南大学、浙江大学、中山大学等。他为推动中英科技交流,为向西方宣传中国文化做出不懈的努力。

---

① ［英］李约瑟著:《中国科学技术史》第 1 卷,袁翰青等译,科学出版社 2018 年版,第 9 页。

在他主持下,中英科学合作馆在成立后的三年里,向西方学术界传达论文 138 篇,绝大多数被采用发表。他搜集了大量的中国科技史资料,为他回国后撰写《中国科学技术史》打下了坚实的基础。

李约瑟回国后,将他和夫人在中国三年多的活动记录,包括工作报告、日记、通讯、诗歌、摄影等,辑成一书,名曰《科学前哨》(*Science Outpost*),1948 年在伦敦出版。它记录了中英两国在抗日战争期间的科技合作和学术友谊,也为中英史学交流留下了珍贵资料。

民国时期,学术界许多期刊非常关注外国史学动态,刊载介绍文章或译文,如《东方杂志》《学衡》《史地学报》《燕京学报》《禹贡》半月刊。英国学者杨哈斯班的《帕米尔游记》就发表在《禹贡》半月刊第 5 卷第 8、9 合期上。

六、中苏(俄)史学交流

俄国的汉学研究 19 世纪以前也有一定的成就。但与欧洲几个大国相比,是比较弱的。由于汉学人才的不足,以致在中俄外交交涉中有时还借用德国的汉学人才。俄国的汉学家基本是外交人员和传教士。20 世纪初,影响较大的研究者有波波夫、屈纳、波兹涅耶夫等人。波波夫 1886 年起任俄国驻北京总领事,1902 年回国。1901 年至 1910 年间即出版了关于清末新政的多部著作。屈纳 1909 年出版了《西藏地理记述》。波兹涅耶夫 1901 年出版了记述义和团与八国联军之役的《北京围城 56 天见闻》①。圣彼得堡大学、莫斯科附近的喀山大学都设有汉学讲座,20 世纪初海参崴设有东亚学院。伊凤阁(A.I. Ivanov,1877—1937)1913 年任彼得堡大学汉学教授,十月革命后,随苏俄远东全权代表越飞(A.A.Joffe,1883—1927)东来,1923 年任北京大学研究所国学门导师,在《国学季刊》发表《西夏国书说》(1923 年 12 月)。莫斯科有中国学院,青年教授阿卜拉森(Abramson)等主持之②。

---

① 参见姜义华、武克全主编:《二十世纪中国社会科学·历史学卷》,上海人民出版社 2005 年版,第 521 页。

② 梁绳祎:《外国汉学研究概观》,李孝迁编校:《近代中国域外汉学评论萃编》,上海古籍出版社 2014 年版,第 44 页。

俄国有两个重要学者在民国时期的中国史学界颇有声望。一个是钢和泰,另一个是史禄国。钢和泰(Alexander von Stael-Holstein,1877—1937)出生于沙皇俄国爱沙尼亚(今爱沙尼亚共和国),贵族出身,精通德语、法语、汉语、梵语,早年在柏林大学留学。沙皇时代他曾被封为男爵。1917年沙俄被推翻后,流亡中国。1923年,钢和泰被聘为北京大学研究所国学门导师;1927年又被聘为清华国学研究院名誉通讯指导员;1928—1929年前往美国担任哈佛大学中亚研究讲座教授;1930年任哈佛大学燕京学社教授,并长期担任哈佛—燕京学社驻燕京大学的中印研究所所长、《燕京学报》编委。他与当时国内外学术界许多著名人士有交往,外国学者如著名汉学家高本汉、伯希和、戴密微等,国内学者如陈寅恪、胡适、赵元任、王云五、汤用彤、吴宓等,都与他交情深厚。据说有一个相当长的时期,被清华大学聘为导师住在清华园的陈寅恪每个周末都进城与钢和泰共同研读梵典。1937年,钢和泰在北平逝世,他在中国近现代学术史上占有重要地位。

史禄国(S.M.Shirokogoroff,1887—1939)是俄罗斯人类学奠基者,现代人类学先驱之一,通古斯研究的权威。他出生于沙俄末期 Suzdal 世家,接受"古典教育"。1910年毕业于法国巴黎大学人类学院。回俄罗斯后在圣彼得堡大学、帝国科学院做研究。1915—1917年到中国东北多次就通古斯人、满人,进行民族志学、考古学和语言学调查。1917年十月革命后他开始了流亡生活。1922年至1930年先后在上海、厦门、广东等地的大学任教,且从事学术研究。1930年以后在北平辅仁大学、燕京大学、清华大学任教,并到福建、广东、云南和东北等地进行过学术调查。1924—1925年间发表了三本有关华东、广东、华北中国人体质研究的报告。这类研究,至今还是空谷足音,无人承继。他应用其在体质方面的研究成果,为中国古代人口流动作出富有启发性的推测。史禄国任教燕京大学时,对费孝通影响很大。费孝通到晚年还在深情地怀念这位1933年收他为弟子指导他从事民族学和人类学研究、使他终身受益的恩师。史禄国1922年移居中国,1939年逝世于北平。他的后半生有近20年在中国度过,绝大部分著作在中国出版,为中国民族学和人类学的发展做出了重要贡献。

十月革命以前,中国人到俄国留学的很少。即使是清末留学热潮兴起之时,留学俄国的也不多。十月革命后,这种情况出现了变化。十月革命是世界历史上的大事,也是中俄关系的转折点。1919 年巴黎和会,西方列强继续欺压中国,侵害和出卖中国的主权等权益。而苏俄则奉行对华友好政策,多次发表声明,废除沙皇政府与中国订立的不平等条约,不断赢得中国人民的好感。李大钊对十月革命进行了高度的称赞和热情的讴歌,先后发表《法俄革命之比较观》《庶民的胜利》《Bolshevism 的胜利》等文章。指出"俄国今日之革命,诚与昔者法兰西革命同为影响于未来世纪文明之绝大变动",但二者性质有异,"俄罗斯之革命是二十世纪初期之革命,是立于社会主义上之革命,是社会的革命而并著世界的革命之采色者也"。"俄罗斯之革命,非独俄罗斯人心变动之显兆,实二十世纪全世界人类普遍心理变动之显兆。"①十月革命的胜利,是世界劳工阶级的胜利。将来的环球,必是赤色的世界!中国有志救国之士,热切地希望了解这个新生的政权,借鉴它的经验,探索拯救中国的真理。《新青年》自 1920 年起,设立"俄罗斯研究"专栏。1920 年 10 月,瞿秋白、李宗武、俞颂华一行从北京启程,经过东北到俄罗斯。瞿秋白写了《饿乡纪程》《赤都心史》,记下了他在俄国的旅程和见闻,表达了自己的思考和感想,认为俄国革命的现实,虽然存在很多弊病,并非尽善尽美,却充满勃勃生机,革命的政府正在努力兴利除弊,创造日益美好的明天。在联(共)布和共产国际的帮助下,中国共产党于 1921 年建立,中国的历史掀开了新的一页。随着中国国内马克思主义的传播和社会主义思潮的兴起,中国人民日益增强了对社会主义国家苏俄的向往。1921 年第一批中国青年赴莫斯科东方大学学习。1924年,国共合作实现。1925 年,莫斯科中山大学开办,国民党、共产党选拔大量革命青年到该校学习,他们回国后成为改造中国社会的领导者和政治精英,在翻译马克思主义经典文献方面,也卓有贡献。此外,还有一批人从法国、德国、比利时等西欧国家进入莫斯科中山大学学习,其中有邓小平、徐冰、傅钟等。

瞿秋白是著名的马克思主义理论家,也是一位马克思主义史学家。如果说早期马克思主义者李大钊、陈独秀、李达因为到日本留学,接受马克思主义主要是通过日本途径的话,瞿秋白则由于到苏联访问、学习、工作的缘

---

① 李大钊:《法俄革命之比较观》,见中国李大钊研究会编注:《李大钊全集》第 2 卷,人民出版社 2013 年版,第 329—332 页。

故,他对马克思主义的接受则主要是通过苏联的途径。瞿秋白1922年在莫斯科加入中国共产党,后在莫斯科东方大学担任助教兼理论课的翻译,其间比较系统地学习了马克思主义。回国后,他在国共合办的上海大学任教务长兼社会学系主任,讲授现代社会学、社会哲学等课程。他编著了《社会哲学概论》《现代社会学》以及《社会科学概论》等。这些著作或摘编恩格斯的《反杜林论》,或是吸收了布哈林对马克思主义理论的阐释。瞿秋白比较系统地讲述了辩证唯物主义和历史唯物主义的基本原理,并以此为根据,批判胡适的实用主义、张君劢的唯意识论、东方文化派的唯心论等,对传播马克思主义做出了重要贡献。他的马克思主义史学理论著述,带有明显的苏俄色彩。

20世纪30年代,中国许多新闻界著名人士到苏联访问,如胡愈之、曹谷冰、戈振公、邹韬奋、戈宝权等。他们大多留下了著作,介绍在苏联的见闻。他们从中国的视角看苏联,将苏联与中国对比,思考中国的现实问题,并希望取人之长,补己之短。他们的著作有效地促进了中国民众对苏联的了解。1945年至1946年,已成为中国文坛巨匠的郭沫若、茅盾,先后访问了苏联。郭沫若在苏50天,曾在莫斯科苏联对外文化协会历史哲学组发表演讲——战时中国历史研究。回国后他写出了《苏联纪行》。茅盾到苏联访问了3个多月,写出了《苏联见闻录》。这两部著作纠正了国内对苏联的某些歪曲报道,比较全面地介绍了苏联科学事业的发展和各项文化建设成就,反映了40年代中国知识分子对苏联的认识。

中国共产党建立之前及建立初期,马克思主义理论著作主要是从日文、英文转译的,但这种情况到30年代以后则出现了变化,主要是因为大量的留苏学生回国,从俄文翻译马列著作成为主要的途径,而且翻译工作更有组织、更加系统化了。俄文翻译纠正了此前翻译中的许多谬误,促进了马列主义在中国的系统传播,造就了一批著名的翻译家。如吴亮平(又名吴黎平、吴良斌)翻译了马克思的《法兰西内战》、恩格斯的《社会主义从空想到科学的发展》《反杜林论》、列宁的《两个策略》《国家与革命》等经典著作,张仲实翻译了恩格斯的《路德维希·费尔巴哈和德国古典哲学的终结》《家庭、私有制和国家的起源》,普列汉诺夫的《马克思主义基本问题》,斯大林的《论民族问题》等。他们的工作受到毛泽东以及理论工作者的高度评价。毛泽东曾说:"吴亮平翻译的《反杜林论》这本书,对中国革命起了很大的作用。"①熊复也说:"在学习马克思主义基本理论方面,我要特别感谢仲实同志。正是他翻译的恩格斯的《费尔巴哈与德国古典哲学的终结》和普列汉诺夫的《马克思主义基本问题》,指引我踏上马克思主义哲学的堂奥。也正是他翻译的列昂节夫的《政治经济学讲话》,使我初尝马克思主义政治经济学的甜果。"②

20 世纪 30 年代的社会史大论战,是民国时期史学的一道亮丽风景,对促进中国现代史学的发展具有重要意义。中国社会史论战主要围绕三个问题:一、亚细亚生产方式问题;二、中国有无奴隶制? 三、中国封建社会长期存在的原因何在? 这三个问题既是学术问题,又与中国当时的革命形势紧密相关,同时又有一定的国际学术背景。国际学术界对此问题的看法影响着共产国际对中国问题的判断,进而影响中国革命方略的制定。学术与政治相互交织显而易见。参加论战的双方都意识到这一点。如《读书杂志》主编王礼锡说:"关于中国经济性质问题,现在已经逼着任何阶级的学者要求答复。任何阶级的学者为着要确定或辩护他自己的阶级的前途,也非解答这问题不可。"③论战另一阵营的吴亮平也说:"第一次大革命失败了,究竟革命的前途如何? 那时议论很多。……为了解决这些问题,宣传党对中国革命的正确主张,党中央决定发起关于中国社会性质的论战。"④对于这次论战的国际学术背景,参加论战的中国史家当时也有清醒的认识。关于亚细亚生产方式,吕振羽在《社会发展过程中之"亚细亚生产方法"问题》一文说:"在中国和日本对于这一问题之各种不同的见解,可说完全是发生于苏联的各种见解的延长。"⑤关于奴隶制,奉行唯物史观积极参加论战的何干之后来在总结论战时指出:"苏联史家中,写通史的沙发洛夫,以为中国没有奴隶制,歌德斯也有这种倾向。后来科瓦列夫的《古代社会论》和赖哈尔特的《前资本主义社会史论》出了版,才改正

---

① 《吴亮平自传》,载晋阳学刊编辑部编:《中国现代社会科学家传略》第 6 辑,山西人民出版社 1985 年版,第 143 页。

② 张积玉、王钜春:《马克思主义理论翻译家张仲实》,陕西人民教育出版社 1991 年版,第 159 页。

③ 王礼锡:《中国社会史论战序幕》,《读书杂志》1931 年第 1 卷第 4、5 期合刊。

④ 周子东等:《三十年代中国社会性质论战》,上海知识出版社 1987 年版,第 116—117 页。

⑤ 载《中苏文化》1936 年第 1 卷第 6 期。

了这种偏向,这是值得注目的文献。"①至于封建制,何干之说:"苏联史家由中国社会性质问题,再讨论到中国封建制问题,并不是为着纯史学的探求,这一历史理论的活动,和目前中国政治运动,是有密切的关联性的。我以为这次讨论,对于中国社会停滞问题,有极重要的提示,不应把它当作一个史学问题而轻轻地放过。"②侯外庐 1930 年从法国归来,主要精力仍在《资本论》的翻译上。他虽然没有直接参加论战,但却时刻对之予以关注。他也看到了苏联学者对这次论战的影响。他说:"苏联学者在提出问题讨论上贡献了甚大的功绩,没有他们在前头论争,追求真理,我们是还不会在一个专门问题方面做深入的探讨的,这是真话。"③

　　苏联史学界对中国社会史论战的影响,可以拉狄克④(Karl Radek,1885—1939)为个案来说明。拉狄克虽然是波兰犹太人,但他在苏联工作,讲一口流利的俄语,用俄文写作,完全可以把他作为一个苏联学者看待。他是西方关于革命史研究的权威,也是中国问题专家。他曾担任莫斯科中山大学校长,并在该校讲授"中国革命运动史""西方革命史""西方职工运动史"。其"中国革命运动史"讲义 1927 年由莫斯科中山大学出版。曾在莫斯科中山大学留学的史唐回忆说:"第一任校长拉狄克,是波兰的老革命家,又是研究中国问题的专家。他主讲的'中国革命史',几乎征服了所有中国学生……讲课生动有趣,言辞幽默,表情丰富,能紧紧抓住听众,课堂里会不时发出哄堂大笑。拉狄克既是老布尔什维克,又是著名学者,学识渊博,能说好几国语言,待人热情没有架子。他的学识和为人,使他在全校师生中享有很高的威望。"⑤

　　拉狄克的《中国革命史》在中国由多家出版社出版,有的出版社甚至多次再版。有的期刊还为之刊登广告,不吝赞美之词:"中国历史真可说是黑漆一团,近来虽也有对它作理论分析的,但少成就。然而世界有名的理论家和政治家,却已作了一个正确的分析。方法很科学。对于各朝代底变革行程,都有优

---

①　何干之:《研究中国社会史的基本知识》,《自修大学》第 1 卷第 1 号,1937 年。

②　何干之:《苏联史家怎样观察中国封建制》,《时论》第 1 卷第 1 期,1936 年。

③　侯外庐:《苏联历史学界诸论争解答·自序》,上海建国书店 1946 年版。

④　译名尚有"拉迪克""拉德克""腊狄克""腊殆克"等。

⑤　史唐:《我在莫斯科中山大学的回忆》,《百年潮》2005 年第 2 期。

异的新颖的解释。这是研究历史、社会史和政治经济底人所必买之书。"①拉狄克认为中国资本经济已有几千年的历史，历史上的封建主完全没有了。土地可以自由买卖，因而集中到商业资产阶级手里，他们剥削的目的，与封建地主不同，因为后者不知道货币经济，他们的目的，不过是为得黄金、装饰品、美女而已；因此中国无所谓封建势力，只有商业资本家②。拉狄克的书对陶希圣有影响，对中国托派的影响也很明显。有研究表明：陶希圣《中国社会之史的分析》《中国社会与中国革命》书中的观点来自于拉狄克，任曙《中国经济研究》、严灵峰《中国经济问题研究》、孙倬章《中国经济的分析》、王亚南《封建制度论》虽然在细节上有差异，但是都认为中国现实社会是资本主义占优势。其余"如彭述之、刘仁静等，也有同样的意见；不过都是在托洛斯基、拉狄克、陈独秀的原则下，大同小异——或者简直完全相同。"③他们都认为春秋战国以后，由于商人资本的发达，完整的封建制度已经没有存在的余地。与此同时，论战中的反对派批评拉狄克的也很多。拉狄克是中国社会史论战时期出现频率很高的一个外国人名字。

　　拉狄克的《太平天国革命运动》对民国时期的学者有一定的影响。从朱谦之的批评中可知，李一尘《太平天国革命运动史》、张霄鸣《太平天国革命史》、李群杰《太平天国的政治理想》等书，都多次引用它。朱谦之对拉狄克关于太平天国革命的评论多有批判："然而不幸地许多托洛茨基派的历史理论家，竟歪曲了这种事实，如拉狄克（Radek）在《太平天国革命运动》书中，曾经说过在太平天国时代，中国当时需要的资产阶级革命已经成熟了。"④拉狄克的《中国革命运动史》对延安史学也有影响。据研究，吴玉章、林伯渠的论文《太平天国以前中国经济、社会、政治的分析》、李鼎声的《中国近代史》、张闻天主编的《中国现代革命运动史》、华岗的《1925—1927 中国大革命史》等，都吸收了拉狄克的有关论述，尽管他们对拉狄克的观点有所批判。⑤

----

① 《二十世纪》1932 年第 2 卷第 2 期。

② 参见李孝迁著：《域外汉学与中国现代史学》，上海古籍出版社 2014 年版，第 221 页。

③ 参见张广智主编：《20 世纪中外史学交流》，北京师范大学出版社 2007 年版，第 259 页。

④ 朱谦之：《关于太平天国革命思想》，《朱谦之文集》第 2 卷，福建教育出版社 2002 年版，第 350 页。

⑤ 参见李孝迁著：《域外汉学与中国现代史学》，上海古籍出版社 2014 年版，第 221—238 页。

此外,沙发洛夫(G.Safarov)的《中国社会发展史》、柯金(M.Kokin)的《古代中国的土地制度》、马札尔(Ludwig Madyar,匈牙利人)的《中国农村经济研究》、杜布罗夫斯基的《亚细亚生产方法、封建制度、农奴制度及商业资本主义本质问题》、科瓦列夫的《古代社会论》、赖哈尔特的《前资本主义社会史论》等书,在民国时期都有翻译,在中国学术界也有一定的市场,在社会史论战时期,为赞同者所借鉴和引用。

1938 年斯大林的《辩证唯物主义与历史唯物主义》(原为《苏联共产党(布)历史简明教程》之一节)发表,五种生产关系说问世:"历史上有五种基本生产关系:原始公社制的,奴隶制的,封建制的,资本主义的,社会主义的。"① 1939 年,苏联哲学家罗森塔尔与尤金主编《简明哲学辞典》,把斯大林所说的五种生产关系进一步阐释为五种社会经济形态,并作出论断:原始公社制度、奴隶占有制度、封建制度、资本主义制度以及社会主义制度(共产主义),是人类社会必经的五个社会经济形态。此说一出,在中国学界迅速引起了回应,被认为是马克思主义关于社会发展的最简明经典的概括,是放之四海而皆准的"人类社会发展的一般规律。"②"斯大林主持下编写的于 1938 年出版的《联共(布)党史简明教程》,不仅被定位为马克思列宁主义的百科全书,而且被确定为党史、革命史乃至全部历史研究的范本,对此后中国学者研究中国历史与文化产生极为深重的影响。"③

七、中国与其他西方国家的史学交流

中国与欧洲国家的交流,除了法国、德国、英国、苏俄外,与瑞典、荷兰、意大利等国的交流也有值得关注之点。

民国时期,瑞典学者与中国史学界联系还是比较多的。瑞典探险家斯文·赫定多次来中国探险及学术考察,曾与中国学术界联合组织西北科学考察团。他写的考察报告,在西方学术界影响很大。瑞典考古学家、地质学家安

---

① 斯大林:《辩证唯物主义与历史唯物主义》,人民出版社 1955 年版,第 23 页。
② 参见张广智主编:《20 世纪中外史学交流》,北京师范大学出版社 2007 年版,第 2—3 页。
③ 参见姜义华、武克全主编:《二十世纪中国社会科学·历史学卷》,上海人民出版社 2005 年版,第 521 页。

特生 1921 年任职于中国农商部地质调查所，他在辽宁锦西沙窝屯和河南渑池仰韶发掘出新石器遗址，改变了中国无石器时代的旧说，对推动中国原始社会研究起了很大作用。瑞典还有一位汉学家西伦（O.Siren），是瑞典斯托洪（Stockholm）大学教授，以研究中国美术史著名，也是中国建筑史方面的专家。1922 年 3 月他来中国，曾到北京大学做过"东西洋绘画之比较"的学术演讲。瑞典最有名的汉学家是高本汉（Bernhard Karlgren，1889—1978）。他年轻时期曾在山西大学留学，在中国生活过若干年，跟随山西的私塾先生读四书五经以及古代典籍。他对中国古代音韵、训诂均有精深的研究，不仅在欧洲声望很高，对中国学者也有很大的影响。他继承了清代学者在古音研究方面的成就，并利用新的方法和材料来研究古音。同时，他在语文学、文献学、青铜器年代学等领域也有巨大的贡献，是当之无愧的"汉学大师"。他的博士论文题曰《中国音韵学研究》，是中国语言学史上公认的一部里程碑式的著作。"他一方面有了西方人记录中国方言的著作做参考，一方面又受到龙德尔（J.A.Lundell）教授的训练，能够利用很精密的瑞典式方言字母来分析中国现代的方言。"①他的博士论文由中国音韵学专家赵元任、李方桂、罗常培翻译成中文，商务印书馆 1940 年出版。此外他还有《汉语分析字典》《中国古音的拟测》《左传真伪考》等等。他十分敬重中国学者的成绩，与赵元任、李方桂、罗常培等保持书信联系，读过胡适、章太炎、王国维、梁思永、董作宾、郭沫若的著作，非常钦佩这些学者在学术上的造诣。他在为自己著作的中文版所写的序言中，表达了他的谦虚和情感。他说："中国民族上的研究工作何等的大，一个西洋人再要想在这上面担任多大一部分工作，现在其实已经不是时候了。中国新兴的一班学者，他们的才力学识既比得上清代的大师如顾炎武、段玉裁、王念孙、俞樾、孙诒让、吴大澂，同时又能充分运用近代文史语言学的新工具；……一个西洋人怎么能妄想跟他们竞争呐？这一班新学者既能充分的理解古书，身边又有中国图书的全部，他们当然可以研究到中国文化的一切方面；而一个西洋人就只能在这个大范围里选择一小部分，作深彻的研究，求适度的贡献而已。"②高本汉的著

---

① 张世禄：《介绍高本汉先生》，李孝迁编校：《近代中国域外汉学评论萃编》，上海古籍出版社 2014 年版，第 355 页。

② ［瑞典］高本汉著：《中国音韵学研究·著者赠序》，赵元任、罗常培、李方桂译，商务印书馆 1940 年版，第 5—6 页。

作和研究方法,对陈寅恪、傅斯年均有影响。俞大维在《怀念陈寅恪先生》中说:"寅恪先生由他念书起,到他第一次由德、法留学回国止;在这段时间内,他除研究一般欧洲文字以外,关于国学方面,他常说:'读书须先识字。'因是他幼年对于《说文》与高邮王氏父子训诂之学,曾用过一番苦工。到了中、晚年,对他早年的观念,稍有修正。主要原因,是受了两位大学者的影响:一、瑞典汉学大家高本汉先生。高氏对古人入声字的说法,与假借字的用法,给他极大的影响。二、海宁王国维先生。王氏对寅恪先生的影响是相得益彰的;对于殷墟文字,他受王氏的影响;对梵文及西域文字,则王氏也受他的影响。"①傅斯年作为中央研究院历史语言研究所所长,对高本汉的学术极其推崇,聘请他担任国外通讯研究员,组织学者翻译高本汉的著作,他为高本汉的《中国音韵学研究》中文版撰写了序言,说:"以斯年所闻,友人中欲此书译本流传中土者,先后有赵元任先生、刘半农先生、胡适之先生;斯年虽于此学无所能,其愿此书之吸收于汉土,亦未敢后人也。故中央研究院历史语言研究所创办之初,即有意迻译此书,虽译书不在本所计划范围内,然为此书不可不作一例外。"②傅斯年还曾于 1933 年三次致电或写信给高本汉,向他说明作为外国通信员所受薪金之来源,感谢他为史语所出版的《庆祝蔡元培先生六十五岁论文集》撰写论文。高本汉在民国学界的地位和影响,由此可见一斑。

戴闻达(J.J.L.Duyvendak,1889—1954)是荷兰汉学家。他 1912 年来华在荷兰使馆工作,1918 年回国后任莱顿大学(Leiden University)汉学研究所会员、教授。他译有《商君书》(*The Book of Lord Shang*,1928)、《道德经》(*Tao to king*,*Le Livre de la voie et de la vertu*,1953)等,著有《马欢重考》(*Ma Huan*,*Re-examined*,1933)、《1794—1795 年荷兰赴华使节记》(*The Last Dutch Embassy to Chinese Court*,*1794—95*,1938)、《中国发现非洲》(*China's Discovery of Africa*,1947)等书。戴闻达与中国学术界交往颇多,民国时期的二三十年代,他住在北平,很可能在燕京大学等学校任教。他的名字多次出现在顾颉刚 1926 年、1935 年的日记中。

《史地丛刊》刊登"新文化丛书"广告,介绍了荷兰学者的《唯物史观解

①　参见卞僧慧:《陈寅恪先生年谱长编(初稿)》,中华书局 2010 年版,第 57—58 页。

②　傅斯年:《中国音韵学研究·序》,见[瑞典]高本汉著:《中国音韵学研究》,赵元任、罗常培、李方桂译,商务印书馆 1940 年版,第 1 页。

说》："是书为荷兰人 Herman Gorter 所著，立意在使荷兰劳动者了解唯物史观之要旨，故辞义浅显，解释详尽，为研究社会主义者之杰作。"①

戴密微（Paul Demiéville，1894—1979）是瑞士汉学家，但主要是在法国接受的汉学训练。他是沙畹的弟子，学识渊博，治学严谨，兴趣广泛，在中国哲学，尤其是佛教、道教、敦煌学、语言学、中国古典文学等方面均有杰出成就，在西方汉学界享有盛誉。他从研究敦煌经卷始，继之及于禅宗、禅意诗、文人诗。尤其是评介中国古典诗歌深入细致，推动了法国中国文学研究的发展。他的著述非常丰富，专著、论文及书评达 300 余种。他 1920 年入河内法兰西远东学院。1921 年 6 月至 1922 年 1 月，他来中国考察，在北京居住了很长时间，对中国文化产生了浓厚兴趣。1924 年至 1926 年，他到厦门大学任教授，讲授西方哲学、佛学和梵文。他与胡适有交往，曾在《河内远东法兰西学校校刊》上发表介绍胡适的井田制研究、章学诚研究的文章。

民国时期的史学理论界对意大利学者的成果给予了关注。李大钊在他的《史学思想史》讲义中有一专题"韦柯（Giovanni Battista Vico）及其历史思想"②，对维柯的历史思想进行了介绍和评述。他说："韦柯（Vico，1668—1744）南欧义大利人。千六百九十七年充修辞学教授，颇著声誉。但他的学问的特点，却不在修辞学，而在其具有哲学的说明历史学的伟大的学力。他不只是历史哲学的先驱者，简直是历史哲学的创造者。晚年的生涯，纯是有光荣的历史学者的生涯。千七百三十四年，为拿波利王室的史料编纂官"。③"韦柯是社会学的先驱者，是历史哲学的建设者，是唯物史观的提倡者。"④翦伯赞的《历史哲学教程》介绍了维柯的历史"三分法"，即人类历史发展经过神话时代、英雄时代、人类时代，认为维柯是设定人类社会发展法则的最初尝试者⑤。

克罗齐（Benedetto Croce，1866—1952）是意大利著名的唯心主义哲学家，

---

① "新文化丛书"，《史地丛刊》第 1 卷第 3 期，1920 年。

② 韦柯，现译作维柯。

③ 李守常：《韦柯（Giovanni Battista Vico）及其历史思想》，见《史学要论》，河北教育出版社 2000 年版，第 335 页。

④ 李守常：《韦柯（Giovanni Battista Vico）及其历史思想》，见《史学要论》，河北教育出版社 2000 年版，第 337 页。

⑤ 见翦伯赞：《历史哲学教程》，河北教育出版社 2000 年版，第 45 页。

新黑格尔主义学派的代表人物之一。他最著名的著作是《历史学的理论和实际》，以德文写出，1915 年初版，1919 年又以意大利文再版。1920 年英国人道格拉斯·安斯利据意大利文版翻译成英文本①。民国时期的学者大都是从英文本了解这本书。雷海宗编译了《克罗奇的史学论——历史与记事》，该文是克罗齐《历史学的理论和实际》一书的第一章②，即全书的总论。雷氏还对克罗齐的史学论作了评论，认为"克氏的议论虽不免有过度处，但以大体言之，他的学说颇足以调剂我们中国传统史学偏于'记事'的弊病。"③朱谦之曾介绍过克罗齐的著作和理论，他赞同克罗齐的史学理论，并以之论证自己所开展的"现代史学"的合理性。他说："意大利 Benedetto Croce 接受了 Hegel 之另一方面，在他所著《历史叙述的理论及历史》中，很大胆地告诉我们，一切真的历史都是现代的历史（Every true history is contemporary history），普通以过去的事实为历史事实，却不知历史事实经过今我思想的活动，即将过去涌现于现在当中，而后才有历史的意义。所以真有生命的历史都是现在的，失却现在即不成其为历史，只好说是过去的历史，由 Croce 看来，不过无生命的形骸而已，木乃伊而已……Croce 看重历史的现代性，可算对于史学界是一大进展，一大革命。真正的历史学家们，我们宣言，我们不要建设有生命的历史罢了，既然要建设历史，创造文化，便不得不毅然决然舍弃了过去历史的残骸，而从事现代性的历史之把握。所以现代性的历史之把握，就是'现代史学'之第一使命。"④另外，陆懋德的《史学方法大纲》，也多次引用克罗齐的《历史学的理论和实际》。他在该书第一编"论历史"云："意大利史学家 B.Croce 在所作 *The Theory and Practice of History* 第一章内，所论甚为精到。其大意谓历史虽由记载做成，而'记载是死的，历史是活的'，又谓'记载是死历史，而历史是活记载'，又谓'死的记载是在历史内做成活的'。盖人类所作任何事故之记录，皆是记载，亦即是史料。然必应用现代眼光及现代主义，加以研究组织之工作，而后可谓之历史。故历史之做成，虽取材于各种记载，而实与原来之记载大异。盖过去的记载，不必全有研究的价值。而研究的价值，全在适应现在之需

① 参见《出版说明》，克罗齐著：《历史学的理论和实际》，傅任敢译，商务印书馆 1997 年版。
② 克罗齐《历史学的理论和实际》第一章标题现译为"历史与编年史"。
③ 雷海宗：《克罗奇的史学论——历史与记事》，《史学》第 1 卷第 1 期，1930 年。
④ 朱谦之：《现代史学概论》，《朱谦之文集》第 6 卷，福建教育出版社 2002 年版，第 4 页。

要。作历史者自必注意当时与现在的关系,而用以做为历史,方能适应现在之需要。由是言之,历史是有时代性的,不但已过的记载不是历史,即已过的历史亦不是历史。"①

此外,留学法国出身的周谦冲翻译了意大利著名史学家沙耳非米尼著的《史学家与科学家》。该书 1945 年 4 月由商务印书馆在重庆出版,1947 年 8 月在上海再版。全书由十二章及附录一篇组成,论述了历史学及社会科学的性质、功用和方法上的一些问题,并与自然科学进行比较。作者从事反法西斯的政治斗争,受墨索里尼政权的迫害,后流亡海外,加入美国籍,曾任哈佛大学教授,一生撰有多种关于意大利历史和法国革命史的著作。《史学家与科学家》是沙耳非米尼 1938 年 12 月在芝加哥大学的讲演集,1939 年 5 月出版。

八、中外史学交流对民国时期史学发展的影响

中外史学交流包含的内容非常丰富,如中外互派留学生和访问学者,外国史学成果的传入、翻译和影响,中国史学成果在外国的传播和影响,外国的史学研究机制、史学人才培养机制对中国的影响,等等。鸦片战争以前,中西史学交流很少。中国与亚洲诸国的史学交流也是不对等的,中国是史学输出国,周边国家向中国称臣纳贡,或是藩属国,它们往往派使臣和留学生到中国来,学习中国的先进文化。在历史学领域,周边国家受中国影响很大。然而,鸦片战争后,这种状况发生了改变。中国再也不能闭关自守、独立世外了,从寻求中国自身的发展和外国殖民者进行文化渗入两方面看,中外文化交汇都是势所必然。民国时期的中外史学交流在晚清史学交流的基础上,又上了一个新的台阶。

中外史学交流对民国时期史学发展具有巨大的影响。

第一,中外史学交流促进了中国史学现代转型。中国史学现代转型是中国社会转型所决定的,史学是社会的组成部分,社会变革了,史学也必然随着变革。然而,史学绝非社会变革的被动者,因为社会的变革是由人具体实施

---

① 陆懋德:《史学方法大纲》,北京师范大学史学研究所资料室 1980 年编印,第 3 页。

的,是人推动的,作为意识形态的史学及其主体——史学家,具有高度的社会
责任,也是社会变革的积极参加者。他们意识到,史学的变革能够推动社会的
变革。1902 年,梁启超发表《新史学》,大声疾呼:"史界革命不起,则吾国遂不
可救。悠悠万事,惟此为大。"而最早实施中国史学变革的学者是在中外史学
交流中成长起来的学者。留学英国翻译《天演论》的严复,流亡日本的梁启
超、章太炎,以及 20 世纪初的众多留日生等,是揭开中国现代史学序幕的人。
他们在英国或日本学习及从事学术活动,接触到西学,学习和接受西方史学理
论,将西方近代史学及历史观引进到中国,同时,对中国旧史学进行了总结和
批判,自觉地把史学变革与挽救民族危亡、社会危机结合起来。五四运动时期
是中国现代思想史上的活跃期,也是中国史学走向现代的关键期,留学欧美的
学者大量回国,加入到改造中国旧史学建设中国现代史学的行列。中国史学,
无论是历史观、历史编纂的体裁和形式,学术媒介和学术机制,都全面与西方
接轨。学术期刊不断刊登外国的学术成果、新的史学理论,介绍新的史学发展
趋势,出版社出版大量的译作,反映了中外史学交流已成为一种常态,中外史
学能够进行良性互动。中国史学通过学习西方,在继承中国传统史学的基础
上,建立了自己的具有现代意义的学术范式。自此中国现代史学建立起来了。
从模仿、学习到自主创新,中国现代史学的每一次进步,都是与中外史学交流
分不开的。

　　第二,中外史学交流培养了中国现代史学人才。民国时期造就了众多的
著名史学家,这些史学家大都有留学或出国学术交流的背景。辛亥革命前后,
在史学界执牛耳的留日生居多。五四运动前后,欧美留学生大量归国,众多的
史学界明星出自于他们。应该说,具有留学背景的史学家构成民国时期史
学界重要史学家的主体,在学术研究、学术行政、引领学术风潮等方面居于
主导地位。以北京大学史学系为例,20 年代,留日出身的朱希祖担任系主
任。30 年代,留学美国的蒋梦麟(以校长身份暂代史学系主任,实际负责者
盖是留学英美的傅斯年)、留学美国的陈受颐、留学德国的姚从吾先后主政
史学系。他们的历史学科建设思想和治学特点,与他们留学期间学习的内
容、留学期间所接触到的国外学术模式有密切的关系。傅斯年创办中央研
究院历史语言研究所,提出的研究旨趣很显然接受了德国兰克史学的理念。
其办研究所理念也受西方影响,如顾颉刚所言:"傅在欧久,甚欲步法国汉学

之后尘,且与之争胜。"①

第三,中外史学交流是中国现代史学发展的重要助力。域外汉学对国内史学具有很大的推动作用,主要表现在:1.国外汉学在思维方式、研究方法给国人以启迪。正如有的期刊所评论的:"因海外留学生群体的努力,域外汉学已经引起中国学界的普遍关注,国外汉学往往在国内学界得到相当迅速的回应。外人之致力汉学,为期虽短,而进步惊人。即如欧美汉学家能以科学方法处理史料,其研究之精细,理论之精辟,多为国人所不及;又如日本学者之研究中国学术,其精密处虽不如西人,然取材之赅博,刻苦不苟之精神,殊足供国人所借镜。"②2.国外的汉学或史学研究成果给国人以激励。在国家和民族命运多舛的民国,国内学术的盛衰与国家荣辱有着紧密的联系。陈垣曾说:"现在中外学者谈汉学,不是说巴黎如何,就是说日本如何,没有提中国的。我们应当把汉学中心夺回中国,夺回北京。"③"吾人若不急起直追,将来势必藉日文以考蒙古文献,宁非学界之耻?"④国外汉学之成绩固然值得欣喜,然在国势衰弱的民国,它却成了中国学人内心深处的隐痛,刺激了他们的民族自尊心,成为发展中国史学的巨大精神动力。3.中外史学交流能够开阔史学研究的视野,使中国史学研究具有世界眼光。1922年,北京大学设立了研究所国学门,创办了《国学季刊》。胡适为之写了发刊辞,他说:"我们现在治国学,必须要打破闭关孤立的态度,要存比较研究的虚心。第一,方法上,西洋学者研究古学的方法早已影响日本的学术界了,而我们还在冥行索涂的时期。我们此时应该虚心采用他们的科学的方法,补救我们没有条理系统的习惯。第二,材料上,欧美日本学术界有无数的成绩可以供我们的参考比较,可以给我们开无数新法门,可以给我们添无数借鉴的镜子。学术的大仇敌是孤陋寡闻;孤陋寡闻的唯一良药是博采参考比较的材料。"⑤民国史家的眼界是开阔的,对中外学术交流持开放态度,在治史方法、学术理念非常关注国外的新动向,以人之长补己之短,所取得的成就,得到国外同行的尊重。

---

① 《顾颉刚日记》第2卷,(台湾)联经出版事业股份有限公司2007年版,第160页。
② 《本刊下年度编辑计划》,《史学消息》第1卷第8期,1937年7月1日。
③ 《郑天挺自传》,冯尔康、郑克晟编:《郑天挺学记》,生活·读书·新知三联书店1991年版,第378页。
④ 陈垣:《日本文学博士那珂通世传序》,《师大史学丛刊》第1期,1931年。
⑤ 胡适:《国学季刊发刊宣言》,《胡适文存》二集,黄山书社1996年版,第12页。

结语　民国史学:一份丰厚的学术遗产

在对民国史学的发展历程和诸多方面做出论述后,下面试对民国史学史作一总结。

一、民国史学的成就与不足

民国史学的成就可归纳为以下几个方面。

1. 建立了现代史学的学术体系,实现了历史学的科学化。将史学科学化,是梁启超发表《新史学》以来的一个趋向。梁启超在《新史学》中就说:"历史者叙述人群进化之现象而求得其公理公例者也。"①寻求历史的公理公例,就是探讨历史发展的规律性,就是把历史学提到科学的位置。五四运动期间,建设科学化的历史学体系已经成为学界的共识,并在高校史学系课程体系中得以实施。胡适论述清代学者的治学方法,发掘清代学者的科学精神,也是意在说明科学方法治史的重要性。他说:"中国旧有的学术,只有清代的'朴学'确有'科学'的精神。"②"三百年来的音韵学所以能成一种有系统有价值的科学,正因为那些研究音韵的人,自顾炎武直到章太炎都能用这种科学的方法,都能有这种科学的精神。"③而马克思主义史学家李大钊在论述历史学的属性时,同样强调历史学的科学性。他说:"今日的历史学,即是历史科学,亦可称为历史理论。""严整一点说,就是建立历史科学。此种思想,久已广布于世间,这实是史学界的新曙光。"④"史学既与其他科学在性质上全无二致,那么

---

① 梁启超:《饮冰室文集》卷九,中华书局1989年版,第10页。
② 胡适:《胡适文存》一集,黄山书社1996年版,第285页。
③ 胡适:《胡适文存》一集,黄山书社1996年版,第290页。
④ 李守常:《史学要论》,河北教育出版社2000年版,第14页。

历史科学当然可以成立。"①北京大学史学系主任朱希祖提出"以文学的史学，改为科学的史学"。他制定的北京大学史学系课程指导书很鲜明地体现这一历史学科建设思想。1921 年北京大学史学系科目《说明》云："学史学的须先把史学基本科学学习，然后研究史学方有头绪，如社会学、生物学、政治学、经济学、人类学及人种学皆为史学基本科学。"②1923 年《北京大学史学系课程指导书》说："学史学者，须习基本科学。盖现代之史学，已为科学的史学，故不习基本科学，则史学无从入门。所谓基本科学者，即生物学、人类学、人种学、社会学、政治学、经济学、法律、哲学、社会心理学等科，必须于二年以内，先行学完，乃可以言史学。而各种科学中，以社会学及社会心理学尤为重要。"③此后如 1924 年、1925 年、1926 年的史学系课程指导书均强调这一点。1929 年，朱希祖对课程又进行了改革，但继续要求学生修社会学、政治学、经济学原理等科目。北京大学史学系的课程设置，对其他院校影响很大。傅振伦说，北京大学史学系的课程设置，"国内公私大学历史系，一致采用。我担任东北大学历史系主任兼长白师范学院史地系主任时，也采用了它。从此以后，中国史学乃得跻于科学之林，而史学名家培养渐多。"④1940 年，国民政府教育部公布《历史学系必修选修科目表》，为高校历史学系课程设置了一个基本标准，至此，科学化的历史学学科体系从制度上得以普及和落实。

2. 建立了比较完善的历史学人才培养体系和历史学研究机构。民国时期的综合性高校和师范院校，基本都设有历史学系。北京大学史学系是在京师大学堂中国史学门的基础上建立起来的。光绪二十八年(1902 年)《钦定学堂章程》已有分科设学的思想，两年之后的《奏定学堂章程》已有"中国史学门"和"万国史学门"之分，并规定了主课、补助课及随意科三类。1910 年，京师大学堂文科招了一届"中国史学门"学生，但随后停招，史学仍没有取得独立的

---

① 李守常:《史学要论》,河北教育出版社 2000 年版,第 17 页。

② 王应宪编校:《现代大学史学系概览(1912—1949)》,上海古籍出版社 2016 年版,第 16 页。

③ 王应宪编校:《现代大学史学系概览(1912—1949)》,上海古籍出版社 2016 年版,第 17 页。

④ 参见傅振伦:《朱希祖传略》,《中国现代社会科学家传略》(第五辑),山西人民出版社 1985 年版,第 56 页。

地位。京师大学堂改为北京大学后,1917 年秋,从中国文学门分出一部分教员,与国史编纂处一部分编纂员组建中国史学门。1919 年 6 月,中国史学门改为史学系,增设世界史的课程。可见,北京大学的史学系与文学关系密切。北京师范大学很长一段时间是史学和地学合办,称作史地系,创办的刊物叫《史地丛刊》。南京高等师范学校,以及后来改成的东南大学,也是史学与地学合办,其史地系所办的刊物《史地学报》影响很大,以之为媒介形成了著名的南高学派。浙江大学也是如此。可见,民国时期,史学和地学联系紧密。但无论如何,历史学作为一门独立的专业在高校得到了广泛的设置。为了交换学术信息,集众搜集资料,协同开展研究,有一个学校内部师生组织的史学会,也有几个学校的史学系师生组成的史学会。如 1929 年初,北京就成立了由北京大学、清华大学、北京师范大学、辅仁大学、燕京大学、北京女子师范大学等六校师生组织的中国史学会。随着全国从事史学研究的队伍的扩大,更有抗日战争期间在重庆组成的中国史学会(1943 年)。发起者宣称:"今是史学,已成为独立之科学";[1]"要打破史学为政治的附属品,而为社会的独立事业。"[2]各高校创办了史学专业期刊,或综合性的学报设有史学栏目。史学会也办专业刊物。此外,高校开办了史学研究机构。著名的有北京大学研究所国学门、清华国学研究院、燕京大学国学研究所、中山大学文史研究所、齐鲁大学国学研究所、北平研究院历史研究所等等。1928 年中央研究院设立的历史语言研究所,则是国家最高的历史研究机构。研究所除了从事学术研究,培养专业人才也是一项重要工作,上述研究所均招收了研究生。民国时期以及新中国成立后很多知名学者都出自这些研究所。

3. 造就了众多的杰出史学家,产生了丰富的优秀史著。对中国而言,20 世纪前半期是一个大变革的时代,也是一个产生学术巨人的时代,就像恩格斯讴歌的 16 世纪的欧洲之情形一样,"是一个需要巨人而且产生了巨人——在

① 朱希祖:《建议教育部请在国立各大学分设中国分代史讲座以备完成中国通史案》,周文玖选编:《朱希祖文存》,上海古籍出版社 2006 年版,第 343 页。

② 朱希祖:《发起中国史学会的动机和希望》,周文玖选编:《朱希祖文存》,上海古籍出版社 2006 年版,第 333 页。

思维能力、热情和性格方面,在多才多艺和学识渊博方面的巨人的时代。"①史学界人才辈出,群星灿烂。有人用著名人类学家克罗伯(Kroeber)说的"为什么天才成群地来(Come in a cluster)"惊叹民国时期出现杰出史学家之众。章太炎、梁启超、夏曾佑、罗振玉、王国维、朱希祖、柳诒徵、陈垣、孟森、邓之诚、吕思勉、何炳松、陈衡哲、胡适、陈寅恪、李济、金毓黻、顾颉刚、傅斯年、钱穆、刘咸炘、张荫麟,以及马克思主义史学家李大钊、郭沫若、范文澜、吕振羽、翦伯赞、侯外庐等可谓众多杰出史学家的代表。这些史学家,学术根基深厚,知识渊博,且有各自的学术专长。他们大都著述繁富,其代表性著作带有里程碑的意义,具有永久的学术生命力。20世纪末,河北教育出版社从总结世纪史学成就的高度出版20世纪史学名著,经过专家反复讨论,最后选定的著作,民国时期出版的史学作品占据多数。如夏曾佑的《中国古代史》,王国维的《观堂集林》,陈垣的《明季滇黔佛教考》,陈寅恪的《隋唐制度渊源略论稿》,郭沫若的《中国古代社会研究》《青铜时代》《十批判书》,李济的《安阳》,钱穆的《先秦诸子系年》,等等。这些著作的学术价值,经过了岁月的考验。

当然民国史学的不足也是显而易见的,这里指出两点:一是由于社会形势经常出于动荡之中,学者很难得到安心治学的社会环境,史学鸿篇巨著较少。梁启超一生想完成两部大通史,即中国通史、中国学术通史,因为他去世早而没有实现;朱希祖希望写一部翔实的南明史,因为日本帝国主义的侵略,资料藏于山地而无法开展。张荫麟、顾颉刚都有编著多卷本中国通史的计划,由于颠沛流离、贫病交加,结果或者只完成一部分,或者只有规划而没有开展。二是在史学的求真和致用方面,也出现一些偏差,或因政治的需要而牺牲史实,或进行简单生硬的古今类比,甚至出现影射史学。这种现象在社会史大论战时在一些非马克思主义史学家中有明显的表现;抗日战争及解放战争时期,此现象在马克思主义史学家那里也存在。新中国成立后,范文澜、翦伯赞反思自己的著述,都曾做过自我批评。

二、民国史学的特点

民国史学比较突出的特点有以下几点。

---

① 恩格斯:《自然辩证法导言》,《马克思恩格斯选集》第3卷,人民出版社1972年版,第445页。

1.学术环境比较宽松,史学流派众多,史学工作者的学术个性得到张扬。北洋军阀统治时代,军阀之间混战不已,当政者无暇对学术领域进行严密的思想控制;国民党南京政府建立后,虽然也有政治思想的控制,但学者对政治说教一般比较抵触,加之社会形势不安定,政治对学术的干预力有限,学校及各学术团体有很强的自主性,因而学术研究的环境宽松,学术空气自由。学者之间同声相应,同气相求,很容易形成学术群体和学术流派。如以柳诒徵为核心的南高学派、以顾颉刚为中心的《禹贡》学术群体,柳诒徵、顾颉刚以自己的学术声望和筹集经费能力,把志同道合的朋友和学生聚集在一起,逐渐形成各自的学术派别。中山大学史学系主任朱谦之,倡导现代史学,自己出资办《现代史学》期刊,很快形成一个以他为首的现代史学派。史学流派中的成员之间,没有上下级和政治地位高低之别,都是平等的,关系比较单纯,大家相处除了研究学术,很少牵涉经济政治纠葛和利害冲突,故学者的个性能够比较充分地张扬。每个人的思想是自主的、活泼的,学术风格就比较容易表现出多样性。优点与缺点往往是相伴而生的,这几乎是事物发展的一个规律。与此相应产生的问题是民国时期史学思想比较驳杂。

2.学者基础扎实,学风比较质朴。民国时期的学者大都有深厚的传统文化修养。年长者在幼年时对经、史、子、集下过功夫,年轻者读的虽然是新式学堂,但其中有家学者并没有放弃传统学问,这样他们能够贯通新旧,打通中外。在学术追求方面,他们受清代朴学的影响较深,讲究实事求是。民国时期的诸多史学大家并非出自史学系。如金毓黻、范文澜、傅斯年这些民国后中国高等学校培养的第一批学者,虽以史学名家,却读的都是国文门。因此,他们在历史研究之外,在文学、经学、文字学等方面也有很深的造诣。民国时期史学系课程,与文学系、地理系等科系的课程交叉较多,所以学生一般知识面比较宽,毕业后从事其他专业也能做出成就,从事史学研究者则显得学识渊博。这是当代的史学人才培养需要借鉴的经验。

3.中外史学交流迅捷频繁,中国史学界对国外的学术信息比较了解,中外史学产生了比较紧密的学术联动。民国时期的史学比较重视向外国学习。历史专业的留学生以及非历史专业留学生回国从事史学专业的学者很多。在著名大学有留学背景的师资比例相当高。因此,国外的史学思潮在当时的学术期刊得到迅捷的反映,重要著作被很快翻译成中文,甚至形成相应的史学流派。如以何炳松为代表的新史学派,以傅斯年为所长的史语所的学术研究特色,以雷海宗、林同济为代表的战国策派都是接受或借鉴了国外的史学思想而形成的。中国学者与外国学者,中国的一些研究机构与西方研究机构也有一些卓有成效的合作。在三十年代的社会史大论战中,日本、苏联的社会史研究成为论战的重要思想资源。

4. 史学紧随时代的脉搏进行跳动,史学充满活力。民国时期新的史学思潮、史学范式、史学方法不断产生,是一个史学充满活力的时代。这与民国时期的社会环境有关。民国时期是中国社会的大变动时代,是一个传统与现代、中国与西方不断碰撞的时代。反映到史学上,就是传统史学与现代史学的对立和统一,中国史学与西方史学的差异和融合,始终伴随着民国史学的发展过程。遗传规律表明,异质的东西结合在一起就能够产生新的事物。民国史学之所以充满活力,创新不断,与民国史学的古今中外的碰撞和交织是密切相连的。

三、民国史学的学术地位和影响

放在中国史学发展的长河中,民国史学占据什么样的学术地位呢?

民国史学从史学思潮的丰富性、史学著作的成就、杰出史学家的数量,与历史上史学繁荣时期相较,并不逊色。但这还不是主要的,民国史学的学术地位最根本的是它完成了从传统史学向现代史学的转变。中国传统史学历史悠久,积累丰厚,是极为宝贵的学术遗产。但随着历史的发展,它也存在很大的局限性。在中国封建社会的晚期,中国传统史学就具有总结和嬗变的趋向。1840 年后,中国与西方的交往真正开始,国家的衰弱在多次争端中显现,成为不争的事实,这使中国知识分子真正认识到自己的国家落后了。面对社会的急剧转型,史学的转型也是不可避免的。中国传统史学,就局限而言,一是封闭性;二是英雄史观、个人史观突出;三是平面地看待历史,强调政治史、军事史,民史、社会制度史薄弱。史学的发展严重滞后于社会变革的要求。因此,20 世纪初期,梁启超强烈批判旧史学知有朝廷而不知有国家;知有个人而不知有群体;知有陈迹而不知有今务;知有事实而不知有理想。尽管现在看起来这样的批判带有一定的片面性,但在当时,做出这种批判是必要的。经过民国

30 多年的努力，中国现代史学终于建立起来，在历史观、史书编纂形式、学术研究的模式和方法、学术成果的发表形态和媒介、学术研究机关的设置、高校史学系的开办等方面，都与西方全面接轨，中国史学实现了从传统向现代的转型。这个变化在今天看来也许平淡无奇，但放在几千的历史长河中，可以清楚地看出，这是在千年变局形势下的一种变革，其进步意义是无可估量的。

民国史学不仅完成了史学的转型，而且为现代史学奠定了良好的基础。民国时期所提出的问题，所发掘出的丰富史料，所撰述的高质量史学作品，所形成的优良传统和学风，至今都是无比宝贵的财富。建设具有中国气派的开放的一流史学强国，是 21 世纪中国史学的神圣使命。利用这些财富，继承传统，从民国史学中吸取经验教训，对完成这个神圣使命是十分有益的。

民国史学是中国史学史上光彩夺目的一页，它对中国史学未来发展的影响，将是深远的。

附录　民国时期史学家小传

屠寄(1850—1921)，原名庚，字敬山，江苏武进人。清末民初著名的历史学家，尤长于蒙元史。光绪十八年(1892)进士，历任翰林院庶吉士、京师大学堂正教习和工部郎中。光绪二十九年(1903)任淳安知县。辛亥革命时期，在常州被推举为民政长。代表作《蒙兀儿史记》一百六十卷(其中14卷有目无文)，对《元史》错误有所纠正。其他著作尚有：《黑龙江舆地图》《黑龙江舆图说》《京师大学堂中国史讲义》《成吉思汗陵寝商榷书》《答张蔚西成吉思汗陵寝辨证书》《结一宧骈体文》等。未刊著作有：《元秘史地理今释》稿、《黑龙江水道记》稿、《柳边考古录》稿、《东陲释地诗》等。

沈曾植(1850—1922)，字子培，号乙盦，晚号寐叟，浙江嘉兴人。光绪进士，历任京官，倡言变法，转任地方官后，举办"新政"。清亡后，以遗老居沪，提倡国粹和佛学，曾任浙江省通志局总纂。参与张勋复辟，任学部尚书。任职刑部时，专研古今律令，撰《汉律辑补》《晋书刑法志补》。治学综汉、宋，后专攻辽、金、元史及西北舆地、南洋变迁沿革。著《元秘史补注》，除用对音方法考释人、地名外，较偏重史事考证。博采正史、方志、佛典等资料，校勘、疏证、注释《蒙古源流》，成《蒙古源流笺证》。此外，尚有《长春真人西游记笺注》《岛夷志略广证》等著作。喜藏书，擅书法，弟子众多，如王国维等。

柯劭忞(1850—1933)，字凤孙，又作凤荪、凤荪等，晚号蓼园。山东胶州人。柯劭忞出身书香门第，清光绪十二年(1886)进士，历任翰林院编修、侍读、侍讲等职。官至典礼院学士，还曾任资政院议员。宣统二年(1910)至宣统三年(1911)任京师大学堂总监督。清朝灭亡后，以逊清遗老自居。独力撰著《新元史》，被日本东京帝国大学赠文学博士学位。1914年后参与《清史稿》的编撰工作，在清史馆馆长赵尔巽去世后担任代馆长、总纂。后曾任辅仁大学董事会董事。

柯劭忞博闻强记,治学广博,于经史、诗文、金石、历算等方面均有精深造诣,后人誉为"钱大昕后第一人"。尤擅史学,精于元史。所撰《新元史》,被认为集五百余年各家研究之大成,被北洋政府列入正史,称第二十五史。同时负责整理《清史稿》的《儒林传》《文苑传》《畴人传》,并独撰《天文志》,总成《清史稿》。

王舟瑶(1858—1925),字玫伯,一字星垣,号默庵,浙江黄岩人。早年入地方学政幕府,曾主修《台州府志》,兼任书院主讲。后入京为京师大学堂教习,著《经学讲义》,风行于世。1904年,调任广东师范学堂监督。王氏早年倾心词章之学,后转入理学,以程朱为本,1985年后则讲求经世及实践。入民国以遗老自居,一意纂辑乡邦文献。著有《中国学术史》《读经札记》《经师家法述》《群经大义述》等,多未刊,另有《默庵集》10卷。

康有为(1858—1927),字广厦,号长素,一名祖诒,广东南海人,出身于仕宦家庭。光绪二年(1876)始受学于广东名儒朱次琦,长达六年。在治学上开始注意西学、公羊学、经世之学,1888年至北京参加科举考试,目睹中法战后国内社会危机日益严重,便向皇帝上书,提出"变成法,通下情,慎左右"。1891年在广州开办"万木草堂",宣传维新变法思想,并在梁启超等弟子协助下,编著《新学伪经考》《孔子改制考》。1893年中举,1895年考中进士。于《马关条约》签订之际,发动1300多名举人联名上书,反对议和,要求变法。参加1898年戊戌变法,是维新派公认的领袖。变法失败后,逃到日本,以保皇与改良的政治主张活动于世界各地华侨中。在辛亥革命后,政治上更趋保守,与清末遗老往来密切,参加张勋复辟、孔教会等活动。晚年创办天游学院。

康有为著述繁复,代表作有《新学伪经考》《孔子改制考》《春秋董氏学》《中庸注》《孟子微》《大学注》《论语注》《礼运注》《大同书》《日本变政考》。与女儿康同薇编有《日本书目志》,较早地介绍日本学术及西学。其经学主张对中国史学的近代转型具有重要影响。

陈黻宸(1859—1917),字介石,后改名芾,浙江瑞安人。早年讲求"利世经物之学",创办瑞安利济医院。其后历掌浙江各书院,培植家乡子弟,历时20年。1902年至上海,主笔《新世界学报》,"取学界中言之新者为主义","以通古今中外学术为目的"。1904年,派充京师大学堂师范科史学教习。积极参加清末立宪运动,曾任浙江谘议局议长。入民国后,任众议院议员、北京大学文科教授。治史学,著有《中国通史》《史地原理》,另有《庄子发微》《诸子通议》《中国哲学史》等。1904 年,撰《读史总论》,为其史学思想代表作,收入《京师大学堂中国史讲义》。

姚永朴(1862—1939),字仲实,晚号蜕私老人,安徽桐城人。少承桐城派家学,治诗及古文辞,后致力于经史之学,兼采汉宋,不立门户。民国建立后,被严复聘为北京大学文科教授,又入清史馆为纂修。自胡适倡言文学革命,姚氏与弟永概及马其昶、林纾固守桐城古文家法,传道授业。著有《尚书谊略》《十三经举要》《史事举要》《群经考略》《诸子考略》《文学研究法》等,所撰《史学研究法》为近代较早的史学方法论著作。

陈庆年(1862—1929),字善余,号石城乡人,晚号横山,江苏丹徒(今镇江)人。光绪十四年(1888)优贡生。初应曾国藩召,赴南京主修《两淮盐法志》。后应张之洞召,任江楚译书局总纂,主译西书,别为张氏纂《洋务辑要》。光绪二十三年(1897)后,任教于两湖书院,讲授《兵法史略学》。后受端方聘,赴武昌,任文高、普通两学堂讲师,主讲中国史,为端方编《中国政要》。曾入湘任高等学堂监督兼提调湖南全省学务,筹建定王台藏书楼。旋赴南京,与缪荃孙等创立江南图书馆。民国以后授学于乡里传经堂。平生著书校书千余卷。编有《中国历史教科书》,著有《知忘录》《横山乡人类稿》《古香研经室笔记》《西石城风俗志》《补三国志儒林传》《五代史略》《明史详节》《辽史讲义》《通鉴纪事本末要略》《汉律佚文疏证》《尔雅汉注辑述》《元代疆域图》等,辑有《风俗史料》《辽代史料》《外交史料》等。陈庆年治学涉域广泛,造诣深厚,堪称博学通才之典范。

夏曾佑(1863—1924),字穗卿,号碎佛,笔名别士,浙江杭州人。清末进士,信奉今文经学,多次为《时务报》撰稿,与严复创办《国闻报》,宣传新学,鼓吹变法。1906 年,随五大臣出洋考察宪政,回国后为清廷立宪制造舆论。立宪无望后,致力于佛学研究。民国初,任京师图书馆馆长。1902 年,糅合今文经学与进化论学说,编写《最新中学中国历史教科书》。该书仅写到隋朝,却突破了传统的史书体裁,用章节体撰写历史,是近代中国尝试用进化论研究中国历史的第一部著作。

陈汉章(1864—1938),谱名得闻,亦名倬,字云从,号倬云,又字伯弢,浙江象山人。早年曾就读于县城丹山、缨溪书院。23 岁时,先后师从著名经学大师俞樾、黄以周,于汉、宋之学,两不偏废。后经历两次会试失利后,便潜心研治经史,造诣日深。1896 年任象山劝学所总董,奔走城乡,劝设小学 30 余所,又个人出资设东陈小学,次年在县城创办象山师范讲习所。1909 年考入京师大学堂经学科周礼学门,1912 年改入史学门,次年毕业,留校任国文、哲学、史学教授,并兼任北京高等警官学校教员、北京师范大学讲师。1926 年辞京返乡,闭门著书。1928 年,他受聘出任南京中央大学教授,兼史学系主任。1929 年以衰老辞职还乡。编有《中国通史》讲义、《上古史》讲义、《史学通论》讲义、《史通补释》等多部著作。陈汉章博学精思,纵通古今,一心以学术报国,堪为一代爱国硕儒。

罗振玉(1866—1940),字叔蕴,又字叔言,号雪堂,晚号贞松老人,浙江上虞人。早年致力于农学教育,并着力培养日语翻译人才,介绍当时先进的农业技术和自然科学知识。民国后,与王国维移居日本数年,研究甲骨文、金文等。以清室遗老自居,曾任伪满洲国职务。对金石文物有浓厚的兴趣,又具备扎实的文史功底,从事对殷墟甲骨的搜集和研究,汇编"殷虚书契"系列;保存和刊行敦煌遗书,刊行"鸣沙石室遗书"系列,并尝试利用敦煌古籍对西北历史进行研究;重新考订整理沙简文书,与王国维合撰《流沙坠简考释》,为我国简牍学研究的开端;保护和整理刊布明清内阁大库档案;整理汇录金石碑版和古器物资料,印行《三代吉金文存》。罗氏在学术领域的贡献与成就极大,对中国传统文化的保存、整理、传布与研究,有大功劳;出任伪职是其一生污点。

章太炎(1869—1936),名炳麟,后改名绛,字枚叔,号太炎,浙江余杭人。早年入杭州诂经精舍,受业于俞樾,打下了此后治学的基础。甲午战后,支持维新变法,后转为鼓吹排满、革命。撰《与康有为论革命书》,驳斥保皇派。"苏报案"坐牢三年。1906 年出狱后东渡日本,为《民报》主笔之一,与改良派论战,并开设国学讲习会。辛亥革命后回国。反对袁世凯复辟帝制遭软禁。与孙中山合作,开展二次革命。南京政府成立后,逐渐淡出政治,悉力讲学。章氏既是革命家,又是大文豪,为中国现代学术史上第一流的学者,集经、史、子、玄、佛、医诸学于一身,代表性著作甚多,如《訄书》《检论》《文始》《新方言》《国故论衡》《齐物论释》《清建国记》等等,编有《章氏丛书》。章氏是继承乾嘉正统派并大张其军的朴学殿军式人物,是 20 世纪中国现代学术的重要奠基人。他多次开办国学讲习会,培养了许多学术人才,学术贡献和影响举世公认。

孟森（1869—1937），字莼孙，笔名心史，号阳湖子遗，江苏武进人。14岁就学于当地名师周载帆。光绪二十七年（1901），入江阴南菁书院读书，并任师范馆教员，以应科举之选。后留学日本，入东京法政大学攻读法律。1905年自日本回国，先随郑孝胥至广西龙江兵备道参与戎机，继任《东方杂志》编辑、江苏谘议局议员，曾参与清末立宪运动。民国成立后逐渐脱离政治活动，专事史学研究。1930年受聘为南京中央大学历史学教授，讲授清入关前历史。1931年受聘为国立北京大学历史学教授，开创满洲开国史、明清断代史的教学与研究。1937年抗日战争爆发，孟氏困居北平。日军因其曾撰有《宣统三年调查之俄蒙界线图考证》，胁其交出界线图，孟氏遂忧愤成疾。1937年冬，病逝于北平。孟森著述宏富，包括《董小宛传》《孔世贞事考》《横波夫人》《清朝前纪》《明元清系通纪》《明史讲义》《清史讲义》《清初三大疑案考实》《心史丛刊》等。孟森治学笃实，著作等身，为明清史研究大家。

梁启超（1873—1929），字卓如，号任公，又号饮冰室主人，广东新会人。9岁应童子试，13岁中秀才，15岁就读广州学海堂，17岁中举。1890年，拜师康有为，次年入万木草堂学习，深受康氏学说影响。参与"公车上书"、戊戌变法；北洋政府时期，做过司法总长、财政总长。曾主编或主笔《中外纪闻》《时务报》《清议报》《新民丛报》等报纸杂志，是清末民初的改革家兼政论家。第一次世界大战后，赴欧洲考察，此后专心从事学术文化工作，在南开大学、东南大学担任讲习，是清华国学研究院"四大导师"之一。1901年和1902年，先后发表《中国史叙论》《新史学》，倡言"史界革命"，掀起"新史学"思潮。1920年后，著有《清代学术概论》《中国近三百年学术史》《中国历史研究法》《中国历史研究法补编》等多部在近代学术史上有重要影响的著作。在中国文化史、中国通史理论、中国史学史等学术领域卓有贡献。论著多收入《饮冰室合集》。

蒋维乔（1873—1958），字竹庄，别号因是子，江苏武进（今常州市）人。早年自学，阅读西方科学书籍，就学于南菁书院、致用精舍，学习古文及"新学"。1903年应蔡元培聘，至上海爱国学社任教，不久转爱国女学，参加中国教育社活动。1909年任爱国女学校长。同时，为商务印书馆编译所编小学教科书。1912年任南京临时政府教育部秘书，改任参事，旋辞职，仍入商务。1917年后开始研究佛学。此后，曾任教育部编审员、江苏教育厅厅长、东南大学校长、光华大学教务长兼文学院院长、正风文学院院长、上海鸿英图书馆馆长、人文月刊社社长等职。1949 年,蒋以特邀代表身份出席苏南人民代表大会,被选为主席团主席及常任副主席。1958 年 3 月,病逝于上海,享年 86 岁。著有《中国近三百年哲学史》《宋明理学纲要》《中国佛教史》《佛学概论》《佛学浅测》《佛学纲要》等书。蒋维乔是一位在教育学、哲学、佛学、养生学等领域都具有突出成就的学术名家,尤情系教育,为中国近代教育改革做出了奠基性的贡献。

张尔田(1874—1945),原名采田,字孟劬,号遁堪,一号许村樵人,浙江钱塘人。张氏青年时受教于名学者门下,早年即有文名。曾捐得国子监监生,应顺天府试中举人,任刑部主事,清末任江苏省某县知事。清室覆亡,民国成立后,张氏去职引退,专心著述。1914 年张氏应赵尔巽之请任清史馆纂修,自此直到 1921 年。1915 年张氏尝应沈曾植之请协助其编修《浙江通志》。1921年后执教于北京大学、北京师范大学、中国公学、上海光华大学、北平燕京大学。抗日战争期间,一直留在北平,直至 1945 年 2 月 15 日去世。一生著述丰硕,尤长于经史。著有《玉溪生年谱会笺》《钱大昕学案》等书,并整理沈曾植遗稿,出版了《蒙古源流笺证》《蛮书校补》《元朝秘史注》。张氏学识广博,对经、子、史以至诗、词、佛学,均有研究。其学术融合了浙西、浙东治学的优长,对会稽实斋之学尤为服膺。

王国维(1877—1927),初名国桢,改名国维,字静安,亦字伯隅,号礼堂,晚年更号观堂,浙江海宁人。幼承父教,获诗词书画之熏陶,两次乡试不中,弃科举。1898 年任上海《时务报》书记,接触西方哲学。后任武昌湖北农业学堂和江苏通州、苏州师范学堂教习。1906 年赴京任学部图书馆编译。辛亥革命后去日本,钻研古器物、封泥、汉简及甲骨金文。1916 年回国,任上海《学术丛编》编辑,并研究殷周汉魏金石文及古史。1919 年后,致力于研究敦煌唐写本、西北史地、唐宋尺度。1923 年任清逊帝溥仪南书房行走。1925 年任清华国学研究院教授。1927 年 6 月 2 日,自沉于颐和园昆明湖,时年 50 岁。王氏致力于古籍整理、古史、金石甲骨、历史地理等众多领域的研究,成果丰硕,代表作是《静安文集》《观堂集林》。他在清华国学研究院讲授"古史新证"时,提出"二重证据法"。

汪荣宝(1878—1933),字衮甫,江苏元和县(今苏州市)人。出身书香门第、官宦之家,少年时期打下传统学术功底,后入南洋公学就读。1901 年,往日本留学，向国内译介了大量的西学知识，尤以历史知识为多。1902 年编译的《史学概论》一文是新史学创建时期的理论之作。归国后，任教于京师大学堂译学馆，讲授"本国史"，所著《清史讲义》是我国最早的新体清史著述之一，也是"新史学"背景下历史书写的代表作。此一时期拟另著《中国历史教科书》。后入仕，参与清末新政的诸多筹措事宜。民国初年，长期担任外交使节。九一八事变后，弃官从学，所著《法言义疏》，乃其文字学、训诂学造诣和成就的集中体现。

王桐龄（1878—1953），字峄山，室名尚俭堂，河北任丘人。1905 年科举废除时已有秀才功名。科举废除后考入直隶大学堂，不久转入京师大学堂师范馆学习，后赴日本留学。1907 年毕业于东京第一高等学校，升学至东京帝国大学。1912 年毕业回国，任北洋政府教育部参事，不久即任教于北京高等师范学校（1923 年更名为北京师范大学），担任史地系主任。1921 年再度赴日本东京帝国大学学习东洋史。1922 年任北京师范大学历史系教授，同时也在燕京大学、清华大学、北京大学等学校授课。一生从事历史研究，著有《中国史》《东洋史》《中国民族史》《儒墨之异同》《尚俭堂诗存》等。他在《中国史》中指出，中国的信史始于春秋时期，与"古史辨派"观点相近。他在《东洋史》中将历史划分为太古（太古至战国）、中古（秦至唐）、近古（唐至明）及近世（清迄今）四个时代。

吴玉章（1878—1966），原名永珊，字树人，四川荣县人。早年就读于成都尊经书院、泸州经纬书院。1903 年赴日留学，其间加入中国同盟会，创办《四川》杂志，从事革命活动。参与辛亥革命，领导荣县独立。南京临时政府成立后任总统府秘书。二次革命失败后赴法国学习政治经济学。1917 年创办留法俭学预备学校。十月革命后开始接受马克思主义。1922 年任国立成都高等师范学校校长，倡导新式教育。1925 年加入中国共产党。1927 年参加南昌起义，任革命委员会委员兼秘书长。四一二反革命政变后赴苏联莫斯科中山大学。写成长篇报告《八一革命》，为研究南昌起义提供珍贵史料。1928 年完成《太平革命以前中国经济、社会、政治的分析》。后任东方大学中国部主任，参加共产国际第七次代表大会。1936 年写成《中国历史教程》，是较早运用马克思主义撰写的中国通史，惜部分原稿在战争中遗失，新中国成立后方得出版。1938 年归国，任鲁迅艺术学院院长、延安大学校长等，被尊为"延安五老"

之一。1945 年当选中共第七届中央委员。1948 年任华北大学校长。新中国成立后任中国人民大学校长、中国史学会副会长。在推广简化字方面亦做出卓越贡献。其著作被整理成《辛亥革命》《吴玉章文集》等。

朱希祖（1879—1944），字逖先，又作遏先，浙江海盐人。幼承庭训，聪慧颖异，为家族所厚望。1896 年举秀才。1901 年举廪生。1905—1909 年在日本早稻田大学留学，专业是历史学。其间，拜章太炎为师，参加章氏在东京举行的讲学活动。1909 年夏卒业，从日本归国，先后任教于杭州浙江两级师范学堂、嘉兴第二中学。辛亥革命爆发后，他回到故乡海盐任县长。半年后辞职，而至浙江教育司任职。1913 年 4 月，他因在国语读音统一会上提出的注音符号方案获得通过而名播京师，会议期间被北京大学聘为预科教授，讲授中国文学史，曾代理国文教授会主任。1919 年 12 月，他被选为北京大学史学系主任。除 1927 年 8 月至 1929 年 2 月他因不满奉系军阀改造北京大学愤而辞职改就清华大学、辅仁大学等校教授外，他在这个职位上一直干到 1931 年初。1932 年 10 月，他应中山大学校长邹鲁之聘，南下广州，任中山大学史学系教授、文史研究所主任。1934 年 3 月，应中央大学校长罗家伦之邀，他辞去中山大学的职务，到南京出任中央大学史学系主任。直至 1940 年 3 月，方辞去中央大学职务。之后主要从事国史馆之筹备及考试院的工作，并悉心著述。1944 年 7 月，因病逝世于重庆。朱氏治学领域宽广，著述丰富，是著名的藏书家、史学家，在萧梁史、明史（特别是南明史）领域，造诣尤其深厚。他最早在北京大学开设中国史学史，是中国史学史学科重要的开拓者之一，其讲义于1943 年出版，题为《中国史学通论》。朱希祖逝世后，尚有《明季史料题跋》《汲冢书考》《朱希祖先生文集》《朱希祖文存》《朱希祖文稿》《史馆论议》等著作出版。

叶玉森（1880—1933），又名初，字镇虹，号有篁渔（也作字）、莊渔、中泠、中泠亭长、瘦叶、叶子，室名有五凤研斋、水萢花馆、菪境山房、瓠盦、啸叶盦。满族，江苏丹徒人。少时学习经史诗文，于 1896 年考取秀才功名，后思想趋新，加入兴中会、南社。1909 年赴日留学，入日本早稻田大学、明治大学学习法律。1913 年回国后历任镇江县议会议员、滁县知事、颖上县知事、当涂县知事等职。1925 年时，购得甲骨文残片 2500 余枚，开始从事甲骨文研究。1930 年后任上海交通银行总管理处秘书长。他在甲骨文考释方面作出了重要贡献,著有《殷虚书契前后编集释》《殷契钩沉》《说契》《铁云藏龟考释》等甲骨文释读作品,此外在文学方面著有《樱海词》《戊午春词》等诗文集。

黄人望(1880—1948),又名国华,字百新,浙江金华人。1905 年考取官费赴日留学生,进入日本早稻田大学经济系学习。在日留学期间,加入孙中山创建的同盟会,毕业回国后暗中从事革命活动。1912 年起先后在北京大学、北京高等师范学校、北京女子高等师范学校任教,编有《史学研究法讲义》。1927 年之后任职于浙江省政府。抗战爆发后协助吕公望办理浙江难民救济事宜,经理难民工厂,出任国民政府中央赈济委员会浙江办事处主任一职。1946 年收到台湾大学聘书,因突发脑溢血而未成行。他在抗战胜利后开始整理此前的课程讲义,亦因病未能完成。他在 1925 年发表了《历史学的意义及其范围》一文,后在任职浙江期间,于《浙江民政月刊》上发表了大量政府工作报告文章。

柳诒徵(1880—1956),字翼谋、希兆,晚号劬堂,又号龙蟠迂叟、盘山髯,江苏省丹徒县(今镇江市)人。自幼发奋读书。17 岁中秀才,后就读于三江师范学堂,为经世致用之学,从乡先辈游。1901 年至金陵江楚编译局编译教科书。1905 年起,先后在江南高等学堂、两江师范学堂、北京明德大学、南京高等师范学校、东南大学、沈阳东北大学、北京女子大学、北京高等师范学校任教。1927 年任第四中山大学国学图书馆(江苏省立国学图书馆)馆长。抗日战争开始后,先后任教于浙江大学、中央大学文学院。抗日战争胜利后,复回南京国学图书馆。1948 年被聘为上海市文物保管委员会委员。1956 年 2 月3 日,因病逝世,享年 76 岁。柳诒徵对中国史学、文学、书法、图书馆事业均有研究与贡献,主要著述有《中国文化史》《国史要义》《国学图书馆总书目》等。

李剑农(1880—1963),又名剑龙,号德生,湖南邵阳人,史学家。1904 年进入湖南中路师范史地科学习历史。1906 年加入中国同盟会,后于 1910 年赴日留学,在日本早稻田大学攻读政治经济学。1913 年又赴英留学。早年致力于政治活动,先后担任《民国日报》《中华新报》编辑,主办《太平洋》杂志,发表多篇政论,宣扬联邦制。曾在联省自治运动中,负责起草湖南省宪法,担任湖南省务院长兼教育司长。1924 年后转向治学,在武汉大学、蓝田国立师范学院、湖南大学等校任教。新中国成立后任武汉大学教授,湖南军政委员会顾问,第二、三届政协委员。主要从事中国近代政治史、中国经济史的教学与研究,对中国政治史的研究享誉海内外,代表作有《最近三十年中国政治史》《中国近百年政治史》《中国古代经济史稿》等。

陈垣(1880—1971),字援庵,广东新会人。幼年离家求学,在私塾中接受了传统的教育。青年时代投身于民主革命运动。1904年在广州参与创办了《时事画报》。1905年又积极参加广州反美拒约运动。1911年任广州《震旦日报》编辑,主编《鸡鸣录》副刊。其间,还曾习医,参与创办光华医学堂。1913年春以革命报人的身份当选为众议院议员。1914年袁世凯解散国会后,专意著述,定居北京,在北京大学、燕京大学、北京师范大学、辅仁大学等多所高校任教。抗战爆发后,因故未能离开沦陷的北平,在辅仁大学自觉地把民族大义与教学研究相结合,在思想上同敌人进行了斗争。1948年被选为中央研究院首届院士,1948年拒绝国民党的敦请,坚持留在北平迎接解放。中华人民共和国成立后,任辅仁大学校长、北京师范大学校长、中国科学院历史研究所二所所长等职。1959年加入中国共产党。1971年6月在北京逝世,享年91岁。陈垣在宗教史、文化史、元史、历史文献学、校勘学等领域都取得了重要的成果,重要著作有《元也里可温教考》《开封一赐乐业教考》《火祆教入中国考》《摩尼教入中国考》《元西域人华化考》《史讳举例》《通鉴胡注表微》等。陈垣致力于教育事业,培养造就了一大批专家学者,如翁独健、韩儒林、邵循正、姚从吾、白寿彝、齐思和等,为中国现代学术的发展做出了重要贡献。

马衡(1881—1955),字叔平,别署无咎,号凡将斋主人,浙江鄞县人,金石考古学家、书法篆刻家,曾任西泠印社社长。1901年肄业于南洋公学,1917年担任北京大学附设国史馆编纂处征集员。1922年北京大学研究所国学门成立后,担任考古学研究室主任兼导师,后曾在清华大学、北京师范大学等高校教授金石学,在此期间编有《中国金石学概要》。该书对传统金石学的总结、扩展和走向近代考古学具有重要作用。学术研究之外,积极从事田野考察和考古活动,曾参与貔子窝、河北省易县燕下都遗址等考古发掘项目,由金石学走向田野考古。1925年故宫博物院成立后担任故宫博物院临时理事会理事、古物馆副馆长、院长。在抗战期间及胜利后,主持故宫博物院的内迁与回迁,对保存文物具有突出贡献。新中国建立后担任故宫博物院院长、北京文物整理委员会主任。1955年逝世。马衡长期致力于古器物及历史研究,继承清代以来的乾嘉考据学传统,兼采西方科学的方法以研究金石学,促成近代考古学学科的转型与建立,被郭沫若誉为"中国近代考古学的前驱"。有《凡将斋金石丛稿》《汉石经集存》等著作。

刘师培(1884—1919),又名光汉,字申叔,号左盒,江苏仪征人。1903 年在沪结识章太炎、蔡元培等人,遂赞成革命,撰《中国民族志》《攘书》,记叙中国各民族历史。1907 年赴日,加入同盟会。创办《天义报》《衡报》,宣传无政府主义。主张改组同盟会本部,被拒,与端方暗中联系。回国后加入端方幕府,破坏革命,又助袁世凯复辟帝制。1917 年,任教于北京大学,编辑《国故月刊》,抵制新文化运动。其家传《春秋左传》之学,对经学、小学及汉魏诗文皆有深邃研究,撰述甚富。最有名的史学专著为《中国历史教科书》。逝世后,其著作辑为《刘申叔先生遗书》。

余嘉锡(1884—1955),字季豫,号狷庵,祖籍湖南常德,生于河南商丘。目录学家、古典文献学家、历史学家。1901 年中举,曾任教于常德官立中学堂、西路师范学堂,1928 年开始任教于辅仁大学、北京大学、中国大学、北京女子师范大学等高等学校,教授目录学、古籍校读法、世说新语研究等课程。1948 年当选中央研究院院士,新中国成立后担任中国科学院语言研究所专门委员。一生勤勉治学,考证翔实,历时数十年著成《四库提要辨证》《目录学发微》等目录学著作。其中《四库提要辨证》对研究《四库全书》《四库全书总目》有重要价值。《目录学发微》从"辨章学术,考镜源流"的角度对中国目录学的源流、体制、沿革及意义等进行系统的梳理,在目录学研究上成就很高。另有《古书通例》《目录要籍解题》《世说新语笺疏》《余嘉锡论学杂著》等著作。

吕思勉(1884—1957),字诚之,江苏武进人,历史学家。主要从事历史研究与教学,曾执教于东吴大学、常州府中学堂、沪江大学、光华大学、华东师范大学等学校。学养深厚,治史广博,讲究综合与贯通,在中国通史、断代史、民族史、制度史、思想史等方面均有研究,著有《白话本国史》《中国通史》《先秦史》《秦汉史》《中国国体制度小史》《中国民族史》《历史研究法》《史通评》等,另有众多读书札记。在史学研究上,既秉承传统史学的考证方法,重视对史料的分类、整理,又注意吸收西方社会科学的成果,以进化史观探究社会变迁,将马克思主义学说运用到历史研究中。其中,《白话本国史》运用新方法、新观点分析中国历史,是史学界第一部系统的新通史,影响巨大。其民族史研究采用了传统考据学,同时蕴含深刻的爱国主义现实主张。吕思勉与陈垣、陈寅恪、钱穆一同被严耕望称为现代中国四大史学家。

杨树达(1885—1956),字遇夫,号积微(晚年号积微翁、耐林翁),室名贵希斋、积微居、耐林庼,湖南长沙人。语言文字学家、史学家、金石学家。1898年入长沙时务学堂学习。1905年赴日留学。1911年回国后任职于湖南省教育司。1913年后任湖南省立第四、第一师范学校及第一女子师范学校国文法教师。1920年参加五四运动,同毛泽东一起作为教师代表进京。1920年后历任北平师范大学中文系主任、清华大学中文系教授等职。1928年至武汉大学任教。抗战爆发后任湖南大学中文系主任、文学院院长等职。1945年参与发起组织九三学社。1948年当选中央研究院院士。1949年后任教于湖南大学,并担任中国科学院哲学社会科学部委员、全国政协委员等职。著述有《中国语法纲要》《词铨》《中国修辞学》(再版时更名为《汉文言修辞学》)《积微居小学金石论丛》等。此外他还从事对先秦诸子的文献校对和整理工作,在历史文献学领域作出了巨大贡献。

岑仲勉(1886—1961),名汝懋,字仲勉,号铭恕,广东顺德人。早年入两广大学堂(清广雅书院,后为两广高等学堂)求学,后不久考入两广游学预备科(清粤秀书院)。1908年考入北京税务专门学校学习数学、税务等知识。1912年毕业后作为职员辗转于财政、税务、邮政等机关,同时在工作之余从事植物名称考订与边疆史地研究。20世纪20年代起开始在杂志上发表史地研究论文,逐渐被史学界注意到。陈垣特约其为《辅仁学志》撰稿。1934年至1935年期间任上海暨南大学秘书及文书主任。1937年经陈垣推荐进入中央研究院历史语言研究所任研究员。1948年离开中央研究院,开始任教于中山大学,直至1961年逝世。一生在中外交通史、隋唐史及文献学等领域出版十余种专著,发表两百余篇论文。1934年出版的《佛教天竺记考释》、1948年出版的《元和姓纂四校记》及抗战期间发表的一系列关于《白氏长庆集》论文奠定了他史学大家的地位。

钱玄同(1887—1939),原名钱夏,字德潜,号疑古。浙江吴兴(今浙江湖州)人。早年留学日本早稻田大学,并师从章太炎研究文字音韵之学。1910年(宣统二年)回国后曾任中学教员、浙江省教育总署教育司视学、北京高等师范附中教员、高等师范国文系教授、北京大学教授、《新青年》编辑、北平师范大学中文系教授和系主任等。在五四新文化运动中,旗帜鲜明地反对旧文学,提倡新文学。在文字音韵学方面造诣深厚,对汉语拼音、新式标点、文字改革方案和实践都有奠基之功。经学上,受崔适影响,偏右今文经学。

钱玄同在史学界也有相当的贡献。他既反对"泥古",又反对"蔑古"。他辨真伪,审虚实,求真信,成为了承袭清代道咸年间今文家极盛余绪而又启发现代用科学方法扩大辨伪运动的先驱,对顾颉刚影响很大。顾氏提出的"层累地造成中国古史"说即是在《与钱玄同先生论古史书》的公开信中提出的。

冯承钧(1887—1946),字子衡,湖北夏口人。1902 年考取官费留学生赴欧洲留学,1906 年入法国巴黎大学法科,1910 年毕业后入法兰西学院从事研究。辛亥革命爆发后回国,担任湖北民政公署外交司参事、教育部秘书等职。1920 年至 1926 年任教于北京大学,1928 年至 1929 年任教于北京师范大学。1931 年出版《景教碑考》《元代白话碑》等著作,并编译《史地丛考》《史地丛考续编》。1935 年译作《西突厥史料》《郑和下西洋考》《多桑蒙古史》出版。1936 年译作《马可波罗行纪》出版。1937 年所著《中国南洋交通史》出版。1946 年病逝。冯承钧精通多门外语,翻译水平极高,译述考订了大量的外国史地书籍,其译作《马可波罗行纪》被公认为最好的汉译本;其史学研究重点为中外交通史、中国边疆历史地理,另外对蒙元史、宗教史也有卓越的贡献。

邓之诚(1887—1960),字文如,号明斋、五石斋,祖籍江苏南京,生于四川成都,为清末闽浙总督邓廷桢之嫡孙。幼年入私塾,酷爱读书。曾就读于成都外国语专门学校法文科、云南两级师范学堂文科。毕业后,任《滇报》编辑多年。支持、参加辛亥革命及护国运动。1917 年,经缪荃孙推荐,应北京大学蔡元培之聘,任北京大学教授、教育部国史编纂处民国史纂辑,讲授史学。后专任燕京大学史学系教授。1941 年冬,日寇封闭燕大,他不幸被捕入狱。获释后生活困顿,但坚持民族气节,拒绝为日伪工作。1945 年 8 月 15 日,日本投降,二战结束,燕京大学复校,他被礼聘回燕大任教。1952 年院系调整后,他任北京大学历史系教授,并为中国科学院哲学社会科学部历史考古专门委员,后退休。1960 年 1 月 6 日逝世,终年 73 岁。邓之诚博闻强识,治学谨严,对中国古代史、文化史、史籍整理考证,均有重大建树。著作有《中华二千年史》《骨董琐记全编》《桑园读书记》等,且其搜集钞本、珍本甚丰,校印古籍数十种,要者如《佳梦轩丛著》《万历三大征考》《汪悔翁乙丙日记》《神庙留中奏疏汇要》《西园闻见录》等。

金毓黻(1887—1962),初名毓玺,原字谨庵,后改静庵,辽宁省辽阳县人。1913年考入北京大学,师从黄侃。1916年毕业后返回东北从政,曾担任奉天省议会秘书、辽宁省政府委员兼教育厅厅长等职,著有《辽东文献征略》。九一八事变爆发后,困居东北,编纂了《渤海国志长编》《辽海丛书》等东北史地著作。1936年摆脱监视潜回上海,后内迁至四川,担任国立中央大学历史系主任、国立东北大学文学院院长,著有《东北通史》《中国史学史》《宋辽金史》等相关领域的奠基之作。1947年担任国史馆纂修。建国后转入北京大学文科研究所,后任中国科学院历史研究所第三所研究员,编辑出版《明清内阁大库史料》《太平天国史料》,主编《五千年来中朝友好关系》等工具书。1962年因病去世。金毓黻治学,始于理学,继以文学、小学,终于史学。其治史以清儒考证校雠为归,讲求实事求是,又与时俱进,奉历史进化之律,取纸上之文献与地下之实物互证,揭示史学之真相,实属历史新考据学一脉。金毓黻的东北史研究在特定的侵日背景下发挥了捍卫民族主权的作用。所著《中国史学史》内容丰富,标志着中国史学史学科的正式成立。金毓黻治学勤劬,其《静晤室日记》,包含学术札记、治学体悟、日常生活、政局变化、学人往来等丰富信息,是研治近代学术思想史的重要史料。

张星烺(1888—1951),字亮尘,江苏泗阳人。幼年曾跟随其父张相文学习史地学,1903年入天津北洋大学堂,1906年被选派赴美留学。1909年于哈佛大学化学系毕业,同年赴德国柏林大学攻读生理化学。1912年民国建立,决定辍学回国。1917年受聘为北大预科教员,兼任国史编纂处特别编纂员,同年被派往日本调查史料,开始收集中西交通史的资料。1919年回国后在岳父王舟瑶家中养病,同时阅读了大量史学藏书。1922年任湖南工业学校化学系主任,后前往青岛四方机车厂任化验室主任。在青岛期间完成了《中西交通史料汇编》,成为中西交通史学科的奠基之作;还译著了《〈马哥孛罗游记〉导言》,对研究马可波罗事迹具有重要的学术价值。1926年任教于厦门大学国学研究院,后又兼任国学研究院主任与国学系主任,开设"中外文化交通史""中外地理沿革"。1927年任辅仁大学历史系主任,开设"中西交通史",还同时在清华大学、北京大学等高校讲授"秦以前史""宋辽金元史""南洋史地""西北史地"等课程。1928年在《南洋研究》刊物上发表系列文章。1929

年发表《中世纪泉州状况》。1936 年成为禹贡学会候补理事。1946 年任中国地学会理事长。1951 年病逝于北京。张星烺是开拓中外关系史学科的重要学者，治学勤勉严谨，其巨著《中西交通史料汇编》取材广泛且内容丰富，编成后还不断进行增补，在中外学界都有重要的影响。

陆懋德（1888—1965），字用仪、咏沂，山东历城人。1911 年进入清华学堂，后赴美留学，先后在威斯康星大学、俄亥俄州立大学攻读教育学学士学位与政治学硕士学位。1914 年学成归国，历任北洋政府大总统府礼官、教育部视学、华盛顿会议中国代表团随员等职。1919 年开始任教于北京政法专科学校。1922 年任教于清华学校。1927—1933 年任北平师范大学历史系主任。抗日战争期间随校西迁，任教于西北联合大学，1938 年参与张骞墓的考古发掘。抗战胜利后随校回迁北京。他在哲学史、史学理论及史学史、上古史研究等方面具有学术成就。他曾在清华讲授周秦哲学史，讲义整理后于 1923 年以《周秦哲学史》为名出版。他在各校任教期间也讲授史学理论与中国史学史，有中国史学史讲义（未刊）。1945 年出版专著《史学方法大纲》，提出"无所谓中西，但取其长而求其是"的观点。在上古史研究方面，他在《清华学报》《学衡》等发表一系列论文，反对疑古思潮。

徐炳昶（1888—1976），名炳昶，字旭生，曾用笔名虚生、遐庵、四河人，河南唐河人。幼年读书于私塾，1906 年考入北京豫京学堂，1912 年考取法国公费留学生，赴巴黎大学哲学系就读。1919 年学成后归国，开始任教于开封第一师范及留学欧美预备学校。1921 年转入北京大学哲学系任教。1926 年担任北京大学教务长。1927 年任西北科学考察团（中国第一个中外合作科学考察团）中方团长（瑞典地理学家斯文·赫定为外方团长）。1931 年出任北平师范大学校长。1932 年离任后任北平研究院考古组主任。1933 年起主持陕西宝鸡斗鸡台遗址发掘工作。抗战时期任教于西南联合大学。中华人民共和国建立后任中国科学院考古研究所研究员。他在考古学与古史研究方面有重要学术成果：在考古方面发表有《陕西渭河附近考古调查报告》《陕西最近发现之新石器时代遗址》等论文；在古史研究方面出版有专著《中国古史的传说年代》（1943 年）及《〈山海经〉的地理意义》等论文。他《中国古史的传说年代》一书批评了"古史辨派"，强调"神话"与"传说"的不同。

李大钊（1889—1927），字守常，河北乐亭人，马克思主义史学家，中国共产党的创始人之一。先后就读于北洋法政专门学校、日本早稻田大学。归国后曾主编《晨钟报》《甲寅》等报刊以宣扬政治思想。1917 年十月革命后，思想发生转变而成为一名马克思主义者，撰写了《庶民的胜利》《Bolshevism 的胜利》等宣传十月革命和马克思主义的文章。同时，他参与编辑《新青年》杂志，积极参与五四运动，并在问题与主义论战中驳斥胡适，扩大了马克思主义的影响。他从 1918 年开始担任北京大学图书馆主任，1920 年成为北京大学史学系教授。同年，他在北京发起成立共产主义小组，并于 1921 年中国共产党成立后负责北方各省的工人运动，在国共第一次合作中发挥了重要作用。1927 年为奉系军阀逮捕、杀害。作为马克思主义史学家的李大钊在北京大学、北京师范大学等高校陆续开设唯物史观研究、史学思想史等课程，将唯物史观运用到史学研究中。所撰《史学要论》肯定了历史学科的科学性，进而构建科学的历史学系统，是我国第一部马克思主义史学理论著作，奠定了马克思主义史学的基础。现有《李大钊全集》5 册。

杜国庠（1889—1961），又名杜守素，笔名林伯修、吴念慈等。广东澄海人。1907 年赴日留学，先后入东京第一高等学校预科、京都帝国大学政治经济科，其间开始接触马克思主义学说。1919 年毕业回国后，先后在北京大学、中国大学、朝阳大学等校任教。1928 年加入中国共产党。参加创办中国社会科学家联盟和领导中国左翼作家联盟，主编《中国文化》和《正路》杂志。抗战期间，开始从事中国哲学史的研究，成果颇丰。新中国成立后，继续从事相关工作，1962 年在京因病逝世。杜氏作为我国著名的马克思主义史学家，早年翻译了不少来自苏联和日本的有关马克思主义的书籍。《辩证法的唯物论入门》《史的一元论》等书即为代表性译作。杜氏也是较早运用历史唯物主义研究中国思想史的学者之一，其所著《先秦诸子的若干研究》《先秦诸子思想概要》两书就是以马克思主义的科学方法，来系统研究和论述春秋后期至战国末年儒、墨、道、法诸子思想的，在当时产生了极大影响。

邓初民（1889—1981），原名经喜，字昌权，湖北石首人，马克思主义史学家。1911 年考入江汉大学，1913 年赴日本东京法政大学留学，由此开始接触马克思主义。1924 年加入国民党。曾在湖北省立法科大学、暨南大学、艺术大学、中国公学、中山大学、广西大学、朝阳学院等校任教，运用马克思主义原理进行教学。长期致力于宣扬民主政治、进行抗日救亡活动。1930 年与朱镜我等组织成立中国社会科学家联盟,成立读书会与社会科学研究小组,对学生和工人宣传马克思列宁主义和唯物史观。1935年积极组织师生响应"一二·九"运动。1937年参与创办刊物《民族战线》,在湖北组织战时乡村工作促进会,宣传抗日救国。1941年发起成立中国民主革命同盟,1945年被选为中央执行委员。新中国成立后历任华北行政委员会委员、山西省人民政府副主席、副省长、山西大学校长、民盟中央副主席、中国政治学会名誉会长等职。1962年加入中国共产党。邓初民是较早在中国传播马克思主义的先驱者之一,他将马克思主义学说引入社会史研究,为中国马克思主义史学开辟了新阵地。其《社会进化史纲》系统介绍了马克思主义的社会发展学说,阐明了历史唯物主义的基本原理。《政治科学大纲》《新政治科学大纲》是中国较早运用马克思主义观点与方法撰写的政治学原理的著作。另有《社会史简明教程》《中国社会史教程》《民主的理论与实践》等代表作。

何炳松(1890—1946),字伯臣、柏丞,浙江金华人,史学家、教育家。1912年赴美留学,在美国取得学士、硕士学位。1916年回国后,担任浙江省省长公署助理秘书,历教于北京高等师范学校、北京大学、光华大学、大夏大学等校,历任浙江省立第一师范学校、暨南大学等学校校长。办学治学之外,曾担任商务印书馆的史地部主任、东方图书馆总编辑兼副馆长、副经理、编译所副所长,主编《中国史学丛书》《社会科学名著选读》《教育杂志》等。1935年与陶希圣、萨孟武等人联名发表《中国本位的文化建设宣言》,建设中国本位的文化。在史学上,何炳松系统介绍和宣传了西方的史学思想、史学方法,如鲁滨逊"新史学"思想,重视对西方史学史的引进与翻译,有《新史学》《历史教学法》《西洋史学史》《近世欧洲史》等译作。同时,致力于发掘中国传统史学以贯通中西,对刘知幾、章学诚等人的思想与著作进行研究,有《浙东学派溯源》《读章学诚〈文史通义〉札记》《章学诚史学管窥》《〈史通〉评论》《历史研究法》《通史新义》等作品。今有《何炳松著作集》九册。

陈寅恪(1890—1969),江西义宁人,历史学家。曾在日本庆应大学、东京帝国大学、上海复旦公学、德国柏林大学、瑞士苏黎世大学、法国巴黎大学、美国哈佛大学等学校就读。在欧洲留学期间对欧洲东方学家和汉学家的研究方法和成就进行了学习。1925年被聘为清华大学国学研究院导师。1929年起兼任历史语言研究所研究员兼第一组主任、故宫博物院理事、明清内阁大库档案委员会委员等职。1931年担任清华大学中文系与历史系合聘教授,讲授魏晋南北朝史、隋唐五代史,同时其治学由佛学、西域史地转向魏晋至隋唐的历史文化制度研究。抗战爆发后,历教于长沙临时大学、西南联合大学、香港大学、广西大学、燕京大学、清华大学等校。新中国成立后,任教于岭南大学、中山大学。他学识深厚,通晓多门外国语,以及藏语、蒙古语、满语等多种文字,严谨治学,擅长历史考据,开创了以诗文、小说、域外材料治史的新途径,在隋唐制度史及政治史、宗教经典研究等方面造诣极高,代表作有《隋唐制度渊源略论稿》《唐代政治史述论稿》《元白诗笺证稿》《柳如是别传》等,现有《陈寅恪集》十四册。

陈衡哲(1890—1976),原名燕,字乙睇,笔名莎菲(英名 Sophia),江苏武进人(原籍湖南衡山)。1906年随舅母至上海生活。1911年入上海爱国女校学习。1914年赴美留学,先后在美国瓦沙女子大学、芝加哥大学学习西洋史与西洋文学,获得文学学士、硕士学位,并在留美期间结识了胡适、杨杏佛、任鸿隽等人。1920年回国后任北京大学历史系兼英语系教授。同年与任鸿隽结婚。此后曾任教于东南大学、四川大学,担任商务印书馆编辑。1927—1933年间四次作为中国代表出席太平洋国际学会的学术会议。抗日战争期间辗转于昆明、广州、香港与重庆等地,在香港参加中华全国文艺界抗敌协会。抗战胜利后回到上海。中华人民共和国建立后任上海市政协委员。从1917年开始,她以“莎菲”的笔名在《留美学生季报》《新青年》等杂志上发表了白话小说《一日》《小雨点》《运河与扬子江》等。她在文学与史学上都有重要作品,如《衡哲散文集》《西洋史》《文艺复兴史》等。

胡适(1891—1962),字适之,原名洪骍,安徽绩溪人。1910年赴美留学,先后在康奈尔大学、哥伦比亚大学读书,师从杜威,服膺实用主义。1917年归国任教于北京大学,并积极参与新文化运动。1919年出版了以西方科学方法为指导、用白话文撰写的《中国哲学史大纲》(上卷)。曾创办《每周评论》《努力周报》《国学季刊》《独立评论》等刊物,参与“问题与主义”论战、“科学与玄学”论战。抗战期间担任驻美大使、国民政府行政院高等顾问等职务。抗战胜利后担任北京大学校长,1948年前往美国,后至台湾,1957年担任台湾“中央研究院院长”。他提出“整理国故”,主张用科学的方法对中国历史文化进行整理研究,系统阐述了整理国故的途径,并身体力行地考证古小说、整理中国古代思想史与古代文学史等,在史学界影响巨大,推动了中国现代史学的建立。在治学上提倡"大胆的假设,小心的求证",将乾嘉考据学与西方实用主义相结合,同时讲求"历史的态度",是新考据派的代表人物。著述繁复,有《中国哲学史大纲》《尝试集》《红楼梦考证》《白话中国文学史》《胡适文存》《胡适论学近著》等。

郭沫若(1892—1978),原名郭开贞,字鼎堂,号尚武,笔名沫若。原籍福建省汀州府宁化县,生于四川省乐山县。历史学家、文字学家、考古学家、文学家。1923 年毕业于日本九州帝国大学医科,留日期间开始接受马克思主义。先后参加北伐战争、南昌起义。大革命失败后被迫流亡日本,所著《中国古代社会研究》,是第一部以唯物史观为指导对中国历史进行研究的著作。在文字学研究上亦成就突出,有《卜辞通纂》《殷周青铜器铭文研究》等,被称为"甲骨四堂"之一。抗战期间出版和发表论著《青铜时代》《十批判书》《甲申三百年祭》等,在学术界引起强烈反响。1948 年被选为中央研究院院士。新中国成立后担任政务院副总理、中国科学院院长,中国科学技术大学校长,中国科学院历史研究所所长等。郭沫若将马克思主义社会经济形态理论、古文字学与中国古史研究相结合,在古史分期、历史人物评价、先秦诸子研究、农民战争研究等多个领域取得丰硕成果,开一代之风气,是马克思主义史学"五大家"之一。

范文澜(1893—1969),字仲沄,号芸台,浙江山阴(今绍兴)人。早年求学于北京大学,受黄侃、陈汉章、刘师培等著名学者指导,著有《文心雕龙注》《群经概论》《正史考略》等。先后讲学于沈阳高等师范学堂、南开大学、北京大学、北京师范大学、东北大学、河南大学等高校,抗日战争爆发后,从事抗日救亡运动。1940 年到达延安开展革命和学术研究工作。历任延安中央研究院历史研究室主任、北方大学校长等,新中国成立后担任中国科学院近代史研究所所长。范文澜的治学呈现由旧学入新学,由经学入史学的特点。这使得他的著作学风严谨,深入浅出。其代表作有《中国通史简编》《中国近代史》等。他是我国马克思主义史学"五大家"之一,首次运用马克思主义对我国长达两千年的经学史进行了重新总结,也是较早以马克思主义唯物史观和毛泽东历史思想为指导撰写中国通史的学者。

郭宝钧(1893—1971),字子衡,河南南阳人。1922 年,毕业于国立北京高等师范学校国文系。毕业后返乡创办南阳宛南中学,后被上调至河南省教育厅,先后任视学、秘书等职。1928 年,中央研究院成立历史语言研究所,郭氏以省代表身份参与考古学组所组织的河南安阳殷墟挖掘工作。1930 年,正式调入史语所。1931 年,参与殷墟第四、第五次挖掘工作,均负责 B 区。1933年、1936 年分别主持了殷墟的第八、第十三次挖掘工作。1937 年在河南辉县琉璃阁发掘期间,"七七事变"爆发,工作被迫中止,郭氏随史语所迁入大后方。抗战期间,郭氏主要从事论文撰写、文物保管等工作,撰成代表作《中国古器物学大纲:铜器篇本论》。新中国成立之初,任中国科学院考古研究所研究员。1950 年春,郭氏带领考古研究所第一支考古队发掘安阳殷墟,是为新中国第一次田野发掘工作。在 50 年代,郭氏的考古发掘工作在河南辉县、洛阳等地开展,1957 年后则专门从事室内研究。"文革"期间受迫害,于 1971 年逝世。郭宝钧对于构建中国考古学有重要贡献。民国时期重要成果有对殷墟B 区的发掘报告《B 区发掘记之一》《B 区发掘记之二》;与梁思永等合编发掘报告《城子崖》(报告首次提出"龙山文化")。著作有《中国古器物学大纲:铜器篇本论》等。

洪业(1893—1980),谱名正继,字煨莲(煨连)、鹿岑,英文名 William,福建侯官人。早年赴美留学,1919 年毕业于哥伦比亚大学,获文学硕士学位。1923 年回国后任教于燕京大学,并先后担任文理学院院长、历史系主任、图书馆馆长等职。同时,担任燕京大学引得编纂处(一个使用科学方法编制中国古代文献索引的学术研究机构)主编,前后编纂涵盖经、史、子、集在内的引得六十四种。北平沦陷后,因拒绝与日本当局合作而一度被捕。1946 年赴哈佛大学讲学,不久定居美国。1948 年起任哈佛大学燕京学社研究员直至退休。他藏书颇多,其中有许多中外罕见书籍。他的藏书于 1980 年全部捐赠于中央民族学院(今中央民族大学)。他珍藏的两种明代《史通》刻本则捐赠于北京图书馆。他在民国时期发表了几部相当有影响的史学论著,如《引得说》(1930)、《勺园图录考》(1933)及《清画传辑佚三种》(1933)等。由他主编而成的各种引得时至今日仍是学术研究不可或缺的重要工具书。

顾颉刚(1893—1980),原名诵坤,字铭坚。江苏苏州人。1913 年考入北京大学预科,1916 年入北京大学文科中国哲学门。1921 年任北大研究所国学门助教,接触出土文献文物,学术思想渐趋成熟。1923 年发表《与钱玄同先生论古史书》，提出"层累地造成的中国古史"说，在学术界引起轰动，逐渐形成"古史辨"派，与同人编辑《古史辨》，至1940年共出版七册。其结论未必完全正确，但对打破传统学术中的陈规与成见居功至伟。任《国学季刊》《歌谣》（月刊）编辑，编成《吴歌甲集》。作《孟姜女故事的转变》，是其史学方法在民俗学中的运用，又引轰动。后任教于厦门大学、中山大学，讲授经学、民俗学相关课程。1929年返京，任燕京大学历史系教授，次年发表《五德终始说下的政治与历史》（再版后更名为《秦汉的方士与儒生》）。"九一八"事变后，有感于民族危机，将研究重点转向边疆史、民族史。与谭其骧共同发起禹贡学会，创办《禹贡》半月刊。1938年任教于云南大学文史系，在昆明《益世报》创办《边疆周刊》，次年发表《中华民族是一个》，意在唤起各族人民团结抗日，引起讨论，为日后中国民族理论的发展打下基础。1939年任齐鲁大学国学研究所主任，创办《责善》半月刊，陆续发表其民族考古学笔记《浪口村随笔》。后任教于中央大学、复旦大学。新中国成立后任中国科学院历史研究所研究员，先后主持点校《史记》《资治通鉴》、二十四史。现有《顾颉刚全集》六十二册。

蒙文通（1894—1968），名尔达，字文通，以字行，四川盐亭人，经学家、史学家，研究领域涉及先秦史、宋史、民族史、中国史学史等方面，有《经学导言》《古史甄微》《经学抉原》《中国史学史》等代表作。曾在四川存古学堂师从廖平与刘师培研治经史，在南京支那内学院跟随欧阳竟无学习佛法。后在成都大学、成都师范大学、成都国学院、中央大学、河南大学、北京大学、四川大学、东北大学、华西大学等高校任教。新中国成立后在中国科学院历史研究一所担任研究员、学术委员。在古史起源上打破上古出于一元的看法，提出古史三系说，将太古民族划分为江汉、河洛、海岱三系，认为不同地域的部落在经济、文化上特点各异。历史研究上主张以"读子之法读史"，挖掘史学背后的思想性。重视把握不同时期史学间的贯通性及其与同时代的文学、哲学等学术间的联系，同时明确各个史学流派与主张的特点，追求撰写具有"别识心裁"的史学史。蒙文通治史经学色彩浓厚，是民国时期蜀学的代表人物。现有《蒙文通全集》六册。

姚从吾（1894—1970），原名士鳌，字占卿，号从吾，后以号行，河南襄城人。1917年入北京大学史学门，1920年毕业后复入北大研究所国学门深造。1922年赴德国柏林大学，主攻蒙古史、匈奴史、中西交通史及史学方法论。

1929 年任德国波恩大学东方研究所讲师,1930 年发表《欧洲学者对于匈奴的研究》,1931 年任柏林大学汉学研究所讲师。1934 年回国任北大历史系教授,讲授历史方法论、匈奴史、辽金元史、蒙古史,1936 年兼任历史系主任。抗战爆发后随北大南迁,1938 年任西南联大史学系主任,1939 年发表《金元全真教的民族思想与救世思想》。1946 年至 1948 年出任河南大学校长。1949 年受聘为故宫博物院文献馆馆长,后前往台湾任台湾大学历史系教授,创办辽金元研究室。1970 年病逝于台北。姚从吾对于辽金元史以及宋蒙关系史的研究具有突出贡献,翻译并补正《蒙古史发凡》一书,著有《金上京考》《说阿保机时代的汉城》等;又在授课中讲授实证主义的历史研究法,对兰克史学引入中国有独特的贡献。

容庚(1894—1983),原名肇庚,字希白,号颂斋。广东东莞人。金石学家、古文字学家、书法家、收藏家。早年从其舅父邓尔雅治《说文》,研究金石文字,1922 年经罗振玉介绍入北京大学研究所国学门,完成《金文编》定稿。1926 年任燕京大学教授,主编《燕京学报》。次年任北平古物陈列所鉴定委员,编《宝蕴楼彝器图录》。1929 年编成《殷契卜辞》。1934 年倡导成立我国第一个考古学社(初名金石学会)。痛感于文物流失,1935 年广搜海外拓本,编成《海外吉金图录》。同年完成《金文续编》。1941 年出版《商周彝器通考》,概括性强,囊括全面,至今仍是中国青铜器综合研究的重要著作。抗战胜利后历任岭南大学、中山大学教授。容庚的治学以第一手史料为根本,以目录学为门径,以考据学为手段,其甲骨、金石、书画收藏多以学术研究为最终目的。

董作宾(1895—1963),原名作仁,字彦堂,又作雁堂,号平庐,河南南阳人。1915 年入南阳县立师范讲习所。1918 年入河南育才馆,接触到甲骨文。1922 年在北京大学旁听课程,次年入北大研究所国学门深造,并担任国学门歌谣研究会所办刊物《歌谣周刊》的编校。1925 年毕业后先后任教于福建协和大学、中州大学、中山大学。1928 年中央研究院历史语言研究所成立,受聘为编辑员,同年参加第一次殷墟发掘工作。1931 年发表《大龟四版考释》一文。1932 年改聘为研究员。1933 年发表《甲骨文断代研究例》,奠定了其在甲骨学界的地位。抗战时期随史语所南迁,著成《殷历谱》一书,该书后于 1945 年出版。1944 年至 1946 年,曾代理史语所所长一职。1947 年任美国芝加哥大学中国考古学客座教授,讲授甲骨文、金文等课程。1948年回国并当选中央研究院院士。1949年前往台湾担任台湾大学教授,讲授古文字学等课程。1951年至1955年兼任史语所所长,后赴港任香港大学东方文化研究院研究员,并在崇基书院、新亚书院、珠海书院任教。1958年返回台湾继续从事甲骨文研究。1963年病逝。作为"甲骨四堂"之一,董作宾在甲骨断代方面的研究具有开拓之功。

嵇文甫(1895—1963),名明,字文甫,以字行。笔名嵇明、文甫、甫文。河南汲县人。1918年毕业于北京大学哲学门。1926年加入中国共产党,同年赴苏联莫斯科中山大学学习。1928年回国后,先后在清华大学、北京大学、燕京大学、中国大学、北平女子师范大学任教。1933年任教于河南大学,并兼任文史系主任。新中国成立后,曾任郑州大学校长,中国科学院哲学社会科学部委员。1963年因病逝世。嵇氏长期从事中国社会史和哲学思想史的研究,取得突出成就,是我国较早运用历史唯物主义观点进行史学研究的学者。《十七世纪中国思想史概论》《先秦诸子政治社会思想述要》《左派王学》《船山哲学》等书即是其运用历史唯物主义研究中国先秦诸子思想、晚明清初思想的代表性著作。其中《船山哲学》一书更是开我国以马克思主义观点研究王船山学术思想的先河,在学术思想史上无疑是具有开拓地位的。此外,他对历史教学、历史唯物论等问题也有着独到见解,对马克思主义史学的传播与发展做出了重要贡献。

蒋廷黻(1895—1965),字绥章,笔名泉清,英名 Tingfu F.Tsiang(缩写 T.F),湖南邵阳人。1912年起留学美国,攻读历史学。1923年获得哥伦比亚大学研究院博士学位,旋即回国。1923—1929年任南开大学历史系教授。1929年应罗家伦之邀请前往清华大学任教,并出任历史系主任。1932年因关心时政,与胡适等创办《独立评论》。1935年出任南京国民政府行政院政务处长,自此开始从政生涯。此后历任中国驻苏联大使、中国驻联合国安理会常任代表等职,直至1965年退休。他在南开大学与清华大学任教期间从事中国外交史、中国近代史研究。他搜集整理了中国近代外交史料并加以研究,著有《近代中国外交史资料选辑》《最近三百年东北外患史》《中国与近代世界的大变局》等。他于1938年出版了《中国近代史》一书。该书是较早的一部专门研究中国近代历史的学术专著。现在一般认为该书的叙事风格是"现代化式"

的。他为南开大学历史系的建立发展及中国近代外交史研究局面的开拓做出了贡献。

李宗侗（1895—1974），字玄伯，祖籍河北高阳，生于北京。其祖父李鸿藻，曾任清朝军机大臣、协办大学士等；父亲李焜瀛，曾任清户部侍郎。叔父李石曾（原名李煜瀛），国民党元老之一，著名教育家。15 岁时，入天津南开中学，17 岁时赴法国读书。1916 年考入巴黎大学，先习化学、数学，后转入文史，师从古朗士。1919 年被推举为"中国国际和平促进会"第一次会议评议员和旅法华工学务副主任。1924 年学成回国，受聘于北京大学法文系主任。1933 年，押运大量故宫博物院文物抵南京、上海、重庆。其间因卷入"故宫盗宝案"，李氏其后退出仕途、专心学术。抗战胜利后，任中法大学教授兼文学院院长。1948 年受聘为台湾大学历史系教授。在台期间，出版大量著作，如《中国史学史》《中国古代社会史》等，至逝世前夕仍笔耕不辍。一生学问广博，贯通多个领域。民国时期，译介古朗士著《希腊罗马古代社会研究》等，著有《中国古代社会新研》等。

钱穆（1895—1990），原名恩鑅，字宾四，别署未学斋主，笔名公沙、梁隐、与忘、孤云。江苏无锡人。1908 年考入常州府中学堂，师从吕思勉。1912 年易名。家贫，为谋生弃学从教，自无锡辗转厦门、苏州等地任中小学教员。1929 年闻顾颉刚欲北上讲授康有为及其今文经学，将所撰《刘向歆父子年谱》交予顾氏，辨《新学伪经考》之误。因得赏识，被荐为北平燕京大学国文系讲师。1931 年任北大历史系副教授，后升教授，兼职于清华大学、燕京大学。与当时学界活跃之学者多有交往、争鸣。撰写《国学概论》《先秦诸子系年》《中国近三百年学术史》等。1937 年辗转至西南联大，逐渐完成研究重心自考据学向民族文化精神的转变。1940 年出版《国史大纲》，意在唤起国人之文化认同。后任教于成都齐鲁大学、华西大学、云南大学、江南大学等。赴香港创办新亚文商学院、新亚书院（香港中文大学前身）。后定居台湾，当选台湾"中研院"院士，出任台北故宫博物院特聘研究员。另著有《中国历代政治得失》《秦汉史》《中国历史研究法》《朱子新学案》等著作。钱穆反对全盘西化，强调中国历史文化的特性，是文化民族主义史学的代表人物之一。

李璜（1895—1991），字幼椿，号学钝，四川成都人。1916 年毕业于震旦学院，1918 年加入少年中国学会，后留学法国。他有感于国内乱局，同时由于对马克思主义片面、偏颇的认识,认为社会主义的苏俄与其他帝国主义国家并无本质区别,故留学期间与曾琦等创办中国青年党,以国家主义为指导,"内除国贼,外抗强权"。1924 年参与创办《醒狮周报》,继续鼓吹国家主义。大革命失败后与张君劢合办《新路》杂志,既反对共产主义,又反对国民党专制统治。1929 年春创办知行学院。先后执教于武昌大学、北京大学、成都大学等高校,讲授西方史学。九一八事变后参与抗日,但对共产主义和共产党依旧持反对态度。1945 年代表中国青年党出席联合国大会。1949 年后在香港、台湾等地任教。主要著作有《法兰西学术史略》《法国文学史》《与梁漱溟先生论中西之异同》《历史学与社会科学》《新中国文化运动》等。晚年著有《学钝室回忆录》。李璜的学术成果主要体现在西方史学著作的译介上,他对早期西方学术成果的引入做出了贡献。

刘咸炘(1896—1932),字鉴泉,号宥斋,四川双流人,近代学者,在文学、史学、哲学等方面均有精深造诣,其学问被称为"推十学"。一生隅居四川,先后任教于成都尚友书塾、敬业书院、国立成都大学、国立四川大学。家学渊源深厚,私淑章学诚,服膺浙东史学,在西学东渐的浪潮下泛览西学书籍,批判性表微传统史学,以回应西学冲击,从民族本位出发构建中国本位史学。秉承通史家风,主张会通儒道,提出"察势观风",要求从宏观上疏通历史的发展、微观上把握风俗之移易,并以此指导其历史撰述活动。同时强调"史有子意",重视探讨史学中的哲理。著有《四史知意》《史学述林》《治史绪论》《史通驳议》《文史通义识语》《蜀诵》《双流足征录》等作品,主要收录在《推十书》中。

傅斯年(1896—1950),字孟真,祖籍江西永丰,生于山东聊城。幼时即打下深厚的学术功底,1913 年考入北京大学预科,修文史。1916 年升入本科国文门,师从刘师培、黄侃、陈汉章等。与罗家伦等创办《新潮》杂志,任主编。五四运动时为学生领袖之一。先后留学于伦敦大学、柏林大学。1927 年任中山大学教授。1928 年中央研究院成立,筹建历史语言研究所,任所长。创办《历史语言研究所集刊》,撰写《历史语言研究所工作之旨趣》,提出"史学即史料学",故被称为"史料学派"之代表人物。1929 年任教于北京大学,同时协调安阳殷墟考古工作。1931 年编著《东北史纲》,驳斥侵略者企图分裂中国的谬论。1933 年兼任中央研究院社会科学研究所所长。发表《夷夏东西说》,对上古史研究产生很大影响。抗战结束后代理北大校长。1949 年就任台湾大学校长。

李泰棻(1896—1972),字革痴,号痴庵,张家口阳原县人。少年聪敏颖悟,1910 年考入宣化中学。1914 年,以优异成绩考入国立北京高等师范学校史地科,李泰棻读大学二年级时编写的巨著《西洋大历史》,1916 年出版后立刻引起震动。章士钊、李大钊、陈独秀等人为其作序,推崇该书为中国编著西洋历史开新纪元。次年毕业留校任教,后历任国立山西大学教授、国立北京大学教授、国立北京女子师范大学史学系主任、北京师范大学讲师、绥远省通志馆总纂、民国《阳原县志》馆总纂等。主要著作有《西洋大历史》《中国史纲》《西洋近百年史》《西周史征》《今文尚书正伪》《方志学》,以及民国《阳原县志》等。其中他总纂的民国《阳原县志》是我国旧志向新志过渡时期专家修志的代表作;《西周史征》为李泰棻"著作中第一有价值者,亦我国史学界绝无仅有之创作。"

沈刚伯(1896—1977),字大烈,湖北省宜昌市人。著名历史学家、教育家。自幼受留日回国的父亲沈莘庵之教诲,11 岁入湖北方言学堂,14 岁毕业后,进武昌高等师范学校,1917 年毕业。1924 年考取官费留学,入英国伦敦大学攻读埃及学、英国史、宪政史。1927 年回国,至中山大学任教。1931 年到南京任国立中央大学历史系教授,先后开设专门史、国别史等系列课程,是中国开展世界史教学的先驱。1942 年秋,他出任中央大学历史系主任,提倡对西北边疆问题之研究,组织边疆研究会,延请专家讲授维吾尔文,聘韩儒林讲新疆史、蒙古史,请金毓黻开"东北史"课程。1948 年赴台北协办台湾大学,任文学院院长兼历史系主任。1954 年 3 月与在台史学家发起成立了台湾的中国历史学会,任理事长。1970 年被遴选为台湾"中研院"院士。其著作收录在《沈刚伯先生文集》,上下两卷,每卷 50 余万字,包括历史、哲学、文学、教育、世局、记事等多项。

李济(1896—1979),字受之,后改济之,湖北钟祥人。考古学家、人类学家,中国现代考古学奠基人之一。幼时受传统学术教育。1911 年考入清华学堂。求学期间对心理学产生兴趣,1918 年前往美国,先后获克拉克大学心理学学士、社会学硕士学位,哈佛大学人类学博士学位。1923 年归国,任南开大学人类学、社会学教授。由地质学家丁文江引荐进入考古学界。1924 年开始田野考古,任教于清华大学。1926 年与汉学家卡尔·毕士博领衔的美国弗利尔艺术馆代表团合作,赴山西夏县进行考古发掘,撰成《西阴村史前的遗存》,是中国人所写的第一篇田野考古报告。1928 年任中央研究院历史语言研究所考古组主任,主持发掘安阳殷墟遗址。坚持科学的考古学方法,挖掘与考证并重。1930 年参与发掘城子崖遗址。后又赴多地参与考古工作。1940 年被聘为英国皇家人类学会荣誉会员。1948 年当选中央研究院院士。赴台后创办台湾大学考古人类学系。李济为中国现代考古学的建立做出了不可磨灭的贡献,其成果有力驳斥了"中国文化西来说",为中国上古史的研究提供了参考。另有著作《中国民族的形成》《安阳》等。

简又文(1896—1979),字永真,号驭繁,笔名大华烈士,室名猛进书屋,广东新会人。少年时就读于广东岭南学堂,1914 年留学美国。1919 年获得芝加哥大学文学硕士学位。1920—1921 年求学于纽约协和神学院。1924 年任燕京大学宗教学副教授,同时在北京结识冯玉祥。1926 年加入中国国民党,此后历任山东盐运史、铁道部参事等职。1936 年与谢兴尧一起创办《逸经》杂志。1938 年在香港创办《大风》杂志。1949 年后居香港,任香港大学东方研究院研究员。1964—1965 年任耶鲁大学研究员。他一生致力于研究太平天国史,取得了卓越的成就。他在三四十年代出版了《太平天国杂记》《金田之游及其他》两书。书中编集了经他搜集并加以整理或翻译的史料与此前已发表的一些论文,其中包括经他翻译的瑞典牧师韩山文以外文记录的洪仁玕述辞,具有很高的史料价值。他从 40 年代开始撰写太平天国史,历经近二十年完成《太平天国全史》《太平天国典制通考》两部巨著。两书后经作者综合后以英文出版,在西方史学界产生了相当大的影响。

罗家伦(1897—1969),字志希,笔名毅。祖籍浙江绍兴,生于江西进贤。1914 年入复旦公学,1917 年肄业后入北京大学。五四运动时为学生领袖之一,参与创办《新潮》,大力提倡白话文。先后在美、英、德、法等国留学,经伯希和推荐成为巴黎亚洲学会会员。在欧洲搜集大量中国近代史资料。1928 年清华学校改为清华大学,罗家伦出任首任校长,其间厉行改革,聘任蒋廷黻、冯友兰等知名学者。1930 年辞职,任国立武汉大学历史系教授。后任南京中央政治学院教育长、中央大学校长。提出"诚、朴、雄、伟"四字学风,延聘优良师资,注重学科建设,将教育作为抗日救国的重要组成部分。1941 年辞职后率团赴西北考察。1947 年任国民政府驻印度大使。1949 年后至台湾,任"党史会"主任委员。1958 年,任"国史馆"馆长。主要著作有《文化教育与青年》《科学与玄学》《逝者如斯集》《中山先生伦敦蒙难史料考订》《蔡元培先生与北京大学》等。

萧公权(1897—1981),原名笃平,字恭甫,号迹园,笔名君衡,江西泰和人。早年就读于上海中国基督教青年会中学,1918 年考入清华学校,"五四运动"期间曾参与创办《晨钟日报》,1920 年赴美留学,先后就读于密苏里大学、康奈尔大学,主修政治、哲学,1926 年获康奈尔大学博士学位。归国后,历任南开大学、东北大学、燕京大学、清华大学等校教授。抗日战争爆发后,他前往成都,任四川大学、光华大学等校教授。抗战胜利后,他继续在光华大学及四川大学任教。1948 年当选为中央研究院首届院士,后移教台湾大学,1949 年底赴美,出任西雅图华盛顿大学教授,讲授中国政治思想史及中国社会组织,偶尔也开中国古典名著英译课程。1968 年循例退休,1981 年因病辞世于西雅图。著有《政治多元论》《中国政治思想史》等。萧公权根底深厚,学贯中西,在中国政治史研究方面,成就尤著。

容肇祖(1897—1994),原名念祖,字元胎,广东东莞人,哲学家、史学家、民俗学家。曾就读于东莞中学、广东高等师范,于 1922 年考入北京大学哲学系。1925 年与顾颉刚等前往北京妙峰山展开民俗考察。1926 年秋毕业,先后任教于厦门大学、中山大学、岭南大学、辅仁大学、西南联合大学、北京大学等高校。新中国建立后,任北京大学教授、北京市文教委员会文物组研究员、中国社会科学院哲学研究所研究员、学术委员会委员、中国民俗学会副理事长、中国民间文艺研究会顾问、国务院古籍整理出版规划小组顾问。容肇祖学识渊博,著述丰厚,在文学、史学、哲学与民俗学等领域都富有成就,在断代思想史、民俗学等方面均属开拓性、奠基性的人物。发表了《戴震说的理及求理的方法》《占卜的源流》《述阮籍嵇康的思想》《冯梦龙的生平及其著作》等论文,有《迷信与传说》《中国文学史大纲》《魏晋的自然主义》《韩非子考证》《明代思想史》《李贽年谱》《王安石老子注辑本》等著作,现有《容肇祖全集》八册。

陈翰笙(1897—2004),原名陈枢,江苏无锡人。1915 年赴美、德留学,1924 年获历史学博士学位。回国后任北京大学史学系教授。其间结识李大钊,接触第三国际。"四一二"反革命政变后流亡苏联,任莫斯科农民运动研究所研究员。回国后就职于商务印书馆,经蔡元培举荐任中央研究院社会科学研究所所长。以唯物史观为指导，以阶级分析为研究方法进行了大量农村调查，厘清半殖民地半封建社会的中国存在的土地问题，批判了帝国主义对中国的经济侵略。1934 年创办《中国农村》杂志。后任苏联莫斯科东方劳动大学通讯教授、纽约《太平洋季刊》副主编、香港《远东通讯》主编。倡导工业合作运动，1941 年出版《三十年来的中国农村》，与千家驹等合著《战时的中国经济》。1942 年任广西师范大学西语系主任。1944 年任印度德里大学教授。1946 年任美国华盛顿州立大学特约教授、霍普金斯大学国际问题研究所研究员。1950 年回国，先后出任外交部顾问、外交学会副会长、外交部国际关系研究所所长等，改革开放后任中国社会科学院顾问和世界历史研究所名誉所长。主要著作有《国际新局面》《封建社会的农村生产关系》《东北的难民与土地问题》《广东农村生产关系与生产力》《工业资本与中国农民》《中国资本与内战》《中国农民》《中国工业合作运动》《西双版纳的土地制度》等。陈翰笙是一位具有世界影响力的学者，被誉为"当代经济学家之父"。

常乃惪（1898—1947），原名乃瑛，字燕生。山西榆次人。1916 年夏，考入北京高等师范学校史地部预科。1920 年毕业于北京高等师范学校史地部，先后任北京高师附中、上海吴淞公学教师和上海商务印书馆编译室编辑。1925 年任燕京大学教授，1933 年起历任山西大学、四川大学、华西大学等校教授。抗战爆发后，常氏虽还从事学术研究，但已积极投身于政治，于 1947 年因病逝世。常氏 1925 年加入中国青年党，长期主持该党宣传工作。他在史学上的贡献主要有二：一是编写了多部中外历史著作，如《中国史鸟瞰》《中国文化小史》《中国思想小史》《文艺复兴小史》《西洋文化简史》等书。这些小书的编写因系供青年学生参考或阅读，故而通俗易懂，在当时很受欢迎，起到了推动史学普及的作用。二是提出了"生物史观"，认为人类社会的历史发展从根本上受到生物法则的支配。其所著《生物史观与社会》《社会科学通论》和《生物史观研究》三书则是"生物史观"的代表性著作。常氏尝试从生物的角度来解释历史演化的动因，这在中国近现代史学理论领域占有一席之地。

翦伯赞（1898—1968），维吾尔族，湖南常德桃源县人。毕业于武昌商业专门学校，后进入美国加利福尼亚大学经济系，同时开始接触马克思主义。痛恨于帝国主义和封建军阀的种种行径，回国后积极参与反帝爱国运动。1930 年发表《中国农村社会之本质及其历史的发展阶段之划分》等，参与中国社会史大论战。1934 年赴欧美考察。1937 年秘密加入中国共产党。从事统战工作期间坚持教学工作和学术研究,极为强调史学观点与史料结合,反对狭隘的民族主义,以历史为工具对国民党反动派进行了有力的抨击。著有《历史哲学教程》《中国史纲》及众多学术论文。新中国后执教于燕京大学、北京大学。翦伯赞是马克思主义史学家"五大家"之一,其《历史哲学教程》是马克思主义史学初步建立时期的重要史学理论著作。

黄云眉(1898—1977),字子亭,号半坡,生于浙江省余姚市余姚镇。其先祖可以追溯到浙东学派代表人物黄宗羲。15 岁时入余姚县立小学就读,毕业后留校任教,后迈入中学,历任余姚实获中学、浙江宁波市中学、南京金陵中学及宁波市甲种商业学校等校教师。1930 年,任南京金陵大学文化研究所研究员兼教授。1933 年,在上海世界书局任职,任《辞林》编辑部主任。抗战期间在沦陷区勉强维生,辗转浙、沪。抗战胜利后,任沪江大学、无锡国学专修馆教授。新中国后被推选为余姚县人大代表。1951 年分配至山东大学中文系任教授,后转入历史系任教授。任教期间,曾任历史系主任、校图书馆馆长等职,且为山东省民盟副主任、山东省政协常务委员。1961 年出席六个民主党派中央全会扩大会议时,受到毛泽东、周恩来等人接见。同年,加入中国共产党。同年,完成自 1941 年起动笔的《明史考证》初稿。1971 年,完成定稿,于次年交与中华书局,但未见音讯。1977 年,黄云眉逝世,享年 80 岁。1986 年,《明史考证》由中华书局出齐,正式面世。黄氏治学注重将经世致用的取向与考据之学结合,最大成就在于明史领域。民国时期重要史著有《邵二云先生年谱》《古今伪书考补证》等。

周予同(1898—1981),初名周毓懋,学名周蘧,又一学名周豫桐,浙江瑞安人。中国经学史著名专家。少年时代,就读于晚清经学大师孙诒让创办的蒙学堂。毕业后,进了瑞安中学。1916 年,以第一名考取北京高等师范学校国文部。1919 年五四运动,参加"火烧赵家楼"。1920 年,以第一名的优异成绩毕业。1932 年—1945 年,他任商务印书馆编辑,担任过教育杂志社主编,并先后到上海大学、安徽大学、暨南大学、复旦大学执教任职。1959 年起,他恢复了经学史的系统研究,开设全国独一无二的课程"中国经学史"。60 年代初,他和汤志钧合撰了七篇论文,推动了全国学术界对经学史的研究。他一方面继续研究经学史,出版了《群经概论》《孔子》《汉学师承记选注》等;另一方面，为编写教材和工具书花了大量心血，编写了《本国史》《国文教科书》《中国历史文选》，以及《辞海》经学史全部条目。此外，又撰写了《中国现代教育史》。其经学史重要研究成果收录于《周予同经学史论著选集》。

徐中舒（1898—1991），初名道威，安徽怀宁（今安庆市）人。著名历史学家、古文字学家。先秦史和古文字学是其主攻方向，对明清史和四川地方史的研究也有重要贡献。1926 年毕业于清华学校国学研究院，师从王国维、梁启超等著名学者。其间受王国维影响，将古文字学、民族学、社会学、古典文献学和历史学结合起来，创造性地把王国维开创的"二重证据法"发展为"多重证据法"。曾任中央研究院历史语言研究所专任编辑员、研究员，先后在复旦大学、暨南大学、北京大学任教。1937 年始供职于四川大学历史系，新中国后继续执教于此直至终老。专著有《氏编钟图释附考释》《史学论著辑存》《论巴蜀文化》《左传选》等；还主持编纂了大型辞书《汉语大字典》和《汉语古文字字形表》《殷周金文集录》《甲骨文字典》等多种工具书。

周谷城（1898—1996），湖南省益阳县人，是中国著名历史学家、教育家。1913 年入湖南长沙省立第一中学，1921 年考入北京高等师范学校英语部。自1942 年秋起，周谷城一直在复旦大学执教。新中国成立后，曾任复旦大学教务长、历史系主任，讲授世界古代史，开设《世界文化史》课程。他强调"历史完形论"，提出了见解独特的中国历史分期法；反对以欧洲为中心的世界史，极力主张打破欧洲中心论。他著有《中国通史》《世界通史》各一部，成为当代史学家中仅有的兼有两部通史的著者。周谷城的教学和研究涉及史学、哲学、美学、逻辑学、政治学、社会学、教育学等学科，纵述古今、横论中外，著述颇丰。史学方面的论文已汇编出版了《周谷城史学论文选集》。

缪凤林（1899—1959），字赞虞，浙江富阳（今杭州市富阳县）人。1919 年考入南京高等师范学校文史地部，师从柳诒徵。1923 年毕业后，任教于东北大学。1928 年起执教于国立中央大学。新中国后，一直任职于南京大学历史系，于 1959 年 2 月逝世。其在南高期间，协助柳诒徵创办《史地学报》《史学杂志》和《国风》等学术刊物，并参与相关编务工作，是"南高史地学派"和"学衡派"的重要代表人物之一。缪氏在史学理论、古代史、日本史研究上均颇有造诣。其代表作有《中国通史纲要》《中国通史要略》《日本论丛》《评傅斯年〈东北史纲卷首〉》《评夏曾佑〈中国古代史〉》等。缪氏在中国通史方面用力很深,其在通史撰述中所持"信古"观点,并非一味迷古,而是蕴含着深刻的思辨性在其中。其所作《三皇五帝说探源》被收入《古史辨》即是证明。此外,缪氏重视史学对于增强民族自信、振兴民族精神的作用。针对"中国人种西来说",先后发表《中国民族由来论》《中国民族西来辨》等文加以批驳。缪氏上述史学实践,均在某种程度上促进了中国史学的发展。

朱谦之(1899—1972),字情牵,曾用笔名古愚、左海恨人、闽狂,福建福州人。早年就读于北京大学哲学系。1924 年受聘于厦门大学,讲授"中国哲学史""中国文学史""历史哲学"等课程,1926 年其讲稿《历史哲学》出版。1929 年留学日本,专注于历史哲学的研究。1931 年回国任教于上海暨南大学,教授"历史哲学""西洋史学史""史学概论""社会学史",授课之余还编写了《黑格尔主义与孔德主义》《历史哲学大纲》。1932 年出任中山大学史学系主任,组织成立了史学研究会,创办学术性刊物《现代史学》,此后一段时间内还完成了《黑格尔的历史哲学》《孔德的历史哲学》等著作。1934 年在《现代史学》上发表论文《中国史学之阶段的发展》,出版《现代史学概论》一书。1941 年出任中山大学文学院院长,创办《中山学报》。新中国成立后,转向哲学史与禅宗的研究。1952 年全国院系调整,调入北京大学。1964 年,调往中国科学院哲学社会科学部世界宗教研究所,任研究员。1972 年病逝于北京。朱谦之是我国较早研究史学理论的学者,博学旁通,观点独到,为中山大学历史学建设,对推动民国时期岭南地区的史学发展,做出了重要的贡献。

陈受颐(1899—1977),以字行,广东番禺人。出身书香世家,晚清名儒陈澧的曾孙。1911 年入学广州基督教会设立的岭南学堂(即日后的岭南大学),1920 年毕业后留校任中国文学系讲师。1922 年创立中国文学研究会广州分会。1925 年前往美国芝加哥大学深造,对近代东西方关系史产生兴趣,1928 年获芝加哥大学比较文学博士学位。1929 年回国担任岭南大学中国语言文学系主任,创办《岭南学报》。1931 年接到北京大学聘函,后又出任北京大学史学系主任,讲授"西洋中古史""文艺复兴与宗教改革""欧洲十七至十八世纪史""中欧文化接触史"等课程,其间还发表了《明末清初耶稣会士的儒教观及其反应》《三百年前的建立孔教论》。1936 年赴美休假一年,1937 年计划回国时受日本侵华局势影响未果,之后在美国夏威夷大学、波摩纳学院、克莱蒙研究生院讲授汉学。1977 年逝世。陈受颐在中欧文化接触史上成就颇丰,并从比较文学、园林艺术等多角度做出了探索，发表了《西洋汉学与中国文明》《十八世纪欧洲之中国园林》等文章；其任史学系主任期间治系有方，也成为北大史学发展的重要时段之一。

郑天挺（1899—1981），原名庆甡，字毅生，笔名攫日，福建长乐首占乡人，生于北京。1917 年考入北京大学国文门，毕业后任教于厦门大学。1921 年考取北京大学研究所国学门研究生，参与整理清代内阁大库档案。任中国法权讨论委员会秘书，撰写《列国在华领事裁判权志要》。后历任国立北京大学预科讲师、浙江省民政厅秘书、广东省建设委员会秘书、教育部秘书等。1930 年回归北大，撰写《杭世骏〈三国志〉补注》等。后将研究方向转向清史，撰写《多尔衮称皇父之臆测》《多尔衮与九王爷》等。七七事变爆发时留校安置师生，后任长沙临时大学、昆明西南联合大学历史系教授、北大文科研究所副所长。1940 年兼任西南联大总务长。抗战胜利后主持整理北大藏明清档案。新中国成立后任北京大学校务委员会委员、史学系主任。1952 年调入南开大学，历任历史系主任、南开大学副校长等。在职期间重视延揽人才，创建明清史研究室，加强与其他高校的学术交流，对南开历史系的发展做出重要贡献。著有《清史探微》《探微集》《清史简述》等。

陶希圣（1899—1988），名汇曾，字希圣。湖北黄冈人。1922 年毕业于北京大学法科，任安徽省立法政学校教员，1924 年为上海商务印书馆编辑，此后则在上海大学、暨南大学等多所学校任职。其间先后出版了《中国封建社会史》《中国政治思想史》《中国社会之史》《中国问题之回顾与展望》《辩士与游侠》《中国社会现象拾零》等著作，同时也翻译了多部国外政治、经济和法律的相关著作。1934 年 12 月创办《食货》半月刊，出任主编。抗战爆发后，陶氏转而投身政治活动，于 1949 年赴台后，继续从事学术活动，于 1988 年逝世于台北。在民国学界，陶氏一度被视为运用唯物史观研究中国社会史的代表，并产生极大影响。其运用各种政治学、经济学知识研究中国社会，虽只是初步草创，但已为中国社会经济史研究打下了基础。其所创办的《食货》半月刊作为首份专门研究社会经济史的学术刊物，亦具有重要影响，"食货学派"由此产生，虽然受到当时政治、战争等因素影响，但仍为当时的史学研究注入了新的生机与活力。

卫聚贤（1899—1989），原姓安，名双考。字怀彬，号介山、耀德、卫大法师。山西万泉县(今万荣县)人。1927年毕业于清华国学研究院。此后历任南京古物保存所所长、教育部编审、暨南大学、中国公学、持志学院教授等职。1930年主持南京栖霞山三国墓葬发掘,并致力于江浙古文化遗址调查。1936年任"吴越史地研究会"总干事,主编《吴越文化论丛》。抗战期间,创办《说文月刊》,影响颇大。1950年后,卫氏旅居港台,主要从事古代中西交通史研究。1989年逝世于台湾。卫氏在考古学史、上古史、中国史学史等方面均有著述。他的《中国考古小史》《中国考古学史》两书对中国近代田野考古学进行了系统总结,是我国考古学史的开山之作。卫氏的《古史研究》一书主要运用统计学方法研究上古史,同时也涉及民俗学、人类学等多个学科,为民国史学界的新锐之作,影响颇大。卫氏主张运用统计学的方法研究历史,其所著《历史统计学》一书,是中国现代第一部以统计学原理研究历史的史学方法论专著。该书将抽象的统计学理论与具体的历史研究相结合,有力推动了历史统计学在我国的进一步发展。

向达(1900—1966),字觉明,湖南溆浦人,土家族,中西交通史家、敦煌学专家。曾就读于长沙明德中学、南京高等师范学校。1924年成为商务印书馆临时编译员,后为英文见习编辑,翻译了《高昌考古记》《印度现代史》《世界史纲》等书,撰有《龟兹苏祇婆琵琶七调考原》《唐代刊书考》《论唐代佛曲》等文章,开始涉足中西交通史、印度佛教等领域。1930年开始担任北平图书馆编纂委员会委员,由此潜心学术,在中西交通史、中外关系史上取得了丰硕学术成果,发表了《明清之际中国美术所受西方之影响》《唐代长安与西域文明》《唐代开元前后长安之胡化》《中西交通史》等著作。1935年至1938年,先后在英国、德国、法国的博物馆、图书馆抄录、整理由外国人盗掠的太平天国文书、敦煌卷子、吐鲁番古文书、明清之际的天主教相关文献资料。回国后历教于浙江大学、北京大学、西南联合大学等校。1942年任中央研究院西北实地考察团考古组组长。新中国成立后,曾任北京大学历史系教授、图书馆馆长、中国科学院历史研究所第二所副所长、中国科学院哲学社会科学学部委员等职,是《历史研究》《考古学报》等杂志编委会委员。向达在《中西交通史》中的系统论述,对中西交通史学科体系的建立贡献巨大,所著《唐代长安与西域文明》奠定了他在中西交通史与中外关系史研究上的地位。

吕振羽(1900—1980),名典爱、字行仁、学名振羽,曾化名柳岗,笔名晨光、正于、曾与。湖南省武冈县(今属邵阳县)人。早年抱有"工业救国"志向,1926 年毕业于湖南大学电机工程专业,后参加北伐战争。1927 年赴日本明治大学攻读经济学。回国后任《村治》月刊编辑。参与创办《新东方》杂志。任教于中国大学、朝阳大学、国民大学等高校,积极参与中国社会史大论战。1933 年完成《中国上古及中世经济史讲义》,提出殷代经济为奴隶制经济的观点及西周封建说。1934 年出版《史前期中国社会研究》,肯定有奴论,并将考古文物和传世神话相结合,论证了史前期社会的客观存在。1936 年出版《殷周时代的中国社会》,正式提出殷商奴隶社会说。1937 年出版《中国政治思想史》,运用历史唯物论分析中国古代政治思想的流变。抗战爆发后,高扬爱国主义旗帜,在长沙、重庆等地从事抗战工作,创办"塘田战时讲学院",并写成《简明中国通史》《中国民族简史》等。新中国成立后先后担任大连大学校长、东北人民大学校长等。吕振羽是我国马克思主义史学"五大家"之一,研究领域广泛,多有理论创新,是马克思主义理论与史学研究相结合的典范。

尚钺(1900—1982),原名宗武(亦作字),字仲五、健庵、健安、钟吾,号仲武,笔名克农、侬克、子丹,河南罗山人。1919 年在河南参加五四学生运动。1921 年考入北京大学英国文学系,在校期间为鲁迅主编的《莽原》撰稿。1927 年南下加入中国共产党。此后辗转于各地一边任教一边参加革命斗争活动,并在任教期间开始从事历史研究。解放战争胜利后跟随党组织抵达北京。1950 年始任初创的中国人民大学历史教研室主任,后在"文化大革命"中受到批判而去职。1978 年复任中国人民大学历史系主任。他在革命期间主要进行文学创作,发表有多篇小说,如《斧背》等。后来他开始从事历史研究,结识郭沫若、吴晗等学者,主要运用马克思主义研究历史。他在建国后出版了相当多的史学论著,如《中国资本主义萌芽问题探索》《中国历史纲要》等。他在历史研究中就历史分期问题提出"魏晋封建说",认为中国在明清时期已经出现资本主义萌芽。这些观点对当时史学界产生很大影响。

张其昀(1900—1985),字晓峰,浙江宁波鄞县人。1919 年就学于南京高等师范学校文史地部。1923 年毕业后,于上海商务印书馆编辑地理教科书,后在国立中央大学地理系、国立浙江大学史地系、哈佛大学等任教。1949 年到台湾。在台期间,长期致力于文化教育事业,担任过重要职务,创办中国文化大学、中华学术院等。其代表作有《本国地理》《人地学论丛》《遵义新志》

等。"史地结合"是张氏史学的一大特色。张氏早年求学南高时,就曾在柳诒徵、竺可桢的影响下翻译了白吕纳与克米尔合著的《历史地理学》一书。并在《史地学报》撰文专门介绍西方近代"历史地理学"这一学科及其主要内容。他 1936 年创建了浙江大学史地学系,从事有关的史地教育活动,编写了大量教材和考察著述,不仅培养了众多优秀的史地人才,更对促进近代历史地理的发展有着重要意义。

林惠祥(1901—1958),又名圣麟、石仁、淡墨,福建晋江人。9 岁在家乡入私塾,11 岁入福州东瀛学堂求学。1921—1926 年在厦门大学学习。1927 年入菲律宾大学研究院人类学系。1929 年获硕士学位并回国,被蔡元培委任为大学院特约著作员。中央研究院成立后,他被聘为该院民族学组助理员。受中央研究院委托,化名深入台湾地区进行实地调查并采集人类学活标本。1931 年任厦门大学人类学社会学教授,后兼任历史系、社会学系主任。抗日战争期间避难南洋,继续从事研究工作。抗日战争胜利后曾任爱国侨领陈嘉庚秘书,后回国任厦门大学教授。新中国成立后,林氏任厦门大学历史学教授兼南洋研究馆馆长。1953 年创办我国第一所人类学博物馆——厦门大学人类学博物馆。1958 年,林惠祥在厦门病逝,终年 57 岁。著述颇多,主要有《台湾番族之原始文化》《民俗学》《世界人种志》《神化论》《文化人类学》《中国民族史》等。林惠祥为中国人类学的发展起到了开拓与奠基的作用。

刘节(1901—1977),原名翰香,字子植,号青松。浙江温州朔门人。1926 年考入清华大学国学研究院,师从陈寅恪、王国维。1928 年任教于南开大学,此后曾任河南大学中文系教授、北平图书馆编纂委员兼金石部主任。抗战期间,先后在大夏大学、浙江大学、成都金陵大学、重庆国立中央大学等院校任教,专心于古代史研究。1946 年任中山大学历史系教授,此后一直任教于中山大学,直至 1977 年逝世。刘氏一生史学建树颇丰,尤其在古史、先秦诸子思想、史学史等方面的研究最为突出。刘氏《洪范疏证》一文以精密考证推翻《洪范》撰成于西周之旧说,得出其成于战国之新说,并被学术界普遍接受。《好大王碑释》一文则征引各类典籍和朝、日文献,详细考订了高句丽好大王在半岛扩张过程涉及的地理位置,以及部族渊源和活动范围,成就远超前人。《管子中所见之宋钘一派学说》一文,则钩沉出《管子》中《心术》(上下)和《白心》《内业》四篇为宋钘一派著述,丰富了先秦诸子思想研究的内容。此外,

《中国古代宗族移殖史论》《历史论》《人性论》等专著，则体现了刘氏独特的中国古史研究体系和历史哲学思想。其所著《中国史学史稿》一书，作为其史学史研究的集大成之作，因其见解独到、材料翔实，至今仍是中国史学史学科的经典著作之一。

唐兰（1901—1979），字立厂、亦作立庵、立盦，曾用名佩兰、景兰，笔名曾鸣，浙江秀水人。早年学习医学，后转学诗词。1920 年入无锡国学专修馆学习。1923 年毕业后与罗振玉、王国维结识，开始研究古文字、甲骨文。1929 年在天津任《将来》及《商报》编辑。1931 年赴沈阳参与《东北丛书》编写，并任教于东北大学。九一八事变后至北平，在北京大学、燕京大学等学校授课。1936 年起任职于故宫博物院。抗战期间任西南联合大学中文系教授，抗战结束后任北京大学教授。1952 年起重新任职故宫博物院。他在古文字学与甲骨文研究方面颇具造诣。他在 1935 年出版的《古文字学导论》与 1949 年出版的《中国文字学》两本专著中提出了自己的古文字学理论，其中包括古文字研究方法、古文字起源、汉字构成及演变等方面内容。在甲骨文研究上，著有《殷墟文字记》《天壤阁甲骨文存》《获白兕考》等。

王芸生（1901—1980），原名德鹏，原籍河北省静海县，生于天津。家境不显，早期从事底层工作。五四运动时期，积极参加政治活动。1925 年，五卅运动爆发，天津各洋行青年员工组织成立天津洋务华员工会，王芸生被推举为宣传部长。在国民革命浪潮中，他加入中国国民党。1926 年，由于被军阀搜捕，王氏 3 月被迫离开天津，奔赴国民党上海特别市党部，被安排与博古（即秦邦宪）同事，在其影响下加入中国共产党，成为跨党党员。1927 年返津，任国民党天津市党部宣传干事，4 月，"四一二"反革命政变爆发，王氏受到震撼，又被军阀搜捕，巧逢母亲去世。不幸之下，王氏心灰意冷，6 月在《大公报》发刊宣布脱离国共两党，专事新闻事业。1928 年天津《商报》创刊，王氏任总编辑，后辞职，受张季鸾赏识，1929 年 8 月正式加入《大公报》。1931 年九一八事变后，王氏搜集甲午战争及之后的中国对日屈辱史资料，整理并持续发表于《大公报》，直至 1934 年 9 月终。1941 年接替张季鸾任重庆版《大公报》总编辑。在重庆期间，王氏勇于揭露时弊，引发国民党权贵反感、打压。国共二次内战期间，坚持反对内战。1948 年，王氏奔赴解放区。新中国后，在多次政治运动中受到打击。1957 年起不问报事，专心著史。1980 年逝世。他既是一名卓越的新闻工作者,也是一位卓越的史家。民国时期史学代表作《六十年来中国与日本》。

谢国桢(1901—1982),字刚主,晚号瓜蒂庵主,河南省安阳人。历史学家、文献学家、版本目录学家、金石学家。1925年考入清华学校国学研究院,师从梁启超、王国维等。曾协助梁启超编纂《中国图书大辞典》,由梁氏推荐任职国立北平图书馆。后又执教过南京中央大学、云南大学。1949年后执教南开大学,调中国科学院历史研究所任研究员。1981年被聘为国务院古籍整理规划领导小组顾问。主要研究明清史、文献学、金石学和汉代社会,代表作有《顾亭林学谱》《清初东北流人考》《南明史略》《清开国史料考》《晚明史籍考》《明清之际党社运动考》等。

郑鹤声(1901—1989),原名松表,又名松彪,字萼孙,号鸣皋。浙江诸暨人。1920年考入国立南京高等师范文史地部,受教于柳诒徵、竺可桢等人。1924年大学毕业后,郑氏先后到云南高等师范学校、东陆大学、中央政治学校、中央大学任讲师、教官和教授。1929年南京国民政府教育部编审处编审、教育部编译馆专任编译兼人文组主任。1946年转入国史馆,任纂修兼史料处处长。新中国成立后,长期任教于山东大学历史系。郑氏史学研究领域十分广泛,其中尤以中国史学史、中国近代史和中西交通史三方面成绩最为突出。青年时期,郑氏治史就已颇有成就。1928年,商务印书馆专门安排出版郑氏史学丛书,先后出版有《汉隋间之史学》《中国史部目录学》《中国文献学概要》,以及司马迁、班固、杜佑、袁枢等古代史家的年谱等书。其所著《中国近世史》一书,提出以明代正德年间欧洲人东来为中国近世史开端,这在当时学术界产生了很大影响,顾颉刚在《当代中国史学》一书中对这一观点给予了充分肯定。在中西交通史领域,其在1935年,找到了郑和七次下西洋年月的直接史料,更正了《明史》记载的脱漏错误,此后更是发表了一系列相关文章,并出版《郑和》《郑和遗事汇编》等书。

陈训慈(1901—1991),字叔谅,浙江慈溪官桥村(今属余姚市)人。陈布雷弟。1919年考入南京高等师范学校文史地部,1924年毕业于国立东南大学,历任上海商务印书馆编译所编译、浙江图书馆馆长、浙江大学史地系教授。抗战期间,组织抢运馆藏文澜阁《四库全书》及其他古籍善本,以避战争烽火。抗战胜利后一直从事图书馆工作,于1991年去世。其史学成就颇为丰硕,于史学理论、史学史、外国史、地方史等方面均有贡献。其在南高求学期间,加入"史地研究会",任《史地学报》编辑主任,并先后发表《史学蠡测》《史学观念之变迁及其趋势》《中国之史学运动与地学运动》等文章。他在译介欧美史学理论方面,有较大贡献,曾翻译多篇国外史学名著。他也很关注历史教育,尤其是中小学史地教学,曾起草《初级中学历史课程标准草案》。此外,他亦长期致力于浙江地方史研究,尤其是"浙东史学"。撰有《清代浙东之史学》等诸多相关论文。

罗尔纲(1901—1997),广西贵县人。1924 年赴上海求学。1926 年考入上海大学社会学系,开始接触到马克思主义。1930 年从上海中国公学文学系毕业。毕业后留在胡适家中协助胡适整理其父胡传的文稿,并担任胡适家的家庭教师,受到胡适在学术上的指导和严格的考据学训练,确定了太平天国史的研究方向。1934—1936 年任职于北京大学。1937 起任职于中央研究院社会研究所(1949 年该所改为中国科学院经济研究所)。1954 年调任中国科学院近代史研究所,并参与筹办南京太平天国历史博物馆。他一生主要从事太平天国史与晚清兵制史的研究,取得丰硕的学术成果。民国时期出版的研究专著有《太平天国史纲》《湘军新志》《太平天国史丛考》《绿营兵志》《太平天国金石录》等。他为太平天国史史料的搜集整理做出了巨大贡献。他结合考据学的方法与马克思主义的理论进行太平天国史研究,推动了中国大陆太平天国史研究的发展,教育培养出许多从事太平天国史研究的学者。

雷海宗(1902—1962),字伯伦,河北永清人。出生于基督教家庭。1917年入北京崇德中学,1919 年转入清华学校高等科。1922 年赴美国芝加哥大学攻读历史和哲学,1927 年获哲学博士学位。回国后任教于南京中央大学、金陵女子大学、武汉大学、清华大学等高校,编著《中国通史》《西洋通史》等。西南联大时期任清华大学历史系主任、文学院代理院长。1940 年与林同济、陈铨等人创办《战国策》半月刊,运用文化形态史观研究中国历史与文化,分析世界形势,成为"战国策派"的领军人物。1952 年调任至南开大学,主讲世界史课程,编有《世界上古史讲义》教材。另有论文《殷周年代考》《历史的形态与例证》《古今华北的气候与农事》等,著作有《文化形态史观》(合著)、《中国文化与中国的兵》等。

方壮猷(1902—1970),原名彰修,学名方兴,字欣安(别作欣庵、新安、心安),湖南省湘潭县人。1919年,到长沙岳云中学附设工厂做学徒,不久后考入湖南省立第一师范学校。一度参与湖南省学生联合会工作。1923年,考入北京师范大学,两年完成学业。1925年,考入清华学校国学研究院,师从梁启超。1926年毕业后,任地质调查所秘书,帮助丁文江点校《徐霞客游记》,撰《徐霞客年谱》初稿。1927年,在暨南大学、复旦大学等校任兼职讲师,讲授中国古代史等课程。1929年,赴日本留学,入东京大学文学部东洋史研究室,研究东方民族史。次年回国,在北京大学、北京师范大学等校任兼职讲师。1933年,赴南京,在中央大学历史系任教。1934年,入巴黎大学,师从汉学家伯希和,研究东方民族史。1936年,回国任武汉大学历史系教授。抗日战争时,随武汉大学迁至大后方。1948年赴湖南大学任教。1950年后,历任中南军政委员会文化部文物处副处长、中南图书馆馆长、湖北省文化局局长。1958年,任武汉哲学社会科学研究所研究员。1965年,任湖北省文物管理委员会副主任委员。长期研究民族史和宋辽金元史,著作侧重于考释。1965年到江陵参加考古发掘厘定勾践剑问题。"文革"初期遭受迫害。1970年3月去世。民国期间,著有论文《室韦考》《契丹民族考》等,撰述《中国史学概要》等。

萧一山(1902—1978),原名桂森,字一山,号非宇,江苏铜山(今徐州市)人。1921年由山西大学预科考入北京大学,受教于朱希祖、孟森等人,并于1923年出版《清代通史》上卷。1925年毕业后,任教于清华大学,期间著有《中国通史大纲》。1932年赴欧美考察,回国后历任河南大学、东北大学和西北大学三校之文学院院长。抗战期间,撰写《清史大纲》《曾国藩传》两书。1948年冬,携眷赴台。1978年逝世于台北。萧氏一生致力于清史研究,于太平天国史研究亦颇有建树。其所著《清代通史》在体裁体例、史料来源等方面均开创了清史研究新局面。书中对清代诸多重大历史事件的研究和考证,也为此后清史研究的深入奠定基础。该书既是其成名之作,也一举奠定了其在近代史学上的地位。萧氏在赴欧美考察期间,搜集了大量珍贵的太平天国史料,回国后整理出版了《太平天国丛书第一集》《太平天国诏谕》《太平天国书翰》《近代秘密社会史料》等,虽然这些史料整理存在某些不足,但依然为其后的太平天国史研究奠定了基础。故而有人将其与孟森并称中国清史研究的两大奠基人,还与简又文、郭廷以并称著名的太平天国史专家。

张维华(1902—1987),字西山,山东寿光人。1928年毕业于济南齐鲁大学。后在济南东关济美中学执教。1931 年入燕京大学研究院学习，其间，加入禹贡学会。1933 年毕业，获硕士学位，回齐鲁大学任历史系讲师。1936 年赴北京禹贡学会工作，协助编辑《禹贡》半月刊。1937 年赴河南参加经世学社，主编《经世》刊物。1938 年在昆明北平研究院历史考古研究所与顾颉刚、徐旭生一起研究中西交通史。1939 年在成都与顾颉刚共同主办齐鲁大学国学研究所，出版《责善》半月刊和齐鲁大学《国学季刊》。新中国成立后，回济南齐鲁大学任文学院院长，兼国学研究所主任。1952 年后任山东大学历史系教授。长期从事战国秦汉史、中国土地制度史、中西交通史的教学与研究工作，在秦汉史、明清史、中西交通史研究方面多有建树。主要论著有《明史欧洲四国传注释》《明代海外贸易简论》《论汉武帝》《中国长城建置考》《汉史论集》《明清之际中西关系简史》《晚学斋论文集》等。

姜亮夫(1902—1995)，原名寅清，字亮夫，以字行，云南昭通人。著名的楚辞学家、敦煌学家、语言音韵学家、历史文献学家、教育家。1926 年考入清华学校国学研究院，师从王国维、梁启超、陈寅恪。1928 年先执教于南通中学、无锡中学，后任大夏大学、暨南大学、复旦大学教授及北新书局编辑，其间师从章太炎。1933 年应聘河南大学教授。1935 年赴法国巴黎进修，回国后任职东北大学教授、英士大学教授兼文理学院院长、云南大学教授兼文法学院院长。1953 年后任浙江师范学院、杭州大学中文系教授。姜亮夫学术视野宏远，研究范围广阔，李学勤有"宽无涯涘"的评价。著有论文集《探戈集》，专著《文学概论讲述》《屈原赋校注》《楚辞书目五种》《中国声韵学》《古文字学》《敦煌学概论》，编辑《中国历代小说选》《历代各文体文选若干种》等。上海古籍出版社出版其"成均楼论文辑"分为楚辞学、敦煌学、古史学、古汉语等四类，这是他创获最多的学术领域。

华岗(1903—1972)，又名延年、少峰，字西园，曾用名刘少陵、林少侯、潘鸿文，笔名林石父（一作林石夫）、华石修、晓风等，浙江衢州市龙游县人。1925 年 8 月加入中国共产党，中断学业，从事职业革命活动。1943 年初，任中共中央南方局宣传部长，派赴云南做统战工作，化名林少侯，应聘云南大学社会学教授，参加组织西南文化研究会，团结李公朴、闻一多、费孝通、吴晗等著名人士开展爱国民主运动。1950 年 4 月，华岗被任命为山东大学校长兼党委书记，创办《文史哲》杂志任社长。其间，山东大学出现一派生气蓬勃和兴旺发达的景象,被称为是该校建校以来的又一个"黄金时代"。1955 年始,华岗作为"胡风反革命集团分子"和以中共山东分局代理书记向明为首的"向明反党集团成员"嫌疑,长期被关押,受到残酷迫害,1972 年病逝。1980 年 3 月 28 日,中共中央正式批准为华岗平反昭雪,恢复名誉。华岗在哲学、美学、史学均有成就。重要史学著作有《一九二五——一九二七年中国大革命史》《社会发展史纲》《中国民族解放运动史》《现代战争论初步》《苏联外交史》《中国历史的翻案》《五四运动史》《太平天国革命战争史》。

杨人楩(1903—1973),字萝蔓或作洛曼、洛漫,湖南省醴陵县人,著名世界史专家。1922 年考入北京高等师范学校(北京师范大学前身)英语系,1926 年毕业后,先参加北伐革命,旋返长沙任教于长郡中学。后转上海暨南大学附中、福建泉州黎明中学、苏州中学执教,1934 年 2 月到日本东京,7 月赴英国牛津大学奥里尔学院留学,受教于法国革命史专家汤普森,以《圣鞠斯特》为题撰写毕业论文,获得文学士学位。抗战爆发后回国,先后担任四川大学、西南联合大学、武汉大学教授。1946 年秋任北京大学史学系教授,直至去世。主要从事世界通史、法国革命史、世界近代史、非洲史等方面的教学和研究,尤其精于法国革命史研究。翻译著作多部,为中国的世界史学科的教学、人才培养、学科建设做出了重要贡献。其重要著述有:《高中外国史》《圣鞠斯特》《非洲史纲要简编》。译著有:斯蒂芬·刺外格的《萝蔓萝兰》、克鲁泡特金的《法国大革命史》、霍伦德的《世界文化史要略》、马迪厄的《法国革命史》,潘克拉托娃主编的《苏联通史》一、二、三卷(合译),芒托的《十八世纪产业革命:英国近代大工业初期的概况》(合译)。

贺昌群(1903—1973),字藏云,四川乐山人。1921 年毕业于成都联合中学,考取上海沪江大学。一学期后因家庭经济困难辍学。1922 年考入上海商务印书馆编译所,开始了编译生涯。自 1926 年始在《文学周报》《语丝》《中国青年》《东方杂志》等刊物上发表文章,内容涉及文学、哲学、心理学、语言学、古典戏曲等领域。从 1930 年代初开始,把西北史地、中西交通史和敦煌学作为主攻方向。1931 年离开上海到天津河北女子师范大学任教。1933 年到北京图书馆任编纂委员会委员,继续研究中西文化交流方面的问题,参加整理和考释西北科学考察团所获居延汉简。先后发表《汉唐间外国音乐的输入》《敦煌佛教艺术的系统》《近年西北考古的成绩》《唐代女子服饰考》《大唐西域记之译与撰》等重要论文。抗日战争爆发后，南下浙江大学史地系任教。不久辗转入川，1940年在家乡马边县创办中学。1942—1946年在重庆中央大学史学系任教。中央大学迁回南京后，任史学系主任。1950年任南京图书馆馆长，后又调任中国科学院历史研究所第二所研究员，兼中国科学院图书馆馆长，为这两所图书馆建设做出重要贡献。著述有《古代西域交通与法显印度巡礼》《论两汉土地占有形态的发展》《汉唐间封建土地所有制形式研究》《元曲概论》《英国现代史》《汉简释文初稿》等。其后人编有《贺昌群文集》《贺昌群译文集》。

王重民（1903—1975），原名鉴，字有三，自号冷庐主人，河北高阳人。自幼在村学读书，1919年考入保定直隶省立第六中学。1923年，他在北京参加了社会主义青年团，回到保定准备在第六中学筹设团支部，因邮寄的文件被发觉，受到军阀曹锟的通缉。1924年，他考入北京高等师范学校国文系。上学期间，接受北京图书馆馆长袁同礼的聘请，利用课余时间，到图书馆工作。1928年大学毕业后，赴保定河北大学任教。第二年回到北京图书馆，任编纂委员兼索引组组长。1934—1939年先后到法、德、英、美各大图书馆搜集中国史料。1947年回国，仍任职于北平图书馆兼北京大学教授。新中国成立后，曾任北京大学图书馆学系系主任。后辞去北京图书馆代理馆长职务，专心研究与著述。"文化大革命"中，他含冤离世。"四人帮"垮台后得以平反昭雪。王重民在图书馆学、目录学、敦煌学、方志学、科技史及古籍整理方面，均有重大贡献。主要著述有《李越缦先生著述考》《杨惺吾先生著述考》《巴黎敦煌残卷叙录》《柏林访书记》《罗马访书记》《国会图书馆善本书录》等。

杨鸿烈（1903—1977），又名宪武、志文、炳堃，号知不足斋主。云南晋宁人。早年毕业于北京高等师范学校，1925年考入清华大学国学研究院，师从梁启超、王国维研究历史。1927年任教于南开大学，此后在云南大学、河南大学等多所院校任教。1934—1937年，赴日本东京帝国大学留学，获文学博士学位。归国后，先后任教于无锡国学专科学校、汪伪控制下的南京中央大学、香港大学。1955年自香港返回广东，任广东文史馆馆员。1957年被划为"右派"。1977年病逝于广州。杨氏的史学成就主要集中在中国法律史和史学理论方面。杨氏所著《中国法律发达史》《中国法律思想史》《中国法律在东亚诸国之影响》三部法律史专著，不仅厘清了中国法律史研究中的一些基本问题，还初步奠定了中国法律史学科体系。证明了中华法系不仅存在，更对东亚诸国法律产生了深远影响，在世界法系中也拥有一席之地。其所著的《史地新论》《史学通论》《历史研究法》三部史学理论著作则突出反映了其"求真"的史学思想和通识的治史特色，同时也为其研究法律史学提供了理论指导。杨氏在史学理论方面的建树虽不及在法律史上的成就，但同样在中国近代史学发展史上具有较高地位。

韩儒林（1903—1983），字鸿庵，河南舞阳人。著名史学家，蒙元史专家。1919 年在开封考入河南留学欧美预备学校。1923 年秋天，韩儒林考入北京大学哲学系预科。1930 年毕业于北京大学哲学系。曾任教于北京女子师范大学、北京师范大学。1933 年起，韩儒林以翻译《西洋文明史》而取得比利时奖学金，赴国外深造，先后在比利时鲁文大学、巴黎大学、柏林大学留学，师从法国著名汉学家伯希和等，攻习语言文字及历史。1936 年回国后，历任燕京大学、辅仁大学历史系讲师，北平研究院历史研究所副研究员，华西大学历史系教授，边疆语文编译委员会副主任，中央大学历史系教授兼边疆政治系主任。1946 年兼任中央研究院历史语言研究所研究员，并在东方语言专科学校兼课。1949—1982 年，韩儒林任南京大学历史系主任。1956 年，创立南京大学元史研究室。其间于 1965 年任内蒙古大学副校长兼蒙古史研究所所长一年。韩儒林主要从事蒙元史、西藏史、西域史研究。著有《穹庐集》《韩儒林文集》，主编《中国大百科全书·中国历史·元史分册》《元朝史》等。民国时期发表《突厥文阙特勤碑译注》《元史研究之回顾与前瞻》等，译法国色诺博斯所著《西洋文明史》等。

侯外庐（1903—1987），名兆麟，又名玉枢，号外庐，山西平遥人。少年时期参加五四学生运动。1923 年考入北京法政大学学习法律，北京师范大学学习历史。1925 年结识李大钊。1927 年赴巴黎大学留学，留学期间加入中国共产党，尝试翻译《资本论》（最终与王思华合译后出版第一卷）。1930 年回国后任教于哈尔滨法政大学，失掉与中共党组织的联系。九一八事变后抵达北平，任教于北平师范大学、北平大学等学校。抗战时期，从山西、陕西辗转至重庆，主编《中苏文化》，参与中苏文化协会相关工作。1946 年前往上海，主编《文汇报》下的《新思潮》周刊，次年前往香港达德学院任教。1949 年赴北平参加政治协商会议，任北京师范大学历史系主任。1950—1954 年任西北大学校长，并在 1951 年重新加入中国共产党。1954 年后历任中国科学院历史研究所副所长、中国社会科学研究院历史研究所所长等职。他学习吸收马克思主义理论，将其运用到中国思想史、社会史研究中，取得丰厚的学术成果。他在民国时期出版的专著有《中国古代社会与老子》《中国古典社会》《中国古代思想学说史》《王国维古史考释集解》《中国思想通史》（第一卷）《中国古代社会史论》等，此外还发表了大量学术论文。他被誉为马克思主义史学"五大家"之一。

梁思永（1904—1954），著名考古学家，梁启超次子。1948 年当选中央研究院院士。1915 年入清华留美班。1923 年入美国哈佛大学研究院攻读考古学和人类学。1930 年毕业，回国参加中央研究院历史语言研究所考古组。梁思永是中国第一个受过西洋近代考古学正式训练的学者，中国近代考古学的奠基者和近代考古教育开拓者之一，一生致力于考古事业。1950 年 8 月被任命为中国科学院考古研究所副所长。先后负责黑龙江昂昂溪细石器文化遗址、河南安阳小屯殷墟、侯家庄西北冈殷王陵、高楼庄后冈小屯、龙山与仰韶三叠层、山东历城龙山镇城子崖龙山文化遗址等考古发掘工作，考定了仰韶、龙山和商文化的相对年代关系。1954 年 4 月 2 日在北京逝世，终年 50 岁。著作有《梁思永考古论文集》。

郭廷以（1904—1975），字量宇，河南舞阳人。幼年入本乡初等小学。1915—1920 年先后就读于乙种蚕桑学堂、开封省立第二中学、南京高等师范附中。1923—1926 年就读于东南大学历史系。1927 年任国民革命军总司令部编史局秘书，继任中央党务学校编译部编译。1928 年任清华大学历史系教员，一度出任国民政府教育部边疆司司长。其后历任河南大学、中央政治学校、中央大学、中央干部学校教授。1949 年前往台湾，历任台湾大学教授、台湾省立师范大学教授兼文学院院长、台湾"中央研究院"近代史研究所筹备处主任兼所长、"中央研究院"院士等职。1969 年起先后在美国夏威夷大学、哈佛大学、耶鲁大学、哥伦比亚大学讲学，并任哥伦比亚大学东亚研究所客座高级研究员。1975 年 9 月 14 日，病逝于美国纽约，终年 72 岁。郭廷以生平著述甚丰，撰有《太平天国历法考订》《近代中国史》《太平天国史事日志》等著作，为中国近代史研究做出了重要贡献。

裴文中（1904—1982），字明华，河北丰南人。1921 年入北京大学预科，

1923 年入地质系,1927 年毕业后任职于地质调查所。1928 年参加周口店古生物化石的发掘工作,1929 年发现了第一个完整的中国猿人头盖骨化石。1931 年又发现打制石器与用火痕迹的存在,确认了"北京人"文化遗存。1935 年赴法国巴黎大学学习旧石器时代考古学,1937 年获得博士学位,其博士论文《石器与非石器的区别》为旧石器时代考古学的研究奠定了基础。回国后任地质调查所新生代研究室研究员,兼任周口店办事处主任,并在北大、北师大、燕京大学、中法大学讲授史前考古学。抗战爆发后,在燕京大学、辅仁大学任教,并保护猿人化石不受日军掠夺。1947 年至 1948 年在西北进行史前时期的考古调查,出版《中国史前时期之研究》,发表《中国古代陶鬲及陶鼎之研究》。新中国成立后,先后出任文物事业管理局博物馆处处长、中国科学院古脊椎动物研究所研究员、北京自然博物馆馆长等。1957 年被英国皇家人类学会授予名誉会员。1982 年逝世。裴文中是中国古人类学的主要奠基者,在史前考古学上贡献巨大。

姚名达(1905—1942),字达人,号显微,江西省兴国县人。著名史学家、目录学家,史理学创始人。1925 年 7 月考入清华学校国学研究院,拜梁启超为导师,以"章实斋之史学"为题进行研究。1928 年 6 月,经由导师梁启超、王国维、陈寅恪、李济、吴宓等人考察成绩,认为及格,授予毕业证书。1929 年 3 月,姚名达南下上海,先后任职于商务印书馆、暨南大学、复旦大学等机构。1934—1937 年任复旦大学教授。从 1926 年至 1937 年已成书出版的《目录学》等著作有十六种,为史学和现代目录学研究做出了卓越的贡献。1940 年 10 月,中正大学校长胡先骕聘请姚名达为研究部研究教授。1942 年 6 月,日军侵扰浙江金华、江西上饶一带。姚名达发起组织"战地服务团",并被选为团长,率团奔赴抗日前线。1942 年 7 月 7 日在新干县与日寇遭遇,英勇牺牲。姚名达是中国抗日战争时期第一个勇赴国难、壮烈殉国的教授。一生勤勉刻苦,著述宏富,以忠诚正直、学有创见而享誉学界。

张荫麟(1905—1942),无字,笔名素痴、燕雏,广东东莞人。1922 年入清华学校中等科,受教于王国维、梁启超、吴宓。1923 年发表《老子生后孔子百余年之说质疑》一文,受到梁启超的赞赏。在清华学习期间便已成果丰硕,在中国科技史研究上的成就尤其高,发表了《中国历史上之奇器及其作者》《宋卢道隆吴德仁记里鼓车之造法》等文章,并有《中国印刷术发明述略》等众多译作。1929 年从清华毕业后赴美留学，在斯坦福大学攻读哲学和社会学，取得硕士学位及博士候选资格。1933 年回国，次年执教于清华大学哲学、历史两系，并在北大讲授历史哲学课。1935 年受聘于教育部，负责历史教科书的编纂工作，成为撰写《中国史纲》的缘起。1937 年抗战爆发后南下，在西南联合大学讲授宋史、逻辑学，后辞职前往迁至遵义的浙江大学，讲授"中国上古史""唐宋史""历史研究法"。1941 年与张其昀创办《思想与时代》杂志，其间出版了《中国史纲》。1942 年因病去世。张荫麟英年早逝，其生前出版的唯一著作《中国史纲》虽是未完之作，但在学界备受推崇，为中国通史的建设做出了有益的尝试。

赵万里（1905—1980），字斐云，别号芸盦、舜盦，浙江省海宁市盐官镇人。著名文献学家、敦煌学家，精于版本、目录、校勘、辑佚之学，王国维的同乡兼门生。1921 年考入南京东南大学中文系，从吴梅习词学。1925 年毕业后任清华学校国学研究院助教，得王国维指导，在文史、戏曲、金石、版本、目录、校勘等学科打下坚实基础。1928 年在北平图书馆任职，并在北京大学、清华大学、辅仁大学等校任教，讲授目录学、校勘学、版本学、中国戏曲史、词史等课程。赵万里在图书馆从事善本采访、编目、保存工作长达 50 余年。1949 年后积极访求、征集到大量名家的藏书和稿本，包括搜购流散国内的敦煌写卷，鉴定、购入一批港澳收藏家的珍本。他主持赵城金藏的修复工作和《永乐六典》的辑佚工作；从《永乐大典》辑出《元一统志》《析津志辑佚》；主编《中国版刻图录》《北京图书馆善本书目》《海宁王静安遗书》等；参与编写《古本戏曲丛刊》；出版《校辑宋金元人词》《汉魏南北朝墓志集释》等。

罗福颐（1905—1981），字子期，又署紫溪、柞溪，晚年号偻翁，浙江上虞人。出生于上海，为罗振玉之子，自幼学习金石文字。1921 年摹刻古玺印百枚成《郼庵仿古印草》。1930 年编有《贞松堂集古遗文》，撰写《古玺文字徵》《汉印文字徵》。1936 年协助其父辑录《三代吉金文存》。1937 年发表《镇庙元御香碑考》《奴儿干永宁寺碑补考》《清内阁大库档案之历史及其整理》。1944 年发表《锦州北镇县出土宋辽金古钱整理记》。1947 年任北大文科研究所讲师，并整理明清档案。新中国成立后，历任故宫博物院研究员、国家文物局咨询委员、中国古文字研究会理事、中国考古学会理事、杭州西泠印社理事等职。1981 年病逝。罗福颐精通金石篆刻之学，著述颇丰，对文物鉴定有极高的水平。

赵纪彬（1905—1982），又名赵济焱、赵化南，字象离，笔名向林冰、纪玄冰。河南内黄县人。曾就读于大名十一中学、省立第七师范学校。1926 年加入中国共产党，后曾多次被捕入狱。1934 年起，先后在复旦大学、东北大学、东吴大学、山东大学等校任教。1949 年后，曾任开封师范学院院长、河南历史研究所所长等职。1982 年因病在京逝世。赵氏长期致力于以马克思主义理论研究中国哲学史，尤其是在唯物论史、中国知行学说史、中国逻辑史等领域建树颇丰。《中国哲学思想》《中国知行学说简史》《哲学常谈》《哲学著作》等书，都是将马克思主义历史观与哲学理论相结合的研究典范。《中国哲学史纲要》一书，则是开创了我国以马克思主义理论研究中国哲学史的先河，确立了运用马克思唯物史观来研究、书写中国哲学史的范例。

姚薇元（1905—1985），安徽繁昌人。1926 年，考入清华大学。其毕业论文在郭廷以指导下写成，颇具学术价值。1931 年考入清华大学研究部史学门，师从陈寅恪研究魏晋南北朝隋唐史。毕业后，先后在中央大学、大夏大学、贵州大学任教。1948 年后，任金陵女子文理学院、政治大学文学院、南岳师范学院、湖南大学历史系教授。1953 年，随李达调任武汉大学教授，担任中国近代史教研室主任。1958 年，兼任《理论战线》编委会常委。1978 年后，主要从事鸦片战争史研究，1982 年被选为鸦片战争史研究会筹备委员，同年参与修撰《鸦片战争史》，1985 年 2 月，病逝，享年 80 岁。民国时期著有《鸦片战争史实考》《北朝胡姓考》等。

邓嗣禹（1905—1988），字持宇，生于湖南常宁黄洞乡。1928 年进入燕京大学史学系，1932 年在获得学士学位后，考入燕京大学史学研究所攻读硕士学位，1934 年任《史学年报》主编，1935 年毕业，留母校任讲师。1937 年接受房兆楹邀请，前往美国华盛顿，参与编写《清代名人传略》（恒慕义 Arthur William Hummel 主编，时任国会图书馆东方部主任），主要负责编写太平天国时期人物传记。1938 年赴哈佛大学攻读博士学位，师从著名汉学家费正清，1942 年获得博士学位。毕业后，先后在芝加哥大学、哈佛大学、北京大学、印第安纳大学任教，讲授中国近代史等课程。其间与费正清合作甚笃，共同撰写了《中国对西方的反应》等著作，书中首次提出了著名的"冲击—回应"理论。邓氏对中籍西译贡献颇丰。20 世纪 50 年代初，在印第安纳大学任教期间，将李剑农《中国近百年政治史》翻译成英文。1966 年,将《颜氏家训》翻译成英文,被称赞为"开南北朝经典英译之先河"。1972 年美国总统尼克松访华。5月应周恩来邀请,邓氏随费正清一行六人到中国访问。1976 年从印第安纳大学历史系退休。1978 年再度回国考察。1979 年出版《重访中国:一位海外历史学家对中国的评论》。1988 年逝世,享年 83 岁。民国期间重要著作有《中国考试制度史》等。

王绳祖(1905—1990),字伯武,江苏高邮人,1923 年考入金陵大学化学系,次年转入历史系。1927 年夏毕业,1929 年 9 月受系主任贝德士之聘担任金陵大学历史系助教。其间,撰写的《欧洲近代史》讲义,编入大学丛书,改变了中国高等学校世界史教学由外国课本垄断的情况。1936 年考入英国牛津大学布拉斯诺斯学院,专攻世界外交史。1939 年回国任金陵大学(时在成都,1946 年迁回南京)史学系教授、系主任。1949 年任金陵大学文学院院长。1952 年院系调整后,先后任南京大学历史学系教授、副系主任、英美对外关系研究室主任。1980 年任中国国际关系史研究会理事长。主要著作有《欧洲近代史》《近代欧洲外交史》《国际关系史》等。王绳祖 1938 年在牛津大学完成的学位论文《马嘉里案和烟台条约》,利用中英两国大量外交档案和史料集,论述了马嘉里案和烟台条约的背景、马案的发生、英国利用此案从清政府榨取在华权益的经过、烟台条约的缔结及其意义,具有开创性。该文 1940 年由牛津大学出版社出版,在西方学术界和国内史学界受到高度评价,产生了国际影响。

何干之(1906—1969),原名谭郁君,又名毓均、秀峰,笔名何干之。广东台山人。出生于广东华侨家庭,1929 年赴日留学,就读于早稻田大学和明治大学经济科。九一八事变后回国。1932 年任广州国民大学教授兼经济系主任。1934 年在上海加入中国共产党。1937 年赴延安,先后在陕北公学、华北联合大学、延安大学和华北大学等校任教,并担任重要领导职务。1950 年以后,任中国人民大学历史系教授,继续从事教学和科研工作。何氏作为一名马克思主义史学家,一生著述颇丰。他在 30 年代参与了中国社会性质和社会史问题论战,并对此做了系统总结。先后出版了《中国经济读本》《中国的过去、现在与未来》《中国社会性质论战》《中国社会问题论战》等专著,他以马克思主义唯物史观为指导,科学地揭示了中国近代"半殖民地半封建"的社会性质。所著《近代启蒙运动史》一书,则是中国最早运用历史唯物主义观点系统论述中国近代思想运动史的著作之一。此外,他在中国革命史、中共党史等领域也有突出贡献。

罗香林(1906—1978),字元一,号乙堂,广东省梅州市兴宁县宁新镇人。著名历史学家、客家研究开拓者。1932年清华大学研究院毕业,师从梁启超、王国维等著名学者。历任中山大学、香港大学,获香港大学终身名誉教授衔。他首创族谱学,乃继甲骨学、敦煌学、简牍之后,开拓了历史研究新领域;其《客家研究导论》《客家源流考》《客家史料汇篇》等开创性著作,为客家研究之学奠定基础。抗日战争期间,罗香林任广州中山图书馆馆长,将馆藏善本与重要图籍,舶运至柳州石龙,使之免罹战火。罗香林毕生献身学术,在客家学、唐史研究卓有成就。他生平著书41种,发表学术论文近300篇,尽瘁教育,弘扬中华文化,享誉中外文史学界,被称为梅州八先贤之一。

林同济(1906—1980),笔名耕青,福建福州人。20岁赴美留学,专攻国际关系和西方文学史,兼及文学、哲学。1928年起,先后获得密西根大学学士学位,加利福尼亚大学硕士学位、博士学位。1931年,东三省沦亡,林同济意识到:这是一个讲求"力"的时代,"力"是一切。以"力"为主题的思想逐渐产生,这是林同济后来提出的"战国时代""尚力政治"说的基础。1934年,以《日本在东北的扩张》获加州大学伯克利分校比较政治学博士学位。同年回国,先后在天津南开大学、西南联合大学和复旦大学任教。1940年,林同济与云南大学、西南联大教授陈铨、雷海宗、贺麟等人,邀请何永佶、朱光潜、费孝通、沈从文等"特约执笔人",共同在昆明创办《战国策》半月刊。他们因此被称为"战国策"派。"战国策"派以重建中国文化为宗旨发表大量文章,主张文化形态史观,提出文化重建构想,大谈"大政治"学说,抨击官僚传统,检讨国民性,提倡民族文学运动,在学术思想界掀起了不小的风波。新中国成立后,林同济任复旦大学外文系教授,讲授英国文学史、英美小说、英国戏剧、莎士比亚读评、翻译理论等课程。1980年赴美讲学期间病逝。

尹达(1906—1983),原名刘耀,又名虚谷,字照林,河南滑县人。1925年入中州大学(即日后的河南大学)预科,1928年在哲学系学习,后转入文史系。大学期间受郭沫若影响,立志于考古学研究,并作为"河南古迹研究会"研究实习员参加了多次安阳殷墟的发掘工作。1932年被录取为中央研究院史语所研究生。1934年至1935年继续参加殷墟考古发掘,1936年参加山东日照龙山遗址发掘,其间撰写了《河南浚县大赉店史前遗址》《龙山文化与仰韶文化之分析》。1937年毕业后留任史语所助理研究员,抗战爆发后随史语所南迁,同年年底前往延安。1938年任教于陕北公学,1939年担任马列学院历史研究室研究员。在延安期间撰写了《中国原始社会》一书,并参加了范文澜主编《中国通史》的编写工作。1946年任教于北方大学,1948年任华北大学教务处处长。新中国成立后,历任中国人民大学研究部副部长、北京大学副教务长、中国科学院历史研究所副所长、考古研究所副所长等职,并担任《历史研究》主编。1983年病逝。尹达在考古学上有着独特的贡献,纠正了瑞典学者安特生的错误分期理论,建立起中国新石器时代的新体系,并在"从考古到史学研究"的方向上做出了积极尝试。晚年在中国社会科学院历史研究所成立史学史研究室,主编《中国史学发展史》。

郭斌佳(1906—?),江苏江阴人。毕业于江苏省立第五中学、私立上海光华大学。1929年,赴美国留学,入哈佛大学,先后获历史学硕士、博士学位。1931年,曾任美国哈佛大学中国学生会会长;同年,加入美国史学会。1933年,返国,历任光华大学、武汉大学教授。1934年,发表《日本外交政策之动向与国人应有之认知》一文,剖析并预言日本对华政策走向,呼唤国人加以戒备。抗战初期,为国民政府军事委员会政治部设计委员会设计委员。1943年,作为代表团成员随同参加开罗会议。1946年,在英国伦敦参加第一届联合国大会,任安理会事务部首席司长,成为联合秘书处43个高级职员之一。郭斌佳晚年定居美国。治学领域包括外交史、国际关系史及西著译介等。民国时期著有《中国天主教传教史评》《欧化东渐史》等,译有《历史哲学概论》《西洋史学史》(与何炳松合译)等。

翁独健(1906—1986),原名翁贤华,入燕京大学后改名。福建省福清县人,著名史学家、教育家。1928年入北平燕京大学史学系学习。1935年赴美留学。1938年获哈佛大学博士学位,同年入巴黎大学师从伯希和继续深造。1939年回国后,先后担任云南大学、北平中国大学、燕京大学等校教授。代表作品:《元田制考》《元代政府统治各教僧侣官司和法律考》《爱薛传研究》等。新中国后,曾当选为全国政协第三、四、五、六届委员,历任燕京大学代理校长,北京市教育局局长,国家民族事务委员会委员,民族历史研究工作指导委员会副主任委员,中国民族研究学会副理事长,中国民族研究团体联合会顾问,中国社会赞赏院民族研究所研究员、副所长、顾问,中国社会科学院中国边疆史地研究中心主任,中央民族学院历史系主任(1956—1966)、研究部主任,中国史学会常务理事、理事长,中国蒙古史学会理事长、名誉理事长,中国元史研究会名誉会长,中亚文化研究国际协会副主席等职务。翁氏十分重视运用语言工具,能应用蒙古、波斯、英、法、德、俄、日等十余种语言文字,进行科研和学术交流。

傅振伦(1906—1999),字维本,出生于河北新河,青年时自号蒲泽少年,晚年号百衲斋主人、寄庐主人。1918 年,考入河北冀县直隶省立第十四中学。1920 年撰成《城召村史》,是为傅氏首次涉足史志。1922 年毕业,同年考入北京大学。先在预科学习,后升入本科史学系。就读期间接触历史唯物主义。1927 年 10 月,在朱希祖举荐下,入北京大学研究所国学门从事研究工作。1928 年主持编纂的《新河县志》出版。1929 年,因被朱希祖赏识,成为其门下研究生。1929—1937 年间,在国立女子文理学院史地系任教。1931 年,出版《刘知幾之史学》(即《史通研究》)。1934 年,到故宫博物院工作。1935 年,出版《中国方志学通论》,是为中国第一部系统的科学性方志专著。抗日战争爆发后,继续从事文博科研工作。1957 年,代表作《博物馆学概论》出版。一生在历史学、方志学、博物馆学、档案学等方面均成就颇丰,著述数量 400 多种,约 370 万言。民国时期重要史著有《中国方志学通论》《中国史学概要》《中国民族抗战英雄传》等。

谢兴尧(1906—2006),字五知、揖唐,号尧公,尧公、堪隐,室名堪隐斋,笔名老长毛、知是、知非、沈亦,四川射洪人。1927 年考入北京大学。在京期间曾前往故宫博物院阅览明清档案,尤其是与太平天国运动相关的文档。从1930 年起开始在《北平晨报》上连载《洪杨厄谈》,逐渐引起史学界注意。毕业后曾任教于北京女子文理学院,后一度转任河南大学史地系教授。30 年代时结识简又文,与其合办《逸经》杂志。1947 年起主编《新生报》之《文史周刊》。新中国成立后,主要在人民日报社工作。他从求学开始一直到晚年都致力于研究太平天国史。他在民国时期即出版了《太平天国的社会政治思想》《太平天国史事论丛》《太平天国丛书十三种》等专著,晚年出版《堪隐斋杂著》《堪隐斋随笔》。他是民国时期较早从事太平天国研究的史学家之一。

齐思和(1907—1980),字致中,山东省宁津县人。其父齐璧亭是著名教育家,终生致力于女子教育事业。齐思和于1922年考入天津南开中学,1927年考入南开大学文科。1928年9月,转入燕京大学学习历史。1931年毕业,并以优异成绩荣获赴美留学奖金,进入美国哈佛大学历史研究部学习西洋史。1933年,获历史科文学硕士学位,1935年7月获历史科哲学博士学位。回国后,受聘为北平师范大学历史系教授,并在北京大学、燕京大学兼职。1937年抗战爆发后,转至燕京大学任副教授,先后教授中国上古史、春秋史、战国史、史学名著选读及世界近现代史课程。1941年8月,任职教授,同年底太平洋战争爆发,日本侵略者强行接管燕京大学。齐氏离开燕大,入私立中国大学任教。抗战胜利后,齐氏返回燕京大学任历史系主任,并任《燕京学报》主编,自1948年起兼任文学院院长。1952年高等院校院系调整,齐思和任北京大学历史系教授,直至逝世。齐思和学贯中西,在先秦史、中国近代史、世界古代史、世界中世纪史、世界近现代史、英国史、美国史、史学理论及史学史等领域均有建树。民国时期,撰有《战国制度考》《论史学之价值》《史学概论讲义》《西洋现代史》(英文)等。

蒋孟引(1907—1988),原名蒋德恒,号百幻,湖南省邵阳市新宁县人,世界史专家,尤长于英国史研究。1929年至1933年在南京中央大学读书。其间,撰有《欧洲中古封建制度》《产业革命影响说略》和《两汉太学生之学生生活》等论文,获得赞誉。1934年赴英国伦敦大学深造,广泛搜集英国会议档案、政府文件、私人书信等第一手资料,完成博士学位论文《论1856—1860年的中英关系》,以无可辩驳的事实,论证英帝国主义发动第二次鸦片战争借口的虚妄,获得博士学位。1939年回国,先后在西南大学、中央大学任教。新中国成立后,任南京大学历史系教授,专攻英国历史,是中国大学设立的英国历史学科的开拓者和领路人。代表性论文有《论克伦威尔》等。著有《第一次世界大战》《第二次鸦片战争》《英国史丛论》;翻译出版了《罗马帝国衰亡史》(选评)、《瑞士简史》《摩纳哥史》等。"文化大革命"后,蒋孟引是教育部批准的第一批全国世界史学科6名博士生导师之一。1980年被选为英国史研究会会长。晚年受教育部委托,主编大学教材《英国史》。

邓广铭(1907—1998),字恭三,山东德州临邑人,历史学家、著名宋史专家。1936年北京大学史学系毕业留校任教。后历任职于中央研究所历史语言研究所、复旦大学、北京大学。宋代杰出人物谱传研究(陈亮、辛弃疾、韩世忠、岳飞、王安石)是邓广铭宋史研究的一大特色,他最早研究的宋代人物是陈亮。此后发表的《辛稼轩年谱》《稼轩词编年笺注》《宋史职官志考正》《宋史刑法志考正》都堪称力作。邓广铭毕生致力于中国古代史特别是唐宋辽金史的研究,涉及政治史、经济史、军事史、学术文化史各方面的重大课题,精于历史人物传记之作。在古籍整理方面,亦有精深的研究。他因在宋代历史研究取得的卓越成就,被称为宋史学界的一代宗师。

黎东方(1907—1998),原名智廉,原籍河南正阳,生于江苏省东台河垛厂。其父为清末举人。早年先后就读于上海南洋大学附中、清华大学,为梁启超最后及门弟子。后赴法国巴黎大学修法国大革命史,师从马第埃教授。1931 年 6 月毕业,获博士学位。回国后,历任北平大学、清华大学讲师,中山大学、东北大学、复旦大学、中央大学等校教授,国民政府教育部及国立编译馆大学用书编辑委员会常务委员。抗战期间,在重庆主持教育部史地教育委员会工作,且在课余常公开"卖票讲史",有重大社会影响。抗战胜利后,应赛珍珠之邀赴美。在美国先后担任福尔蒙、堪萨斯、威斯康星、加利福尼亚四州州立大学客座教授,及纽约市立布鲁克林大学、伊利诺伊州私立布雷德莱大学,加州私立美国国际大学等校专任教授。1954 年,与林语堂在新加坡共创南洋大学。1955 年赴台湾,曾担任中国文化学院史学研究所及史学系教授。后离台赴美,1998 年,病逝于美国,享年 92 岁。一生在普及历史知识方面贡献突出。民国时期,译介《历史之科学与哲学》,著有《中国历史通论·远古篇》等。

童书业(1908—1968),字丕绳,号庸安。祖籍浙江鄞县,出生于安徽芜湖。童书业专于先秦史,兼治中国绘画史、瓷器史和历史地理。1935 年结识顾颉刚,拜顾为师,担任其学术助手,编辑《古史辨》多册。曾任《禹贡》编辑,后在上海光华大学、美专、上海博物馆等任教、任职。1949 年后,被聘为山东大学教授。童书业博闻强识,过目成诵,对《尚书》《左传》等典籍背诵如流。著作有《春秋史讲义》(与顾颉刚合著)、《春秋左传研究》《春秋左传札记》《中国手工业商业发展史》《先秦七子研究》《古代东方史纲要》《古巴比伦社会制度试探》《唐宋绘画谈丛书》《中国古代地理考证论文集》《中国山水画南北分宗说辨伪》《中国绘画史》《康熙御窑作者考》《中国疆域沿革史略》《先秦七子思想》等。

柴德赓(1908—1970),字青峰,浙江诸暨人。早年师事蔡东藩。在杭州安定中学读书时以国文根底厚实被人称为"柴秀才"。1929年入北京师范大学史学系,师从陈垣、邓之诚、钱玄同等名师。大学毕业后,先后在安庆中学、杭州一中任教。1936年回到北平,任教于辅仁大学及附中。1943年底,反对汉奸曹汝霖任辅仁大学董事长,举家南迁,离开辅仁大学。后应李霁野、台静农、魏建功之邀,任国立四川白沙女子师范学院历史系副教授兼图书馆长。1946年回北平,任辅仁大学史学系教授。新中国后,任北京师范大学历史系教授兼系主任。1955年,调苏州江苏师范学院,任历史系教授兼系主任。1962年,应翦伯赞之邀,到北京编写教材。1964年,由教育部借调至京,协助陈垣点校新、旧《五代史》。1966年夏,回江苏师范学院参加"文化大革命",遭到迫害。1970年因病逝世。1979年平反昭雪。主要著作有《史学丛考》《史籍举要》《辛亥革命》《清代学术史讲义》等。主编中国近代史资料丛刊《辛亥革命》《柴德赓点校新五代史》。

梁方仲(1908—1970),原名嘉官,字方仲,笔名方翁、畏人、方中,籍贯为广东省番禺县(今广州),出生地为北京。1911年随父回广州。自幼喜好新学,并抗拒家族禁入新学堂之陋俗,主动坚持在北京念新式小学。1922年,入萃文中学。1923年暑假后,转入北京崇实中学(两所均为教会学校)。1925年9月,转入私立天津南开中学。1926年秋,考入清华大学,先入农学系,再转入西洋文学系,后转入经济系,1930年毕业,后入读清华大学研究院读研究生。同年出任《清华周刊》主任编辑。1934年1月毕业。入职北平社会调查所(同年7月合并于中央研究院社会科学研究所)经济史组。同年5月,与吴晗等共同成立史学研究会。1936年,晋升为副研究员。1937年6月,先后赴日本、美国等国考察。1942年,升研究员,并为国立同济大学兼职教授。1944年,被聘为哈佛大学研究员。1945年9月,转赴英国伦敦大学从事研究,同年11月,任中国代表团专员前往法国巴黎参加联合国教育科学文化组织第一次大会。1947年回国,任社会科学研究所研究员,并在中央大学兼任教授。1948年春,任该所代理所长。1949年3月,为岭南大学教授兼经济系主任。1952年,任中山大学历史系教授、中山大学校务委员会委员等职。"文革"中受到冲击。1970年5月病逝。民国时期,著有《明代鱼鳞图册考》《明代粮长制度》等重要论文。一生为中国古代社会经济史研究做出奠基性贡献。

贾兰坡(1908—2001)，字郁生，河北玉田人。1929 年毕业于文汇中学。1931 年任职于地质调查所新生代研究室，并参加了周口店古生物化石的发掘工作。1933 年撰写《鲁南考古队在人类学上的特别发现》。1936 年接任裴文中主持周口店发掘，在当年连续发现三具较为完整的"北京人"头盖骨，在国际学术界产生重大影响。1937 年任新生代研究室调查员，1945 年改称技士。新中国成立后，着手恢复周口店遗址的发掘工作，任周口店工作站站长，并历任中国科学院古脊椎动物研究所副研究员、研究员、学术委员和中国社会科学院考古研究所学术委员、中国考古学会副理事长等职务。1980 年当选为中国科学院院士，1994 年当选美国国家科学院外籍院士。2001 年逝世。贾兰坡在中国旧石器时代考古研究方面贡献巨大，对国内外古人类学和旧石器时代考古学的发展起到了重要的推动作用。

吴晗(1909—1969)，原名春晗，字辰伯，浙江义乌人。早年曾任小学教师，1927 年入杭州之江大学，1929 年入上海中国公学大学部，1930 年到燕京大学图书馆担任馆员。1931 年考入清华大学史学系，开始专攻明史。1932 年写成《胡惟庸党案考》，担任《清华周刊》文史栏主任。1933 年应约为《文学季刊》编委。1934 年毕业后留校担任助教，1935 年任《益世报》之《史学》专刊的编辑，并陆续发表了《明代之农民》《后金之兴起》等文章。1937 年担任云南大学文史系教授，讲授明史。1940 年任西南联合大学教授，讲授中国通史。1944 年所著《由僧钵到皇权》一书出版。1946 年任清华大学历史系教授，1949 年担任清华大学文学院院长、历史系主任。新中国成立后，历任北京市副市长、全国政协常委、全国人大代表、北京市历史学会会长等职。"文革"期间因其所著新编历史剧《海瑞罢官》而遭到残酷批斗，含冤去世。"文革"后平反昭雪。吴晗是著名的明史专家，代表作是《朱元璋传》。

邵循正(1909—1973)，字心恒，福建福州人。1930 年，清华大学政治系毕业，入清华研究院改习历史。1934 年赴法留学，师从伯希和研究蒙古史，学习波斯文。次年转入德国柏林大学，继续研究蒙古史。1936 年起，先后在多所大学任教。新中国成立后，历任清华大学历史系主任、北京大学教授、中国科学院近代史研究所研究员。邵氏熟练掌握多种外文及少数民族语言文字，坚持语言学知识与史学考订相结合，兼顾中国古代史和近代史两大研究领域，在蒙元史、中外关系史、史料校注整理等方面均有突出建树。代表作为《中法越南关系始末》。

苏秉琦（1909—1997），河北高阳人。1928年放弃北平工业学院的录取资格，立志读史救国。1934年毕业于北平师范大学历史系，受校长李蒸推荐任职于北平研究院史学研究所，同年前往关中开展古迹调查并参加陕西宝鸡斗鸡台遗址的发掘工作。1948年，出版了《斗鸡台沟东区墓葬》及附录《瓦鬲的研究》，在解释考古发掘材料时运用了类型学的方法，将国外考古学原理与中国考古实际相结合，成为一大创举。新中国成立后，任中国科学院考古研究所研究员。1952年至1982年任北京大学考古教研室主任，1978年至1984年任考古研究所第三研究室主任。1979年当选为中国考古学会副理事长，1983年任文化部国家文物委员会委员。1997年去世。苏秉琦为中国考古学做出了多方面的贡献，构建了中国考古学理论体系，开创了中国考古学派，并在北京大学考古专业培养出大批考古人才。

汤象龙（1909—1998），生于湖南省湘潭县，16岁考入清华大学，1929年毕业。因受校长罗家伦赏识，留校任罗家伦门下特别研究生一年。在此期间，立志研究经济史。1930年受聘于北平社会调查所，从事中国近代经济史研究。1932年，担任中央研究院社会科学研究所经济史组组长，主编《中国近代经济史研究集刊》。其研究风格扎实，注重资料整编工作。1934年与吴晗共同在清华同学会成立史学研究会，被推举为会长，汤氏不喜"会长"之名，故改称"总务"。1936年7月至1938年9月，被中央研究院经济研究所派往欧洲进修外国经济史。新中国成立之初曾为第二野战军筹设西南经济研究所。1953年起任四川财经学院副教务长、科研处长、经济研究所所长等职。1957年加入中国共产党。晚年完成《中国近代海关税收和分配统计（1861—1910年）》，该书于1992年出版。计划写作《清代财政制度史》，未果。民国时期，曾写作论文《道光时期的银贵问题》，提出白银外流是清政府禁止鸦片的根源所在、贸易逆差是鸦片战争爆发的原因，极有创见，现已成为主流观点。其创办的《中国近代经济史研究集刊》是中国第一份中国经济史专业杂志。

白寿彝（1909—2000），河南开封人，回族，历史学家、教育家、社会活动家。曾在上海文治大学、中州大学读书，1929年考入燕京大学国学研究所学习中国哲学史。后任教于成达师范学校、云南大学、中央大学、北京师范大学等学校，从事中国上古史、中国史学史、中外交通史等课程的教学。1935年在开封主编《伊斯兰》月刊,对回教展开研究。次年受顾颉刚委托主编的《禹贡》半月刊"回教与回族"专号,引起广泛关注。新中国成立后历任北京师范大学历史系主任、中国史学会常务理事、中国科学院历史研究所二所研究员等职,兼任全国人民代表大会代表及常务委员、中国伊斯兰教协会副会长等社会职务,主编《北京师范大学学报》(社会科学版),创办并主编《史学史研究》。白寿彝追求通识,重视理论创新,兼具专家之学,其学术影响广泛,声望崇高,在中西交通史、中国民族关系史、中国伊斯兰教史、中国史学史、史学理论、中国民俗史、中国通史等领域建树颇丰。所著《中国交通史》是该领域最早的通史著作。总主编的 12 卷 22 册《中国通史》是以唯物史观为指导采用新综合体裁编撰而成的中国历史巨著,被誉为"20 世纪中国史学的压轴之作"。他对中国史学史学科的基本理论作了系统论述,推动了史学史的学科建设。白寿彝著述繁复,主编的《中国通史纲要》《史学概论》《中国史学史》等在学术界影响深远。今有《白寿彝文集》七卷八册。

方豪(1910—1980),字杰人,浙江杭县人。1910 年出生于基督教圣公会家庭。1934 年毕业于杭州神学院,具有深厚的拉丁文及神学基础。主要兴趣在中国文史方面,故于传教之余,奋力研究历史。抗日战争爆发后,到昆明佐于斌主教复刊《益世报》,任副社长兼总主笔。1940 年起历任浙江大学、复旦大学、辅仁大学、津沽大学教授,兼任系主任、院长等职。抗日战争胜利后曾任南京《中央日报》主笔,两月后赴北平主持上智编译馆。1949 年任台湾大学历史系主任。1974 年当选为"中央研究院"院士。1980 年病逝于台湾。方豪在中西交通史、宗教史、宋史和台湾史等学科领域均用力颇深,成就卓著。著述主要有《李我存(之藻)研究》《浙江外来宗教史》《中西交通史》《宋史》等。

夏鼐(1910—1985),字作铭,浙江温州人。1934 年毕业于清华大学历史系。1935 年参加殷墟发掘工作,同年赴英国伦敦大学留学,1939 年获埃及考古学博士学位。1940 年于埃及开罗博物馆从事研究工作,次年回国。1941 年至 1942 年任中央博物院筹备处专门委员,并参加四川彭山崖墓的发掘工作。1943 年任史语所副研究员。1944 年至 1945 年,在西北科学考察团内负责考古,并发表《齐家期墓葬的新发现及其年代的改订》一文,该文在中国新石器时代考古学上具有重大意义。1945 年主持发掘了唐代吐谷浑墓葬。1946 年升任史语所研究员。新中国成立后,任考古研究所副所长,领导了一系列商代遗址、战国至汉代墓葬的发掘工作。1963 年出任考古研究所所长,1979 年任中国考古学会理事长,1982 年任中国社会科学院副院长。1985 年病逝。夏鼐是我国现代考古学的奠基人之一,在国际上同样声名远播,他推动了中国新石器时代的文化序列研究,同时对中国科技史与中西交通史的研究也有诸多学术贡献。

杨向奎(1910—2000),字拱辰,河北丰润人。1929 年考入北京大学预科,1931 年入北京大学史学系,1935 年毕业后在顾颉刚和胡适的推荐下留校在文科研究所任助理。1936 年赴日本东京帝国大学做研究生,1937 年 7 月抗战爆发后回国。后相继执教于甘肃师院、西北大学、东北大学,并与姚雪垠、丁易等文化名人成立了"中华文艺界抗敌协会川北分会"。1946 年到山东大学任教,担任山东大学中文系教授、主任,历史系主任,历史语文研究所所长,文学院院长,《文史哲》主编。1957 年调到中国科学院历史研究所,历任研究员、历史研究所学术委员会主任、秦汉史研究室和清史研究室主任,兼任中国社会科学院研究生院教授、博士生导师。著有:《西汉经学与政治》《中国古代社会与古代思想研究》《中国古代史论》《清儒学案新编》《大一统与儒家思想》《宗周社会与礼乐文明》《墨经数理研究》《自然哲学与道德哲学》《哲学与科学——自然哲学续编》《绎史斋学术文集》《绎史斋学术文集》《繙经室学术文集》和《中国屯垦史》(合著)等。

陈梦家(1911—1966),曾用笔名陈漫哉,浙江上虞人,生于江苏南京。1930 年在青岛大学国文系给闻一多做助教,并编选《新月诗选》,1931 年出版《梦家诗集》。1932 年南京中央大学法律系毕业后,入燕京大学宗教学院研究神学。1934 年改研究方向为古文字学,毕业后留校任助教。1936 年,发表《令彝新释》《释底渔》《商代的神话和巫术》等文章。1937 年任教于清华大学,后又任教于西南联合大学。1940 年,发表《商王名号考》《周公旦父子考》。1944 年赴美国芝加哥大学讲授中国古文字学,1945 年出版《西周年代考》一书。1947 年回国后继续在清华大学任教。1952 年任中国科学院考古研究所研究员,兼任《考古学报》编委、《考古通讯》副主编。1966 年在"文革"中不忍受辱,自缢而死。陈梦家从新月派的青年诗人转为古文字学、考古学的研究学者,在甲骨学、西周青铜器断代以及简牍研究等方面都颇有建树。

陈述(1911—1992),原名锡印,字玉书,河北省栾亭人。1929 年入北平师范大学史学系就读,毕业后入中央研究院历史语言研究所工作,专攻辽金史,特别是契丹族的政治制度。1939 年,完成《契丹史论证稿》,晋升为研究员。其后,辗转多所大学任教。新中国成立后,先后在北京师范大学、中央民族学院、中国科学院民族研究所工作。陈氏的辽金史研究突破传统观念而自立新说,按照社会进化、民族融合的观点,来研究契丹、女真社会的发生、发展,以及与其他民族的关系。另著有《契丹社会经济史稿》《金史拾补五种》《辽代史话》,编纂有《全辽文》《全金文》。特别是《辽史补注》,乃"集辽代史料之大成"的著作。

胡厚宣(1911—1995),小名福临,河北省望都县人。1928 至 1934 年,就读于北京大学史学系,毕业后入中央研究院历史语言研究所考古组,任助理员。其间协助梁思永参与殷墟发掘、协助董作宾编辑《殷墟文字甲编》,为《殷墟文字甲编》作全部释文。1940 至 1946 年,应顾颉刚聘请,在成都齐鲁大学国学研究所任研究员、大学部教授,且先后担任中文系、历史社会系主任。1947 年起,在上海复旦大学历史系任教授兼中国古代史教研室主任,同时兼职暨南大学教授。1956 年后任中国科学院历史研究所研究员、学术委员兼研究生院教授、博士生导师,中国殷商文化学会会长,中国先秦史学会副理事长等职;任《中国大百科全书考古卷》编委和《甲骨文与殷商史》主编;北京大学、复旦大学等校兼职教授。在海外任职于加拿大多伦多大学东亚人文科学研究所等。1983 年《甲骨文合集》(郭沫若主编,胡厚宣总编辑)出版,曾获得国家的表彰和奖励,1987 年又获吴玉章奖金历史学特等奖。对于甲骨文整理与研究贡献甚大,民国期间,著有《甲骨学商史论丛初集》《二集》等。

张政烺(1912—2005),字苑峰,山东荣成人。1936 年毕业于北京大学史学系。同年到中央研究院历史语言研究所工作。1946 年至 1960 年任北京大学史学系教授,1954 年兼任中国科学院历史研究所研究员。1960 年任中华书局副总编辑。1966 年调入中国科学院历史研究所任研究员。曾兼任历史研究所学术委员会委员、古文字与古文献研究室主任,中国社会科学院研究生院教授、博士生导师,考古研究所学术委员会委员。学术领域宽广,在中国古代史、考古学、古文字学、古器物学、版本目录学、通俗小说等都进行了具有开拓性的研究,解决了许多疑难问题,并承担过出土文献整理、二十四史点校等重大学术任务,培养了一大批科研人才,为中国学术的发展做出了卓越贡献,在国内外产生了重大影响。主要学术成就收集在《张政烺文史论集》中。

周一良(1913—2001),字太初,安徽建德(今东至)人,生于山东青岛。8岁入塾,习经、史、子书,后加日文、英文。1931年入北平辅仁大学,1932年转入燕京大学,1935年毕业后入燕京大学研究院肄业一年。1936年至1937年任中央研究院历史语言研究所助理研究员。1939年到美国哈佛大学研究院,1944年获得博士学位。1946年回国,任教燕京大学、清华大学。1952年院系调整,任北京大学历史系教授。周一良对日本史和亚洲史造诣尤深,1949年以前曾讲授日本史。新中国后,他创设亚洲各国史课程,培养了一批亚洲史及日本史的教学和研究人才。周一良通晓数种外语,学贯中西,与吴于廑共同主编《世界通史》。三四十年代在魏晋南北朝史领域用功颇深;50年代以后研究涉及诸多方面;70年代末以后重理旧业,为推进和深入魏晋南北朝史的研究做出了重要贡献。论著已结集者有《魏晋南北朝史论集》及《魏晋南北朝史札记》。《论集》包括关于这一时期的社会、政治、民族、典制、史学等方面问题的论述,《札记》则重在诠释史料。两书皆立论严谨,富于创见,往往从对具体问题的精当考辨中揭示出重要的历史问题。1997年,北京大学出版社再版其《魏晋南北朝史论集》,该书按时间顺序分为上下两编,汇集了他在魏晋南北朝史方面所发表过的大部分论文。晚年有回忆录《毕竟是书生》。

吴泽(1913—2005),原名吴瑶青,江苏武进人。1930年夏,考入上海大夏大学附属高中部,1933年7月毕业。1933年9月,考入北京中国大学经济系,师从著名马克思主义理论家李达和吕振羽等。在他们的指导和影响下,开始比较系统地学习马克思主义理论,并用以研究经济学和中国社会经济史,逐步走上了学术研究之路。积极参加"一二·九"运动和抗日救亡工作。1938年春辗转至重庆,先后执教于复旦大学和朝阳法学院。1945年9月任教于大夏大学。1951年大夏大学与光华大学合并组建华东师范大学,吴泽担任华东师范大学史学系主任。"文革"期间,遭到残酷迫害。"四人帮"倒台后,不白之冤得到平反,重新出任历史学系主任。在教学上,培养了一批中国古代史、中国史学史方面的专业人才。在科研上,建立华东师范大学历史研究所,组织《王国维全集》的整理校点,主编《中国近代史学史》《中国历史大辞典·史学史》等。治学领域包括中国古代史、中国史学史、华侨史、客家文化等。重要著作有《中国历史研究法》《中国社会简史》《中国原始社会史》《康有为与梁启超》《中国历史大系·古代史——殷代奴隶制社会史》等。晚年出版四卷本《吴泽文集》。

杨联陞(1914—1990)，字莲生，原籍浙江绍兴，生于河北保定。1937 年，毕业于清华大学经济系，1940 年，赴美就读于哈佛大学。1942 年，获得哈佛大学硕士学位。1946 年，完成《晋书食货志译著》，获得博士学位。1947 年任助理教授，1951 年任哈佛大学远东语言系(后称东亚语言及文化系)副教授，1958 年任教授。其间完成了代表作《中国货币与信贷简史》等。1959 年当选为台湾"中央研究院"院士。1961 年，加入美国国籍。1962 年，应法日两国之邀赴巴黎法兰西学院及日本京都大学讲学。1965 年获哈佛燕京中国历史讲座教授称号。于 1970 年、1976 年分别获得美国圣路易华盛顿大学及香港中文大学名誉文学博士称号。1974 年，获得法国铭刻与文学学院德卢恩奖。1980 年从哈佛大学以名誉教授退休。美国哈佛大学为他发的讣告中称其为"造就美国汉学的先驱学者之一"。其代表作大都用英文写成。民国期间，其于 30 年代在《清华学报》所发表的《东汉的豪族》影响深远，成为研究中古史必读作品。此外，曾与赵元任合编《国语字典》等。

许立群(1917—2000)，原名杨承栋，笔名杨耳。江苏南京人。中学时代，他曾参加一二·九运动。1936 年在清华求学时参加中华民族解放先锋队，1937 年加入中国共产党，此后，他在重庆、延安、延吉省委从事青委工作、主编《中国青年》，担任胜利日报社社长。新中国成立后，仍继续从事理论宣传工作，曾任中国社会科学院顾问兼哲学研究所所长。著有《中国史话》。该书是一本用文学笔调写成的小型中国通史，早期曾在延安以《古代中国的故事》为题在《中国青年》杂志上发表，在当时广受好评。全书采用通俗易懂的方式叙述上古直至近代鸦片战争的历史，娓娓道来却又不失史学的严谨。该书肯定传说的史料价值，认定"三皇"之后的"五氏"，并将有巢氏列为"五氏"之首。这在当时引起轰动，并对新中国成立后中国古代史体系的建设也产生了重要影响。

后　记

　　本书是在我主持的教育部人文社会科学重点研究基地——北京师范大学史学理论与史学史研究中心的重大项目结项成果基础上形成的,该项目题目是"民国时期史学之研究"(项目编号:10JJD770005)。当初申请课题时的课题组成员因为繁忙没有参与此书稿写作,书稿是我和我已毕业的学生共同完成的,这些学生已获得博士学位,目前都在高等学校从事教学和科研工作。虽然如此,当初的课题组成员对课题框架及章、目设置的意见仍然对本书产生了重要作用。特别值得说明的是,王记录教授、刘开军教授与我多次交流,对本书的整体思路贡献了许多有益的建议。

　　本书分工如下:

　　周文玖撰写绪论、第一章、第七章、结语、附录(附录部分初稿由多名在读硕士、博士研究生提供);

　　王红霞撰写第二章;

　　赵少峰撰写第三章、第五章;

　　王庆婷撰写第四章;

　　谢辉元撰写第六章。

　　周文玖负责全书的修改和定稿。

　　我学习和探讨中国史学史,发表关于近现代史学的专题论文较多。但系统地把民国时期史学面貌呈现出来,给人提供一个整体的、全景式而又不乏史学家活动的知识体系是我努力的一个目标。赵少峰、王红霞、谢辉元、王庆婷四位同学的加盟和鼎力相助,使实现这个目标的进度加快了。我为此甚感欣慰,并向他们表示感谢。

　　民国史学完成了中国史学由传统向现代的转型,上承晚清史学,下续新中国史学。中国现代史学的产生和初步发展是我对民国史学在中国史学史上的性质之定位。课题组按照这个思想,把民国史学作为一个有机体,运用宏观、中观、微观多个视角进行考察,从学术流派、学术机构、学科建设、学术成果、学术争鸣、中外学术交流等多个向度,着力对之进行建构和书写,揭示和展现史学内部、史学与社会、中国史学与外国史学的矛盾运动,总结其成就与局限,指出其特点,评价其地位和影响。

"民国时期史学家小传"主要写传主在民国时期的史学活动和成就,但许多史学家新中国以后成就更大,故对其新中国后的活动和成就也不免简略叙述,以有助于完整地了解这些史学家。小传虽然是作为附录置于全书之末,但其对认识民国史学是不可缺少的内容。小传顺序依照传主出生先后排列,同年出生的依照卒年先后排列。

本书在撰述过程中,吸收了我们认可的学术界成果,并按照规范作了注。尽管在通稿方面我花费了许多时间和精力,但因是多人合作以及我们水平的限制,抵牾和不当恐怕仍然不能完全消除。因此,我诚恳地期望读者朋友批评指正。

北京师范大学历史学院对本书的出版给予了大力支持,特此致谢。

周文玖

2023 年 6 月 30 日

责任编辑:刘松弢

图书在版编目(CIP)数据

民国史学:中国现代史学的产生和发展/周文玖 等著. —北京:人民出版社,
2023.11
ISBN 978－7－01－025489－0

Ⅰ.①民… Ⅱ.①周… Ⅲ.①史学-研究-中国-民国 Ⅳ.①K092.6

中国国家版本馆 CIP 数据核字(2023)第 044417 号

民国史学:中国现代史学的产生和发展

MINGUOSHIXUE ZHONGGUO XIANDAI SHIXUE DE CHANSHENG HE FAZHAN

周文玖 等 著

人民出版社 出版发行
(100706 北京市东城区隆福寺街 99 号)

中煤(北京)印务有限公司印刷 新华书店经销

2023 年 11 月第 1 版 2023 年 11 月北京第 1 次印刷
开本:710 毫米×1000 毫米 1/16 印张:33.75
字数:530 千字

ISBN 978－7－01－025489－0 定价:95.00 元

邮购地址 100706 北京市东城区隆福寺街 99 号
人民东方图书销售中心 电话 (010)65250042 65289539